지하地下의 논어,

지상紙上의 논어

집필진(원고 게재 순)

김경호 金慶浩 | 성균관대학교 동아시아학술원 인문한국(HK)연구소 교수
윤재석 尹在碩 | 경북대학교 사학과 교수
이성시 李成市 | 일본 와세다早稻田대학 문학학술원 교수
윤용구 尹龍九 | 인천도시공사 문화재담당관
하시모토 시게루 橋本繁 | 일본 와세다早稻田대학 강사
미카미 요시타가 三上喜孝 | 일본 야마가타山形대학 교수
량타오 梁濤 | 중국 런민人民대학 역사학원 교수
선청빈 單承彬 | 중국 취부曲阜사범대학 문학원 교수
이영호 李昤昊 | 성균관대학교 동아시아학술원 인문한국(HK)연구소 교수
전재동 全在東 | 경북대학교 영남문화연구원 연구교수
손철배 孫喆培 | 연세대학교 국제학대학원 강사
탕밍구이 唐明貴 | 중국 랴오청聊城대학 교수

지하地下의 논어, 지상紙上의 논어

1판 1쇄 인쇄 2012년 6월 1일 | 1판 1쇄 발행 2012년 6월 10일

책임편집 김경호 · 이영호
편집인 신승운(동아시아학술원) 성균관대학교 동아시아학술원 02-760-0781~4
펴낸이 김준영 | **펴낸곳** 성균관대학교 출판부 02-760-1252~4 | **등록** 1975년 5월 21일 제1975-9호
주소 110-745 서울특별시 종로구 명륜동 3가 53　ⓒ 2012, 성균관대학교 동아시아학술원

값 25,000원
ISBN 978-89-7986-933-0 94150　978-89-7986-832-6 (세트)

본 출판물은 2007년 정부(교육과학기술부)의 재원으로 한국연구재단(구 학술진흥재단)의 지원을
받아 수행된 연구임(NRF-2007-361-AL0014)

동아시아
문명총서
04

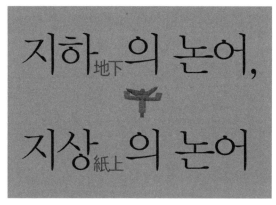

지하 地下 의 논어,
지상 紙上 의 논어

김경호 · 이영호 책임 편집

과거 역사상을 연구하는 역사학을 포함한 고대 사회의 성격을 규명하는 경우, 종이로 제작된 문헌이 아닌 그 이전 시기에 사용한 출토자료의 발견이란 문헌 지료가 지닌 한계를 극복하고 새로운 역사상을 서술할 수 있는 계기를 제공한다. 특히 중국고대사 연구의 경우, 문헌지료의 한계는 더욱 분명하다. 춘추시대 연구의 주요 문헌사료인 춘추좌씨전春秋左氏傳은 노국魯國 중심의 역사서술의 한계를 벗어나지 못하였으며, 국어國語 역시, 진어晉語의 분량이 다른 제후국에 비해 상대적으로 많을 뿐만 아니라 전체적인 기술도 춘추좌씨전春秋左氏傳과 중복되는 내용이 상당 부분 보이기 때문에 올바른 춘추시기의 사회상을 이해하기에는 다소 무리가 있다. 전국시대를 이해하기 위한 문헌자료 역시 마찬가지이다. 대표적인 역사서인 사기史記의 경우, 연대年代를 중심으로 한 기사내용은 상당한 혼란이 있으며, 서술 내용 역시 전횡 중심으로 구성되어 있어 지역적 편차가 심함을 알 수 있다. 전국책戰國策 역시 국별國別로 편성되어 있지만, 서술 내용이 사기史記와 커다란 차이가 있는 부분도 있으며 기사의 연대 확정이 불분명하나 가공의 역사서라고까지 비판을 받고 있다. 아마도 문헌사료의 한계에 의한 고대사 연구는 한국이나 일본의 고대사학계도 비슷한 문제일 것이다. 출토자료에 대한 정리와 석독은 이러한 역사 연구의 한계인 사료의 공백을 메우고 있을 뿐만 아니라 뒤덮여져 있는 사료를 정돈된 사료로서 재탄생시키고 있다. 바로 여기에서 역사연구— 특히 고대사연구— 에서의 출토자료 문헌을 새롭게 인식할 필요가 있다.

성균관대학교
출판부

2008년 3월 성균관대학교 동아시아학술원 산하의 연구조직인 동아시아자료학연구회는 연구 활동의 목적을 다음과 같이 밝힌 바 있다. "자료를 통해 동아시아 각국의 사회와 문화의 고유성 및 다원성을 인정하고 국가와 시대를 초월한 동아시아 전근대 및 근대 이후의 문화적 소통과 확산 과정을 입체적으로 조명하는 것, 즉 '동아시아학이란 무엇인가'에 대한 탐구이다." 이에 따라 그 첫 번째 연구 성과인 『동아시아 자료학의 가능성 – 고대 동아시아사의 이해를 중심으로』(2009)와 두 번째 연구 성과인 『죽간·목간에 담긴 고대 동아시아』(2011)를 출간하였다. 이번에 세 번째 연구 성과로서 『지하地下의 논어, 지상紙上의 논어』(2012)를 통해 '동아시아학이란 무엇인가'에 대한 세 번째 답변을 마련한다.

'동아시아학이란 무엇인가?'에 대한 첫 번째 답변은 동아시아 출토문자 '자료' 연구의 가능성에 대한 논의였고, 두 번째 답변은 죽간과 목간을 통한 고대 동아시아 사회의 한자 수용, 제국 질서의 성격 등과 같은 자료학 연구의 가능성에 대한 심도 있는 논의를 진행한 결과를 정리한 것이었다. 이후 그간의 연구 성과에 기초한 세 번째 대답은 동아시아 사회의 성격을 규정한 『논어』라는 텍스트에 대한 분석 결과를 소개하는 것이다. 더욱이 이번 연구

성과에서 주목할 만한 점은 동아시아자료학연구회가 평양 정백동貞柏洞364호분號墳에서 출토된『논어』죽간 '자료'의 공개, 그리고 이에 대한 판독과정 등 연구 성과를 도출하는 일련의 과정을 주도적으로 이끌었다는 점이다.

이미 관련 자료에 대한 논문이 단편적으로 발표되어 대략적인 정황은 소개되었지만, 본 연구 성과의 출간 배경을 이해하기 위하여 그 과정을 간단히 소개하고자 한다. 2009년 11월 5일 이성시·윤용구 두 분 선생님과 함께 필자는『논어』죽간 사진의 검토를 준비하는 과정에서『논어』죽간이 '樂浪郡初元四年縣別多少□簿'라는 표제가 붙은 호구부 목독 3매가 출토된 정백동 364호분 나무곽무덤에서 동시에 출토된 사실을 처음으로 알게 되었다. 이후 2009년 12월 3일 본 연구회 주최로 '평양출토 죽간『논어』잔권에 대하여'라는 제목으로 판독회를 진행하였다. 그리고 이 자리에서『논어』죽간 자료를 중심으로 진일보한 학제적 연구를 진행하기 위한 학술회의 개최를 결정하였다. 이러한 연구 과정과 논의를 수렴하여 2010년 8월 26~27일 이틀간에 걸쳐「『논어』와 동아시아─지하地下의 논어, 지상紙上의 논어」라는 주제 하에 10편의 논문이 발표되었고, 추후 2편의 연구 성과를 추가·편집한 것이다(윤재석·이영호).

본서에 수록된 연구 성과의 주요 특징은 무엇보다도 다양한 『논어』 텍스트의 해석을 통한 동아시아 사회와 문화에 대한 통합적인 이해의 가능성을 제고하였다는 점이다. 특히 동아시아자료학연구회에서 소개한 새로운 자료인 낙랑 『논어』 죽간과 동시기 내지에서 사용된 한대 『논어』 목간에 대한 비교·이해, 그리고 6~8세기 한반도와 일본 열도에서 출토된 『논어』 목간의 비교분석을 통하여 고대 동아시아 세계에서의 한자 및 유교사상의 전파와 수용을 이해하는 새로운 계기를 제공하였다고 평할 수 있다. 이러한 분석과 평가가 유효하다면 '『논어』와 간독'은 한·중·일로 대변되는 동아시아 3국이 공유한 역사상의 일면을 그려 낼 수 있는 실마리의 하나라고 할 수 있다. 또한 본서에 수록된 '지상紙上'의 『논어』에 대한 분석―『논어』 계통에 대한 고찰, 조선시대 유학의 형성과 전개 과정, 서구학자의 『논어』 텍스트에 대한 해석―등은 사상적 측면에서 좀 더 정치하게 진행된 논어학의 양상과 연구 동향을 이해하는 데 커다란 학문적 도움을 제공한다.

출토문헌出土文獻과 전세문헌傳世文獻으로서의 『논어』에 대해 통시적·공시적 측면에서 그 연구 성과를 한곳에 정리하여 동아시아 사상을 읽어 내고자 한 동아시아자료학연구회의 학문적 시도는 필자의 단견으로는 유사한 사례가 그다지 많은 것 같지는 않다. 때문에 본서를 기획·정리하면서 갖게 된 학문적 자긍심은 그 결과물을 문세問世하려는 지금에 와서는 오히려 두려움과 조심스러움의 뒤로 숨고 싶은 심정이다. 물론 '동아시아학이란 무엇인가?'라는 본원적인 질문이 세 번의 답변으로 해결할 수 없는 질문인 것을 너무나도 잘 알고 있다. 따라서 지금은 세 번째 성과에 대한 만족보다는 네 번째 답변이 지금보다 조금은 완결된 내용으로 만들어질 수 있도록 노력하는 것이 동아시아자료학연구회의 최선의 임무일 것이다. 아울러 이 질문에 대한 답변 역시 관련 분야 연구자들의 몫일 것이다. 함께 노력하고 경주하길 진심으로 바란다. 또한 아낌없는 질책과 비판, 그리고 뜨거운 관심과 격려를 바란다.

2012년 6월
동아시아자료학연구회
필자를 대표하여 김 경 호

차 례

2부 출토문헌 『논어』의 성격과 내용

3부 『논어』를 둘러싼 다양한 논의

:: 1부

출토문헌
『논어』와 동아시아

과거 역사상을 연구하는 역사학을 포함한 고대 사회의 실력을 규명하는 경우, 동시대에 제작된 문헌이 아닌 그 이전 시기에 사용된 출토자료의 발굴이란 문헌 자료가 지닌 한계를 극복하고 새로운 역사상을 기술할 수 있는 계기를 제공한다. 특히 출토고대사 연구의 경우, 문헌자료의 한계는 더욱 분명하다. 춘추시대 연구의 주요 문헌자료인 춘추좌씨전春秋左氏傳은 노국魯國 중심의 역사 기술의 한계를 벗어나지 못하였으며, 국어國語 역시 신어좌씨의 분량이 다른 제후국에 비해 상대적으로 많을 뿐만 아니라 전체적인 서술도 춘추좌씨전春秋左氏傳과 중복되는 내용이 상당 부분 보이기 때문에 올바른 춘추시기의 사회상을 이해하기에는 다소 무리가 있다. 전국시대를 이해하기 위한 문헌자료 역시 마찬가지이다. 대표적인 역사서인 사기史記의 경우, 연대年代를 중심으로 한 기대용은 일정한 혼란이 있으며, 서술 내용 역시 진秦 중심으로 구성되어 있어 지역적 편차가 심한을 알 수 있다. 전국책戰國策 역시 국별國別로 편성되어 있지만, 서술 내용이 사기史記와 커다란 차이가 있는 부분도 있으며 기사의 전대 착장이 불분명할뿐더러 가공의 역사서라고까지 비판을 받고 있다. 이러한 문헌자료의 한계에 의한 고대사 연구는 한국이나 일본의 고대사학에도 비슷한 문제일 것이다. 출토자료에 대한 정리와 석독은 이러한 역사 연구의 한계인 사료의 공백을 메우고 있을 뿐만 아니라 위서라여 여겨서야 있는 사료도 정문헌 자료로서 재탄생시키고 있다. 바로 여기에서 역사학—특히 고대사연구—에서의 출토자료 문헌을 새롭게 인식할 필요가 있다.

출토문헌『논어』,
고대 동아시아사에서의 수용과 전개

김경호(金慶浩)*

1. 서론

동아시아 세계 또는 사회를 규정지을 때 일반적으로 '한자문화권' 또는
'유교문화권'이란 개념으로 설명할 수 있다.[1] 이러한 설명은 일정 지역의
범위 내에 위치한 공간적 개념과 그 지역 내에서 공유할 수 있는 독자적
문화의 성격에서 기인한다. 즉 공간적 위치의 영역은 중국을 비롯한 한국(한
반도)·일본·베트남이 이에 속할 것이며, 이 지역에서 공유될 수 있는 보편
적 개념은 한자, 유교, 정치제도로서의 율령, 그리고 불교이다.[2] 그런데 이와

* 성균관대학교 동아시아학술원 인문한국(HK)연구소 교수.
1 한자문화권의 개념과 관련하여 최근 '漢文文化圈'이라는 개념이 제창되었다. 金文京 씨의
  견해에 의하면 한문의 訓讀은 종래에는 일본의 독자적인 표기라고 생각하였지만, 근래 朝
  鮮·위구르·契丹 등 중국 주변 민족의 언어나 중국어 자체에서도 동일한 현상이 있다.
  더욱이 佛典의 漢譯과정에서 힌트를 얻어 발생한 훈독의 역사를 이해하는 것이 동아시아
  문화 이해에 필요하다고 주장하여 한문문화권이라는 개념을 제창하고 있다(『漢文と東アジ
  ア―訓讀の文化圈』, 岩波書店, 2010).
2 西嶋定生, 『西嶋定生東アジア史論集―東アジア世界と冊封體制』(第3卷), 岩波書店, 2002, 67쪽.

같은 동아시아 사회를 규정하는 개념들을 자세히 살펴보면 각각의 해당 지역에서 본래부터 공유할 수 있는 개념이 아니라 중국에서 발흥하여 주변국이나 민족에게 전파된 것이다. 특히 한자의 경우, 중국과 주변 지역의 언어체계가 상이함을 고려한다면 주변 지역의 민족에 대한 한자의 보급이란 단순한 문화보급의 현상으로 이해하기에는 다소 무리가 있다.

전국시대의 "언어는 소리를 달리하고 문자는 형태를 달리한다."[3]는 상황이나 전한 말 양웅揚雄이 각지의 다양한 언어를 채취하여 편찬한 『방언方言』[4]의 출간뿐 아니라 간독簡牘 내용 가운데 변경에 배치된 군사들의 출신지를 분석한 결과 동일 지역 출신자들이 동일한 장소에 배치되는 경향과[5] 『수호지진간睡虎地秦簡』「진률秦律18종種·내사잡률內史雜律」의 기사 내용 가운데 상관에게 보고할 때는 반드시 문서로 하라는 규정[6]은 중국 지역 내에서도 구두로서는 의사소통에 장애가 있음을 보여주는 좋은 사례라고 할 수 있다. 또한 진秦·한漢 간독簡牘에서 확인할 수 있는 변경에서의 관리들에 대한 식자교육識字敎育이나 그에 따른 '사史' '불사不史'와 같은 하급관리의 승진 여부는[7] 모두 문자의 습득과 밀접한 관련이 있음을 알 수 있다. 제국의 영역 확대에 따른 변경 지역의 효율적 통치인 문서행정은 중앙집권적인 체제를 강화하기 위한 주요한 수단으로 작용하고 있었다. 이와 같이 제국 내에서조차도 원활한 통치의 소통을 위하여 지역적 차이를 반영하는 '언어言語'의 사용 대신에 통일화된 '문자文字'의 사용이 중요시되었음을 알 수 있다.

농경사회를 기반으로 형성·조직된 중국의 군현체제는 그 성격상 유목사

---

3 許愼 撰, 『說文解字』(簡本, 上海敎育出版社, 2003), 「說文解字敍」, "言語異聲 文字異形."
4 揚雄, 『方言』(周祖謨 校箋, 『方言校箋』, 中華書局, 1993).
5 高村武幸, 「前漢西北邊境と關東の戍卒」, 『漢代の地方官吏と地域社會』, 汲古書院, 2008.
6 睡虎地秦墓竹簡整理小組, 『睡虎地秦墓竹簡』, 文物出版社, 1990, 62쪽, "有事請毆(也), 必以書, 毋口請, 毋羈請."
7 宮宅潔, 「秦漢時代の文字と識字—竹簡·木簡からみた」, 富谷至 編, 『漢字の中國文化』, 昭和堂, 2009.

회와는 별개의 문화권을 형성하였기 때문에 제국 영역의 확대란 곧 농경을 기반으로 하는 주변 지역을 그 편입 대상으로 삼은 것이며, 중국적 질서로의 편입은 곧 중국 문화의 전반적인 수용을 의미한 것이다.[8] 그러나 현실적으로 중국 문화의 보급과 수용은 언어체계가 다른 주변 국가에 대한 한자의 강제적 수용을 의미함[9]과 동시에 주변 국가로서는 중국과 현실적으로 힘을 견줄 수 없었기 때문에 중국을 중심으로 한 동아시아 세계의 형성을 의미하는 것이기도 하였다. 이런 까닭에 종래 고대 동아시아 세계의 성격에 대해서 논의할 경우에는 상기한 동아시아 세계의 네 가지 특징을 중심으로 책봉과 조공에 의한 질서체제의 형성이라는 측면을 강조하였다. 동아시아 세계에서 한자의 보급이 단순한 선진문화의 수용이 아닌 중국의 군현지배체제의 편입 여부 및 고대 국가의 형성과 밀접한 관련이 있다면, 한자의 보급은 필연적으로 군현체제와 밀접한 문서나 서적의 형식으로 보급되었을 것이고, 그 '실제의 상황'을 실증적으로 이해할 수 있는 자료 가운데 하나가 바로 동아시아 각 국가에서 출토되고 있는 간독이다.[10] 동아시아 각국에서 출토된 간독의 형태를 보면 크게 문서류와 서적류로 분류할 수 있고, 그 출토시기 역시 한국(한반도)과 일본은 6세기~8세기의 간독이 중심을 이루고 있다. 바로 이 시기는 동아시아 각 지역에서 고대 국가로의 성장과 매우 밀접한 관련을 맺고 있기 때문에 '논어論語와 간독'은 한·중·일 삼국이 공유한 역사상歷史像의 일면을 그려 낼 수 있는 유일한 실마리라 할 수 있다.[11] 본고가 『논어』

---

8 李成珪, 「韓國 古代 國家의 形成과 漢字 受容」, 『韓國古代史硏究』 32, 2003, 60~62쪽.

9 宮本徹 編, 「アジアの言語と漢字—漢字の受容のよるアジア諸言語の變容」(大西克也·宮本徹, 『アジアと漢字文化』, 放送大學教育振興會, 2009)에서는 한자의 수용에 의한 각 지역 언어의 변용에 대해서 설명하고 있다.

10 金慶浩, 「한중일 동아시아 3국의 출토문자자료의 현황 및 연구」, 『韓國古代史硏究』 59, 2010.

11 尹在碩, 「韓國·中國·日本 出土 論語木簡의 비교 연구」, 『東洋史學研究』 제114집, 2011, 3쪽.

간독을 중심으로 고대 동아시아 사회의 유학 보급과 한자의 사용을 고찰하고
자 하는 것도 바로 이러한 까닭이다. 특히 2009년 공개된 평양출토『논어』
죽간의 내용은[12] 자연스럽게 한대 이후부터 8세기 전후 시기까지 동아시아
3국에서 출토된『논어』의 비교분석을 통한 동아시아 세계에서의 한자 및
유교사상의 전파와 수용을 새로운 시각에서 이해할 수 있는 가능성을 제공하
고 있다. 이하 구체적인 내용은 전한 선제宣帝 시기의 것으로 추정되는 하북성
河北省 정주定州에서 발견된『논어』[13]와 시기적으로 거의 근접한 한반도 평양
출토『논어』의 양식과 서사 내용 등을 중심으로 검토하면서, 한국과 일본에
서 출토된『논어』목간과의 비교를 통한 동아시아 사회에서의『논어』보급
의 실상을 규명해 보고자 한다.[14]

2. 간책簡册의 규격화와 『논어』의 보급

20세기 이전 출토문헌이 본격적으로 발굴·소개되기 이전까지의 간독의
형태와 사용에 대한 연구는 주로 전세문헌傳世文獻의 기록에 의거하였음은
잘 알고 있는 사실이다.[15] 20세기 이후 실물 간독이 본격적으로 발굴 소개됨
에 따라 전세문헌의 내용과 실물 간독을 결합하여 간독의 형태와 사용에

---

12 이성시·윤용구·김경호,「平壤 貞柏洞364號墳출토 竹簡『論語』에 대하여」,『木簡과 文字』
   제4호, 2009.12.
13 河北省文物研究所定州漢墓竹簡整理小組,『定州漢墓竹簡論語』, 文物出版社, 1997.
14 본고는 Kyung-ho KIM, "A Study of Excavated Bamboo and Wooden-strip Analects : The Spread
   of Confucianism and Chinese Script", *Sungkyun Journal of East Asian Studies*, Vol.11-1, 2011의 내용을
   기초로 하되 관련 사료와 논지를 대폭 보완하여 작성한 것임을 밝혀 둔다.
15 胡平生·馬月華 校注,『王國維原著『簡牘檢署考』校注』(上海古籍出版社, 2004)의 내용 가운
   데「『簡牘檢署考』校注」에 소개되어 있는 傳世文獻의 기사들이 대표적이다. 예를 들면『儀
   禮』「疏」에서 인용한 鄭玄의『論語序』의 내용이 대표적인 기사 가운데 하나이다("『易』·『
   詩』·『書』·『禮』·『樂』·『春秋』策 皆長尺二寸. 『孝經』謙半之, 『論語』八寸策, 又謙焉.").

대한 연구가 진행되었다. 그 최초의 연구는 1912년 발표된 왕국유王國維의
『간독검서고簡牘檢署考』이고, 50여 년 뒤에 왕국유의 학설을 보충한 진몽가陳夢
家의 연구 성과를 들 수 있다.[16] 특히 왕국유는 '분수分數와 배수倍數'의 개념으
로 간독을 설명하고 있다. 즉 고책古策(冊)의 길이는 2척 4촌을 기준으로 분수
로 나누어져서, 주말周末 이래로 경서經書(六經)와 예제법령禮制法令은 모두 2척
4촌, 『효경孝經』과 한대 이후 관부의 책적冊籍과 군국郡國의 호구 관련 문서
황적黃籍은 1척 2촌, 『논어』는 8촌, 부符는 6촌이라고 규정하였다.[17] 그러나
진몽가 역시 왕국유의 이론을 긍정하면서 수정 보완하는 데 그치고 있어
간독의 형태에 대한 논의는 더 이상 진전을 볼 수 없었다. 왜냐하면 왕국유와
진몽가로 대변되는 연구는 1970년대 이전의 상황이며 1970년대 이후 대량
의 간백簡帛, 특히 전국戰國·진한秦漢 간독簡牘의 발굴 정리 상황은 이들의
견해로서는 더 이상 설명할 수 없을 정도로 다양한 형태와 서사 내용을 담고
있기 때문이다.[18]

다양한 형태의 전국·진한 시대의 간독이 출현됨에 따라[19] 간책의 길이가
전세문헌의 기재 내용과 일치하지 않는 간책들도 보이게 되었다. 그 결과
왕국유의 견해에 대한 반론이 제기되어 간독의 길이나 너비, 그리고 두께
등의 형태는 절대적이지 않으며 고정적 형태가 아니라는 견해가 제출되었
다.[20] 그렇지만 전한 후기 또는 후한 초기에 간독의 규격과 형태가 제도화

---

16 陳夢家, 「由實物所見漢代簡冊制度」, 『漢簡綴述』, 中華書局, 1990.

17 胡平生·馬月華 校注, 앞의 책, 「『簡牘檢署考』校注」, 14~17쪽; 胡平生, 「簡牘制度新探」, 『文
物』, 2000. 3, 66쪽.

18 李零, 「簡帛的形制與使用」(『簡帛古書與學術源流』(修訂本), 生活·讀書·新知 三聯書店,
2008, 126쪽)에서는 "70년대 이후 출토문헌은 날로 증가하여 자료가 산적해 있기 때문에
새로운 결론을 도출하는 것이 매우 필요하다(七十年代後, 出土日增, 材料山積, 很有必要做
重新總結)."라고 지적하고 있다.

19 駢宇騫·段書安 編著, 『二十世紀出土簡帛綜述』(文物出版社, 2006) 및 胡平生·李天虹, 『長
江流域出土簡牘與研究』(湖北敎育出版社, 2004)에 소개되어 있는 간독을 참고.

20 劉洪, 「從東海尹灣漢墓新出土簡牘看我國古代書籍制度」, 連雲港市博物館·中國文物研究所

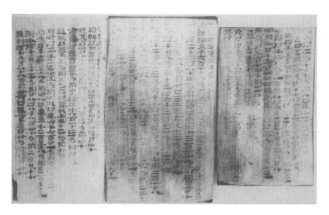

낙랑 유적에서 나온 목간(『조선고고연구』, 사회과학출판사, 2008, 뒤표지 배면
에서 인용)

되었다는 지적이나[21] 전국 및 진한 간독을 견책遣策, 문서간文書簡, 서적간書籍
簡, 율령律令 등으로 분류하여 그 형태와 규격을 조사한 결과 진한대 이후에는
1척(23㎝) 길이의 간이 가장 상용되어 서적書籍과 공사문서公私文書를 막론하고
1척 길이의 간책과 목독木牘이 통용되었음을 입증할 수 있었다.[22] 특히 진대
이후 서적간의 경우, 전국시대에 비해 무려 18~30㎝나 줄어들어 그 길이가
30㎝가 넘지 않았으며, 이러한 경향은 전한 전·중기까지 지속되어 성제成帝
시기에 작성된 윤만尹灣6호號 한묘漢墓(이하 "윤만한간")에서 출토된 서적간 ─
신오부神烏賦·행도길흉行道吉凶·형덕행시刑德行時 등 ─ 의 길이가 1척이라
는 지적은[23] 간독이 동일한 형제刑制로 '표준화'[24]되었음을 실증하는 것으로

　　編, 『尹灣漢墓簡牘綜論』, 科學出版社, 1999, 163~164쪽; 胡平生, 앞의 책(2004), 13쪽.
21　李零, 앞의 책(2008), 129쪽.
22　胡平生, 「『簡牘檢署考』導言」, 胡平生·馬月華, 앞의 책(2004), 14~37쪽.
23　尹在碩, 앞의 논문(2011), 23쪽.
24　표준화의 개념에 대해서는 翟光珠, 『中國古代標準化』(山西人民出版社, 1996) 및 李均明, 「秦
　　漢帝國標準化措施述略」(『漢帝國的制度與社會秩序』, 香港中文大學 國際學術會議 발표문,
　　2010.5.5~5.7).

해석할 수 있다. 특히 윤만한간尹灣漢簡[25]은 상기한 것처럼 전체 목독 24점 가운데 1점을 제외한 모든 목독의 길이가 1척(23㎝)에 거의 근접하고 있으며, 천장한묘목독天長漢墓木牘(이하 "천장한간") 34점 역시 길이가 대체로 1척인 22.3㎝~23.2㎝이다.[26]

전한 중·후기 이후 간독의 형제가 동일한 규격으로 표준화되었을 것이라는 추단은 한대 변경 지역인 낙랑군에서 출토된 호구부의 발견을 통해서 더욱 확신할 수 있게 되었다. 근년 평양시平壤市 정백동貞柏洞 364호분號墳에서 낙랑군樂浪郡 산하 25개 현縣의 호구 수를 집계한 이른바 '낙랑군초원사년현별호구다소□□樂浪郡初元四年縣別戶口多少□□'라는 표제가 명기되어 있는 호구부戶口簿의 사진이 공개[27]되어 그 내용의 전문全文에 대한 석독과 분석이 진행되었다.[28] 호구부는 총 3매로 구성되어 있으며 주요 기재 양식을 살펴보면, 중간 사진의 목독 첫줄에 표제인 '낙랑군초원사년현별호구다소□□'가 명기되어 있고 그 이하는 『한서』「지리지」의 서술 순서에 준하여 25개 현의 호구 증감을 표기하고 마지막 행에 낙랑군 전체의 호구 수를 기재하고 있

---

25 連雲港市博物館·中國社會科學院簡帛研究中心·東海縣博物館·中國文物研究所, 『尹灣漢墓簡牘』(中華書局, 1997). 이하 '尹灣漢簡'으로 약칭.

26 天長市文物管理所·天長市博物館, 「安徽天長西漢墓發掘簡報」, 『文物』2006-11期. 이하 '天長漢簡'으로 약칭.

27 지금까지 공개된 사진은 2종의 흑백 사진이다. 손영종, 『조선단대사(고구려사5)』(과학백과·사전출판사, 2008)와 김정문, 「사진 : 락랑유적에서 나온 목간」(『조선역사고고』 149(2008-4), 사회과학출판사)이다.

28 손영종, 「락랑군 남부지역(후의 대방군 지역)의 위치―락랑군 초원4년 현별 호구다소□□' 통계자료를 중심으로」(『력사과학』 198, 2006, 30~33쪽); 「료동지방 전한 군현들의 위치와 그 후의 변천(1)」(『력사과학』 199, 2006, 49~52쪽); 尹龍九, 「새로 발견된 樂浪木簡―樂浪郡初元四年 縣別戶口簿」(『韓國古代史硏究』 46, 2007, 241~263쪽)을 참고. 낙랑목간 호구부의 석문 내용은 尹龍九, 「平壤出土 「樂浪郡初元四年縣別戶口簿」 研究」(『木簡과 文字』 제3호, 2009, 281~284쪽 참조). 金秉駿, 「樂浪郡 初期의 編戶過程과 '胡漢稍別'―「樂浪郡初元四年 縣別戶口多少□□」木簡을 단서로」(『木簡과文字』, 창간호, 2008); 「樂浪郡初期의 編戶過程―「樂浪郡初元四年 戶口統計木簡을 端緒로 して」(『古代文化』 61-2, 2009는 저자의 2008년 논문을 수정 보완한 글). 사진은 『조선고고연구』(2008년 4기, No.149, 2008년 11월 25일 간행)의 뒤표지 배면에 '낙랑 유적에서 나온 목간'이란 표제가 붙어 있다.

다.[29] 이 호구부 목독의 특징은 1매가 아닌 3매의 목독으로 구성되어 있으며 그 전체 길이가 1척(23㎝)을 조금 상회하는 26.8㎝로서[30] 상기한 윤만한간이나 천장한간의 그것과 거의 일치한다. 더욱이 목독의 형제가 하나는 길고 다른 하나는 짧은 목독 2매로 구성되어 있는 윤만한간 「동해군하할장리명적東海郡下轄長吏名籍」(YM6D3)의 경우와, 3매로 구성된 낙랑군 호구부의 형제 비교와, 그 연대가 각각 초원 4년(B.C.45)인 낙랑 호구부와 전한前漢 성제成帝시기의 '영시永始'·'원연元延'의 연호가 확인된 윤만한간의 연대를 고려한다면 아마도 원제元帝·성제 시기에 이르러서는 통일된 규격이 준수된 문서 양식이 통용되었을 가능성은 농후하다.

형제의 규격뿐 아니라 기재 방식을 통해서도 통일된 간독 문서 양식이 사용되었음을 확인할 수 있다. 우선 상기한 것처럼 목독의 내용은 '표제―본문―집계'라는 순서로 작성되어 한대 부적簿籍의 공식적인 표기 방식을 준수한 것[31]과 아울러 '다소多少'라는 용어이다. '다소'란 표현은 호구 수의 증감 변화 수치를 의미한다. 따라서 '다전多前'이란 호구 수의 전년대비 증가한 수를 표기한 것이다. 그런데 이와 같은 '다전'이란 호구부의 표기는 낙랑군 지역과 같은 변군 지역뿐 아니라 내지에서 출토된 호구 관련 자료에서도 확인된다. 전한 성제 말기(기원전 16년~기원전 9년)보다 그 연대가 내려가지는 않을 것으로 추정되는 동해군 지역에서 발견된 윤만한간의 「집부集簿」에 보

---

29 낙랑목간 호구부의 기재 양식과 목독의 크기, 자체 등에 대한 내용은 尹龍九(2009) 및 고광의, 「樂浪郡 初元四年 戶口簿 재검토」(『木簡과 文字』 7號, 2011)를 참조. 호구부의 기재 양식은 다음과 같다. ① 【표제】 樂浪郡初元四年縣別戶口多少■簿(중간 목간 右1行) ② 【25개 현 호구 수의 증감】 朝鮮戶九千六百七十(八)多前九十三口(五)萬六千八百九十(多)前千八百六十二 (…) (중간 목간 우2행부터 왼쪽 목간과 오른쪽 목간 우7행의 夫租縣까지의 기사) ③ 【합계】 ·凡戶四萬三千八百(卅)五多前五百(八)十(四)口卄八萬(三)百六十一(其)戶(三)萬七千■■卅四口卅四萬二千■■■■■■(이상, 오른쪽 목간 우8-9행).

30 호구부의 형제는 사진1의 중앙(9.4cm×6cm), 좌측(9.4cm×5cm), 우측((8cm×5cm)로 추정된다.

31 井上亘, 「中國古代における情報處理の樣態―漢代居延の簿籍簡牘にみる記錄の方法論」, 『東洋文化研究』 3, 學習院大學東洋文化研究所, 2001, 75쪽.

이는 "亭688 卒2,972人 郵34 人408 如前, 界東西551里 南北488里 如前"과 "戶266,290 多前2,629 其戶11,662 獲流"의 기사, 安徽省 天長市에서 발견된 「천장한묘목독」의 "·戶凡九千一百六十九少前口四萬九百七十少前"[32] 등에서 확인할 수 있는 '다전'·'여전如前'·'소전' 등과 같은 표현은 모두 호구를 비롯한 군郡의 전년대비 물류 변화의 수치를 명기한 것이다.[33]

또한 윤만한간 「집부集簿」의 기사에서 알 수 있듯이 전년대비 증감치나 동일함을 기재하는 용어인 '소전'·'다전'과 '여전' 등은 주요 기재 대상인 호구만이 아니라 지역 경계의 넓이, 간전墾田의 수, 춘종수春種樹의 수 등 집부의 모든 기재 대상에 적용되고 있다. 이러한 사실은 호계산虎溪山 전한前漢 죽간竹簡의 내용 중 「황부黃簿」의 "□□方 九十五. 如前.(M1T:43-97)"과 "復算 : 百七十, 多前四, 以産子故.(M1T:43-98)"에서도 확인할 수 있다.[34] 이와 같이 호구 기재와 관련한 기재 방식은 '戶+戶口數+[少前·多前·如前]+增減數値/口+口數+[少前·多前·如前]+增減數値'의 통일화된 기재 방식을 사용하고 있음을 알 수 있다. 아울러 윤만한간 「동해군하할장리명적」에 서사된 자수字數를 검토하여 보면 제1란 제5행(23자)과 제6행(25자), 제2란의 9행(22

32 天長市文物管理所·天長市博物館, 「安徽天長西漢墓發掘簡報」, 『文物』 2006-11期.
33 이러한 호구 증감의 수치를 표기한 것으로는 '息戶'·'耗戶'란 표기도 있다. 2004년 말 湖北省 荊州市 荊州區 紀南鎭 松柏村에서 출토된 전한 武帝 初期(建元年間) 목독 가운데 48호 목독 「二年西鄕戶口簿」의 관련 기사이다. 이에 대해서는 彭浩, 「讀松柏出土的西漢木牘(二)」,(武漢大學 簡帛網 簡帛文庫 漢簡專欄, 2009-4-4)에 석문이 소개되어 있다.
34 湖南省文物考古硏究所·懷化市文物處·沅陵縣博物館, 「沅陵虎溪山一號漢墓發掘簡報」,(『文物』 2003-1期)에 의하면 前漢 文帝 後元二年(기원전 162년) 사망한 제1대 원릉후 吳陽의 묘에서 발견된 죽간의 주요 내용은 「黃簿」, 「日書」, 「美食方」 등의 3부분이다. 이 가운데 「黃簿」는 241매이지만 완정간은 120매로서 완정간의 길이는 14㎝, 너비 0.7㎝, 두께 0.1㎝이며 상하 두 곳이 편철되어 있으며 예서로 서사되어 있다. 「簡報」에 소개된 내용에 의하면 黃簿는 전한 초년 원릉후국의 행정기구, 리원인수, 호구인민, 전부무세, 대형가축(耕牛 등), 경제임목(배, 매실 등) 등의 수량과 兵甲船 및 각 항목의 증감과 그 원인, 그리고 도로교통, 亭聚, 장안을 왕래한 노선과 수륙 이정 등이 상세히 기재되어 있다. 이 전체상이 명확하게 규명된다면 전한 전기의 縣級 관문서의 상당한 부분이 명확하게 될 가능성이 있다.

자), 제3란의 13행(27자)과 15행(25자)를 제외하면 대부분 20자 내외로 쓰여 있다. 낙랑 호구부 역시 표제(9자)를 제외하면 매행 23자 내외로 작성되었음을 알 수 있다. 이러한 사실들을 종합해 정백동364호분 출토의 낙랑군 호구부의 자수나 규격 등과 내지에서 발견된 호구부 목독을 비교하여 보면 차이점을 거의 발견하기 어렵다. 더욱이 무제武帝 시기에 이르러 서체書體가 전서篆書의 자형字形 특징이 비교적 많이 남아 있는 고예체古隸體에서 팔분체八分體로 발전했다는 지적[35]과 낙랑군 호구부의 서체 역시 전형적인 팔분체의 특징과 일부 자형에서 여전히 전서 형태를 띠는 자형이 사용되었다는 지적은[36] 낙랑군에서도 내지에서 보이는 서체의 변화와 유사하였음을 보여주는 것이다. 따라서 간독의 형제·자수·자형 등을 검토한 결과, 무제년간 이후 문서의 작성은 통일된 원칙하에 이루어졌을 개연성이 매우 높으며, 낙랑 지역에서 발견된 호구부는 이를 실증하는 좋은 자료라고 할 수 있다.

필자가 장황하게 낙랑군 호구부 관련 내용을 서술한 것도 바로 통일된 원칙하에서 진행된 문서작성 및 행정과 『논어』 죽간과의 관련성에 주목했기 때문이다. 현재까지 알려진 대표적인 출토문자 자료로서의 『논어』는 1973년 하북성 정주 소재의 전한前漢 중산회왕中山懷王 유수劉脩 묘에서 출토된 정주한묘죽간定州漢墓竹簡 가운데 『논어』 죽간[37]과 상기한 낙랑 호구부와 동일한 무덤인 정백동364호 분에서 출토된 것으로 추정되는 낙랑 『논어』 죽간의

---

35 裘錫圭, 『文字學槪要』, 商務印書館, 1988, 77~81쪽 참조.
36 高光儀, 「樂浪郡 初元四年 戶口簿 재검토」, 『木簡과 文字』 제7호, 2011, 20~22쪽.
37 이와 관련한 釋文 및 주요 내용에 대해서는 河北省文物研究所定州漢墓竹簡整理小組, 『定州漢墓竹簡 論語』(文物出版社, 1987)를 참조. 아울러 발굴 정황 등에 대해서는 河北省文物研究所, 「河北定縣40號漢墓發掘簡報」, 『文物』, 1981-8; 國家文物局古文獻研究室·河北省博物館·河北省文物研究所, 「定縣40號漢墓研究竹簡簡介」, 『文物』, 1981-8. 이와 관련하여 윤재석, 앞의 논문(2011), 12쪽에서 "정주 『논어』 죽간은 中山國 懷王의 묘에서 발굴된 만큼 이는 宣帝 당시 최고 지배층 사회에 유통된 것으로서 당시 논어의 정형적 판본이었을 가능성이 높다"라고 지적하고 있다.

일부 내용이다.[38] 이 두 가지 『논어』의 형태를 비교하여 보면 대체로 다음과 같이 정리할 수 있다. 정주한묘 『논어』 죽간은 620여 매로서 잔간殘簡이 대부분을 차지한다. 정주 『논어』가 비록 잔간이 대부분일지라도 중산왕 유수가 전한 선제 오봉五鳳 3년(B.C. 55)에 사망했기 때문에 정주한묘 『논어』의 조성 연대는 오봉 3년(B.C. 55) 이전임을 알 수 있다. 죽간의 형제는 길이 16.2 ㎝(약 7寸), 너비 0.7㎝, 간의 자수는 19～21자이며, 간의 양단兩端과 중간 부분이 편철編綴되어 있어 그 흔적이 남아 있다. 더욱이 쓰인 자수는 간 중간의 편철 부분을 중심으로 상하 각각 10자 전후로 기술되어 있다.[39]

여기에서 『논어』의 형태와 관련하여 『논형論衡』의 관련 기사를 참조하여 보자.

『정주논어』
죽간 일부

『낙랑논어』
죽간 일부

"단지 주周나라에서는 8촌을 1척으로 하였다는 것만을 알 뿐이고, 『논어』만 1척(周尺)의 죽간에 기재하게 된 의미를 모른다. (…) 죽간에 『논어』를 기록한 것은 기록을 간략하게 하여 품에 넣고 다니기에 편리하도록 한 것이다. 『논어』는 경서로 전해지는 것이 아니고, 그 뜻을 잊어버리는 것을 염려하여 전문을 기록한 것이기 때문에 단지 8촌을 1척으로 하는 기준에 따라 기록한 것으로 2척 4촌 길이의 죽간을 사용하지 않는다."[40]

---

38 이성시 · 윤용구 · 김경호, 앞의 논문(2009) 참조.
39 中國國家圖書館 中國國家古籍保護中心 編, 『第一批國家珍貴古籍名錄圖錄』(第1冊), 「一. 漢文珍貴古籍名錄 · 00077論語」, 國家圖書館出版社, 2008, 77쪽.

『논형』의 기사 내용에 의하면 논어의 길이는 8촌(18.4㎝)으로서 정주『논어』죽간과는 1촌밖에 차이가 나지 않는다.

한편 2009년 12월 필자는 이성시, 윤용구와 함께 정백동364호분 출토 『논어』죽간의 사진을 공개하고 판독작업을 하였는데, 그 결과[41] 주요 내용은 류병홍 선생이 언급한[42] 제11권 「선진先進」과 제12권 「안연顔淵」의 일부 내용임을 확인할 수 있었다. 또한 형제도 죽간 양단과 중간 부분에는 편철한 흔적이 선명하게 남아 있고 더욱이 중간 부분의 편철한 흔적을 중심으로 상하 각각 10자씩 균일하게 쓰여 있는 사실로 보아 상기한 정주한묘『논어』죽간과 형제가 거의 동일함을 알 수 있다. 또한 편철된 방식이 선편후사先編後寫가 확실한 형태임을 볼 때 두 논어간은 계통적으로 매우 유사함을 띠고 있기 때문에 한대 내지에서 유입되었을 가능성은 매우 농후하다. 게다가 평양 정백동 출토 낙랑『논어』죽간은 '초원 4년(B.C. 45)'이라는 연호가 명기되어 있는 호구부와 같은 무덤에서 출토되었다는 점[43]과 정주『논어』죽간이 선제 오봉 3년 이전에 작성되었음을 고려한다면 적어도 선제·원제 시기 통일화된 『논어』의 판본이 전국에 보급되었음을 추측할 수 있다. 이처럼

---

40 『論衡』正說, 1598쪽, "說『論』者, 皆知說文解語而已, 不知論語本幾何篇; 但[知]周以八寸爲尺, 不知論語所獨一尺之意. 夫論語者, 弟子共紀孔子之言行, 勅記之時甚多, 數十百篇, 以八寸爲尺, 紀之約省, 懷持之便也. 以其遺非經, 傳文紀識恐忘, 故但以八寸尺, 不二尺四寸也."
41 이성시·윤용구·김경호, 앞의 논문(2009) 참조.
42 류병홍, 「고고학 분야에서 이룩한 성과」, 『조선고고연구』, 1992.2, 2쪽, "『논어』의 책 제11권과 제12권 전문이 쓰여 있는 참대쪽 묶음과 같은 유물도 있다."
43 손영종, 「락랑군 남부지역(후의 대방군 지역)의 위치－'락랑군 초원4년 현별 호구다소□□' 통계자료를 중심으로」, 『력사과학』198, 2006, 30~33쪽; 「료동지방 전한 군현들의 위치와 그 후의 변천(1)」, 『력사과학』199, 2006, 49~52쪽; 尹龍九, 「새로 발견된 樂浪木簡—樂浪郡初元四年 縣別戶口簿」, 『韓國古代史硏究』46, 2007, 241~263쪽; 「平壤出土「樂浪郡初元四年縣別戶口簿」硏究」, 『木簡과 文字』제3호, 2009; 金秉駿, 「樂浪郡 初期의 編戶過程과 '胡漢稍別'－'樂浪郡初元四年縣別戶口多少□□」木簡을 단서로」, 『木簡과文字』창간호, 2008; 「樂浪郡初期の編戶過程—「樂浪郡初元四年 戶口統計木簡を端緒として」, 『古代文化』61-2, 2009(저자의 2008년 논문을 수정 보완한 글이다) 등을 참조.

진한의 통일제국은 국가제도의 운영에 실무적으로 그다지 도움이 되는 않는 『논어』와 같은 전적류 목간의 양식조차도 국가에서 규격화를 요구하였음을 잘 보여 주고 있다. 그렇다면 출토된 두 종류의 『논어』에 근거하여 보아 선제·원제 시기에 동일한 양식을 갖춘 『논어』가 존재한 이유는 무엇인가? 이와 관련하여 상기한 『논형』의 다른 기사 내용을 검토하여 보면 다음과 같다.

> 한漢나라가 흥기할 때에는 (『논어』가) 망실되었으나 무제 시기에 이르러 공자의 구택舊宅 벽 가운데에서 고문古文을 찾아내었는데, 이때 (『논어』) 21편을 얻었고, 여기에 제론齊論·노론魯論과 하간론河間論의 9편이 더해져서 『논어』가 30편이 되었다. 소제昭帝 시기에 이르러 (사람들은 『논어』) 21편을 읽었다. 선제가 태상박사太常博士에게 『논어』를 하사함에, 당시만 해도 아직 서적의 이름을 칭하는 것이 어렵고 분명치 않아서, 이를 '전傳'이라 하였다. 후에 예서隷書로 이를 다시 써서 전수하고 독송하였다. 당초, 공자의 후손인 공안국孔安國이 노인魯人 부경扶卿에게 『논어』를 가르쳤는데, 그의 관직이 형주자사荊州刺史에 이르러, 비로소 이 책을 '논어'라 불렀다.[44]

상기한 『논형』의 두 기사 내용을 검토하여 보면 소제 시기 이후, 『논어』는 사람들에게 널리 송독誦讀되기 시작하였으며, 2척 4촌 길이의 경經이 아닌 전傳으로서 길이가 8촌인 텍스트임을 알 수 있다. 이 길이는 교화를 위주로 하는 초학용 텍스트인 『효경』의 1척 2촌(약 27.6cm)의 길이에도 미치지 못하는 짧은 길이이다. 그 까닭은 무엇보다도 '휴대의 편리성'으로 비교적 용이하게 유교이념을 민간사회에 보급하려고 도모하였기 때문일 것이다. 왜냐하면

---

44 『論衡』 正說, 1598쪽, "漢興失亡, 至武帝發取孔子壁中古文, 得二十一篇, 齊·魯二, 河間九篇, 三十篇. 至昭帝女讀二十一篇. 宣帝下太常博士, 時尙稱書難曉, 名之曰傳; 後更隷寫以傳誦. 初, 孔子孫孔安國以敎魯人扶卿, 官至荊州刺史, 始曰論語."

두 종류의 『논어』 죽간이 사용되었으리라 추정되는 시기는 기원전 55년~45년으로서 이 시기는 전한 선제 오봉 3년에서 원제 초원 4년에 해당하는 시기와 일치하며, 바로 한대 사회에서 유가 이념이 커다란 영향력을 발휘하던 시기라고 해도 과언은 아닐 것이기 때문이다. 이러한 추론은 선제 시기에는 "『시詩』・『서書』・『춘추春秋』・『예禮』・『역易』의 각 경에 예외 없이 박사관博士官이 배치되고 오경박사五經博士 전원이 존재하였다"[45]라는 사실이나 어릴 적부터 『논어』를 배운 선제[46]나 '호유好儒'[47]한 원제가 유가 이념을 강조한 것은 쉽게 이해할 수 있기 때문이다. 따라서 당시 민간사회에서는 『논어』를 오경五經에는 들지 못할지라도 실질적으로는 경서로 인식했을 것이며,[48] 황태자로부터 민간사학에 이르기까지 필독서임과 동시에 육경六經을 학습하기 위한 입문서로 인식되었을 것이다.[49] 이러한 사회적 분위기 속에서 유가 이념을 습득하기 위하여 텍스트로 사용된 것 가운데 하나가 정주한묘 『논어』 죽간과 평양 『논어』 죽간이라고 할 수 있다.

사실 경사京師 지역이 아닌 중산국中山國(지금의 하북성 정현定縣)이나 낙랑군樂浪郡에서 『논어』 죽간이 발견된 것은 무제 시기 군국학郡國學의 설치와 공손홍公孫弘이 도道(유가적 통치이념)가 침체한 것을 한탄하며 상서한 내용 가운데, "교화를 시행하려면 (천하의) 본보기를 세워 경사부터 시작하여 안[內]에서 밖[外]으로 이르게 해야 한다"[50]는 지적과 밀접한 관련이 있다. 왜냐하면 교

---

45 福井重雅, 「五經博士の硏究」, 『漢代儒敎の史的硏究―儒敎の官學化をめぐる定說の再檢討―』 제1편, 汲古書院, 2005, 233쪽.
46 『漢書』 卷8 「宣帝紀」, 238쪽, "至今年十八 師受詩、論語、孝經 操行節儉 慈仁愛人 可以嗣孝昭皇帝後 奉承祖宗 子萬姓."
47 『漢書』 卷9 「元帝紀」, 298쪽, "贊曰, 元帝多才藝, 善史書 (…) 少而好儒, 及卽位, 徵用儒生, 委之以政."
48 徐復觀, 「中國經學史的基礎」, 『徐復觀論經學史二種』, 上海書店出版社, 2002, 149쪽.
49 姜維公, 『漢代學制硏究』, 中國文史出版社, 2005, 275쪽.
50 『史記』 卷121 「儒林列傳」, 3119쪽, "公孫弘爲學官 悼道之鬱滯 乃請曰 (…) 故敎化之行也 建首善自京師始 由內及外."

화의 현실적 범위를 중심[京師]에서 점차 밖[外, 邊境]으로 확산시켜야 한다는 주장을 뒷받침할 수 있는 중요한 근거이기 때문이다. 더욱이 이러한 추세하에서 원제 시기 경서에 능통한 자에게는 요역을 면제시켜 주었으며 이러한 자들을 증원하였고 군국에 오경을 담당한 관리를 설치하였다는 기사[51]를 참조한다면 『논어』 죽간이 출토된 정백동364호분의 묘주는 아마도 낙랑군 호구부의 작성 등 행정업무를 담당한 속리屬吏이거나 오경을 담당한 관리일 가능성도 배제할 수 없다. 정백동364호분의 경우처럼 동일 묘에서 군현지배의 실상을 보여 주는 호구부와 '이풍역속移風易俗'을 강조하는 사상적 통치이념을 반영한 『논어』 죽간의 출현은 한대 변경지배의 전형적인 형태를 보여 주는 중요한 사료라고 할 수 있다. 더욱이 정백동364호분에서 출토된 낙랑군 호구부는 상기한 윤만한간과 호구집계방식이 현별로 호구 수를 집계한 송백한묘松柏漢墓 목독[52]의 형태와 같이 '戶＋戶口數＋[少前・多前・如前]＋增減數値 / 口＋口數＋[少前・多前・如前]＋增減數値'의 공식적인 기재 방식을 사용하고 있는 점에서 이미 한대 문서행정 및 전적 형식의 통일화를 통한 군현지배의 구현을 확인할 수 있다.[53] 이와 더불어 전적류인 낙랑 『논어』 죽간은 그 형제形制는 물론이고 간책의 편승編繩 방식, 유사한 부호의 사용, 서사용書寫用 서도書刀로 추정되는 환두도자環頭刀子의 발굴[54] 등의 정황을 고려한다면 내지에서 간독이 출토된 묘장과 매우 유사함을 알 수 있다. 따라서 낙랑 『논어』 죽간과 최소 10년 정도의 시간적 차이와 동일한 형제를 띠고 있는 정주 『논어』 죽간은 하나의 계통일 가능성이 농후하다. 그렇다면 당시 통용

---

51 『漢書』 卷88 「儒林傳」, 3596쪽, "元帝好儒 能通一經者皆復 數年 以用度不足 更爲設員千人 郡國置五經百石卒史."
52 荊州博物館, 「湖北荊州紀南松柏漢墓發掘簡報」, 『文物』, 2008-4.
53 졸고, 「秦漢時期 戶口文書와 邊境支配－記載 樣式을 중심으로－」, 『낙랑군호구부연구』, 동북아역사재단, 2010.
54 윤재석, 앞의 논문(2011), 40~51쪽.

되고 있었던 노론계魯論系『논어』역시 편차가 일치하지 않았다는 사실을 고려한다면[55] 징주와 낙랑『논어』역시 또 다른 판본의 형태로 민간사회에 통용되고 있었고 그 가운데 일부가 한대 변경 지역인 낙랑군에서 유입·확인되었을 가능성은 매우 농후하다.

반면에 선제·원제 시기 유교이념의 변경 지역 보급은 비단 낙랑 지역에 국한하고 있는 것은 아니다. 우선 주목되는 것은 돈황현천치한간敦煌懸泉置漢簡에서 발견된『논어』권19「자장子張」편의 잔편殘片 및 유가 관련 전적의 내용으로 추정되는 잔편이다. 주요 내용은 다음과 같다.

1) 乎張也, 難與並而爲仁矣. • 曾子曰, 吾聞諸子, 人未有自致也者, 必也親喪乎. • 曾子曰, 吾聞諸子, 孟莊子之孝, 其它　　　　　可能也, 其不改父之臣與父之……[56]

2) ☑□子張曰, 執德不弘, 通道不篤, 焉能爲有, 焉能爲亡. • 子夏之門人間交於子張, 子張曰[57]

상기한 두 간은 모두 돈황 현천치 지역에서 발견된 것으로 1)의 목독은 길이 23cm, 넓이 0.8mm이며 장章과 장 사이에는 흑점을 사용하여 간극을 두고 있음을 알 수 있다. 주요 내용은 「자장子張」편의 일부로서 현재 통용되는

55 『漢書』卷81「張禹傳」, 3352쪽, "始 魯扶卿及夏候勝·王陽·蕭望之·韋玄成皆說論語 篇第或異."
56 胡平生·張德芳, 『敦煌懸泉漢簡釋粹』, 上海古籍出版社, 2001, 174쪽.
57 張德芳·郝樹聲, 『懸泉漢簡硏究』, 甘肅文化出版社, 2009.

『십삼경주소十三經注疏』[58]와 비교하여 보면 간문에 '이而'자가 추가되어 있으며, '오문제자吾聞諸子'의 표현이 현행본에는 '오문제부자吾聞諸夫子'로, 그리고 '기타가능야其它可能也'의 '타它'자가 '타他'로,[59] '맹장자지효孟莊子之孝'의 마지막 부분에 '야也'자가 삽입되어 있다. 또한 2)의 목독은 길이 13㎝, 넓이 0.8㎜이며 역시 장이 시작하는 부분에는 흑점을 표기하였다. 이 간의 내용 역시『십삼경주소』와 그 내용을 비교하여 보면 간문의 '집덕불홍執德不弘'이 현행본에서는 '신덕불홍信德不弘'으로 표현되어 있다. 이처럼 비록 현행 통용본과 문자상에서 약간의 출입이 확인된다. 특히 2)의 목독은 정주한간『논어』「자장」편에서도 발견되지 않은 부분으로 전한 중・후기의 논어 텍스트를 복원하는 데 중요한 자료임에 틀림없다.

　　더욱이 현천치 한간에서는 상기한『논어』「자장」편 관련 내용 외에도 유사한 성격의 간독 내용을 확인할 수 있다. 즉 "之祚責, 惡衣謂之不肖, 善衣謂之不適, 士居固有不憂貧者乎. 孔子曰："本子來…"(II 0114(5):71) 및 "欲不可爲足輕財. 象曰：家必不屬, 奢大過度, 後必窮辱, 責其身而食身, 又不足(A 十二(B)(II 0314(3):14)"[60]의 내용으로 출처가 불분명하다. 또한 1930~1934년 라포뇨이羅布淖爾의 봉수 유적에서 선제・원제 시기에 사용된『논어』「공야장公冶章」 일부가 기재된 잔간 1매가 발견되었다. 이와 같이 하서 지역에서 전한 중・후기 이후로 추정되는『논어』간이 발견되었다는 사실은 이 시기에『논어』가 하서 변경 지역으로 전파되었음을 어렵지 않게 추측할 수 있다.[61] 그러나 주목해야 할 것은 정주와 낙랑『논어』가 죽간본인 데 비하여 서북

58　李學勤 主編,『十三經注疏(標點本)』, 北京大學出版社, 1999.
59　張德芳・郝樹聲, 앞의 책(2009, 268쪽)에서는 '他'로 석문하고 있다.
60　胡平生・張德芳, 위의 책(2001), 176쪽.
61　黃文弼,『羅布淖爾考古記(中國西北科學考察團叢刊之一)』, 國立北京大學出版部, 1948, 209~210쪽. 소개된 論語簡은 길이 7.8㎝, 너비 0.7㎝, 두께 0.2㎝로서 상단부가 殘缺된 상태이다. 그 내용은 "[殘缺]亦欲毋加諸人子曰賜非"이다.

지역에서 발견된 『논어』는 모두 목간이라는 사실이다. 이러한 사실은 일단 내지로부터 유입된 『논어』를 호양胡楊·송목松木 등의 서사 재료에 초사抄寫하였기 때문일 것이다.

하서 지역에 대한 유교이념의 보급은 비록 선제·원제 시기의 기사는 아니더라도 그 이후 시기의 관련 기사 내용을 통해서도 알 수 있다.

> a) 하평□年 4월 4일 여러 문학제자들이 곡穀 5천여 곡을 내었다.
> (河平□年四月四日 諸文學弟子出穀五千餘斛)[62]
> b) 또한 학교와 (관련) 관리를 두었다. ① 연리掾吏의 자제들에게 모두 학교에 나아가 수업을 받게 하고 요역을 면제케 하였다. ② 문장을 익히고 나면 모두 발탁하여 (관리로) 중용하였다. ③ (이에) 군郡에서는 유아지사儒雅之士가 존재하였다.[63]

먼저 a)의 기사는 무위한간武威漢簡의 일부로서 그 시기는 전한 성제成帝 하평년간河平年間(B.C.28~25)임을 알 수 있다. 또한 제문학제자諸文學弟子가 곡식 5천여 곡斛을 낸 것으로 미루어 이들은 경서를 습득하는 자들임을 추측할 수 있으며, 이를 통해 전한 후기 무위군에는 유학이 보급되었음을 짐작케 한다.[64] b)의 기사는 건무년간建武年間(A.D.25~55) 무위태수로 부임한 임연任延이 이 지역에서 학교를 설립한 내용이다. b)-①은 피교육 대상자가 무위武威 지역에서 실질적인 영향력을 행사하는 연리의 자제라는 사실이 주목된다. 즉 이들은 요역 면제라는 혜택을 국가로부터 받는 대신에 학교에서 수업을 받아야 했던 것이다. b)-②는 이들에게 가르친 수업의 내용과 수업을 모두

---

62 陳夢家, 「武威漢簡補述」, 『漢簡綴述』, 中華書局, 1980, 286~290쪽을 참조.
63 『後漢書』 卷76 「任延傳」, 2463쪽.
64 甘肅省 武威縣 磨咀子 6호묘에서 발견된 469매의 의례 목간(특히 「士相見之禮」)은 이 지역에 유교가 보급되었음을 보여 주는 좋은 예이다.

마치면 소리小吏로 임용한다는 내용이다. 결국 관에서는 하서河西 지역 — 특히 이민족— 에 대한 지배력을 강화하기 위해 하서河西 출신인 연리들의 역할을 중요시 여긴 것이다. 하서 지역 출신자의 군현 속리 임용은 당시 지방관리 임용의 관례로서[65] 이러한 현상은 한사군 지역에서도 예외 없이 적용되고 있다. 즉 무제가 현토玄免와 낙랑樂浪 지역에 군을 설치할 때 "처음에는(初) 요동 지역에서 관리를 취하였다"[66]라는 기사를 통해서 이를 확인할 수 있는데, "처음(初)"이란 의미는 아마도 한사군을 설치할 당시 위의 기사 b)-① · ②와 같은 단계에 이르기 전으로 판단된다. 환언하면 한사군 설치 이후 일정 기간이 경과되면 현지인을 속리로 임용하고 있음을 의미하는 것이다. 이러한 사실은 한 건무 6년 낙랑군 동부도위東部都尉를 폐지하고 예속 현縣에서 거수渠帥를 선발하고, 현 대신 후국을 설치하고 주부主簿와 제조諸曹를 모두 예민穢民에서 임용한 사실[67]은 비록 하서 지역과 같은 학교의 설치나 교육과 같은 기사는 확인할 수 없지만 바로 b)-① · ②와 같이 이 지역 출신자들이 군현의 통치에 참여하고 있음을 반영하는 것이다.

　b)-① · ②의 단계를 경과한 이후, 하서 지역은 b)-③의 '유아지사儒雅之士'가 존재하였을 만큼 유학이 보급되어 후한 시기에는 비록 변경 지역일지라도 후근侯瑾[68]이나 개훈蓋勳[69]과 같은 유자儒者들이 출현하게 되었다. 이러한 사실

65　濱口重國, 「漢代に於ける地方官の任用と本籍地との關係」, 『秦漢隋唐史の研究』, 東京大學出版會, 1966; 李成珪, 「前漢 縣長吏의 任用方式: 東海郡의 例－尹灣漢簡<東海郡下轄長吏名籍>의 分析」 『歷史學報』 160, 1997.

66　『漢書』 卷28 「地理志·下」, 1658쪽, "玄免·樂浪, 武帝時置, 皆朝鮮·濊貉·句驪蠻夷. (…) 郡初取吏於遼東, 吏見民無閉藏 (…)."

67　『三國志』 卷30 「魏書·東夷傳」, 東沃沮, 846쪽, "漢建武六年 省邊郡 都尉由此罷. 其後皆以其縣中渠帥爲縣侯 不耐·華麗·沃沮諸邑落諸縣皆爲侯國. 夷狄更相攻伐 唯不耐穢侯至今猶置工曹·主簿諸曹 皆穢民作之.

68　『後漢書』 卷80 「文苑列傳下」, 2649쪽, "侯瑾字子瑜 敦煌人也 少孤貧 依宗人居 性篤學 恒備作爲資 暮還輒然柴以讀書 (…) 爲皇德傳三十篇 行於世 餘小作雜文數十篇 多亡失."

69　『後漢書』 卷58 「蓋勳傳」, 1879쪽, "蓋勳字元固 敦煌廣至人也 家世二千石 初擧孝廉爲漢陽長史."

은 무위 지역에서 발굴된 49호묘의 성격을 통해서 확인할 수 있다.[70] 이 묘의 규모는 묘실墓室이 4.19m×1.88m이며, 후한 중기後漢中期(순順·충沖·질 제質帝)의 관리 또는 지주 계층의 것으로 추정되는데 그 부장품 중 칠리관漆纚 冠, 즉 진현관進賢冠과 목인木印이 눈길을 끈다. 진현관은 유자儒者의 복장이라 는 『후한서』의 설명[71]과 정면에는 '□森(?)私印', 배면에는 '臣森(?)'이라고 새겨진 목인이 발견되었음을 볼 때, 피장자의 신분이 유가적 성격이 강한 관리이며 이것은 하서 지역에 유학이 보급되고 학교가 설립된 결과 유자들이 출현하게 되었음을 시사하는 것이다.

변군邊郡에 학學의 설치나 현지인 출신의 관리 임용은 일차적으로 변경 지역 통치의 안정을 도모한 것이지만[72] 근본적으로는 한의 통치에 순응하는, 즉 자연스러운 '이풍역속'의 실현이야말로 가장 이상적인 바람이었을 것이 다. 경景·무제년간에 촉蜀의 태수太守였던 문옹文翁이 민에게 독서와 법령을 가르친[73] 주 목적 역시 촉군의 민들을 교화시키기 위한 것이다. 법령을 가르 쳤다는 것은 비록 해당 지역의 '습속習俗' 또는 '향속鄕俗'에 의한 통치[74]와는 상반되지만, 진간秦簡의 내용만을 보더라도 상이한 전통과 관행을 지양하고

---

70 甘肅省博物館,「武威磨咀子三座漢墓發掘簡報」,『文物』, 1972-12.
71 『後漢書』「輿服下」, 3666쪽, "進賢冠 古緇布冠也 文儒者之服也."
72 邊郡官僚의 임용에 대해서는 李大龍,『兩漢時期的邊政與邊吏』, 黑龍江教育出版社, 1996; 小林 聰,「後漢の少數民族統御官に關する一考察」,『東洋史論集』17(九州大), 1989;「後漢の 少數民族政策について─邊境官僚の活動を中心に」, 川勝守 編,『東アジアにおける生産と流 通の歷史社會學的研究』, 中國書店, 1993; 岡安 勇,「後漢時代の北邊防備官の任用政策につい て─特に護羌校尉を中心として」,『史滴』14, 1993 등을 참조.
73 『漢書』卷28「地理志下」, 1645쪽, "景, 武間 文翁爲蜀守 敎民讀書法令."
74 이에 대해서는 睡虎地秦墓竹簡整理小組,『睡虎地秦墓竹簡』(文物出版社, 1978, 이하『秦簡』 이라 칭함)「爲吏之道」, 281~288쪽의 내용,『呂氏春秋校釋』(陳奇猷 校釋, 學林出版社, 1984, 이하『呂氏春秋』),「孟秋紀」, 懷寵, 412~413쪽, "問其叢社大祠 民之所不欲廢者而復興之 曲 加其祀禮": 唐蘭,「馬王堆出土≪老子≫乙本卷前古佚書的研究」,『考古學報』1975-1, "一年從 俗 則知民則" "從俗者順民心也"; 李成珪,「秦帝國의 舊六國統治와 그 限界」,『閔錫泓博士華 甲紀念 史學論叢』, 1985 등을 참조.

통치의 일원화를 실현하기 위하여 법령을 주지시키고 또한 그 실천을 요구하였음은 지극히 상식적인 일이다.[75] 더욱이 이러한 내용은 소리小吏들의 이른바 '공功·노勞' 사항에 대해서 많은 단서를 제공하고 있는『거연신간居延新簡』 E.P.T. 50:10의 문서 내용 중, "능서회계치관민파지률령문能書會計治官民頗知律令文"[76]에서도 변경 지역에서의 법령의 숙지 및 강제를 엿볼 수 있다.

그렇다면 문옹이 민에게 독서를 가르쳤다는 것은 무엇을 의미하는 것일까? 이와 관련한 하서 지역에서 발견된 한간의 내용 중 식자識字를 위해 사용한『창힐편蒼頡篇』이나『급취편急就篇』의 발견,[77] 관리의 문서작성 능력 유무가 고과考課에 반영되는 '사史' 또는 '불사不史'의 내용,[78]『이년율령二年律令』「사률史律」에는 사史·복卜·축祝 등의 아들인 학동을 현의 속리로 임용하는 규정을 명시하고 있다. 또한 이와 관련하여『한서』권30「예문지藝文志」의 기사 중, 학동學童의 능력을 시험하는 내용으로 '풍서구천자이상諷書九千字以上' 인 자는 '사史'로 임용한다는 기사(1721쪽)를 확인할 수 있다. 이와 같은 기사에서 사의 아들로서 학동인 경우, 3년 동안 가르쳐 5천 자 이상을 송독하면 사로 임용하고 군에서 보낸 팔체八體로서 대사大史가 송과誦課하고 이 가운데 성적이 가장 좋은 자 1인을 선발하여 현縣의 영사令史로 삼는다는 규정은[79]

---

75 『睡虎地秦墓竹簡』, 15쪽, "凡法律令者 以敎導民 去其淫僻 除其惡俗 而使之之于爲善也 (…) 故騰爲是而修法律令 田令及爲間私方而下之 令吏明布 令吏民皆明知之. 毋岠于罪."
76 甘肅省文物考古研究所·甘肅省博物館·文化部古文獻研究室·中國社會科學院歷史研究所 編,『居延新簡』, 文物出版社, 1990(이하『新簡』으로 칭함), 152쪽.
77 胡平生,「漢簡『蒼頡篇』新資料的研究」,『簡帛研究』第二輯, 法律出版社, 1996.
78 『新簡』E.P.T.51 : 4, 171쪽, "居延甲渠第二隧長 居延廣都里公乘陳安國 年六十三 建始四年八月辛亥除 不史"; E.P.T.51 : 11, 171쪽, "居延甲渠葆有秩候長 昭武長壽里公乘張忠 年卅三 河平三年十月庚戌除 史"; 吳礽驤·李永良·馬建華 校釋,『敦煌漢簡釋文』, 1991, 甘肅人民出版社, 122쪽, "玉門千秋隧長 敦煌武安里公乘呂安漢 年卅七歲 長七尺六寸 神爵四年六月辛酉除 功一勞三歲九月二日 其卅日 (A) 父不幸死憲定功一勞三歲八月二日訖九月晦庚戌 故不史今史(1186)" 등에서 보인다.
79 張家山二四七號漢墓竹簡整理小組,『張家山漢墓竹簡』, 文物出版社, 2001, 203쪽, "史·卜子年十七歲學. 史·卜·祝學童學三歲, 學佴將詣大史·大卜·大祝, 郡史學童詣其守, 皆會八月

관에서는 우선 문서행정을 담당할 수 있는 소리小吏의 양성과 이들에 대한
법령의 숙지 등을 요구했을 것이다.

따라서 문옹이 촉 지역에서 설치한 학교를 통한 독서의 내용이란 『시詩』·
『서書』·『예禮』·『악樂』과 같은 내용이 아닌 '이풍역속'을 통한 통치이념의
보급과 관련한 내용이 우선시되었을 것이다. 더욱이 평제 원시 3년(A.D.3)
군국에 학을 설치함과 동시에 상庠과 서序에 각각 효경사孝經師를 두었다는
기사[80]나 양주자사涼州刺史 송효宋梟가 풍속의 교화를 위하여 집집마다 '『효경
孝經』을 베껴 쓰게(寫孝經)'[81]하려 한 일화와 관련지어 생각한다면 문옹의 독서
내용은 아마도 변경 지역에 『효경』이나 『논어』처럼 분량이 많지 않은 텍스
트의 숙지를 통하여 통치의 효율을 제고하기 위한 문서행정의 관철 및 통치
이념의 보급을 도모하고자 한 것이다.

왜냐하면 한간의 내용 중 식자를 위한 간의 출토나 관리들이 '불사'인
경우로 미루어 보아 변경 지역의 식자 수준은 상당히 낮았을 것으로 쉽게
짐작할 수 있다. 이러한 상황하에서 민에게 경서의 내용을 숙지시키기란
현실적으로도 쉽지는 않았을 것이다. 그러므로 『사민월령四民月令』에 보이는
정월·10월 오경의 학습을 위한 성동의 태학 입학, 정월·8월·11월 『논어』
와 『효경』을 배우기 위한 유동의 소학小學 입학의 명령,[82] 그리고 국가의

朔日試之. 試史學童以十五篇, 能風(諷)書五千字以上, 乃得爲史. 有(又)以八體(體)試之, 郡移
其八體(體)課大史, 大史誦課, 取寂(最)一人以爲其縣令史, 殿者勿以爲史. 三歲壹并課, 取寂
(最)一人以爲尙書卒史."

80 『漢書』卷12 「平帝紀」, 355쪽, "(元始三年 夏) 立官稷及學官 郡國曰學 縣, 道, 邑, 侯國曰校
校, 學置經師一人 鄕曰庠 聚曰序 序, 庠置孝經師一人."

81 『後漢書』卷58 「蓋勳傳」, 1880쪽, "(宋)梟患多寇叛 謂勳曰 涼州寡於學術 故屢致反暴 今欲多
寫孝經 令家家習之 庶或使人知義."

82 『全後漢文』[(淸)嚴可均 較輯『全上古三代秦漢三國六朝文』, 中華書局, 1958] 卷47 「四民月令」,
729~732쪽, "正旦 (…) 農事未起 命成童以上 入太學 學五經 硯冰釋 命幼童入小學 學篇章
(…) 八月暑退 命幼童入小學 如正月焉 (…) 十月 (…) 農事畢 令成童入太學 如正月焉 (…) 十
一月 (…) 硯冰凍 命幼童入小學 讀『孝經』『論語』篇章."

통치이념을 '왕王·패도覇道의 혼용混用'이라 주장한 선제도 18세 이전『시』·『논어』·『효경』을 배웠다는 사실은[83] 적어도 한대 사회에서『효경』과『논어』등의 텍스트 보급이 점차 보편화되어 가는 것을 반영하는 것이고 정주『논어』죽간과 낙랑『논어』죽간이 바로 해당 시기 전국에 보급된『논어』의 일부라고 할 수 있다.

3. 지목병용기紙木竝用期의『논어』보급

상기한『논어』는 죽간 및 목간을 주요 서사 재료로 하여 전한 시기에 유통되던 서사물로서 후한 시기에도 커다란 변화 없이 죽간 혹은 목간의 『논어』가 유통되었으리라 추측할 수 있다. 그러나 후한 화제 원흥원년元興元年 (105) 채륜蔡倫의 종이(紙) 발견이 서사 재료의 변화를 야기하였음은 부정할 수 없는 사실이다.[84] 물론 채윤 이전에도 종이는 사용되었지만 주요 용도가 포장이나 장식을 위한 것이었다.[85] 따라서 서사 재료로서 종이의 실용화는 이른바 '채후지蔡侯紙'에서 시작되었다고 할 수 있지만, 이것은 채후지가 서서히 중국 사회 내에 보급 사용된 것을 의미하는 것이지 모든 간독簡牘의 서사 재료가 일시에 종이로 변화되었음을 의미하는 것은 아니다. 우선 채후지 사용 이전시기에 출현한 종이를 정리하면 아래의 표와 같다.

---

83 『漢書』卷8「宣帝紀」, 238쪽, "至今年十八 師受詩、論語、孝經 操行節儉 慈仁愛人 可以嗣孝昭皇帝後 奉承祖宗 子萬姓."

84 『後漢書』卷78「蔡倫傳」, 2513쪽, "自古書契多編以竹簡, 其用縑帛者謂之爲紙. 縑貴而簡重, 並不便於人. 倫乃造意, 用樹膚·麻頭及敝布·魚網以爲紙. 元興元年奏上之, 帝善其能, 自是莫不從用焉, 故天下咸稱「蔡侯紙」."

85 敦煌 懸泉置 유지에서 발견된 付子·薰力·細辛 등의 藥名이 쓰여진 紙는 약을 포장하는 데 사용되었다(甘肅省文物考古研究所,「甘肅敦煌漢代懸泉置遺址發掘簡報」, 『文物』, 2000-5期, 14쪽).

出土地域	使用時期	수량	크기(cm)/특징	재질	출전
西安市 灞橋鎭	武帝 以前	1매		大麻	①
肩水金關遺址(A32)	哀帝 建平年間 이전	1매	紙Ⅰ: 가로21×세로9	大麻	②
		1매	紙Ⅱ:가로11.5×세로9	杭邊紙 (포장용)	
敦煌市 馬圈灣漢代烽燧遺址	元帝~王莽期	5매	가장 큰 것 가로32×세로20	大麻·蓽麻	③
甘肅 天水市 放馬灘漢墓	文·景帝期	1매	殘長5.6cm×폭2.6 cm(地圖)		④
甘肅 敦煌 懸泉置遺址	昭帝·宣帝·成帝	500매[86]	포장지		⑤

<출전>

① :「陝西省灞橋發現西漢的紙」,『文物參考資料』, 1957-7.

② : 甘肅居延考古隊,「居延漢代遺址的發掘和新出土的簡冊文物」,『文物』, 1978-1

③ : 甘肅省文物考古研究所,『敦煌漢簡』(下冊), 中華書局, 1991

④ : 何雙全,「天水放馬灘秦墓出土地圖初探」,『文物』, 1989-2

⑤ : 甘肅省文物考古研究所,「甘肅敦煌漢代懸泉置遺址發掘簡報」,『文物』, 2000-5

　　채후지 사용 이전의 종이는 상기 표의 내용 가운데 견수금관유지나 방마탄한묘와 현천치 유지에서 확인할 수 있듯이 문서나 서책의 기능보다는 포장혹은 지도와 같은 용도로 주로 사용하였음을 짐작할 수 있다. 따라서 채후지사용 이후의 기사인『후한서』「오우전吳祐傳」기사의 내용 중, 안제 시기에남해태수南海太守로 부임한 오회吳恢의 아들 오우吳祐가 죽간을 살청하여 경서

---

86 발굴보고서에 의하면 문자가 기록되어 있는 종이는 10건으로 전한시대 昭帝期 지층에서 출토된 것이 3건, 宣帝~成帝期의 지층에서 출토된 것이 4건, 후한시대에 속하는 것이 2건, 晋代에 속하는 것은 1건이라 보고하고 있다. 아울러 昭帝期에 쓰여진 종이에는 付子·薰力·細辛과 같이 단지 2자로 쓰여져 있으며, 宣帝·成帝期의 종이에는 '☒持書來☒ / 口致喬夫☒', 후한 시기의 종이에는 '巨陽大利上緤皀五匹'이라 적혀 있다고 한다(甘肅省文物考古研究所,「甘肅敦煌漢代懸泉置遺址發掘報告」,『文物』, 2000-5, 14쪽).

를 서사하고자 한 아버지를 만류한 기사[87]나 190년대로 추정되는 공손찬의 조서 위조 행위,[88] 그리고 경초景初 2년(238) 서진西晉 명제明帝가 임종을 앞두고 조상曹爽을 대신하여 연왕燕王 조우曹宇에게 후사를 부탁할 때 이에 동의한 유방劉放과 손자孫資가 당시 세력가였던 사마의司馬懿를 황실의 중추에 앉힐 것을 건의하자 황지黃紙를 준비시켜 조서를 작성한 사실[89] 등으로부터 원흥元興 원년(105)을 기점으로 곧바로 서사 재료가 목간에서 종이로 변화한 것이 아님을 알 수 있다. 왜냐하면 장사長沙 주마루오간走馬樓吳簡의 경우 2만여 매에 달하는 죽간으로 구성되어 있으며, 3~4세기 누란樓蘭 지역에서 출토된 700여 매의 목간과 종이에 서사된 문자자료는 삼국三國 위魏에서 서진 시기에 해당하기 때문이다.[90] 즉 채후지가 발명되었다고 종래의 서사 재료인 목간 혹은 죽간이 곧바로 종이로 대체되지 않았음을 보여 주고 있다.

그럼에도 3~4세기 이후부터의 서사 재료는 간독에서 종이로 이행하고 있었음을 부정할 수는 없다. 왜냐하면 이러한 이행과정은 누란 라포뇨이에서 발견된 800여 점의 출토문자 자료는 시기적으로 한대와 위진 시대로 구별할 수 있으며, 한대의 경우에는 70여 점의 목간이 출토되고 있지만, 위진 시대의 경우에는 목간과 종이가 출토되었기 때문이다. 더욱이 위진시대에 속하는 출토문자 자료의 내용은 서적, 수지手紙(私信), 부적簿籍, 부符·검檢, 공문서公文書 등으로 분류할 수 있는데, 한대의 서적류와 부적류簿籍類는

---

87 『後漢書』卷64 「吳祐傳」, 2099쪽, "父恢 爲南海太守. 祐年十二. 隨從到官. 恢欲殺靑簡以爲寫 經書 祐諫曰 (…) 此書若成 則載之兼兩."

88 『三國志·魏書』卷8 「公孫瓚傳」, 注引『典略』, 242쪽, "韓馥之迫 竊其虛位 矯命詔恩 刻金印 玉璽 每下文書 帛囊施檢 文曰『詔書一封 邟鄕侯印』."

89 『三國志·魏書』卷14 「劉放傳」, 459쪽, "帝曰, 「曹爽可代宇不?」放, 資因贊成之. 又深陳宜速 召太尉司馬宣王 以綱維皇室. 帝納其言 卽以黃紙授放作詔."

90 富谷至, 「3世紀から4世紀にかけての書寫材料の變遷─樓蘭出土文字資料を中心に─」, 富谷至 編著, 『流沙出土の文字資料─樓蘭·尼雅文書を中心に』, 京都大學學術出版會, 2001. 아울러 본고에서 인용한 누란문서는 부곡지(2001)의 저서에서 인용하였음을 밝혀 둔다.

대부분 죽간에 서사하였지만 위진 시대에는 목간과 종이가 병용되었음을 확인할 수 있다.[91] 따라서 스타인에 의해서 수집된 누란문서 「M. 192」에 『논어』 「학이學而」의 한 구절인 "子曰學……(殘存)"이 보이는 것 역시 서사 재료의 이행과정을 반영하는 하나의 사례라고 해석할 수 있다.[92] 그렇지만 이것은 완성된 서적의 일부라기보다는 『논어』를 학습하고 그 일부의 구절을 종이에 습서한 것으로 보는 것이 보다 타당할 것이다. 왜냐하면 동일 지역에서 발견된 식자 교육용인 『급취편』의 내용이 확인되는 것과 같이 『논어』를 학습하고 그 일부의 구절을 종이에 연습한 것으로 이해할 수 있기 때문이다. 또한 이것은 후대의 돈황敦煌이나 투루판 지역에서 출토된 3~4 세기 『논어』 사본寫本과 같은 종류이며,[93] 당시에 경서 역시 독서의 대상물 만이 아니라 학습용 교재로서 누란 지역에서도 사용되었을 것이라 추측되 기 때문이다. 아울러 이 지역에서는 한대에 쓰여진 『논어』 목간만 발견되 었을 뿐이지, 그 이후 시기에는 『논어』 목간이 발견되지 않고 있다. 따라서 당대唐代에 조성된 아스타나 고분군에서 종이에 기록된 『논어』가 완질의 형 태로 발굴된 사실과 함통咸通 15년(874, 乾符元年)으로 추정되는 시기에 학생 신분의 왕문천王文川이 서명한 『논어서論語序』 및 대중大中·건부乾符 등의 연 호가 쓰여 있는 『논어』의 발견은[94] 적어도 8~9세기 이후에 종이에 서사된

---

91 富谷至, 위의 논문(2001), 486~507쪽.
92 富谷至 선생은 누란출토 문자자료를 통하여 3~4세기 서사 재료의 변화에 대해 "간독에 서사되던 책은 종이에 서사되는 것이 보편화되었다. 서사 재료로서의 종이는 결코 귀중하 거나 희소가치가 있는 재료가 아니라 광범위하고 양적으로도 충분히 사용되고 있다."라고 설명하면서 이 시기의 편지 역시 종이에 쓰고 있음을 밝히고 있다(富谷至, 위의 논문, 2001, 490~491쪽).
93 金谷治 編, 『唐抄本 鄭氏注論語集成』, 平凡社, 1978; 榮新江·李肖·孟憲實 主編, 『新獲吐 魯番出土文獻』, 中華書局, 2008, 「一九九七年海洋出土文獻·古寫本論語堯曰注」(165쪽), 「二 ○○六年海洋出土文獻·古寫本論語」(181쪽).
94 伊藤美重子, 「敦煌の學校と學生－「學郞題記」をめぐつて」, 『敦煌文書にみる學校教育』, 汲古 書院, 2008; 「學郞題記リスト」, 44쪽 참조.

『논어』의 보편적 사용을 짐작할 수 있다. 이러한 사실은 돈황 지역에서 발견된 펠리오(P. Pelliot)·스타인(Aurel Stein) 문서에서 경서·천자문·도경道經으로 분류되는 문서 30점 가운데『논어』가 19점으로 가장 많은 수를 차지하고 있으며,[95] 그 내용에서도 군학郡學(P3783)·현학縣學 (P2618)·사학寺學(P2618+S1586) 등의 명칭을 확인할 수 있기 때문에 당시 관학뿐 아니라 사학寺學 등과 같이 중앙 및 지방의 학교에서도『논어』는 필수 서적이었음을 알 수 있다.[96]

『金海鳳凰洞論語木簡』

중국에서는 죽간·목간에 서사된『논어』가 종이의 발견 이후, 이른바 '서적간'은 전혀 발굴되지 않고 종이에 서사된『논어』가 발굴되고 있는 정황과는 달리, 6~7세기 한반도(신라와 백제)와 8~9세기 일본에서는『논어』목간이 발굴되었다. 목간과 종이의 서사 재료가 함께 사용된 시기의 목간의 사용은 특수한 경우에만 사용된다는 지적을 참고하면,[97] 한반도와 일본의『논어』목간은 종이에 서사한 경우와는 다른 용도로 사용되었음을 추측할 수 있다. 현재까지 한국에서 출토된『논어』목간은 김해시金海市 봉황동鳳凰洞(1999년 발견)[98]과

95 伊藤美重子, 위의 책, 44쪽의「學郞題記リスト」및 74~75쪽.
96 『舊唐書』卷48「百官志·國子監」, "凡授經, 以周易·尙書·周禮·儀禮·禮記·毛詩·春秋左氏傳·公羊傳·谷梁傳各爲一經, 兼習孝經·論語·老子."
97 劉樂賢,「中國簡牘的類別及使用年代-兼與韓國羅州木簡比較-」, 국립나주문화재연구소·동신대학교박물관 편,『6~7세기 영산강유역과 백제』, 2010, 365~370쪽.
98 釜山大學校博物館,『金海鳳凰洞 低濕地遺蹟』, 釜山大學校博物館研究叢書 33輯, 2007, 52~54쪽.

인천시仁川市 계양구桂陽區 소재의 계양산성桂陽山城(2005년 발견)[99]에서 각각 1매
가 발견된 것이 전부이며, 출토된 지역은 왕경王京의 중심지가 아닌 지방이라
는 공통점을 보이고 있다. 주요 내용은 모두『논어』「공야장公冶長」내용의
일부가[100] 서사되어 있다.

먼저 부산대박물관의 발굴보고서 내용에 근거하면 김해 봉황동 목간은
「공야장」가운데 중반 부분에 해당하는 내용으로 잔존한 길이는 20.6㎝,
너비는 1.5㎝~2.1㎝, 그리고 4면에 내용의 일부가 아래와 같이 서사되어
있다.

 Ⅰ ×不欲人之加諸我吾亦欲无加諸人子× (앞면)
 Ⅱ ×文也子謂子產有君子道四焉其× (좌측면)
 Ⅲ ×已□□□色舊令尹之政必以告新× (뒷면)
 Ⅳ ×違之何如子曰淸矣□仁□□曰未知× (우측면)

또한 목간이 고觚 형태를 띠고 있는 점은 한대 고 형태의 목간 용도가
주로 습자용 및 습자교재, 문건 내용의 초고, 독서를 위해 초록抄錄한 경서의
제작등과[101] 이에 서사된 내용들이 '1장章1고觚'의 기재 원칙임을 고려한다
면, 『논어』목간 역시 『논어』「공야장」편의 특정 장구 전체를 기재하였을
가능성이 매우 높다는 지적은[102] 타당하다.

99 鮮文大學校 考古硏究所·仁川廣域市 桂陽區, 『桂陽山城 發掘報告書』, 2008.
100 두『논어』목간의 개요에 대해서는 橋本 繁, 「東アジアにおける文字文化の傳播－朝鮮半島
 出土『論語』木簡の檢討を中心に」, 福井重雅先生記念論集刊行會 編, 『古代東アジアの社會と
 文化』, 汲古書院, 2007 참조. 아울러 두 목간의 도판은 國立昌原文化財硏究所, 『韓國의 古
 代木簡』, 藝脈出版社, 2004.
101 胡平生, 「英國國家圖書館藏斯坦因所獲簡牘中的『蒼頡篇』殘片硏究」, 汪濤·胡平生·吳芳
 思 主編, 『英國國家圖書館藏斯坦因所獲未刊漢文簡牘』, 上海書社出版社, 2007, 62~63쪽 참
 조.
102 윤재석, 앞의 논문(2011), 59~65쪽.

목간의 연대는 출토된 동일한 층 위에서 함께 출토된 토기의 유형에 따르면 대략 6세기 후반에서 7세기 초라고 추정된다.[103] 발견 초기 이 목간에 대해 습서목간習書木簡이라는 견해도 제출되었지만,[104] 중국이나 일본에서 발견된 습서를 위하여 동일 자구를 반복해서 쓴 목간의 형태가 아닌 점으로 미루어 보아 특정 목적

계양산성 『논어』 목간

을 위한 학습도구의 목간일 개연성이 더욱 농후하다.[105]

오면체의 형상을 띠고 있는 계양산성 『논어』 목간 역시 『논어』 「공야장」 일부의 내용을 전하고 있다. 발굴보고서에 의하면 이 목간의 형태는 길이 49.3㎝, 너비 2.5㎝, 묵서된 부분의 길이 13.8㎝로서 이 목간 역시 '1장1고'의 서사 원칙과 비교적 완정한 글자를 확인할 수 있는 제3면의 한 자가 약 1.3㎝ 정도의 목간의 공간을 점하는 것으로 추정하면 대략 96㎝ 정도일 것으로 추정할 수 있다.[106] 현재까지 확인된 주요 내용은 대체로 다음과 같다.

    Ⅰ 賤君子□□人□
    Ⅱ 吾斯之未能信子□
    Ⅲ □不知其仁也求也

103 釜山大學校博物館, 『金海鳳凰洞低濕地遺蹟』, 2007.
104 東野治之, 「近年出土の飛鳥京と韓國の木簡―上代語上代文學との關わりから」, 『古事記年報』 45, 2003(『日本古代史史料學』, 岩波書店, 2005, 184쪽에 재수록).
105 李成市, 「新羅の識字教育と『論語』」, 高田時雄 編, 『漢字文化三千年』, 臨川書店, 2009, 129쪽.
106 김해 봉황동 유적과 계양산성에서 각각 출토된 『논어』 목간의 원래 길이에 대해서는 본 서에 수록된 윤재석, 하시모토 시게루의 글을 참조.

IV〔 〕

V〔 〕子曰苟

　계양산성에서 출토된『논어』목간의 사용시기와 관련하여 유적의 집수정
集水井 호안석축護岸石築 상부에서 '주부십主夫十'라는 문자가 새겨진 명문 기와
가 출토되어 이곳이 고구려시대부터 신라시대까지 주부토군主夫吐郡이 존재
하고 있음을 알 수 있다. 또한 목간이 출토된 집수정 바닥(Ⅶ층)에서 출토된
바닥이 둥근 단경호短頸壺의 특징은 4~5세기 백제 토기와 공통점을 가지고
있기 때문에 목간의 사용연대를 동일 시기로 파악하고 있지만,[107] 이에 대해
서는 조금 더 신중을 기할 필요가 있다.[108] 여하튼 출토된『논어』목간 2점의
특징을 보면 단순히 습서목간으로 이해하기에는 다소 무리가 있다. 왜냐하면
중국 한대 목간 가운데『창힐편』과 같은 자구 연습의 흔적은 찾아볼 수
없으며,『논어』「공야장」의 일부 내용의 초사라는 목적이 강하기 때문이다.
　일본 역시『논어』목간이 출토되고 있는데 그 양상이 한국『논어』목간과
는 조금 달리한다. 일본에서 습서목간이 출토된 유적은 115개 정도에 달한
다. 시대별로 정리하면 고대 101개의 유적, 중세와 근세도 14개의 유적에서
발견되었다. 출토지역 역시 도성과 그 주변의 유적뿐 아니라[109] 지방 관아의
유적에서도 습서목간이 출토되고 있다.[110] 이러한 습서목간 가운데『논어』

---

107 『桂陽山城 發掘報告書』(2008)의 작성자인 이형구 씨의 견해에 따르면, "계양산성 출토
　　『論語』목간의 서체도 위진 시기에 유행했던 사경체(寫經體)와 밀접한 관계가 있다고 볼
　　수 있다. 이의 사용시기는『論語』목간과 함께 출토된 원저단경호의 고고학 연대인 4~5세
　　기와 대체로 일치하고 있다. 또한『論語』목간이 출토된 같은 층위(Ⅶ층)에서 수습된 목재
　　시료에서 과학적인 측정연대가 고고학적인 연대와 부합되고 있어 매우 주목된다"라고 하
　　여 그『논어』목간의 연대를 4~5세기로 추정하고 있다.
108 인천광역시 계양구청·재단법인 겨래문화유산연구원,『인천 계양산성 4차 발굴조사 약
　　보고서』(2009. 9)에 의하면 출토된 유물 가운데 토기류는 신라~통일신라시대, 기와의 연대
　　는 통일신라 말에서 고려 초로 추정하고 있다(29쪽).
109 寺崎保廣,『古代日本の都城と木簡』, 吉川弘文館, 2006.
110 渡邊晃宏,「日本古代の習書木簡と下級官人の漢字教育」, 高田時雄 編,『漢字文化三千年』,

관련 목간은 현재까지 29점이 소개되었다.[111] 출토지역도 중앙지역에 국한한 것이 아니라 전국에 걸쳐서 분포하고 있다.[112] 출토된 일본 목간 가운데 전적의 내용을 서사한 것은 『이아爾雅』 『왕발집王勃集』 『천자문千字文』 『춘추春秋』 『상서尙書』 『본초집주本草集注』 『악의론樂毅論』 등이 발견되고 있지만, 『논어』와 『천자문』의 사례가 압도적으로 많다.[113] 또한 하시모토 시게루橋本 繁 선생이 정리한 「日本에서의 『논어』 목간木簡 출토일람出土一覽」[114]을 검토하여 보면 『논어』 목간은 경서의 내용을 초사한 형태와 자구를 익히기 위하여 사용된 것으로 대별할 수 있다. 서술의 편의상 하시모토 시게루 선생이 작성한 일람표에서 습서를 위하여 작성되었다고 추정되는 관련 『논어』 목간을 다음과 같이 정리할 수 있다. 먼저 「日本에서의 『논어』 목간출토일람」에 의하면 출토된 『논어』 목간에는 「서序」, 「학이學而」, 「위정爲政」, 「팔일八佾」, 「공야장公冶長」, 「요왈堯曰」 등의 편명이 보이면서 동일한 자구의 중복이 없는 간과 편명이 보이지 않으면서 동일 자구를 반복하고 있는 간으로 구분할 수 있다. 후자의 경우만을 인용·발췌하면 다음과 같다.

出土地	遺蹟名	本文	篇·章
奈良縣	石神遺蹟	· 平 有朋自遠方來□ · 「大大大大□□□[大か](左側面)	學而·1

臨川書店, 2009, 93쪽. 아울러 지방 목간에 대한 개관 및 연구 현황에 대해서는 平川 南, 『古代地方木簡の硏究』, 吉川弘文館, 2003을 참조.

111 橋本繁, 「古代朝鮮における「論語」受容再論」, 『朝鮮文化硏究所編, 『韓國出土木簡の世界』, 雄山閣, 2007, 285쪽, '表 日本における 『論語』木簡出土一覽' 참조.

112 출토된 『논어』 목간 29점 가운데 20점이 都城[아스카(飛鳥)]지역 6점, 후지와라쿄(藤原京) 지역 3점, 헤이죠쿄(平城京) 지역 10점, 도다이지(東大寺) 1점]과 나라현(奈良縣)을 비롯한 지방에서 9점이 출토되었다.

113 渡邊晃宏, 앞의 논문(2009), 96~103쪽.

114 橋本繁, 앞의 논문(2007), 285쪽.

出土地	遺蹟名	本文	篇・章
奈良縣	平城宮	・青青青泰泰泰謹謹申 ・謹論語諫許謂誕誰	
奈良縣	平城宮	□□五美 □道皇五五□ 道皇五五 □	
奈良縣	平城宮	・□□□□□□□ □□□□□□□□又曰猶吾大夫崔子世□有有 有有有有 人道財財長長長長長可可及不及 武章 章 歸 歸 歸不 章歸道章歸長路章 章 章 歸 歸 歸 歸 所 □ 有道 ・歸 歸□ 事 事 大大大天天大天天天天天天天有道章事 飛 □□□□□ □者 有有 有	公冶章19
奈良縣	東大寺	・○東大寺之寺僧志尺文寺得□[得化] 　　　　　　夐 ・作心信作心 第 爲 □ 爲是□是 論語序一「寺」□ 第 信心 哥茀 爲爲爲爲爲羽□	

　『논어』 목간은 히라죠오큐(平城宮)와 같은 궁도宮都뿐 아니라 신사神社나 사원寺院 등과 같은 당시 사회에서 정치적・관념적으로 중추적 역할을 수행하는 지역에서 발견되고 있음을 알 수 있다. 이러한 지역에서 출토된 목간에서 동일한 자구를 반복적으로 쓰고 있는 사실은 단순한 낙서 수준의 서사 형태라고 보기는 어렵다. 따라서 동일한 글자에 대한 반복적인 서사 형태는 해당 글자를 익히고자 하는 의지의 표현이며, 문자를 터득해야 하는 필요성을 내재하고 있는 것이다. 고대 일본에『논어』가 전해진 것은『고지키古事記』오진應神 천황조天皇條에서 알 수 있듯이 백제 조고왕照古王이 와니키시和邇吉師(王仁)로 하여금『논어』10권과『천자문千字文』1권을 전달시킨 것이다. 그런데 이 기사는 사실과는 다르다. 왜냐하면 오진천황이 실존했다면 그 시기는 아마도 5세기 전반에 해당하기 때문에 6세기 초 중국 남조시대의 양梁나라

주흥사周興嗣가 초학자를 위해 편찬한 한자 텍스트『천자문』의 고대 일본으로의 보급과는 시기적으로 일치하지 않기 때문이다. 그러나 최근 한국과 일본에서 형태가 거의 동일한『논어』목간이 출토되고 있는 점을 고려한다면『고지키』기사 자체를 신뢰하기에는 곤란한 부분이 있지만 그 편찬된 7~8세기의 당시 사회 상황을 반영하고 있다고 보아도 커다란 무리는 없을 듯하다.

그렇다면 습서목간인『논어』는 언제, 누구에 의해서, 어떤 목적으로 사용되었는가? 먼저 상기한『고지키』기사 내용에 보이는 '논어 10권'의 구체적 내용을 추정할 필요가 있다.『양로학령養老學令6』교수정업教授正業 條條에 의하면『논어』텍스로는 정현鄭玄과 하안何晏의 주석서가 사용되었음을 알 수 있다.[115] 더욱이 히라조오규에서 출토된『논어』목간에「하안집해자왈何晏集解子曰」과 효고현兵庫縣 하카지袴狹 유적에서 출토된「논어서하안집해論語序何晏集解」등과 같은 내용은『양로학령 6』의『논어』관련 기사 내용의 사실을 입증한 것으로 7세기 후반 이후,『논어』수용이『고지키』의 관련 기사와 결코 무관하다고 할 수 없다.

이와 관련하여 궁도 지역이 아닌 지방에서 출토된 7세기 후반으로 추정되는 나가노현長野縣 야시로屋代 유적 35호의 "子曰學是不思", 45호의 "・亦樂乎人不知而不□"의 발견이나 도쿠시마현德鳥縣 간논지觀音寺 유적에서 발견된 4면체 논어는 이에 대한 해결의 실마리를 제공하고 있는 듯하다. 간논지 유적『논어』목간의 잔존 부분의 좌측면 내용인 "子曰 學而習時不孤□乎□自朋遠方來亦時樂不知亦不慍" 역시 35호나 45호와 마찬가지로「학이」편에 대한 습서이다. 그런데 지방에서 발견된『논어』목간 역시 단순한 습서로서 파악하기에는 곤란하다. 왜냐하면 목간의 앞뒷면 서사 내용에서 동일한 자구의

115『養老學令6』敎授正業 條, "凡敎授正業, 周易鄭玄, 王弼注. 尙書孔安國,鄭玄注. 三禮, 毛詩鄭玄注. 左傳服虔, 杜預注. 孝經孔安國, 鄭玄注. 論語鄭玄, 何晏注."

중복이 보이지 않기 때문이다. 따라서 이러한 현상은 7세기 후반에 단순한 습서 행위에서 본격적인 한자문화 수용의 일환으로『논어』의 구절을 익히려는 의도가 있는 것으로 해석할 수 있다.

단순한 습서 행위가 아닌『논어』와 같은 전적의 내용을 배우게 된 것은 7세기 이래 도래승渡來僧, 유학생이나 유학승의 귀국, 그리고 백제로부터의 망명 귀족 등을 통해 한자문화를 수용하기 시작하면서부터이다. 한편 문서행정과 율령의 수용을 통해 고대국가체제가 점차로 정비되면서 중앙과 지방에 걸친 중앙집권적인 관료제 운영을 위한 문서행정과 그 수요가 필요하게 되었다. 문서행정의 도입은 중앙 정부뿐 아니라 지방의 고쿠후國府나 군기郡家 등에도 한자문화가 폭넓게 전파되었음을 반영한다.[116] 이러한 사실은 효고현 하카자 유적 출토 목간의 서사 내용에서 확인할 수 있다.

     [표면] · 「『子謂公冶長可妻』」
     [배면] · 「右爲鑐符搜求□」

이 간은 표면과 배면의 그 의미가 전혀 통하지 않는다. 배면의 '견부鑐符'란 과역면제課役免除와 관계 있는 문서를 의미하기 때문이다.[117] 고대국가의 사상(이념)과 행정의 단면이 하나의 목간에 '공존'하고 있는 것이다. 또한 상기한 표의 히라죠오규 유적에서도 표면과 배면의 의미가 완전히 다른『논어』목간이 존재한다. 이 경우는 논어 장절의 일부 내용을 초사한 것이 아닌 단순한 자구를 익히기 위한 습서의 내용이다. 그렇지만 그 어느 경우의『논어』목간일지라도 서사자는 관리였을 것이다.

---

116 佐藤信, 「漢字文化の受容と學習」, 平川南・沖森卓也・榮原永遠南・山中章 編, 『文字と古代日本 5—文字表現の獲得』, 吉川弘文館, 2006.
117 三上喜孝, 「日本古代地方社會における論語の受容—習書木簡の檢討を中心に」, 성균관대학교 동아시아학술원 국제학술회의(2010. 8. 26~27) 발표문.

일본 목간과 비교하여 현재까지 출토된 신라 및 백제 목간의 가장 특징적
인 점은 다면체 목간이 많이 사용되고 있다는 점이다. 더욱이『논어』 목간의
경우는 모두 다면체 목간으로서 단순한 습서의 기록이 아닌『논어』「공야장」
의 일부 내용이 확인되고 있는 점이다. 이 점은 일본에서 출토된『논어』
목간과 형태 및 서사 내용에서 확연한 차이를 보이고 있다.[118] 이러한 차이점
이 존재함에도 상술한 도쿠시마현 간논지 유적에서 발견된 다면체『논어』
목간은 형태상으로 김해 봉황동에서 출토된『논어』 목간과 매우 유사하다.
또한 신라 국학에서의 학습 및 평가 방법인 독서삼품제讀書三品制에서『논어』
가 필수 과목이었음에 주목하여 당시 신라의 금관소경金官小京[119] 지역으로
이주한 골품骨品 신분인 자가『논어』 목간을 통해 익힌 성적에 따라 관리로
진출한다는 견해[120]와 일본 학령[121]에 보이는『논어』 목간 텍스트와『문선文
選』을 배우는 배경이 신라의 국학과 밀접한 관련이 있다는 지적은[122] 간논지
출토 목간과 김해 봉황동 출토 목간의 관련성이 매우 높음을 반증하는 것이
다. 따라서 신라 국학과 동 시기의 일본에서도 국학이 설치되었다는 사실은
신라와 마찬가지로 지방호족들이 간논지 유적에서 발견된『논어』 목간을
통한 학습과 그 성적에 따라 관리로 진출한 사실을 반영하는 것이다.

　　『논어』의 학습을 통한 관리로의 진출은 적어도 신라나 일본의 경우, 고대
율령국가체제가 성립되었음을 반증하는 것임과 동시에 유교적 이념체계를

---

118 일본『논어』 목간에 서사되어 있는 표제에 주목하면,「學而」 9점,「爲政」 2점,「八佾」 1점,
　　「公冶長」 3점이 출토된 정황에서 알 수 있듯이「學而」편이 상대적으로 다수를 차지하며,
　　해당 장구의 시작 부분을 명기한 간이 매우 많은 특징을 보이고 있다.
119 『三國史記』 권34「地理志」, 金官小京條.
120 橋本 繁,「金海出土『論語』木簡と新羅社會」,『朝鮮學報』193, 2004; 李成市,「新羅の識字教
　　育と『論語』」(앞의 책, 2009).
121 養老學令 6 教授正業條, "凡教授正業. 周易鄭玄. 王弼注. 尚書孔安國. 鄭玄注. 三禮 毛詩
　　鄭玄注. 左伝服慶. 杜預注. 孝経孔安國. 鄭玄注. 論語鄭玄. 何晏注."
122 東野治之,「奈良時代における『文選』の普及」,『正倉院文書と木簡の研究』, 塙書房, 1977,
　　192쪽.

중심으로 국가의 통치질서가 전환되어 가고 있음을 의미하기도 한다. 따라서 관리들이 『논어』를 학습하거나 서사한 습서의 성격은 이미 한대 하급관리의 경우, 문자의 습득 여부에 따라 '사'와 '불사'로 구분되어 '고불사금사故不史今 史'와 같이 고과考課에도 반영되고,[123] 『논어』나 『효경』의 학습을 통한 관리로의 진출을 확인할 수 있었듯이 7세기 이후 신라의 독서삼품제에서도 국학 졸업 시의 『논어』가 성적평가 방법이었고 일본 역시 이에 대한 학습을 통한 관리로의 진출을 도모하고자 한 것이라면, 지방호족들의 적극적인 『논어』에 대한 학습태도는 율령국가로 전환하는 시대적 논리에 따르기 위해서는 불가피한 기준이 되었을 것이다.

4. 결론

동아시아 고대 목간을 이해할 때, 각 지역에서 발견된 목간 형태의 유사성 연구는 목간의 계통적 발전과정을 설명하는 데 유효하지만 목간에 서사된 내용을 통한 고대 동아시아 한자문화의 성격을 밝히는 데는 한계가 있었다.[124] 그러나 최근 한국 및 일본의 고대 목간이 사용된 시기가 대체적으로 6세기 말~8세기 말로 밝혀짐에 따라 이 무렵 중국으로부터 전해진 한자문

---

123 吳祊驤・李永良・馬建華 校釋, 『敦煌漢簡釋文』, 甘肅人民出版社, 1991, 122쪽.
124 李成市, 「古代朝鮮の文字文化と日本」, 『國文學』47卷-4號, 2002, 15쪽. 저자는 咸安 城山山
城의 목간을 중국과 일본의 중간단계로 이해한 후, 한국・중국・일본의 고대 목간의 공통
성과 유사성을 '중국대륙(A) → 한반도(A´ → B) → 일본 열도(B´ → C)'라는 도식을 설정하
여 동아시아 고대 목간의 전파, 수용, 그리고 변용에 대하여 설명하였다. 또한 중국 및 일
본 목간과의 비교연구를 통하여 동아시아 3국에서 발견된 목간의 전래와 계보를 규명하고
이를 매개로 공통적인 문화적 성격과 각 지역의 독자성을 규명한 연구도 주목된다(安部聰
一郎, 「중국출토 간독과의 비교연구—尼雅출토 한문간독을 중심으로」; 三上喜孝, 「일본 고
대 목간에서 본 함안 성산산성 목간의 특징」(이상, 『함안 성산산성 출토목간 의의』, 국립가
야문화재연구소, 2007).

화와 목간과의 상관성을 통한 고대 동아시아 사회에 대한 실증적 연구가 가능하게 되었다.[125]

고대 동아시아 국가의 중앙집권적 통치는 중국에서 전해진 율령체제의 수용에 의해서 가능해졌다 해도 과언은 아니다. 문서행정을 통한 중앙과 지방의 효율적 통치체계의 확립, 유가로 대변되는 통치이념의 보급 등이 이러한 고대국가 성립의 중요한 요소를 구성한 것이다. 이러한 요소들은 모두 한자를 매개로 전파, 수용되었기 때문에 한자의 숙지를 통한 문서행정과 통치이념의 보급은 매우 중요한 사안이었다. 따라서 관리들에게는 일정 수준의 습서와 『논어』와 『효경』 등과 같은 국가의 통치이념과 밀접한 관련이 있는 경전의 숙지는 필수적으로 요구되었다. 이와 같은 고대 동아시아 사회의 상황을 실증적인 자료를 통해서 확인할 수 있는 것이 바로 출토문자 자료 『논어』인 것이다.

본문에서 언급한 중국에서 출토된 정주 『논어』 죽간과 돈황 현천치 한간에 보이는 『논어』 「자장」편의 일부 내용 및 일본에서 출토된 29점의 『논어』에 비하면 한국에서 출토 또는 확인된 『논어』 죽간·목간은 평양 정백동364호분에서 출토된 『논어』 죽간, 김해 봉황동 출토 『논어』 목간, 인천 계양산성의 『논어』 목간 등의 단지 3점에 불과하다. 정백동364호분 『논어』 죽간은 책서의 형태를 띠고 있으며 정주 죽간 『논어』와 형태 및 서사 방식에서 매우 유사한 면이 있음이 입증되었다. 또한 7세기 무렵으로 추정되는 나머지 두 점의 『논어』는 모두 「공야장」의 일부를 서사한 것으로 단순한 습서와는 거리를 두고 있다. 특히 682년 신라에서는 국학을 설치하여 학업을 마칠 때에는 대내마大奈麻·내미奈麻 등의 관위官位를 수여하여 하급관리에 취임할

---

125 富谷至 編, 『漢字の中國文化』(昭和堂, 2009) 第2部 「金石竹木が語る漢字社會」와 高田時雄 編, 앞의 책(2009) 第2部 「木簡が語る漢字學習—役人は漢字をどう學んだか」 등에 게재된 논문들은 목간과 한자의 보급 및 문화전파에 초점을 맞추어 논지를 전개한 논문들이다.

수 있는 관위를 수여하고 있다. 따라서『논어』는 국학에 입학하여 관리가 되기 위한 필독서였다고 할 수 있다.

일본에서 출토된『논어』는 학습용과 습서용의 두 종류로 구분할 수 있기 때문에 한국의 목간과는 그 성격이 조금은 다른 듯하다. 간논지 유적에서 출토된『논어』목간이 한국의『논어』와 형태상 매우 유사할 뿐만 아니라 습득하는 과정 역시 국가가 제정한 법령이나 제도를 통해서 진행되고 있는 점은 바로 국가 주도의『논어』보급, 즉 통치이념의 확산이라 해석할 수 있다. 그러나 일본『논어』목간의 또 다른 특징인 표면과 배면의 서사 내용에서 연속성을 찾아볼 수 없는 목간은 문서행정이라는 율령적 통치와 사상적 측면에서의 이념적 지배를 수행하는 관리의 모습을 확인할 수 있는 것이다. 즉 배면에 서사된 동일 자구의 반복적 서사는 바로 한대의 자료인『창힐편』과 같은 기능을 담당하였을 것이기 때문이다.

이와 같이 고대 동아시아에서 발견된 목간은 형태상의 유사성뿐 아니라 고대 율령국가의 성립과 더불어 활발하게 사용되었으며 문서행정과 같은 율령에 의한 통치와 병행된 통치이념의 보급과도 밀접한 관련이 있음을 알 수 있다. 따라서 종래 고대 동아시아 사회의 성격을 규명하기 위하여 '소천하 小天下'와 '대천하大天下'로 구분할 수 있는 관념적 이해, 역시 목간을 통한 실질적 이해의 가능성이 그 어느 시기보다 높다고 할 수 있다.

한국·중국·일본 출토 『논어』 목간의 비교연구

윤재석(尹在碩)*

1. 머리말

동아시아사에서 『논어』가 가지는 역사적 의미와 가치에 대하여 더 이상 재론할 필요를 느끼지 못할 정도로 그간의 연구는 방대하였다고 할 만하다. 그럼에도 중국사상사학계와 고문헌학계의 경우 『논어』의 전통적 논제에 대한 논의는 여전히 활발하다. '논어論語'라는 명칭의 유래와 그 자의字意, 『논어』의 편찬자, 『논어』의 판본과 주석본의 변천과정 등에 대한 연구가 그것이다.[1] 이는 더 이상 『논어』 연구의 새로운 논제 개발이 불가능한 지경에 달하였기 때문이거나, 아니면 현재 중국의 정치적 또는 사회적 요구에 부응하기 위한 것일 터인데, 아무래도 오늘날 '『논어』 붐'이 일고 있는 중국

---

* 경북대 사학과 교수.
1 唐明貴, 「中國學者近半個世紀以來的 『論語』 研究」, 『古籍整理研究學刊』 2005年 第2期, 16~20쪽 참조; 唐潤熙, 『韓國現存 『論語』 注釋書版本研究』, 北京大學 博士學位論文, 2006, 18~39쪽 참조.

대륙의 정치 · 사회적 관심이 주된 요인으로 작용한 것과 무관치 않을 것이다.[2] 오늘날 중국에서 『논어』는 전통문화의 발양發揚에 유익할 뿐 아니라, 현실적으로 사회주의 4대현대화노선을 실현하고, 사회주의 현대문명을 건설하는 데 중요한 역할을 할 수 있다거나,[3] 『논어』에 내포된 덕치德治 · 예제禮制 · 정명正名 등의 개념이 중국의 현대 정치에서 특히 인사관리와 권력구조의 유지 및 권위의 합법적 유지 · 옹호에 충분히 긍정적 기능을 발휘할 수 있다는 낙관적 전망에서 비롯되었을 것이다.[4]

그렇지만 최근 서점가의 주요 베스트셀러로 『논어』가 수위의 반열에 오른 것은 이상과 같은 『논어』에 대한 정치적 해석과 응용의 필요성에 부응한 결과로만 치부하기에는 미흡한 점이 있다. 오히려 근본적으로는 이식된 사회주의 이데올로기의 정신적 공허를 메울 수 있는 기름진 전통문화의 홍양弘揚에 『논어』가 적합하기 때문일지도 모른다. 아무튼 이러저러한 요인으로 인하여 '중국적 특색의 자본주의'를 보는 듯한 중국에서 종래 사회주의로 인한 유가적 요소의 탈색을 무색케 하는 한가운데에 『논어』의 열풍이 불고 있는 것이다.

이러한 와중에 중국 내지와 변경 지역의 한대漢代 유적지에서는 물론 최근에는 한반도 중북부 지방에서까지 기원전 1세기 중엽의 『논어』가 죽간竹簡 또는 목간木簡의 형태로 발굴되었다.[5] 이러한 발굴로 인하여 종래 종이로 편

---

2 郭素紅, 「20世紀中國 『論語』文獻學研究回顧與展望」, 『東疆學刊』 24卷 第1期(2007年 1月), 23~26쪽 참조.

3 胡子宗, 「論語辨證法與現代文明」, 『孔子研究』 1995年 第4期, 109~115쪽 참조.

4 時和興, 「中國傳統治道之源－對 『論語』中政治管理思想的現代詮釋」, 『北京大學報』 1996年 第4期, 104~109쪽 참조.

5 중국에서는 나무를 다듬어 여기에 문자를 기재한 서사 자료를 포괄적으로 '簡牘'이라는 용어를 사용하고, 세부적으로는 木質의 종류와 형태 및 용도 등을 기준으로 竹簡 · 木簡 · 木牘 · 簡冊 등의 용어도 병용하고 있다. 반면에 한국과 일본의 경우 현재로서는 목간만 발굴되고 있는 상태인 까닭에 細方形의 목질 서사 자료 전체를 일괄적으로 木簡으로 부르고 있다. 본고에서는 원칙적으로 중국 簡牘學의 기준에 따라 이를 簡牘으로 통칭하고, 필

찬된 『논어』보다 훨씬 시대가 앞서는, 따라서 『논어』의 원류에 바짝 다가선 『논어』 목간이 『논어』 열풍을 더욱 달굴 여지도 없지 않을 것 같다. 그러나 본고는 정치적 또는 사회적 요구에 힘입은 중국의 『논어』 열풍에 동참할 의향도 필요성도 느끼지 못하는 터이지만, 소위 '논어학論語學'(용어의 적절성 여부에 대한 문제가 제기될 수 있지만)의 새로운 영역으로서 간독簡牘 형태로 출토되고 있는 『논어』에 대한 연구의 가능성을 타진해 보고자 한다. 간독 형대의 『논어』가 종래 문헌자료 위주의 한계에서 탈피하여 현전現傳 『논어』 의 계통과 판본의 형성과정 추적에 일말의 실마리를 제공할 여지가 있을 것이라는 판단 때문이다. 더욱이 전한 중엽 무렵 중국 내지뿐 아니라 서북 변경과 한반도의 평양 지역에서도 중국 내지의 그것과 유사한 방식으로 제작 된 『논어』 간독이 발굴되고 있으며, 나아가 4~9세기 한국과 일본에서도 지질紙質이 아닌 목간 형태의 『논어』가 발굴되고 있는 점 등에 주목한다면, 간독학簡牘學의 측면에서 『논어』의 유전流轉 현상과 여기에 포함된 사상사 혹은 서지학적 정보를 새로이 축적할 수도 있기 때문이다.

한편, 본고가 주목하고자 하는 '논어와 간독'은 한·중·일 삼국이 공유 한 역사상의 일면을 그려낼 수 있는 유익한 실마리라 할 만하다. 지금까지 이들 세 나라에서 발굴된 총 60여만 매(중국 약 40만, 일본 약 20만, 한국 약 600)의 간독 중에서 유독 『논어』만이 삼국 공통으로 발굴된 전적자료典籍資料 이자, '동아시아 유교문화권'의 실체를 웅변하는 실물이기 때문이다. 또한 전근대 동아시아 사회에서 『논어』라는 한 권의 책이 시공을 초월하여 간독 이라는 동일한 서사 재료에 기록·활용·전승되었다는 점은 동아시아의 내 재적 연관성에 대한 탐색의 측면에서도 흥미롭다.

그러나 현재까지 『논어』에 대한 간독학 측면에서의 접근은 거의 이루어지

요에 따라서 竹簡·木簡·簡·簡冊 등의 용어도 병용하였음을 밝혀 둔다.

지 않았다. 따라서 본고에서는 이에 대한 물꼬를 트는 기초작업에 머물 수밖에 없다. 우선 지금까지 한·중·일 세 나라에서 발굴된 간독과 지질 형태의 『논어』에 대한 현황을 파악하고, 이를 바탕으로 간독학의 측면에서 한·중·일 『논어』 목간을 비교 분석하여, 목간으로 제작된 『논어』의 형태와 규격 및 그 용도에 대한 탐색을 진행하며, 나아가 완간完簡 형태로 발굴된 『논어』 목간의 내용과 형태를 기준으로 한국과 중국에서 잔간殘簡으로 발굴된 『논어』 목간을 복원하는 작업도 병행해 보고자 한다. 이를 통하여 현재까지 주로 유학·어문학·판본학版本學의 측면에서만 연구가 이루어져 온 논어학에 대한 새로운 접근의 통로를 찾아보고, 나아가 동아시아 유교문화권의 형성과정에 대한 실체적 접근의 가능성도 타진해 보고자 한다.

2. 한·중·일 『논어』 목간의 출토 현황

한·중·일 출토 『논어』에 대한 간독학 측면의 접근에서 가장 필요한 선행작업은 논어간의 출토 현황에 대한 정확한 파악이다. 이에 본장에서는 우선 한대漢代 이래 논어간의 출토 현황을 정리하고, 나아가 20세기 이래 한·중·일 삼국에서 출토된 논어간을 <표 1>에서 종합 정리함으로써, 『논어』가 동아시아에 보급되는 양상을 살펴보고자 한다. 아울러 <표 1>에는 간독 형태의 『논어』는 물론 중국에서 발굴된 지질 형태의 당대唐代 『논어』 자료에 대한 정보도 함께 수록하였다. 당대에 사용된 지질 『논어』는 이와 거의 동시대에 사용된 한·일 양국의 『논어』 목간을 고찰하는 데 참고가 될 것이다.

현재까지 중국에서 가장 이른 시기에 발견된 『논어』 목간은 전한前漢 무제武帝 말년으로 거슬러 올라간다. 두루 알려져 있듯이, 공자孔子의 구택舊宅으로 알려진 가옥의 벽에서 죽간에 기재된 전국시대의 『상서尚書』·『예기禮記』·

『효경孝經』 등과 함께 발견된 『논어』가 그것이다.[6] 이들 전적은 모두 전국시대의 고문자로 기록되어 있었던 까닭에 『논어』의 성서成書 연대를 추정하는 근거가 될 뿐 아니라, 무제 말년 이래 고문본古文本 『논어』 곧 고론古論도 활발하게 유포되었을 것임을 추정케 한다. 그리고 이후 선제宣帝 시기에는 하내河內에서 어떤 여자가 고택古宅을 청소하던 중에 『주역周易』·『예기禮記』·『상서尙書』 등을 죽간 형태로 발견하였다고 한다.[7] 여기에 『논어』가 포함되어 있다는 소식은 전해지지 않지만, 후술하듯이 하북성 정주定州 팔각랑八角廊 40호 한묘漢墓에서 발굴된 죽간본竹簡本 『논어』가 선제 오봉五鳳 3년(B.C. 55) 이전에 작성된 것임을 볼 때, 무제 이래 선제 시기가 되면 유가자류儒家子類의 전적이 광범하게 유포되었고, 여기에는 『논어』도 예외 없이 포함되었을 것임은 의심의 여지가 없다.

이외에 『논어』 죽간의 발견 기사는 『진서晋書』 「속석전束晳傳」에 기재되어 있는 급군汲郡의 전국시대 분묘 도굴 고사에도 잠깐 등장한다. 다 알듯이 서진西晋 무제武帝 태강太康 2년 불不(丕)이라는 자가 급군에 있는 전국시대 위魏나라 안리왕安釐王의 묘를 도굴하면서, 어두운 묘실을 밝히기 위해 묘실 내에 부장된 죽간을 조명용으로 사용하였다. 이때 수십 차량 분량의 타다 남은 죽간이 발견되었는데, 이후 총 10여만 자로 쓰여진 75편의 서적으로 정리되었다. 후대인들이 이를 급총서汲冢書라 불렀다는 것은 잘 알려진 사실이다. 여기에는 『기년紀年』·『국어國語』·『목천자전穆天子傳』·『역경易經』·『쇄어瑣語』·『예기禮記』·『이아爾雅』와 더불어 『논어』의 내용과 유사한 『사명事名』 3편이 포함되어 있었다고 전해진다.[8] 이 중 현전하는 『목천자전』의 서문에

---

6 『漢書』(中華書局, 1992年出版本을 저본으로 함), 「藝文志」, 1706쪽 참조.
7 『論衡』(北京大學歷史系 『論衡』注釋小組, 『論衡注釋』, 中華書局, 1979年出版本을 저본으로 함), 「正說篇」, 1583쪽 참조.
8 『晋書』(中華書局, 1992年出版本을 저본으로 함), 「束晳傳」, 1432~1433쪽 참조.

남아 있는 순욱荀彧의 계산에 근거하여 『목천자전』이 위나라 안리왕 21년 (B.C. 298)에 2척 4촌의 죽간에 기재된 것이라고 한다면, 이와 함께 발굴된 『사명』의 『논어』 관련 기록 역시 전술한 무제 말년 공벽孔壁에서 발견된 『논어』와 함께 고논古論의 범주에 들어가는 것으로 볼 수 있을 것이다. 이상 의 『논어』 간독의 출토 사례는 문헌기록에만 남아 있을 뿐 그 원본이 전해질 리 만무하다. 다만 이 기사들은 고문본古文本 『논어』의 편찬이 아무리 늦어도 전국시대 말년 이후로는 넘어가지 않을 것이라는 점은 방증해 준다.

20세기에 들어와서 비교적 과학적 조사와 발굴에 의하여 출토된 『논어』 목간의 최초 사례는 1930~1934년 라포뇨이羅布淖爾의 봉수 유적지에서 발굴 된 전한 선제·원제 시기에 사용된 『논어』 「공야장公冶長」편의 일부가 기록 된 목간 1매이다.[9] 그러나 이 목간은 1매에 불과할 뿐 아니라 단간斷簡인 까닭에 거의 주목을 받지 못하였다. 간독 형태의 『논어』 연구에 불을 댕긴 것은 1973년 하북성河北省 정현定縣(현 定州市) 팔각랑촌의 40호 한묘漢墓에서 발굴된 660매의 『논어』 죽간이었다. 이들 죽간은 묘의 조성 연대가 선제宣帝 오봉五鳳 3년(B.C. 55)으로서 당시로서는 가장 이른 시기의 『논어』 실물 자료 였고, 또한 20세기 발굴사상 최초로 완질에 가까운 『논어』였던 까닭에 『논 어』의 원형을 추적하는 데 대단한 주목을 받았다. 그러나 이것의 발굴 시기 가 문혁이 진행되던 1973년이었고, 더욱이 1976년 7월에 당산唐山 대지진으 로 인하여 정리가 중단되는 등의 우여곡절을 겪은 후 1980년대에 와서야 비로소 정리가 완료되었다. 그리하여 이에 대한 전면적 연구는 매우 지체되 었을 뿐 아니라 주로 판본학의 측면에서 연구가 집중되었을 뿐 간독학의 측면에서 접근한 논문은 찾아보기 힘들었다. 1992년에는 감숙성 돈황敦煌 현천치懸泉置의 전한 중후기에서 후한 초기에 걸쳐 사용된 우역郵驛 유적지에

---

9 黃文弼, 『羅布淖爾考古記(中國西北科學考察團叢刊之一)』, 國立北京大學出版部, 1948, 209~ 210쪽 참조.

서 「자장子張」편의 일부가 기록된 3매의 『논어』 목간과 함께 『논어』와 유사한 내용이 기재된 목간 1매가 출토되었다.[10] 그러나 이에 대한 공식적 발굴보고서가 미비하고 1매를 제외하고는 모두 잔간인 까닭에 이에 대한 심층적 연구 역시 기대하기 어려운 형편이다.

한편, 중국의 『논어』 죽간에 비해 시대가 많이 떨어지지만 한반도와 일본에서도 주목할 만한 발굴이 이루어졌다. 평양의 낙랑구역에 위치한 정백동貞柏洞364호낙랑묘號樂浪墓에서 발굴된 것으로 알려진 간책簡冊 형태의 『논어』 죽간과 더불어 한반도 남부의 김해 봉황동과 인천의 계양산성에서 발굴된 『논어』 목간, 그리고 일본의 약 30여 곳에서 발굴된 『논어』 관련 목간이 그것이다. 이렇게 볼 때, 『논어』는 한·중·일 삼국의 시공을 초월하여 형성된 문화적 동질성을 확인케 하는 중요한 실마리라 할 수 있다. 그렇지만 이들 삼국의 『논어』 자료를 '논어학과 간독학'이라는 동일 범주에서 연구의 대상으로 삼은 시도는 아직 나타나지 않았고, 더욱이 이들 자료에 대한 체계적인 정보화도 이루어지지 않은 상태이다. 이를 해결하기 위한 하나의 시도로서 지하에서 발굴된 한·중·일 삼국의 『논어』로서 간독은 물론 종이에 기재된 것들까지 모두 종합 정리하면 다음과 같다.

〈표 1〉 한·중·일 출토 『논어』 간독자료 현황[11]

出土地域	呼稱/編號	論語篇名/內容	形態	使用時期	出典
中國	羅布淖爾	羅布淖爾論語木簡 (第59號簡)	公冶長: [殘缺]亦欲毋加諸人子曰賜非	木簡 길이 7.8cm, 너비 0.7cm, 두께 0.2cm 상단부 잔결	前漢, 宣帝·元帝	黃文弼, 『羅布淖爾考古記(中國西北科學考察團叢刊之一)』, 國立北京大學出版部, 1948.

10 張德芳·郝樹聲, 『懸泉漢簡研究』, 甘肅文化出版社, 2009, 268쪽 참조.

河北省 定州	定州論語木簡	論語 全篇, 總660枚	竹簡 길이 16.2㎝, 너비 0.7㎝	前漢, 宣帝	河北省文物研究所定州漢墓竹簡整理小組, 『定州漢墓竹簡論語』, 文物出版社, 1997.
甘肅省 敦煌郡 效穀縣 懸泉置	懸泉論語木簡① V92DXT1812②:119	子張: 乎張也難與並而爲仁矣·曾子曰吾聞諸子人未有自致也者必也親喪乎·曾子曰吾聞諸子孟莊子之孝其他可能也其不改父之臣與父之	木簡 길이 23㎝, 너비 0.8㎝	前漢 中滿期에서 後漢 初期	胡平生·張德芳, 『敦煌懸泉漢簡釋粹』, 上海古籍出版社, 2001. 張德芳·郝樹聲, 『懸泉漢簡研究』, 甘肅文化出版社, 2009.
	懸泉論語木簡② V92DXT1812②:215	子張: ☑□子張曰執德不弘通道不篤焉能爲有焉能爲亡·子夏之門人問交於子張子張曰	木簡 길이 13㎝, 너비 0.8㎝		
	懸泉論語木簡③ V92DXT1812②:344	子張: ·子張問曰士見危致命見德思義祭思	木簡 길이 6.7㎝, 너비 0.8㎝, 두께 0.3㎝		이 자료는 2008년 6월 4일 甘肅省考古硏究所의 張俊民 선생이 제공한 것임을 밝혀 둔다.
	懸泉論語木簡④ ⅡT0114⑤:71	之佻責惡衣謂之不肖善衣謂之不適士居固有不憂貧者乎孔子曰本子來	『논어』의 내용과 유사하나 현재로서는 소속 篇名이 불분명하다. 이 자료 역시 甘肅省考古硏究所의 張俊民 선생이 제공한 것임을 밝혀 둔다.		
吐魯番 아스타나	스타인3339號寫本	八佾의 후반부20행과 '論語' 두 글자	紙質	唐代	金谷治, 『唐抄本鄭氏注論語集成』, 平凡社, 1978.
	19號墓, 32-34號寫本	公冶長(長) '不知其人'에서 '朋友[信之]'까지 55행	紙質	唐 高宗代	國家文物局古文獻研究室等編, 『吐魯番出土文書』(第3·6冊), 文物出版社, 1981·1985.
	85號墓1-1·1-2號寫本	公冶長 '[足]恭'에서 '與朋友'까지 5행	紙質	唐代	『吐魯番出土文書』(第4·6冊), 文物出版社, 1983·1985.
	363號墓, 8-1號寫本(卜天壽 寫本)	爲政에서 公冶長(長)까지 4편과 제목, 총 178행(爲政: 후반부 15	紙質	唐 中宗 4年(710年)	『吐魯番出土文書』(第3·7冊), 1981·1986; 王素, 唐寫本論語鄭

			행, 八佾: 64행, 里仁: 34행, 公冶萇(長): 62.5행, 이외에 제목 2.5행)			氏注及其研究』, 文物出版社, 1991.
	184號墓	12-1(b)-6(b)號寫本1	雍也 전반부 66행	紙質	盛唐 (8세기)	『吐魯番出土文』(第4 ·8冊), 1983 · 1987.
		18-7(b)·8(b)號 寫本2	述而 전반부 29행			
		18-7(b)·8(b)號 寫本3	述而 '[吾可]爲之'에서 '伯夷'까지 8행			
	27號墓	25(a)·18-3號	雍也 후반부 19행	紙質	景龍 2年(708)·開元 3年(715) 작성	『吐魯番出土文』(第4·8冊), 王素, 『唐寫本論語鄭氏注及其研究』
		18-1號	雍也의 篇題에서 '[與之粟九百]'까지 9행			
		21·22號	雍也 '與之釜'에서 '[文勝質則史]'까지 40행			
		18-2·22(a)·24(a)號	雍也 '閔子騫爲費宰'에서 '[可謂智矣]'까지 33행			
		36(b)·37(b)號	雍也 '至於魯'에서 '如有博施於'까지 14행			
		38(b)號	述而 '[不善不]能改'에서 '[暴]虎'까지 17행			
		39(b)號	述而 '[吾可爲之]'에서 '發[慎忘食]'까지 19행			
		18-4(a)號	述而 '[從吾所好]'에서 '樂亦在其[中矣]'까지 10행			
		26(a)號	述而 '[不善者而改]之'에서 '吾無隱乎爾'까지 5행			
		27(a)·11(a)號	述而 '[難乎有恒]'에서 '則可[謂之云爾]'까지 22행			
		27號墓18-5(a)號	述而 '[子]魯請禱'에서 太伯의 '[民無以得而稱焉]'까지 12행			
		28(a)·18-6號	太伯 '[動容]貌'에서 '亂邦不[居]'까지 21행			
		29(a)·30(a)號	太伯 '[亂臣十人]'에서 子罕 '何其[多能]'까지 28행			
		31-1(a)·31-2(a)號	子罕 '[君]子多乎哉'에서 '悾悾[如也]'까지 4행			
		3 2 (a) ·	子罕 '[吾已矣夫]'에서			

		18-7(a)號	'吾自衛[返於魯]'까지의 23행과 제목			
		18-8(a)·33(a)號	子罕 '[不實者有矣夫]'에서 '夫何[遠之有哉]'까지 22행			
		34·18-9(a)號	鄕黨 '如有遁'에서 '不多食'까지 24행			
		35·18-10(a)號	鄕黨 '熟而薦之'부터의 17행과 제목 6행			
韓半島	金海	鳳凰洞 저습지 유적	公冶長: 1면: 不欲人之加諸我也吾亦欲無加諸人子 2면: 文也子謂子産有君子之道四焉其行 3면: 三已之無[慍]色舊令尹之政必以告新 4면: 違之何如子曰淸矣曰仁矣乎曰未知	木觚	6~7세기	釜山大學校博物館, 『金海鳳凰洞低濕地遺蹟』, 2007.
	仁川	桂陽山城 集水井	木簡 I 公冶長: 1면: 賤君子□□人□□ 2면: 吾斯之未能信子 3면: 也不知其仁也赤也 4면: □□□□十□□□ 5면: □□□□子曰吾□	木觚	4~5세기	李亨求, 『桂陽山城發掘調査報告』, 太陽情報出版社, 2008.
			木簡 II 1면: □□□子□□□□ 2면: (不明) 3면: (不明) 4면: (不明) 5면: (不明)			
	平壤	樂浪구역 통일거리 貞柏洞364號墓	先進篇·顔淵篇	竹簡	B.C.1세기	이성시·윤용구·김경호, 「평양 貞柏洞364號墳출토 竹簡『論語』에 대하여」, 『木簡과 文字』第4號, 2009.
日	奈良	①飛鳥京	論論語	木簡	8~9세기	『明日香風』 17
		② 飛鳥池遺跡	學而:	木簡		『飛鳥藤原宮發掘調査

		SD01	亦樂乎		『概報』15
本列島	縣	③飛鳥池遺跡SK10	禮論語禮□禮	木簡	『飛鳥藤原宮發掘調査概報』13
		④飛鳥池遺跡SD05	學而: 觀世音經卷(앞면) 子曰學□□是是(뒷면) 支爲□[昭?] 支照而爲 (좌측면)	木觚	『飛鳥藤原宮發掘調査概報』13, 『木簡研究』21
		⑤石神遺跡SK4066	論語學	木簡	『飛鳥藤原宮發掘調査概報』17
		⑥石神遺跡SD4090	學而: 乎 有朋自遠方來□ 大大大大□□□ [大?]	木觚	『飛鳥藤原宮發掘調査概報』18
		⑦藤原宮	公冶長: 糞土墻墻糞墻賦	木簡	『藤原宮出土木簡概報』
		⑧藤原宮SD170	爲政: 子曰學而不□ □水明 □ □	木簡	『藤原宮木簡』2
		⑨藤原宮SG501	學而: 而時習	木簡	『飛鳥藤原宮發掘調査概報』16
		⑩平城宮SD3236	□□□□□ [秦忌寸諸人?]大 □[田?] □□ □□	木觚	『平城宮木簡』2
		⑪平城宮SA4120A	青青青秦秦秦謹謹申 謹論語語諫許計諜許許謂 諟誰	木觚	『平城宮木簡』4
		⑫平城宮SD1250	論語序論□ 論□	木觚	『木簡研究』4
		⑬平城京長屋邸SD4750	論語語□□	木觚	『平城京木簡』1
		⑭平城京二條大路SD5100	□□□□[語論語?]	木簡	『平城宮發掘調査出土簡概報』33
		⑮平城京二條大路SD5300	□□□□□[論語?]	木簡	『平城宮發掘調査出土簡概報』30
		⑰平城京SD5300	堯曰: □□五美 □道皇五五□ 道道皇五 □	木觚	『平城宮發掘調査出土簡概報』30
		⑱平城京SD5300	公冶長, 기타 習字: □□□□□□□ □□ □□□□□□□又日 猶吾大夫崔子世□有 有有有有 人道財財長長長長 長可可及不及武章章 歸歸歸乎	木觚	『平城宮發掘調査出土簡概報』29

		章歸道章歸章路章 章歸歸歸歸所□有道 歸 歸□事 事 大大大大天天大天天 天天天天天天天天有 道章事 飛□□□□□ □ □者 有有 有			
		⑲平城京SD5300	□□何晏集解 子曰□	木簡	『平城宮發掘調査出土 簡概報』29
		⑳平城京SD7090A	學而: 日上□□ 不□ □子曰學而時習之□ 我學 □□識 子曰	木觚	『平城宮發掘調査出土 簡概報』34, 『木簡研 究』20
		㉑平城京SD7091A	八佾: 孔子謂季氏八□[佾?] □□□	木簡	『平城宮發掘調査出土 簡概報』34, 『木簡研 究』21
		㉒東大寺	學而: ○東大之僧志尺文寺 得□[得]? 尊 作心信作心 第 爲 □ 爲是 □是論語序一 「寺」□ 第 信心 哥丣 爲爲爲爲 羽□	木觚	『木簡研究』16
		㉓阪原阪戶遺跡	學而: □□夫子之求之與其 諸異乎	木簡	『木簡研究』16
	兵 庫 縣	㉔袴狹遺跡 第五 遺構	公冶長: 『『子謂公冶長可妻』 『 右爲蠲符搜求□	木簡	『木簡研究』22
		㉕SD303	(앞면) □□ □□ 論語序何晏集□ [解?]	木簡	『木簡研究』22
		㉖芝遺跡	學而: 亦乎 有朋自 自乎 有子	木簡	『木簡研究』23
	德 島 縣	㉗觀音寺遺跡	學而: 「 □[冀?]□依□□ [夷?]乎□□[還?]止□ (耳?)所中□□□(앞면) □□□□乎(뒷면) 「 子曰 學而習時不孤 □乎□自朋遠方來亦 時樂乎人不知亦不慍	木觚	『木簡研究』23

		亅(좌측면) □コ用作必□□□□ □[兵?]□人乚 コ□□ □(우측면)		
滋賀縣	㉘勸學院遺跡	之子 左右 我 □□□ 論語□「論□論、天 道 「天」天 我我我我 □道 天 (뒷면)	木簡	『木簡研究』8
靜岡縣	㉙城山遺跡	論□[語?]	木簡	『木簡研究』2
長野縣	㉚屋大遺跡群 SD7036	爲政: 子曰學是不思	木簡	『木簡研究』22
	㉛屋大遺跡群 SD8040	學而: 亦樂乎人不知而不□ [慍?] 乚コ	木簡	『木簡研究』22

　<표 1>에서 우선 서사 도구를 기준으로 볼 때, 한·중·일 삼국의 지하에서 발굴된 『논어』는 간독전용시대簡牘專用時代와 지목병용시대紙木幷用時代의 것으로 대별된다. 우선 전자의 경우 중국의 라포뇨이羅布淖爾 『논어』 목간, 정주定州 『논어』 죽간, 현천치懸泉置 『논어』 목간, 그리고 평양平壤 『논어』 죽간이 여기에 해당한다. 간독전용시대에 죽간 또는 목간에 『논어』를 기재하는 것은 특별한 현상이 아니지만 라포뇨이와 현천치의 『논어』는 죽간이 아닌 목간으로 제작되었다는 점은 주목된다. 이는 이 두 지역이 중국 내지로부터 극원지極遠地인데다가 대나무가 생장하지 않는 지역이기 때문에 현지의 송목松木·호양胡楊 등에 『논어』를 초사한 결과일 터인데, 한편으로 이것은 중국 내지에서 편찬된 죽간본 『논어』가 이 지역으로 유입되지 않은 상황을

---

11 이 표에서 일본의 『논어』 목간 출토 현황은 橋本繁, 「東アジアにおける文字文化の傳播 － 朝鮮半島出土論語木簡の檢討を中心に」, 福井重雅先生古稀·退職記念論集, 『古代東アジアの社會と文化』, 汲古書院, 2007, 419~420쪽의 <표>를 인용한 것이다.

반영한 것인지도 모른다.

　<표 1>에 의하면 한국과 일본에서는 지목병용기에도『논어』관련 목간이 제작된 반면, 중국의 경우 지목병용기에는 서적간書籍簡이 전혀 발굴되지 않고, 당대唐代에 조성된 투루판吐魯番 아스타나고분군에서 종이에 기록된『논어』가 완질 형태로 발굴되었다. 지목병용시대에 제작된『논어』는 아스타나의 8세기 당대 묘장군墓葬群에서 발굴된 지질의『논어』와 더불어 한국의 김해 봉황동과 계양산성에서 발굴된『논어』목간 및 일본에서 발굴된『논어』관련 목간이 이에 해당된다. 이들『논어』의 성서成書 시간상의 순서는 계양산성의『논어』목간이 4~5세기 백제의 것이 타당하다면,[12] 그 뒤를 잇는 것이 6~7세기의 신라에서 제작된 봉황동『논어』목간과[13] 8세기 아스타나 출토 지질『논어』, 그리고 8~9세기 일본의『논어』관련 목간의 차례가 될 것이다. 지목병용시대에는 일반적으로 특수한 용도로만 목간이 사용된다는 점에서 볼 때,[14] 한국과 일본의『논어』목간은 종이에 기재된『논어』와는 다른 용도로 제작된 것으로 추정된다.

　<표 1>에서 가장 주목되는 것은 정주『논어』죽간과 더불어 최근 알려지기 시작한 평양 정백동364호낙랑묘 출토『논어』죽간이다. 우선 이들 양자는 전한 선제와 원제 시대에 사용된 것들로서 지금까지 발굴된 가장 이른 시기의『논어』죽간이다. 따라서 그 내용과 용자례用字例 등은『논어』의 판본

---

12 계양산성 출토『논어』목간의 연대 비정과 관련하여, 李亨求,『桂陽山城發掘調査報告書』, 太陽情報出版社, 2008, 279쪽에서는 4~5세기 백제의 것으로 주장한 반면, 이용현,『韓國木簡基礎硏究』, 신서원, 2006, 40~41쪽과 529쪽에서는 3~4세기 백제시대의 것이 아니라 통일신라시대의 것으로 추정하였다. 향후 이 두 설에 대한 한국고대사학계의 엄밀한 검토가 기대된다.

13 釜山大學校博物館,『釜山大學校博物館硏究叢書23 －金海鳳凰臺遺蹟』, 釜山大學校博物館, 2007, 54쪽.

14 劉樂賢, 「中國簡牘的類別及使用年代－兼與韓國羅州木簡比較」, 국립나주문화재연구소·동신대학교박물관편『6~7세기 영산강유역과 백제』, 2010년, 365~370쪽 참조.

과 한대 『논어』의 계통 연구에도 중요한 실마리를 제공한다. 이와 더불어 정주 『논어』 죽간은 중산국中山國 회왕懷王의 묘에서 발굴된 만큼 이는 선제 당시 최고 지배층 사회에 유통된 것으로서, 당시 『논어』의 정형적 판본이었을 가능성이 높다. 반면에 평양 『논어』 죽간은 한제국의 내지가 아닌 변군邊郡 중의 하나인 낙랑군에 유포된 것이다. 따라서 이들 두 『논어』 죽간의 역사적 함의는 매우 특수하고 중요하다.

정주 『논어』 죽간은 1973년 하북성 정현(현 정주시定州市)의 선제 시대에 조성된 40호 한묘에서 발굴되었다. 이 묘는 선제 오봉五鳳 3년(B.C. 55)에 사망한 중산국의 회왕懷王인 유수劉修의 것으로서 하북성 정주의 팔각랑촌八角廊村에 위치하였는데, 대체로 전한 말엽에 이미 도굴된 것으로 알려져 있다. 그런데 도굴 당시 도굴범이 묘 안에서 큰 불을 내고 놀라 도망가는 바람에 중요한 문물이 오히려 근래까지 잘 보존될 수 있었다고 한다.[15] 이중 곽실槨室 동측에 놓여 있던 죽간은 <그림 1>에서 보듯이 불에 타서 당시부터 이미 탄화 상태로 변하였지만, 오히려 이로 인하여 죽간이 썩는 것을 모면했을 것으로 추정된다.[16] 그렇지만 아마도 두루마리 형태였을 죽간은 불길로 인해 산란을 피하지 못하였고, 또한 <그림 1>에서 보듯이 탄화 상태로 남은 묵흔墨痕은 자적字迹의 추적을 매우 힘들게 하였음은 물론이다.

여기서 발견된 죽간은 총 2,500여 매이고, 대부분이 전적류로서 『논어』・『유가자언儒家者言』・『애공문오의哀公問五義』・『보부전保傅傳』・『태공太公』・『문자文子』・『육안왕조오봉이년정월기거기六安王朝五鳳二年正月起居記』・『일서日書』・『주의奏議』 등이 포함되어 있다. 죽간정리자에 의하면 1976년 6월부터 시작된 이들 죽간의 정리작업에는 장정랑張政烺・이학근李學勤・고철부顧鐵符・우호량于豪亮 등 당시 『마왕퇴백서馬王堆帛書』를 정리하던 저명한 학자들이

---

15 河北省文物研究所, 「河北定縣40號漢墓發掘簡報」, 『文物』 1981年 第8期, 1~10쪽 참조.
16 定縣漢墓竹簡整理小組, 「定縣40號墓出土竹簡簡介」, 『文物』 1981年 第8期, 11~13쪽 참조.

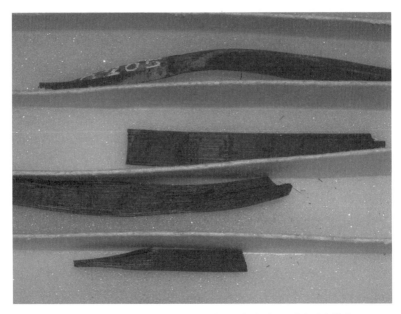

〈그림 1〉 정주 『논어』 죽간(2002년 5월 하북성문물연구소에서 필자 촬영)

대거 참여하였다고 한다. 그런데 1976년 7월에 당산唐山 대지진이 일어나면서 정리작업이 중단되었음은 물론, 지진을 피하여 죽간을 옮기는 과정에서 죽간을 담아 놓은 상자가 뒤집히는 바람에 다시 한 번 산란과 훼손을 면치 못하였고, 1980년대가 되어서야 정리보고서가 작성되었다.[17] 이 중 『논어』 죽간은 총 620여 매이나 잔간이 많은 까닭에 완전한 석문은 불가능했지만, 현전 『논어』와 대조하여 1993년 완성된 석문과 교감기가 하북성문물연구소 정주한묘죽간정리소조河北省文物硏究所定州漢墓竹簡整理小組, 『정주한묘죽간논어定州漢墓竹簡論語』(文物出版社, 1997)로 출간되었다.

이 책의 소개에 의하면 온전한 상태의 『논어』 죽간의 길이는 16.2cm, 너비는 0.7cm이고, 하나의 죽간에 최고 19~21자까지 기재되어 있으며, 죽간의

---

17 定縣漢墓竹簡整理小組, 「定縣40號墓出土竹簡簡介」, 『文物』 1981年 第8期, 11~12쪽 참조.

양 끝과 중간 부분을 끈으로 엮어 서로 연결시켜 놓은 흔적이 발견되었다고 한다. 여기서 죽간의 길이와 관련하여 흥미로운 점은 정주 『논어』 죽간이 한대의 목간 제작 규정을 준수하여 제작되었다는 점이다. 잘 알려져 있듯이 진한시대의 가장 표준적인 죽목간의 규격은 길이 약 23㎝(한대漢代의 도량형으로 1척), 폭 약 1㎝(5분分), 두께 0.2~0.3㎝(약 1분)로서, 하나의 죽간에 보통 30~40자, 많으면 50자 정도의 글자를 쓸 수 있는데, 이러한 죽목간을 일척간─尺簡으로 부르며, 주로 서적 및 공적·사적 문서를 작성하는 데 사용되었다.[18] 그런데 정주 『논어』 죽간의 길이인 16.2㎝는 한척漢尺으로 약 7촌에 해당하는데, 이는 표준적 목간에 비해 매우 짧은 길이다. 또한 죽간 1매에 기재된 글자 수도 일반 표준간의 약 1/2에 불과한 20자 정도이다. 후술하겠지만 정주 『논어』 죽간의 이러한 규격은 유가서적 중 『춘추春秋』 등의 육(五) 경六經을 2척 4촌의 간독에 기재하고 『효경』과 『논어』를 각기 1척 2촌과 8촌에 기재하도록 규정한 한대의 목간제도에 부합한다. 즉, 정주 『논어』 죽간의 16.2㎝(한척 7촌)는 탄화로 인한 수축을 고려하면 원래 8촌으로 제작되었을 것으로 보아 무방할 정도이고, 이는 마치 오늘날의 수책手冊 혹은 문고판과 유사한 형태임을 암시한다.

평양 『논어』 죽간은 1990년대 초 평양시 낙랑구역 통일거리 건설과정에서 발굴되었다.[19] 그렇지만 이에 대한 공식적 발굴보고서가 아직 발표되지 않았을 뿐 아니라 죽간의 정리과정에 대하여 알려진 것도 전혀 없다. 또한 중국 간독학계의 죽간 정리작업과 이를 거친 죽간의 상태를 염두에 둘 때 평양 『논어』 죽간의 상태에서 진위를 의심케 하는 특이한 현상도 발견된다. 따라서 의문투성이의 이 자료를 무비판적으로 연구에 활용하는 것은 철저한

---

18 李均明·劉軍, 『簡牘文書學』, 廣西教育出版社, 1999, 89~98쪽 참조.
19 평양 『논어』 죽간의 발견 정황과 사진의 입수 경위에 대하여 이성시·윤용구·김경호, 「平壤 貞柏洞364號墳출토 竹簡 『論語』에 대하여」, 『木簡과 文字』 第4號, 2009, 130~133쪽 참조.

사료비판으로부터 시작해야 할 역사학의 기본 상식을 훼손할 수도 있는 일이기에 조심스럽기 짝이 없다. 다만 후술하듯이 죽간의 형태와 서사 방식 및 서체 등을 기준으로 볼 때, 동시대 중국에서 출토된 전적자료와 유사한 점이 매우 많이 발견되는 것도 사실이다.

최근 유포된 뒤의 <그림 3·4>(본서 99~100쪽 참조)에 의하면 평양『논어』죽간은 39매의 완간과 5매의 잔간을 포함하여 모두 44매(총 589자)의 죽간으로 구성되어 있다. 이중 33매(완간은 31매)는 「선진先進」편에 나머지 11매(완간은 8매)는 「안연顏淵」편에 포함된 내용이다. 그렇지만 <그림 4>의 우측 잔간 더미가 정리된다면 이보다 죽간의 매수는 훨씬 늘어날 터인데, 윤용구는 『논어』죽간 전체 분량이 약120매(「선진」편 60매, 「안연」편 61매)일 것으로 추정하였다. 따라서 현재 확인된『논어』죽간은 전체의 1/3을 조금 넘는 분량에 불과하다.[20]

한편, <표 1>에서 보듯이 한국에서는 2000년 김해시 봉황동의 저습지 유적과 2006년 인천 계양산성의 집수정集水井에서『논어』「공야장」편의 일부가 기록된 목간이 각 1매씩 출토되었다. 전자는 4~5세기의 백제에서, 후자는 6~7세기의 신라에서 제작된 것으로 알려져 있다. 우선 이들 목간은 모두 지목병용기紙木幷用期에 제작된 것들로서 봉황동 목간은 4면, 계양산성 목간은 5면으로 구성된 '고觚'형을 취하고 있는 점이 특징이다. 지목병용기의 주된 서사 도구는 종이이고 목간은 특수한 용도에만 사용되었을 것임을 인정한다면,[21] 이들『논어』목간은 당시 종이에 기록된『논어』와는 다른 특수한 용도로 제작되었을 것이다.

한국에서는 종이에 기재된『논어』가 발굴되지 않았기 때문에 현재로서는

---

20 이성시·윤용구·김경호, 「平壤 貞柏洞364號墳출토 竹簡『論語』에 대하여」, 134~140쪽 참조.
21 劉樂賢, 「中國簡牘的類別及使用年代－兼與韓國羅州木簡比較」, 365~370쪽 참조.

목간과 종이에 기재된 『논어』의 용도를 구분하는 것은 쉽지 않다. 그러나 <표 1>에서 보듯이 한국의 『논어』 목간과 거의 동시기에 해당하는 지질 『논어』가 투루판 아스타나의 당대唐代 묘장군에서 발굴되었음을 볼 때, 당시 한반도에서 도 『논어』는 주로 종이에 기록되었을 것으로 짐작된다. 특히 후술하듯이 당시 한·중·일 삼국 모두 『논어』가 오경 교육의 기초 교과목이자 관리 등용시험의 공통 과목이었음을 볼 때, 아스타나 출토 지질 『논어』의 편찬 목적이 8세기 서북 변경 지역의 『논어』 교육과 밀접한 관계가 있었던 것과 마찬가지로 동시기의 한반도 역시 교육용과 수험용 또는 일반 독서용으로 제작된 『논어』의 재료는 종이였음이 분명하다. 그렇다면 지질 『논어』가 아닌 봉황동과 계양산성 출토 『논어』 목간은 그 용도가 매우 특수했을 것인데, 그 실마리는 목간의 형태가 고觚라는 것, 그리고 후술하듯이 그 길이가 최대 1m에 근접한다는 점에서 찾을 수 있을 것이다. 이에 대해서는 다음 장에서 상세히 논하기로 한다.

일본의 경우, <표 1>에서 보듯이 나라현奈良縣·효고현兵庫縣·도쿠시마현德島縣 등 30여 곳의 유적지에서 『논어』의 일부 또는 『논어』와 관련된 문구가 기록된 목간이 다수 발굴되었다. 이들 목간 역시 지목병용기인 8~9세기에 제작된 것으로서, 한국의 그것과 용도상 일부 유사성이 인정되고, 중국의 간책형簡册形 『논어』 죽간과는 매우 다르다. 일본의 『논어』 관련 목간에서 주목할 만한 것은 목간과 더불어 고형觚形 목간이 함께 발굴되었다는 점, 한국과 중국의 『논어』 죽목간이 『논어』의 특정 편 혹은 장구의 내용을 연속적으로 써 내려간 것과는 달리 일본의 그것은 『논어』의 일부 글자나 단어를 반복적으로 초사하는 습자간의 형태가 주류를 이룬다.

3. 한·중·일 출토 『논어』 목간의 형태와 용도

전국 및 진한시대 간독의 형태와 규격은 출토지 혹은 그것을 부장하고 있는 묘의 성격이나 묘주 신분의 존비에 따라, 그리고 그 내용과 용도에 따라 매우 큰 차이가 나타난다.[22] 따라서 『논어』간의 용도를 추정하기 위해서는 그것의 형태와 규격에 대한 이해부터 시작할 필요가 있다. 이를 위하여 『논어』와 동일한 성격을 가진 전국 및 진한시대 서적간書籍簡의 형태와 규격을 『논어』의 그것과 비교하고, 나아가 이를 통해 평양과 정주 출토 『논어』 죽간 및 한국·일본 출토 『논어』 목간의 용도를 추적해 보기로 한다.

1) 서적간의 편찬 방식과 논어간의 형태

간독제도 연구의 선구자라 할 수 있는 왕국유王國維는 1912년 『간독검서고簡牘檢署考』에서 고책古策(冊)은 '2척 4촌'을 기준으로 '분수分數'로 나누어지고, 독牘은 '오五의 배수倍數'로 결정된다고 하면서, 전자는 1척 2촌·8촌·6촌으로 나누어지고, 기재 내용에 따라 간簡의 길이가 결정된다고 하였다. 즉 『춘추春秋』를 비롯한 경서經書(六經)와 예제 및 법령 관련 서적은 2척 4촌(55.2cm), 『효경孝經』과 한대 이래 관부의 장부 및 군국郡國의 호구를 기재한 황적黃籍은 1척 2촌(약27.6cm), 『논어』는 8촌(약18.4cm), 부符는 6촌(약13.8cm)으로 나누어지는 것으로 단언하였다.[23] 이 설을 수용하면 본고의 주제인 『논어』간의 길이는 더 이상 논의할 것 없이 2척 4촌의 1/3인 8촌으로 굳어져 버리고 만다. 그러나 이 견해는 1912년 왕국유가 일본에서 지극히 제한된 간독자료를 분석하여 얻어낸 결론일 뿐이어서 이후 다종다양한 형태와 길이의 간독이 지속적으로 발굴되면서 이 견해에 대해 정면으로 부정하는 견해가 나올 정도로 왕국유의 학설은 신뢰성이 급속히 떨어지게 되었다.[24]

---

22 胡平生, 「簡牘制度新探」, 『文物』 2000年 第3期, 67쪽 참조.
23 胡平生·馬月華, 『王國維原著 『簡牘檢署考』』, 上海古籍出版社, 2004, 14~27쪽 참조.

주지하듯이 간독 사용의 역사는 은주대殷周代로 거슬러 올라가지만, 그것의 용도별 형태와 규격이 제도화된 것은 전한 말, 후한 초로 알려져 있다.[25] 따라서 선진 및 전한시대까지 용도별로 규격화된 간독이 제작되었음을 증명하는 실물을 찾기는 쉽지 않다. 다만 다음 <표 2>에 의하면 전국시대부터 후한대까지 제작된 서적간에서 그것의 형태와 규격이 나름대로 통일되어 가는 경향성은 발견할 수 있다. 우선 전국시대 서적간은 모두 죽간을 줄로 엮어 편책編冊한 형태로서, 죽간의 길이에 따라 세 줄 혹은 두 줄로 죽간을 굴비 엮듯이 하여 간책 형태로 제작하였음을 알 수 있다. 이와 같은 변승編繩의 방식을 염두에 둔다면, 공자가 『역경易經』을 '위편삼절韋編三絶'할 정도로 다독하였다는 의미에 대하여, 죽간을 엮은 가죽 끈이 세 번이나 닳아 떨어졌다는 통상적인 이해보다는 상·중·하 세 부위를 엮은 끈이 끊어졌다는 뜻으로 이해하는 것이 더 합리적이다. 아무튼 전국시대 이래 서적의 편찬 방식은 종이 서책을 끈으로 편철하여 제작한 후대의 선장본線裝本 서적의 편찬 방식과 크게 다르지 않았다는 점은 인정할 수 있을 것이다. 종이가 아닌 죽간을 서사 재료로 하였다는 점만 다를 뿐이다. 그런데 전통시대는 물론 오늘날에도 서적의 규격은 천차만별인데, 이는 서적의 종류 혹은 용도에 따라 그 크기를 상이하게 결정하는 서적 편찬 제도에 따른 것이다. 간독의 형태나 규격 또한 예외는 아니었지만 이것이 제도화하기 시작한 것은 전·후한의 교체기이다. 따라서 선진시대부터 전한대까지의 편년을 가진 서적간은 그것의 내용과 성격에 따라 엄격한 규격상의 통일성을 찾아보기는 어렵다.

24 馬先醒, 「簡牘制度之有無及其時代問題－附商王國維著<簡牘檢署考>」, 『國際簡牘學會會刊』第1號, 1993, 3~17쪽 참조.
25 李零, 『簡帛古書與學術原流』, 生活·讀書·新知 三聯書店, 2004, 118쪽 참조.

<表 2> 戰國・秦・漢 時代 書籍類 簡牘의 내용과 형태 및 규격

시대	출토지/簡의 종류	내용	길이(cm)	엮음 줄수	참고문헌
東周-戰國	湖北 江陵九店56號楚墓 / 竹簡	農作物 관련 서적과 數術書	46.6-48.2		湖北省文物考古研究所, 『江陵九店東周墓』, 科學出版社, 1995; 湖北省文物考古研究所・北京大學中文系, 『九店楚簡』, 中華書局, 2000.
戰國中期	河南 新陽 長臺關1號楚墓 / 竹簡	周公과 申徒狄의 對話錄	45로 추정	3줄	河南省文物研究所, 『新陽楚墓』, 文物出版社, 1986.
戰國中期	湖南 慈利縣 石板村36號 戰國墓 / 竹簡	兵陰陽書 吳・越國史	45로 추성		湖南省文物考古研究所・慈利縣文物保護管理所, 「湖南慈利石板村36號戰國墓發掘簡報」, 『文物』1990年 第9期.
戰國中期	湖北 荊州郭店1號楚墓 / 竹簡	老子	甲組:32.3 乙組:30.6 丙組:26.5	2줄(語叢1・2・3편만 3줄) *語叢簡에는 세 곳, 기타의 간에는 2곳 씩 삼각형 홈이 있음.	湖北省荊州博物館, 「荊門郭店一號楚墓」, 『文物』1997年 第7期; 荊門市博物館, 『郭店楚墓竹簡』, 文物出版社, 1998.
		緇衣・性自命出・成之聞之・尊德義・六德・五行	32.5		
		唐虞之道 忠信之道	28.3		
		太一生水	26.5		
		魯穆公問子思 窮達以時	26.4		
		語叢	15.1-15.2		
戰國中後期 (BC.300±30)	清華大學所藏 / 戰國竹簡	楚居	47.5좌우	3줄 *皇門 12簡의 줄을 맨 上・中・下 세 부위에 삼각형 홈이 있음	清華大學出土文獻研究與保護中心 編, 李學勤 主編, 『清華大學藏戰國竹簡(壹)』, 上海文藝出版集團 中西書局, 2010.
		尹至・尹誥・程寤・耆夜・金縢	45		
		皇門・祭公	44.4		
		保訓	28.5	2줄	
戰國	上海博物館所藏楚簡 / 竹簡	性情論	57	長簡:3줄 短簡:2줄 *줄을 맨 죽간 우측에 凹자형 홈	馬承源主編, 『上海博物館藏戰國楚竹書』(一)(二)(三)(四)(五), 上海古籍出版社, 2001・2002・2003・2004・2006.
		孔子詩論	55.5		
		魯邦大旱	54.9		

		緇衣	54.3		
		民之父母	45.8		
		容成氏	44.5		
		昔者君老	44.2		
		從政	42.6		
秦帝國	湖北 雲夢縣 睡虎地11號 秦墓 / 竹簡	爲吏之道	27.5	3줄	睡虎地秦墓竹簡整理小組, 『睡虎地秦墓竹簡』, 文物出版社, 2001.
前漢 呂太后	湖北 江陵張 家山247號漢 墓 / 竹簡	算數書	29.6-30.2		荊州地區博物館, 「江陵張家山三 座漢墓出土大批竹簡」, 『文物』 1985年 第1期.
		引書	30-30.5		
		脈書	34.2-34.6		
		蓋廬	30-30.5		
		奏讞書	28.6-30.1		
文帝	安徽 阜陽雙 古堆 1號漢 墓 / 竹簡	詩經・周易・ 倉頡篇・相狗 經・刑德	24-26		安徽省文物工作隊等, 「阜陽雙古 堆汝陰侯墓發掘簡報」, 『文物』 1978年 第8期; 文物局文獻室等, 「阜陽漢簡槪」, 『文物』1983年 第2期.
文・景-武帝	山東 臨沂市 銀雀山 1號 漢墓 / 竹簡	孫子兵法・孫 臏兵法・尉繚 子・六韜・晏 子・守法守令	27.5좌우	3줄	山東省博物館等, 「山東省臨沂銀 雀山漢墓發現<孫子兵法>和<孫 臏兵法>等竹簡的簡報」, 『文物』 1974年 第2期; 銀雀山漢墓竹簡整理小組編, 『銀 雀山漢墓竹簡[壹]』, 文物出版社, 1985.
宣帝	河北 定州八 角廊村 40號 漢墓 / 竹簡	論語	16.2	3줄	定縣漢墓竹簡整理, 「定縣40號墓 出土竹簡簡介」, 『文物』 1981年 第8期.
		儒家者言	11.5		
		哀公問五義			
		保傅傳			
		六韜			
		文子			
宣帝・元帝	羅布淖爾論 語木簡(第59 號簡)	論語(殘簡)	7.8		黃文弼, 『羅布淖爾考古記(中國西 北科學考察團叢刊之一)』, 國立北 京大學出版部, 1948.
成帝	江蘇 連雲港 東海縣尹灣6 號漢墓 / 竹 簡	神烏傳(賦) 行道吉凶 刑德行時	23.5		連雲港市博物館, 「江蘇東海縣尹 灣漢墓群發掘簡報」, 『文物』1996 年 第8期; 連雲港市博物館等, 『尹灣漢墓簡 牘』, 中華書局, 1997.
		*日記	23.5		
前漢 中後期	現 內蒙古 額 濟納旗(居延)	蒼頡篇(竹簡)	23		甘肅居延考古隊, 「居延漢代遺址 的發掘和新出土的簡冊文物」; 徐

	甲渠候官(破城子) / 新居延漢簡(木簡·竹簡)				蘋芳, 「居延考古發掘的新收穫」, 『文物』 1978年 第1期. 甘肅省文物考古研究所等, 『居延新簡-甲渠候官·甲渠塞第四燧』, 中華書局, 1994.
		晏子	23		
		厭魅書	22.8		
		相寶劍刀簡冊	22.6		
		刑德	22.1		
		急就章	17.7		
王莽	甘肅 武威市 磨嘴子 王莽時代6號墓 / 竹簡·木簡	儀禮	甲本(木簡): 55.5-56	4줄	甘肅省博物館, 「甘肅武威磨嘴子6號漢墓」, 『考古』 1960年 第5期; 甘肅省博物館·中國科學院考古研究所, 『武威漢簡』, 中華書局, 2005.
			乙本(竹簡): 50.5		
			丙本(竹簡): 56.2		
前漢 中期-後漢初	甘肅 敦煌郡 效穀縣 懸泉置 / 木簡	論語 (V92DXT1812②:119)	23		胡平生·張德芳, 『敦煌懸泉漢簡釋粹』, 上海古籍出版社, 2001年; 張德芳·郝樹聲, 『懸泉漢簡研究』, 甘肅文化出版社, 2009.
		論語(殘簡) (V92DXT1812②:215)	13		
		論語(殘簡) V92DXT1812②:344	6.7		
後漢	甘肅 武威旱灘坡後漢墓 / 木簡·木牘	醫書	木簡: 23-23.4	3줄 *목간 우측에 삼각형의 홈이 있음	甘肅省博物館·武威縣文化館, 「武威旱灘坡漢墓發掘簡報」, 『文物』 1973年 第2期, 2005; 甘肅省博物館·武威縣文化館, 『武威漢代醫簡』 文物出版社, 1975.
			木牘: 22.7-23.9		

<표 2>에 의하면 전국시대 초묘楚墓에서 발굴된 서적간의 길이는 최장 57㎝로부터 최단 15㎝까지 매우 다양하다. 곽점郭店1호초묘號楚墓에서 출토된 서적간의 경우, 동일한 묘에서 출토된 것임에도 그 길이는 매우 다르다. 성자명출性自命出·성지문지成之聞之·존덕의尊德義·육덕六德이 똑같이 32.5㎝ 길이로 제작되었을 뿐이고, 『노자老子』의 경우는 동일한 제명題名의 간책簡冊임에도 갑甲·을乙·병조丙組의 길이가 제각기 다르다. 다만 32㎝ 전후의 것이 가장 많다는 것은 주목할 만하다. 그리고 상해박물관에 소장되어 있는

죽서竹書의 경우 55㎝와 45㎝ 전후의 것이 가장 많고, 최근 발표된 청화대학 소장 죽서의 경우는 절대다수가 45㎝ 전후이다. 그리고 강릉江陵 구점九店에서 출토된 농서農書와 수술서數術書 죽간, 신양장대관新陽長臺關에서 출토된 주공周公과 신도적申徒賊의 대화를 기록한 죽간, 자리현慈利縣 석판촌石板村 36호 전국묘戰國墓에서 출토된 병음양서兵陰陽書 및 오吳·월국사越國史를 기록한 죽간 등도 모두 45㎝ 전후로 제작되었다. 이외에 단간短簡으로 분류할 수 있는 곽점초간郭店楚簡 중의 『어총語叢』은 약 15㎝, 청화대 소장 죽서 중 『보훈保訓』은 28.5㎝로 제작되었다는 점이 특이하다. 이렇게 볼 때 일차적으로 전국시대 죽서의 경우 그 내용의 성격과 비중에 따라 죽간 길이의 표준화가 아직은 이루어지지 않았음이 분명하다. 그렇지만 한편으로 <표 2>의 전국시대 죽서에 대하여 유사한 길이를 기준으로 몇 개의 그룹으로 묶으면, 55㎝ 전후·45㎝ 전후·28㎝ 전후·15㎝ 등으로 유형화할 수 있다. 이를 다시 전국척戰國尺으로 환산하면 55㎝가 약 2척 4촌, 45㎝가 약 2척, 28㎝가 약 1척 2촌, 15㎝가 약 6촌으로 환산된다.[26] 그리고 이중 가장 많은 비중을 차지하는 죽서의 길이는 45㎝ 전후와 55㎝ 전후로서, 이는 전국척으로 2척에서 2척 4촌까지이며, 청화대학과 상해박물관에 소장되어 있는 죽서의 대부분은 여기에 해당한다.

흥미로운 것은 이들 죽서의 절대다수가 유가자류의 저서라는 점이다. 그렇지만 전국시대에 유가의 비중이 다른 제자백가의 사상에 비해 독존적 위치에 서 있지 않았다는 것이 주지의 사실이고 보면, 유가자류의 죽서만 2척에서 2척 4촌까지의 길이로 제작되었다고 보기는 힘들 것 같다. 다만 후술하듯이 한대의 간독제도에서 유가경전을 표준간인 1척이 아니라 2척 4촌으로 제작하도록 한 것은 2척 혹은 2척 4촌 정도의 장간長簡으로 유가자류 서적을

---

26 胡平生, 「簡牘制度新探」, 70쪽 참조.

제작한 전국시대의 서적간 제작 관행을 계승한 것으로 이해하여도 무방할 것이다. 그리고 <표 2>에 의하면 전국시대의 2척 혹은 2척 4촌의 죽서는 대부분 죽간의 상·중·하 세 부위를 줄로 엮는 편승編繩 방식을 취하였는데 (본서 100쪽 <그림 4> 참조), 이 역시 진한대 죽간의 편승 방식에 영향을 주었고, 특히 3승繩으로 엮은 평양과 정주 출토『논어』죽간 역시 전국시대 죽서의 편승 방식과 완전히 일치한다는 점도 기억해 둘 만하다.

한편, <표 2>에서 진대秦代 이후 서적간의 길이에 상당한 변화가 나타난다는 점도 주목된다. 수호지진간睡虎地秦簡의 경우 각 율별律別 내용의 성격을 불문하고 죽간의 길이는 모두 23~27.8㎝인데, 이 중 서적의 일종으로 분류할 수 있는 위리지도爲吏之道의 길이는 27.5㎝이다.[27] 이는 전국시대의 일반적인 서적간의 길이보다 약 30~18㎝나 줄어든 수치로서, 이러한 경향은 한대 전중기까지 지속되고 있음을 <표 2>에서 알 수 있다. 즉 여태후呂太后 시기에 사용된 장가산한간張家山漢簡의 산수서算數書·인서引書·맥서脈書·개려蓋廬·주얼서奏讞書의 길이가 30㎝, 부양阜陽 출토 서적간이 24~26㎝, 은작산銀雀山 출토 서적간은 약 27.5㎝로서, 진대와 전한 전·중기까지 서적간의 길이는 30㎝를 넘지 않았음을 알 수 있다.

그런데 <표 2>에서 또 하나 흥미로운 점은 전한 후기에 해당하는 성제成帝 시대에 작성된 윤만尹灣6호한묘號漢墓에서 발굴된 신오부神烏傅(賦)·행도길흉行道吉凶·형덕행시刑德行時 등의 서적간은 모두 23.5㎝이고, 변경에 위치한 거연居延과 무위武威 한탄파旱灘坡에서 발굴된 서적간 또한 모두 약 23㎝이다. 이는 전한 후기부터 일반적인 서적간의 길이가 한척漢尺 1척으로 표준화되었음을 실증하는 것이라 하겠다. 이와 같은 표준화는 일반 민간에서도 준용되었을 것임은 역시 윤만한간尹灣漢簡에서 찾을 수 있는데, 서적간은 물론 일기

---

27 雲夢睡虎地秦墓編寫組,『雲夢睡虎地秦墓』, 文物出版社, 1981, 12쪽.

간日記簡조차도 23.5cm로 제작된 것이 그 실례라 할 수 있다. 이는 사생활을 기록하는 지극히 개인적인 기록물조차도 서적간의 표준화된 길이를 준용한 것으로서, 한대 서적간의 표준 길이가 전한 후기 이래 한척漢尺 1척으로 고정화되었음을 방증하는 것이라 하겠다. 이상과 같이 실물 자료에 반영된 간독제도는 다음과 같은 문헌자료에서도 확인되는데, 특히 논어간의 제작 규정과 그 근거에 대한 이해에 좋은 실마리를 제공한다.

① 무릇 대나무는 산에서 나고, 나무는 수풀에서 자라는데, 이때는 그 쓰이는 바를 알지 못한다. 대나무를 베어 통筒을 만들고, 이를 쪼개어 첩牒을 만드는데, 여기에 필묵의 흔적을 더하면, 이에 문장이 이루어지니, 큰 것으로 경經을 만들고, 작은 것으로 전기傳記를 만든다. 나무를 잘라 참槧을 만들고, 이를 쪼개어 판板을 만들고, 여기에 힘을 가하여 깎고 다듬으면, 이에 상주하는 데 쓰이는 독牘이 만들어지게 된다.[28]

② 한漢나라가 일어날 때에는 『논어』가 전해지지 않았고, 무제武帝 시기에 이르러 공자의 구택舊宅을 철거할 때에 벽중壁中에서 고문古文(고문자로 기록된 『논어』와 『상서』)을 취하게 되었는데, 이때 (『논어』) 21편을 얻었고, 여기에 제론齊論·노론魯論·하간론河間論의 9편이 더해져서 『논어』가 30편이 되었다. 소제昭帝 시기에 이르러 (사람들은 『논어』) 21편을 읽었다. 선제宣帝가 태상박사太常博士에게 『논어』를 하사함에, 당시만 해도 여전히 이 책의 호칭을 정하는 것이 분명치 않아서, 이를 '전傳'이라 이름하였고 나중에 예서隸書로 이를 다시 써서 전수하고 독송하기에 편리하도록 하였다. 당초, 공자의 후손인 공안국孔安國이 노인魯人 부경扶卿에게 『논어』를 전수했는데, 그의 관직이 형주자사荊州刺史에 이르러, 비로소 이 책을 '논어論語'라 불렀다.[29]

---

28 『論衡』 量知, 706~707쪽, "夫竹生於山, 木長於林, 未知所入. 截竹爲筒, 破以爲牒, 加筆墨之跡, 乃成文字, 大者爲經, 小者爲傳記. 斷木爲槧, 析之爲板, 力加刮削, 乃成奏牘."
29 『論衡』 正說, 1598쪽, "漢興失亡, 至武帝發取孔子壁中古文, 得二十一篇, 齊·魯二, 河間九篇, 三十篇. 至昭帝女讀二十一篇. 宣帝下太常博士, 時尙稱書難曉, 名之曰傳; 後更隷寫以傳

③ 진秦은 비록 무도하였으나, 제자諸子(백가百家의 저작)를 불태우지 않았고, 그리하여 제자(백가)의 척서尺書는 문장의 편목이 모두 갖추어져 있다 (…) 이로 보건대, 경서經書는 잔결되어 불완전하고, 제자諸子의 서書는 망실됨이 없으며 (…) 제자(백가)의 척서尺書는 문장이 분명하고 사실이 옳게 기록되어 있다.[30]

④ 저들(유생)은 이렇게 말할 것이다. "2척 4촌(경서經書)은 성인의 훌륭한 말씀으로서, 아침저녁으로 이를 강습하면, 그 대강의 의미를 알게 되는 것이니, 그러므로 이를 알 수 있도록 힘쓰는 것이다. 한나라의 일은 경서經書에 기재되지 않고, (이를 기재한 것을) 이름하여 척적尺籍・단서短書라 하는데, 이는 소도小道에 가까우니, 능히 이를 알 수 있다 하여, 유자儒者가 귀하게 여기는 바가 아니다.[31]

우선, ①에서 왕충王充은 죽간과 목독의 용도를 서적과 상주문으로 구분하면서, 죽간의 경우 서사에 편리하도록 제작한 죽간 중 긴 것을 유가 경전의 제작에 사용하고, 짧은 것을 '전기傳記'의 제작에 사용하는 것으로 파악하였다. 이는 일반 서적을 단간으로 제작함으로써 장간으로 제작하는 유가 경전의 우월성을 드러내고자 한 것인데, 여기서 주목되는 것은 '전기傳記'에『논어』가 포함되었음을 ②에서 확인할 수 있다는 점이다. 즉 ②에 의하면 전한 무제 이래 고문古文『논어』이외에 제론齊論・노론魯論・하간론河間論 등이 유행하였으나 선제대까지『논어』는 그 이름을 얻지 못하고 '전傳'으로 호칭되었다는 것인데, 이는『논어』가 경전의 지위를 얻지 못한 결과 단간에 기재된 서적이었음을 시사한다. 그리고 이러한 전傳의 위치에 있었던 서적 중에는 유가 경전을 제외한 제자백가의 저술도 포함되었을 것임을 ③에서 확인할

誦. 初, 孔子孫孔安國以教魯人扶卿, 官至荊州刺史, 始曰論語."

30 『論衡』書解, 1625~1626쪽, "秦雖無道, 不燔諸子, 諸子尺書, 文篇具在 (…) 由此言之, 經缺而不完, 書無佚本 (…) 諸子尺書, 文明實是."

31 『論衡』謝短, 718쪽, "彼人問曰 : 二尺四寸, 聖人文語, 朝夕講習, 義類所及, 故可務知. 漢事未載於經, 名爲尺籍短書, 比於小道, 其能知, 非儒者之貴也."

수 있다. 즉, ③에서 왕충은 유가 경전과 제자백가의 저서를 서로 다르게 호칭하면서 후자를 '제자서諸子書' 또는 '제자척서諸子尺書'로 표현하고, ④에서는 유가 경전 이외의 저서를 '척적尺籍' 혹은 '단서短書'로 표현하였다.

주지하듯이 '적籍'과 '서書'가 일반적으로 서적을 비롯한 기록물을 가리키고, '척尺'과 '단短'은 기록물을 서사한 서사 도구, 곧 간독의 길이 혹은 그것의 장단을 전제한 표현이다. 따라서 '척尺'은 1척尺을, '단短'은 2척 4촌의 장간에 대응하는 단간을 의미하므로, 이 둘 모두 1척간尺簡을 가리키는 것이 분명하다. 이때 장간은 ④, ⑤에서 말하는 유가 경전과 더불어 2척 4촌 혹은 3척으로 작성하는 법률 서적이 포함되었을 것이다.[32] 따라서 이보다 단간인 1척간은 전한 후기부터 제도화된 표준간의 길이로서 서적을 비롯한 일반적인 기록 용도의 간簡을 가리키고, 위의 척적尺籍 혹은 단서短書는 이를 달리 표현한 것이라 할 수 있다. 그렇다면 ③과 ④에서 '한사漢事' 곧 '한대의 일반적 사실'을 기록한 간책은 물론 경전의 반열에 오르지 못한 제자백가의 저술 역시 1척 길이의 간책으로 제작된 반면, 유가의 경전만 2척 4촌 길이의 간책으로 제작되었음을 시사한다. 이와 관련하여 간책 제작 제도를 보다 세분화하여 보여 주는 다음 자료를 주목해 보자.

> ⑤ 정현鄭玄이 주注한 『논어』 서序에: 『구명결鉤命決』에서 이르기를, 『춘추春秋』는 2척 4촌에 쓰고, 『효경孝經』은 1척 2촌에 쓰니, 그러므로 육경六經의 책策(册)이 (귀하다는 것을) 알게 되는 것이고, 이를 모두 '장2척4촌長二尺四寸'이라 칭한다.[33]
>
> ⑥ 『논어』를 해석하는 사람은 모두 자의字意와 문의文意를 해석하는 것을 알 뿐이고, 『논어』 원본이 몇 편인지는 알지 못하며, 단지 주周나라에서

---

32 胡平生, 「簡牘制度新探」, 72~73쪽 참조.
33 『十三經注疏‧春秋左傳正義』, 中華書局, 1991, 1704쪽, "鄭玄注論語序: 以鉤命決云, 春秋二尺四寸書之, 孝經一尺二寸書之, 故知六經之策, 皆稱長二尺四寸."

는 8촌을 1척으로 삼았다는 것만 알 뿐이고, 『논어』만 (주척周尺) 1척의 죽간에 기재하게 된 뜻을 모른다. 무릇 『논어』는 공자의 제자가 공동으로 공자의 언행을 기록한 것으로서, 그들이 공자의 가르침을 받아 기록을 해야 할 때가 너무나 많아서 수십 수백 편에 달하였고, 8寸을 1尺으로 하는 기준에 따라서, 죽간에 『논어』를 기록한 것은 기록을 간요하게 하여, 품에 넣어 휴대하기에 편리하도록 하기 위한 것이다. 『논어』는 경서經書로 전해지는 것이 아니고, 그 뜻을 잊어버리는 것을 염려하여 전문을 기록한 것이기 때문에, 그러므로 단지 8촌을 1척으로 하는 기준에 따라 기록한 것이고, (경서를 기록하는 데 쓰이는) 2척 4촌 길이의 죽간을 사용하지 않는 것이다.[34]

⑦ 주반周磐은 소년 시절에 경성京城에서 유력遊歷하면서, 『고문상서古文尙書』·『홍범오행洪範五行』·『좌씨전左氏傳』을 배웠고, 예절 바르게 행동하는 것을 좋아했으며, 경전에 나오는 말이 아니면 하지를 않았음에, 유자儒者들이 그를 존숭하였다. (…) 건원建元 원년 그의 나이는 73세였는데, 연초에 여러 유생을 모아 놓고 종일 경학을 강론하고, 이어 그의 두 아들에게 말하기를 "내가 일전에 꿈에서 나의 스승인 동리東里 선생을 뵈었는데, 선생께서 나에게 음당陰堂의 오묘한 이치에 대해 이야기하였다"라 하였다. 이 말을 마치고 그는 장탄식하면서 말하기를 "어찌 내 수명이 다 끝나려는가! 만일 내가 죽거든, 오동나무 관棺에 내 몸을 넣어 족하고, 외곽外槨에 내 관棺을 넣으면 족하며, 입던 옷으로 몸을 염습하고, 옷을 씻어 두건을 만들며, 2척 4촌의 간簡을 엮어서, 여기에 「요전堯典」 한 편을 기록하여, 이를 서도書刀와 붓 각 하나씩과 더불어 관의 앞머리에 놓아 두기 바라니, 이는 성인聖人의 도를 잊지 않고자 하는 것이다"라고 하였다. 그 달 15일에, 주반은 병이 없음에도 돌연히 숨을 거두니, 학자들은 그가 이미 자신의 명을 알고 있었다고 생각한다.[35]

---

34 『論衡』正說, 1598쪽, "說『論』者, 皆知說文解語而已, 不知論語本幾何篇; 但(知)周以八寸爲尺, 不知論語所獨一尺之意. 夫論語者, 弟子共紀孔子之言行, 敕記之時甚多, 數十百篇, 以八寸爲尺, 紀之約省, 懷持之便也. 以其遺非經, 傳文紀識恐忘, 故但以八寸尺, 不二尺四寸也."
35 『後漢書』周磐傳, 1310~1312쪽, "磐少游京師, 學古文尙書·洪範五行·左氏傳, 好禮有行, 非典謨不言, 諸儒宗之…建光元年, 年七十三, 歲朝會集諸生, 講論終日, 因令其二子曰: 吾日

⑤에 따르면 육경六經을 2척 4촌의 간책으로 작성하는 것은 이들 저술의 고귀함을 드러내는 것이고, 이외에 『효경孝經』은 육경의 1/2인 1척 2촌(약 27.6cm), 『논어』는 1/3인 8촌(약 18.4cm) 길이의 간책으로 편찬한다고 하여, 유가 저작물의 구체적 간책 길이를 명시하고 있다.

이 중 2척 4촌의 유가 경전에 가장 잘 부합하는 실물 죽간으로 무위武威 마취자磨嘴子 출토 의례간儀禮簡을 들 수 있다. <표 2>에서 보듯이 의례간의 길이는 갑본甲本(木簡)이 55.5~56cm(폭 0.75cm), 을본乙本(竹簡)이 50.5cm, 병본丙本(竹簡)이 56.2cm(폭 0.7cm)로서, 갑본과 병본은 유가 경전의 표준 길이인 2척 4촌에 거의 부합한다. 다만 을본은 한척漢尺으로 2척 1.5촌으로서 2척 4촌(약 55.2cm)에는 못 미친다. 그 이유는 을본의 내용이 『의례儀禮』의 「복전服傳」을 단책單冊에 초사한 '전傳'이므로 2척 4촌 길이를 준용하지 않았기 때문이다. 반면 갑본과 병본은 각기 사상견지례士相見之禮 · 특생特牲 및 상복喪服의 경經 전문을 기재한 것인 까닭에 경전의 표준 길이를 준용하였던 것이다.[36] 이뿐 아니라 ⑦에 의하면 후한 사람 주반周磐은 임종 시에 자식들에게 2척 4촌의 죽간을 엮어 여기에 『상서尚書』의 「요전堯典」을 기재하여 자신의 관棺의 머리맡에 부장해 줄 것을 유언하였다. 이같이 요전을 특별히 2척 4촌의 죽간에 기재하도록 주문한 것은 위의 ⑤, ⑥ 등에서 지적한 유가 경전 제작 규정이 표준화되어 민간에까지 유포되었음을 반영한 것이다.

한편, ⑥에서 논어간을 8촌으로 제작하는 이유에 대하여, 왕충은 우선 이 길이는 주척周尺 1척에서 비롯되었으며, "기록을 간요하게 하여 품에 넣어 휴대하기 편리하도록 하기 위한 것"으로 지적하였다. 즉 유가 전적의 길이는

者夢見先師東里先生, 與我講於陰堂之奧. 旣而長歎: 豈吾齒之盡乎! 若命終之日, 桐棺足以周身, 外槨足以周棺, 斂形懸封, 濯衣幅巾, 編二尺四寸簡, 寫堯典一篇, 幷刀筆各一, 以置棺前, 云不忘聖道. 其月望日, 無病忽終, 學者以爲知命焉."

36 甘肅省博物館 · 中國科學院考古研究所, 『武威漢簡』, 中華書局, 2005, 56쪽 참조.

그 중요도에 따라 2척 4촌과 1척 2촌으로 구분되지만 그중 경전이 아닌
『논어』만은 이와 동일한 위상의 『효경』과 같이 1척 2촌이 아니라 8촌으로
편찬하고, 그 이유를 '휴대의 편리'를 도모하기 위한 것으로 본 것이다.『논
어』의 규격과 그 근거에 대한 왕충의 이러한 해석은 후술하듯이 평양과
정주에서 출토된 『논어』 죽간의 형태 및 규격과 완전히 부합한다. 즉 정주
『논어』 죽간은 완간을 기준으로 평균 길이가 16.2cm인데, 이는 한척漢尺으로
약 7촌으로서 『논어』의 표준 길이에 비해 1촌(약 0.23cm)이 짧다. 그러나 탈수
로 인하여 죽간의 길이가 줄어드는 자연 축소분과 더불어 특히 정주『논어』
죽간은 한대에 이미 불에 타서 탄화된 상태였던 만큼 1촌 차이의 길이는
아무런 문제가 안 될 것이다. 따라서 정주『논어』 죽간은 원래 8촌 길이로
제작되었다고 보아 대과 없을 터인데, 이는 곧 ⑥에서 지적한 『논어』의 표준
규격과 완전히 일치하는 것이다.

　『논어』의 규격이 유가 경전의 2척 4촌에 크게 못 미치는 것은 물론이고
『논어』와 똑같이 초학용 텍스트인 『효경』의 1척 2촌(약 27.6cm)에도 미치지
못하는 이유는 무엇일까? 일차적으로 그 이유는 ⑥~ⓐ에서 지적하듯이 '품
에 넣고 휴대하기 편리하도록 하기 위해서'임이 분명하다. 그런데 이는『논
어』가 경전의 반열에 들지는 못하였으나 경전보다 활용도가 훨씬 높은 서적
이었기 때문이라는 이유도 감안되었을 것이다. 즉『논어』는 위로는 황태자
로부터 아래로는 민간의 사학私學에서 유학을 공부하는 초학의 가장 기초적
텍스트로 활용되었음은 물론이고, 육경을 공부하기 위한 입문서이자 선수과
목이었으며,[37] 성장 이후에는 인생의 길잡이격의 잠언서이기도 하였다. 따라
서『논어』는『창힐편蒼頡篇』『급취편急就篇』등의 식자교본을 터득한 나이로
부터 사망에 이르기까지 또는 나아가 사후에도 최고의 읽을거리였던 것이다.

---

37 姜維公,『漢代學制研究』, 中國文史出版社, 2005, 279~283쪽 참조.

그런 만큼『논어』는 휴대에 편리하도
록 손아귀에 들어올 정도의 길이로 제
작된 것이다.

이와 같이『논어』는 언제 어디서나
펼쳐 읽을 수 있을 정도로 활용도가
높은 까닭에 그만큼『논어』죽간을
엮은 끈이 쉽게 이탈하거나 끊어질 확
률도 높다. 따라서 이를 방지하는 방
안도 필요하였을 터인데, 그 실마리는
정주와 평양의『논어』죽간에서 찾을
수 있다. 즉, <표 2>와 <그림 3·
4>(본서 99~100쪽)에 의하면 이들 양

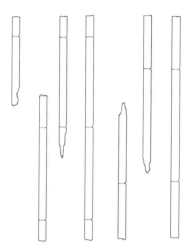

〈그림 2〉 중국 출토. 죽간의 編繩 정황

죽간의 상·중·하 세 곳에 끈으로 엮은 흔적이 드러나 있을 뿐 아니라,
끈이 지나는 오른쪽에는 <그림 2>에서 보듯이 '◁'형의 홈이 파여 있다.
이는 8촌 길이에 불과한『논어』죽간을 3가닥의 끈으로 엮었을 뿐 아니라,
줄이 쉽게 이탈하거나 끊어지는 것을 막기 위하여 줄이 지나는 우측면에
홈까지 파서 줄을 고정시켰음을 보여 주는 것이다.

그런데 <표 2>에서 보듯이 전국시대 이래의 편승 방식을 보면 50㎝
이상의 죽간은 4~3줄, 45㎝ 전후 및 23㎝ 전후의 죽간은 3줄, 20㎝ 전후의
죽간은 2줄로 엮는 것이 일반적이다. 따라서 길이가 짧을수록 죽간을 엮는
줄의 수도 줄어들 수밖에 없다. 그럼에도 이들 죽간보다 훨씬 짧은 약 18.48
㎝의『논어』죽간을 2줄이 아닌 3줄로 엮었다는 것은 매우 이례적이다.
이는 그만큼『논어』가 때와 장소를 가리지 않고 읽히는 세인의 애독물이었
고, 이에 따라 편승 방식도 일반 서적간보다 특별하게 할 수밖에 없었음을
보여 주는 것이다. 이렇게 볼 때,『논어』는 서가의 깊숙한 곳을 차지하는
유가의 비전秘傳으로서 소장 가치가 뛰어난 경전으로 인식되기보다는 소규모

수책手冊의 형태로서 마치 오늘날의 문고판처럼 보급되었을 것임을 쉽게 짐작할 수 있다. 따라서 그 유통의 범위도 매우 광범하였을 것인데, 평양 출토 『논어』 죽간도 예외는 아닐 것이다.

2) 정주定州와 평양平壤 출토 『논어』 죽간의 내원來源과 용도

앞장의 <표 1>에 나타난 논어간의 유형을 묶어보면, 우선 발굴지에 따라 그 형태상의 차이가 두드러지게 나타난다는 점이 주목된다. 우선 정주와 평양 출토 논어간은 모두 묘에서 발굴되었고, 그 형태와 재질은 '목간'이 아닌 '죽간'이라는 공통점이 있다. 반면 중국의 현천치와 라포뇨이, 한국의 봉황동과 계양산성 및 일본의 『논어』 관련 목간은 모두 묘가 아닌 일반 유적지에서 발굴되었고, 그 형태와 재질은 '죽간'이 아닌 '목간'이다. 그리고 『논어』 죽간의 경우 『논어』의 전체 내용을 수백 매의 죽간에 기재하여 이를 '책冊'의 형태로 편철하였음에 반해, 『논어』 목간은 '책'으로 편철된 형태가 아닌 단간單簡으로서 목고木觚 혹은 목간의 형태를 취하고 있는데, 이는 엄밀한 의미에서 서적 형태의 『논어』로 보기 어렵다.

이 중 묘에서 발굴된 『논어』 죽간의 용도는 일차적으로 부장용이라는 점은 쉽게 짐작할 수 있다. 그러나 이것이 묘주가 생전에 사용한 것을 부장한 것인지 아니면 부장용으로 특별 제작된 명기明器인지에 대해서는 밝혀진 것이 없다. 묘장 속의 부장품 중에는 생전 묘주의 재부를 자랑하거나 명계冥界의 쓰임을 위하여 특별 제작된 명기가 포함되어 있고,[38] 이중에는 실제 기물을 엄청난 비율로 축소·생략하여 제작된 명기도 포함되어 있다. 만일 『논어』

---

38 蒲慕州, 『墓葬與生死－中國古代宗教之省思』, 中華書局, 2008, 193~196쪽 참조.

죽간이 이러한 명기의 일종이라면 실물이 아닌 장례용품의 하나로서 형식적으로 제작되었을 것인 만큼 『논어』는 물론 묘장에서 출토된 간독 형태의 문자자료에 대한 학술적 신뢰성과 사료적 가치가 떨어질 수밖에 없다. 이러한 관점에 설 경우 묘장에서 출토된 간독은 현실이 아닌 명계에 활용하기 위한 가상의 것이기 때문에 현실세계를 그대로 반영한 문서로 보기 어려울 것이라는 추정도 가능하다.

실제 정주『논어』죽간의 경우 가차자假借字와 이체자異體字 및 약자略字·탈자脫字는 물론이고 오자誤字도 상당수 발견되고, 잔존 자수字數는 현행본의 절반에도 못 미치는 분량임에도 700여 군데에서 현행본과 차이가 발견되는데 이는 전체 글자 수 7,576자의 약 10%에 해당하는 분량이다.[39] 이와 같은 현상이 발생한 요인에 대하여 몇 가지 가설을 상정하면 다음과 같다. 우선, 서점에서 판매하는 『논어』의 경우 전문적 초사자抄寫者에 의해 제작되었을 것이기 때문에 오탈자 등은 매우 적었을 것이다. 반면 일반 독자를 비롯한 비전문가가 『논어』를 초사하는 경우 정주『논어』죽간처럼 필사자 자신의 편의에 따라 정본의 일부 글자를 가차자·이체자·약자 등으로 대체하거나 혹은 실수로 글자를 누락 또는 오기하였을 가능성이 있다. 그러나 정주『논어』죽간을 부장한 묘주가 제후왕 신분이고 보면 그 자신이 생전에 『논어』를 직접 초사했을 가능성은 매우 낮다. 그렇다면 그의 주위 신하 중 누군가가 초사하여 『논어』를 진상하였거나 또는 서사書肆에서 구입하였을 가능성이 있고, 아니면 묘주 사망 직후 부장용으로 급조한 것일 가능성이 있다. 그런데 오탈자가 다수 발견되는 것으로 보아 구입한 『논어』일 가능성은 낮다. 이러한 가설이 타당하다면 정주『논어』죽간은 부장용으로 특별히 제작된 명기의 일종으로서, 장의용품으로 사용될 것이기 때문에 『논어』의 내용을 정치精

---

39 河北省文物研究所定州漢墓竹簡整理小組, 『定州漢墓竹簡論語』, 1~2쪽.

緻하게 초사하기보다는 형식적으로 제작하여 부장시켰을 가능성도 있다.

그러나『논어』가 특별히 제작된 부장용의 명기라고 한다면 이것은 장의용葬儀用의 상징적 서적으로 볼 수 있고, 따라서『논어』이외의 서적을 또다시 부장용의 명기로 만들어 매장했을 가능성은 매우 낮다. 그럼에도 유수劉修의 묘에는『논어』뿐 아니라『유가자언儒家者言』·『애공문오의哀公問五義』·『보부전保傳傳』·『태공太公』·『문자文子』등의 유가와 관련된 다수의 전적과 더불어『육안왕조오봉이년정월기거기六安王朝五鳳二年正月起居記』·『일서日書』·『주의奏議』등 실용서에 속하는 서적도 부장되이 있다. 더욱이 논어간 중 오기한 부분을 수정한 흔적이 그대로 드러나 있는가 하면, 총 2,500여 매의 죽간 옆에는 서도書刀와 장방형의 벼루 및 동호銅壺 형태의 연적까지 놓여 있기까지 하였다. 이는 정주『논어』죽간이 형식적인 장의용품의 일종으로 제작되어 부장된 것이 아니라 묘주가 생전에 실제 사용한 손때 묻은 서적 중의 하나였으며, 나아가 명계에서도 문자생활을 향유하기 위한 준비물이기도 하였음을 보여주는 것이다.

그렇다면『논어』죽간 등 서적을 묘장에 부장하는 이유는 무엇일까? 이와 관련하여 우선 주목할 만한 것은 위의 ⑦이다. 즉, 주반은 자신의 관에 2척 4촌의『상서尙書』「요전堯典」한 편과 더불어 서도書刀 및 붓을 하나씩 넣어줄 것을 유언하면서, 이것이 성인의 도를 잊지 않기 위함이라고 하였다. 수많은 유가의 서적 중에 특별히『상서』「요전」을 부장하도록 한 것은 그의 독서 습관과 밀접한 관계가 있을 것인데, 그는 ⑦에서 보듯이 소년 시절에『고문상서古文尙書』·『홍범오행洪範五行』·『좌씨전左氏傳』등을 학습하였고, 특히 경전에 나오는 말만 이야기했을 정도로 유가 경전에 심취한 인물이었다. 따라서 이들 경전 중『고문상서』의 일부인「요전」을 부장해 줄 것을 유언한 점은 이것이 생전에 그가 가장 애독한 책이었기 때문일 것이다. 더욱이 이와 함께 붓과 서도를 함께 부장하도록 하면서 이를 성인의 도를 잊지 않기 위한 것이라 한 것은 유술儒術을 인생의 종지宗旨로 삼을 만큼 생전에 유학을 애호한 주반에게는 어쩌면 당연한 행위로서, 사후의 명계에서도 「요전」에 대한 독서뿐 아니라 생전에서와 같이 유학 관련 저서를 읽을 뿐 아니라 이와 관련된 글쓰기를 지속하겠다는 염원을 표현한 것이라 할 수 있다.

한편, 정주『논어』죽간을 문자학의 측면에서 연구한 진동陳東의 지적에 의하면, 정주『논어』죽간은 현행본『논어』와 달리 어기조사語氣助詞와 통가자通假字가 많은 것이 특색인데, 이것은『논어』를 암송용의 구어체로 편집한 결과임을 알 수 있다. 예컨대, 현행본 위령공편衛靈公篇의 "君子不可小知而可大受也, 小人不可大受而可小知也"는 죽간본에 "君子不可小知也, 而可大受也, 小人不可大受也, 而可小知也"로 기술되어 어기조사인 '也'가 배나 늘어나 있다. 또한 당대唐代에 초록抄錄된 정현주본鄭玄注本의 리인편里仁篇에 있는 "君子之於天下, 無適, 無莫, 義之與比"는 정주『논어』죽간에 "君子於天下, 無適也, 無莫也, 義之與比"로 기록되어 있다. 어기語氣를 살리기 위해 '야也'자를 고의적으로 삽입하여 구송口誦에 편의를 도모한 것이다.[40] 이와 같은 사례는 정주 논어간의 전편에 걸쳐 열거할 수 없을 정도로 빈출한다. 이외에도 정주 논어간이 구어체로 편찬된 것임을 입증하는 사례로 통가자通假字의 빈출을 들 수 있다. 고대 한적漢籍에서 통가자通假字가 나오는 것은 일반적 현상이지만, 진동에 의하면 정주 논어간의 초사자抄寫者는 저본『논어』의 내용을 귀로 듣고 바로 옮겨 적는 바람에 정자正字와 별자別子를 구별할 틈이 없이 초사하였을 것으로 추정된다. 즉, 유誘 · 유牖, 미彌 · 미迷, 민閔 · 민黽, 루屢 · 거居, 공公 · 공功, 독篤 · 축祝, 녕佞 · 년年, 음陰 · 음音, 고固 · 고故 등의 통가자가 발견되는데, 다 알듯이 통가通假 관계에 있는 글자들은 서로 의미가 전혀 다르지만 음가만 고려하여 발음하기 쉬운 구어체로 작성한 것이다. 이는 한편으로는 유수의 묘에서 출토된『논어』죽간이 묘에 부장하기 위해 특별히 제작된 명기류와

---

40 陳東, 「關于定州漢墓竹簡論語的幾個問題」, 『孔子硏究』 2003年 第2期, 11~13쪽 참조.

전혀 다르게 유수가 평소 즐겨 사용한 손때 묻은 서적이었음을 입증하는 것이다.

이상과 관련하여 또 하나 흥미로운 사실은 정주『논어』죽간에는 글자의 수정 흔적이 그대로 드러나 있다는 점이다.『정주한묘죽간논어』의 범례 중에는 원래 이『논어』죽간을 작성할 때 작성자 스스로가 글자를 삭제하여 생긴 공간을 ○으로 처리하였다고 한다.[41] 예컨대「선진先進」편의 "季子然問, '仲由 · 冉求可謂[大臣]與?' 子曰, '吾以子爲異之問, 曾由與求○問. 所謂大臣○, 以道[事君, 不可][則]止. 曰與求也, 可[謂具臣]○.' ○'然則從之者與?' 子曰: '殺父與君, 亦不從也.'"[42] 등이 그것이다. 이같이 원간原簡에 글자를 삭제한 흔적이 남아 있는 것은 초사자抄寫者가 원본을 초사한 후 초사 대상 원본과 초사본을 대조하여 오자가 발견되거나 암송하는 데 지장이 있는 군더더기 글자를 서도로 삭제한 결과일 것이다. 이는 곧 정주『논어』죽간이 유수가 생전에 즐겨 읽은 서적의 하나임을 또다시 입증하는 것이라 하겠다.

한편, 발굴된 정주『논어』죽간은 그 분량이 현행본『논어』의 절반에도 미치지 못하지만, 선제 당시에는 완본으로 제작되었을 것으로 보인다. 우선 현재 정리된 것을 보면 현행본『논어』20편에 해당하는 내용이 모두 정주『논어』죽간에 포함되어 있는데, 이는 현행본『논어』의 원류라 할 수 있는 전한 말 장우張禹의 장후론張侯論과 유사한 체제로 제작되었을 것임을 암시한다. 특히 가장 많은 분량이 남아 있는 694글자의「위령공」편의 경우, 첫 구절인 '위령공문진어공衛靈公問陳於孔'부터 마지막 구절인 '고상사지故相師之[도야道也]'[43]는 현행본의 해당 부분과 완전히 일치한다. 또한 정주『논어』

---

41 河北省文物硏究所定州漢墓竹簡整理小組,『定州漢墓竹簡論語』, 8쪽.
42 이외에도 이러한 현상은「先進」篇: "賜[不受命], ○貨殖焉, 億則居中"과「衛靈公」篇: "[子曰: '君]子謀道不謀食. 耕也, 餒在其中○, 學矣, 食在其中○. 君子憂道不憂貧"에서도 나온다.
43 河北省文物硏究所論語竹簡整理小組,『定州漢墓竹簡論語』, 70~74쪽.

죽간의 가장 마지막 편장인 「요왈堯曰」의 가장 말미에 기재된 '범이장凡二章, [범삼백입이자凡三百卄二字]'는[44] 한대 당시 「요왈」편이 322자로 구성되었음을 의미하는데,[45] 이는 370자로 구성되어 있는 현행본『논어』의 「요왈」편과 거의 일치한다. 따라서 정주『논어』죽간의 가장 마지막 편인 「요왈」편과 현행본『논어』의 가장 마지막 편인 「요왈」편이 편장의 순서와 자수가 서로 일치함을 알 수 있는데, 이는 정주『논어』죽간이 현행본『논어』와 동일한 편찬 방식으로 제작된 완질본『논어』임을 보여 주는 것이다.

그간 정주『논어』죽간의 연구에서 가장 두드러진 쟁점의 하나는 그것의 성서 시기와 계통에 관한 것이었다. 성서 시기와 관련하여, 두루 알고 있듯이 한당漢唐 이래의 전통적 학설이랄 수 있는 것으로서, 공자의 제자 혹은 재전제자再傳弟子가 공자의 평상시 담화 기록을 편찬한 것이라는 설이 가장 잘 알려져 있다. 이는『한서漢書』「예문지藝文志」에 잘 나타나 있고,[46] 이후 하안何晏・왕충王充・조기趙岐 등도 이 설을 수긍하였다. 그리고 정현鄭玄과 당대唐代의 유종원柳宗元은 좀 더 구체적으로 편찬자를 지적하였는데, 전자는 중궁仲弓・자유子游・자하子夏를 후자는 증자曾子의 제자를 들었다.[47] 그러나 이들은 모두 예문지에서 지적하였듯이 선진시대 공자의 제자 또는 재전제자의 편찬물이라는 범주 내에 있다. 그런데 청말에 이러한 전통적 학설에 대하여 회의가 일기 시작하였다. 즉 최술崔述은『논어』의 문체와 공자에 대한 호칭 문제를 근거로『논어』의 전십편前+篇은 증자의 문인 등 공자의 제자들이 편찬했으나, 후십편後+篇에 대해서는 선진시대 편찬물이 아닐 가능성을 제기하였다.

---

44 河北省文物研究所論語竹簡整理小組,『定州漢墓竹簡論語』, 98쪽.
45 河北省文物研究所論語竹簡整理小組,『定州漢墓竹簡論語』, 97~98쪽에 의하면, 정주『논어』죽간의「堯曰」篇에는 현재 282자만 남아 있지만 원래는 322자였던 것이 죽간의 훼손으로 약 40글자를 확인하지 못한 것일 뿐이다.
46 『漢書』藝文志, 1717쪽 참조.
47 (唐)柳宗元,『今譯 柳河東全集－論語辨二篇』, 北京燕山出版社, 1996, 87~88쪽.

그리고 근래에는 급기야 『논어』의 최종 편찬 시기는 B.C. 5세기가 아니라 B.C. 2세기, 곧 경제景帝와 무제武帝를 걸치는 시기라는 주장이 나오기에 이르렀다.[48]

그런데 최근 발견된 간독자료에 근거하여 『논어』의 전한대 편찬설에 대한 비판과 더불어 선진시대 편찬설이 다시 힘을 받고 있다. 다 알듯이 '논어'라는 서명이 가장 먼저 나오는 것은 『예기禮記』 「방기坊記」의 "論語曰: 三年無改於父之道, 可謂孝矣"이다. 그런데 의고적疑古的 학문 분위기가 강한 시기에는 방기坊記를 포함한 『예기』 전체가 진한시대의 문헌이므로 「방기」에 나오는 '논어'라는 서명은 당연히 진한대 사람들이 끼워 넣은 것이라 하였다. 그런데 최근 곽점초간郭店楚簡과 상해박물관초간上海博物館楚簡 중에는 『논어』는 물론 『예기』와 관련된 문헌이 다수 발견되고 있는 만큼,[49] 현행본 『예기』의 대부분은 공자 제자(七十子)의 저작이고, 또한 여기에는 『논어』와 유사한 문헌적 성질을 포함하고 있는 것으로 보고, 이를 선진시대 원시유가 연구의 귀중한 자료로 재평가하고 있는 실정이다.[50]

특히 「방기」는 의심의 여지 없이 선진시대의 문헌으로서 자사의 작품이었을 가능성이 매우 높게 제기되고 있는데, 그 이유는 다음과 같다. 『사기史記』 「공자세가孔子世家」에는 『중용中庸』이 자사의 작품이라 하고, 『수서隋書』 「경적지經籍志」에는 『중용』 「표기表記」 · 「방기坊記」 · 「치의緇衣」가 모두 자사자子思子에서 나온 것이라 하였다. 그런데 이 자사자는 당대까지 존속하다가 송대 이후 망실되었다. 따라서 의고적 관점에서 이들 저작은 모두 자사子思의 저작이 아니라 진한시대의 문헌으로 간주되었고, 그런 만큼 원시유가의 연구

---

48 朱維錚, 「論語結集脞說」, 『孔子研究』 1986年 第1期, 41~46쪽 참조 이외에 趙貞信, 「論語究竟是誰編纂的」, 『北京師範大學學報』 1961年 第4期, 22~24쪽은 『논어』가 文 · 景帝 시기에 편찬되었다는 주장도 제기하였다.
49 單承彬, 『論語源流考述』, 吉林人民出版社, 2002, 29~66쪽 참조.
50 王鍔, 「戰國楚簡的發現和禮記研究的反思」, 『圖書與情報』 2006年 第3期, 125~131쪽.

에 적합하지 못한 것으로 치부되었다. 그런데 B.C. 4세기 중엽에서 B.C. 3세기 초의 것으로 알려진 곽점초간과 이와 유사한 시기의 것으로 보이는 상박초간에는 현행본『예기』중의 방기 및 치의와 유사한 구절이 나오는 것이 확인될 뿐 아니라, 곽점초간과 상박초간에는『논어』를 인용한 구절도 발견된다고 한다. 따라서 치의와 방기가 전국시대의 자사자에서 나왔다는 『수서』경적지의 내용이 허구가 아니며, 그런 만큼『논어』의 서명을 언급한 방기는 진한대가 아닌 전국시대의 저작이라는 것이다. 따라서 방기에 언급된 『논어』의 성서 연대는 당연히 방기나 곽점초간・상박초간보다 더 이른 시기 가 되며, 이들 두 초간에 언급되어 있는 유가자류 문헌은 기본적으로 공자의 칠십제자의 작품이라는 주장까지 나오고 있다.[51]

이렇게 볼 때,『논어』는 물론 그것을 언급한 방기는 곽점초간 및 상박초간 과 더불어 선진시대의 편찬물이고, 특히『논어』는 앞서 언급한『한서』「예 문지」의 내용대로 공자의 제자 혹은 재전제자의 손으로 편찬되었을 것이라 는 논리가 더욱 힘을 받게 되었다. 이상의 설을 수용한다면, 정주『논어』 죽간의 시원을 전한대(문・경제文・景帝 또는 경・무제景・武帝 시기)로 한정할 필 요는 없을 것이고, 유수가 애용한『논어』죽간의 저본은 이보다 훨씬 이전의 판본일 가능성도 점쳐지게 된다. 아울러 이 문제는 정주『논어』죽간의 계통 을 추적하는 데에도 시간적 여유를 훨씬 더 가지게 한다.

전국시대에 편찬된 것으로 보이는『논어』는 주지하듯이 진시황제의 분서 갱유로 인하여 여타의 유가 문헌과 함께 교육과 전승의 중단을 맞게 된다. 그러던 것이 한초에 협서율挾書律이 폐지되고 서적의 유통이 자유로워짐에 따라『논어』역시 해금을 맞게 되어, 그간 민간에 은닉 또는 구전되던 판본들 이 각기 시간적 또는 지역적 특색을 띠면서 공간되기 시작하였다.『한서』

---

51 廖名春,「楚簡仲弓篇與論語子路篇仲弓章對讀札記」,『淮陰師院學報』2005年 第1期, 1~4쪽; 李零,「重見七十子」,『讀書』2002年 第4期, 37~42쪽 참조.

「예문지」에 의하면, 전한대에 『논어』의 주된 판본은 3종으로서 고론古論・노론魯論・제론齊論이 있었다. 이 중 고론은 전국시대의 고문자로 기술된 고문본古文本으로서 총 21편으로 구성되었다. 하안何晏의 『논어집해論語集解』에 의하면, 고론의 각 편별 순서는 제론・노론과 서로 다르고, 문자 역시 이들과 적지 않은 차이가 났다고 한다. 제론은 한예漢隸로 기록된 금문본今文本으로서 총 22편으로 구성되었으며, 고론과 노론에 비해 「문왕文王」과 「지도知道」 두 편이 더 많으며, 각 편 내의 장구章句 또한 노론보다 많았다. 노론 역시 금문본으로서 총 20편으로 편성되었는데, 고론과 더불어 주로 노魯 지역에서 유전되던 판본이다. 다만 고론이 전국시대 문자로 기록된 반면 노론은 구전에 근거하여 한예로 초사된 금문본이라는 차이가 있을 뿐이다. 이들 세 판본 중 전한대에 가장 많이 유전된 것은 노론이었다.[52] 한편, 전한 성제와 애제哀帝 시기에는 안창후安昌侯 장우張禹가 금고문 두 종류의 『논어』를 융합한 장후론張侯論을 만들었다. 이것은 노론을 서본으로 하면서도 제론 중에서 노론보다 많이 나오는 편장을 삭제하는 한편, 고론을 참조하여 편찬한 것으로서, 후한대 세간에서 가장 중시된 『논어』 판본으로 유행하였다. 후한 말 『희평석경熹平石經』과 정현의 『논어주論語注』 역시 장후론을 저본으로 하였고, 현행본 『논어』 역시 그 원류는 장후론으로 알려져 있다.[53]

그렇다면 정주 출토 죽간본 『논어』는 어떤 계열로 분류할 것인가? 이에 대하여 고론설古論說・제론설齊論說・노론설魯論說 등이 제기되었는가 하면, 근래에는 무제 시기 이래의 고론古論이 빛을 보기 이전에 이미 구전되어 오던 『논어』가 한 고조 이래 금문으로 작성되어 유행하고 있었고, 정주 출토 죽간본 『논어』는 바로 한漢 초 구전 『논어』의 일종이라는 신설도 나왔다.[54] 특히

---

52 郭沂, 「再論原始 『論語』 及其在西漢以前的流行」, 『中國哲學史』 1996年 第4期, 40~43쪽 참조.
53 單承彬, 『論語源流考述』, 67~111쪽, 169~193쪽 참조.

한 초 구전논어설口傳論語說은 기존『논어』계통 논의와는 다른 관점에서 접근하였다는 점이 신선한데, 특히 흥미로운 것은 죽간본『논어』에 나타난 피휘避諱 현상의 분석이었다. 간독의 편년 설정에 황제 이름의 피휘 여부가 가장 손쉬운 기준으로 사용되어 왔다는 점은 잘 알려진 사실이다. 정주『논어』죽간에서 피휘의 경향성을 확인하기 위해 고조부터 선제까지 각 황제의 이름자와 이에 대한 피휘 여부를 수치화하면 다음과 같다.

皇帝名	劉邦		劉盈		呂雉		劉恒		劉啓		劉徹		劉弗		劉詢	
諱/避諱字	邦	國	盈	滿	雉	野鷄	恒	常	啓	開	徹	通	弗	不	詢	謀
定州竹簡本論語	1	26	1	0	0	0	3	2	0	0	1	2	23	259	0	6
十三經注疏本論語	48	10	2	0	1	0	0	1	3	1	3	1	6	579	0	0

여기서 가장 분명하게 드러나는 것은 유방劉邦의 '방邦'과 이를 피휘한 '국國'자의 사용례이다. 이는 십삼경주소본十三經注疏本『논어』에서 '방'과 '국'이 혼용된 것과 비교하면 의도적으로 '방' 대신 '국'자를 절대적으로 많이 표기했음을 짐작케 한다. 이러한 경향은 장가산한간張家山漢簡 중의 이년율령二年律令과 주얼서奏讞書에서도 확인되는데,[55] '방'자는 하나의 사례도 나오지 않는 반면 '국'자만 22예가 나온다. 이러한 경향을 피휘의 결과로 보지 않고 당시의 일반적 용자用字 습관일 뿐이라는 지적도 나옴직하다. 그런데 이와는 반대로 유방이 한제국을 세우기 11년 전에 사망한 운몽수호지雲夢睡虎地 11호 진묘秦墓의 묘주 희喜가 소장한 수호지진간에는 '방'자가 28예나 나오는 반면 '국'자는 단 한 차례도 나오지 않는다.[56] 이는 진秦 말까지 '방'자가 꾸준히 사용되

54 陳東,「關于定州漢墓竹簡論語的幾個問題」, 5~13쪽.
55 張家山二四七號漢墓竹簡整理小組,『張家山漢墓竹簡』, 文物出版社, 2001 참조.

었으나 유방이 황제가 되면서 이 글자에 대한 피휘가 불가피하게 된 상황이 닥치자 '방'을 모두 '국'으로 바꾸어 쓴 결과임이 분명하다. 그렇다면 정주 『논어』 죽간에 '방'자가 1예인 반면 '국'자가 26예로 압도적으로 많이 나오는 것은 유방의 이름을 피한 것이 분명하고, 나아가 이는 정주 『논어』 죽간의 저본이 한 초 유방이 황제로 집권할 당시 제작되었을 것임을 강하게 암시한다. 이 가설을 수용할 수 있다면, 정주 『논어』 죽간이 전국시대의 고문자로 작성된 것이 아닌 까닭에 그것의 저본은 한 고조 시기에 구전되던 『논어』를 금문今文인 한예로 초사한 것임을 인정할 수 있게 된다. 그리고 전술하였듯이 정주 『논어』 죽간이 암송하기 쉬운 구어체로 작성되었다는 사실은 이것이 한 초 구전본口傳本 『논어』를 저본으로 삼았을 것이라는 점과도 무관치 않을 것이다.

한편, 선제 당시 『논어』가 이처럼 광범하게 보급된 이유는 무엇일까? 우선 무제 이래 유학의 보급과 태학太學 및 군국학郡國學의 설치, 그리고 오경박사五經博士와 이들이 길러낸 유가 인재의 관료 등용 등과 무관치 않을 것이다. 정주 『논어』 죽간이 부장될 때의 황제였던 선제(B.C. 74~79)가 지나치게 유학을 애호하는 태자(후일 원제元帝: B.C. 49~33)를 '나라를 어지럽게 할 자'로까지 꾸짖은 것에서 보면,[57] 역으로 당시 유학의 신장세를 짐작하고도 남음이 있다. 또한 『논어』는 『효경』과 더불어 식자교육을 마친 학생들이 경전을 배우기 전에 이수해야 할 선수과목이자,[58] 일반 독자에게는 인생의 길잡이로서 잠언적箴言的 성격을 띠고 있는 까닭에 식자 계층 누구에게나 교양도서의 역할도 겸하며 애독되었을 것이다.

이상과 같이 전한 선제 연간인 B.C. 55년 유수의 묘에 부장된 정주 『논어』 죽간의 형태와 용도에 대한 이해는 이보다 약 10년 뒤에 조성된 것으로

---

56 雲夢秦簡整理小組, 『睡虎地秦墓竹簡』, 文物出版社, 1978 참조.
57 『漢書』 元帝紀, 277쪽 참조.
58 姜維公, 『漢代學制研究』, 275~283쪽 참조.

보이는 평양 정백동364호묘에서 발굴된 평양『논어』죽간의 이해에도 많은 도움을 준다. 평양『논어』죽간의 사용 시기는 기원전1세기 중엽일 가능성이 높은데, 그 유력한 증거가『논어』죽간과 동시에 발굴된 낙랑군초원사년현별호구다소집부樂浪郡初元四年縣別戶口多少集簿이다(이하 낙랑군호구부로 약칭함). 여기서 '초원初元'은 선제의 뒤를 이은 원제의 연호로서 초원4년初元四年은 기원전 45년에 해당한다. 따라서 이들 자료는 B.C. 45년 무렵에 제작·사용되다가 부장되었을 가능성이 높다.

평양『논어』죽간의 내원來源과 용도를 밝히기 위해서는 우선 정백동364호묘의 묘주와『논어』죽간의 관계를 구명할 필요가 있는데, 낙랑군호구부와 여기에 기재된 '초원4년'이라는 연호는 이러한 관계를 밝히는 데 중요한 실마리를 제공한다.『논어』죽간과 함께 부장된 낙랑군호구부는 기본적으로 낙랑군 관아에 보관되어야 할 성질의 문서이다.[59] 그럼에도 이것이 개인의 묘에서 발굴된 것은 이 자료와 묘주가 밀접한 관계가 있었기 때문일 수밖에 없는데, 이러한 연관성은 간독을 부장한 전국 및 진한시대의 묘에서 다수 확인된다. 즉 수호지11호진묘에서 발굴된 진간 중의 율령 관련 자료는 묘주 희喜가 생전에 안륙어사安陸御史·안륙영사安陸令史·언령사鄢令史 및 언鄢의 옥리獄吏 등 사법 관련 직책을 역임한 것과 밀접한 관계가 있고,[60] 낙랑군호구부와 동일한 성격의 호구부인 서향호구부西鄕戶口簿와 양현호구부東陽縣戶口簿의 경우, 그 묘주는 생전에 자신이 근무한 향鄕 또는 현縣의 호구 업무를 담당한 관리로 추정된다.[61] 이외에도 낙랑군과 동급의 군郡인 전한 성제成帝 시기 동해군東海郡의 집부集簿를 부장한 강소성 연운항連雲港 윤만尹灣6호한묘號漢墓의

59 손영종, 「낙랑군 남부지구의 위치－"낙랑군초원4년현별호구다소□□"를 중심으로」, 『력사과학』 제197기(2006년 제2기), 118쪽.
60 任仲爀, 「雲夢睡虎地11號墓主 喜의 出身」, 『中國史硏究』 第5輯, 1999, 3~42쪽 참조.
61 彭浩, 「讀松柏出土的西漢木牘(二)」(2009年 3月 29日 武漢大學簡帛網 http://www.bsm.org.cn/, 2009年 3月 29日字 투고) 참조.

묘주도 동해군의 회계 및 상계문서 업무를 담당한 동해군공조사東海郡功曹史인 사요師饒(字: 君兄)라는 이름의 관리였다.[62]

이렇게 볼 때, 묘장에 부장된 간독자료는 이를 부장한 묘주가 생전에 수행한 업무와 밀접한 관계가 있음을 알 수 있다. 따라서 낙랑군호구부가 부장된 정백동364호묘의 주인공 역시 생전에 낙랑군의 호구 관련 업무를 담당한 군리郡吏였을 가능성이 매우 높다. 그리고 묘주의 출신은 낙랑 지역의 토착인 혹은 한인漢人의 어느 한쪽일 가능성이 있지만, 현재 알려진 정백동364호묘의 정황만으로는 그 출신을 확정하기 어렵다. 이 묘의 내부구조와 형태·장법葬法·유물의 계통 등을 한반도와 중국의 것들과 비교함으로써 364호묘 묘주의 출신을 확인할 수 있겠지만 자료의 부족으로 인하여 이에 대한 구체적인 분석은 추후의 과제로 삼기로 하고, 여기서는『논어』죽간의 내원과 용도에 관련된 부분만 중점적으로 다루면서 이와 관련된 묘주의 출신과 죽간의 성격에 대하여 일별하기로 한다.

먼저 평양『논어』죽간의 형태와 규격 및 편철 방법 그리고 서체의 측면에서 볼 때 정주『논어』죽간과 거의 대동소이하다는 점에 주목할 필요가 있다. 우선 형태상으로 양자 모두 죽간책이라는 공통점을 발견할 수 있다. <표 1>에서 전한 선제·원제 시기의 것으로 추정되는 라포뇨이『논어』와 전한 중기에서 후한 초의 유적지에서 발굴된 현천치『논어』가 목간木簡인 점에서 본다면, 정주와 평양 출토『논어』는 중국의 변경 지역에서 발굴되는 목간과는 그 연원이 다름이 분명하다. 즉, 정주와 평양 출토『논어』는 목간 사용 지역이 아닌 죽간 사용 지역에서 제작되었으며, 이는 죽간의 재료인 대나무의 생장 지역과 밀접한 관계가 있을 것이다.

두루 알려져 있듯이 중국의 서북 변경 지역에서 출토되는 간독의 경우

---

62 連雲港博物館等編,『尹灣漢墓簡牘』, 中華書局, 1997, 165~166쪽; 高恒,「漢代上計制度論考 ─兼評尹灣漢墓木牘『集簿』」,『東南文化』1999年 第1期, 76~77쪽.

예외도 없지 않으나 절대다수가 죽간이 아닌 목간인 이유는 대나무가 생장할 수 없는 당지의 자연환경과 밀접하게 관련이 있다. 그렇다면 한반도 전체에서 아직까지 죽간이 발굴되지 않았을 뿐 아니라 평양이 대나무가 생장할 수 없는 지역임을 고려한다면, 평양에서 출토된『논어』죽간은 당지에서 제작된 것이 아니라 중국에서 유입된 것일 가능성이 높다. 후한 말 왕충王充이 어릴 때에 가난하여 책 살 돈이 없어서 낙양 시사市肆의 책 파는 곳에서 책을 몰래 읽었다는 것에서 볼 때,[63] 한대에도 시장을 중심으로 서적의 유통이 활발하였고, 그리하여『논어』를 비롯한 중국 내지의 서적이 한사군 중의 하나인 낙랑군에까지 유통되었을 가능성을 배제할 수는 없다. 이러한 정황을 고려하면서 <그림 3·4>의 분석을 통하여 평양『논어』죽간의 내원을 좀 더 상세히 살펴보기로 하자.[64]

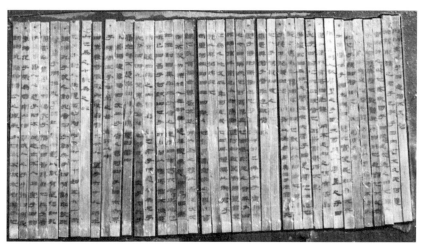

〈그림 3〉 정백동364호분 출토『論語』竹簡 39枚 (鶴間和幸氏 보관 낙랑유물 사진앨범 자료)

---

63 『後漢書』王充傳, 1629쪽, "王充字仲任, 會稽上虞人也, 其先自魏郡元城徙焉. 充少孤, 鄕里稱孝. 後到京師, 受業太學, 師事扶風班彪. 好博覽而不守章句. 家貧無書, 常游洛陽市肆, 閱所賣書, 一見輒能誦憶, 遂博通衆流百家之言." 참조.
64 <그림 2·3>은 이성시·윤용구·김경호, 「平壤 貞柏洞364號墳출토 竹簡『論語』에 대하여」, 131쪽에서 轉載.

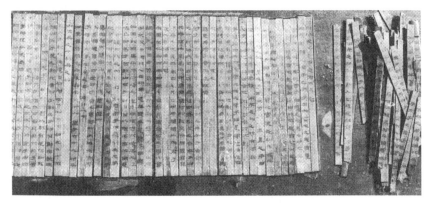

〈그림 4〉 정백동364호분 출토 『論語』竹簡 일괄(『高句麗會會報』第63號 4面, 2001.11.10)

우선, 간독의 규격이 그것의 연원을 밝히는 중요한 단서가 된다는 점에 착안하여 평양 『논어』 죽간의 규격을 정주 『논어』 죽간과 비교하면서 그 연원을 찾아보기로 하자. 평양 『논어』 죽간의 규격에 대하여 현재로서 알려진 것은 전혀 없다. 그러나 1매에 기재된 글자 수를 비교할 경우 평양 『논어』 죽간의 길이를 얼추 추정할 수도 있다. <그림 3·4>에서 보듯이 글자가 빈틈없이 기재된 죽간, 곧 만간滿簡을 기준으로 1매의 죽간에 기재된 평균 글자 수는 20자 전후임을 알 수 있는데, 이는 만간 기준으로 19~21자가 기재된 정주 『논어』 죽간과 거의 동일하다. 물론 글자의 크기에 따라서 동일한 자수라 하더라도 이를 수용할 수 있는 죽간의 면적은 차이가 날 수도 있다. 그러나 잘 알려져 있듯이 한대 표준 간독인 일척간의 길이가 약 23cm이고, 보통 30~40자 정도의 글자를 쓸 수 있는 점으로 미루어 보아, 평양과 정주의 『논어』 죽간은 자수의 측면에서 표준간의 약 1/3~1/2에 불과하고, 따라서 그 길이 역시 표준간에 훨씬 못 미칠 수밖에 없다. 이는 정주 『논어』 죽간의 길이가 글자 수와 비례하여 16.2cm에 불과한 것으로도 입증된다. 따라서 평양 『논어』 죽간의 길이 역시 글자 수가 동일한 정주 『논어』 죽간과 거의 같은 길이로 제작되었을 것으로 보아도 무방할 것이다. 그렇다면 이들 양자의 길이는 전술하였듯이 한대 논어간의 제작 규정을 준수한 것으로서, 이는 평양『논어』죽간이 낙랑군에서 제작된 것이 아니라 한대의 내지에서 유입된 것임을 방증하는 한 사례가 될 것이다.

낙랑『논어』죽간의 길이와 더불어 주목되는 것은 간책의 편승 방식이다. <그림 2>에서 보듯이 일반적으로 죽간책은 단일 간이 아니라 여러 개의 죽간을 마승麻繩 등의 끈으로 엮는다는 것은 잘 알려진 사실이다. 일반적으로 표준간 길이의 간독은 천두天頭와 지미地尾 부근의 상하 두 부위에 2줄을 엮고, 길이가 23cm 이상의 죽간은 상·중·하 세 부위를 줄로 엮는가 하면, 무위武威 마취자磨嘴子 출토 의례간儀禮簡처럼 55.5~56cm에 달하는 장간인 경우에는 4~5줄로 엮는 경우도 있다.[65] 그럼에도 <그림 3·4>에서 보듯이 표준간의 약 1/3에 불과한 평양과 정주의『논어』죽간은 2줄이 아닌 3줄로 엮여져 있다. 이는 전술하였듯이『논어』죽간의 길이를 표준간이 아닌 8촌 길이로 정한 근거와 관련이 있다. 즉, 유가전적 중『논어』만 표준간 이하의 길이로 제작하도록 규정한 것은 이를 품에 넣어 휴대하기에 편리하도록 하기 위한 것으로서, 이는『논어』가 휴대용으로 활용될 만큼 활용 빈도가 높았음을 의미한다. 곧『논어』는 때와 장소를 가리지 않고 펼쳐 읽을 수 있는 책임과 동시에 다독의 서적이며, 또한 초학들의 식자와 습서의 기본 교재인 까닭에 편철 역시 그만큼 튼튼하게 할 수밖에 없었고, 이러한 요인이『논어』죽간을 2줄이 아닌 3줄로 편철하도록 한 것이다. 이같이 3줄의 끈으로 편철하는 방식 역시 평양과 정주의『논어』죽간에 동일하게 나타나는데, 이 역시 평양『논어』죽간이 중국 내지에서 유입된 것임을 방증하는 한 사례가 될 것이다.

이러한 추정에 큰 오류가 없다는 것은 <그림 3·4>에 나타난 또 하나의 편승 방식에 의해서도 입증된다. 즉, 그림에서 보듯이 평양『논어』죽간에서

---

65 甘肅省博物館·中國科學院考古研究所,『武威漢簡』, 58~61쪽 참조.

줄로 엮은 세 부위의 오른쪽에 'ᐊ'형의 홈 자국이 나 있는데, 이는 중국 내지에서 발굴된 간독의 편승 방식과 완전히 일치하고, 이를 그림으로 표현하면 <그림 2>(85쪽)와 같이 된다. 이에 따르면 죽간을 엮은 끈의 숫자만큼 'ᐊ'형의 홈 자국을 새겨서 끈이 통과하도록 엮었다. 따라서 홈의 숫자는 끈의 숫자와 동일할 수밖에 없는데, 2줄에서 3줄로 죽간을 묶는 방식이 가장 일반적인 편승 방식이므로 홈 역시 하나의 간에 2~3개를 내는 것이 가장 일반적이다. 이처럼 홈을 내는 주된 목적은 끈으로 죽간을 단단히 고정하여 끈이 죽간에서 이탈하는 것을 막기 위한 것으로서, 이러한 현상은 <표 2>의 곽점초간郭店楚簡 · 청화대학소장전국죽간淸華大學所藏戰國竹簡 · 수호지진간睡虎地秦簡 · 무위한탄파의서간武威旱灘坡醫書簡과 더불어 공가파한간孔家波漢簡[66] 등에서 확인된다. 그리고 이러한 홈은 수호지진간의 편년기編年記처럼 왼쪽에 위치하는 경우도 있지만,[67] <그림 2>에서 보듯이 줄이 통과하는 부위의 오른쪽에 위치하는 것이 일반적인데, 평양『논어』죽간의 'ᐊ'형 홈은 중국 내지 출토 죽간의 일반적인 형태와 동일하게 모두 오른쪽에 위치하고 있다.

더욱이 <그림 4>에서 죽간의 상 · 중 · 하 세 부분에 죽간을 엮을 끈이 지나간 흔적이 뚜렷하게 남아 있을 뿐 아니라, 줄이 지나간 죽간의 우측에 새긴 'ᐊ'형의 홈 자국이 많이 닳아 있음을 볼 수 있는데, 이는 매장을 위하여 새로이 구입하거나 제작한 신서新書 형태의 『논어』가 아니라 평소 손때 묻히

---

66 홈의 위치를 상세하게 파악할 수 있는 것으로 전한 景帝 後元 2年(B.C. 142)에 조성된 호북성 隨州의 孔家坡 8號 漢墓에서 출토된 700여 매의 日書 竹簡과 78매의 曆日 竹簡을 주목할 수 있다. 湖北省文物考古硏究所 · 隨州市考古隊 編,『隨州孔家坡漢墓簡牘』, 文物出版社, 2006, 29~31쪽에 의하면, 길이 33.8㎝의 日書 竹簡에는 죽간을 묶은 끈이 지나가는 상 · 중 · 하 세 곳의 우측에 각각의 홈이 파여 있는데, 제일 위쪽 홈은 죽간의 제일 상단에서 약 2㎝ 떨어진 곳, 제일 아래쪽 홈은 죽간 하단에서 약 2.3㎝ 떨어진 곳, 중간의 홈은 죽간의 정중앙(제일 상단에서 약 16.5㎝ 떨어진 곳)에 위치하였다. 죽간 전체 길이에서 홈의 상 · 중 · 하 위치를 비율로 계산하면 평양『논어』죽간의 홈의 위치와 공가파한간의 그것이 거의 일치함을 알 수 있다.
67 睡虎地秦墓竹簡整理小組,『睡虎地秦墓竹簡』, 文物出版社, 1990, 3~7쪽의 編年記圖版.

며 애독하던『논어』죽간을 그대로 매장한 결과로 보인다. 따라서 낙랑군리樂浪郡吏였을 364호묘의 묘주는 물론 제후왕 신분의 유수 또한 생전에 수책 형태의『논어』를 늘 신변에 두고 구송용口誦用의 텍스트로 삼았으며, 사후에는 이를 명계로 가져가 독서와 문자생활을 지속하고자 하였음이 분명해 보인다. 나아가 이는 묘에서 발굴되는『논어』죽간을 비롯한 서적간은 부장하기 위해 특별히 제작한 명기류가 아니라 묘주가 평소 애독한 서적들로서, 이는 주반周馨이 생전에 애호하던『상서』「요전」을 성인의 도를 실천하기 위해 명계冥界에 가져가고 싶어한 것과 동일한 염원에서 비롯되었을 것이다.

한편, 평양『논어』죽간에 나타난 부호의 용례도 중국 내지 출토 간독의 그것과 동일하다. 중국 출토 간독의 경우 일반적으로 장章의 시작을 표시하는 부호로 □·■·△·▲·○·● 등이 사용되었다.[68] 이 중 평양『논어』죽간에서는 다수의 ●을 <그림 3>에서 확인할 수 있다. 즉,「선진先進」편의 13개 장구와「안연顏淵」편의 4개 장구의 첫머리에 모두 ●이 표시되어 있는 것이다. 일반적으로 이 부호는 장호章號 이외에도 전체 문장에서 표제 또는 주제, 장절의 단락이나 조문의 시작, 소결 또는 합계, 기타 특수 사항 등을 표시할 때 사용하는 부호임은 잘 알려진 사실이다.[69] 이 중 ●이 표제·문장의 시작·합계 등을 나타내는 용례는『논어』죽간과 함께 발굴된 낙랑군 호구부에서 이미 확인되었고,[70] 서적간에서 장절章節을 표시할 때 사용된 경우가 바로 평양『논어』죽간에서 확인되는 것이다. 이러한 사례는 수호지진 간 중 서적간으로 분류할 수 있는 위리지도爲吏之道와 장가산한간 중의『맥서脈書』·『개려蓋廬』·『인서引書』, 은작산한간銀雀山漢簡 중의『안자晏子』·「손

68 李零,『簡帛古書與學術源流』, 121쪽.
69 李均明·劉軍,『簡牘文書學』, 73~78쪽 참조.
70 졸고,「진한대 호구부와 그 운영」,『낙랑군호구부연구』, 동북아역사재단, 2010, 59~105쪽 참조.

자병법孫子兵法』・『손빈병법孫臏兵法』・『육도六韜』[71] 등에서 확인되고, 특히 정주『논어』죽간의 장호는 평양『논어』죽간과 완전히 동일하게 ●으로 표시되어 있다. 이같이 평양『논어』죽간에 사용된 부호 역시 중국 출토 서적간의 그것과 일치할 뿐 아니라, 특히 정주『논어』죽간과 동일한 간문의 기재 원칙을 준수하여 표시되었음을 알 수 있다.

이외에 또 하나 흥미로운 것은 <그림 6・7>에서 보듯이 간독이 발굴된 많은 중국의 묘장에서 서도와 붓・벼루 등의 문방도구가 간독과 함께 발굴되고 있는데, 이러한 상황을 정백동364호묘에서도 찾아볼 수 있다는 점이다. 즉, 364호묘에는『논어』죽간・호구부목독과 더불어 '고리자루짧은쇠칼'(환두도자環頭刀子, 이하 환두도자로 표현함)이 발굴된 것으로 보고되었는데,[72] 현재 공식적인 발굴보고서가 없기 때문에 이것의 형태와 크기 및 용도를 확인하기는 어렵다. 다만 1982~1984년 평양의 낙랑구역 일대의 낙랑시대 묘장에서 발굴된 환두도자의 형태에 대하여 발굴보고자는 '한쪽에만 날을 세우고 자루 끝에 원형 또는 타원형의 고리가 있는 짧은 쇠칼'로 묘사하면서,[73] 그 모형을 <그림 5>와 같이 표현하였다. 아마도 정백동364호묘의 환두도자 역시 이와 동일한 형태였을 것으로 추정된다.

그렇다면 과연 낙랑구역에서 출토된 환두도자가 무기의 일종인가? 아니면 문방용품 중의 서도書刀인가? 발굴보고자는 이를 쇠장검・고리자루긴쇠칼과 함께 무기로 파악하였다.[74] 그러나 다음의 몇 가지 측면에서 이것의 용도에 대한 발굴보고자의 견해에 의문이 든다.

---

71 銀雀山漢墓竹簡整理小組編,『銀雀山漢墓竹簡[壹]』, 文物出版社, 1985, 3~102쪽의 摹本 참조.
72 윤용구, 「平壤出土『樂浪郡初元四年縣別戶口簿』研究」,『木簡과 文字』제3호, 2009, 267쪽 참조.
73 리순진・김재용,『락랑구역일대의 고분발굴보고』(사회과학출판사, 2002년), 백산자료원, 2003년, 374쪽.
74 리순진・김재용,『락랑구역일대의 고분발굴보고』, 80・185・374쪽.

〈그림 5〉 평양 낙랑구역 목곽묘 출토
고리자루짧은쇠칼[環頭刀子]의 模寫圖[75]

書刀(길이 22.8cm)

돌벼루

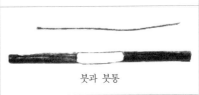

붓과 붓통

〈그림 6〉 連雲港 尹灣6號漢墓 출토 書刀[76]　　　〈그림 7〉 江陵 鳳凰山168號漢墓 출토 문방도구[77]

첫째, <그림 5>에서 보듯이 환두도자는 외날로 이루어졌을 뿐 아니라, 그 끝이 뾰족하지 않고 뭉떵하게 처리되어 있는 까닭에 찌르기 위주의 살상용 무기로 보기 어렵고, 오히려 <그림 6·7>의 중국 출토 서도의 형태와 유사하다. 또한 환두도자는 쇠장검 및 고리자루긴쇠칼 등의 무기류와 함께 출토되기도 하지만 이들과 함께 출토되지 않은 경우도 다수 있고,[78] 또한 낙랑동14호묘·낙랑동28호묘·정백동161호묘·정오동39호묘와 같이 환두도자와 벼루가 함께 출토된 경우도 있다.[79] 이는 환두도자가 무기의 일종

75 리순진·김재용,『락랑구역일대의 고분발굴보고』, 564쪽.
76 『尹灣漢墓簡牘』, 圖32 M6書刀A
77 湖北省荊州博物館,『荊州鳳凰山西漢男尸與出土文物』, 湖北御風文化傳播有限公司, 2005, 27쪽에서 轉載.
78 리순진·김재용,『락랑구역일대의 고분발굴보고』, 370~372쪽 참조.

이 아니라 벼루와 함께 문방구의 일종인 서도일 가능성을 제기해 봄직한 단서이다.

둘째, 환두도자의 형태는 자루와 외날의 칼몸 및 환두環頭의 세 부분으로 이루어져 있는데, 이는 <그림 6>의 윤만6호한묘 출토 서도 및 <그림 7>의 봉황동168호한묘 출토 서도와 그 형태가 거의 일치한다. 셋째, 정오동54호 묘에서 출토된 환두도자(길이 28㎝)는 옻칠한 밤색 칼집과 함께 발굴되었는 데, 이로 보아 낙랑구역에서 발굴된 여타의 환두도자도 원래는 칼집에 꽂혀 매장되었을 가능성이 높다.[80] 이같이 환두도자와 칼집이 함께 갖추어져 있는 것은 <그림 6>에서 보듯이 윤만6호한묘에서 서도와 칼집이 함께 출토된 것과 완전히 일치한다. 넷째, 환두도자의 길이는 완전하게 남아 있는 것을 기준으로 24~44㎝로 다양하지만 24㎝의 것이 주종을 이루고, 칼 몸의 너비 는 대부분 1.5㎝인데,[81] 이는 22.8㎝ 길이의 봉황동168호묘 출토 서도(<그림 7>) 및 25.5㎝ 길이에 칼 몸의 너비 1.5㎝인 <그림 6>의 윤만6호한묘

---

79 리순진 · 김재용, 『락랑구역일대의 고분발굴보고』, 176 · 252 · 375쪽.
80 리순진 · 김재용, 『락랑구역일대의 고분발굴보고』, 185쪽.
81 리순진 · 김재용, 『락랑구역일대의 고분발굴보고』, 375쪽에 실린 환두도자의 구조와 재원
   은 다음과 같다.

No	무덤이름	전체 길이(cm)	날의 길이	자루의 길이	칼몸의 너비	고리의 직경	비고
1	정백동156호무덤	16	6	10	1.5	3.5	날의 일부가 없어진 것
2	정백동161호무덤	24	14	10	1.5	3.5	완전한 것
3	정오동17호무덤	15	5	10	1.5	3.5	날의 일부가 없어진 것
4	정오동23호무덤	20	10	10	1.5	3.5	끝부분이 없어진 것
5	정오동39호무덤	?	?	10	?	3.5	자루 부분만 남은 것
6	토성동15호무덤	22	12	10	1.5	3.5	끝부분이 없어진 것
7	토성동46호무덤	12.5	4	8.5	1	2.5	날의 일부가 없어진 것
8	낙랑동13호무덤	33.5	22.5	11	2.5	4	완전한 것
		29	19	10	2	3.5~4	완전한 것
9	낙랑동20호무덤	24	14	10	1.5	3.5	완전한 것
10	낙랑동33호무덤	?	?	10	?	4	자루 부분만 남은 것
11	낙랑동39호무덤	17	8	9	1	2.5	끝부분이 없어진 것
12	남사리15호무덤	44	33	11	2	3.5	완전한 것

출토 서도와 거의 일치한다. 따라서 낙랑구역 출토 환두도자의 형태와 규격은 중국 내지에서 출토된 서도와 거의 일치하는 만큼 그 용도 역시 서도였을 가능성이 높고, 나아가 정백동364호묘 출토 환두도자의 용도 역시 서도로 추정된다.

이러한 추론의 타당성을 실증할 만한 또 하나의 실마리로 낙랑동1호묘 출토 유물을 주목해 볼 필요가 있다. 이 묘는 3개의 관이 안치된 귀틀무덤으로서, 내곽 밖의 북측 공간 8개의 층에 각기 부장품이 배치되어 있는 매우 특이한 형태를 취하였다. 이중 가운데 관 안에 목간 2개, 제5유물층에 목간 4개가 부장되어 있었고, 제1유물층에는 토기·칠기·곡식 등의 생활재료와 더불어 돌벼루 1개, 칼집 1개, 나무 산가치 50여 개가 부장되어 있었다.[82] 여기서 우선 주목되는 것은 모두 6개의 목간이 출토되었다는 점과 제1유물층에서 돌벼루·칼집·산가치가 함께 출토되었다는 점이다. 우선 제1유물층의 부장품에 무기류가 전혀 없고 모두 생활용품이라는 점에서 볼 때, 칼집은 장검長劍이나 장도長刀의 칼집으로 보기는 어렵고, 앞에서 언급한 정오동54호묘에서 발굴된 환두도자(길이 28cm)가 꽂혀 있는 칼집과 동일한 용도의 것일 가능성이 매우 높다. 그렇다면 원래 이 칼집에 꽂혀 있었을 환두도자는 함께 발굴된 목간·돌벼루와 더불어 서사용의 서도로 보아 대과 없을 것이다.

이상에서 목간 또는 죽간의 표면을 다듬거나 오기한 부분을 깎아내는 데 사용한 소위 도필리刀筆吏의 필수품이자 독서인이라면 누구나 지참하는 문방구인[83] 서도가 평양의 낙랑구역에서도 광범하게 출토되었다는 점에서 볼

---

82 리순진·김재용, 『락랑구역일대의 고분발굴보고』, 166~169쪽 참조.
83 『史記』張丞相列傳, 中華書局, 1992年, 2678쪽, "周昌笑曰: '堯年少, 刀筆吏耳, 何能至是乎!'" 正義: "古用簡牘, 書有錯謬, 以刀削之, 故號曰'刀筆吏'."; 『漢書』禮樂志, 1034쪽, "削則削, 筆則筆", 師古曰: "削者, 謂有所刪去, 以刀削簡牘也. 筆者, 謂有所增益, 以筆就而書也." 참조.

때, 정백동364호묘 출토 환두도자 역시 이와 함께 출토된 『논어』 죽간과 호구부목독 등의 간독을 다듬거나 오자를 깎아내는 데 사용된 서도였을 것이다. 이는 위의 ⑦에서 주반이 임종하면서 『상서』 「요전」을 기록한 2척 4촌의 죽간과 더불어 서도와 붓을 관의 머리맡에 넣어 주도록 유언한 내용과 유사한 염원, 곧 정백동364호 묘주도 명계에서 현세와 마찬가지로 문자생활을 영위할 수 있도록 한 염원이 실현된 결과일 것이다. 그런데 이와 같이 서도를 비롯한 문방도구를 묘장에 부장하는 것은 단순히 묘주 개인의 특이한 소망을 반영한 것만이 아니라 진한시대 매장 습속의 하나였음을 고고발굴 자료에서 다수 확인할 수 있다.

즉, 205매의 죽간과 철제 서도 및 묵합墨盒을 부장한 강릉江陵 구점九店56호 초묘號楚墓,[84] 1매의 고지책告地策 죽독竹牘 및 66매의 죽간과 함께 서도·벼루·붓 등을 부장한 봉황산168호한묘,[85] 2,300여 매의 죽목간 및 60여 매의 목독과 더불어 서도를 부장한 형주荊州 인대印臺 진한시대 묘장군,[86] 진간 1,150여 매와 더불어 붓과 서도를 부장한 수호지11호진묘, 서신書信 목독과 더불어 묵과 벼루를 부장한 수호지4호진묘,[87] 23매의 목독 및 133매의 죽간과 함께 3자루의 서도와 2자루의 붓 및 벼루 하나를 부장한 윤만6호한묘[88] 등이 대표적 사례이다. 이중 봉황동168호한묘에서 출토된 문방도구는 가장 전형적인 형태로서 <그림 7>과 같은데, 전술하였듯이 유수의 묘에서 『논어』

---

84 湖北省文物考古研究所·北京大學中文系編, 『九店楚簡』, 中華書局, 2000年, 153쪽에 의하면, 죽간 두루마리 안에 墨盒과 鐵製의 書刀가 들어 있었다고 한다.

85 紀南城鳳凰山一六八號漢墓發掘整理組, 「湖北江陵鳳凰山一六八號漢墓發掘簡報」, 『文物』 1975年 第9期, 4쪽; 鍾志成, 「江陵鳳凰山一六八號漢墓出土一套文書工具」, 『文物』 1975年 第9期, 20~22쪽 참조.

86 荊州博物館 編著, 『荊州重要考古發現』, 文物出版社, 2009年, 207쪽.

87 睡虎地秦墓에서 발굴된 붓·삭도·먹·벼루 등의 문방도구에 대해서는 雲夢睡虎地秦墓編寫組, 『雲夢睡虎地秦墓』, 26·27쪽 참조.

88 連雲港市博物館·中國社會科學院簡帛研究中心, 『尹灣漢墓簡牘』, 164~165쪽.

죽간과 더불어 부장된 서도 및 벼루와 연적 등의 문방도구도 이와 같은 조합으로 볼 수 있고, 나아가 정백동364호묘에 부장된 『논어』 죽간과 호구부목독 및 환두도자도 이들 유물의 조합과 기본적으로 일치하는 것이다.

이렇게 볼 때, 정백동364호묘의 『논어』 죽간과 호구부목독 등의 문자자료와 환두도자는 한대 내지의 매장 습속에 준하여 부장된 것이고, 따라서 『논어』 죽간 역시 한대 내지로부터 낙랑 지역으로 유입된 것으로 보인다. 따라서 이를 부장한 정백동364호묘의 묘주는 생전에 문자생활을 향유한 지식인층에 속하였고, 임종 시에 『논어』 죽간과 더불어 낙랑군의 호구부 등과 더불어 명계에서 문자생활을 지속할 수 있는 서도를 부장해 줄 것을 유언했음직하다. 이외에도 <표 3>에서 보듯이 평양 『논어』 죽간의 서체는 전형적인 한예漢隷로서, 정주 『논어』 죽간과 동일한 서사자가 쓴 것처럼 양자의 서체와 자형은 흡사하다. 이 역시 평양 『논어』 죽간의 내원이 중국 내지였음을 입증하는 유력한 증거가 될 것이다.

이상의 논증을 통하여 필자는 평양 『논어』 죽간은 정주 『논어』 죽간과 동일한 내원을 가지며, 중국 내지에서 제작된 완질의 『논어』로서 낙랑군에 유입된 것일 가능성이 높다고 본다. 그리고 정백동

	평양 죽간	정주 죽간
子		
之		
天		
中		
以		
有		
無		
者		
故		
可		

〈표 3〉 평양 · 정주 죽간의 자형 비교[89]

89 정주 죽간의 字型은 「從定縣漢墓竹簡看西漢隷書」, 『文物』1981年 第8期, 圖版參에서 轉載.

364호묘의 주인공은 낙랑 지역의 토착인 출신이 아니라 한에서 낙랑군에 파견된 관리이거나 혹은 가족과 함께 이 지역으로 들어와 영주하는 한인 출신의 관료일 가능성도 있다고 본다. 이러한 추론이 가능한 것은 이 묘의 매장문화가 한대 내지의 그것과 유사할 뿐 아니라,『논어』죽간은 물론 호구부목독 또한 한대 내지의 것과 흡사하기 때문이다.

이는 한편으로 리里 – 향鄕 – 현縣 – 군郡 – 중앙정부中央政府로 이어지는 한제국의 지배방식이 낙랑군에도 그대로 적용되었음을 시사한다. 나아가 이러한 행정체계를 통하여 낙랑 지역의 토착민에 대한 한제국의 지배력이 강하게 미쳤음은 물론 한문화의 영향 또한 무시하지 못할 정도였음을 짐작케 한다. 이는 낙랑 지역 출토 유물에서 한식 계통이 적지 않게 포함되어 있는 것에서도 발견할 수 있는 현상이다.[90] 이러한 상황에서 기원전 1세기 낙랑 지역에는 죽간 형태의『논어』로 대변되는 유교적 사유와 행동양식이 낙랑의 지배층과 지식인층에서는 물론 현지 토착민에게도 적지 않은 영향을 미쳤을 것이다. 그러나 현재로서는 이에 대한 자료상의 한계로 실증적 연구가 불가능하고, 또 다른 미공개 자료의 출현을 기다릴 수밖에 없는 실정이다.

3) 현천치·라포뇨이 출토『논어』목간의 형태와 용도

이상에서 평양과 정주 출토『논어』죽간이 한대『논어』죽간의 표준형이라 한다면 <표 1>에서 제시한 현천치 출토『논어』목간의 경우 이들과 사뭇 다른 모습이 발견된다. <표 1>에서 보듯이 현천치『논어』목간 ① (V92DXT 1812②: 119)은 죽간이 아닌 목간으로서의 특징을 보일 뿐 아니라,

---

90 리순진·김재용 저,『락랑구역일대의 고분발굴보고』, 529~561쪽; 손영종,『조선단대사(고구려사1)』, 과학백과사전출판사, 2006년, 151~156쪽 참조.

완간의 길이가 8촌이 아닌 23cm로서 일반적인 표준간의 규격으로 제작되었고, 후술하듯이 현천치 『논어』 목간②(V92DXT1812②:215)와 현천치 『논어』 목간 ③(V92DXT1812②:344) 및 라포뇨이 『논어』 목간(제59호간) 역시 23cm 길이의 목간으로 추정된다. 이처럼 현천치와 라포뇨이 등 중국의 서북 원격지遠隔地에서 출토된 『논어』가 죽간이 아닌 목간에 기재된 요인과 표준적인 『논어』 죽간의 규격과 큰 차이가 나는 이유 및 그 용도에 대하여 살펴보기로 하자.

우선 길이 23cm 너비 0.8cm의 현천치 『논어』 목간 ①은 상하 잔결이 전혀 없는 완전한 형태로서, 한대의 전형적인 1척간의 형태에 속한다. 그리고 여기에 기재된 내용인 "호장야난여병이위인의乎張也難與並而爲仁矣 • 증자왈오문제자인미유자치야자필야친상호曾子曰吾聞諸子人未有自致也者必也親喪乎 • 증자왈오문제자맹장자지효기타가능야기불개부지신여부지曾子曰吾聞諸子孟莊子之孝其他可能也其不改父之臣與父之"는 현행본 『논어』 「자장」편의 해당 장구와 일치할 뿐아니라 오탈자가 전혀 없으며, 그리고 문장 내에 두 개의 " • "을 찍어 놓았다는 점을 주목할 필요가 있다. 우선 오탈자가 전혀 없다는 것은 이 목간이 우역郵驛인 현천치의 근무자가 글자 연습을 하기 위해 임의로 작성한 문건이 아니라는 점을 암시한다. 이같이 『논어』의 특정 장구의 내용이 수미일관하게 기재되어 있는 것은 성격상 한국의 봉황동과 계양산성에서 발굴된 『논어』 목간과 유사하고, 반면 습자간 위주의 일본 출토 『논어』 관련 목간과는 차이가 난다.

한편, 한대의 1척간에 평균 30~40자가 기재되는 것에 반해 위의 현천치 『논어』 목간 ①에는 55자가 기록되어 있는데, 이는 한대의 1척간보다 글씨의 크기가 훨씬 작다는 것을 의미하는 것으로서, 세필細筆을 능숙히 구사할 수 있는 서사자의 작품이라고 볼 수밖에 없다. 뿐만 아니라 문장을 서사하면서 각 구절의 시작을 알리는 표시로 ' • '을 두 군데 찍어 놓고 있는데, 이러한 문장부호의 기재 방식은 전술하였듯이 정주와 평양 출토 『논어』 죽간과 완전히 일치하는 것이다. 따라서 이 『논어』 목간은 초학자가 글자를 익히기 위해 『논어』를 연습 대상으로 삼아 임의로 작성한 것이 아니고, 전문적인 『논어』 목간 제작자가 만든 학습용 또는 독서용의 『논어』 목간이며, 현천치의 근무자가 이를 구입하는 등의 방법으로 취득하여 활용하였을 가능성이 높다. 특히 『논어』는 『효경』과 함께 이들 소학서를 배운 초학이 경서 학습에 입문하기 직전에 배우는 선수과목인 만큼, 현천치의 근무자 중에 『소학』을 이수한 자들이 승진 등을 목적으로 『논어』 목간을 구입하여 학습했을 가능성이 있는 것이다.

그렇다면 현천치 『논어』 목간은 원래 『논어』의 일부만 발췌하여 기록한 것이 아니라 『논어』 전체를 서사한 완질 『논어』 목간의 일부일 가능성이 매우 높다. 우선 이 목간의 첫머리인 "乎張也難與並爲仁矣"는 원래 『논어』의 "曾子曰堂堂乎張也難與並爲仁矣"의 일부로서, '難與並爲仁矣' 앞에 '曾子曰堂堂'이 없으면 전혀 뜻이 통하지 않게 된다. 이는 곧 이 목간과 유사한 규격의 목간이 별도로 있었음을 암시한다. 이를 근거로 이 목간과 동일하게 약 55글자로 구성되었을 별도의 목간을 재구성하면 "・可誣也有始有卒者其唯聖人乎・子夏曰仕而優則學學而優則仕・子游曰喪致乎哀而止子游曰吾友張也爲難能也然而未仁・曾子曰堂堂"이 될 것이다. 이러한 원리는 목간의 하단부에도 적용할 수 있다. 즉, "其不改父之臣與父之"는 이 뒷부분의 '政是難能也'와 결합되지 않으면 그 의미가 통하지 않는다. 따라서 "其不改父之臣與父之"로 끝나는 이 목간과는 별도로 '政是難能也'를 첫머리로 하는 목간이 있었음을 짐작할 수 있다. 그렇다면 이 목간과 마찬가지로 55글자로 구성된 별도의 목간을 재구성하면 "정시난능야政是難能也・맹씨사양부위사사문어증자孟氏使陽膚爲士師問於曾子・증자왈상실기도민산구의여득기정칙애긍이물희曾子曰上失其道民散久矣如得其情則哀矜而勿喜・자공왈주지불선불여시지심야子貢曰紂之不善不如是之甚也"가 될 것이다.

이러한 방식으로 총 7,576자로 구성된 『논어』를 1척간에 기재하면 약

137매의 목간이 필요하게 된다. 따라서 원래 현천치에는 약 137매로 구성된 완질의 『논어』 목간이 비치되어 있었을 가능성이 높다. 그리고 이는 1매에 평균 20자가 기재되어 있는 정주와 평양 출토『논어』죽간의 완질본에 비해 매수가 약 2.8배나 적은 수치인데,[91] 이는 현천치『논어』목간이 정주와 평양의『논어』죽간보다 길이가 약 2배 더 길뿐 아니라 1매에 기재된 글자의 크기도 훨씬 작았기 때문일 것이다.

한편, 위의 관점을 현천『논어』목간 ②·③에 적용하면 더욱 흥미로운 사실이 발견된다. 우선 현천『논어』목간 ①·②·③은 목간의 번호만 다를 뿐 유적번호 V92DXT1812 ②에 속한 목간으로서 동일 지점에서 발굴된 것들이다. 그리고 세 목간의 내용은 모두『논어』「자장」편의 일부로서 이들 세 목간은 함께 제작되어 동일한 지점에서 사용되었음을 짐작할 수 있다. 그중 가장 완전한 형태인 ①을 기준으로 볼 때, 우선 ②와 ③은 두 개의 간으로 나누어져 있지만 원래는 하나의 목간이 세 개로 절단된 후 그중 ②와 ③만이 각기 분리된 상태에서 출토된 것으로 보인다. 그 근거는 다음과 같다.

우선, ②는 길이 13㎝, 너비 0.8㎝로서, 길이 23㎝의 ①에 비하면 10㎝가 짧고, ③은 길이 6.7㎝, 너비 0.8㎝로서 ①보다 16.3㎝나 짧다. 그런데 ②에 기재된 "☒ 자장왈집덕불홍통도불독언능위유언능위망子張曰執德不弘通道不篤焉能爲有焉能爲亡 • 자하지문인문교어자장자장왈子夏之門人問交於子張子張曰"에서 보듯이 상단부가 잔결된 상태이므로 원래는 이보다 훨씬 길었을 것인데, 내용면에서 볼 때 잔결 부분은 「자장」편의 "子張曰士見危致命見得思義祭思敬喪思哀其可已矣"일 가능성이 매우 높다. 왜냐하면 ②의 앞부분에는 「자장」편의 첫 부분에 해당하는 22자로 구성된 "子張曰士見危致命見得思義祭思敬喪思哀其可

---

91 평양과 정주에서 출토된 죽간의 1매 평균 글자 수가 20매이고, 『논어』의 전체 글자 수가 7,576자이므로 이들 양『논어』죽간이 완질로 작성되었을 경우 전체 죽간의 매수는 약 379매가 된다.

已矣"밖에 없기 때문이다. 더욱 흥미로운 것은 ③에 기재된 " · 자장문왈사견위치명견덕사의제사子張問曰士見危致命見德思義祭思"는 "子張曰士見危致命見得思義祭思敬喪思哀其可已矣"의 일부라는 점인데, 이는 ②의 잔결 부분에 ③이 포함되어 있었음을 보여 주는 것으로서, 이들 두 목간은 원래 하나의 동일한 목간이 절단된 결과물임을 쉽게 짐작할 수 있다. 그런데 원래 「자장」편에는 "子張曰士見危致命見得思義祭思"와 "子張曰執德不弘信道" 사이에 "敬喪思哀其可已矣"가 있다는 점을 감안하면, ②와 ③ 사이에 "경상사애기가이의敬喪思哀其可已矣"가 기재된 목간 잔편이 또 하나 있었을 가능성이 높다. 즉 원래 이 목간은 "③ 子張問曰士見危致命見得思義祭思(15자 6.7cm) ⑤敬喪思哀其可已矣(8자 3.3cm) ② 子張曰執德不弘信道不篤焉能爲有焉能爲亡 · 子夏之門人問交於子張 子張曰(32자 13cm)"로 구성된 하나의 목간이었으나 어떤 요인에 의해 세 개로 나누어진 후 ⑤는 망실되고 ②와 ③만 출토된 것으로 볼 수 있다. 더욱이 이렇게 재구성된 목간의 총 글자 수는 55개의 글자인데, 이는 완형 목간인 ①과 완전히 일치하는 것이다.

한편, ③ · ⑤ · ②의 글자 수와 이에 상응하는 각각의 길이가 비율상 거의 정확하게 부합한다는 점도 발견할 수 있다. 즉, 15자의 ③은 32자인 ②의 약 1/2인데, 이는 6.7cm 길이의 ③이 13cm인 ②의 약 1/2에 해당하는 것과 비율상 서로 부합한다. 이러한 비율은 ③과 ⑤도 마찬가지여서 3.3cm에 8자가 기록된 ⑤는 6.7cm에 15자가 기재된 ③과 글자의 수와 목간의 길이 면에서 모두 1/2에 해당한다. 이외에도 ②와 ③ 모두 그 너비가 0.8cm인 점으로 미루어 보아 그 중간에 있는 ⑤의 너비 역시 0.8cm였을 가능성이 매우 높다. 하나의 목간에서 상부와 하부의 너비가 일치한다는 것은 그 중간 부위의 너비 역시 상하부의 길이와 일치할 수밖에 없기 때문이다. 따라서 이러한 제반 사실들을 미루어 볼 때, ③ · ⑤ · ②는 원래 하나의 목간으로 구성되어 있었음이 분명해 보인다.

현천치 『논어』 목간을 한대 서북지역에서 사용한 『논어』 목간의 전형적인 한 형태로 볼 수 있다면, <표 1>의 라포뇨이『논어』목간의 형태와 용도 역시 이와 같은 관점에서 접근해 볼 수 있다. 황문필에 의하면 이 목간은 7.8㎝ 길이와 0.7㎝ 너비에 "[잔결殘缺]역욕무가제인자왈사비亦欲毋加諸人子曰賜非"의 형태로 남아 있는데, 하단부는 온전하지만 상단부는 잔결된 상태이다. 따라서 이 목간의 전모를 파악하기 위해서는 잔결된 상단부의 내용을 복원할 필요가 있으며, 이와 관련하여 우선 이 목간의 너비인 0.7㎝는 현천치 ①·②·③ 목간의 너비 0.8㎝에 0.1㎝ 모자라고 정주『논어』죽간의 너비와는 완전히 일치한다. 그렇지만 0.1㎝의 차이는 목간의 자연적 수축 요인을 생각하면 그다지 고려할 만한 수치는 아니며, 따라서 너비를 근거로 이『논어』목간의 원래 길이가 현천치『논어』목간 또는 정주『논어』죽간과 일치한다고 주장하기는 어렵다.

그런데 23㎝에 55자가 기재된 현천치『논어』목간 ①을 기준으로 볼 때, 한 글자의 길이는 약 0.4㎝를 점하고, 이를 라포뇨이『논어』목간의 잔존 글자 수(10자)를 대입하면 라포뇨이『논어』목간의 길이는 약 4㎝밖에 되지 않는다. 따라서 이것은 7.8㎝에 10글자가 기재된 라포뇨이『논어』목간의 길이와 전혀 부합하지 않는다. 이는 곧 라포뇨이『논어』목간의 길이는 현천치『논어』목간과 일치하지 않았음을 의미한다. 그렇지만 현재로서는 그것의 구체적 길이를 추단할 만한 근거가 박약하다. 다만 원래 목간의 후반부 길이인 7.8㎝ 길이에 10글자인 "[잔결殘缺]역욕무가제인자왈사비亦欲毋加諸人子曰賜非"가 남아 있는 것으로 보아 그 앞부분의 글자가 망실되었음이 분명한 만큼, 이 부분을 잔존해 있는 내용과 의미가 통하도록 현행본『논어』의 해당 구절을 대입하면 "자공왈아불욕인지가제아야오子貢曰我不欲人之加諸我也吾"가 될 확률이 가장 높다. 따라서 이 둘을 연결하면 라포뇨이『논어』목간의 원래 내용은 "자공왈아불욕인지가제아야오역욕무가제인자왈사비子貢曰我不欲人之加諸我也吾亦欲毋加諸人子曰賜非"가 되고 목간의 총 글자 수는 24자일 가능성이 있다. 이러한 추정이 타당하다면 후반부 10글자가 7.8㎝에 기재되어 있는 것을 근거로 한 글자가 점하는 길이를 계산하면 약 0.8cm가 된다. 따라서 복원한 앞의 13글자를 수용하는 목간의 길이는 약 10.4cm가 되고, 이들 잔존해 있는 뒷부분의 길이인 7.8cm와 합하면 약 18.2cm가 된다. 그런데 흥미롭게도 이 18.2cm는 전술하였듯이 논어간의 표준 길이인 8촌(약 18.4cm)과 거의 일치하는 수치이다.

이상의 추정에 의하면 라포뇨이『논어』목간은 표준적인 논어간의 길이에 준용하여 제작되었고, 이후 어떤 요인에 의하여 전반부가 망실되었을 것으로 보인다. 한편, 이러한 추정은 잔존해 있는 "[잔결殘缺]역욕무가제인자왈사비亦欲毋加諸人子曰賜非" 뒷부분은 또 다른 목간에 기재되었을 가능성을 높여 준다. 왜냐하면 잔존해 있는 이 부분이 의미가 통하기 위해서는 '자왈사비子曰賜非' 뒤에 나오는 내용을 기재한 또 다른 목간이 있어야 하기 때문이다. 따라서 이를 전제로 앞에서 복원한 약 18.2cm 길이의 목간에 약 23자 좌우가 기재된 목간을 복원하면 "이소급야자공왈부자지문장가득이문야부자지언성여爾所及也子貢曰夫子之文章可得而聞也夫子之言性與"가 될 것이다. 그리고 이러한 방식으로 목간을 계속 복원하면 라포뇨이『논어』목간 역시 현천치『논어』목간과 마찬가지로 원래는 완질의『논어』목간의 일부였을 가능성이 높다. 그리고 그 용도는 이 지역이 군사 주둔지인 만큼 라포뇨이 지역에 주둔한 군인이 승진 등의 목적을 위하여『논어』를 학습하는 과정에서 사용된『논어』교재이거나 개인의 독서 취향을 반영한『논어』였을 가능성이 있다.

이상에서 볼 때, 현천치와 라포뇨이에서 발굴된『논어』목간은 양자가 목간이라는 재질에 기재되었다는 공통점과 더불어 이들 목간은 원래 완질로 작성된『논어』의 일부분일 가능성이 높다. 이같이『논어』의 일부 내용을 수미일관하게 목간에 기재하는 사례는 후술하듯이 한국의 봉황동과 계양산성에서 발굴된『논어』목간에서도 발견된다. 그렇지만 주로 글자 연습을 위해 사용된 일본의『논어』관련 목간과는 성격이 매우 다르다. 그리고 이들 목간이 변경의 우역郵驛 및 군사주둔지에서 발굴되었다는 점에서 볼 때, 이들

『논어』목간의 용도는 적어도『급취편急就篇』또는『창힐편蒼頡篇』등 습자용의 소학서를 학습한 관리 또는 군인이 승진이나 개인적 독서 취미를 충족하기 위해 사용한 서적일 것으로 보인다.

그러나 이러한 공통점이 있음에도 이들 양자는 규격 면에서 큰 차이를 보이는데, 현천치의『논어』는 23㎝ 길이의 목간에 기재되었음이 분명하고, 라포뇨이의『논어』는『논어』의 표준 목간 길이와 거의 일치하는 약 18.2㎝의 목간에 기재되었을 것으로 추정된다. 따라서 현천치『논어』목간은 일반적인 간독의 표준 규격을 따라서 제작된 반면, 라포뇨이『논어』목간은『논어』간의 표준 규격에 맞추어 제작되었을 것으로 보인다. 이처럼 동일한 변경 지역에서 사용된『논어』목간임에도 양자 간에 규격 상의 차이가 나타나는 것은 내지에서 주로 사용하는 죽간으로 제작된 표준적인『논어』를 구입하기보다는 현지의 실정에 맞게 소나무 등을 임의로 다듬어 제작한『논어』를 입수한 결과로 보인다. 그렇지만 두『논어』목간 모두 표준적인 일반 간독의 규격을 준용하거나 또는 표준적인『논어』간의 규격을 준용하였다는 점 자체는 이미 변경 지역에도 한제국 내지의 간독제도가 일정하게 수용되고 있었음을 시사하는 것이다.

4) 한국·일본 출토『논어』목간의 형태와 용도

한·중·일 논어간의 가장 큰 차이는 간의 재질과 형태이다. 전술하였듯이 중국 내지와 낙랑군 지역에서는『논어』의 표준 규격을 준용한『논어』죽간이 간책형태로 발굴되었고, 서북 변경 지역에서는 당지의 자연환경을 고려한 목간이 발굴되었다. 그런데 서북지역의『논어』목간은 다면간이 아닌 단면간으로서, 지금까지 수만 매의 간독이 발굴된 거연·돈황 등 서북지역에서 다면간 형태의『논어』목간이 한 건도 발견되지 않았다는 점은 매우 주목할 만한 현상이다. 반면에 <표 1>에서 보듯이 한국의 김해 봉황동과 계양산성에서 발굴된 『논어』 목간은 모두 다면간 곧 '고觚' 형태이고, 일본에서 발굴된 『논어』 관련 목간은 다면간과 단면간이 혼재되어 있다.

일반적인 간독이 단면 또는 앞뒤 양면에 글을 쓰는 형태임에 반해 다면목간을 제작하는 것은 단면간으로는 충족시킬 수 없는 특수한 용도에 부응하기 위한 것이다. 또한 한국과 일본의 『논어』 목간이 지목병용기의 것임을 볼 때, 종이로 제작하기에 부적절한 용도를 만족시키기 위하여 다면목간에 『논어』를 기록한 것이라는 점도 상정해 볼 수 있다. 그리하여 그것의 구체적인 용도에 대하여 설이 분분하였는데, 일본의 『논어』 목간이 습자용이라는 데에는 이견이 없지만, 한국의 『논어』 목간(특히 봉황동 『논어』 목간)에 대해서는 습서용[92] 혹은 관리 후보생을 위한 학교 교육용,[93] 또는 기록을 담당한 하급 관리들의 식자 텍스트라는 주장[94] 등이 제기되었다. 여기서는 이러한 기존 논의의 연장선상에서 한국과 일본에서 발굴된 다면간 형태의 『논어』 목간에 대한 형태적 특징을 중국 출토 목고木觚의 사례와 비교하면서 그 용도를 살펴보고, 아울러 봉황동과 계양산성에서 출토된 『논어』 잔간에 대한 내용 복원도 시도해 보고자 한다.

한국과 일본에서 발굴된 다면목간을 중국에서는 '고'라고 부른다는 사실은 잘 알려져 있다. '다면목간多面木簡'이라는 용어는 한 · 일 학계에서 편의상 붙인 근래의 용어임에 비해 '고'는 이미 진 · 한대 간독제도상에서 확립된 전문용어라 할 수 있다. 고는 하나의 나무토막에 적게는 3면 많게는 8면의 단면을 내어 묵서墨書하도록 제작한 목간의 일종으로서, 습자용 및 습자교재,

---

92 東野治之, 「近年出土の飛鳥京と韓國の木簡~上代語上代文學との關わりから」, 『古事記年報』 第45輯, 2003, 12~13쪽.
93 橋本繁, 「金海出土 『論語』木簡と新羅社會」, 『朝鮮學報』 第193輯, 2004, 8~27쪽.
94 김경호, 「한국 고대목간에 보이는 몇 가지 형태적 특징 – 중국 고대목간과의 비교를 중심으로」, 『史林』 제33호, 2009, 344쪽.

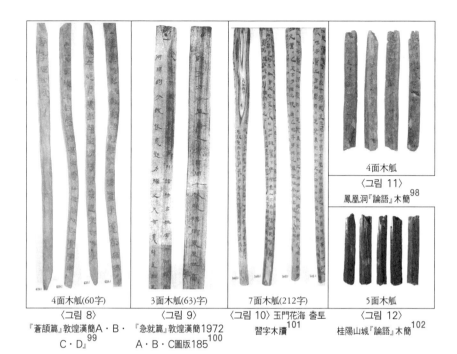

4面木觚

〈그림 11〉

鳳凰洞『論語』木簡[98]

4面木觚(60字)	3面木觚(63)字	7面木觚(212字)	5面木觚
〈그림 8〉	〈그림 9〉	〈그림 10〉 玉門花海 출토	〈그림 12〉
『蒼頡篇』敦煌漢簡Ａ・Ｂ・ Ｃ・Ｄ』[99]	『急就篇』敦煌漢簡1972 Ａ・Ｂ・Ｃ圖版185[100]	習字木牘[101]	桂陽山城『論語』木簡[102]

원고의 초고, 독서용으로 초록한 경서의 제작 등에 주로 사용되었다.[95] 이 중 습자교재의 경우『창힐편』『급취편』이 고의 가장 대표적인 형태로 제작되었는데,[96] 현재까지 돈황敦煌과 거연居延에서『창힐편』19개 간과『급취편』16개 간이 발굴되었다.[97] 이 중 <그림 8>은 가장 완전하게 발굴된『창힐편』중의 한 장을 기재한 4면으로 구성된 목고木觚이고, <그림 9>는『급취편』제1장을 기재한 3면으로 구성된 목고이다. 그리고 <그림 10>은 전형적인

---

95 朱啓新, 「說"觚"」, 『文史知識』 2000年 第9期, 66~68쪽 참조.

96 胡平生, 「英國國家圖書館藏斯坦因所獲簡牘中的『蒼頡篇』殘片研究」, 汪濤・胡平生・吳芳思 主編, 『英國國家圖書館藏斯坦因所獲未刊漢文簡牘』, 上海書社出版社, 2007, 62~63쪽 참조.

97 陳直, 『居延漢簡研究』, 天津古籍出版社, 1986, 146쪽 참조.

습자간으로서 모두 7면으로 구성된 목고이다.

<그림 8·9>의 목고는 전형적인 예서체 정자로 기재된 것으로 보아, 비교적 글씨가 조잡하게 기재되어 있거나 동일한 글자를 반복적으로 서사해 놓은 습자간이 아니라 초학이 글자를 암송하고 쓰는 데 교과서의 역할을 한 습자교재임이 분명하다. 이같이 초학이 사용한 습자교재의 형태와 그 활용 양상에 관련된 다음 자료를 주목해 보자.

⑧ 왕충王充은 건무 3년에 태어났다. … 6세에 집에서 그에게 글을 가르쳤다 … 8세에 서관書館에 나갔는데, 서관에는 아이들이 100명 이상 있었는데, 모두 잘못을 저질러 옷을 벗는 처벌을 받거나, 혹은 글씨가 알아보기 힘들 정도여서 매를 맞았다. 왕충의 글쓰기는 날로 진보하였고, 또한 어떤 잘못도 저지르지 않았다. 수서手書 과정을 마치고, 스승을 떠나 『논어論語』와 『상서尙書』를 공부하였는데, 매일 1천 자를 외웠다. 경서經書를 모두 읽고 덕성을 수양하며, (경서를 가르치는) 선생과 이별하고 혼자서 학문에 전념하였음에, 그가 붓을 잡으면 누구나 그 문장을 호평했다.[103]

⑨ 한漢나라가 세워지고, 려리閭里의 서사書師가 『창힐蒼頡』·『원력爰歷』·『박학博學』 세 편을 합하여, 60자씩 끊어 한 장으로 만드니, 모두 55장이 되었음에, 이렇게 합하여져 『창힐편』이 되었다.[104]

⑧·⑨에서 여리閭里에는 서사書師가 학동學童의 글공부를 지도하는 서관書

---

98 釜山大學校博物館, 『金海 鳳凰洞 低濕地遺蹟』, V(목각 각 면의 사진).

99 甘肅省文物考古研究所編, 『敦煌漢簡(上)』, 中華書局, 1991, 圖版138.

100 甘肅省文物考古研究所編, 『敦煌漢簡(上)』, 圖版185.

101 甘肅省文物考古研究所編, 『敦煌漢簡(上)』, 圖版137.

102 李亨求, 『桂陽山城發掘調査報告』, 263쪽.

103 『論衡』 自紀, 1670~1671쪽, "建武三年, 充生.…六歲教書…八歲出於書館, 書館小僮百人以上, 皆以過失袒謫, 或以書醜得鞭. 充書日進, 又無過失. 手書旣成, 辭師受論語尙書, 日諷千字. 經明德就, 謝師而專門, 援筆而衆奇."

104 『漢書』 藝文志, 1721쪽, "漢興, 閭里書師合蒼頡·爰歷·博學三篇, 斷六十字以爲一章, 凡五十五章, 幷爲蒼頡篇."

館이 있었고, 여기에서는 '수서手書'의 과정을 교육하였는데, 한초의 경우 그 교재는 진대秦代에 만들어진 『창힐』『원력爰歷』『박학博學』을 통합 편찬한 『창힐편』이었고, ⑩에 의하면 원제부터는 『급취편』을 습자교재로 활용하였음을 알 수 있다. 여기서 우선 주목되는 것은 왕충이 8세에 서관에 입학하여 글공부를 하였고, 이를 '수서'라 칭했다는 점인데, 이는 습자서의 형태에서 비롯된 것으로 보인다. 즉, ⑧에서 보듯이 습자서는 목고로 제작되었음을 볼 때, '수서'는 '목고를 손에 쥐고 암송과 글쓰기를 하는 것'을 의미한다고 하겠다. 따라서 왕충처럼 약 8세에 서관에 입학한 학동들은 막대기에 글자를 기재한 습자서를 손에 쥐고 글을 쓰고 익히는 연습을 하였던 것이다. 따라서 수서 곧 '목고에 의한 학습'은 학동이 습자교재로 제작된 목고를 마치 오늘날의 '수책手冊'처럼 손에 쥐고 자유자재로 암송과 쓰기를 할 수 있도록 하였을 것인데, 이는 목고로 제작된 『창힐편』과 『급취편』의 내용 구성에 잘 나타나 있다.

⑨에 의하면 『창힐편』은 60자 1장의 원칙으로 총 55장과 3,300자로 구성된 한 초의 대표적인 소학용 습자교재서이다. 이에 대한 학동의 사용 편의를 위해서는 죽간책처럼 다수의 죽간을 끈으로 엮어 편철하기보다는 1매의 간에 다수의 내용을 기재하여 그 부피를 줄일 필요가 있었을 것인데, 이를 위해서는 20~30자를 기재할 수 있는 일반 표준간보다 간의 길이를 늘이거나 글을 기재하는 단면을 늘일 필요가 있었을 것이다. 아울러 학습의 편의를 위하여 개별 장의 내용을 하나의 간에 모두 연서連書함으로써 장별 학습을 유도할 필요가 있었을 것이다. 이러한 두 측면을 모두 고려하여 습자교재를 목고로 제작하였을 것인데, 이러한 추정은 <그림 8・9>의 『창힐편』과 『급취편』 목고에서 그 타당성을 확인할 수 있다.

우선 <그림 8>은 『창힐편』 중의 한 장을 기재한 목고인데, 자수가 정확히 60자로서, ⑨에서 『창힐편』의 매 장이 각기 60자로 구성되었다는 것과 완전히 일치한다. 따라서 <그림 8>은 총 55개의 『창힐편』 목고 중의 하나로서, 이것이 발굴된 돈황의 봉수 유적지에서는 원래 나머지 54개의 목고도 사용되었을 가능성이 높다. 한편 <그림 8>에서 특히 주목되는 것은 총 4면 중 3면까지는 각기 19·17·19자씩 기재하다가 마지막 제4면에는 5글자만 기재하고 그 나머지는 공백 상태로 두었다는 점인데,[105] 이것은 60자 1장의 『창힐편』 기재 원칙을 엄수한 결과로 보인다. 이외에 이러한 『창힐편』의 기재 원칙은 『창힐편』 제1장을 수록한 거연신간居延新簡 중의 양면 목간,[106] 제5장이 수록된 거연한간居延漢簡 중의 3면 목고에서도 확인된다.[107] 이들은 모두 60자 1장의 기재 원칙을 준수한 『창힐편』의 해당 내용이 채워져 있음을 알 수 있다.

이러한 1장 1고의 기재 원칙은 <그림 9>의 『급취편』에서도 발견된다. 주지하듯이 이 책은 전한 원제 시기에 사유史游가 편찬한 습자서이자 사회 각 계층의 생활과 예의 습속을 망라한 백과사전적인 몽학교재蒙學教材로서,[108] 총 31장 1,953자로 구성되었으며, 각 장은 원래 일률적으로 63자로 구성되었다.[109] 그리고 『급취편』은 제1장 첫머리의 '급취기고여중이急就奇觚與衆異'[110]

---

105 ▲ 焦黨陶聖陳毅魏嬰程顏樛梁賢尹寬榮雍尙 (1面)
　　　贛岑俚露騫彭績秦參涉兢夏連樂恢㛐更 (2面)
　　　唐美耿磬庑沓㡿渶黃文咸山肥柀柀脩賈闌鄧 (3面)
　　　難李偃田倪 (4面)

106 甘肅省文物考古研究所 等編, 『居延新簡-甲渠候官』, 文物出版社, 1990, 151쪽, EPT50.1A·B: 蒼頡作書以敎後嗣幼子承昭(詔)勤愼敬戒勉力風(諷)誦晝夜勿置苟務成史計會辨治超等軼群出尤別異 (1面)
　　　初雖勞苦, 卒必有意, 愨愿忠信, 微密談言, 言賞賞(2面)

107 中國社會科學院考古研究所編, 『居延漢簡甲乙編』(上冊), 中華書局, 1980, 乙圖版柒, 9.1A·B·C:
　　　第五 戲(諓)表書挿顚願重該已起臣俟(僕)發傳約載赴(趣)遠觀(觀)望 (1面)
　　　□□□類涫醴離異戎翟給賓但致貢諾…(2面)
　　　升(行)可(步)駕服逋逃隱匿往來□□漢兼天下海內幷廁 (3面)

108 丁毅華·陳國忠, 「急就篇的史料價値」, 『華中師範大學學報』 第40卷 第2期, 2001, 119~122쪽 참조.

109 劉偉杰, 『急就篇研究』, 山東大學博士學位論文, 2007, 72쪽 참조.

110 [漢]史游 撰, 『急就篇』, 岳麓書社, 1989, 1쪽.

가 말해 주듯이 단면의 죽간 혹은 목간으로 제작되지 않고 다면의 목고로 제작되었다. 이러한『급취편』목고 역시『창힐편』과 마찬가지로 1장 1고의 원칙을 그대로 지켜 하나의 고觚에는 정확히 63자만 기재하였음을 출토자료에서 확인할 수 있다.

즉, 위의 <그림 9>는 3면으로 구성된 돈황 출토 목고로서,『급취편』제1장의 내용을 각 면마다 21자씩 기재한 총 63자가 확인된다.[111] 특히 주목되는 점은 63자로 구성된 내용 이외에 목고의 천두 부위에 '제일第一'을 기재해 놓고 있다는 점인데, 이는 모두 31장으로 구성된, 따라서 총 31매의 목고로 구성된『급취편』중의 제1장이자 첫 번째 목고임을 표시한 것이라 하겠다. 이러한 사례는『급취편』제14장이 수록된 돈황 출토 목고에서도 확인되는데, 여기에도 각 면마다 정확히 21자씩 총 63자가 기재되어 있다.[112]

이상에서 볼 때 습자교재는 1장 1고의 원칙으로 제작되었으며, 이는 손에 쥐고 암송과 글쓰기를 편리하게 함으로써 장별 학습의 효율을 높이기 위한 것이다. 그런데 이러한 습자교재를 보면서 글쓰기 연습을 하는 경우, 소위 습자간이 만들어지게 된다. 습자교재의 내용을 베껴 쓰거나 단일 글자를 반복적으로 초사하는가 하면, 일반적인 글자는 물론 관명·지명 심지어 황제의 유조遺詔까지 목간 또는 목고에 초사하는 경우가 나타나는데,[113] 이러한 습자간은 거연과 돈황에서 다수 발굴된 것 외에도 쌍고퇴雙古堆 부양阜陽에서는 540여 자가 초사된 다수의『창힐편』잔편이 발굴되었고,[114] 최근 영국

---

111 急就奇觚與衆異羅列諸物名姓字分別部居不雜厠 (1面)
　　第一 用日約少誠快意勉力務之必有憙請道其章宋延年 (2面)
　　鄭子方衛益壽史步昌周千秋趙孺卿爰展世高辟兵 (3面)
112 甘肅省文物考古研究所編,『敦煌漢簡(上)』, 圖版178의 석문은 다음과 같다.
　　第十三 承塵戶矑條續縱鏡斂疎比各有工賈薰脂粉膏㗼箭 (1面)
　　沐浴蹦械寡合同豫飾刻畫無等雙系臂琅玕虎魄龍 (2面)
　　璧碧珠璣玫瑰舊玉玦環佩靡從容射騎辟耶除群凶 (3面)
113 沈剛,「居延漢簡中的習字簡述略」,『古籍整理研究學刊』2006年 第1期, 29~31쪽 참조.

국가도서관에서는 1906~1908년 스타인이 돈황 지역에서 발굴한 삭의削衣 형태의 『창힐편』 잔편을 발표한 적도 있다.[115]

그런데 이러한 습자간은 모두 잔편 또는 삭의 형태로 발굴되어 그 전모를 파악하기 어려운 형편인데, <그림 10>은 지금까지 발굴된 습자간 중 가장 완정한 것으로서 주목을 끌고 있다. 이는 옥문화해玉門花海에서 출토된 습자간으로서, 37㎝의 목간을 7면을 낸 목고이다. 그 내용은 황제의 유조와 서신으로 구성되어 있는데, 전반부는 황제의 유조 133자를 초사하였고, 후반부는 79자의 서신을 초사한 것으로서, 총 212자로 구성되어 있다.[116] 전반부의 황제 조서 원본과 관련하여 무제 혹은 한 고조의 유조일 것이라는 추정이 있기도 하지만,[117] 목고 중의 유조는 습자의 대상물일 뿐이다. 따라서 습자의 대상은 『창힐편』이나 『급취편』 등의 정식 습자교재뿐 아니라 일반 문서도 그 대상이 되었음을 보여 준다. 그리고 습자교재는 1장 1고를 원칙으로 제작한 목고가 사용되었지만 습자는 목고와 더불어 일반 목간도 사용되었음을 알 수 있다.

학동이 이상과 같은 목고에 기재된 습자교재를 가지고 글쓰기와 읽기를 하는 수서 과정이 끝나면, ⑧에서 왕충이 15~16세에 여리의 서관을 떠나 낙양의 태학에 들어가 『논어』와 『상서』를 배웠다고 한 것에서 알 수 있듯이,[118] 상급학교의 가장 기초적 교육내용이 『논어』였던 것이다. 그런데 이상

---

114 阜陽漢簡整理小組, 「阜陽漢簡蒼頡篇」, 『文物』 1983年 第2期, 24~34쪽 참조.

115 胡平生, 「英國國家圖書館藏斯坦因所獲簡牘中的蒼頡篇殘片硏究」, 62~73쪽 참조.

116 嘉峪關市文物保管所, 「玉門花海漢代烽燧遺址出土的簡牘」, 甘肅省文物工作隊・甘肅省博物館 編, 『漢簡硏究文集』, 甘肅人民出版社, 1984, 16쪽 참조.

117 嘉峪關市文物保管所, 「玉門花海漢代烽燧遺址出土的簡牘」, 18쪽은 이 조서의 원본을 武帝의 遺詔로, 胡平生, 「寫在木觚上的西漢遺詔」, 『文物天地』 1987年 第6期, 30~33쪽은 劉邦의 遺詔로 보았다.

118 『後漢書』 王充傳, 1629쪽, "王充字仲任, 會稽上虞人也, 其先自魏郡元城徙焉. 充少孤, 鄕里稱孝. 後到京師, 受業太學, 師事扶風班彪. 好博覽而不守章句. 家貧無書, 常游洛陽市肆, 閱所賣書, 一見輒能誦憶, 遂博通衆流百家之言. 後歸鄕里, 屛居敎授. 仕郡爲功曹, 以數諫爭不合

에서 사례로 제시한 습자교재 또는 습자간은 모두 서북 변경의 봉수 유적지에서 발굴된 것인 만큼 이것들은 학동이 사용한 것으로 보기는 어렵고, 그 사용자는 변경 군대의 이졸吏卒이었을 것이다. 이들은 변경 지역에서 군무軍務 관련 문서행정 과정에서 능서能書·회계會計·지율령知律令의 능력을 갖추어야 했고, 이를 위해서는 습자 능력의 함양은 기본이었던 것이고,[119] 나아가 이러한 능력은 승진에서도 중요한 평가의 대상이 되었을 것이다.[120] 아무튼 습자교재는 목고로, 습자간은 목고 또는 일반 목간 형태로 제작되었으며, 이것의 사용자는 민간의 학동이 주류를 이루었겠으나 문맹자로 군에 입대하여 하급관리가 된 군인도 군무 관련 문서행정 처리를 위하여 습자간으로 글공부를 하지 않을 수 없었을 것이다. 그리고 군대의 하급관리가 습자 과정을 마친 후『논어』등 유학 관련 서적을 읽었는지는 분명치 않지만 앞에서 지적하였듯이 라포뇨이에서『논어』목간이 발굴되었는가 하면, 돈황의 현천치에서 우전의 업무에 종사한 자들이 사용하였을『논어』목간이 발굴된 것으로 미루어 보건대 군사지역과 변경의 우체국에서도『논어』의 활용도는 비교적 높았음을 알 수 있다. 그러나 중국에서 발굴된『논어』는 목간 또는 죽간책 형태일 뿐 목고 형태가 아닌 점으로 미루어 보아 한대에『논어』는 습자를 위한 교재로는 사용되지 않았을 것으로 추정된다.

이상에서 한대 목고木觚의 형태와 기재 방식 및 그 용도에 대해 살펴보았는데, 이러한 목고의 전승과 관련하여 다음 조문을 주목할 필요가 있다.

⑩ 고觚는 글을 배우는 데 사용하는 독牘인데, 혹 이것으로 사事를 기록하기

去." 참조.
119 邢義田,「漢代邊塞吏卒的軍中教育 —讀『居延新簡』札記之三」,『簡帛研究』第2輯, 法律出版社, 1996, 273~278쪽 참조.
120 籾山明,「削衣·觚·史書」, 汪濤·胡平生·吳芳思 主編,『英國國家圖書館藏斯坦因所獲未刊漢文簡牘』, 95~96쪽 참조.

도 하였다. 나무를 깎아 이것을 만드는데, 크게 봐서 간簡에 속한다. (…)
그 형태는 혹 6면, 혹 8면으로, 모든 면에 글을 쓸 수 있다. 고觚는 릉稜이
나. (여러 개의) 보서리가 있기 때문에 이를 고觚라 하는 것이다. (…)
오늘날 민간에서 소아小兒가 글을 배울 때 쓰는 간簡을 아직도 목고장木觚
章이라고 부르는데, 이것은 모두 옛날부터 내려온 말이다.[121]

   이 조문은 『급취편』 제1장 첫머리인 '급취기고여중이急就奇觚與衆異'에 대한
당대 안사고顔師古(581~645年)의 주注로서, 특히 주목되는 것은 안사고가 활동
하였던 6~7세기의 당唐에서도 목고장木觚章이라 부르는 목간을 사용하였고,
이러한 전통이 고대로부터 전승되었다고 지적한 점이다. 그런데 더욱 흥미로
운 것은 앞에서 언급한 한국의 계양산성과 봉황동에서 발굴된 『논어』 목간
이 각기 4~5세기와 6~7세기에 목고의 형태로 제작되었다는 점이다. 이는
안사고가 활동한 것과 거의 동시기에 한반도의 삼국에서도 당나라와 마찬가
지로 학습용의 목고가 사용되었으며, 이러한 상황은 유학이 당시 한반도와
중국의 정치와 문화계의 주류를 이루고 있었음을 반영한 것이기도 하다.
이러한 상황에서 당대에 목고가 학동의 교육 재료로 사용되었고, 또한 1장
1고 원칙의 기재 방식을 지켰을 것이라는 점을 전제한다면, 이와 거의 동시
기의 백제와 신라에서 사용한 목고 역시 중국 목고의 용도와 기재 방식으로
제작되었을 것이라는 추정을 해보게 된다.
   우선, 앞의 <그림 11·12>에서 봉황동과 계양산성 출토 『논어』 목간은
전자가 4면, 후자가 5면으로 구성되어 있어서, 둘 다 <그림 8·9·10>의
중국 출토 목고와 형태상으로 완전히 일치한다. 따라서 용도와 기재 방식
등의 측면에서 양자를 비교하면서 <그림 11·12>를 살펴보기로 한다. 우

---

121 (漢)史游 撰, 『急就篇』, 32~33쪽, "急就奇觚與衆異"에 대한 顔師古의 注: "觚者, 學書之牘,
   或以記事. 削木爲之, 蓋簡屬也. (…) 其形或六面, 或八面, 蓋可書. 觚者, 稜也. 以有稜角, 故謂
   之觚. …今俗猶呼小兒學書簡爲木觚章, 蓋古之遺語也."

선, <그림 11·12>의 재원·석문·발굴기관의 복원 상황을 정리하면 다음과 같다.

〈표 4〉 봉황동 『논어』 목간[122]

길이/너비(cm)	면	글자수	석문	『논어』 목간과 관련된 원문
20.6/1.5-2.1	1	16	不欲人之加諸我也吾亦欲無加諸人子	子貢曰我不欲人之加諸我也 吾亦欲無加人子曰賜也非爾所及也
	2	15	文也子謂子産有君子之道四焉其行	子貢問曰孔文子何以謂之文也子曰敏而好學不恥下問是以謂之文也子謂子産有君子之道四焉其行己也恭其事上也敬其養民也惠其使民也義
	3	14	三已之無[慍]色舊令尹之政必以告新	子張問曰令尹子文三仕爲令尹無喜色三已之無[慍]色舊令尹之政必以告新令尹何如子曰忠矣曰仁矣乎曰未知焉得仁崔子弑齊君陳文子有馬十乘棄而違之至於他邦則曰猶吾大夫崔子也違之之一邦則又曰猶吾大夫崔子也違之何如子曰清矣曰仁矣乎曰未知焉得仁
	4	15	違之何如子曰淸矣曰仁矣乎曰未知	

〈표 5〉 계양산성 『논어』 목간[123]

목간번호	면	상단/하단너비(cm)	길이(cm)	석문	『桂陽山城 –發掘調査報告書–』 복원문
목간 I	1면	1.59/1.55	12.74	賤君子□□人□□	2章: (子謂子)賤君子(哉若)人(魯無君子者斯焉取斯)
	2면	1.85/1.78	13.26	吾斯之未能信子	5章: (子使漆彫開仕對曰)吾斯之未能信子說
	3면	1.19/1.35	13.32	也不知其仁也赤也	7章: (孟武伯問……求也千室之邑百乘之家可使爲之宰)也不知其仁也赤也(何如)
	4면	1.87/1.78	13.83	□□□□十□□□	8章: (子謂子貢曰女與回也孰愈對曰賜也何敢望回回也聞一以知)十(賜也聞一以知二)
	5면	1.398/?	13.84	□□□□子曰吾□	9章: (子曰……於予與改是……) 10章: 子曰吾(未見剛者……)

---

122 釜山大學校博物館, 『金海 鳳凰洞 低濕地 遺蹟』, 52~54쪽 참조.

목간 II	총길이: 49.3㎝ / 너비: 2.5㎝ 묵서 부분 길이: 13.8㎝ 묵서 부분 너비: 2.5㎝	1면: □□□子□□□
	형태: 묵서가 확인되는 하단부 14㎝는 5각형, 그 윗부분 35.5 ㎝는 원주형	

위의 두 목간이 제작된 4~7세기 한반도는 지목병용시기로서 서적은 주로 종이로 편찬되었고, 특별한 용도를 위해서만 목간이 제작되었다. 또한 이들 은 전술하였듯이 정주와 평양에서 발굴된 죽간책 형태의 『논어』나 아스타나 의 당대 묘장군에서 발굴된 종이로 제작한 『논어』와 같이 일반적으로 편찬 된 『논어』 완질본과는 달리 목고에 특정한 내용만 한정적으로 기재하였으므 로 일반 서적 형태로 보기도 어렵다. 그리고 일반적인 단면 목간이 아니라 4~5면의 목고에 『논어』의 특정 장구를 초사한 것인 만큼, 목고의 일반적 용도와 관련하여 그 쓰임새를 추정할 필요가 있다. 이 경우 위의 목간은 습서 혹은 습자의 용도로 제작되었을 가능성이 높은데, 우선 두 목간 모두 잔간 형태로 발굴되었지만 『논어』 「공야장」의 일부가 수미일관하게 연서되 어 있는 것으로 볼 때 특정 글자 혹은 단어를 단순 반복적으로 초사하는 습자간의 형태로 보기는 어렵다.

오히려 전술하였듯이 습자교재인 『창힐편』과 『급취편』을 목고의 형태로 제작함으로써 학습자의 학습 편의성을 제고한 것과 같은 차원의 용도로 제작 되었을 가능성이 높다. 즉 『논어』는 초보적인 습자 과정을 이수한 학교의 학생 또는 일반 초학자 혹은 관리 지망생의 학습 대상이었던 만큼, 이들의 『논어』 학습에 편의를 도모하는 차원에서 목고라는 특별한 서사 도구에 『논어』를 초사하였을 것이다. 이 경우 『논어』 목고는 일반적인 단면 목간에

---

123 李亨求, 『桂陽山城發掘調査報告書』, 264~271쪽 참조.

비해 훨씬 많은 글자를 초사할 수 있으므로 『논어』의 특정 부분을 하나의 목고에 모두 기재할 수 있는 장점이 있을 뿐 아니라, 『창힐편』이나 『급취편』처럼 1장 1고의 기재 방식에 준하는 장별 학습이 가능할 것이다. 따라서 『논어』를 장구별로 목고에 기재하여 이를 하나씩 손에 쥐고 암송과 글쓰기 대상으로 삼는다면 『논어』 전편을 수록한 완질본 『논어』에 비하여 학습의 효과는 훨씬 높게 될 것이다. 이렇게 볼 때, 봉황동과 계양산성 출토 『논어』 목간은 『논어』의 특정 장구를 목간에 모두 초사하기 위하여 이를 단면목간이 아닌 4~5면의 목고로 제작하였고, 따라서 잔간으로 인해 사라진 내용은 현재 잔존한 구절의 앞뒤 내용을 고려하여 충분히 복원이 가능할 것이다. 이는 전술하였듯이 역시 잔간 형태로 발굴된 현천치 출토 『논어』 목간을 복원하는 것과 거의 유사한 방식이 될 것이다.

우선 부산대박물관의 발굴보고서에 따르면, 김해 『논어』 목간은 ｜「공야장」편의 중반부에 해당하는 내용으로서, 원래 28~30㎝였을 것이나 현재 잔존해 있는 길이는 20.6㎝이고, 너비는 1.5㎝(좁은 곳)~2.1㎝(넓은 곳)이며, 4면에 한 자당 평균 12.1㎜~12.9㎜를 점하는 글자가 총 53~57자에 걸쳐 묵서되어 있고, 이 중 판독 가능한 글자 수는 각 면당 14~16자이다.[124] 그리고 박물관측은 잔존 내용과 관련된 원문을 위의 <표 4>와 같이 게재하였다. 이 내용은 비록 원래 『논어』 목간에 기재된 내용을 복원한 것은 아니지만, 원래 내용이 1면, 2면, 2·3면의 세 부분으로 나누어 기재된 것처럼 추정함으로써 마치 복원문처럼 보이는 것도 사실이다.

그러나 목고에 여러 개의 면을 내어 글을 쓰는 주된 이유는 특정 내용을 수미일관하게 모두 기재하기 위한 것이기 때문에 부산대박물관 측이 추정한 것처럼 각 면의 내용이 서로 연결되지 않은 것으로 이해하는 것은 곤란하다.

---

124 釜山大學校博物館, 『金海 鳳凰洞 低濕地遺蹟』, 52~54쪽 참조.

전술하였듯이 중국의 습자교재 목고가 특정 내용을 1장 1고의 형식으로 기재함으로써 학습자의 학습 편의를 도모하기 위한 것과도 같이 위의 『논어』 목간 역시 『논어』 「공야장」편의 특정 장구 전체를 기재하였을 가능성이 매우 높다. 또한 각 면마다 거의 유사한 위치에 글자가 남아 있는 경우, 잔존 글자의 앞뒤에 기재되어 있었을 각 면의 원래 글자 수 역시 거의 같았을 것이다. 따라서 각 면의 글자 수를 상이하게 배정하여 이해하는 것 역시 문제이다.

이러한 점을 고려하여 봉황동 『논어』 목간의 원래 내용을 복원하면 다음과 같다. 우선 잔존 내용은 각 면의 글자 수를 고려하면 「공야장」편 전체에서 "자왈오미견강자혹대왈신정자왈정야子曰吾未見剛者或對曰申棖子曰棖也"부터 "기우불가급야其愚不可及也"에 이르는 총 329자 중의 일부로서, 이는 867자로 구성된 「공야장」편의 중간 부분에 해당한다. 이들 329자를 4면에 기재하면 1면 평균 80자를 기록할 수 있다. 그리고 글자 하나가 차지하는 공간이 12.1~12.9㎜인 점을 고려하면, 이 목간의 전체 길이는 대략 100㎝가 된다. 이를 근거로 4면의 내용을 각각 복원하면 다음과 같이 될 것인데, 복원과정에서 다음을 주의하였다.

첫째, 1면에서 4면까지가 연속된 문장으로 이루어진 만큼 현재 남아 있는 각 면의 첫 번째 글자와 그 앞면의 마지막 글자 사이에 멸실된 글자를 복원할 필요가 있다. 이를 근거로 하면, 1면의 마지막 글자인 '자子'와 2면의 첫 번째 글자인 '문文' 사이에는 72자가 들어가야 하고, 2면의 마지막 글자인 '행行'과 3면의 첫 글자인 '삼三' 사이에는 마땅히 63자가 들어가야 하며, 3면의 마지막 글자 '신新'과 4면의 첫 글자 '위違' 사이에는 62자가 들어가야 한다. 둘째, 1면과 4면은 목간 전체 내용 중의 수首와 미尾이므로 이 두 면의 문장은 각기 의미가 수미일관해야 하고, 특히 1면의 시작 부분은 현행본 『논어』「공야장」편의 어느 한 장의 첫 부분부터 시작되었을 것이라는 점을 고려하였다. 그리고 현재 각 면에 남아 있는 첫 번째 글자와 마지막 글자의

위치는 서로 일치해야 한다는 점도 주의하였다. 이를 근거로 네 면 모두를 복원하면 다음과 같다.[125]

1면	子曰吾未見剛者或對曰申棖子曰棖也慾焉得剛子貢曰我不欲人之加諸我也吾亦欲無加諸人子曰賜也非爾所及也子貢曰夫子之文章可得而聞也夫子之言性與天道不可得而聞也子路有聞未之能行唯恐有聞子貢
2면	問曰孔文子何以謂之文也子曰敏而好學不恥是以謂之文也子謂子産有君子之道四焉其行己也恭其事上也敬其養民也惠其使民也義子曰晏平仲善與人交久而敬之子曰臧文仲居蔡山節藻梲
3면	何如其知也子張問曰令尹子文三仕爲令尹無喜色三已之無慍色舊令尹之政必以告新令尹何如子曰忠矣曰仁矣乎曰未知焉得仁崔子弒齊君陳文子有馬十乘棄而違之至於他邦則
4면	曰猶吾大夫崔子也違之之一邦則又曰猶吾大夫崔子也違之何如子曰淸矣曰仁矣乎曰未知焉得仁季文子三思而後行子聞之曰再斯可矣子曰甯武子邦有道則知邦無道則愚其知可及也其愚不可及也

한편, 위와 같은 방식으로 계양산성『논어』목간을 복원하면 다음과 같다. 우선 위의 <표 5>에 의하면 발굴보고서의 복원문은 각 면마다 상이한「공야장」장구가 불연속적으로 기재된 것으로 추정하여 1·2·3·4면은 각기「공야장」편의 2·5·7·8장이 기재되었고, 5면에는 9·10장이 기재된 것으로 복원하였다. 이는 이 목간의 제작자가「공야장」편의 특정 장구를 일부분씩 발췌하여 기재하였을 것이라는 추측에 착안한 것인 듯하다. 그러나 전술하였듯이 특정 분야의 내용을 여러 면에 걸쳐 수미일관하게 연서하는 목고의 성격에서 볼 때, 계양산성 출토『논어』목간 역시 각 면에 남아 있는 내용은 원래 수미일관하게 연결된 것으로 볼 수밖에 없다. 따라서「공야장」편의 해당 장구를 각 면마다 서로 연결하여 복원할 필요가 있다. 또한 5면에

---

125 봉황동『논어』목간의 복원과 관련하여, 李均明,「韓中簡牘 비교연구」,『木簡과 文字』, 131~132쪽은 원래 이 목간이 80㎝ 이상의 길이에「공야장」편 중반 부분을 모두 기재해 놓았을 것으로 추정하였고, 橋本繁,「金海出土『論語』木簡について」, 朝鮮文化研究所編,『韓國出土木簡の世界』, 雄山閣, 2007, 250~251쪽은 이 목간의 원래 길이가 125.4~146.3㎝였을 것으로 추정하면서 그 내용을 복원하였다.

각기 남아 있는 글자가 거의 동일한 위치에 있는 만큼 멸실된 내용의 분량 역시 각 면마다 거의 같아야 함에도 발굴보고서에는 이러한 점이 고려되어 있지 못하다. 따라서 이 목간은 잔존 글자의 앞뒷면이 모두 부러져 없어진 상태임을 감안하여 각 면마다 멸실된 부분을 서로 연결하여 복원할 필요가 있다.

우선 <표 5>에 의하면 2·3면에 「공야장」편의 내용이 연속적으로 남아 있는데, 이것은 이 목간의 제작자가 특정 구절만 발췌하여 기재한 것이 아니라 이 목간의 5면 전체에 기재할 분량의 「공야장」편 내용 전체를 1~5면에 걸친 각 면에 빼곡히 기재하였음을 암시한다. 그렇다면 우선 이 목간의 마지막인 제5면은 현존 '자왈오구曰吾'가 포함된 구절의 마지막인 '욕언득강慾焉得剛'까지가 5면의 마지막이자 이 목간 전체의 마지막인 것으로 추정된다. 그리고 이 목간의 제일 첫 부분인 제1면의 '천군자賤君子'가 포함된 구절은 「공야장」편의 가장 전반부에 해당하므로 이 목간 전체는 원래 「공야장」편의 서두인 '자위공야장子謂公冶長'부터 제5면의 가장 마지막으로 추정되는 '욕언득강慾焉得剛'까지의 369자로 구성되었을 가능성이 높다. 그렇다면 이 369자를 5면에 배치하였다면 각 면마다 평균 약 74자가 기재되었을 것이다. 또한 5면 중 현재 가장 완정한 제3면에서 한 글자의 길이가 약 1.3cm를 점하는 것으로 보아 한 면의 길이는 약 96cm로서 전술한 봉황동 『논어』 목간의 길이와 거의 일치하게 된다. 그렇지만 한 면에 반드시 74자씩 균일하게 기재하지는 않았을 것이며, 이를 고려하여 현재 남아 있는 묵서의 점유 면적과 위치를 고려하여 이 목간에 기재되었을 전체 내용을 복원하면 다음과 같다.[126]

---

126 橋本繁, 「古代朝鮮における『論語』受用再論」, 朝鮮文化研究所 編, 『韓國出土木簡の世界』, 雄山閣, 2007, 269~273쪽은 계양산성 목간의 원래 길이를 1.3m 이상으로 추정하면서 그 내용을 복원하였다.

1면	子謂公冶長可妻也雖在縲絏之中非其罪也以其子妻之子謂南容邦有道不廢邦無道免於刑戮以其兄之子妻之子謂<u>賤君子哉若人</u>魯無君子者斯焉取斯子貢問曰賜也何如子曰女器也曰何器也曰瑚璉也
2면	或曰雍也仁而不佞子曰焉用佞禦人以口給屢憎於人不知其仁焉用佞子使漆彫開仕對曰<u>吾斯之未能信</u>子說子曰道不行乘桴浮于海從我者其由與子路聞之喜子曰由也好勇過我無所取材
3면	孟武伯問子路仁乎子曰不知也又問子曰由也千乘之國可使治其賦也不知其仁也求也何如子曰求也千室之邑百乘之家可使爲之宰也不知其仁也赤也何如子曰赤也束帶立於朝可使與賓客言也不知其仁也
4면	子謂子貢曰女與回也孰愈對曰賜也何敢望回回也聞<u>一</u>以知<u>十</u>賜也聞一以知二子曰弗如也吾與女弗如也宰予晝寢子曰朽木不可雕也
5면	糞土之牆不可杇也於予與何誅子曰始吾於人也聽其言而信其行今吾於人也聽其言而觀其行於予與改是<u>子曰吾未見剛者</u>或對曰申棖子曰棖也慾焉得剛

이상에서 볼 때, 봉황동과 계양산성 출토 『논어』 목간의 길이는 약 100㎝에 근접하고 직경이 약 2㎝에 불과하여 지나치게 길다는 느낌이 없지 않다. 그러나 간독은 그 쓰임새에 따라 길이와 면수를 얼마든지 늘일 수 있다. 실제 중국에서 표준적인 간독의 길이는 약 23㎝임에도 비록 초간이기는 하지만 전국시대에 이미 60~70㎝의 간독이 제작되었는가 하면,[127] 거연에서는 82㎝의 양면목간이 발굴되기도 하였다.[128] 따라서 위의 『논어』 목간이 약 100㎝라 하여 큰 문제는 없을 것이며, 이러한 가설의 타당성을 더욱 높여주는 것으로서 <표 5>의 목간Ⅱ를 주목할 필요가 있다. 계양산성 발굴보고서에 의하면 이 목간은 길이가 49.3㎝, 너비 2.5㎝, 묵서된 부분의 길이는

---

127 中國社會科學院考古研究所 編,『新陽楚墓』, 文物出版社, 1986, 67쪽에 의하면 河南省 新陽 長臺關 楚墓에서는 68.5~68.9㎝와 최장 69.5㎝의 죽간이 발굴되었고, 湖北省文物考古研究所·北京大學中文系,『望山楚簡』, 中華書局, 1995, 8쪽에 의하면 望山2號楚墓에서 최장 64.1㎝의 楚簡이 발굴되었으며, 荊州博物館編,『江陵九店東周墓』, 科學出版社, 1995, 340쪽에 의하면 湖北省 江陵 九店 東周411號墓에서는 최장 68.8㎝의 죽간이 발굴되기도 하였다.
128 甘肅居延漢簡整理小組,「居延漢簡候史廣德坐罪行罰檄釋文」,『文物』1979年 第1期, 70쪽; 甘肅省文物考古研究所·中國社會科學院歷史研究所等 編,『居延新簡~甲渠候官』(下), 328~329쪽 참조

13.8cm이고 그 너비는 2.5cm라 하고, 그 형태는 다음 <그림 13>과 같다.[129]

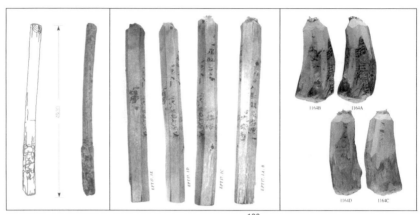

〈그림 13〉계양산성 출토　　　　〈그림 14〉居延 출토 5面木觚[130]　　　〈그림 15〉敦煌 출토 4面木觚
　　　　　5面木觚

　　우선 <그림 13>의 하단부는 5면이고, 상단부는 긴 원통형에 가깝게 남아
있는데, 이에 대한 이해를 돕기 위하여 이와 유사한 형태의 중국 목간인
<그림 14·15>를 살펴보면, 이들 세 목간은 모두 4면 또는 5면으로 구성된
목고임이 분명하다. 또한 세 목고 모두 위쪽 끝부분이 불규칙한 단면으로
잘려 있는데, 자연스럽게 절단된 결과가 아니라 인위적으로 절단된 형상으로
보인다. 아울러 이들 셋 모두 묵서 부분이 부분적으로 삭제되어 있음을 발견
할 수 있는데, 특히 <그림 15>는 묵서면을 삭도로 깎아 냄과 동시에 상단부
를 절단하여 매우 짧게 처리한 것으로 보아 목고를 폐기한 결과물임이 분명
하다. 그리고 <그림 14> 또한 묵서면을 부분적으로 깎아 냄과 동시에 상단

---

129 李亨求, 『桂陽山城發掘調査報告書』, 270쪽.
130 『居延新簡－甲渠候官』(下冊), 51쪽, EPT17.1A·B·C·D·E, 51~51쪽.

부가 고의로 절단되었음을 볼 수 있는데, 그 크기로 보아 <그림 15>처럼 완전히 폐기한 상태는 아닌 듯하고, 새로운 쓰임을 위해 단면을 깎아 내고 있는 중인 것으로 보인다.

이렇게 볼 때 <그림 14·15>와 유사한 형상을 한 <그림 13> 역시 원래 5면 전체가 묵서된 목간이었지만 어떠한 요인으로 인하여 하단의 약 13.8㎝만 남겨 두고 그 상단의 묵서를 모두 삭제하였고, 나아가 <그림 15>처럼 목고의 다섯 모서리까지 모두 깎아 내어 원통형처럼 만든 것으로 보인다. 그리고 발굴보고서는 <그림 13>의 하단 5면에 기재된 "□□□子□□□"가 『논어』의 일부일 것으로 추정하였는데, '子' 한 글자만으로 이 묵서의 내용을 추단하는 것은 곤란할 것이다. 다만 이 목간이 앞의 계양산성 목간 I과 동일한 유적층인 제1집수정集水井 내의 Ⅶ층 바닥에서 함께 발굴되었다는 점은 이들 양 목간의 관계가 매우 밀접하였을 것이라는 추정은 충분히 가능하다. 즉 전술하였듯이 목간 I이 약 96㎝ 길이에 369자의 「공야장」 전반부를 기록한 것이라 한다면, 여기에 기재되어 있지 않은 「공야장」의 나머지 부분은 또 다른 목간에 기재되어 있었을 가능성이 매우 높으며, 이것이 <그림 13>의 목간 II일 가능성이 있다는 것이다. 특히 <그림 13>의 상단부가 절단된 상태에서 잔존 길이가 49.30㎝라는 점은 이 목간이 원래 상당히 길었을 것임을 시사하는데, 이것은 이 목간과 같은 지점에서 출토된 목간 I이 최소 50㎝ 이상이었을 것이라는 점을 뒷받침한다. 뿐만 아니라 이는 나아가 목간 I을 앞에서 제시한 것처럼 최대 약 96㎝로 추정하는 데에도 중요한 단서가 된다. 왜냐하면 목간 I은 잔존 부분의 양 끝부분 모두가 절단된 상태인 반면 목간 II는 하단부만 절단되었음에도 약 50㎝로 남아 있다는 점은 목간 I의 원래 길이가 목간 II와 거의 같거나 그 이상이었음을 시사하기 때문이다.

따라서 필자는 목간 I의 길이를 약 96㎝로 추정하면서 나아가 목간 II도 이와 유사한 길이였으나 그 절반인 약 50㎝만 잔존한 것으로 추정한다. 이처럼 동일 지점에서 발굴된 목간이 유사한 형태와 크기 및 내용을 간직한 사례는 전술한 중국의 현천치 출토『논어』ㅣ목간 ①·②·③에서도 확인된다. 즉 현천치 유지의 동일 지점에서 발굴된 이들 세『논어』목간에는 모두『논어』「자장」편의 일부가 기재되어 있을 뿐 아니라, 그중 ①은 23㎝의 표준간 형태로 발굴된 반면, ②와 ③은 원래 하나의 목간이었던 것이 세 토막으로 절단된 후 나머지 두 토막만 발굴된 것이다. 따라서 계양산성 제1집수정의 Ⅶ층 바닥에서 발굴된 목간 Ⅰ·Ⅱ 역시 현천치의『논어』목간 발굴 정황과 같은 차원에서 이해하여도 대과 없을 것이다. 그리고 목간Ⅱ에는 정황상으로 미루어 보건대「공야장」편의 일부를 기재한 목간 Ⅰ과 중첩되지 않는「공야장」편의 일부가 기재되어 있었을 가능성이 높다. 그러나 잔존한 글자는 목간 Ⅱ의 하단부에 있는 '자구' 하나뿐인 까닭에 현재로서 이것의 전체 내용을 파악하는 것은 불가능하다.

한편, 봉황동과 계양산성 출토『논어』목간의 용도와 관련하여, 하시모토 시게루橋本繁는 봉황동 출토『논어』목간의 용도를 학습 목간으로 추정하면서도 이를 학교의 특정 위치에 꽂아 두어 학생 다중이 등하굣길에 읽도록 하였을 것이라는 재미있는 추측을 하기도 하였다. 그러나 이 경우 시각적 학습효과에 의문이 생긴다. 왜냐하면 봉황동『논어』목간의 글자 하나가 차지하는 넓이가 평균 1.21㎝~1.29㎝에 불과한데, 이러한 글자를 4~5면에 300자 이상 기재한 목간을 학교에 세워 둘 경우, 과연 글자를 제대로 읽을 수 있었을지 의문이 생기는 것이다. 오히려 중국에서 발굴된 목고의 사용 사례에서 볼 때, 이러한 목고 형태로 제작된『논어』목간은 학생 또는 관리 지망생 혹은『논어』애호가의 개인적인『논어』학습의 보조 자료로 활용되었을 가능성이 훨씬 높다. 특히 중국에서 주로 학습 혹은 습자용으로 목고를 제작하는 주된 이유 중의 하나가 학습이 끝난 목고의 기재 내용을 수시로 깎아 내고 새로운 내용을 기재할 수 있다는 점인데, 이러한 작업은 목고를 소지한 개별 학습자의 몫으로서, 이때 깎여 나온 목고 표면의 부스러기 혹은 대팻밥과 같은 삭의 또는 삭설削屑이 최근 발표된 스타인이 발굴한 돈황한간에서 다수 확인되기도 한다.[131] 이와 같은 목고의 재활용 흔적은 위에서 지적한 계양산성 목간 II에서 분명히 나타나고 있는데, 이는 중국의 목고 사용사례와 마찬가지로 봉황동과 계양산성에서 발굴된 목고 형태의『논어』목간이 개인의『논어』학습용으로 사용된 결과임을 보여 주는 하나의 방증이될 것이다.

마지막으로 일본의『논어』관련 목간에 대하여 살펴보기로 하자. 앞의 <표 1>에 의하면 일본에서 출토된『논어』관련 목간은 소량이지만『논어』의 특정 내용을 일정 분량 기재한 목간과 더불어『논어』의 내용을 텍스트로 삼아 습자한 흔적이 있는 목간으로 나눌 수 있다. 우선 전자의 경우 비교적 온전하게 남아 있는 것은 <표 1> 중 ⑧ 후지와라궁藤原宮SD170, ⑨ 후지와라궁藤原宮SG501, ⑳ 헤이죠쿄平城京SD7090A, ㉑ 헤이죠쿄平城京SD7091A, ㉓ 판원판호유적阪原阪戶遺跡, ㉔ 하카지袴狹 유적제오유적遺跡第五遺構, ㉗ 간논지觀音寺유적遺跡, ㉚ 야시로屋大유적군遺跡群SD7036, ㉛ 야시로屋大유적군遺跡群SD8040 등이다. 이 중 내용이 가장 풍부한 것은 ㉗로서 그 내용과 형태는 다음과 같다.

> □□[冀?]□依□□[夷?]乎□□[還?]止□(耳?)所中□□□ (앞면)
> □□□□乎 (뒷면)
> 子曰學而習時不孤□乎□自朋遠方來亦時樂乎人不知亦不慍 」(좌측면)
> ⊏⊐用作必□□□□□[兵?]□人⊏ ⊐□□□ (우측면)

여기서 우선 주목되는 것은 이 목간이 4면으로 제작되었다는 점인데, 이는 전술하였듯이 중국의 목고와 같은 형태로서, 그 용도는『논어』학습이었을

---

131 籾山明,「削衣・觚・史書」, 93~94쪽 참조.

것이다. 즉, 위 목간의 내용 중에서 앞면과 뒷면·우측면의 내용은 그것이 『논어』의 일부인지 의심스러울 정도로 판독이 불가능하지만, 좌측면의 내용은 현행본 『논어』「학이學而」편의 "자왈子曰, 학이시습지學而時習之, 불역열호不亦說乎? 유붕자원방래有朋自遠方來, 불역락호不亦樂乎? 인부지이불온人不知而不慍, 불역군자호不亦君子乎?"의 일부이다. 다만 좌측면은 글자가 만간滿簡인 까닭에 '불역군자호不亦君子乎'는 다른 곳에 서사되었을 가능성이 높은데, 이 부분의 글자 수와 같을 뿐 아니라 제일 뒤의 '호乎'가 확인되는 뒷면의 '□□□□乎'가 그것일 가능성이 높다. 그러나 현재로서는 글자의 마멸로 인하여 이러한 가설은 단순 추정에 불과할 뿐이다. 한편,「학이」편의 이 내용을 현행본의 그것과 비교하면 글자 순서가 뒤바뀌어 있거나 오자도 발견된다. 따라서 이 목간은 비록 『논어』「학이」편의 일부 장구를 비교적 길게 기재하고 있으나 『논어』 텍스트의 일부로 보기는 힘들고, 『논어』 학습자가 이를 공부하는 과정에서 단간 형태로 만든 것으로 보인다.

이상과 같이 일본의 『논어』 관련 목간 중에서 『논어』의 특정 장구의 일부를 비교적 길게 서사한 것은 『논어』 학습을 목표로 제작된 결과임이 분명하다. 그러나 이외의 것들은 모두 습자간 곧 한자를 익히기 위하여 특정 글자를 반복하여 쓰는 과정에서 『논어』에 나오는 글자를 그 대상으로 한 목간이 대부분으로서, ④ 아스카이케飛鳥池유적SD05·⑱ 헤이죠교平城京SD5300·㉒ 도다이지東大寺 출토 목간이 대표적인 사례이다. 그중 ⑱의 경우「공야장」편의 일부로 보이는 "□□□□□□□ □□□□□□□□□又曰猶吾大夫崔子"와 더불어 같은 글자를 두 면에 반복적으로 서사하였는가 하면, ㉒의 경우는 『논어』와 무관한 도다이지東大寺 관련 내용과 『논어』「학이」편의 일부 및 특정 글자를 반복하여 초사하였으며, ④의 목간 세 면에는 불교 관련 내용과 더불어 『논어』의「학이」편 일부를 초사해 놓고 있다. 그리고 이들 습자간은 형태상으로 일반적인 목간 또는 다면의 목고로 제작되었는데, 습자간이 이러한 두 형태로 제작된 것은 중국의 거연과 돈황 등지에서 발굴된

목간·목고에서도 어렵지 않게 찾아볼 수 있는 현상이다.[132]

4. 맺음말

　한·중·일 삼국의 상이한 시공간에서『논어』만이 죽간 또는 목간 혹은 목고의 형태로까지 제작 유통되었다는 사실은 이들 세 나라 사람들이 공유한 역사적 경험에 녹아 있는『논어』의 영향력을 실감케 하고도 남음이 있다. 본고는 종래 시도되어 온 '논어학'의 관점이 아니라 '간독학'의 관점에서 이들 세 지역에서 발굴된『논어』목간의 비교를 통해 그 연원과 종류 및 형태와 용도를 밝혀 보고자 하였다.

　중국에서『논어』간독의 발굴은 한 무제 시기까지 거슬러 올라가지만 실물로 확인되는 것은 라포뇌이·정주·현천치 등에서 발굴된『논어』간독뿐이다. 이들 간독의 형태와 규격에 대한 고찰은 전국시대 이래 한 말에 이르는 장구한 기간 동안 형성되어 온 서적간의 편찬제도사의 관점에서 접근할 필요가 있는데, 특히 유가전적에 대한 편찬 규정에서 볼 때『논어』는 매우 특이한 경우에 속한다. 즉 유가의 육경六經을 2척 4촌,『효경』을 1척 2촌으로 제작한 반면,『논어』만은 8촌 길이로 제작하도록 한 것이다. 이같이 논어간을 소규모화한 것은 유학에서 그것의 비중이 미약했기 때문이 아니라『논어』를 오늘날의 문고판처럼 휴대하면서까지 읽을 수 있도록 배려한 결과이다. 이는 『논어』의 활용도가 그만큼 높았음을 의미하는 것인데, 한대부터『논어』는 습자과정을 거친 학생들이 유가 경전에 입문하기 전에 이수해야 할 필수과목 이자 일반 독서인에게는 잠언서의 성격을 띠고 있는 까닭에 학생은 물론

132　沈剛,「居延漢簡中的習字簡述略」, 29~31쪽 참조

식자층 누구에게나 훌륭한 인문학 교양도서로서 애독되었던 것이다.

이러한 『논어』의 위력은 지상세계에서만이 아니라 지하세계에서도 유감없이 발휘되었음을 정주의 팔각랑40호한묘와 평양의 정백동364호묘에 부장된 『논어』 죽간에서 확인할 수 있다. 이는 죽간책의 형태로서, 장의용품의 일종인 명기로 특별 제작된 것이 아니라 묘주가 생전에 실제 사용한 손때 묻은 서적으로서, 묘주가 명계에서도 문자생활을 향유하도록 한 매장 풍속의 차원에서 부장된 것들이다. 그리고 이 양자는 한 초부터 구전되어 온 구전본 『논어』를 한예로 초사한 것으로서, 각기 B.C. 55년과 45년이라는 동일한 시대적 배경을 가지고 있음은 물론, 죽간의 형태와 규격, 서체와 부호, 편승의 방식과 서도의 부장에 이르기까지 모든 측면이 흡사하다. 이는 평양 『논어』 죽간을 부장한 정백동364호묘의 묘주가 낙랑군에서 호구 관련 업무를 담당한 한인 출신의 군리였을 가능성을 시사함은 물론, 나아가 B.C. 1세기 무렵 『논어』로 상징되는 유교문화와 이데올로기가 한제국의 내군은 물론 예속관계에 있는 변경 지역의 군에까지 확산되어 있었음을 보여 주는 것이다.

변군에서 『논어』 간독이 발견되는 현상은 라포뇨이와 현천치의 유지에서도 나타난다. 여기서 발굴된 것은 죽간이 아닌 『논어』 목간이며 그 규격은 각기 일반 표준간과 『논어』 표준간에 준하는 것으로서, 변경의 군인 또는 우역 종사자들이 승진 심사에 통과하기 위해 사용한 학습용이었거나 개인적 독서 취향을 반영한 것으로 보인다. 이중 현천치에서 발굴된 두 토막의 『논어』 「자장」편 잔간은 이것의 길이와 자수를 비교하면서 복원한 결과, 원래 1매의 목간이던 것이 세 토막으로 절단된 후 그중 중간부분의 하나가 망실되고 남은 것임을 알 수 있었다.

한편, 일본의 『논어』 관련 목간 또는 목고는 주로 습자간의 성격이 강하고, 중국이나 한국의 논어간처럼 『논어』 전체 혹은 『논어』의 특정 장구를 수미일관하게 기재한 것은 보이지 않는다. 이에 반해 한국에서 발굴된 『논어』

목간은 모두 목고의 형태로서 김해 봉황동과 인천 계양산성에서 발굴되었다. 전자는 4면, 후자는 5면으로 구성된 목고의 형태로서, 모두 『논어』 「공야장」 편의 일부가 기재되어 있다. 이에 중국에서 다수 출토된 목고의 형태와 용도 및 간독제도사에 규정된 목고의 기능 등을 참조하면서 봉황동과 계양산성 출토 『논어』 목간을 고찰한 결과, 이들은 습자과정을 거친 학생 또는 일반 독서인들이 『논어』에 대한 학습의 효율을 높이기 위해 특별히 제작한 것으로서, 이 경우 『논어』의 특정 장구에 대한 반복 학습이 용이할 뿐 아니라 목간의 재활용도 가능하였음을 알 수 있었다.

이와 더불어 이들 두 목간 모두 아래위로 절단된 상태인 점에 착안하여 그 내용을 복원한 결과, 두 목간 모두 원래 길이가 약 100cm에 근접하는 장간으로서, 300자 이상의 내용이 기재되었을 것으로 추정된다. 또한 계양산성의 목간 II는 원래 목간 I과 마찬가지로 『논어』 「공야장」 편의 특정 장구가 기재된 장간이었으나, 재활용 또는 폐기를 위해 기존에 서사된 내용을 삭제하는 한편 목간의 윗부분을 끊어낸 상태로 추정된다. 이러한 추정은 모두 중국의 『논어』 목간과 재활용 및 폐기 상태의 목고를 비교하여 얻어진 결과로서, 향후 자료 보충을 통해 더욱 정치한 접근이 이루어질 것으로 기대된다.

[이 글은 『東洋史學硏究』(제114집, 2011년 3월)에 게재된 것을 轉載한 것임을 밝힌다.]

목간·죽간을 통해서 본
동아시아 세계

한반도 출토 목간의 의의를 중심으로

이성시(李成市)*

1. 머리말

평양 정백동貞柏洞364호분 출토『논어』죽간의 공표를 계기로 국제회의 「『논어』와 동아시아 – 지하地下의『논어』, 지상紙上의『논어』」[1]가 기획되었다. 평양 출토『논어』죽간 공표를 위한 공동 연구에 종사한 연구자 중 한 사람으로서 한국·중국·일본에서 출토된『논어』죽간과 목간이 집중적으로 검토된 이번 기획을 매우 기쁘게 생각한다. 되짚어 보건대, 윤용구尹龍九·김경호金慶浩 씨 두 분의 학문적인 열정이 없었더라면 평양 출토『논어』죽간의 학술적 공표는 아마도 수년, 혹은 수십 년 이후의 일이 되었을 것이다. 우리의 공동 연구는 2009년 12월에 한국목간학회지『목간과 문자』4호를 통해 발표되었다.[2] 이 논문은 이듬해 7월에 일본어로 번역되었으며,[3] 이어서

* 일본 와세다(早稲田)대학 문학학술원 교수.
1 성균관대학교 동아시아학술원, 「『논어』와 동아시아 – 地下의『논어』, 紙上의『논어』」, 성균관대학교 농아시아학술원, 2010년 8월 26~27일).

2011년에는 중국어로도 번역, 간행되었다.[4] 이것은 평양 출토『논어』죽간
이 텍스트로서 갖는 학술적 의의가 국제적으로도 높이 평가받고 있다는 증거
일 것이다.

필자는 일본에서의 중국 고대 간독 연구자와 일본 고대 목간 연구자들의
영향 아래 한국 출토 목간 연구의 의의를 알게 되었고, 1990년대부터 목간
연구에 종사하게 되었다.[5] 그 당시 한국 목간 연구에는 이기동李基東 씨에
의한 경주 안압지雁鴨池 출토 목간 연구가 유일한 연구 성과였다.[6] 그 이후
2007년에는 한국목간학회가 탄생하여 현재는 수많은 한국 내 연구자들에
의해 매년 출토되는 목간에 관한 상세한 검토와 그 성과가 공표되고 있다.
현재 목간연구는 한국 고대사 연구자의 주목을 끄는 학문 분야가 되었다.

2009년, 필자는 1년 간의 해외 연구 기회를 얻게 돼 한국 목간의 연구
상황을 자세히 배울 수 있는 시간을 갖게 되었고, 한국 내 연구기관으로
성균관대학교를 선택했다. 그것은 성균관대학교 동아시아학술원이 한국 내
동아시아 연구의 센터이며, 그곳에 있는 김경호 씨가 중국·한국 목간 연구
를 활발히 진행하고 있었기 때문이다. 당시 필자의 연구 중 급선무는 동아시
아 시점에서 한국 목간을 평가하는 것이었고, 더불어 한국 출토 목간을 직접
관찰하면서 중국 목간연구의 현황을 아는 것이 최대의 과제였다.

2009년 4월, 서울에 도착하자마자 구면인 윤용구 씨로부터 연락이 와,
평양 정백동364호분 출토 낙랑호구부樂浪戶口簿의 사진을 입수하고 그 검토에

---

2 이성시·윤용구·김경호, 「평양 정백동(貞柏洞)364호분 출토죽간『논어』에 대하여」, 『木簡
  과 文字』 4, 서울, 2009. 12.
3 橋本繁 譯, 「平壤貞柏洞364号墳出土竹簡『論語』について」, 『中國出土資料研究』 14, 東京:
  中國出土資料學會, 2010. 7.
4 李成市·尹龍九·金慶浩, 「平壤貞柏洞364號墓出土竹簡『論語』」, 『出土文獻研究』 10, 北京:
  中國文化遺産研究院, 2011. 7.
5 李成市, 「草創期韓國木簡研究の覺書」, 『木簡研究』 4, 奈良, 1997. 12.
6 이기동, 「안압지에서 출토된 신라목간에 대하여」, 『慶北史學』 1, 대구, 1979.

착수해 있다는 사실을 알게 되었다. 순간, 나는 당초의 연구계획이 상상 이상으로 빨리 실현되는 것은 아닌가 하는 전조를 느꼈다. 호구부의 사진은 북한의 석학 손영종孫永鍾 씨가 2006년 6월에 낙랑호구부를 소개한 이래, 필자가 실제로 보고 싶다고 요청해 왔던 자료이다. 바로 그 사진이 입수되었다는 소식을 들은 필자는 그 자리에서 윤용구 씨에게 다음으로 해야 할 일이 2005년 이래로 연구해 온 평양 출토『논어』죽간의 분석이며, 이것을 서두르지 않으면 안 된다고 전했다.

윤용구 씨는 문헌학의 입장에서 낙랑연구의 제일선에서 활약하고 있는 연구자이다. 그는 낙랑호구부의 정밀한 사료 분석을 단기간에 완성시켜 학술잡지에 공표했는데,[7] 그것을 끝내자마자, 중국 목독연구에 종사하는 김경호 씨와 공동으로『논어』죽간의 분석 추진을 제안받았다. 그것이 앞에서 서술한 공동 연구의 성과가 되었다. 이번 학술회의를 계기로 한국·중국·일본의 연구자에 의해 이러한 목간 연구가 한층 더 심화될 것을 무엇보다도 기대하고 있다.

필자는 2009년 4월부터 성균관대학교에서 체재한 1년 동안 김경호·윤용구 씨를 비롯한 수많은 한국 내 연구자들을 만나, 동아시아 내 한국 출토 목간에 대한 평가를 둘러싸고 다양한 대화를 거듭해 왔다. 본고는 원래 그러한 성과를 정리하기 위해 만들어진 것이다. 그렇지만 그 모든 것을 정확하게 논술하는 것은 용이하지 않기 때문에 내가 지금까지 검토해 온 문제로 한정하고자 한다. 이 글에서는 주로 한자문화의 전파와 수용에 대하여 죽간·목간과 관련시켜 검토하고자 한다.

---

7 윤용구, 「평양 출토 '낙랑군 초원4년 현별 호구부' 연구」, 『木簡과 文字』 3, 서울, 2009. 6.

2. 동아시아 세계론에서 한자의 전파와 수용

왜 일정한 지역의 여러 민족에게 한자가 전파되고 수용되었을까? 이러한 문제를 학술적으로 해명하려고 했던 연구자로는 일본의 니시지마 사다오西嶋 定生(1919~1998) 씨가 있다. 니시지마 씨는 한자뿐 아니라 한자를 매개로 중국에서 기원한 유교, 한역 불교, 율령을 수용한 지역을 동아시아 문화권이라고 명명하고, 이 동아시아 문화권이 형성된 역사적인 요인의 해명을 시도하였다. 이것이 니시지마 씨의 동아시아 세계론이다.[8]

이와 같이 간략하게 설명할 수 있는 동아시아 세계론은 다른 측면에서도 논할 필요가 있다. 왜냐하면 니시지마 사다오 씨의 동아시아 세계론은 1960년대에 이론화시킨 세계사를 파악하기 위한 가설로, 전근대 2000년에 걸친 동아시아 지역 세계를 시야에 담은 장대한 이론이었기 때문이다.

이론적인 틀로서의 자각 여부와 상관없이, 전후 일본의 역사학계에서는 '동아시아'라고 하는 말을 이용하며 국가의 영역을 초월하는 지역을 설정하여 일본의 역사를 파악하려고 하는 틀이 오늘날까지 계승되고 있다. 최근 동아시아 세계론에는 지역적인 편향이 있다. 중국사의 전개를 보더라도 동아시아에는 니시지마 씨가 유의했던 동쪽 지역(중국 동북지방, 한반도, 일본 열도)보다는 오히려 중앙아시아 여러 민족과의 관계가 추요樞要한 역할을 다하고 있었다는 비판이 일고 있다. 그러한 비판은 최근 들어 '동부 유라시아'라는 새로운 지역 설정으로 수렴시키려는 움직임이다.[9] 그러나 이론의 비판은 각각 실증 수준의 비판만으로 볼 때 무효하다. 이론은 무엇을 분명히 나타내는

---

8 西嶋定生, 『古代東アジア世界と日本』, 東京: 岩波書店, 2000.
9 廣瀬憲雄, 「倭國・日本史と東部ユーラシア―6~13世紀における政治的連關再考」, 『歷史學研究』, 2010. 10. 이와 관련하여 역사학연구회 고대사부회는 '동부 유라시아'라는 주제로 2010년과 2011년 두 차례에 걸쳐서 학술회의를 개최하였다.

것을 요체로 하며, 그 이론을 이용하여 파악하려고 하는 대상에 의해 규정되는 것이다. 동아시아 세계론이 일본인 연구자에 의해 일본사를 세계사로 자리매김하고자 한 고유의 문제의식에서 제기된 틀인 이상, 애당초 만능의 이론이 아닌, 비판받을 수 있는 이론적 구속성과 한계가 있었음은 인정하지 않을 수 없다.

재차 확인하자면, 동아시아 세계론은 일본 열도의 역사를 고립시키지 않으면서 그 역사가 전근대에도 끊임없이 중국 대륙 및 한반도의 동향(즉 동아시아의 동향)과 관계하면서 전개되었다는 사실을 해명하려고 한, 어디까지나 전후 일본인의 지적 관심에서 출발한 이론적인 틀이었다.[10] 그렇다고 해서 이것을 무조건 세계사적 법칙처럼 파악할 수는 없는 것이다. 왜냐하면 그 이론이 요구된 당시의 지적 구속을 받고 있기 때문이다.

이렇게 이해한 바탕 위에서 생각할 때, 동아시아 세계론에서 가장 중요한 문제점은 지금까지 실증 레벨에서는 다양한 반증이 있었지만, 그것을 대신할 이론이 아직도 제기되지 못한 것이다. 이론이란 말하자면 각각의 실증을 초월한 메타레벨의 문제이기 때문에, 전술한 대로 개별적 실증 레벨의 비판을 거듭하더라도 그것을 대신할 이론을 제기하지 않는 한, 그 이론은 유효하다.

본고의 주제 또한 동아시아 세계론에서는 완전히 들어맞지 않는 사상事象이지만, 한자의 전파와 수용의 문제를 서사 재료인 죽간·목간과 아울러서 논하기로 한다. 그것은 비록 니시지마 씨의 가설을 비판하는 형식을 취하고는 있지만, 니시지마 씨의 가설을 비판하는 것만을 목적으로 하는 것은 아니다. 앞서 서술한 바와 같이 동아시아 세계론은 장대한 가설이며, 현재 일본의 역사학계에서는 '동아시아'라고 하는 지역 설정(동아시아 문화권에 속하는 국가

---

10 李成市, 『東アジア文化圏の形成』, 東京: 山川出版社, 2000; 李成市, 「古代東アジア世界論再考－地域文化圏の形成を中心に」, 『歴史評論』 696, 東京, 2008. 4.

로서는 현재 중국·일본·한국·북한·대만·베트남을 포함하는 지역)을 동아시아 세계론의 전제로 보고 있다. 오늘날 논자에 따라서는 역사학이나 국제 정치·경제에 대한 동아시아의 지역이 일정하지 않다. 거의 대부분이 자의적으로 설정되어 있으며, 협의로는 중국·한국·일본을, 광의로는 'ASEAN + 한·중·일'을 포함하고 있다. 이에 비해 동아시아 세계론에서의 동아시아 지역 설정에는 미국의 개입에 따른 동아시아 제국諸國의 분단 상황 극복이라는, 다시 말해 1950년대부터 1960년대에 이르는 일본 지식인의 위기의식이 반영된 지역 설정의 발상이 전제가 되었다.

오늘날 한국·일본·중국의 역사학계에 동아시아 세계론 이외에 동아시아를 역사적으로 명확하게 규정할 수 있는 이론이 없다고 한다면, 동아시아 세계론에 따르지 않는 한 우리는 논자별로 규정된 자의적 지역 개념에 의거하지 않을 수 없게 된다. 그러한 현상을 하루빨리 극복하기 위해서라도 니시지마 씨의 이론적 문제에 대한 생산적이고 비판적인 검토와 그것을 대신할 수 있는 지역 설정의 이론적 틀을 만드는 것이 급선무이다. 본 발표의 문제의식은 이러한 점에 있다.

그런데 니시지마 씨의 동아시아 세계론에서 전개되고 있는 문화권의 형성이란 일정한 지역에 한자, 유교, 한역 불교, 율령이라는 고대 중국에서 기원한 문화를 공유하는 문화권이 실존했다는 것을 전제로 하여, 그러한 문화권이 형성된 요인이나 정치적인 배경을 밝히고자 하는 중요한 문제 설정이었다. 문화권의 형성이란 고도의 문화가 미개한 지역에 자연스럽게 유출되어 전파·수용됨으로써 저절로 형성된 성격의 것은 아니라는 것이 강조되었고, 무엇보다도 문화권 형성을 주도하는 정치 메커니즘이 문제시되었다. 즉 진대秦代에 출현한 황제 권력이 한대漢代에 이르러 일원적인 군현제에서 봉건제를 부활시켜 군현제와 군국제가 병존하게 되고, 이 봉건제의 부분적 부활에 의해 주변 제민족의 군장君長에게 책봉을 적용함으로써 황제와 주변 여러 민족의 군장 사이에도 군신관계(책봉관계)를 체결하는 형식이 탄생하게 된다.

이렇듯 중국의 황제와 주변 제민족 군장 사이에서 관작(관직, 작위)의 수수授受를 매개로 하여 맺어지는 관계를 책봉체제라고 명명했다.[11]

군신관계가 체결되어 주변 제민족의 군장이 책봉체제 안에 조직되자, 한자를 이용해 국서에 의한 통교와 조공이 의무화되었고, 한자를 커뮤니케이션의 수단으로 하여 유교나 율령, 한역 불교가 전파되었으며, 이러한 것들이 여러 지역에 수용된 결과로서 문화권이 형성된다고 간주했다. 이리하여 황제의 정치적 행동인 책봉이라는 정치 시스템이야말로 문화권을 형성시킨 원동력이며, 책봉체제라고 하는 정치권과 문화권의 일체화된 지역세계를 동아시아 세계라고 명명했다. 책봉이라고 하는 정치 시스템이 작동하지 않을 경우, 문화권의 형성은 있을 수 없으며, 문화권과 정치권이 일체화된 동아시아 세계는 20세기 초 붕괴될 때까지 자기 완결적인 세계를 유지했다고 보았다.[12]

이러한 이론적인 사정射程을 갖는 동아시아 세계론에 대하여 특히 문제 삼고 싶은 것은 동아시아 세계론의 근간을 이루는 한자의 전파와 수용의 문제이다. 니시지마 씨의 동아시아 세계론에서는, 책봉체제, 즉 황제와 주변 제 민족의 군신관계를 한자문화 수용의 불가결한 계기로 보고 있다. 그렇기 때문에 한대 이래의 중국 왕조와 왜국倭國의 조공과 책봉관계가 최대의 관심사가 되었던 것이다. 그렇지만 이것이 성립될 수 없음을 다음 장에서 논하겠다.

---

11 西嶋定生, 「六—八世紀の東アジア」, 『岩波講座 日本歴史』 2, 東京, 1962. 앞의 책(2000)에 수록.
12 西嶋定生, 「序說－東アジア世界の形成」, 『岩波講座 世界歴史』 4, 東京, 1970. 앞의 책(2000)에 수록.

3. 동아시아 문화권의 신라

필자는 동아시아 문화권의 형성이 중국 왕조와 맺은 책봉관계에 의해서 규정된다는 가설이 6~8세기의 중국 동쪽의 여러 나라(중국 동북지방, 한반도, 일본 열도)라는 특정한 시대와 지역에 한해서는 검증이 가능하지만,[13] 그 이외의 지역과 시대에서는 실증하기가 지극히 곤란하다는 것을 지적해 왔다.[14] 예를 들면 1970년대 이후부터 지금에 이르기까지 6세기 전반에 나타난 신라의 비석이나 목간이 한국에서 발견됨에 따라, 신라가 중국의 책봉을 받기 이전부터 한자를 수용하고 있었던 점이 명백해졌다. 중요한 것은 동아시아 세계론에 의거해 문자가 외부와의 통교(동아시아 세계론의 요점은 단순한 통교가 아니라 책봉이라는 정치관계를 수반한다) 이후 내부화된다(한자문화의 정착)고 하는 동아시아 세계론의 논리 구성에서 보면,[15] 6세기 전반에 나타난 신라의 비석이나 목간의 존재는 설명이 불가능하다. 신라는 중국 왕조와 군신관계를 맺기 이전에 이미 왕경 이외의 지방에서 지배자 집단의 정치 조정을 비석으로 고시했고,[16] 지방에서 생산된 곡물 등을 다른 지역으로 수송할 때에도 각 지역에서 하찰荷札이 작성되어,[17] 문자가 사회 내부에 유통(내부화)되었다 하더라도 그것은 신라가 중국 왕조로부터 책봉을 받기 이전의 일이기 때문이다.

---

13 西嶋定生,「六—八世紀の東アジア」, 앞의 책, 2000.
14 李成市, 앞의 책(2000); 李成市, 앞의 논문(2008), 41쪽.
15 神野志隆光,「文字と言葉「日本語」として書くこと」,『万葉集研究』21, 東京, 1997.
16 李成市,「古代朝鮮の文字文化—見えてきた文字の架け橋」, 平川南 編,『古代日本文字の來た道』, 大修館書店, 東京, 2005. 또한 2009년에 발견된 비로써 501년에 건립된 것으로 추정되는 신라비에 대해서는 李成市,「浦項中城里新羅碑の基礎的研究」,『上代文學』106, 東京, 2011. 4. 참조.
17 早稻田大學朝鮮文化研究所・大韓民國國立加耶文化財研究所編,『日韓共同研究資料集 咸安城山山城木簡』, 東京: 雄山閣, 2009.

한층 더 주목해야 할 점은 비문에 기록된 문자가 순수한 한문(正格漢文)이 아니고, 이른바 '변체 한문'이라고 불리는 신라의 문자 양식이라는 점이다. 정격 한문과 변체 한문은 외관상 비슷하더라도 문장으로서 성격은 완전히 다르다. 6세기 신라에는 진흥왕의 순수관경비(568년)처럼 정격 한문으로 기록된 것이 있지만, 이것은 신라 방식으로 읽혀질 수 있더라도 그 전제는 한문으로서 통용되는 문체란 점이다.[18]

그렇지만 변체 한문의 경우, 처음부터 한문으로서 통용되는 것을 염두에 두고 있지 않다. 정격 한문과는 원리적으로 다르기 때문에 외국어로서 한문의 회로를 갖지 않고, 자신들의 말 속에 한자를 이용하고 있는데, 이것은 완전히 다른 한자문화이다. 이러한 변체 한문은 점차 외국어로서의 한문에 접근해 가는 과정에 위치하고 있는 것이 아니다. 오히려 변체 한문 그 자체를 문자의 내부화, 성숙화, 사회화로서 파악해야 할 성격을 갖추고 있다. 그러한 비문이 6세기 초에 존재했다는 것은 이 당시 신라의 한자문화가 이미 신라 사회에 깊게 침투해 있었다고 보지 않으면 안 된다.

니시지마 씨의 동아시아 세계론에서 보면, 6세기 초에 보이는 신라의 한자문화는 바로 중국과의 책봉관계가 전제되어야 할 현상이다. 그런데 신라의 대 중국 관계를 살펴보면, 신라는 4세기에 전진前秦에 조공을 바쳤던 사실이 보이기는 하지만, 이것은 고구려의 영향력 때문인 것으로 추정되고 있으며, 게다가 책봉이 수반되는 것은 아니었다. 또 521년에는 백제의 영도領導로 양梁에 조공을 바치는 일은 있었지만 여기에서도 책봉관계를 체결한 일은 없었다. 신라가 책봉을 받는 것은 564년 북제北齊에 조공을 바친 이듬해의 일이다.[19] 요컨대 신라는 565년에 이르기까지 중국 왕조와는 책봉관계가 없

---

18 李成市, 앞의 책(2005), 「古代朝鮮の文字文化—見えてきた文字の架け橋」; 「漢字受容と文字文化からみた樂浪地域文化」, 早稻田大學アジア地域文化エンハンシング硏究センター 編,『アジア地域文化學の構築』, 東京: 雄山閣, 2006.

었으며, 이러한 사실은 니시지마 씨의 가설을 그대로 따른다고 가정한다면, 그 이전에는 신라에 한자를 시작으로 하는 유교나 율령, 불교 등을 수용할 주체적인 계기가 없었던 것이 된다.

그런데 한자문화 이외에 율령에 대해서도 신라에는 책봉 이전에 이미 고유법이 제정되어 위법자에 대한 형벌의 집행이 있었던 사실을 울진 봉평비(鳳坪碑, 524년)에서 확인할 수 있다. 더욱이 『삼국사기』 「신라본기」 법흥왕 7년 조항에 기록된 '반시율령'이 행정법과 형벌법을 갖춘 일정한 법체계라는 것을 특별히 부정할 필요는 없다.[20] 나아가 불교가 5세기에 고구려를 경유해 신라 정치권에 포함되어 있는 지역에서 수용되었다는 사실은 대부분의 연구자들이 인정하는 바이다. 그것이 전제가 되어 6세기 전반(530년대) 불교의 국가적 공인이 이루어진 것으로 보인다.[21]

또 유교를 보면, 신라 승려 원광圓光이 원래 유교 전적典籍을 깊이 연구하여 명유名儒를 목표로 589년에 진陳에 부임했는데, 그 후 수도 금릉金陵에서 불교에 귀의하게 되었다고 한다. 그는 한층 더 불도에 전념하게 되었고, 후에 수隋를 경유해서 600년에 귀국하였다고 전해진다(『삼국유사』 원광서학, 『삼국사기』 「신라본기」). 본래 유교를 공부하고 있던 원광이 진나라와 수나라에서 불교에 개안하였고, 해동의 고승으로 활약한 인물로 특필되고 있는 것처럼 유학 전에 이미 유교에 통효通曉했던 점은 6세기 신라의 유교 수용과 그 수준을 이해하는 데 경시할 수 없는 사실이다. 더욱이 원광의 사적事蹟으로 귀국 직후 신라의 화랑들에게 하사했다고 하는 세속오계(『삼국사기』 「귀산전」)는 지금까지 신라 불교의 특징으로 여겨져 왔지만, 이 오계의 내용이 유학의

---

19 李成市, 「新羅の國家形成と加耶」, 鈴木靖民 編, 『日本の時代史』 2, 東京: 吉川弘文館, 2002.
20 李成市, 앞의 책(2006), 「東アジアからみた高句麗の文明史的位相」, アジア地域文化エンハンシング研究センター 編, 『アジア地域文化學の發展』.
21 李成市, 「王興寺の建立と百濟仏教—高句麗・新羅仏教との關係を中心に」, 鈴木靖民 編, 『古代東アジアの仏教と王權—王興寺から飛鳥寺へ』, 東京: 勉誠出版, 2010. 3.

충이나 효 사상과 같은 유학의 오상五常 사상과 관계하고 있고, 구체적으로는 『예기』에 나오는 증자曾子의 말과 대응관계에 있다는 지적이 나오고 있다.[22] 이러한 사실은 원광이 유학 이전부터 유교적인 교양을 갖추고 있었던 사실을 뒷받침하는 자료로 주목받고 있다. 신라가 유교를 수용한 것도 역시 중국 왕조로부터의 책봉 이전으로 상정하지 않을 수 없는 것이다.

요컨대 한자 수용뿐 아니라, 신라에는 중국 왕조와의 책봉관계 이전부터 동아시아 문화권의 지표가 되는 한자·유교·율령·한역 불교 등의 수용이 이뤄졌으며, 이러한 현상들은 동아시아 문화권의 형성 그 자체에 대한 재검토를 요구하게 된다. 필자가 발표한 몇 개의 졸고에서 논한 바와 같이, 신라의 한자문화나 율령의 수용은 고구려처럼 인접 지역과의 관계가 중요한 역할을 했기 때문에[23] 그 전파와 수용의 요인을 중국 왕조와 맺은 책봉관계에서만 찾는 것은 적어도 실증적 논의는 되지 못한다고 하겠다.

4. 동아시아에서의 한국 출토 목간과 일본 목간

현재 37만 점이 출토되었다고 알려진 일본 목간은 그 원류인 중국 간독과의 관계를 해명하는 데에 초점이 맞춰져 있지만, 최근까지 그 전래 과정에 대해서는 구체적인 검토가 거의 이뤄지지 않았다. 그러한 이유 중 하나로 중국에서 간독이 활발히 이용되었던 시기(진한秦漢시대부터 4세기 무렵)와 일본에서 목간이 이용되기 시작했던 시기(7세기 중엽)는 그 시간적 차이가 크기 때문에 양자의 관계를 구체적으로 찾아내기 어렵다는 점을 들 수 있다. 그렇

---

22 中島志郎, 「円光「世俗五戒」と「孝」思想」, 『印度學仏教學研究』 40-1, 東京, 1991.
23 李成市, 앞의 책(2000), 『東アジア文化圏の形成』; 「동아시아에서의 고구려의 문명사적 위치」, 『사림』 34, 서울, 2009. 10.

기 때문에 일본 목간이 한간漢簡을 수용한 것이 아닌, 위진魏晉 이후의 목간을 수용한 것이라는 막연한 견해가 나온 것이다.[24]

현재는 7세기 이후에 본격적으로 이용되었다고 보는 일본 목간이 어떤 경위로, 어디에서 와 일본에 수용되었는지 구체적으로 논의되는 일이 거의 없다. 중국과 일본의 중간 지대에 위치한 한반도 목간의 출토 사례가 적었기 때문에 그 실태를 장기간 파악할 수 없었던 점도 큰 이유 중 하나였다.

그동안 한반도 제국諸國과 일본 열도의 목간 관계가 완전히 불명확한 연구 단계에서는 "중국 목간과 관련지어 보더라도 일반적으로 일본의 고대 목간이 전래 경로는 차치하더라도 중국에 기원을 두고 있는 것은 거의 틀림없다"[25]라든지, "고선사무考選事務에 사용되는 목간은 중국으로부터 직접 수용했는지는 모르겠지만, 아마 이 당시 수・당의 제도와 절차를 모방하여 도입됐다고 해도 큰 무리는 없을 것이다"[26]라는 논의 외에는 별다른 것이 없었다. 더욱이 1996년 일본의 목간학회에서 100점 정도의 한반도 출토 목간을 보고했을 때에는[27] 한국 목간과 일본 목간 사이의 공통성은 거의 인정할 수 없다는 견해마저 있었다.[28] 앞서 소개한 바와 같이 종래 일본 목간의 원류를 논할 때, 한반도를 고려하는 시각은 전무하다시피 했는데, 그러한 시각은 중국과 일본을 동아시아 세계론의 틀로 보고자 하는 발상으로 읽을 수 있지 않을까.

그러나 근래 비약적인 연구의 진전으로 일본 목간의 원류를 중국에서 찾기보다는 한국의 출토 목간을 근거로 하여 양자의 관계를 파악하고자 하는 시도가 일어나고 있다. 지금도 한국 목간은 600점에 못 미치지만, 지난 10년

---

24 今泉孝雄, 『古代木簡の硏究』, 東京: 吉川弘文館, 1998.

25 東野治之, 「成選短冊と平城宮出土の考選木簡」, 『正倉院文書と木簡の硏究』, 東京: 塙書房, 1977.

26 東野治之, 「奈良平安時代の文獻に現れた木簡」, 위의 책.

27 李成市, 「韓國出土の木簡について」, 『木簡硏究』 19, 奈良, 1997. 12.

28 李成市, 「草創期韓國木簡硏究の覺書」, 1997.

간 출토 수의 증가와 연구 성과에 의해 다양한 목간이 확인되어 하찰荷札, 부찰付札, 전표, 장부, 문서 목간을 비롯하여 『논어』를 서사한 목간, 부적 목간, 습서 목간, 제첨축題籤軸, 봉함 목간, 삭설削屑, 양물陽物 목간 등 거의 일본 열도에서 출토되고 있는 다양한 종류의 목간이 확인되면서 각각의 대응 관계도 구체적인 논의의 대상이 되었다.[29]

예를 들면, 6세기 중엽의 성산城山산성에서 출토된 하찰의 경우, '지명＋인 물명＋관직의 등급＋물품명＋수량'의 서식을 갖추고 있는데, 이것은 7세기 이후 일본의 하찰 목간에서 보이는 형태이다. 또한 7세기 초 신라 문서 목간 (경주해자慶州垓子 목간, 이성산성 목간)의 서식이 일본 고대 목간에서 보이는 이 른바 '젠빠쿠前白 목간'에 상당한다는 것이 밝혀졌다. 그리고 8세기 중엽으로 추정되는 안압지 목간 중에는 일본의 '효에兵衛 목간'과 동일한 표기법이 보 이고, 약물의 명칭과 분량을 열거하여 합점合点을 매긴 목간도 일본에서 출토 된 사례가 있다.[30] 한편 백제의 수도였던 부여 쌍북리双北里에서 출토된 목간 은 일본의 '수이코出擧 목간'과 서식이나 용어가 부합된다는 점이 확인되었 다.[31] 또한 나주 복암리伏岩里에서 출토된 백제 목간은 일본의 지방 목간이나 헤이죠쿄平城京 출토 목간과 유연성類緣性이 지적되고 있다.[32]

이것들은 다수의 사례들 중 일부이지만 최근에는 신라 목간이나 백제 목 간이 출토될 때마다 일본 목간과의 유사성이 구체적인 사례를 통해 지적되고

---

29 李成市,「東アジアの木簡文化」, 木簡學會 編, 『木簡から古代がみえる』, 東京: 岩波書店, 2010.

30 李成市,「韓國木簡研究の現在－新羅木簡研究の成果を中心に」, 工藤元男・李成市 編,『東ア ジア古代出土文字資料の研究』, 東京: 雄山閣, 2009.

31 三上喜孝,「古代東アジア出擧制度試論」, 위의 책, 2009.

32 渡辺晃宏,『平城京1300年「全檢証」─奈良の都を木簡からよみ解く』, 柏書房, 2010, 30~31쪽; 李成市,「羅州伏岩里百濟木簡の基礎的研究」, 鈴木靖民 篇,『日本古代の王權と東アジア』, 吉 川弘文館, 2012. 3; 馬場基,「木簡の作法論から東アジア木簡學に迫る爲に」, 角谷常子 編,『東 アジアの簡牘と社會─東アジア簡牘學の檢討』, 中國政法大學法律戶籍整理研究所・奈良大 學簡牘研究會・中國法律史學古代法律文獻專業委員會, 奈良, 2012. 3.

있다. 문제는 이러한 한국 목간과 일본 목간 사이에 보이는 유연성의 원인이다.

이미 서술한 바와 같이 신라의 한자문화나 율령에 대해서는 고구려와의 정치관계를 경시할 수 없다. 이것을 좀 더 들여다보면 양자의 관계는 광개토왕 비문에서 보이는 '속민屬民(조공)' 관계나 고구려의 '동이東夷'로 평가된 신라 왕의 고구려 왕에 대한 종속관계로 이해할 수 있기도 하다. 즉 중국 황제와 주변 제 민족 군장君長의 관계가 파생된 형태라고도 말할 수 있다. 그리하여 양자의 정치관계가 문화의 전파와 수용을 가져왔다고 하는 식의 이해도 가능하다. 그러나 고구려와 신라 사이에서 확인된 이러한 관계는 신라와 일본, 백제와 일본 사이에서는 인정하기 어렵다. 또한 경시할 수 없는 점은 한국 출토 목간이 6세기 전반까지 거슬러 올라갈 가능성이 있다는 것이다. 즉 일본 목간과 비교해서 보면 백제·신라 목간과의 사이에 1세기 정도의 틈이 있다.[33]

그와 관련하여 유의할 것은 일본 열도에 문자의 내부화 문제로 7세기 후반에 주목할 만한 논의가 있다는 점이다. 외부와의 통교를 계기로 나타난 문자의 사용은 처음에는 외부에서만 그 의미를 갖는다. 문자의 내부화는 자연성장적으로 문자가 서서히 침투한다는 의미가 아니라, 정치 기술로서의 문자라

---

33 馬場基, 「木簡の作法」論から東アジア木簡學に迫る爲に」(위의 책, 111쪽)는 일본 목간이 한반도에서 유입되었다는 것을 전제로, 일본에서 수용이 지체된 요인을 다음과 같이 설명하고 있다. "문자가 쓰여 있거나 나무를 깎는 것만으로 목간은 만들어지지 않는다. 간단한 부찰 정도는 만들어도 체계적인 운용이나 사회에서의 활용을 위해서는 특히 방대한 노하우나 기술의 축적, 즉 '목간문화'가 필요하다. 사원 건축 등의 기술은 직접 여기에 종사하는 기술자 집단만으로도 어느 정도 가능하지만, 전국의 지배와 관련된 목간제도는 보다 광범위한 분야를 필요로 한다. 목간문화가 다양한 '서사의 장'으로 활용되어 사용자에게 확대되지 않는다면 목간의 본격적인 운용은 불가능하다. 목간문화가 없었기 때문에 일본은 6세기 무렵 목간의 본격적인 운용이 불가능하였다. 본격적인 행정 운영의 노하우와 기술의 축적이 없었던 것이다. 이것이야말로 목간이 쓰시마 해협을 좀처럼 건너오지 못했던 이유라고 생각한다." 요컨대 목간의 운용은 이를 위한 인프라 구조나 오퍼레이터가 필요하다는 것이다.

는 측면에서 주목받고 있다. 정치 기술로서의 문자라는 시각에서 문자의 소통으로 성립된 국가가 문자에 의해서 인민을 장악하고 수취收取가 운영되는 국가라고 하듯, 국가가 문자 네트워크로 운영되는 상황을 어느 시점에서 찾을 것인가에 대해 고대 일본의 경우, 기요미하라령淨御原令(689), 후지와라궁藤原宮(694), 다이호大宝 율령律令(701) 등을 기준으로 해 7세기 말로 보는 것은 목간 등의 자료 상황 속에서 움직이기 어려운 것이다.[34]

이러한 연대관의 평가는 차치하고라도 율령 국가가 문자의 교통과 동시에 성립된다는 것, 구체적으로는 호적과 목간이라고 하는 자료가 그것을 근거로 하고 있다는 고노시神野志 씨의 지적은 신라의 6세기 중엽의 상황에서 볼 때 중요하다. 그것은 호적을 전제로 하는 공납을 하찰荷札, 성산城山산성 목간의 실재로 상정할 수 있기 때문이다.[35] 이러한 의미에서 고대 일본의 율령 국가에서의 문자 내부화를 논할 때, 목간이 중요한 지표로서 고찰의 대상이 되고 있다는 점에 주목하고자 한다.

그리고 동아시아에서 한자의 전파와 수용을 논할 때에도 앞으로는 목간이 경시할 수 없는 단서가 될 수 있다. 왜냐하면 목간은 원래 서사 재료이지만 그뿐 아니라 서사 재료로서의 목간의 형태가 기록된 내용도 규정하기 때문이다. 이미 김경호 씨가 지적했듯이 서사 재료로서 목간에 주목할 경우, 일정한 수준까지는 비교분석에 충분히 대응할 수 있다. 목간 형태의 유사성이나 내용분석을 통하여 전파와 수용의 문제에 대해서도 객관적인 비교분석의 길이 열릴 것으로 기대된다.[36]

---

34 神野志隆光, 「文字と言葉 「日本語」として書くこと」, 앞의 책.
35 李成市, 「朝鮮の文書行政−六世紀の新羅」, 平川南 編, 『文字と古代日本Ⅱ 文字による交流』, 東京: 吉川弘文館, 2005.
36 김경호, 「21세기 동아시아 출토자료 연구 형황과 '자료학'의 가능성−고대 동아시아사의 이해를 중심으로」, 『사림』31, 서울, 2008.10; 富谷至, 「視角木簡への展望」, 角谷常子 編, 『東アジアの簡牘と社會—東アジア簡牘學の檢討』, 2012; 『文書行政の漢帝國−木簡・竹簡の時代』, 名古屋大學出版會, 2010.3.

5. 한국과 일본에서 출토된 『논어』 목간의 형상과 용도

서사 재료로서 목간의 형태가 기록된 내용도 규정하는 사례 중 하나로 한국과 일본에서 출토된 『논어』 목간이 있다. 이것은 평양에서 출토된 『논어』 죽간과는 사용된 시대가 크게 동떨어져 있을 뿐만 아니라, 그 형태 또한 완전히 다르다. 1999년 한국 김해시 봉황동鳳凰洞에서 발견된 『논어』 목간은 상하가 손실된 20㎝ 정도의 사각기둥 형태를 띠고 있었으며, 거기에는 『논어』의 「공야장」편이 기록되어 있었다.

또한 2005년에 인천광역시 북구 계산동桂山洞 계양桂陽산성에서도 5각기둥 모양의 목간이 발견되었는데, 여기에도 「공야장」편이 기록되어 있었다. 양자는 모두 상하 부분이 손실되어 있었지만, 현재 남아 있는 문자를 지금의 『논어』 텍스트 상에서 보면 거의 같은 간격의 공백이 있어 원래 손실된 부분에는 「공야장」편의 문장이 생략되지 않고 기록되었을 것으로 추정된다. 모두 복원시켜 보니 120㎝에서 130㎝ 정도의 장대한 다면체 목재를 이용했고, 『논어』의 텍스트를 충실히 기록한 목간이었음을 알 수 있었다. 그리고 이 두 개의 목간은 왕경이 아니라 지방에서 발견되었다는 공통점도 갖고 있다.[37]

일본 열도에서도 『논어』를 필사한 목간은 20점 이상의 출토 사례가 있지만, 전문을 베낀 것이 아닌 습서習書가 대부분이다. 또한 문자의 탈락이나 어순이 다른 것이 있어서 한국에서 출토된 『논어』 목간과는 분명히 그 성격이 다르다. 단지 도쿠시마현德島縣 간논지觀音寺 유적에서 발견된 『논어』의 경우, 60㎝ 이상의 다면체 목간에 『논어』 「학이」편이 기록되어 있었다.[38]

---

37 橋本繁,「金海出土『論語』木簡と新羅社會」,『朝鮮學報』193, 2004; 橋本繁,「東アジアにおける文字文化の伝播－朝鮮半島出土『論語』木簡の檢討を中心に」, 福井重雅生成記念論集刊行會 編,『古代東アジアの社會と文化』, 東京: 汲古書院, 2007.

장대한 목간에 『논어』 텍스트를 기록했다는 점에서 한국 출토 『논어』 목간과 통하는 면이 있다.

그런데 김해 봉황동 저습지 유적에서 발견된 『논어』 목간은 6세기에서 7, 8세기의 유물을 포함한 유구遺構에서 출토되었다.[39] 한편 계양산성의 출토 유구는 신라 유물을 포함하고 있지만 백제시대의 유물도 중점적으로 보고되고 있어,[40] 어느 쪽 모두 시대의 특정이 용이하지 않다.

그러나 만약 복원안이 정확하다면, 두 개의 『논어』 목간의 특징은 서사 재료로써 목재의 내구성을 살려 이용했다는 데에 있다. 그러한 서사 재료를 규정한 배경으로서 일본 고대의 『논어』나 『문선』이 학습 대상이 된 것과 마찬가지로, 이들 목간이 신라의 국학 제도라고 하는 국가 교육기관과 관련 있음이 지적되어 왔다.

즉, 신라의 국학은 7세기 중엽에 출발하여 690년에 제도로서 갖추어졌는데, 유학의 경전을 중심으로 교육되었으며, 학습자에게 『효경』과 함께 『논어』는 필독 문헌이었다. 그러므로 필자는 국학과 그곳의 필수 문헌임을 전제로 출토된 논어 『목간』이 암송용의 학습 도구였음을 추정한 적이 있다.[41] 즉 당대唐代의 과거에서 경서經書 문장의 전후를 감추고 중간의 1행만을 보여주면서, 그 행 속의 3글자에 종이를 붙여 감춘 문자를 맞히게 하는 시험이 있었던 점과, 고대 일본의 학령에 "일첩—貼에 삼언三言을 맞혀 봅시다"는 구절에서 보이듯, 종이를 잘라서 세 글자에 붙인 첩지, 즉 '시첩試貼'과 '첩경貼經'이 텍스트의 학습 성과를 측정하는 방식으로 사용된 점 등을 참조했다.

---

38 多田伊織, 「觀音寺遺蹟出土 『論語』木簡の位相―舧·『論語』文字」, 德島縣埋藏文化財センター, 『觀音寺遺蹟Ⅰ』, 德島縣埋藏文化財硏究會, 2002. 또한 보고서에서는 간논지 유적 출토 『논어』 목간의 연대가 7세기 제3-4반기(650~675)로 소급될 가능성에 대해 지적하고 있다.
39 부산대학교 박물관, 『김해 봉황동 저습지 유적』, 부산대학교박물관 연구총서 33집, 2007.
40 이형구, 『계양산성 발굴 보고서』, 아산: 선문대학교 고고연구소·인천시 계양구, 2008.
41 李成市, 「新羅の識字敎育と『論語』」, 高田時雄 編, 『漢字文化三千年』, 京都: 臨川書店, 2009.

동시에 한국 출토 『논어』 목간을 신라의 국학에서도 경전의 익숙한 정도를 측정하는 시첩이 시행되었다는 가능성을 추측해, 장대한 형태의 『논어』 목간은 초보자의 식지識字교본과 같은 것이 아니라, 시첩과 같이 시험에 대비하는 학습 도구일 것이라는 추정을 했다.

이에 대해 중국의 장대한 간독이나 고觚가 기재되어 있는 내용을 전달하는 기능(지각知覺 목간)을 가진다는 것이 아니라, 시야에 들어오는 간독 형태의 효과를 의식한 지각 목간이라는 견해에 유의하게 된다. 즉 김해 봉황대鳳凰台 부근은 6세기 초까지 금관국의 중심지로, 신라 병합 후에는 김해소경小京의 관아가 있었다고 한다. 또한 계양산성은 집수지集水池에서 '주부십主夫十'이라는 명문의 기와가 출토되어, 고구려에서 신라에 걸쳐 이 지역에 주부토군主夫吐郡이 설치되었던 것으로 간주되고 있다.[42] 요컨대 두 개의 『논어』 목간은 어떤 식으로든 소경이나 군 시설과 연관되었다고 추측되며, 고대 일본의 사례를 참조하더라도 지방관에게 『논어』 암송이나 습서는 실용성보다 『논어』의 상징성이 중시되고 있었던 점에서 문자가 주술적인 의미를 갖고 있었다는 추정이다. 그렇기 때문에 이러한 두 개의 목간이 소경이나 군 시설과의 연관성이 상정돼, 신라의 소경이나 군의 학교에서 거행된 석전釋奠과 같은 의례로 사용되었다는 새로운 해석이 제기된 것이다.[43]

다만, 이 가설에는 논증해야 할 몇 가지 과제가 있다. 예를 들면 관련 사료가 있는 신라의 소경이나 주州는 차치하더라도, 각 군에 학교가 있었던 사실은 사료상 확인되지 않는다. 그리고 왜 석전에서 사용될 때 다름 아닌 「공야장」편을 통독하지 않으면 안 되는 것인지, 그에 대한 구체적인 설명이 필요할 것이다.

---

42 李亨求, 앞의 책(2008).
43 橋本繁, 「韓國出土『論語』木簡の形態と用途」, 성균관대학교 동아시아학술원, 『『논어』와 동아시아─地下의 『논어』, 紙上의 『논어』」, 성균관대학교 동아시아학술원, 2010.

혹은 만약 『논어』 목간의 상징성이나 시각성을 강조할 경우, 「공야장」편이 아니더라도 고대 일본에서 다수의 사례가 있듯이 「학이」편이라도 상관없지 않았을까? 더욱이 일본의 간논지觀音寺 유적 출토의 『논어』와 같이 문자의 탈락 없이 정확하게 전문을 기록할 필요는 없을 것이다.

돌이켜 생각해 보면, 『논어』 목간이 출토된 지점은 신라의 남동과 서북의 변경이다. 게다가 김해 봉황동과 계양산의 경우, 해변이 근접해 있으므로 중국 혹은 일본과 동떨어진 국토의 주변에 위치해 있다. 또한 일본에서는 『논어』 목간이 출토된 지역 중 3분의 1은 수도가 아닌 지방이다. 그렇기 때문에 모두 관아적인 성격을 지닌 유적이어서, 고쿠후國府나 그 전신 관아의 관련성을 추정하는 유적이라는 특징이 있다.[44] 이러한 점에서 짐작컨대, 지방 사회에서의 『논어』 확대 배경에는 관리官人의 역할이 추측된다.

이러한 관점에서 파악할 경우, 『논어』 목간이 출토된 두 개의 지점이 이른바 통일신라시대의 단순한 지방은 아니었다고 하는 사실에 주목하고 싶다. 특히 계양산은 현재 부천시富川市의 시가지에 위치해 있어, 주변의 간척이 진행돼 이뤄진 현재의 경관으로는 과거의 상황을 상상하기 어렵다. 신라시대의 경관과 상당한 차이가 있음은 다음과 같은 사료에서 추측된다. 고려시대에는 13세기 초 이규보李奎報가 좌천되어 계양 부사副使로 부임했을 당시, 한강 하류의 하구에 위치하는 계양산이 한 방향은 육지로 연결된 지형이며, 나머지 세 방향은 물에 둘러싸여 있어 마치 섬에 있는 것 같다고 전해진다.[45] 또한 산꼭대기에서는 서쪽 황해의 섬들을 일망할 수 있다고 하는데, 『동국여

---

44 三上喜孝, 「日本古代地方社會における論語の受容―習書木簡の檢討を中心に」, 성균관대학교 동아시아학술원 「『논어』와 동아시아―地下의 『논어』, 紙上의 『논어』」, 성균관대학교 동아시아학술원, 2010.
45 『新增東國輿地勝覽』 권9, 富平都護府, 山川條에는 다음과 같이 기록되어 있다. "李奎報望海誌,路四出桂之徼,唯一面通於陸,三面皆水也.始于謫守是州,環顧水是蒼然浩然者,疑入島嶼中, (…) 群山衆島杳然相望."

지지』(1656년)에도 동일한 경관이 기록되어 있다.

김해 봉황대도 역시 『논어』 목간의 출토지 근처에 김해 패총貝塚이 있는 것처럼, 출토지의 바로 남쪽은 해빈부海浜部(해안과 육지의 인접지역)에 맞닿아 있다. 요컨대 『논어』 목간이 출토된 두 개의 지점은 신라 국토의 서북과 남동의 바다에 인접한 변경에 있었다는 공통점이 있다. 두 지역은 해변에 인접한 국경의 요충지였던 것이다.

이러한 입지 조건에서 『논어』의 「공야장」편을 기록하는 것의 의미와 그 상징성이란 무엇일까?[46] 여기서 상기되는 것이 예로부터 자주 여러 문헌에 인용되는 「공야장」편의 1장이다.

> 공자께서 말씀하셨다. "도가 행해지지 않기 때문에 뗏목을 타고 바다에 뜨려 하는데 나를 좇을 자는 아마도 유(由)일 것 같다." 자로가 듣고 기뻐했다(子曰 道不行 乘桴 浮于海 從我者 其由與 子路聞之 喜).

널리 회자된 이 장구章句는 공자가 이상으로 하는 도덕이 실행되지 않고 있음을 한탄하며 말한 내용으로, 중국을 버리고 뗏목을 타고 동방의 바다로 나서고 싶은데 그때 나를 따르는 자는 자로子路일 것이라고 말한 대목이다. 루쉰魯迅도 역시 「옛 노래는 이제 다 불렀다」(1927년), 「지금 지나支那에서의 공자님」(1935년) 등의 작품에서 이 한 구절을 인용할 정도로 이 구절은 근대에 이르러서도 친밀감을 불러일으키는 장구였다.

이러한 내용을 담는 「공야장」편을 기록한 『논어』 목간이 눈앞에 바다가

---

46 도미야 이타루 씨는 표식을 의미하는 다면체의 장대한 목간으로 한국 출토 목간인 『논어』 목간과 일본의 간노지 유적 출토 『논어』 목간을 지적하면서 이러한 "장다면체의 논어간은 읽기 위한 것이 아니라 게시하여 상징적인 역할을 담당하게 한 시각 목간의 일종이다"라고 고찰하였지만 어떠한 상징적인 역할인가에 대해서는 언급하고 있지 않다. 富谷至, 「視角木簡への展望」, 角谷常子 編, 『東アジアの簡牘と社會—東アジア簡牘學の檢討』, 2012.

내다보이는 김해 봉황대나 계양산성에 있었다면, 그러한 일절을 암시하는 『논어』 목간이 걸린 곳이야말로 신라 왕의 덕으로 다스려졌던 국토의 경계라는 것을 상징적으로 이야기하는 것이 아닐까? 이때 전제가 되는 것은 「공야장」편의 내용을 자국(신라)의 덕치주의로써 내면화하고 있었다는 것인데, 그 점은 우선 앞에서 언급했던 국학 설치와 교육이 증명해 주는 것으로 간주하고자 한다. 이미 서술한 바와 같이, 신라의 유교 수용은 6세기 후반에 들어서 인정을 받는다. 그리고 7세기 중엽 이후, 당과의 긴밀한 외교관계를 커다란 계기로 신라의 유교에 대한 심취는 촉진되었다. 그러한 신라에서 유교 사상이 침투되는 과정에서 「공야장」편이 기록된 두 개의 『논어』 목간을 각각의 출토지에 놓고 볼 때, 『논어』 목간의 상징성은 신라 왕의 덕치주의 등 일정한 해석을 상상케 했을 것이다. 어쨌든 김해 봉황대 유적과 계양산성에서 출토된 목간은 신라의 유교 수용과 그 사상에 근거하는 왕토관王土觀을 나타내기 위하여 상징적으로 서북·남동 변경의 관아에 걸려 있었던 것은 아닐까 추측해 본다.

도미야 이타루富谷至 씨가 지적하는 것처럼, 한국의 『논어』 목간에 보이는 상징성이 한대의 격문에서 유래한 것, 예를 들면 다면체의 『급취편急就篇』이 기록되어 있는 것처럼 다면체의 장대한 목간과 동일하게 전적典籍을 기록하는 것으로 상징적인 기능과 역할이 있었다고 한다면,[47] 한국 출토의 『논어』 목간이나 일본의 간논지觀音寺 유적 출토 목간은 동아시아 규모에서 그 공통점을 모색할 수 있는 사례가 될 것이다.

---

47 富谷至, 앞의 책(2010).

6. 맺음말─한반도 출토 목간과 동아시아

지금까지 고대 동아시아에서의 중국 문화 전파와 수용의 문제가 일본과 중국 사이에서 논의되는 경우가 많았으며, 목간 문화의 전파와 수용에 대해서도 예외는 아니었다. 니시지마 사다오 씨의 동아시아 세계론에 의거하는 동아시아 문화권 형성의 이론적인 틀에 대한 검증은 그러한 단순화된 논의를 논리적으로 파악하는 계기가 될 수 있다.

동아시아 세계론은 이 지역에서 중국 문화의 전파와 수용이나 동아시아 문화권의 형성을 정합적整合的으로 말하는 체계적인 이론이지만, 구체적인 역사적 사상을 설명하는 것이 용이하지 않은 점에 대해 본고에서는 신라의 사례를 중심으로 지적했다. 중국 황제와 주변 제민족이나 제국의 군장과의 책봉관계만으로는 문화의 전파와 수용, 문화권의 형성이 설명될 수 없으며, 오히려 인접한 여러 지역의 상호간 교류의 중요성을 서술했다. 한자 문화의 전파와 수용에 대해서도 중국 황제와의 정치관계가 규정하는 것이 아니라, 인접하는 지방지역 간의 상호관계가 이루어지고 있다. 그곳에서는 중국의 문화가 그대로 전파되는 것이 아니라, 일단 선택적으로 수용된 문화가 수용자에 의한 새로운 변용이 더해져 그것이 인접한 지역의 집단에 선택적으로 수용되고 한층 더 새로운 변용이 더해지는 형태를 볼 수 있다.

이러한 동아시아에서의 한자문화의 전파와 수용의 문제는 죽간竹簡이나 목간이 갖춘 서사 재료로서의 형태에 주목하는 것으로, 그 문화의 전파와 수용의 제 상을 좀 더 구체적으로 파악하는 데 유효한 단서가 될 수 있다는 것을 논했다. 특히 한반도에서 출토된 목간은 동아시아 문화권의 형성을 탐구하는 데 있어서도 이른바 미싱링크(Missing-link, 빠진 고리)의 역할을 다한다고 볼 수 있을 것이다. 일찍이 필자는 목간의 전파과정에 대해 다음과 같이 도식화한 적이 있다.[48]

중국 대륙(A) → 한반도(A′→B) → 일본 열도(B′→C)

A′와 B′는 수용자의 선택적인 수용을 나타내고 있으며 그것들을 수용한 집단에 의해서 새로운 변용이 더해짐에 따라, B 또는 C라고 하는 새로운 형태를 낳는다는 문화 수용과 변용 모델이다. 목간에 입각해서 보면, 한반도의 (A′→B)의 부분이 명확하지 않았기 때문에 중국 대륙(A)와 일본 열도(B′→C)의 관계 짓기가 용이하지 않았던 점이 이 모델에 의해 가시화될 수 있다.

이번에 『논어』 죽간이 평양平壤에서 발견되었는데, 지금까지 한국이나 일본에서는 이외의 죽간이 발견되지 않고 있다. 원래 한반도는 겨울이 극심한 한랭지이기 때문에 서울 이북은 대나무 육성에 적합하지 않다. 최근 해저에서 고려시대의 죽제 부찰付札(대나무로 만든 단독간單獨簡)이 발견되었기 때문에 앞으로도 발견되지 않으리라고는 단정 짓기 어렵지만, 죽간이 지금까지 발견되지 않는 것은 고구려 땅의 자연 조건에 의한 선택이라고 생각할 수도 있다.

또한 호구부의 발견으로 기원전 108년의 한사군漢四郡 설치와 함께 문서행정이 한반도에도 반입되어 문자의 교류가 진행되는 모습이 구체적으로 드러나게 되었는데, 그러한 것이 어떠한 과정을 거쳐 신라나 백제 등에서 광의의 한자문화로 정착되어 갔는가에 대한 문제는 향후 풀어가야 할 큰 과제이다.

---

48 李成市, 「古代朝鮮の文字文化と日本」, 『國文學』 47-4, 東京, 2002. 3.

:: 2 부

출토문헌
『논어』의 성격과 내용

과거 역사상을 연구하는 역사학을 포함한 고대 사회의 성격을 규명하는 경우, 종이로 제작된 문헌이 아닌 그 이전 시기에 사용한 출토 자료의 발견이란 문헌 자료가 지닌 한계를 극복하고 새로운 역사상을 서술할 수 있는 계기를 제공한다. 특히 중국고대사 연구의 경우, 문헌자료의 한계는 너무 분명하다. 춘추시대 연구의 주요 문헌자료인 춘추좌씨전春秋左氏傳은 노국魯國 중심의 역사서술의 한계를 벗어나지 못하였으며, 국어國語 역시 · 전어國語의 문장이 다른 제후국에 비해 상대적으로 많을 뿐만 아니라 전체적인 서술도 춘추좌씨전春秋左氏傳과 중복되는 내용이 상당 부분 보이기 때문에 올바른 춘추시기의 사회상을 이해하기에는 다소 무리가 있다. 전국시대를 이해하기 위한 문헌자료 역시 마찬가지이다. 대표적인 역사서인 사기史記의 경우, 연대年代를 중심으로 한 기사내용은 상당히 혼란이 있으며, 여출 내용 역시 전통 중심으로 구성되어 있어 지역적 편차가 심함을 알 수 있다. 전국책戰國策 역시 국별國別로 편집되어 있지만, 여출 내용이 사기史記와 커다란 차이가 있는 부분도 있으며 거기의 연대 확정이 불분명하다거나 가공의 역사서리고까지 비판을 받고 있다. 아마도 문헌자료의 한계에 의한 고대사 연구는 한국이나 일본의 고대사학계도 비슷한 문제일 것이다. 출토자료에 대한 몰리와 석독은 이러한 역사 연구의 한계인 사료의 공백을 메우고 있을 뿐만 아니라 뒤덮여져 있는 사료를 풍부한 사료로서 재탄생시키고 있다. 바로 여기에 이 역사연구— 특히 고대사연구— 에서의 출토 자료 문헌을 새롭게 인식할 필요가 있다.

평양 출토 『논어』 죽간의 기재 방식과 이문표기異文表記

윤용구(尹龍九)*

1. 서언

1990년대 초 발굴 조사된 평양시平壤市 낙랑구역樂浪區域 정백동貞柏洞364호분號墳에서 『논어論語』 죽간竹簡(이하 평양간平壤簡 『논어』로 줄임)이 출토된 사실은 최근에야 확인되었다.[1] 이 무덤에서는 『논어』 죽간 외에 전한前漢 원제元帝 초원初元 4년(BC. 45)에 작성된 호구부戶口簿 목독木牘 등 같은 시기의 공문서公文書 초사본抄寫本 몇 건이 함께 출토되었다고 한다. 이에 따라 정백동364호분은 초원 4년 이후 멀지 않은 시기(곧 원제元帝~성제成帝 초初)에 조성된 낙랑군부樂浪郡府 소속의 현지 출신 속리屬吏의 무덤으로 추정되었다.[2] 평양간 『논어』는 전세본傳世本(今本)의 권11~12(「선진先進」·「안연顏淵」)에 해당하는 내용(全文)

---

* 인천도시개발공사 문화재 담당.
1 李成市·尹龍九·金慶浩,「平壤 貞柏洞364號墳출토 竹簡 ≪論語≫에 대하여」,『木簡과 文字』4, 韓國木簡學會, 2009, 130~133쪽.
2 尹龍九,「平壤出土'樂浪郡初元四年縣別戶口簿'研究」,『木簡과 文字』3, 韓國木簡學會, 2009, 267~268쪽.

이 적힌[3] 120매 내외의 죽간이 출토되었다. 현재 내용을 알 수 있는 것은 완간完簡 39매와 잔간殘簡 5매를 합친 44매(756字, 「선진」 33매, 589자; 「안연」 11매, 167자)로 출토된 죽간의 1/3이 조금 넘는 정도이다.[4]

평양간『논어』는 전한 무제대武帝代 유가의 관학화官學化와 오경박사五經博士가 설치된 이래, 선제·원제 시기 유가의 서적과 사상이 낙랑군과 같은 변경지역으로도 확대되었음을 입증하는 한편, 동아시아 사회에서의 한자문화와 그에 수반된 사상의 전파과정을 이해할 수 있는 중요한 단서로 평가되고 있다.[5] 그러나 무엇보다 평양간『논어』에 있어 주목할 점은, 이른바『논어』삼론三論(「古論」·「魯論」·「齊論」)이 융합되어 전세본傳世本의 조본祖本(장우張禹『장후론張侯論』 등)이 결집되던 전한 원·성제 시기『논어』의 실제 사례일 가능성이다.

현존 최고의『논어』는 1973년 하북성河北省 정주시定州市 중산회왕中山懷王 유수劉修의 무덤에서 출토된 정주간定州簡『논어』이다. 출토된 죽간의 분량(620여 매, 7,576자)에서나, 무덤의 조성 시기가 앞서고(오봉 3년, BC. 55), 한漢 고조대高祖代에 초사抄寫되었다는 견해[6]로 보아 평양간『논어』와는 비할 바가 아니다. 그러나 정주간『논어』는 도굴로 교란되고, 화재로 탄화되어 발굴 당시 완간이 거의 없는 상태였으며, 그나마도 당산대지진唐山大地震 때에 원간原簡의 상당수가 훼손되어 죽간 사진 한 장이 발표된 바가 없다.[7] 이에 비해

---

3 劉秉興, 「고고학 분야에서 이룩한 성과」, 『조선고고연구』 1992-2, 사회과학원 고고학연구소, 1992, 2쪽.

4 李成市·尹龍九·金慶浩, 앞의 논문, 154~155쪽.

5 李成市·尹龍九·金慶浩, 앞의 논문, 155~161쪽; 楊振紅·尹在碩, 「韓半島出土簡牘與韓國慶州, 扶餘木簡釋文補正」, 『簡帛研究 二○○七』, 廣西師範大學出版社, 2010, 278~279쪽; 李成市, 「東アジアの木簡文化－傳播の過程を讀みとく」, 日本木簡學會 編, 『木簡から古代がみえる』, 岩波新書 1256, 2010, 137~139쪽.

6 陳東, 「關于定州漢墓竹簡論語的幾个問題」, 『孔子研究』, 2003.

7 何永欽, 「定州漢墓竹簡 《論語》研究」, 臺灣大學 中國文學系 碩士學位論文, 2007, 30~31쪽, 95~98쪽.

<사진 1>의 평양간『논어』39매(「선진」31매, 557자; 「안연」8매, 144자)는 죽간의 수미首尾가 비교적 완정한 상태이며, 계구契口 등 편철흔編綴痕과 간문 또한 선명한 편이다. 정주간『논어』「선진先進」·「안연顏淵」편 가운데 간문이 온전한 것은 4매에 불과하다. 또한「선진」편에 한정되지만, 전체 편장 구성도 복원이 가능하다. 때문에 평양간『논어』에 보이는 간문의 기재 방식과 서사 습속, 이문표기 등은 정주간과의 비교만이 아니라, 전한 원·성제기『논어』삼론의 융합과정 및『장후론張侯論』의 실체를 이해하는 데 기여할 것으로 여겨진다.

2.『논어』죽간의 현상과 기재 방식

『논어』죽간이 출토된 정백동364호분은 1990년대 초, 평양시 낙랑구역 통일거리 건설과정에서 발굴되었다. 묘광墓壙을 파고 내외 2중곽重槨 안에 남성 1인을 매장한 단장單葬의 나무곽무덤(板槨墓)이다. 정백동364호분에서는 묘장간이라 할 여러 간독이 출토된 듯하다. 견책遣策·명알名謁·고지서告地書 등은 확인되지 않았으나 공문서와 서적이 부장되었다.

공문서로는「낙랑군초원사년현별호구다소☐부樂浪郡初元四年縣別戶口多少☐簿」(이하「초원初元4년 호구부戶口簿」로 요약)의 표제標題가 달린 목독 3매를 비롯하여, 원제 초원 4년(B.C. 45) 전후의 기년紀年이 적힌 몇 가지 초사본이 더 있다고 한다. 이에 대해 '응당 락랑군 관아에 보관되어 있어야 할 성질의 문서'라 한 데서,[8]「초원4년 호구부」와 마찬가지로 모두 군부에서 작성된 공문서로 여겨진다. 서적은 전세본『논어』권11~12(「선진」·「안연」)에 해당하는 죽

---

8 손영종,「락랑군 남부지역(후의 대방군 지역)의 위치 - '락랑군 초원 4년 현별호구다소☐☐'의 통계자료를 중심으로」,『역사과학』198, 2006, 118쪽.

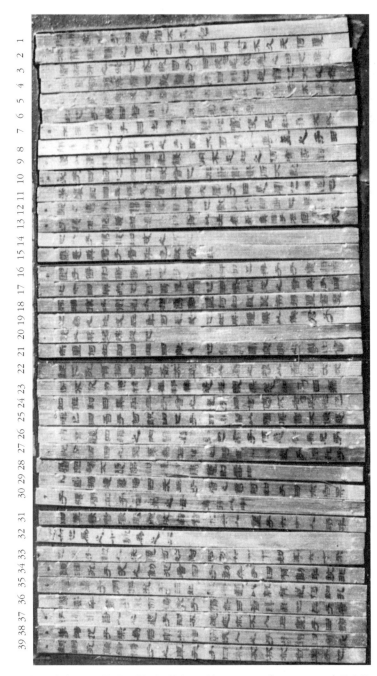

〈사진 1〉 정백동364호분 출토 『논어』 죽간 39매(鶴間和幸 保管 '樂浪遺物 寫眞帖' 중에서)

간이 편철된 책서로 출토되었다.

정백동364호분에 대한 정식 발굴보고가 없어 무덤의 구조와 부장 유물을 통한 묘장 출토 간독의 전체상을 알기 어렵다. 그러나 출토된 간독은 묘주의 생전 관직과 재산을 변함없이 명계에서도 누리려는 관념 아래, 직무와 관련하여 생산한 공문서, 평소 소유(愛讀)하던 서적을 부장한 것이 분명하다. 그런데 묘장 출토 간독이 대부분 장강長江 유역流域 초계楚系의 한묘漢墓에서 출토된다는 사실은[9] 정백동364호분 묘주와 묘장의 성격을 이해할 때 주목할 점으로 여겨진다.

1) 죽간竹簡의 현상現狀

평양간 『논어』의 무덤 내 부장 위치나 출토 상태는 알려진 것이 없다. 다만 발굴 현장에서 간단한 수습(아마도 완간과 잔간의 구분) 후에 촬영한[10] 흑백사진 2매가 공개된 내용의 전부이다. 곧 <사진 1>은 완간 39매(사진 우측부터 간1~간39)를 모아 배열한 것이며, <사진 2>는 정백동364호분에서 출토된 『논어』 죽간 전체이며, 전세본傳世本 『논어』의 「선진」·「안연」 양편이 기재된 죽간 120매를 촬영한 사진이다.[11]

---

9 渡邊英幸, 「長江流域の出土文字資料-歷史篇」, 『長江流域出土文字資料研究二十五年』, 東北學院大學, 2007, 4쪽.

10 2매의 죽간사진은 발굴 직후 현장에서 간단한 수습 후에 촬영한 것이라는 사실이 최근 확인되었다(李成市, 「卷頭言: 平壤出土『論語』竹簡の消息」, 『史滴』 33, 早稻田大學文學部, 2011.

11 출토된 『논어』 죽간이 '先進'·'顔淵'의 全文'이라는 근거는 발굴조사 당시 長老의 고전 연구자에 의해 확인되었다고 한다(李成市, 위의 논문, 2011).

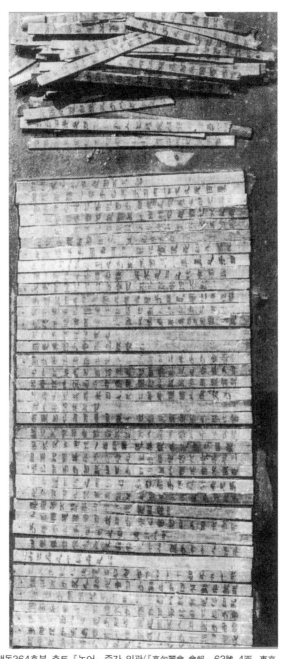

〈사진 2〉 정백동364호분 출토 『논어』 죽간 일괄(『高句麗會 會報』 63號 4面, 東京, 2001.11.10)

<사진 2>의 좌측에 가지런히 늘어놓은 죽간 39매는 <사진 1>과 동일한 것이며, 사진 우측에 무질서하게 쌓여 있는 죽간은 잔간이다. 잔간 더미는 상부에 간문이 드러난 13매(왼쪽부터 잔간1～잔간13, <그림 1> 참조)와 그 밑에 깔린 28매를 포함하여 80매 정도의 죽간이 중첩된 것으로 추정된다.[12] 그런데 잔간 더미에는 길이가 짧은 간편이 보이지 않는다. 이는 잔간이라도 어느 정도의 길이를 갖춘 것만 촬영한 것으로 추정된다. 평양간 『논어』의 2/3 정도가 잔간 상태인 셈이다. 그러나 부서지거나 부러진 잔간이라도 간문의 선명도는 완간과 별 차이가 없다고 생각된다. 곧 원판原版인 <사진 1>과 달리 <사진 2>의 묵흔이 희미한 것은 단지 신문용지에 인쇄된 사진이기 때문이다.

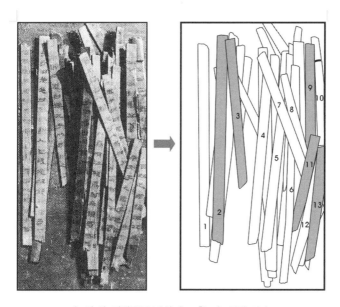

〈그림 1〉 정백동364호분 출토 『논어』 잔간 더미

---

12 李成市·尹龍九·金慶浩, 앞의 논문, 134～135쪽.

이처럼 <사진 1>의 완간 39매는 평양간 『논어』의 형제와 서체와 자수, 편장 구성과 용자 등 간문의 기재 방식을 살펴보는 데 있어서 중요한 자료적 가치를 가지고 있다. 이를 토대로 평양 출토 『논어』 죽간의 형태적 특징에 대하여 좀 더 검토해 본다.

• 재질材質

현재 <사진 1·2>만으로는 재질을 분명히 할 수 없다. 그러나 평양간 『논어』를 처음 보고한 류병흥劉秉興은 이를 '참대'로 표현하였다. 참대는 왕王대라 부르는 대나무에 대한 북한 표준어(문화어)이다. 또한 <사진 1>의 원판 사진 뒷면에 '정백364호 나무곽무덤에서 나온 죽간의 일부'라는 사진설명이 수기手記되어 있고,[13] <사진 2>가 게재된 『고구려회高句麗會 회보會報』(63號, 4面, 2001.11.10)에도 북한사회과학원北韓社會科學院의 자료제공을 명시하면서, "정백삼육사호고분출토죽간貞栢三六四號古墳出土竹簡…"이라는 설명을 달았다. 현재까지의 자료로 볼 때 평양 출토 『논어』는 '참대' 곧 '대나무'로 만든 죽간에 쓰인 것이 분명하다. <사진 1> 간21과 간28의 하부에 댓살이 쪼개져 길게 휘어 삐친 것이 역력하다(<사진 3>).

---

13 李成市·尹龍九·金慶浩, 앞의 논문, 129쪽.

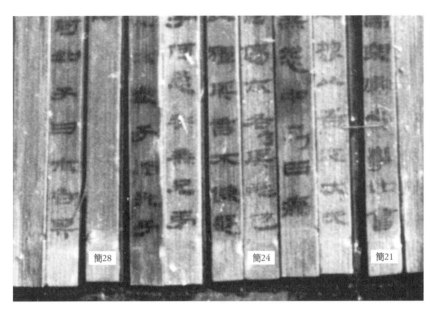

〈사진 3〉 간21, 간28의 댓살 삐침

　그러나 매장된 지 2천여 년이 지났음에도 <사진 1·2>에 보이는 죽간은 완간·잔간 구분 없이 심하게 휘거나 비틀어진 모습이 보이지 않는다. 실물 확인이 곤란한 지금으로서는 달리 설명할 방법이 없다. 다만 무덤 바닥 1m 가까이 물이 차 있던 것이[14] 죽간 원상보존에 도움을 주지 않았나 생각된다. 또한 정백동364호분이 기원전 1세기 후반기 평양 지역 나무곽무덤 가운데서 규모가 가장 크고 내외곽을 갖춘 견고한 구조였던 것도[15] 간독 보존의 요인으로 보인다.

　한편 평양간 『논어』에 사용된 죽간은 어디에서 생산된 것일까? 현재 대나

14　이와 관련하여 "정백동364호분은 1m 정도 물이 차 있던 흔적이 역력하였고, 발굴 당시에
　　도 바닥에 수분이 남아 있었다"고 한다(李成市, 앞의 논문, 2011).
15　尹龍九, 앞의 논문, 267쪽.

무는 한반도의 중부 이남 지역에서 자라고 있으나, 언제부터 재배하였는지는 분명치 않다. 또한 죽간은 생대(生竹)의 살청殺靑 등 숙련된 작업을 거쳐 공책을 만들어야 하므로, 대나무의 자생이나 재배만으로『논어』죽간의 생산지를 추정하기는 어렵다. 후고를 요하는 문제이다.

• 체적體積

평양간『논어』와 같은 편철(冊書)간은 형태가 다양한 단독간과 달리 길이와 폭이 일정하고, 특히 유교 경전의 규격은 서적마다 정해져 있었다.[16]

> 說論者, 皆知說文解語而已, 不知論語本幾何篇, 但周以八寸爲尺, 不知論語所獨一尺之意. 夫論語者弟子共紀孔子之言行 籹記之時甚多數十百篇, 以八寸爲尺, 紀之約省懷持之便也. 以其遺非經傳文紀識恐忘, 故以但八寸尺不二尺四寸也.
>
> (王充 撰,『論衡』 28, 正說篇)
>
> 鄭作論語序云, 易詩書禮樂春秋策皆尺二寸, 孝經謙半之, 論語八寸策者三分居一, 又謙焉, 是其策之長短.
>
> (漢鄭氏注・賈公彦疏,『儀禮注疏』 聘禮 8)

이와 같은 왕충王充의『논형論衡』과『의례주소儀禮注疏』에 인용된 정현鄭玄의 기록에 따르면,『논어』는 한대 8촌(주척周尺으로는 1척)으로 만들었다 한다. 그런데 이러한 유교 경전의 편책 규격이 본래부터 있었기보다는 유교이념이 보편화되면서 그 경전에 권위가 붙는 과정에서 규격화된 것으로 이해되고 있다.[17] 나아가 주를 이상적인 국가로 여기던 공자의 언행록, 곧『논어』를

---

16 伊藤瞳,「長さから見た簡牘の規格の基礎的考察」,『千里山文學論集』82, 關西大學大學院文學研究科, 2009, 2~6쪽.

주대 1척에 상당하는 길이(8寸)로 만든 것도 그 권위를 드러내려던 것이라 한다.[18] 정주한묘 출토『논어』죽간의 길이 16.2㎝는 대략 한대 7촌으로서 8촌에 미치지는 못하나 문헌의 기록과 합치되는 것으로 여겨지고 있다.[19]

평양 출토『논어』죽간의 크기(체적·길이·폭·두께)는 <사진 1·2>만 으로는 알기 어렵다. 그러나 뒤에 보는 대로 만간滿簡의 자수字數, 삼도편철三道 編綴한 제책製冊 방법에서 평양간『논어』와 정주간『논어』는 차이가 없다. 나아가 평양간『논어』는 유교이념이 향촌과 변경 지역에까지 확산되던[20] 시기의 산물이라는 점에서 문헌에 기재된 8촌의 길이로 만들어졌다고 추정 된다. 죽간의 폭도 0.7㎝인 정주간『논어』와 크게 다르지 않았다고 생각된 다. <사진 1>의 죽간을 한대 8촌(18.4㎝)의 크기로 맞추어 보면 그 폭은 0.8㎝가 나오기 때문이다. 죽간의 폭이 0.8㎝라면 거연한간居延漢簡의 사례로 볼 때[21] 두께는 대략 0.2~0.3㎝로 산정된다. 한편 <사진 1>의 죽간을 편장 별篇章別로 분리하여 간미簡尾를 기준으로 세운 <사진 4>를 통하여 평양간이 같은 규격의 죽간으로 만들어졌음을 볼 수 있다. 특히 하나의 장구章句(『논어 집주』의 「선진」 제25장)로 간문을 연결한 「선진」-Ⓑ의 경우 이를 잘 보여 준다. 「선진」-Ⓐ, 「안연」-Ⓐ의 죽간은 길이에 편차가 있다. 최대 간문簡文 1자 내외의 길이만큼 출입出入이 있으나 규격이 다른 죽간이 섞였다고 보기는 어렵다.

17 伊藤瞳, 위의 논문, 21~22쪽.
18 富谷至, 「簡牘の形態と機能」, 『文書行政の漢帝國－木簡·竹簡の時代』, 名古屋大學出版會, 2010, 12~13쪽.
19 伊藤瞳, 앞의 논문, 8쪽.
20 金慶浩, 「漢代 邊境地域에 대한 儒教理念의 普及과 그 의미」, 『中國史研究』 17, 中國史學 會, 2002, 57~63쪽.
21 邢義田, 「漢代簡牘的體積,重量和使用」, 『古今論衡』 17, 2007, 附表2.

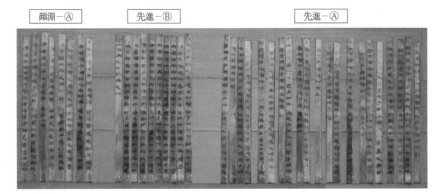

〈사진 4〉 정백동364호분 출토 『논어』 죽간의 길이 비교

• 계구契口

　평양간 『논어』의 형태 가운데 가장 주목되는 것이 계구이다. 곧 잘 다듬은 죽간의 양단兩端에 일정한 여백(천두지각天頭地脚)을 두고, 죽간의 오른쪽 모서리[簡側]에는 천두와 지각 그리고 그 중간 공격空格(중요中腰) 등 3곳에 편철의 끈[紐, 絲]을 걸기 쉽도록 계구를 따냈다. 계구의 수로 보아 이른바 '삼도편련三道編聯' 하였음을 알 수 있다. 한대 책서가 대부분 선편후사先編後寫한 점에서[22] 평양간 『논어』도 마찬가지였다고 보인다.

　<사진 1>을 통하여 죽간 계구의 위치를 좀 더 자세히 살펴보자. 예외 없이 우측 모서리 세 곳에 ◁형태의 계구가 만들어져 있음을 볼 수 있다. 계구는 위쪽, 그리고 안쪽으로 가면서 조금 더 깊게 파여 있다. 간10과 간37의 계구가 본래 모습을 잘 갖추고 있다. 이밖에도 간14의 중간, 간18의 상부, 간21의 상부, 간27의 상부, 간28의 중간, 간38의 중간 계구도 본래 형태를

22　張顯成, 「簡帛書籍標題研究」, 『簡帛研究』, 廣州師範大學出版社, 2004, 354~376쪽.

유지하고 있다. 그러나 나머지 계구의 잔존 형태는 제각각이다. 이는 편련
끈이 장력張力에 의하여 계구부가 닳아 홈이 넓어지거나, 대쪽이 부서져 나가
면서 변형된 것이라 하겠다.[23]

이와 같은 계구의 다양한 모습은 이에 기재된 『논어』를 묘주가 실제 사용
하였고, 그 기간이 짧지 않았음을 의미한다고 생각된다. 요컨대 평양간 『논
어』는 묘주가 생시에 사용하던 것이며, 죽은 뒤에 부장을 위하여 새로이
만들어진 것이 아니었다. 그렇다면 「초원4년 호구부」 등 낙랑군부의 각종
공문서를 생산하며, 군부의 행정업무에 종사하던 묘주가 생시에 상당기간
『논어』를 애독한 것을 의미한다. 요컨대 평양간 『논어』의 초사 연대는 무덤
의 조성 시기보다는 앞서고, 오히려 묘주의 주된 활동 기간이었던 초원 4년
(B.C. 45)을 전후한 시기로 추정케 하는 것이다.[24]

언급한 대로 정주간 『논어』에도 삼도편철의 흔적이 남아 있다고 하는데,[25]
그 흔적이 '계구'를 가리키는지는 분명치 않다. 임모臨摹된 정주간 『논어』의
편철 흔적을 보면 편철 '끈이 묶였던 흔적'을 두 줄의 점선으로 나타내었을

〈사진 5〉 정백동364호분 출토 『논어』 죽간의 계구(天頭部)

---

23 李成市 · 尹龍九 · 金慶浩, 앞의 논문, 142쪽.
24 李成市 · 尹龍九 · 金慶浩, 앞의 논문, 142쪽
25 劉來成, 「定州漢墓簡本<論語>介紹」, 河北省文物研究所定州竹簡整理小組, 『定州漢墓竹簡
　論語』, 文物出版社, 1997, 1쪽.

뿐,[26] 간측을 떼어 낸 계구 표시는 없다. 정주간『논어』는 계구 없이 '삼도편철'한 것으로, <사진 5>에서 보는 평양간『논어』의 정연한 계구를 이용한 편철과는 차이가 있다. 이처럼 평양간『논어』는 초사에 사용한 죽간이 규격화되어 있고 정연한 계구를 이용하여 제책이 이루어진 점, 아울러 8촌 길이의 죽간이란 처음부터『논어』의 초사를 목적으로 제작되었다고 할 때, 단지 독서나 습서를 위해 민간에서 이루어진 것으로 보기 어렵다. 평양간『논어』의 생산지, 유통주체와 관련하여 고려할 문제라 하겠다.

2) 간문의 기재 방식

• 분장分章

<사진 1·2>에 보이는 평양간『논어』는 이미 편철이 풀어져 교란된 상태의 사진이다. 단지 완간과 잔간을 구분한 데 불과하다. 서제書題와 편제篇題가 있었는지 여부는 물론이고, 본래 제책된 상태의 분장分章 순서도 알기 어렵다. 간문의 내용을 전세본傳世本『논어』와 비교하고, 그 편장篇章 순서에 따라 배열해 볼 수밖에 없다.

현재 내용을 알 수 있는 것은 완간 39매와 잔간 5매를 합친 44매로 출토된 죽간의 1/3이 조금 넘는 정도이다.[27] 이를 좀 더 살펴보면, <사진 1>에 수록된 죽간 가운데 31매는「선진」편 해당 장구이고, 나머지 8매는「안연」편 부분이다. 이에 따라 기재된 글자 수는「선진」편이 17개 장구에 557자이고,「안연」편이 7개 장구에 144자로 나타난다.[28] 여기에 <그림 1>의 죽간

---

26 河北省文物研究所定州竹簡整理小組,『定州漢墓竹簡論語』, 文物出版社, 1997, 50쪽.
27 李成市·尹龍九·金慶浩, 앞의 논문, 154~155쪽.

더미에서 「선진」편 제1장과 제5장에 해당하는 죽간 2매, 「안연」편 제9·11·13장에 해당하는 죽간 3매가 확인되었다.

전세본(『논어집주』)과 정주간 『논어』의 장수와 자수를 평양간과 비교하면 다음 <표 1>과 같다.

〈표 1〉 平壤簡 『論語』의 章數와 字數 對比

구분	『論語集注』		平壤簡 『論語』		定州簡 『論語』		『集注』對比字數
	章數	字數	章數	字數	章數	字數	
先進	25	1,052	19	589	22	787	平壤簡 55.9% 定州簡 74.7%
顔淵	24	990	9	167	9	83	平壤簡 16.9% 定州簡 8.3%

* 平壤簡 『論語』의 章數와 字數는 출토된 「先進」·「顔淵」篇 가운데 簡文이 확인된 數量임.

평양간이 정주간에 비하여 「안연」편은 많지만, 「선진」편은 적은 분량의 간문이 확인되었다. 그러나 확인된 간문의 내용을 보면 평양간은 완간이 40매에 달하지만, 정주간은 4매(간262·266·284·285)에 지나지 않는다. 평양간이 정주간보다 남아 있는 분량이 적어도 자료적 가치는 뒤지지 않음을 볼 수 있다. 또한 전세본에 16.9%만이 확인된 「안연」편의 분장 내용은 정확하지 않으나, 「선진」편은 거의 확인이 가능하다.

뒤에서 보는 대로 평양간과 정주간 모두 편장을 구분하여 간문을 기재하였다. 그러나 평양간 『논어』는 흑원점(●)과 공백에 의하여 분장의 수미가 명확하여 드러나 있지만, 정주간은 장구의 숫자임을 알려 주는 흑원점(●)이

---

28 李成市·尹龍九·金慶浩, 앞의 논문, 136~138쪽.

없다.

그러므로 정주간『논어』의 경우 전세본에 따라 임의로 분장이 이루어진 측면이 지적되고 있다.[29] 이 때문에 정주간『논어』가 전세본과 기본구성은 같고 유전과정流傳過程에서 문자이동文字異同만 있는 것처럼 인식되었다는 지적도 있다.[30] 편철이 풀어져 교란된 평양간의 경우도 이 점에서 예외가 아니다. 다만 평양간은 정주간과 달리 원간에 찍힌 흑원점으로 장구 숫자를 알 수 있다는 점에서 분장의 신뢰성이 높다고 하겠다. 아래 <표 2>는 평양간 『논어』의「선진」편 분장을 정주간 및 전세본과 대비한 것이다.

〈표 2〉平壤簡 『論語』(先進)의 分章과 章數 對比

『論語集注』	平壤簡 『論語』	定州簡 『論語』	正平版 『論語集解』	義疏本 『論語集解』	注疏本 『論語集解』
1	1	1	1	1	1
2	(2)？	(2)？	2	2	2
			3	3	3
3	3	3	4	4	4
4	(4)*	4	5	5	5
5	5	(5)	6	6	6
6	(6)	6	7	7	7
7	7	7	8	8	8
8	(8)	(8)	9	9	9
9	9	9	10	10	10
10	10	10	11	11	11
11	(11)	11	12	12	12
12	12	12	13	13	13
13	(13)	13	14	14	14
14	14	14	15	15	15

---

29 何永欽, 앞의 논문, 95~98쪽.
30 李慶,「關於定州漢墓竹簡≪論語≫的幾個問題 — ≪論語≫的文獻學探討」,『中國典籍與文化論叢』第8輯, 中華書局, 2005, 1쪽.

15	15	15	16	16	16
16	16	16	17	17	17
17	17	17	18	18	18
18					
19	18	18	19	19	19
20					
21	19	19	20	20	20
22	20	20	21	21	21
23	21	21		22	22
24	22	22	22	23	23
25	23	23	23	24	24

* (　) 平壤簡의 未確認 章句·定州簡의 缺簡 章句

「선진」편을 25개 장으로 구분한 주희朱熹의 『논어집주』를 기준으로 살펴보면, 평양간은 황간皇侃 의소본義疏本과 형병邢昺 주소본注疏本이 저본으로 삼은 하안何晏의 『논어집해』와 가장 유사하다. 분장의 결과만으로는 정주간도 동일한 내용이다. 그러나 장구 숫자에 대한 명료한 근거가 제시되지 않았고, 결문缺文·결간缺簡에 대한 설명 없이 전세본(하안, 『논어집해』 등)에 따라 배열한 점에서 정주간은 차이가 있다. 그러므로 평양간 『논어』(「선진」편)는 현재 전세본 『논어』의 분장을 확인할 수 있는 가장 오래된 조본祖本에 해당한다고 생각된다. 평양간 『논어』의 성격과 관련하여 주목할 부분이다.

평양간 『논어』(「선진」편)의 분장 수는 명확치 않다. 문제는 『논어집주』의 제2장에 해당하는 간문이 확인되지 않았고, 정주간도 이 부분이 결간이기 때문이다. 하안의 『논어집해』의 제본은 모두 양장으로 나뉘어 있다. 완원阮元이 '덕행장德行章'이라 이름 붙인 『논어집해』의 「선진」편 제3장은 정평판正平版에는 '덕행德行' 위에 '자왈子曰' 2자가 있어[31] 별개의 장구章句임을 보여 주고

---

31 北京大學儒藏編纂中心, 『定州漢墓竹簡論語·正平版論語集解』, 北京大學儒藏編纂中心, 2004, 79

있다. 이 부분을 제외하고는 평양간平壤簡이 의소본義疏本과 주소본注疏本『논어집해論語集解』의 분장分章과 같기 때문에, 실제 양장兩章으로 나뉘어 있을 가능성이 있다.

• 자수字數

평양간『논어』는 죽간 1매에 만간의 경우, 18자~20자를 기재하였다. 물론 장구가 종결되는 간문은 장미章尾 아래의 남은 공간을 여백으로 남겨 두었다(간1·10·14·15·20·28·30·32). 이는 정주간『논어』의 경우도 차이가 없다. 곧 만간은 19~21자를 기재하였고, 상부에서 간문이 완결된 때는 그 하부를 공백으로 두었다.[32]

반대로 장구가 시작되는 간문은 장구의 숫자 위 여백, 곧 천두에 흑원점(●)을 찍어 표시하였다(간4·7~11·13·16·27·30·34·35·37~39, 잔간2·3). 자연 흑원점과 여백은 평양간『논어』의 분장 구조를 알려주는 표식이다. 정주간『논어』의 경우, 장구의 숫자임을 알 수 있는 표식(●)이 없는 것과 대조되는 현상이다.

그런데 평양간『논어』의 간문 자수는 편장에 따라 차이도 나타난다. 우선 전세본『논어』「선진」편에 보이는 간문은 만간인 경우 중간 계구를 공격空格 삼아 상부 10자, 하부 10자씩 20자를 기본으로 기재하였다(간5·12·16·17·18·21·22·25·27·29·31·34·36·37·38·39, 잔간2). 「안연」편의 해당 간문은 위로 9자, 아래로 9자씩 18자를 써넣었다(간2·7·9·30·잔간13). 정주간『논어』의 간문 자수가 편장에 따라 차등이 있는지는 검토된

쪽.
32 河北省文物研究所定州竹簡整理小組, 앞의 책, 7쪽.

바가 없다.

이처럼 규격화되어 있는 공책空冊에 중요中腰의 계구부의 공격을 기준으로 편장에 따라 만간의 자수가 다르다면, 이는 무엇을 의미하는 것인가? 편별로 제책과 초사가 이루어지면서 초사자가 다른 데서 오는 서사 습관의 차이는 아닌지 검토할 문제이다.

예외가 없는 것은 아니다. 「선진」편의 경우 상하 어느 한편에 11~12자를 기재한 것이 있으나, 이는 결자缺字를 자간에 세자細字로 추기追記한 것이거나 (간3・4・24), 1~2자구를 새로운 간으로 기재하지 않기 위하여, 자간을 좁혀 쓴 것이다(간13). 이는 「안연」편에 해당하는 간문도 마찬가지이다. 곧 상하 1자씩을 더 적어 넣거나(간11), 하단에 1자를 추가하여(간26) 하나의 간에 장구가 종결되도록 하였다. 심지어 간39의 경우는 4~5자를 생략하면서까지 하나의 간에서 문구가 종결되도록 기재하였음을 본다.

- 子畏於[匡], 顔淵後.□曰: "吾①以女爲死矣." 曰: "子在, 回□□死?" (簡13)
- 顔淵死, 顔路請子之車.① 孔②子曰: "材不材,③ 亦各④其子也." (簡39) 鯉也死, 有棺 毋椁. 吾不徒 行以爲之椁. 以吾從大夫(簡22)……."

간13의 경우 간문 중간 계구가 있는 ①의 상부에 10자를 적고, 아래는 글자의 크기와 간격을 좁혀 12자를 써넣었다. 구미句尾의 2자를 새로운 간으로 넘기지 않고, 간 하나에 가능한 장구가 종결되도록 기재한 때문이다. 정주간 『논어』에도 마지막 '사死'자가 결락되었지만 1매의 간에 기재되어 있다.[33]

간39의 간문을 정주간과 전세본의 해당 자구와 비교할 때, ①에 '이위지곽 以爲之椁' 4자가 빠져 있고, ④에는 '언言'자가 누락되었다. ② 앞의 '공孔'자는 정주간과 전세본에 없다. 이 가운데 '언言'자는 초사자의 실수로 누락되었다

---

33 河北省文物研究所定州竹簡整理小組, 앞의 책, 51쪽. 簡290.

고 볼 수 있다. 평양간에는 '언言'자가 들어가야 할 부분과 비슷한 문장(간24, 간29)에 모두 '언言'자가 빠져 있고, 그중 하나인 간24는 '언言'자가 들어가야 할 부분에 세자로 추기되어 있음을 본다(<사진 4> 참조). 그러나 간13은 '언言'자가 없어도 의미전달에는 큰 문제가 없다. 반면 '이위지곽以爲之椁' 4자는 실수로 누락된 것으로 보기 어렵다는 점이다. 물론 평양간『논어』를 초사할 때 사용한 저본에 빠져 있을 수도 있지만, 그보다는 1매의 죽간에 가능한 완결된 간문을 기재하려는 의도에서, 의미전달에 지장이 없는 글자를 생략하였다고 생각된다.[34] 전세본『논어』중에도 '이위지곽以爲之椁'이 탈락된 사례가 보인다.[35]

이밖에 기재 방식에 있어서 평양간『논어』는 정주간과 다소 차이가 보인다. 먼저 같은 글자를 연이어 쓸 경우 초간과 한간에 자주 보이는 중문호重文號(=)가 정주간에는 보이지만, 평양간에는 같은 글자를 반복하여 기재하였다.[36] 또한 정주간은 잘못 쓴 글자를 깎아 내고 다시 쓰거나, 공격으로 남겨 둔 사례가 있지만, 평양간은 오자가 없어서인지 같은 사례를 찾아보기 어렵다. 다만 간6에 1자 간격의 공격이 보일 뿐이다. 탈루된 간문의 경우 평양간은 들어가야 할 글자 사이에 세자로 추기를 하고 있는데(간3·4·24), 정주간에서는 그런 사례가 없다.

아무튼 장구의 시작을 알리는 흑원점(●), 종결을 알려 주는 여백, 상하 10자를 기본으로 하는(「안연」편은 상하 9자)기재 방식, 1~2자의 자구는 자간을 좁혀 써넣거나, 의미전달에 지장이 없는 범위에서 4~5자라도 생략하여 하나의 죽간에 문장이 종결되도록 한 용례가 확인된다. 이러한 기재 방식을

---

34 李成市·尹龍九·金慶浩, 앞의 논문, 152쪽.
35 『論語注疏』의 高麗本·正平本에는 '以爲之椁' 4字가 빠져 있다(黃懷信, 2008 : 971). 평양간 『논어』와 같은 '以爲之椁'이 없는 傳本에 따른 것으로 생각된다.
36 李成市·尹龍九·金慶浩, 앞의 논문, 159쪽.

통하여 정백동364호분에서 출토된『논어』죽간의 전체 간수를 추정할 수 있다. 이를 근거로 평양간『논어』「선진」편 죽간을 60매,「안연」편은 61매 정도로 산정하였다.[37]

3.『논어』죽간의 석문대교釋文對校와 이문표기異文表記

평양간『논어』44매, 756자에 대한 석문과, 전세본과 정주간『논어』의 간단한 대교對校도 이미 소개되었다.[38] 그러나 석문의 경우 공격에 대한 이해 부족, 판독判讀 오류, 조판상의 오식誤植 등이 확인되었다. 대교에 있어서는 간별로 이루어져 전체적인 이해가 쉽지 않았다. 대교에 이용한 문헌도『논어 집주』만이 이용되었고, 정주간의 석문 구성에 대하여도 구체적인 이해가 부족하였다. 특히 정주간 석문 가운데 [ ] 내의 간문은 1976년 7월 당산대지 진唐山大地震으로 원간이 훼손되거나,[39] 1980년 이후 재정리과정에서 전세본 에 따라 추정한 부분도 있다는 점이다.[40] 평양간과 정주간의 간문 대교에 있어서 유의할 부분이다.

여기서는 본격적인 교감에 앞서, 평양간『논어』와 정주간·전세본의 대 교를 통하여 이문표기의 양상을 추출하였다. 이를 바탕으로『논어』「삼론」 이「장후론」을 통해 융합되어 전세본의 조본이 만들어지던 전한 원·성제 기, 평양간『논어』의 문헌적 위치와 그 성격에 대한 기초적 이해를 갖고자 한다.

---

37 李成市·尹龍九·金慶浩, 앞의 논문, 139~140쪽.
38 李成市·尹龍九·金慶浩, 앞의 논문, 143~155쪽.
39 河北省文物研究所定州竹簡整理小組, 앞의 책, 8쪽.
40 何永欽, 앞의 논문, 115쪽.

1) 평양본과 정주본, 전세본의 대교

〈표 3-1〉平壤簡 『論語』 釋文對校 : 「先進」篇

章次	論語 釋文	異文 注釋
先-1	• 〔孔〕❶子曰 : "先進於□□〔野〕人也. 後進於□□君子〔也.〕"(殘簡2)....	❶「孔」今本 無
先-3	•孔❶子曰 : " 回也非助我者也！於吾言無所不說."」(簡10)	❶「孔」定州本·今本 無
先-5	•□□三〔復〕白〔圭〕孔子以其〔兄〕之子....(殘簡3)	今本 相同
先-7	• 顏淵死, 顏路請子之車.❶ 孔❷子曰 : "材小材,❸ 亦各❹其子也.(簡39) 鯉也死, 有棺毋椁.❺ 吾不徒 行以爲之椁.❻ 以吾從大夫(簡22)...."	❶「車」定州本「車」下有「□□□」, 今本「車」下有「以爲之椁」 ❷「孔」定州本 同, 今本 無 ❸「材不材」定州本 同, 今本「才不才」 ❹「各」定州本·今本「各」下有「言」 ❺「毋椁」定州本「無郭」, 今本「而無椁」 ❻「椁」定州本「郭」, 今本 同
先-9	• 顏淵死, 子哭之動.❶ 從者曰 : "子動❷矣." 子❸曰 : "有動❹乎哉❺?" 非 (簡34)....	❶「動」定州本 同, 今本「慟」 ❷ 上同 ❸「子」定州本·今本 無 ❹「動」今本「慟」 ❺「哉」今本 無
先-10	• 〔顏□死〕門人欲〔厚〕葬之, 子曰 : "不可." 門人厚葬之. 子曰 : (簡8)....	定州本·今本 相同
先-12	• 閔❶子侍則,❷ 誾誾❸如也 ; 子□,〔行行〕如也 ; 冉子❹·子貢❺, 〔衍衍〕❻(簡16)如也. 子樂曰❼ : "若由也.○不〔得〕其〔死然〕." 」(簡6)	❶「閔」定州本「𪟝」, 今本 同 ❷「則」定州本 同, 今本「側」 ❸「誾誾」定州本「言言」, 今本「誾誾」 ❹「子」定州本 同, 今本「有」 ❺「貢」定州本「贛」, 今本 同 ❻「衍衍」定州本 同, 今本「侃侃」 ❼「曰」定州本·今本 無
先-14	• 孔❶〔子〕曰 : "由之瑟奚爲於〔丘〕之門?" 門人, 不〔敬〕子路, 孔❷子 : (簡27)....	❶「孔」今本 無 ❷ 上同
先-15	• 子〔貢問〕 : "〔師〕也❶與商也孰賢?" 孔❷〔子〕曰 : "〔師〕也迪❸商也不及." 然❹(簡4)〔則師愈也〕❺?" 子曰 : "過猶不及也.❻"」(簡1)	❶「也」今本 無 ❷「孔」今本 無 ❸「迪」今本「過」 ❹「然」今本「曰然」 ❺「師愈也」定州本「師也隃與」, 今本「師愈與」 ❻「也」定州本 同, 今本 無

先-16	....也. 小子 [鳴鼓] 如❶攻之, [可也]."(簡14)	❶「如」定州本・今本「而」
先-17・18合	●柴❶也愚, [參] 也魯, 師也 [辟], 由也喭.❷ 孔❸子曰: "回也其□□, (簡12) 屢❹空. 賜不受命, 如❺□□焉, [億] ❻則 [居] ❼中.''(簡28)	❶「柴」定州本「栞」, 今本 同 ❷「喭」定州本 同, 今本「唁」 ❸「孔」定州本 同, 今本 無 ❹「屢」定州本「居」, 今本 同 ❺「如」定州本 無(公格)・今本「而」 ❻「億」定州本「意」, 今本 同 ❼「居」定州本 同, 今本「屢」
先-19・20 合	●子□□善人之道. 子曰 :"不淺❶迹, 亦不入於室."子曰 :"論 (簡37) 篤❷是與, 君子者乎? 色狀❸者乎?"(簡15)	❶「淺」定州本 同, 今本「踐」 ❷「篤」定州本「祝」, 今本 同 ❸「色狀」定州本「亡狀」, 今本「色莊」
先-21	....聞斯行之. 赤也惑, 敢問." 子曰 :"求也退, 故進之 ; 由也兼人."...(簡3)	定州本・今本 相同
先-22	●子畏於 [匡], 顏淵後. □曰 :"吾以女爲死矣." 曰 :"子在, 回□□死?"(簡13)	定州本・今本 相同
先-23	....□□, □□ [與求] □□❶ [所謂] 大□者❷ : 以 [道] 事君, 不 [可則] (簡5) 止. 今由與❸求也, 可謂具臣也."曰 :"然則從之者與?" 子曰:(簡17)"殺❺父與君, [弗] ❻從也."(簡20)	❶「與求□□」定州本「與求○之問」, 今本「與求之問」 ❷「者」定州本 無(空格), 今本 同 ❸「今由與」定州本「曰與」, 今本 同 ❹「也曰」定州本 無(空格), 今本「矣曰」 ❺「殺」定州本 同, 今本「弑」 ❻「弗」定州本 同, 今本「亦不」
先-24	● [季] ❶路使子羔爲后❷宰. [子] 曰:"[賊] 夫人之子." 子路曰 :"[有] 民 (簡38)....	❶「季」定州本・今本「子」 ❷「后」今本「賛」
先-25	....也." [孔] ❶子訊之.❷ "求! 壐❸何如?" 對曰 :"方六七十, 如五六十, 求(簡33)也爲之, 比及三年, 可足民也.❹ 如其禮樂, 以俟君子"(簡19) 赤! 壐❺何如? 對曰 :"非曰能之也,❻ □□焉. 宗 [廟] 之事, 如(會21)同, 端章父,❼ 願爲小相焉."點! 壐❽何如? 鼓瑟希, 捔壐❾舍瑟(簡18)如❿作. 對曰 :"異乎三子者之 [撰]." 子曰 : 何傷?⓫ 亦各言其志也."(簡24)曰 :"莫春者, 春服 [旣] ⓬成. 冠者 [五] 六人, [童] 子六七人, 浴乎(簡31) [氵幾] ⓭, 「風乎 [舞雩], 咏⓮而 [歸]."孔子⓯喟然曰❶:"吾與 [點] 也!"三子者(簡36) [出,會] 晳後. [會] 晳曰 :"夫三子者之言何如?"子曰:"亦各⓱其(簡29)志已.⓲" 「 曰 :"吾子⓳何訊 ⓴ 由也?" 子㉑曰 :" [爲國] 以禮, 其言不 [讓], 是(簡25)....赤也爲之小, 孰㉒爲之大?"(簡32)	❶「孔」定州本・今本「夫」 ❷「訊」定州本・今本「哂」 ❸「壐」定州本 同, 今本 爾 ❹「可足民也」今本「可使足民」 ❺「壐」定州本 同, 今本 爾 ❻「也」定州本 同, 今本 無 ❼「父」定州本・今本「甫」 ❽「壐」定州本 同, 今本 爾 ❾「捔壐」定州本「□壐」, 今本「鏗爾」 ❿「如」定州本・今本「而」 ⓫「傷」定州本 同, 今本「傷」下有「乎」 ⓬「旣」定州本「氵堅」, 今本 同 ⓭「氵幾」定州本・今本「沂」 ⓮「咏」定州本 同, 今本「詠」 ⓯「孔」定州本・今本「夫」 ❶「喟然曰」定州本「喟然□曰」, 今本「喟然 嘆曰」 ⓱「各」今本「各」下有「言」 ⓲「志已」今本「志也已矣」

	⑲「吾」定州本 同, 今本「夫」
	⑳「訊」定州本・今本「哂」
	㉑「子」定州本 同, 今本 無
	㉒「孰」定州本・今本「孰」下有「能」

〈표 3-2〉平壤簡 『論語』 釋文對校 : 「顔淵」篇

章次	論語 釋文	異文 注釋
顔-2	● 〔中〕❶弓問仁. 子曰: "出門如見大賓, 使民如〔承〕大祭.(簡7) 〔所〕❷不欲,勿施於人.❸ 在邦無怨,在家無怨." 中❹弓曰: 〔雍〕(簡23)....	❶「中」今本「仲」 ❷「所」今本「所」上有「己」 ❸「人」定州本「人」下有「也」, 今本 同 ❹「中」今本「仲」
顔-4	.....憂不懼 曰□□(殘簡9)不〔懼〕, 斯謂之君子 已乎❶?" 子曰 : "內省不久,❷ 夫何憂 (簡2)....	❶「已」今本「矣」 ❷「久」今本「疚」
顔-5	....〔而〕有〔禮〕, 四海之內, 皆〔兄弟〕也. 君子何患乎無兄弟.❶」(簡26)	❶「弟」今本「弟」下有「也」
顔-8	....乎! 夫子之❶君子也,"〔駟... (殘簡11)	❶「之」今本「之」下有「說」
顔-9	● 哀公問於有若曰 : "年饑, 用不足, 如之何?" 有若對(簡9)....	定州本・今本 相同
顔-10	....□□之□欲其死□□.... (殘簡13)	-
顔-14	● 子張問正.❶ 子曰: "〔居〕之毋〔券〕,❷ 行 ❸以中❹」(簡30)	❶「正」今本「政」 ❷「毋券」定州本「勿卷」, 今本「無倦」 ❸「行」定州本・今本「行」下有「之」 ❹「中」定州本・今本「忠」
顔-19	● □□子問❶於孔子曰:"如〔殺無〕道,以就有 道, 何如? 孔(簡35)....	❶「問」今本「問」下有「政」
顔-20	....子張對曰:"在邦必聞,在家必聞." 子曰:是聞 也, 〔非達〕也 (簡11)....	今本 相同

* 凡例
1. 平壤簡 『논어』 가운데 <사진 1>의 完簡 39枚, <사진 2>의 殘簡 5枚의 釋文
2. 異文 注釋은 平壤簡 『논어』와 定州簡 『논어』 및 傳世本(今本)의 대표라 할 何晏의 『論語集解』와 朱熹의 『論語集註』를 對校하였다. 사용한 텍스트는 다음과 같다.
   河北省文物研究所定州漢墓竹簡整理小組, 『定州漢墓竹簡論語』, 文物出版社, 1997.
   何晏 集解・邢昺 疏, 『論語注疏』(阮元 校刻, 『十三經注疏』下冊, 中華書局), 1980.
   朱熹 集注・成百曉 譯, 『懸吐完譯 論語集註』 首爾, 傳統文化研究會, 1990.
3. 釋文 章次는 『論語集註』의 篇章에 의거하였다.
4. 釋文에 사용한 略號

□ : 자획은 있으나 판독이 불가능한 글자.

[ ] : 명확치 않으나 추정이 가능한 글자.

」 : 章句가 종결된 경우 末字 뒤에 표기.

● : 章句首字 위 餘白(天頭)에 찍힌 黑圓點

○ : 簡文 사이 墨痕이 없는 空格

.... : 簡文殘缺, 字數가 不確定한 경우 표시

2) 이문표기異文表記와 그 성격

위의 <표 3>은 평양간 『논어』와 이에 상응하는 정주간 및 전세본 『논어』 사이의 자구이동字句異同을 정리한 것이다. 정주간과 전세본 사이의 이문연구 異文硏究에서도 지적된 것이지만,[41] 평양간이 전세본 『논어』의 내용과 근본적인 차이가 있는 것은 아니다. 그러나 평양간 『논어』는 전세본 『논어』의 조본이 결집되던 시기에 유전되던 점에서 작은 차이라도 간과하기 어렵다.

평양간의 간문과 자구가 다른 것을 '이문'이라 부르고자 한다. 그런데 이문 연구에 있어서 가장 먼저 고려할 사항은 무엇을 이문이라 할 것인가 하는 문제이다. 아래에서 보는 대로 분류기준에 있어 일관된 이해가 마련되어 있지 못하다. 예컨대 이체자에 대하여 연구자에 따라서는 고금자古今字, 분화본자分化本字, 정속자正俗字, 통가자通假字 등의 표현이 혼용되고 있다. 한자의 시대별·지역별 훈독과 성음의 차이에 따른 용자用字를 일률적으로 너무 쉽게 '통가자通假字'로 처리하는 데 대한 우려도 유의할 부분이다.[42] 특히 간문簡文의 경우 서법書法·서체書體상의 차이를 이문의 범주에 넣기도 어렵다.[43]

---

41 何永欽, 앞의 논문; 葉峻榮, 「定州漢墓簡本《論語》與傳世《論語》異文硏究」, 『中國出土資料硏究』 8, 中國出土資料學會, 2004; 羅琦, 「《論語》異文硏究」, 復旦大學 漢語言文字學 碩士學位論文, 2003.

42 谷中信一, 「中國出土資料硏究の現在と展望」, 『中國-社會と文化』 23, 2008, 203쪽.

43 葉峻榮, 앞의 논문, 23쪽.

따라서 평양간『논어』의 이문연구는 서체에 대한 검토와 함께 고한어, 고문 자학의 전문적인 연구를 기다려야 할 것이다. 여기서는 평양간『논어』의 간문에서 나타나는 자구상의 이동만을 현상적으로 살펴볼 것이다.

구분	異文의 分類	
何永欽(2007)	1) 抄寫時 異文 : 訛誤, 脫文, 省略 2) 語言現象 : 通假字 3) 語氣助辭의 字數	
葉峻榮(2004)	1) 文字學的 차이 : 本字-本字, 本字-借字, 借字-本字 2) 校勘學的 차이 : 同字符異形字(聲符,部首의 不同) 　　　　　　　　　　　異字符異形字(通假字, 假借字, 源本字-分化本字)	
羅 琦(2003)	同義異文, 同音通假, 古今字, 異體字, 誤字, 避諱, 傳本之異, 倒文, 衍文, 異義兩通	

• 이문의 현상

<표 3>을 통하여 평양간『논어』는 정주간과 전세본의 해당 자구에서 적지 않은 차이가 있는 것을 볼 수 있다. 아래에서 보겠지만 평양간 간문 756자 가운데 11.37%에 달하는 86자가 전세본의 자구와 다르다. 평양간과 전세본『논어』를 이문의 내용별로 정리한 것이 <표 4-1>이다.

〈표 4-1〉平壤本과 傳世本『論語』의 異文 內容

異文區分		該當條項
同音通假字	18 (24.0%)	先-7-❸, 先9-❶❷❹, 先12-❶❷, 先17·18合-❷,先19·20合-❶❷, 先23-❻, 先25-❷❹⑳, 顔2-❶❹, 顔4-❷, 顔14-❶❹
同義通假字	8 (10.66%)	先7-❺, 先15-❸, 先16-❶, 先17·18合-❺, 先23-❺, 先25-❼❿, 顔14-❷
異體字	10 (13.33%)	先12-❸❻, 先17·18合-❼, 先19·20合-❸, 先25-❸❺❽❾⓬⓭

語助辭	14 (18.66%)	先12-❼, 先9-❺, 先15-❶❺❻, 先23-❷❹, 先25-❻❶❶❽, 顔2-❸, 顔-5❶, 顔-4❶
異稱謂	16 (21.33%)	先-1❶, 先3-❶, 先7-❷, 先9-❸, 先12-❹, 先-14❶❷, 先15-❷ 先17·18合-❸, 先24-❶❷, 先25-❶❹⑮⑲㉑
缺字	9 (12.0%)	先7-❶❹, 先15-❹, 先25-⑰㉒, 顔2-❷, 顔-8❶, 顔14-❸, 顔19❶
計	75條	

위 표에서 보는 대로 평양간과 전세본 사이에서는 동음통가자同音通假字의 비율이 가장 높고, 이체자異體字·이칭위異稱謂·어조사語助辭·결자缺字·동 의통가자同義通假字 순으로 이문이 발생하고 있음을 볼 수 있다. 정주간과 전세 본의 이문에서도 대부분 나타나는 사례라 하겠다. 특히 동음통가자를 비롯하 여 이칭위異稱謂·어조사語助辭의 비중이 64%에 이를 정도로 높게 나타나고 있다. 이는 정주간 『논어』의 이문연구에서 지적된 바와 같이 『논어』의 전승 이 구송口誦에 의하여 전승되고 교육된다는 점, 그리고 초사자抄寫者의 거주지 居住地에 따른 한자 성조의 차이[方言]에서 나타나는 현상으로 이해할 수 있 다.[44] 정주간의 사례에서 지적된 것이지만, 간본은 차자 비율이 높고, 전세본 은 차자보다는 정자가 월등히 높은 비중을 점한다고 하는데[45] 동음同音(혹은 근음近音) 통가자의 비중이 높은 평양간도 큰 차이가 없다고 생각된다. 이제 <표 4-1>의 이문을 좀 더 내용적으로 살펴보기로 한다.

동음통가자는 18곳의 사례가 나타난다. 순서대로 평양간-전세본의 사례 를 보면, 재材-재才, 동動-통慟, 헌獻-언嗲, 천淺-천踐, 불弗-부不, 신訊- 신哂, 영咏-영詠, 중中-중仲, 구久-구灸, 정正-정政, 중中-충忠이다. 구久-

44 陳東, 「關于定州漢墓竹簡論語的幾个問題」, 『孔子研究』 2003-2, 2003a, 11쪽; 何永欽, 앞의 논 문, 174~175쪽.
45 葉峻榮, 앞의 논문, 25~26쪽.

구攺, 중中―충忠은 정주간에서 보이지 않는 통가자이지만, 중中―충忠은 이미 초간의 사례가 산견된 바 있다.[46] 언급하였지만 동음(혹은 근음) 통가자는 구송『논어』의 특징이자, 초사자抄寫者의 거주지와 시대에 따라 변화되는 것이라 하겠다. 앞서 통가자에 대한 곡중신일谷中信―의 우려를 소개하였지만, 재材―재才, 동動―통慟, 구久―구攺, 정正―정政, 중中―충忠 등은 어느 한 편의 간생자簡省字로 볼 수도 있다. 이는 한대 간백에 보이는 통가자는 번체繁體보다 생체省體의 비중이 높다는 이해[47]와 부합된다.

동의통가자同義通假字는 8곳의 사례가 보인다. 역시 순서대로 무毋―무無, 적迪―과過, 여如―이而, 살殺―시弑, 부父―보甫, 권卷―권倦 등이다. 이 가운데 무毋―무無, 부父―보甫, 권卷―권倦은 동음同音(혹은 근음) 통가자로 분류할 수도 있고, 권卷―권倦은 평양간이 간생자簡省字로 보아 잘못이 없다. 3차례 나오는 여如―이而는 정주간『논어』와도 차이가 나는 점이 주목되는데, 정주간『유가자언』에 이미 산견되는 통가자이다.[48] 동의통가자의 발생 또한 동음통가자와 크게 다르지 않으나, 용자用字의 차이를 구송『논어』나 초사과정의 문제로만 이해하기는 어려운 측면이 있다.

이체자로 10곳을 추출하였다. 이체자의 개념은 명확치 않다. 흔訢―은誾, 연衍―간侃, 거居―루屢, 이壐―이爾, 기旣―기壓, 기幾―기沂는 분류자에 따라서 다른 해석이 가능하다. 기旣―기壓는 정자正字―속자俗字, 연衍―간侃은 모두 간侃의 속자俗字로 이해하기도 하기 때문이다.[49] 어조사와 이칭위는 대부분 구송『논어』의 현상으로 이해해도 좋을 것이다. 다 아는 대로 '자왈子曰'―'공자왈孔子曰'의 칭위는 최술崔述 이래 오랫동안『논어』의 '상십편上十篇' 성서

46　白於藍,『簡牘帛書通假字字典』, 福州: 福建人民出版社, 2008, 247쪽.

47　趙平安,「秦漢簡帛通假字的文字學硏究」,『新出簡帛與古文字古文獻硏究』, 北京: 商務印書館, 2009, 173쪽.

48　何永欽, 앞의 논문, 174~175쪽.

49　葉峻榮, 앞의 논문, 30쪽.

의 조만논의의 대상이었다. 그러나 정주간이 출토된 이후 양도梁濤의 연구 (2005)에 의해 공자의 칭위는 『논어』의 유전과정에서 생긴 것이지, 『논어』 성서의 조만대상이 될 수 없음을 분명히 하였다. 이는 '하십편'의 시작이라 할 「선진」편의 내용을 보여 주는 평양간의 출토로 더욱 분명해졌다고 보인 다.

결자缺字는 9곳에서 보인다. 그런데 결자는 안顏－8의 경우 단순 누락으로 여겨지지만, 선先－25 '孰㉒爲之大'의 '능能'자 탈락은 그 자체 생략되어도 의미전달에 큰 문제가 없다는 점에서 구송口誦 습관 혹은 간문의 기재 방식에 따른 것으로 여겨진다. 안顏－2와 안顏－14의 경우도 마찬가지로 해석하고 싶다. 이처럼 평양간의 결자는 단순한 누락으로 보기 어려운 측면이 있다.

앞서 선先7－❶❹를 통하여 평양간 『논어』는 한 개의 죽간에 가능한 장 구가 종결되도록 의미전달에 큰 문제가 없는 범위에서 자구의 '증탈增奪' 현 상이 보인다고 지적하였다. 나아가 같은 형태의 전본傳本이 후대 전세본에서 도 확인된다는 사실도 지적하였다. 선先15－❹, 선先25－⓱, 안顏14－❸, 안顏－19❶도 마찬가지 이유로 결자가 발생했다고 생각된다. 독자의 편의를 돕기 위해 인위적으로 만들어진 경우가 있다고 생각된다. 이는 8촌의 죽간에 초사한 내용을 책서로 편철한 것은, 이미 본 『논형論衡』의 '회지지편懷持之便' 이라는 표현처럼 휴대와 독서의 편의를 도모한 것이다. 이문 가운데는 유전 과정流傳過程의 문제가 아니라, 간책의 독서 편의에 따라 간문의 증탈이 적지 않았다고 생각된다.

한편 평양간의 결자에 대한 추기追記 문제도 검토 대상이다. 간3, 4, 24에서 는 자간의 여백 우측에 세지細字로 결자를 보입補入하였다. 대부분 간문의 자 수를 맞추기 위해 생략되었을 개연성이 높다. 문제는 다시 추기된 이유라 하겠다. 같은 이유로 생긴 결자에 추기가 없는 경우와 차이를 설명해야 하기 때문이다. 한편 결자는 적지 않은 데 반해 현재로서는 오자가 없다는 것이 이례적으로 여겨진다. 곧 결자를 포함하여 와오자訛誤字가 유난히 많은 것으로 지적되는[50] 정주간과는 크게 차이나는 현상이다. 추후 검토할 문제이다.

• 이문異文의 성격

　평양간 『논어』와 전세본의 단순 자구 비교로 이문의 전체적인 윤곽은 드러나지만 그 의미를 명확히 하기에는 한계가 있다. 이문이라 하여도 비율로 보아 90% 가까이는 동일한 자구이기 때문이다. 그래서 평양간과 정주간 그리고 전세본 사이 모두 해당 문구가 있는 59조의 간문을 비교해 보고자 한다. 이를 통하여 서로간의 공통점과 차이점을 부분적으로라도 이해할 수 있을 것이다.

　<표 4-2>는 이를 정리한 것이고, 이 가운데 다시 평양간과 정주간 사이의 이문 37조를 비교한 것이 <표 4-3>이다.

〈표 4-2〉平壤本・定州本・傳世本 『論語』의 異文 比較

區分		該當 條項
모두 다른 경우(平≠定≠今)	7條 (11.86%)	先7-❺, 先12-❸, 先15-❺, 先17・18合-❺, 先19・20合-❸, 先23-❹, 顔14-❷
平壤本만 다른 경우(平≠定=今)	19條 (32.20%)	先3-❶, 先7-❶❹, 先9-❸, 先12-❼, 先16-❶, 先24-❶, 先25-❶❷❼❾❿❸❺❻❷❷, 顔14-❸❹
今本만 다른 경우 (平=定≠今)	22條 (37.28%)	先7-❷❸, 先9-❶❷, 先12-❷❹❻, 先15-❻, 先17・18合-❷❸❼, 先19・20合-❶, 先23-❺❻, 先25-❸❺❻❽❶❶❾❷
定州本만 다른 경우 (平=今≠定)	11條 (18.64%)	先7-❻, 先12-❶❺, 先17・18合-❶❶❻ 先19・20合-❷,先23-❷❸, 先25-❷, 顔2-❸
計		59條

50 何永欽, 앞의 논문, 138~151쪽.

〈표 4-3〉平壤本과 定州本 『論語』의 異文 內容

異文區分		該當條項
同音通假字	7 (18.9%)	先7-⑥, 先12-❶, 先19·20合-❷, 先25-❷❼⑳, 顔14-❹
同義通假字	5 (13.5%)	先7-❺, 先16-❶, 先17·18合-❺, 先25-❿, 顔14-❷
異體字	9 (24.3%)	先12-❸❺, 先17·18合-❶❹❻, 先19·20合-❸, 先25-❾⑫⑬
語助辭	6 (16.2%)	先12-❼, 先15-❺, 先23-❷❹, 先25-⑯, 顔2-❸
異稱謂	5 (13.5%)	先3-❶, 先9-❸, 先24-❶, 先25-❶⑮
缺字	5 (13.5%)	先7-❶❹, 先23-❸, 先25-㉒, 顔14-❸
計	37條	

　<표 4-2>를 통해 볼 때, 평양간은 정주간과 동일한 비율이 37.28%인 반면, 전세본과는 18.64%에 불과하다. 평양간이 전세본보다는 동시기라 할 정주간에 보다 근접한 모습을 보이고 있지만, 63% 이상의 자구에서 차이를 보여 주고 있다. 전세본은 평양간보다 앞서 유전되었을 정주간과 유사한 비율이 높게 나타난다. 한편 평양간과 정주간 그리고 전세본이 어느 한 경우와도 같지 않은, 다시 말하여 독자적인 자구의 비중도 11.86%로 나타난다.

　이로 본다면 평양간을 정주간 그리고 전세본과 다른 계통의 텍스트 곧 '전세지이傳世之異'로 추정해 볼 수도 있다. 실제 <표 4-3>은 평양간이 정주간과 동시기 유전되었던 텍스트라고 믿기 어려울 정도의 차이를 보여 주고 있다. 아래에서 보듯이 이문은 여러 이유로 발생하지만, 평양간과 정주간 사이에는 용자用字(先16-❶, 先17·18合-❺, 先25-❿), 인명人名(先24-❶) 및 지명地名(先25-⑬) 표기에까지 차이가 보여 자료의 계통을 이해하는 데 단초를 제공하기도 한다.

　그러나 이문표기만으로 평양간과 정주간 『논어』의 계통을 구별하거나,

전세본과의 관계를 단정하기보다는 이문 자체에 대한 검토를 진행할 필요가
있다. 이와 관련하여 다음의 사료가 주목된다.

> ①初元中 立皇太子而博士鄭寬中以尙書 授太子 薦言禹善論語. 詔令禹授太子論
> 語 (…) 成帝卽位 徵禹·寬中 皆以師 (…) 初 禹爲師 以上難數對已問經 爲論語章
> 句獻之. ②始魯扶卿及夏侯勝·王陽·蕭望之·韋玄成 皆說論語, 篇第或異. 禹先
> 事王陽 後從庸生 采獲所安 最後出而尊貴. 諸儒爲之語曰:"欲爲論, 念張文"由是學者
> 多從張氏 餘家寖微.
>
> (『漢書』卷81, 張禹傳)

위의 사료는 평양간이 유전되던 전한 원·성제기 편제篇第가 다른 『논어』
가 제유諸儒에 의해 강설講說되고 있었고, 성제 즉위 후 사부師傅 장우張禹의
「논어장구論語章句」 곧 「장후론張侯論」이 만들어지자, 각이한 제유의 『논어』는
점차 소멸[寖微]하였음을 보여 주고 있다. 따라서 선제·원제대에 유전되던
평양간과 정주간 『논어』 간문에 보이는 이문은 제유의 각이한 『논어』가
강설되던 시대적 상황에서 이해할 수 있다는 것이다.

문제는 사료 ①에서 보는 대로 성제 이후 장우의 「논어장구」(「장후론」)가
성서되기 이전에 유전된 것이 분명한 정주간, 성서 시기에 근접한 평양간,
그리고 「장후론」을 조본祖本으로 한 전세본과의 관계는 어떻게 볼 것인가
하는 점이다. 이문만으로 '전세지이'를 논할 수 있는 자구의 차이를 제시할
수도 있다. 그러나 이미 언급한 대로 이문만으로 텍스트의 계통을 논하기는
쉽지 않다. 이문을 이용한 정주간의 텍스트 계통 논쟁에서 이미 그 한계를
드러낸 바 있기 때문이다.[51]

---

51 王澤强,「中山王墓出土的漢簡《論語》新論」,『孔子硏究』2011年 第4期, 2011; 趙瑩瑩,「定
   州漢墓竹簡<論語>硏究綜述」,『華北水利水電學院學報』(社科版) 第27卷 第1期, 2011; 孔德
   琴,「定州漢墓竹簡《論語》的用字問題」,『湖北第二師範學院學報』第26卷 第5期, 2009.

이문은 『논어』가 본디 생활언어[口語]로 작성되어 학파와 성조가 다른 지역에서 구송口誦으로 전승되어 온 측면,[52] 진한대 형성자形聲字의 수가 급증하고 고문의 예변隸變이 보편화되면서 통가자通假字라 할 이표기異表記가 많아진 점에 기인하며,[53] 앞서 언급한 대로 8촌의 죽간에 가능한 장구가 완결되도록 자구를 첨삭添削한 간문의 기재과정에서도 이문이 발생하였다. 이런 사유로 발생한 이문은 텍스트의 계통과 직접적인 관계가 없다고 생각된다.

4. 결어

이상에서 언급한 내용을 간략하게 요약하는 것으로 결론에 대신하고자 한다.

① 평양간 『논어』는 장구의 시작을 알리는 흑원점(●), 종결을 알려 주는 여백, 상하 10자를 기본으로 하는(「안연」편은 상하 9자) 기재 방식, 1~2자의 자구는 자간을 좁혀 써넣거나, 의미전달에 지장이 없는 범위에서 4~5자라도 생략하여 하나의 죽간에 문장이 종결되도록 한 용례가 확인된다. 뿐만 아니라 평양간 『논어』는 초사에 사용한 죽간이 규격화되어 있고, 정연한 계구를 이용하여 제책이 이루어졌으며, 탈자가 엿보이나 오자가 없는 정연한 한예漢隸로 작성되었다. 아울러 8촌 길이의 죽간이란 처음부터 『논어』의 초사를 목적으로 제작되었다고 할 때, 단지 독서나 습서를 위해 민간에서 이루어진 것으로 보기 어렵다. 최근 정주간을 민간유전의 계통 없이 융합된 텍스

---

52 孫欽善, 「≪論語≫的成書流傳和整理」, 『北京大學古文獻硏究所集刊』 1, 北京燕山出版社, 1999, 13~15쪽.
53 趙平安, 앞의 논문, 178~180쪽.

트로 보는 이해[54]와 크게 상반되는 현상이다. 평양간 『논어』의 생산지, 유통 주체와 관련하여 고려할 문제라 하겠다.

② 평양간 『논어』와 이에 상응하는 정주간 및 전세본 『논어』는 표면상 대동소이하다 할 정도로 차이가 없다. 그러나 이문도 적지 않은데 정주간과는 이체자의 비율이 가장 높고, 동음통가자同音通假字 · 어조사語助辭 · 동의통가자同義通假字 · 이칭위異稱謂 · 결자缺字 순으로 나타난다. 전세본의 경우는 동음통가자의 비율이 가장 높고, 이체자 · 이칭위 · 어조사 · 결자 · 동의통가자 순으로 이문이 발생하고 있음을 볼 수 있다. 이러한 이문은 생활언어[口語]로 작성된 『논어』가 구송으로 전승되어 왔고, 진한대 형성자와 고문의 예변이 보편화되면서 이표기가 많아진 데 기인하며, 앞서 언급한 대로 1매의 죽간에 가능한 장구가 완결되도록 자구첨삭字句添削한 기재과정에서 발생하였다.

③ 특히 평양간과 정주간 사이에는 용자법, 인명 및 지명 표기까지 차이가 보여 자료의 계통을 이해하는 데 단초를 제공하기도 한다. 그러나 이문만으로 텍스트의 계통을 논하기는 쉽지 않다. 오히려 선제 · 원제대에 유전되던 평양간과 정주간 『논어』 간문의 이문은 제유의 각이한 『논어』가 강설되던 시대적 상황에서 나타난 것으로 이해하는 것이 합리적이라 여겨진다. 이미 지적된 바처럼 평양간은 정주간과 달리 선제 · 원제 시기 유가의 서적과 사상이 낙랑군과 같은 변경으로 확대되던 시기의 산물이라는 데 역사적 의미가 있다.[55] 따라서 전세본의 조본이라는 장우의 「논어장구」(「장후론」)가 성서되던 시기에 생산 · 유통된 평양간 『논어』는 전한 후기 『논어』 삼론의 융합과

---

54 王澤强, 앞의 논문, 33~38쪽.
55 李成市 · 尹龍九 · 金慶浩, 앞의 논문, 160쪽.

정 및 『장후론』의 실체를 이해하는 데 크게 기여할 것으로 여겨진다.

하시모토 시게루(橋本繁)*

1. 시작하며

한반도에서는 지금까지 3건의 『논어』 죽간·목간이 출토되었다. 평양 정백동貞柏洞364호 고분에서 출토된 죽간은 기원전 1세기 낙랑의 것으로 추정되며,[1] 김해 봉황동鳳凰洞 저습지 유적[2] 및 인천 계양산성[3]에서 출토된 목간은 삼국시대 이후의 것이다. 필자는 지금까지 김해와 인천에서 출토된 2점의 목간에 대해 검토해서 원형을 복원하여 용도를 추정하였고, 동시에 중국이나 일본 목간과의 공통점을 지적하였다.[4]

---

* 일본 와세다(早稻田) 대학 비상근 강사.
1 李成市·尹龍九·金慶浩,「平壤 貞柏洞364號墳출토 竹簡『論語』에 대하여」,『木簡과 文字』 4, 2009.
2 부산대학교박물관,『金海鳳凰洞低濕地遺蹟』, 부산대학교박물관, 2007년.
3 李亨求,『桂陽山城發掘調査報告書』, 선문대학교고고연구소, 2008년.
4 『論語』 목간에 관한 필자의 논문으로 「金海出土『論語』木簡と新羅社會」(『朝鮮學報』 193, 2004),「東アジアにおける文字文化の傳播」(福井重雅先生古稀·退職記念論集,『古代東アジアの社會と文化』, 汲古書院, 2007)이 있다. 그 외에 거의 같은 내용으로 심포지움에서의 보

본고에서는 먼저 이 2점에 대한 원형 복원을 다시 확인하고, 아울러 목간의 용도를 재검토하고자 한다.

2. 원형의 복원

먼저 김해 봉황동 출토『논어』목간(이하 봉황동 목간으로 약칭)과 인천 계양산성 출토『논어』목간 (이하 계양산성 목간으로 약칭)의 판독문을 제시하면 다음과 같다.

〈그림 1〉 김해 봉황동 목간

<김해 봉황동 목간>
×不欲人之加諸我吾亦欲无加諸人子×　　（Ⅰ面）
×文也子謂子産有君子道四焉其×　　（Ⅱ面）
×已□□□色舊令尹之政必以告新×　　（Ⅲ面）
×違之何如子曰淸矣□仁□□曰未知×　　（Ⅳ面）
(209)×19×19

<인천 계양산성 목간>
×賤君子[　　　　]×　　（Ⅰ面）
×吾斯之未能信子□×　　（Ⅱ面）
×□不知其仁也求也×　　（Ⅲ面）
×[　　　　　　]×　　（Ⅳ面）
×[　　　]子曰吾×　　（Ⅴ面）
길이 138mm

〈그림 2〉 인천 계양산성 목간

고를 정리한 「金海出土『論語』木簡について」와 「古代朝鮮における『論語』受容再論」(早稻田大學朝鮮文化硏究所編『韓國出土木簡の世界』, 雄山閣, 2007)이 있다.

계양산성 목간의 수종은 소나무라는 분석결과가 나와 있다.[5]

모두 『논어』「공야장」편을 적고 있다. 상단과 하단이 다 파손되어 있기 때문에 용도를 추정하기 전에 원형을 복원할 필요가 있다.

그런데 이 목간의 용도에 관하여 습서習書, 즉 문자나 문장을 습득하기 위해 쓴 것이라는 설이 있다.[6] 그러나 문자를 반복하여 쓰고 있지 않고, 현행 본 『논어』와 비교해 보면 생략된 문자도 거의 없기 때문에 단순한 습서라고는 생각하기 어렵다.

먼저 봉황동 목간과 계양산성 목간에 서사된 부분을 밑줄로 나타내 보면, 다음과 같다.

公冶長第五子謂公冶長可妻也雖在縲絏之中非其罪也以其子妻之子謂南容邦有道
不廢邦無道免於刑戮以其兄之子妻之子謂<u>子</u>賤君子哉若人魯無君子者斯焉取斯子貢
問曰賜也何如子曰女器也曰何器也曰瑚璉也或曰雍也仁而不佞子曰焉用佞禦人以口
給屢憎於人不知其仁也焉用佞子使漆雕開仕對曰<u>吾斯之未能信</u>子說子曰道不行乘
桴浮于海從我者其由與子路聞之喜子曰由也好勇過我無所取材孟武伯問子路仁乎子
曰不知也又問子曰由也千乘之國可使治其賦也<u>不知其仁也求也</u>何如子曰求也千室之
邑百乘之家可使爲之宰也不知其仁也赤也何如子曰赤也束帶立於朝可使與賓客言也
不知其仁也子謂子貢曰女與回也孰愈對曰賜也何敢望回回也問一以知十賜也聞一以
知二子曰弗如也吾與女弗如也宰予晝寢子曰朽木不可雕也糞土之牆不可杇也於予與
何誅子曰始吾於人也聽其言而信其行今吾於人也聽其言而觀<u>其行於予與改是子曰吾
未見剛</u>或對曰申棖子曰棖也慾焉得剛者或對曰申棖子曰棖也慾焉得剛子貢曰我<u>不欲
人之加諸我</u>也吾亦欲無加諸人子曰賜也非爾所及也子貢曰夫子之文章可得而聞也夫
子之言性與天道不可得而聞也子路有聞未之能行唯恐有聞子貢問曰孔子子何以謂之

5 李亨求, 앞의 책, 294쪽.
6 東野治之, 「近年出土の飛鳥京と韓國の木簡─上代語上代文學との關わりから」, 『日本古代史
　料學』, 岩波書店, 2005.

文也子曰敏而好學不恥下問是以謂之文也子謂子産有君子之道四焉其行已也恭其事
上也敬其養民也惠其使民也義子曰晏平仲善與人交久而敬之子曰臧文仲居蔡山節藻
梲何如其知也子張問曰令尹子文三仕爲令尹無喜色三已之無慍色舊令尹之政必以告
新令尹何如子曰忠矣曰仁矣乎曰未知焉得仁崔子弑齊君陳文子有馬十乘棄而違之至
於他邦則曰猶吾大夫崔子也違之之一邦則又曰猶吾大夫崔子也違之何如子曰清矣曰
仁矣乎曰未知焉得仁季文子三思而後行子聞之曰再斯可矣子曰甯武子邦有道則知邦
無道則愚其知可及也其愚不可及也子在陳曰歸與歸與我黨之小子狂簡斐然成章不知
所以裁之子曰伯夷叔齊不念舊惡怨是用希曰孰謂微生高直或乞醯焉乞諸其鄰而與
之子曰巧言令色足恭左丘明恥之丘亦恥之匿怨而友其人左丘明恥之丘亦恥之顔淵季
路侍子曰盍各言爾志子路曰願車馬衣輕裘與朋友共敝之而無憾顔淵曰願無伐善無施
勞子路曰願聞子之志子曰老者安之朋友信之少者懷之子曰已矣乎吾未見能其過而
內自訟者也子曰十室之邑必有忠信如丘者焉不如丘之好學也

〈그림 3〉 『논어』 「공야장」편 해당 부분('___' 부분은 계양산성 목간, '___' 부분은 봉황동 목간)

계양산성 목간 Ⅰ~Ⅲ, Ⅴ면의 순, 봉황동 목간 Ⅰ~Ⅳ면의 순으로 나타
나는 것을 알 수 있다. 즉 서사할 때에 하나의 면을 다 쓰면 목간을 돌려서
왼쪽 면에 이어서 써 나갔다고 생각된다. 따라서 원형의 가능성으로서 상정
할 수 있는 것은 텍스트의 적당한 부분을 뽑아 썼던가,[7] 아니면 텍스트 전체
를 베꼈던가 두 가지이다.

그래서 다음으로 어느 한 면과 그 다음 면에 쓰인 『논어』 본문의 간격을
살펴보면, 봉황동 목간의 Ⅰ면 첫 글자인 '불不'에서 Ⅱ면 첫 글자인 '문文'까
지는 91자이다.[8] 마찬가지로 Ⅱ면 첫 글자인 '문文'에서 Ⅲ면 첫 글자인 '이

---

7 李亨求는 『桂陽山城發掘調査報告書』(앞의 책)에 명기하지는 않았지만, 발췌한 것으로 추정
하고 있는 듯하다. 또한 선문대학교 고고연구소, 「仁川桂陽山城 東門址內集水井 出土木簡
保存處理結果報告」, 2005. 6. 27[본 자료는 한국문화재청 홈페이지(http://www.cha.go.kr/)에
공개되어 있다] 15쪽에서는 원형을 25㎝로 추정하고 있다. 그렇다면 당연히 『논어』 전문이
아니라 일부만을 발췌한 것이 된다.

ㄹ'까지가 79자, Ⅲ면 첫 글자인 '이ㄹ'에서 Ⅳ면 첫 글자인 '위違'까지가 77자이다. 즉 목간의 어느 한 면과 다음 면과의 간격은 각각 91, 79, 77자가 되며, 다소 폭은 있지만 거의 일정하다고 간주할 수 있다.

계양산성 목간에 관해서도 같은 작업을 해보면 Ⅰ면 첫 글자인 '천賤'에서 Ⅱ면 첫 글자인 '오푬'까지의 글자 수는 76자, Ⅱ면 첫 글자인 '오푬'에서 Ⅲ면 두 번째 글자인 '불不'까지가 71자이다. Ⅳ면은 유감스럽게도 판독할 수 없지만, Ⅲ면의 여섯 번째 글자인 '야也'에서 Ⅴ면 여섯 번째 글자인 '자子'까지를 보면 154자이며, 이를 2로 나누면 77자가 된다. 즉 어느 면의 문자와 그 다음 면의 같은 위치에 있는 문자의 간격은 71, 76, 77자가 되며 역시 거의 일정하다. 만약 텍스트의 어느 부분을 골라내어 목간에 썼다고 한다면, 이렇게 일정한 간격이 나타날 수 없다. 따라서 원래의 목간에는 『논어』 본문을 생략하지 않고 충실하게 필사한 것으로 추정된다.

또한 어느 한 면과 그 다음 면의 간격은 목간 한 면에 쓴 글자 수와 동일하다. 그래서 한 면의 글자 수를 바탕으로 해서 원래 목간의 길이를 산출해낼 수 있다. 위에서 봤듯이 봉황동 목간의 원형 한 면에는 최대 91자가 서사되어 있었다(Ⅰ면). 현존하는 목간 한 면의 글자 수는 13~15자이기 때문에, 원형은 약 6~7배 길이가 필요하다. 현존 길이가 20.9㎝이기 때문에 원형의 길이는 그 6배인 125.4㎝에서 7배인 146.3㎝가 되며 대단히 장대한 목간이었던 것으로 추측된다.

계양산성 목간의 경우 묵흔이 가장 잘 남아 있는 Ⅱ면에서 한 글자의 크기를 계산해 보자. 설명회 자료의 실측도에 의하면, 첫 번째 글자인 '오푬'의 필획 하단에서 일곱 번째 글자인 '자子'의 필획 하단까지의 거리는 104㎜이다. 이를 6으로 나누면 한 글자의 평균 길이가 약 17.3㎜가 된다. 이를

---

8 이하 『논어』 텍스트는 金谷治 역주 『論語』(岩波書店, 1999)를 사용하였다.

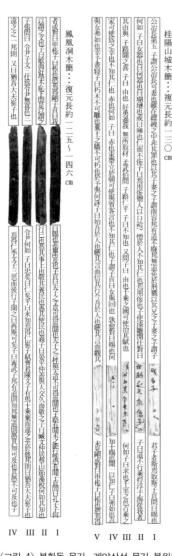

桂陽山城木簡…復元長約一三〇cm

公冶長第五 子謂公冶長可妻也雖在縲絏之中非其罪也以其子妻之子謂南容邦有道不廢邦無道免於刑戮以其兄之子妻之子謂子賤

君子哉若人魯無君子者斯焉取斯子貢問曰賜也何如子曰女器也曰何器也曰瑚璉也或曰雍也仁而不佞子曰焉用佞禦人以口給屢憎於人不知其仁焉用佞

子使漆雕開仕對曰吾斯之未能信子說子曰道不行乘桴浮于海從我者其由與子路聞之喜子曰由也好勇過我無所取材

又問子曰由也千乘之國可使治其賦也不知其仁也求也何如子曰求也千室之邑百乘之家可使為之宰也不知其仁也赤也何如

子謂子貢曰女與回也孰愈對曰賜也何敢望回回也聞一以知十賜也聞一以知二子曰弗如也吾與女弗如也宰予晝寢子曰朽木不可雕也糞土之牆不可杇也於予與何誅

鳳凰洞木簡：復元長約一二五～一四六cm

子張問曰令尹子文三仕為令尹無喜色三已之無慍色舊令尹之政必以告新令尹何如子曰忠矣曰仁矣乎曰未知焉得仁

君子哉若人尚德哉若人子曰邦有道如矢邦無道如矢君子哉蘧伯玉邦有道則仕邦無道則可卷而懷之

知其說者之於天下也其如示諸斯乎指其掌何事於仁必也聖乎堯舜其猶病諸夫仁者己欲立而立人己欲達而達人

子曰求仁而得仁又何怨出曰夫子不為也子曰飯疏食飲水曲肱而枕之樂亦在其中矣不義而富且貴於我如浮雲

V IV III II I　　　　IV III II I

〈그림 4〉 봉황동 목간, 계양산성 목간 복원도

한 면의 최대 글자 수 77자로 곱하면, 목간의 원래 길이는 문자가 쓰인 부분만으로도 133.2㎝나 되었을 것이다. 이상의 계산에 의해 『논어』 목간은 두 개 모두 130㎝나 되는 장대한 목간이었다고 추정할 수 있다(<그림 4>).

그런데 봉황동 목간의 원형에는 약 330자, 계양산성 목간의 원형에는 약 370자가 적혀 있었다. 「공야장」편은 전체가 878자이기 때문에 같은 목간이 3개 있다면 서사할 수 있다. 더욱 이 『논어』 전체의 글자 수는 약 16,000자여서, 단순히 이를 1개의 목간 글자 수로 나누면, 봉황동 목간은 49개, 계양산성 목간은 44개로 전체를 서사할 수 있다. 다만 편이 달라질 때에 그대로 계속해서 쓴 것이 아니라, 새로운 목간으로 바꾸어 서사했을 가능성도 있다. 그 경우에는 봉황동 목간은 60개, 계양산성 목간은 52개로 『논어』 전체를 서사 가능하다.

이상과 같은 복원안에 대하여, 계양산성 발굴보고서는 다음과 같이 비판하고 있다.

길이가 150㎝나 되는 소나무 막대기를 구하기도 어렵지만, 이를 지름이 2㎝ 이하로 5면을 치목治木한다는 것은 더더욱 불가능하다고 본다. 실제로 지름 2㎝ 내외의 나뭇가지를 50㎝ 이상 오면체의 능형稜形 목주木柱로 깎게 되면 소나무의 옹이 때문에 목주가 부러져 그 이상의 크기는 만들기가 어렵다[9]

이러한 비판에 대해서는 이미 반론이 있으며[10] 필자도 그 반론에 따르는 바지만, 재차 확인해 보고자 한다.

먼저 150㎝가 넘는 소나무 가지를 찾아내는 것은 실제로는 손쉬우며, 직경 2㎝ 정도의 가지 표면을 깎아 4면이나 5면의 서사면을 만드는 것도 그렇게 힘들다고는 생각되지 않는다.[11] 또한 한국 목간에는 소나무 가지를 이용한 목간이 널리 보인다. 필자도 직접 조사한 성산산성 목간의 경우, 대부분이 직경 2~4㎝ 정도의 가지를 반으로 쪼개어 제작했다는 것이 이미 밝혀져 있다.[12] 즉 한국 목간에서 가지를 이용하여 목간을 만드는 것은 일반적인 제작 기법이었다. 더구나 계양산성에서 출토된 또 하나의 목간이 제 복원안의 방증이 된다.

〈그림 5〉
계양산성
출토 2호
목간

9 李亨求, 앞의 책, 273쪽.
10 李成市, 「新羅の識字教育と『論語』」, 高田時雄 編, 『漢字文化三千年』, 臨川書店, 2009, 119~120쪽.
11 고려시대 청자를 운반할 때 소나무류를 길이 87~134㎝, 폭 2.5~3㎝, 두께 0.9~1.4㎝로 만든 막대형 포장재를 이용했다(국립해양문화재연구소, 『고려청자보물선』, 2009, 385쪽).
12 橋本繁, 「함안 성산산성 목간의 제작기법」, 『함안 성산산성 출토목간』, 국립가야문화재연구소, 2007.

<계양산성 출토 2호 목간>

□□□子□□□

길이 49.3㎝, 두께2.5㎝

　전체의 1/4 정도만이 단면 5각형으로 다듬어져 있어 묵흔이 남아 있고 나머지 부분은 단면 원형으로 다듬어져 있다. 본래는 『논어』목간과 마찬가지로 전체적으로 단면 5각형이었으나, 하부를 남겨 원형으로 다시 가공하였다고 생각된다. 또한 보고서의 294쪽 표에 의해 수종은 소나무임을 알 수 있다.

　묵흔은 한 글자밖에 판독되지 않았지만, '子'는 말할 필요도 없이 『논어』에 많이 사용되는 문자이며, 본 목간도 『논어』를 서사했을 가능성이 충분히 있다. 이러한 50㎝의 목간이 존재한다는 사실은 1m 이상의 장대한 목간이 존재하였다는 것을 방증하고 있다.

3. 용도의 추정

1) '학습용'설

　본 절에서는 2점의 『논어』 목간의 용도에 대하여 논하여 보고자 한다. 먼저 지적해 두지 않으면 안 되는 것이, 유감스럽게도 『논어』 목간에는 고고학적인 정보가 대단히 부족하다는 사실이다. 봉황동 유적의 성격은 분명하지 않고, 통일신라시대 김해에 소경이 설치되었을 때 그 중심지와 가까웠다고 추측되는 정도밖에 알 수 없다. 또한 목간 출토지점은 특정한 유구가 아니라, 시굴 트렌치의 저습지였다. 연대에 대해서도 함께 출토된 토기에서 추정되고 있을 뿐인데, 정식 보고서 안에서조차 6~8세기로 보는 견해와 6세기 후

반~7세기 초로 보는 견해가 병존하고 있다.[13]

계양산성 목간의 출토지점은 집수지여서, 역시 유구와 결부시켜 목간의 성격을 논하기가 곤란하다. 보고서에서는 연대를 4~5세기 한성백제시대의 것으로 보고 있지만,[14] 근거가 약한 것 같다. 집수지에서는 '주부십主夫十'이라는 명문이 있는 기와가 출토되었는데,『삼국사기』지리지에 의하면 고구려에서 신라에 걸쳐 이 지역에는 주부토군主夫吐郡이 설치되었다. 따라서 주부토군과 어떠한 관련이 있었다고 생각된다.

아무튼 유적·유구와의 관련이나 연대에 대해서는 불명확하다. 그 때문에 목간의 용도를 고찰하기 위해서는 목간의 형태만으로 논할 수밖에 없다. 그러면『논어』목간에 공통되는 형태상의 특징이 무엇인가?

첫째, 일반적인 판상板狀 목간과는 달리 봉황동 목간은 서사면이 4면, 계양산성 목간은 서사면이 5면이며, 고대 중국에서 '고觚'라 불리던 목간 형태다.

둘째, 모두 1m를 넘는 장대한 목간이다.

지금까지 필자는 이러한 특징을 가진 일본 열도나 중국 대륙의 목간을 참조하여 학교와 같은 장소에서『논어』를 학습하기 위하여 사용하였다고 추측해왔다.

먼저 '고'의 특징에 관하여 참조한 것은 중국 돈황에서 출토된『급취편急就

〈그림 6〉 돈황 출토
『급취편』

---

13 釜山大學校博物館 編,『金海鳳凰洞低濕地遺蹟』(앞의 책)은 '발간사'에서 관장인 申敬澈은 6~8세기대로 보았으며, 본문 중「金海鳳凰洞低濕地遺蹟出土木簡에 대하여」에서는 이창희가 6세기 후반~7세기 초로 보고 있다.
14 李亨求, 앞의 책.

篇』이 쓰인 목간이다(<그림 6>). 이 고는 상부를 삼각으로 마무리하여 구멍을 뚫었고, 거기에 끈을 꿰어 매달아 두고 돌리면서 외우는 구조였다고 생각된다.[15]

마찬가지로 초학서를 서사한 고의 예로 일본에서도 『천자문』의 어구를 쓴 목간이 출토되었다.[16]

<천자문 목간>

　[薑 海 鹹 河 淡?]
・□□□□□　　　　　(우측면)
　[讓]
・推位□國　　　　　　(앞면)
・□□□□□[　]　　　(좌측면)
　(156)×24×(10)

상하단이 결실되어 있으며 현존 길이는 15.6㎝에 불과하지만 복원하면 90㎝ 정도였다고 생각된다. 텍스트는 『논어』와 『천자문』으로 다르지만, 한반도와 마찬가지로 일본 열도에서도 장대한 고를 이용한 학습법이 존재하였을 가능성이 있다.[17]

다음으로 장대하다는 특징에 관해서는 주로 일본에서 출토되고 있는 목간을 참조하였다. 일본 목간으로 1m를 넘는 것은 장부 외에 다음의 고지찰告知札이나 물기찰物忌札의 예가 있다.

---

15 大庭脩編, 『木簡—古代からのメッセージ』, 大修館書店, 1998, 32쪽.
16 寺崎保廣, 「奈良・飛鳥池遺跡」, 『木簡研究』 21, 1998.
17 橋本繁, 「東アジアにおける文字文化の傳播」, 앞의 책, 412~413쪽.

<고지찰>
「告知　往還諸人　走失黒鹿毛牡馬一匹額少白

件馬以今月六日申時山階寺南花園池邊而走失也

九月八日

若有見捉者可告來山階寺中室自南端第三房□」

1000×73×9

　헤이죠쿄平城京 동삼방대로東三坊大路 동쪽 도랑
에서 출토되었다. 고지찰이란 미아나 말·소 등
의 유실물에 관한 사항을 목찰에 적어 사람들이
왕래하는 길모퉁이의 게시장에 세워 고지함으로
써 다시 되찾기를 꾀하는 것이다.[18]

<물기찰>
「今日物忌　此處不有預入而他人輒不得出入」

1104×43×7

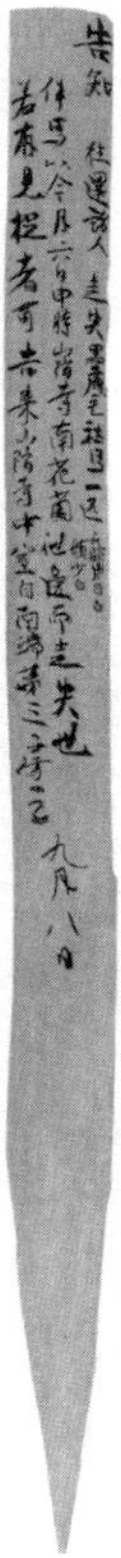

　물기物忌란 꿈자리가 나빴다거나 이변이 발생
했을 때 점의 결과에 따라 문을 닫고 집안에 틀
어박히는 것을 말한다. 물기찰이란 그때 저택의
문 앞에 내걸었던 것이다. 장강경長岡京 좌경삼조左京三條 삼방일정三坊一町에서
출토된 이 목간은[19] 하단이 뾰족하지만, 단단한 지면에 박았던 흔적이 없기
때문에 인공적으로 쌓아 올린 모래에 꽂은 것으로 추측된다(<그림 9>).[20]

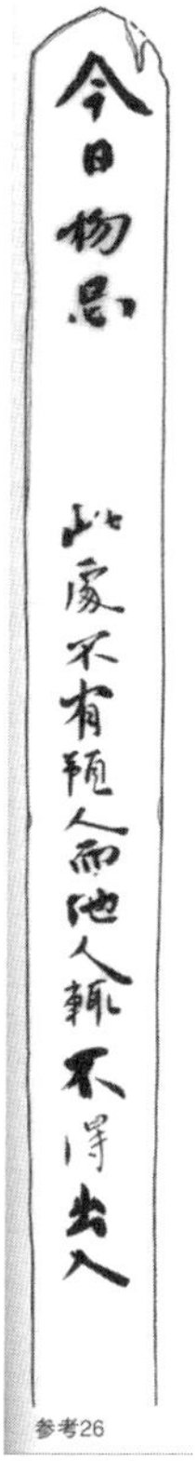

參考26

〈그림 7〉
고지찰

〈그림 8〉
물기찰

---

18 木簡學會編, 『日本古代木簡選』, 岩波書店, 1990, 136~137쪽.
19 木簡學會編, 『日本古代木簡集成』, 東京大學出版會, 2003. 목간번호 423.
20 國立歷史民俗博物館, 『古代日本文字のある風景』, 朝日新聞社, 2002, 106~107쪽.

〈그림 9〉 물기찰 사용 상상도

이 고지찰과 물기찰처럼 장대한 목간은 바로 곁에 놓고 사용하는 것이 아니라, 게시하는 등 조금 거리를 두고 보는 것을 전제로 하고 있음을 알 수 있다.

고를 학습용으로 사용한 예를 볼 수 있고, 장대한 목간은 바로 곁에 두고 사용하는 것이 아니라는 두 가지 특징을 아울러 생각해 보면 한국의 『논어』 목간은 학교와 같은 장소에서 학습을 위해 사용되었다고 추측할 수 있다.

한편 『삼국사기』에서 구체적으로 『논어』를 학습한 사실을 알려 주는 사료는 신라의 국학이다. 국학은 신문왕 2년(682)에 왕경에 설치된 교육기관이며, 『논어』는 『효경』과 함께 필수로 정해져 있었다. 국학은 관리를 재교육하기 위한 기관이기도 하였다고 추측되고 있다.[21] 따라서 관리에게 『논어』는 반드시 익혀야 하는 지식이었다. 『논어』 목간은 통일신라시대의 소경이나 군의 관리가 학습하기 위해 사용하였다고 결론지을 수 있다.[22]

21　木村誠, 「統一新羅の官僚制」, 『古代朝鮮の國家と社會』, 吉川弘文館, 2004년.
22　橋本繁, 「東アジアにおける文字文化の傳播」, 앞의 책, 409~410쪽; 「古代朝鮮における『論語』 受容再論」, 앞의 책, 276~277쪽. 李成市의 「新羅の識字教育と『論語』」(앞의 책)도 같은 추정을 하고 있다.

2) '시각목간'설

이상 이들 『논어』 목간은 학습용이었다는 지적에 대하여, 상징적인 의미를 지니는 것이 아닐까라는 비판이 있다. 2006년 1월 심포지엄에서 보고했을 때, 관아나 귀족의 저택에 『논어』 목간을 구비하였다는 점 그 자체에 의미가 있을 것이라는 지적을 받았다.[23] 또한 최근에 토미야 이타루(富谷至)는 중국의 장대한 간독이나 고의 성격에 관한 재고찰을 통해 일본이나 한국에서 출토된 『논어』 목간은 상징적인 의미를 지닌 것으로 주장하고 있다.[24] 그래서 여기에서는 중국이나 일본의 목간에 관한 새로운 지식에 입각하여 『논어』 목간의 용도를 재검토해 보고자 한다.

먼저 토미야 이타루가 언급하고 있는 중국의 목간과 그 해석을 제시하면 다음과 같다.

〈그림 10〉 거연 출토 候史廣德行罰檄

<후사광덕행벌격候史廣德行罰檄>

거연居延 갑거관甲渠官 유적에서 출토된 '후사광덕좌죄행벌격候史廣德座罪行罰檄'(EPT57. 108)은 길이 83㎝의 막대기 모양의 목간으로 두 면에 문자가 쓰여 있다. 거연갑거후관居延甲渠候官이 후사광덕候史廣德에게 실직 처벌을 결정한 문서로 정면에 처벌의 공문, 측면에 그 근거를 적고 있다.

23 早稻田大學 朝鮮文化硏究所 主催 심포지엄, 「韓國出土木簡の世界Ⅲ」(2006. 1. 14) 종합토론 때의 발언. 早稻田大學 朝鮮文化硏究所 編, 『韓國出土木簡の世界』, 385~387쪽.
24 富谷至, 「書記官への道」, 『文書行政の漢帝國－木簡·竹簡の時代』, 名古屋大學出版會, 2010, 91~95쪽.

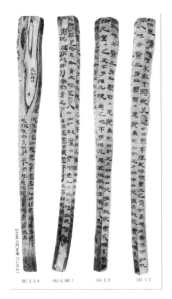

〈그림 11〉玉門花海 출토 황제유조

이 목간에 대하여 토미야 이타루는 '여러 사람들의 눈에 띄도록 한 일종의 고지찰과 같은 것'으로 '불특정 다수가 볼 것을 상정하여 여러 사람들의 눈에 띄는 곳에 내걸어' 두었고, '후사候史의 직무태만과 그에 관한 처벌을 공시함으로써 위협적인 효과가 발생하며 이로써 기강을 단속하기' 위한 것으로 보았다.[25]

<옥문화해玉門花海 출토 황제유조>

서사면이 7면 있는 길이 37cm의 고이다. 총 212자이며, 황제의 유조와 사적인 편지가 쓰여 있다. 지금까지는 습서설, 식자교본설이 제시되었는데, 사적인 편지가 교본이 될 리도 없고, 유조도 이체자가 많기 때문에 부자연스럽다. 이것도 '항상 눈에 띄도록 게시해 두는 표식간標識簡'이며, 마치 신변에 항상 두고 읽는 책처럼 내걸어 '자기 자신이 언제나 보기 위한' 것이라고 한다.[26]

그리고 앞 절에서 든 돈황 출토 『급취편』을 교과서로 추정하는 설에 대해서도 만약 교과서라면 가로로 눕혀 두고 연습하는 것이 보통이라고 비판한다. 구멍에 끈을 꿰어 매달았다고 한다면, 항상 여러 사람들의 주의를 끌어냄으로써 식자학습의 표식이 되고, 학습을 장려 고무하며, 또한 그것을 보는 자가 자각하고 자성하는 상징적 역할을 가진 '시각視覺목간'이라고 주장하고 있다. 이상과 같이 지적한 다음에 한국이나 일본에서 출토된 장대한 고에

---

25 富谷至, 「檄書攷」, 위의 책, 91~95쪽.
26 富谷至, 「檄書攷」, 위의 책, 96~99쪽.

쓰인 『논어』 목간도 읽기 위한 것이 아니라 학습의 고무나 주술적 의미 등의 상징적인 의미를 가진 것이 아닐까라고 보고 있다.[27]

1m를 넘는 장대한 고가 어떠한 상징적인 의미를 지니는 '시각목간'일 것이라는 지적은 대단히 중요하다. 이하에서는 『논어』 목간이 이러한 상징적인 의미를 지닐 가능성에 대해 고찰해 보고자 한다. 다만, 일본과 한국의 『논어』 목간을 같은 예로 다룰 수는 없다.

토미야 이타루가 지적하는 상징적인 의미를 지닌 일본의 『논어』 목간은 도쿠시마현德島縣 간논지觀音寺 유적에서 출토된 목간이다(<그림 12>).

       [冀?]   [夷?]   [還?] [耳?]

·「□ □依□ □ 乎 □ □ 止□ 所中□□□」   (앞면)

·□□□□乎」   (뒷면)

·「子曰　學而習時不孤□乎□自朋遠方來亦時樂乎人不知亦不慍」 (좌측면)

                     [兵?]

·   ] 用作必□□□□ □ □人 [   ] □□□   (우측면)

(653)×29×19

이 목간의 연대는 7세기 제2사반기로 생각되며, 일본에서 가장 오래된 목간 중 하나다. 4면에 문자를 쓴 고라는 점과 『논어』가 쓰여 있다는 점은 확실히 한국의 『논어』 목간과 공통된다. 그리고 문자가 예서풍의 특이한 서체이기 때문에 습서가 아니라 보여 줌으로써 효과를 발휘하는 주물呪物적인 것이 아닐까라는 견해가 보고서에 이미 제시되고 있다.[28]

그러나 간논지 목간에서 『논어』가 쓰여 있는 것은 좌측면뿐이며, 자구도 『논어』「학이」편과는 다른 점이 있다. 본고에서도 서술하였듯이 한국에서

---

27 富谷至, 「書記官への道」, 위의 책, 137~140쪽.
28 多田伊織, 「觀音寺遺跡出土『論語』木簡の位相一舺·『論語』文字」, 德島縣埋藏文化財セン
　ター, 『觀音寺遺跡Ⅰ』, 德島縣埋藏文化財研究會, 2002.

〈그림 12〉 간논지 유적 출토 목간

출토된 『논어』 목간은 모든 면에 『논어』 본문을 충실하게 서사하고 있기 때문에 간논지 목간과 같은 성격을 가졌다고는 생각하기 어렵다.[29]

　게다가 한국의 『논어』 목간은 2점 모두 「공야장」 편이다. 신라에서는 「공야장」편이 특별한 의미가 있었고 그 때문에 「공야장」편만을 서사했을 수도 있겠지만, 본래는 『논어』 전체를 서사했다고 생각해야 할 것이다. 그렇다고 한다면 학습의 고무나 주술적인 목적에서 50~60개나 되는 『논어』 목간을 게시했다고는 생각하기 어렵지 않을까? 만약 그러한 목적이라면 『급취편』처럼 서두 부분만을 목간에 베껴 쓰면 충분하였을 것이다. 학습에 사용한 것이 아니라 상징적인 의미가 강하였다는 지적을 받아들인다 하더라도 학습의 고무나 주술적인 목적이었다고 하기에는 의문이 남는다.

3) '의식용'설

　다음으로 주목하고 싶은 것이 최근 일본의 목간연구에서 주목받고 있는 '가목간歌木簡'이다.[30]

　가목간歌木簡이란 화가和歌(와카. 일본 고유의 정형시. 5 · 7 · 5 · 7 · 7음의 5토막

---

29 橋本繁, 「金海出土 『論語』 木簡と新羅社會」, 앞의 책, 10~11쪽.
30 관련된 논문이 많기 때문에 대표적인 것만을 들면 다음과 같다. 榮原永遠男, 「木簡として見た歌木簡」, 『美夫君志』 75, 2007; 「歌木簡の實態とその機能」, 『木簡研究』 30, 2008; 「歌木簡その後」, 『萬葉語文研究』 5, 2009; 犬飼隆, 『木簡から探る和歌の起源』, 笠間書院, 2008.

총 31음절로 구성된다) 한 수 전체를 쓰기 위한 목
간이다. A·B 두 종류로 나눌 수 있고, A타입은
길이 2척(약 60㎝) 이상의 장대한 재목의 한쪽 면
에 만엽가명万葉假名(한자의 음훈을 빌려 일본어를 표
기한 표음문자)으로 한 줄 쓰기로 쓴 것, B타입은
이보다는 짧거나 두 줄 쓰기로 되어 있거나 뒷면
에 이어서 쓰여 있는 등 A타입과 다른 것을 말한
다. 지금까지 A타입은 9점, B타입은 7점 출토되
었다.

なにはつにさくやこのはなふゆごも
奈迩波ツ尓佐久夜己能波奈布由己母
あさかやまかげさへみゆるやま
阿佐可夜麻加氣閇美由流夜真

〈그림 13〉甲賀市 宮町 유적
목간

A타입의 구체적인 예로서 갑하시甲賀市 궁정宮町
유적에서 출토된 목간을 든다.

```
<歌木簡>
・奈邇波ツ爾 ……  □夜己能波□□由己□ ×    ( a 면)
・阿佐可夜 ……  [              ]流夜眞 ×    ( b 면)
(79+140)×(22)×1
```

현존 상태는 상하좌우가 전부 파손되어 있고, 두 조각으로 나누어져 있다.
본래는 a면에 31자, b면에 32자가 있고, 글자가 쓰여 있던 부분만으로 50㎝
전후, 여백을 생각하면 거의 약 2척(60㎝)의 목간이었다. 처음에는 a 면에만
글자를 써 사용하였고, 그 후 뒷면(b 면)도 사용하였다고 생각된다(<그림
14>).
　『논어』 목간의 용도를 추정하기 위해 참조한 것은 A타입, 즉 2척 이상의
장대한 목간에 쓴 것이다. 습서 등 다양한 설도 나와 있지만, 특별한 크기로
볼 때 단순한 연습이나 메모에 사용되었던 것이 아니라 의식이나 연회 등에
지참하고 노래를 읊을 때 사용되었던 것으로 추정된다. 장대한 재목을 일부

あさかやま かげさへみゆる やまのゐの あさきこころを わがおもはなくに

なにはつに さくやこのはな ふゆごもり いまははるべと さくやこのはな

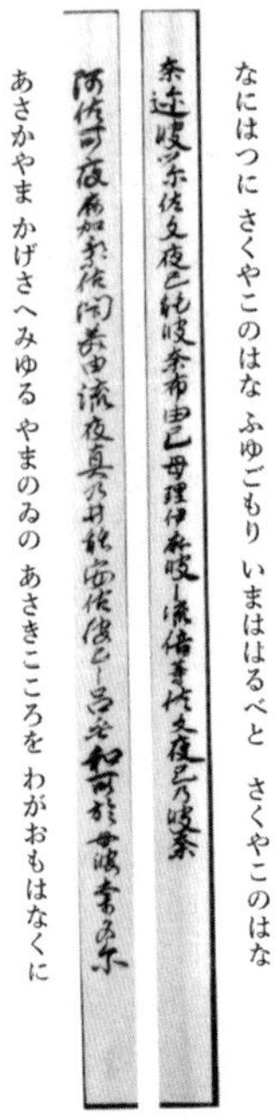

〈그림 14〉 甲賀市 宮町 유적 목간 복원도

러 준비하여 노래를 쓴 이유에는 '장대한 목간을 지닌 모습 그 자체나 그것을 가시고 행하는 몸가짐도 중시'되었고, '읊을 때 나오는 음성도 또한 중시되었을 것'으로 추측되고 있다.[31]

이러한 가목간歌木簡의 예를 참조한다면, 장대한 『논어』 목간도 어떠한 의례에서 사용되었을 가능성을 상정할 수 있다.

그렇다면 『논어』를 읊는 의례를 구체적으로 상정하는 것은 가능할까?

한국 고대의 의례에 관하여 구체적인 내용까지 알 수 있는 사료는 거의 남아 있지 않다. 그러나 동시대의 당이나 고대 일본의 사례를 참조하면 유학의 선성선사先聖先師를 제사하는 의식인 석전釋奠이 후보가 된다.[32]

석전의 구체적인 내용에 관해서는 『대당개원례大唐開元禮』권53·「황태자석전우공선부皇太子釋奠于孔宣父」를 보면, 재계齋戒·진설陳設·출궁出宮·궤형饋亨·강학講學·환궁還宮의 여섯 항목에 걸쳐 기록하고 있다. 그중 강학講學은 집독執讀이 경을 다 읽은 후에 집경자執經者가 석의釋義를 행하고, 시강자侍講者가 이에 대하여 의문점을 질문하여, 집경자나 그 외의 시강자와 논의를 주고받는다는 의식이었다. 이때 경전으로 사용된 것이 『효경』 『논어』 및 오경이었다. 강론하는 경의 순서가 정해져 있었던 것은 아니며, 2경 이상을 강론한 경우도 보인다.

---

31 榮原永遠男, 「歌木簡その後」, 앞의 책, 187쪽.
32 이하의 기술은 彌永貞三의 「古代の釋奠について」(『續日本古代論集』 下, 吉川弘文館, 1972)에 크게 의거하였다.

고대 일본 석전도 기본적으로는 『대당개원례』 등에 준하는 형식으로 행해졌다. 다만 경을 낭독할 때, 처음에 음박사音博士가 음독을 하고 나서 이를 좌주座主가 훈독하는 방식을 취한 것 외에, 9세기 전반 무렵부터는 강설하는 경전의 순서가 『효경』 『예기』 『모시』 『상서』 『논어』 『주역』 『좌전』 순으로 정하는 등 독자적으로 고안한 방식도 있었다.

이렇게 동시대의 당이나 일본에서는 석전의 일환으로서 『논어』를 비롯한 유교경전을 낭독하였다. 가목간歌木簡의 사례를 참조하면 장대한 『논어』 목간이 이러한 장면에서 사용되었을 가능성을 생각해 볼 수 있다. 물론 당·일본의 석전에서 장대한 목간을 사용하였다는 기록은 없다.[33] 나아가 고대 한반도에서 석전을 행하였다는 직접적인 증거도 남아 있지 않다.

한국 고대의 석전에 관한 사료는 『삼국사기』 권5 진덕왕 2년(648) 3월조에 보이는 '춘추청예국학春秋請詣國學, 관석전급강론觀釋奠及講論, 태종허지太宗許之[(당에 사신으로 간) 춘추가 국학에 가서 석전과 강론을 참관하기를 청하니, 태종이 이를 허락하였다]'라는 기사뿐이며, 실제로 석전을 행하였다는 기사는 보이지 않는다. 다만 앞에서 서술한 신라 국학의 설치에는 이 김춘추의 시찰이 영향을 주었다고 생각되기 때문에, 이 무렵에 석전도 행해지게 되었다고 생각하여도 큰 무리는 없을 것이다. 그리고 『삼국사기』 권40 직관지에는 기록에는 보이나 상세한 것은 알 수 없는 신라 관직의 하나로서 '공자묘당대사孔子廟堂大舍'가 보인다. 설치 연대는 알 수 없으나, 신라에 공자를 모신 묘당이 있었음을 알 수 있으며 그곳에서는 당연히 석전이 행해졌을 것이다.

또한 『삼국사기』 권9 혜공왕 12년(776) 2월조의 '행국학청강幸國學聽講(국학에 거둥하여 강의를 들었다)', 권11 경문왕 3년(863) 2월조의 '왕행국학王幸國學, 령박사이하강론경의令博士已下講論經義, 사물유차賜物有差(국학에 거둥하여 박사 이

---

33 胆澤城에서는 석전에 사용되었다고 추측되는 종이에 쓰인 고문 『孝經』이 출토되었다(平川南, 「古文孝經寫本」, 『漆紙文書의 研究』, 吉川弘文館, 1989).

하에게 경전의 뜻을 강론케 하고 문건을 차등 있게 내려주었다)', 권11 헌강왕 5년 (879) 2월조의 '행국학幸國學, 명박사이하강론命博士已下講論(국학에 거둥하여 박사 이하에게 명하여 강론케 하였다)'라는 왕이 몸소 국학에 거둥하고 있는 사료도 석전과 관련이 있을 가능성이 높다. 왜냐하면 2월은 석전이 행해지는 시기이 며, 강론은 앞서 서술하였듯이 석전의례의 하나이기 때문이다. 통상시에는 국학의 장관 등이 거행하는데, 왕이 직접 참가하였기 때문에 특별히 기록에 남았던 것이다.

지방의 석전에 대하여 살펴보면, 당에서는 주학州學·현학縣學에서 석전을 행하였고, 일본에서도 지방의 국마다 설치되었던 국학에서 석전을 행하였다. 신라에서는 소경이나 군에 학교가 존재하였던 것을 증명하는 사료는 없지만, 그러했을 가능성에 대해서는 이미 지적한 적이 있다.[34]

이상 한국 출토 『논어』 목간은 신라의 소경이나 군의 학교에서 행한 석전 에서 사용되었을 가능성을 새롭게 제기하였다.

4. 결론

왜 『논어』 목간이 왕경이 아니라 지방에서 출토되었는가를 해명하는 것은 쉬운 일이 아니다. 지금까지 필자는 학습용이라는 가능성을 주장해 왔지만, 본고에서는 새롭게 특정 의례에서 사용되었을 가능성을 지적하고, 그 구체적 인 예로서 석전에서의 강론을 상정하였다.

물론 이런 가능성은 『논어』 목간의 형태만을 근거로 추측한 것에 불과하 다. 위에서 서술한 가목간歌木簡의 용도를 해명하는 데 유적·유구의 성격이

---

34 橋本繁, 「金海出土『論語』木簡と新羅社會」, 앞의 책, 24~25쪽.

나 연대가 분명하였던 점이 크게 기여하였다고 한다. 앞으로 김해 봉황동이나 인천 계양산성 주변의 발굴이 진전되어 유적의 성격이 분명해진다면 고찰을 더 심화시킬 수 있을 것이다. 또한 새로운 『논어』 목간의 출토도 기대된다. 조사의 진전과 신출 사료를 기다려 한국 고대에서 『논어』, 더 나아가 유교 수용의 실태를 보다 발전적으로 추구해 가고 싶다.

일본 고대 지방사회의 『논어』 수용

습서習書목간의 검토를 중심으로

미카미 요시타가(三上喜孝)*

1. 머리말

　　본고의 목적은 일본 고대사회에 『논어』가 어떻게 수용되었는지, 그 실태를 해명하는 것이다. 일본 고대, 특히 7세기 후반부터 8세기에 걸쳐서는 『논어』의 일부분을 목간에 적은, 이른바『논어』목간이 열도 각지에서 출토되었다. 또 고대 일본 열도에 『논어』의 존재가 널리 알려지게 된 것은 7세기 후반 이후라고 생각할 수 있다. 그러면 왜 이 시기에 『논어』는 일본 열도 각지에 널리 수용되었는가, 그리고 그 수용의 실태와 배경으로는 어떤 것을 생각할 수 있는가, 본고에서는 지금까지의 연구 성과 등도 바탕으로 하여, 일본 열도 고대사회의 『논어』의 수용 실태와 그 배경에 대해서 고찰하고자 한다.

---

* 일본 야마가타(山形)대학 교수.

2. 일본 열도 『논어』의 전래

『논어』 목간은 후술하듯이 지금까지 일본 열도에서는 29점 정도 확인되었으며[1] 출토지도 열도 각 지역에 걸쳐 있다. 전적典籍을 서사書寫한 목간으로서는 가장 많은 점 수를 자랑한다. 즉 그만큼 『논어』는 7세기 후반부터 8세기에 널리 알려진 전적이었던 것이다.

그렇다면 『논어』는 언제 일본 열도에 전해진 것인가? 잘 알려져 있는 사료로는 『고지키古事記』 오진천황応神天皇 조條에 보이는 전승이다. 주지하는 바와 같이 『고지키』에는 오진천황 시대에 백제百濟 조고왕照古王이 왜국에 보냈던 와니키시和邇吉師, 왕인王仁를 통해 『논어』 10권과 『천자문』 1권이 전해졌다고 하는 기사가 보인다.

> • 『고지키』 오진천황조
> "백제 조고왕이 수컷 말 한 마리와 암말 한 마리를 아치키시阿知吉師에게 곁들여 헌상했다. 또 백제의 국왕은 큰 칼과 큰 거울을 헌상했다. 또한 백제국에 "만약 현인賢人이 있으면 헌상하라"고 말씀하셨다. 그 명령을 받고 헌상한 사람의 이름은 와니키시和邇吉師이다. 즉 『논어』 10권・『천자문』 1권, 모두 11권을 이 사람과 곁들여 헌상했다."

오진천황이 실재했다면 소위 『송서』의 왜국倭國전에 보이는 '왜의 오왕五王' 시대에 해당하므로 5세기 전반의 기사라고 볼 수 있다. 그러나 이 기사에

---

1 橋本繁, 「古代朝鮮における 『論語』受容再論」, 朝鮮文化研究所 編, 『韓國出土木簡の世界』, 雄山閣, 2007에서는 28점의 일본 출토 『論語』 목간이 소개되고 있지만 최근 奈良縣西大寺旧境內에서 8세기 후반이라고 생각되는 목간이 많이 출토되고 그중의 1점에 '論論語卷卷卷'으로 적힌 습서목간이 출토되었다고 한다(2010. 6. 5 明治大學 고대학 연구소에서 발표한 武田和哉・鶴見泰壽 씨의 보고 「西大寺旧境內出土木簡・墨書土器の概要」에 의한다). 따라서 확인할 수 있는 것은 현재 29점이다.

보이는 『천자문』은 6세기 초두의 중국 남조 양나라 시대에 편찬된 것으로, 엄밀히 말하자면 5세기 전반의 오진천황 시대에 『천자문』이 전래되었다는 것은 명백한 모순점을 갖는다. 즉 이 기사는 역사적 사실이라고 말하기 어렵다는 것이다.

그렇지만 최근 한국과 일본에서 공통된 형태의 『논어』 목간이 출토되고 있는 현 단계에서 보면[2] 이 기사가 갖는 의미에 다시 한 번 주목할 필요가 있다.[3] 물론 이 기사 자체는 전승에 지나지 않지만 이 전승이 『고지키』가 편찬된 7세기부터 8세기에 걸친 인식을 표명하고 있다는 것은 인정해도 좋다고 생각한다.

그런데 여기에 보이는 『논어』 10권이란 어떤 것일까? 양로학령養老學令6 교수敎授 정업正業 조條에는 "凡敎授正業. 周易鄭玄. 王弼注. 尙書孔安國. 鄭玄注. 三禮. 毛詩鄭玄注. 左傳服虔. 杜預注. 孝經孔安國. 鄭玄注. 論語鄭玄. 何晏注"라고 보이며 『논어』 텍스트로서 정현주鄭玄注와 하안주何晏注가 기재되어 있는데 고지마 노리유키小島憲之는 실제로 『논어』의 텍스트로서 일본에서 사용되고 있었던 것은, 하안주 등의 남조계 텍스트였다고 지적하고 있다.[4] 이러한 점을 근거로 하면 이 『논어』 10권이란 하안주의 『논어집해』 10권이었을 가능성이 높다.[5] 실제로 현재까지 확인되고 있는 『논어』 목간 중에는, '하안집해자왈何晏集解子曰'(히라죠오규平城宮 목간), '논어서하안집해論語序何晏集解'(효고현兵庫縣

2 東野治之,「近年出土の飛鳥京と韓國の木簡」,『日本古代史料學』, 2005(初出 2003); 橋本繁,「金海出土『論語』木簡と新羅社會」,『朝鮮學報』193, 2004;「金海出土『論語』木簡について」, 朝鮮文化硏究所 編,『韓國出土木簡の世界』, 雄山閣, 2007;「古代朝鮮における『論語』受容再論」, 같은 책.
3 東野治之,「『論語』『千字文』と藤原宮木簡」,『正倉院文書と木簡の硏究』, 塙書房, 1977(初出 1976).
4 小島憲之,『國風暗黑時代の文學 上』, 第二章 1「學令の檢討」, 1968.
5 大隅淸陽,「古代日本における『論語』受容の諸相」, 早稻田大學朝鮮文化硏究所 主催 심포지엄,『韓國古代木簡の世界Ⅲ』資料, 2006.

하카지袴狹 유적 출토 목간)라는 기재가 보이는 것으로 이러한 추정을 뒷받침할 수 있다. 백제의 『논어』 수용 실태에 대해서는 불분명하지만, 신라 지역 출토의 『논어』 목간의 텍스트가 북조계라는 가능성이 지적되고 있는 것과 아울러 생각해 보면, 남조계의 텍스트가 백제를 통해서 일본에 수용되었다고 보는 것은 충분히 가능하다고 생각한다. 이런 점도 또한 7세기 후반 이후의 『논어』 수용이, 『고지키』에 보이는 전승과 깊게 결부되어 있다는 것을 보여 주고 있다.

그런데 이 기사에서 『논어』와 함께 적혀 있는 『천자문』도 중국에 있어서 는 초보자용 텍스트로서 저명하다. 『천자문』은 중국 남조 양나라의 주흥사周興嗣가 편찬했으며, 1,000개의 문자를 중복되지 않도록 사자일구四字一句의 운문으로 표현한 것이다. 이 『천자문』을 기록한 목간은 현재 17점이 확인되고 있으며, 전적의 습서로서는 『논어』 목간에 버금가는 출토 수다. 쇼소인正倉院 문서 안에도 『천자문』을 기록한 습서落書가 남아 있다.

8세기 초두에 현저하게 볼 수 있는 『논어』 『천자문』의 습서는 이 시기의 문자문화 수용 문제를 생각하는 데에 시사적이다. 이미 지적한 바와 같이 7세기 후반부터 8세기 전반에 걸쳐 현저하게 보이는 습서목간(『논어』 『천자문』 「나니와즈難波津의 노래」)은 모두 백제 왕인王仁의 전승과 깊이 관련되어 있으며 문자문화가 백제에서 전래되었다는 의식이 문자를 습득하자고 하는 사람들 사이에서도 널리 존재했다고 사료된다.[6] 실제로도 7세기 후반부터 8세기 초두에 걸친 일본 열도의 문자문화는 백제의 영향을 크게 받았다는 사실이 명백해지고 있다. 전적을 기록한 목간 중 『논어』 목간이나 『천자문』 목간이 현저하게 보이는 사실은 일본 열도 초기의 문자문화가 백제에서 전래 되었다고 하는 당시의 의식과 밀접하게 관련되어 있다고 생각할 수 있는

---

6 三上喜孝, 「習書木簡からみた文字文化受容の問題」, 『歷史評論』 680, 2006.

것이다.

3. 『논어』 목간의 검토

일본 출토의 『논어』 목간은 지금까지 29점이 확인되고 있으며, 그중 20점
이 도성都城에서 출토(아스카飛鳥 지역 6점, 후지와라쿄藤原京 지역 3점, 헤이죠쿄平城
京 지역 10점, 도다이지東大寺 1점), 9점이 지방에서 출토(나라현奈良縣 사카하라사카
토阪原阪戶 유적 1점, 효고현兵庫縣 하카자袴狹 유적 2점, 효고현兵庫縣 시바柴 유적 1점,
도쿠시마현德島縣 간논지觀音寺 유적 1점, 시가현滋賀縣 간가쿠인勸學院 유적 1점, 시즈오
카현靜岡縣 시로야마城山 유적 1점, 나가노현長野縣 야시로屋代 유적 2점)된 것이다.
또 서사되어 있는 표제에 주목하면 「학이學而」편 9점, 「위정爲政」편 2점, 「팔
일八佾」편 1점, 「공야장公冶長」편 3점이다.

일본에서 출토된 『논어』 목간의 특징을 정리해 보면 다른 전적의 습서와
비교해도 출토 점수가 많은 점, 도성뿐 아니라 지방의 관공서 관련 유적에서
도 출토되었다는 점, 중앙과 지방에 상관없이 7세기 후반부터 8세기 전반에
많이 보이는 점 등을 지적할 수 있다. 문자문화 수용이 급속히 진행된 7세기
의 일본 열도에서 『논어』는 각지에서 상당히 광범위하게 서사되었던 전적이
라고 말할 수 있을 것이다.

여기에서는 도성이 아니고 지방에서 출토된 『논어』 목간에 주목하여 몇
점인가에 대하여 검토해 보기로 한다.

효고현 이즈시초出石町의 하카자 유적은, 나라 시대부터 헤이안 시대의 관
공서, 논水田의 흔적, 제사 유적 등이 유기적으로 관련되어 존재한 유적이며,
이 유적에서는 8세기부터 9세기에 걸친 목간이 다수 출토되었다. 『논어』
목간은 그중 2점이 확인되었다.

- 兵庫縣袴狹遺跡出土木簡 (1)
  - 「『子謂公冶長可妻』」
  - 「右爲蠲符搜求□」」
  長(196)㎜ × 幅26㎜ × 厚5㎜　019形式

앞면과 뒷면은 따로따로 쓰인 글자다. 앞면은 『논어』 「공야장」편 첫머리의 습서인데 뒷면의 '견부蠲符'는 과역課役 면제에 관한 문서를 가리키는 행정문서에 관한 용어다. 목간을 관찰해 보면 우선 행정문서에 관한 목간으로 작성되어 그 이후『논어』의 습서가 이루어졌다고 생각된다.

- 兵庫縣袴狹遺跡出土木簡 (2)

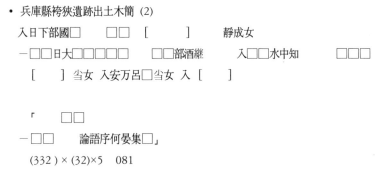

```
入日下部國□　　□□　[　　　]　　　靜成女
－□□日大□□□□□　　□□部酒継　　入□□水中知　　　□□□
　[　　] 当女 入安万呂□当女 入 [　　　]


「　　□□
－□□　　論語序何晏集□」」
(332 ) × (32)×5　081
```

앞면에 인명을 열기列記한 장부가 기록되어 있으며 뒷면에 『논어』 습서가 기록되어 있다. 앞면에 보이는 '大□'은 '大帳대장'으로 판독할 수 있는 가능성이 있다. 그렇다면 이것은 과역의 집계장부로서 고쿠후國府가 작성하는 대장과 관계된 목간일 가능성이 있다. 이 목간의 경우도 먼저 장부목간으로 작성되어 그 장부를 모두 사용한 다음, 『논어』 습서가 행해진 것으로 생각된다.

하카자 유적 출토의 『논어』 목간 2점은 모두 행정에 관한 문서목간이 폐기된 뒤에 2차적으로 기록되었다는 것이 특징이다. 이 특징은 이 유적의 성격이나 『논어』를 습서한 사람을 생각하는 데에 큰 의미를 갖는다.

먼저 행정에 관한 문서목간의 기재 내용을 통해 이런 것들이 지방관공서에서 작성되어야 할 목간이라는 것을 알 수 있다. 발굴조사보고서에서는 이 행정에 관한 문서목간이 구케郡家보다도 더 상급 관공서인 고쿠후의 관리에 의해 작성된 가능성을 지적하고 있다.[7] 그렇다면 『논어』의 습서도 필연적으로 이 관리들에 의해 기록되었을 가능성은 상당히 높다. 그리고 일상적인 업무 중에 이러한 습서가 행해진 상황도 알 수 있다.

다음은 효고현 시바 유적에서 출토된 『논어』 목간을 살펴보고자 한다. 효고현 아사고시朝來市 산토초山東町에 소재하는 시바 유적은 8세기부터 10세기에 걸친 유구와 유물이 검출되었다. 『논어』 목간은 유적의 하층(8~9세기 전반 경)의 유물포함층에서 출토되었다.

- 兵庫縣柴遺跡出土木簡
  - ×悅乎　有朋自×
  - ×子乎　有子×
  (100)×24×7　　081

『논어』의 「학이」편을 앞뒤 양면에 기록한 목간이다. 앞면에는 모두의 한 구절이 기록되어 있으며, 뒷면에는 앞면에 계속되는 부분이 적혀 있다. 지금 상태로는 목간의 상하 부분에 결손이 있지만 양면의 문자 배열을 통해, 한 면에 20~21개의 문자가 기록되었으며, 문자 부분만으로 40㎝ 정도 되고, 원래의 목간 전장은 그 이상이었을 것으로 추정된다.

시바 유적의 성격에 대해서는 불분명하지만 단서가 되는 것은 같은 유적에서 발견된 다른 목간이다.

---

7 渡辺晃弘, 「袴狹遺跡群出土木簡－木簡の內容と遺跡の性格－」, 兵庫縣敎育委員會, 『兵庫縣文化財調査報告書197冊　袴狹遺跡[本文編]』, 2000.

―「＞驛子委文マ豊足十束代稻籾一尺」 316×32×5.5 033

　여기에 보이는 '에키시驛子'는 관도官道에 설치된 에키카[驛家, 관도에 30리(약 16㎞)마다 설치된 시설]에서 노동에 종사하는 사람을 말한다. 이 목간은 에키시인 시도리(베노)토요타리가 도稻10속束 대신 인籾일척一尺(＝一石)을 바쳤을 때의 부찰付札목간이다.[8] 에키카는 교통시설이지만 최근의 연구에 의하면 교통 기능 이외에도 다양한 기능을 가진, 관공서와 비슷한 시설이라고 여겨진다.[9] 이 유적은 고대에는 다지마但馬국 안에서도 단바丹波국과의 경계지점에 위치하고 있었으며, 문헌사료에서는 아와가에키카粟鹿驛家가 소재했던 것으로 여겨진다. '역자'라고 적힌 목간의 발견에 의해 이 부근에 관도의 에키카가 설치되어 있었던 가능성이 높아진 것이다.

　그렇다면 시바 유적 출토『논어』목간은 누가 기록한 것인가? 에키카는 다양한 관리가 관도를 왕래할 때에 이용되는 시설이기 때문에 이 시설을 이용한 관리들이 기록했을 가능성도 있다. 또는 에키카 자체가 관공서에 상당하는 다양한 기능을 부여받고 있었다고 생각되는 점에서 에키카의 경영에 관계된 관리들에 의해 기록되었을 가능성도 있다.

　다음으로 도쿠시마현 간논지 유적의『논어』목간을 살펴보고자 한다. 간논지유적은 도쿠시마현 도쿠시마시에 소재하고 아와阿波 고쿠후의 추정지다. 여기에서『논어』「학이」편의 시작 부분이 기록된 목간이 출토되었다.

- 德島縣觀音寺遺跡出土木簡
  - □□依□□乎□止□所中□□□
  - 子曰　學而習時不孤□乎□自朋遠方來亦時樂乎人不□亦不慍　　(左側面)

8　平川南,「兵庫縣朝來市山東町　柴遺跡出土木簡」,『朝來市所在柴遺跡』, 兵庫縣文化財調査報告　第360冊, 兵庫縣立考古博物館, 2009.
9　平川南,「出土文字資料からみた地方の交通」,『古代交通研究』11, 2001.

－□ □ □ □ 乎
－[　　　] 用作必□□□□人 [　　　　　] □□□　　　　(右側面)
(635)×29×19　　081

　사면체 각재의 사면에 문자가 기록되어 있으며, 그중 한 면에 『논어』「학이」편 시작 부분이 기록되어 있다. 동시에 출토된 토기에 의하면 7세기 후반을 하한으로 하는 시기의 목간으로 생각된다. 다만, 글자체도 기고古하고 문장도 완전한 것이 아니지만 사면체의 각재에 기록한 형상은 한국에서 출토되는 『논어』 목간의 형상과 상당히 유사하다.

　간논지 유적에서는 그 외에도 다수의 목간이 출토되고 있으며, 7세기 후반부터 아와阿波국에 관계되는 관공서가 존재하고 있었다는 것을 추정할 수 있다. 『논어』 목간도 초기의 아와 고쿠후 또는 그 전신前身인 관공서에 근무하고 있었던 관리에 의해 기록되었을 가능성이 높다.

　다음은 나가노현 야시로 유적군 출토 『논어』 목간을 살펴보고자 한다.

- 長野縣屋代遺跡群出土木簡
  －亦樂乎人不知而不慍
  －[　　] (196)×(10)×7　　019

　야시로 유적군을 통해서는 7세기 후반부터 8세기 전반에 걸친 목간이 다수 출토된 것으로 알려져 있으며, 출토 목간의 내용을 통해 주변에 시나노信濃국 하니시나구케埴科郡家가 소재했을 가능성이 지적되고 있다. 뿐만 아니라 군郡의 상급 관공서인 '국國'에 관계되는 목간도 출토되고 있는 점을 통해 이곳에 초기 시나노 고쿠후가 존재했을 가능성도 지적되고 있다.[10] 여기에서

---

10 『長野縣屋代遺跡群出土木簡』, (財)長野縣埋藏文化財センター, 1996.

출토된 『논어』 목간은 「학이」편의 첫머리 부분이 기록되어 있다.

이상에서 알 수 있듯이 지방에서 출토된 『논어』 목간과 유적의 관계에 주목하면 하나의 특징을 찾아낼 수 있다. 그것은 지금까지 『논어』 목간이 출토되고 있는 유적의 대부분이 어떠한 형태로든 고쿠후나 고쿠후 관리가 연관되어 있다는 특징이다.[11] 유적이 고쿠후 그 자체가 아니라고 하더라도 고쿠후가 관할하는 에키카이거나 초기 고쿠후(고쿠후 이전 단계의 관공서)였을 가능성이 높은 장소이다. 따라서 지방 출토 『논어』 목간의 배후에는 고쿠후 관리의 존재를 상정할 수 있는 것이다.

이것은 지방사회의 『논어』 수용과정을 이해하는 데 커다란 단서를 제공한다. 다시 말해 『논어』는 7세기 후반 이후 중앙에서 지방으로 파견되는 관리들을 통해서 지방에 전해졌다고 여겨지는 것이다.

정확하게 말하면 7세기에는 고쿠후가 존재하지 않으므로 (행정단위의 '國'이 성립하는 것은 7세기 후반 이후로, 일반적으로 고쿠후가 정비되는 것은 8세기 전반 이후로 생각된다) 각지에 파견된 '국재國宰(구니노미코토모치)'가 큰 역할을 다했다고 상정할 수 있다. 구니노미코토모치란 7세기 후반에 중앙에서 파견되어 지방에 상주한 관리를 일컬으며, 이후의 고쿠후 관리의 전신에 해당하는 관직이다. 지방사회에 『논어』가 널리 알려지는 데 있어서 구니노미코토모치가 한 역할을 경시할 수는 없을 것이다.

---

11 이밖에 지방 유적으로는 시즈오카현(靜岡縣) 시로야마(城山) 유적에서 '論□[語]'이라고 기록된 목간이 출토되어 있다. 城山유적은 오미국(遠江國)의 敷智郡家와 관련되는 유적으로 여겨지고 있지만 주변에는 軍団이나 에키카(驛家)와 같은 시설의 존재도 상정되고 있으며, 유적 주변이 복합적인 관공시설이었을 가능성이 있다.

4. 습서목간으로서의 『논어』목간

일본 『논어』 목간의 특징으로 지적할 수 있는 것은 「학이」편과 머리말 부분을 기록한 것이 매우 많다는 점이다. 심지어 '논어'라고 하는 표제만을 기록한 습서도 자주 보인다. 이것은 도대체 무엇을 의미하는 것일까?

사실 이러한 특징은 『논어』 목간에 한정된 것이 아니다. 『논어』와 같이 『천자문』의 경우도 첫머리 부분이 기록되는 경우가 많다.

- 藥師寺出土木簡(『日本古代木簡選』, 岩波書店, 1990)
  - 「池池天地玄黄
    宇宙洪荒日月
    靈龜二年三月
  - (裏面省略) 121×64　011

- 正倉院文書　續修別集48
  千字文　勅員外散騎侍郎周興嗣次韻
  天地玄黄宇宙洪荒日月盈但辰宿列張
  聞三論等必可信

그리고 고대 무쓰국陸奧國의 고쿠후인 다가조多賀城의 외곽外郭 남변南辺에 접하는 미야기현宮城縣 이치카와바시市川橋 유적에서는 『두가립성잡서요략杜家立成雜書要略』의 시작 부분을 적은 목간이 출토되고 있다. 『두가립성잡서요략杜家立成雜書要略』은 당唐나라 시대 편지의 모범 예문집으로, 쇼소인에는 고묘황후光明皇后가 기록한 것으로 보이는 사본이 전해지고 있다. 목간의 연대는 8세기부터 9세기 초로 보인다.

- 宮城縣市川橋遺跡出土木簡(『木簡研究』21, 1999)
  - 「杜家立成雑書要略要成立家」
  - 「杜家立成雑書要略一卷雪寒呼知故酒飮書」360×36×6　011

　전적을 습서한 목간의 대부분이 시작 부분을 기록한 점에 대해서는 이미 여러 연구자들의 주목을 받고 있다.[12] 이렇게 전적을 적어 둔 목간의 다수가 그 시작 부분에 집중되고 있는 사실은 무엇을 의미하는 것일까? 만약 이것들이 어떠한 교재로서 이용되었다고 상정하면 시작 부분 이외의 부분이 확인되어도 좋을 것이다. 그러나 실제로는 시작 부분이 상당한 비율을 차지하고 있다.[13]

　이 문제를 생각하는 데 있어서 같은 습서목간으로서 역시 널리 행해졌던 '구구산九九算목간'을 살펴보고자 한다. 일본 열도 각지에서 출토되는 목간 중에는 구구셈을 기록한 목간이 출토되고 있다. 그 전형적인 사례로서 니가타현新潟縣 오사와야치大澤谷內 유적 출토 목간을 살펴보자. 오사와야치 유적에서는 7세기 후반부터 8세기 초에 걸친 굴립주건물적오동掘立柱建物跡五棟 등이 검출되었다. 목간은 유적의 조사구 남부에서 검출된 하천흔적에서 1점이 출토되었다. 하천흔적에서는 이밖에 제사에 사용되는 목제품 등도 다량 출토되었으며, 물가에서 행해진 제사 모습을 엿볼 수 있다.

　출토된 목간은 다음과 같다.

---

12 新井重行,「習書‧落書の世界」『文字と古代日本5　文字表現の獲得』, 吉川弘文館, 2006.
13 新井重行의 위 논문에서는 전적의 습서에 모두 부분이 기록된 것이 많다고 하는 사실을 이유로, 교양으로서 습독한다고 한 일차적인 사용목적보다도 오히려 문서작성을 위한 서체의 습득이라는 이차적인 사용을 목적으로 했기 때문이라고 한다. 물론 그 가능성도 생각할 수 있지만 단순히 서체를 습득하기 위해서라면 특징적인 문자를 선택하여 반복해서 쓰는 방법을 분명 취했을 것이며(실제로 그러한 습서도 보인다), 무엇보다 왜『논어』인지에 대한 적극적인 이유를 찾기 힘든 것은 아닐까?

- 新潟縣大澤谷內遺跡出土木簡(『木簡研究』 31, 2009)

九々八十一	八九七十二	七九六十三
六九七十四	七九四七	四三六
三九二十四	二九四八	一九々々
八々六十四	七八七十六	六八 八
三八□□	二八□	一八□　(209)×35×4　019

상단 및 좌우 양측은 원래의 형상이지만 하단은 결손이 있다.

1단에 3행씩, 5단에 걸쳐 구구셈을 기록하고 있다. 1단 왼쪽 행의 '九々八十一'에서 오른쪽으로 계속 기록해 가다가 5단 오른쪽 행의 '一八□'까지 구단과 팔단의 구구를 기록하고 있다. 흥미로운 점은 구구셈을 기록한 목간을 보면 시작 부분에는 계산의 잘못이 전혀 보이지 않는 데 비해 중간 부분이나 후반 부분으로 나아감에 따라 명확한 계산의 잘못이 여기저기 보인다. 예를 들면, 2단 왼쪽 행의 '六九'가 '七十四'(정답은 '五十四')로 되어 있거나, 3단 왼쪽 행의 '三九'가 '二十四'(정답은 '二十七')로 되어 있다. 또 오자도 많이 보인다. 이것은 구구계산법에서 신중하게 계산된 부분은 모두 부분뿐이며, 중간 부분 이후는 매우 애매하게 기억하고 있었다는 점을 의미한다.

구구셈은 전체를 정확하게 암기하지 않고 있으면 실제로는 다양한 계산을 할 수 없다. 그럼에도 시작 부분만 정확하고 중간 부분 이후에 틀린 곳이 많은 것은 무엇을 의미하는가? 여기에는 이 목간이 실용적인 목적이 아니고 제사 등 특별한 사정에 따라 기록되었을 가능성이 있는 점도 관계가 있을 것이다. 모두 부분의 계산이 정확하기만 하면 중간 부분 이후의 계산이 잘못되었다고 하더라도 문제가 없었을 것이다.

그러나 그 이상으로 주목하고 싶은 것은 이 목간이 시작 부분에만 주의를 하고 있었다는 사실이다. 이것은 극단적으로 말해 시작 부분만 정확하게 암송할 수 있다면 구구셈을 지식으로서 습득했다는 것을 나타내는 것으로 여기고 있었던 것은 아닐까? 즉 지방관리에게는 계산 기술로서의 구구셈을 알고 있다는 것, 그것 자체에 큰 의미가 있었던 것이다.

『논어』 목간에 대해서도 이것과 동일한 가능성을 생각할 수 있는 것은 아닐까? 지방관리들에게 『논어』의 암송이나 습서는 실용성보다도 지극히 상징적인 의미를 가지고 있었던 것이다. 그 때문에 모두 부분을 암송할 수 있고 또 정확하게 쓸 수 있기만 하면 충분했던 것이다. 물론 중앙관료가 되는 데 『논어』의 습득은 필수조건이었지만 많은 하급 관리나 지방호족들에게 『논어』는 자기의 문자습득 수준을 상징적으로 내보이는 것으로 이용된 것이다. 문자에 의해 지방사회를 지배하고자 하는 지방호족들에게는 지방사회에서 자신의 문자습득의 양상을 과시하기에 충분한 텍스트였다고 생각된다.

도쿠시마현 간논지 유적 출토 『논어』 목간은 한국 출토 『논어』 목간과 같이 형상이 사면체의 각기둥인 한편, 거기에 기록된 문자가 거의 실용적이라고는 생각되지 않는다는 점이 크게 다르다. 이것은 『논어』 목간이 형식적으로는 한반도의 영향을 받으면서도 그 내실은 실용성보다도 오히려 『논어』가 갖는 상징성이 중시되고 있었다는 점을 가리키고 있다고 여겨진다. 그것은 7세기 후반 일본 열도의 지역사회에 있어서 문자가 여전히 주술적인 의미를 강하게 가지고 있었다고 생각되는 점과 불가분의 관계에 있다. 그런 의미에서 간논지 유적 출토 『논어』 목간이 주술적인 성격을 가지고 있다는 견해가 다시 주목받는 것이다.[14]

---

14 多田伊織, 「觀音寺遺跡出土 『論語』 木簡の位相 ―觚・『論語』文字」, 德島縣埋藏文化財センター, 『觀音寺遺跡Ⅰ』, 德島縣埋藏文化財研究會, 2002.

5. 7세기 후반 『논어』 수용의 배경

그렇다면 7세기라고 하는 시기에 왜 지방사회에 『논어』가 수용된 것일까? 일반적으로 『논어』 목간의 존재는 율령제의 도입에 따라 지방호족들 사이에도 한자나 유교를 열심히 배우려고 하는 양상을 보이는 것으로 여겨지고 있다.

현상적으로는 그러하다. 그러나 문제는 그뿐이 아니다. 7세기 후반, 국가로부터 지배 논리의 전환을 강요받은 지방호족들이 새로운 지배 논리의 상징으로서 『논어』를 적극적으로 수용했다고는 생각할 수 없는 것일까?

7세기 후반의 지역사회에서 지배 논리의 전환을 나타내는 사례로서 유명한 사료가, 8세기 전반에 편찬된 지지의 하나인 『상륙국풍토기常陸國風土記』항방군조行方郡條에 보이는 야하즈노마타치箭括麻多智의 전승이다. 그 전승이란 다음과 같다.

> 게이타이천황継体天皇 시대, 히타치국常陸國 나메카타군行方郡(현재의 이바라키현茨城縣)에 야하즈노마타치箭括麻多智라고 하는 사람이 있었다. 어느 날 산골짜기를 개발해서 수전을 만들려고 했더니 야토노카미夜刀神가 많이 모여들었다. 야토노카미는 원래 이 지역에 살고 있는 뱀으로, 여기에 사는 사람들은 이것을 야토노카미라고 불렀으며 이 땅에서 사는 신으로서 두려워하고 있었던 것이다. 야토노카미는 야하즈노마타치가 이 산골짜기를 개발하는 것에 항의하기 위해서 나타난 것이었다.
>
> 이에 야하즈노마타치는 야토노카미를 격퇴시켜 버렸다. 그리고 산에 오르는 입구에 토지의 경계를 표시하기 위한 기둥을 세우고 야토노카미에게 말했다. "여기부터 위의 산쪽은 카미神의 토지, 그리고 여기부터 아래를 인간의 토지로 한다. 이제부터는 내가 토지의 카미에 대한 제사 지내는 사람이 되며, 영구히 공경하며 제사 지내기로 한다." 이리하여 야하즈노마타치는 그 토지를 개발하는 대신에 야토노카미를 모시기 위한 신사神社를 만들었다. 그리고 그의 자손들도 계속해서 이 신사의 제사를 담당했던 것이다.

게이타이천황의 시대는 6세기 전반으로 여겨진다. 이 설화는 그 시기의 인간과 토지의 관계를 알 수 있는 흥미로운 사료이다. 이 토지에 사는 당시의 사람들은 인간보다도 이전에 이 땅에 살고 있었던 뱀을 '야토노카미夜刀神'라고 부르며 두려워하고 있었다.

그리고 토지를 개발할 때는 야토노카미와 공존해야 한다고 생각하고 있었다. 그 때문에 인간이 개발할 수 있는 토지와 토지의 신이 소유하는 토지 사이에 경계를 마련하여 양자의 공존을 꾀하였던 것이다. 이 설화를 통해 원래 토지개발은 무제한적으로 행할 수 있는 것이 아니라 토지의 신을 충분히 배려해야만 했던 당시의 인식을 나타내고 있다.

그런데 『상륙국풍토기常陸國風土記』에는 이 설화의 후반 부분이 다음과 같이 전해지고 있다.

> 야하즈노마타치箭括麻多智의 시대부터 100년 이상 지난 고토쿠천황孝德天皇 시대, 이번에는 미부노마로壬生麻呂라고 하는 호족이 그 산골짜기를 소유하게 되었다. 연못의 제방을 쌓으려고 할 때 다시 야토노카미가 연못 주변으로 모였다.
>
> 미부노마로는 언제까지라도 떠나려고 하지 않는 야토노카미를 향해 말했다. "이 연못을 만드는 목적은 군주의 명령에 따라서 사람들을 살리려고 하는 것이다. 왜 야토노카미는 군주의 명령을 따르지 않는 것인가?" 그 다음에 연못을 만들기 위해서 동원된 사람들에게 말했다. "눈에 보이는 모든 것, 물고기나 벌레 같은 것은 사양하지 말고 모두 죽여라." 이것을 들은 야토노카미는 그곳을 피해 숨어 버렸다.

고토쿠천황 시대(645~654)인 7세기 중반, 소위 다이카노카이신大化改新이 있었던 시기에 해당한다. 이 시기에 야하즈노마타치를 대신하여 이 토지개발을 진행시킨 미부노마로는 자연과의 공존을 도모하려고 하지 않고 오히려 군주의 명령에 따라 토지개발을 당당히 행한다고 하는 자세를 보인 것이다.

『상륙국풍토기』에 의하면 미부노마로는 나메카타군의 군사郡司였다.

이것은 앞에서 보았던 야하즈노마타치의 이야기와 매우 대조적이다. 토지의 신(자연)과 공존을 도모하려고 했던 야하즈노마타치에 대해, 미부노마로는 토지의 신(자연)을 배려하지 않고 개발하려 했다는 사실을 알 수 있다. 토지에 대한 사고방식의 이러한 변화는 7세기 후반 이후 토지를 '공지公地', 즉 국가의 토지라고 하는 인식이 생겨난 것과 관계가 있다. 지금까지 공존해 온 토지의 신과 결별하고 인간 본위의 토지개발을 최우선으로 하는 논리가 7세기 후반에 들어서 나타난 것이다. 이 설화는 그런 것을 선명하게 보여 준다.[15]

이 설화에 주목한 요시에아키오義江彰夫는 지방호족들의 이러한 대자연관의 변화와 개발 논리만 앞세우는 시대적 상황이 『논어』의 수용으로 내몬 배경이었을 것으로 추정하고 있다. 다시 말해 이 시기의 지방호족들은 율령국가가 추진하는 유교적인 인간중심주의, 합리주의를 받아들일 필요에 봉착하게 되어 지배 논리의 전환을 할 수밖에 없었다. 그런 의미에서 『논어』는 최소한 꼭 알아 두어야 되는 텍스트였던 것이다.

이렇게 보면 『논어』 목간의 확대를 생각함에 있어서 역시 놓칠 수 없는 것은 7세기 후반, 특히 고토쿠천황孝德天皇의 시기에 나타나기 시작하는 지방 제도의 개혁과 그에 동반되는 지역사회의 변동이다. 이 시기에 구니노미코토모치國宰가 중앙에서 파견되어 지방에 상주하는 체제가 시작됨에 따라[16] 그들을 통해서 율령제도의 지배 논리가 지방사회로 영향을 끼치게 되었을 것이다. 그와 함께 『논어』는 지방사회로 널리 확대되어 갔던 것이다. 그리고 최근에는 국가가 인민을 장악하는 '공민제公民制'의 성립을 고토쿠천황 시기

---

15 義江彰夫, 「古代信濃における開發・環境管理と地域の支配」, 『國立歷史民俗博物館研究報告』 96, 2002.
16 鐘江宏之, 「「國」制の成立」, 笹山晴生先生還曆記念會 編, 『日本律令制論集』 上卷, 吉川弘文館, 1993.

라고 추정하는 견해도 있다.[17] 7세기 중반에 시행된 일련의 지방제도 개혁이
『논어』가 지방사회로 널리 확대되어 가는 계기가 되었던 것은 아닐까?[18]

6. 결론

『논어』 목간은 일본에서 지금까지 30점 가까이 출토되고 있으며, 그중
3분의 1이 수도가 아닌 지방에서 출토되고 있다. 이 출토 유적을 검토하면
모두 관공서적인 성격을 가지는 유적이라는 점을 알 수 있지만, 특히 고쿠후
나 그 전신의 관공서와 관련된 유적이라는 특징을 인정할 수 있다. 이런
점에서 지방사회의 『논어』 수용 배경에는 고쿠후 관리나 그 전신인 구니노
미코토모치가 큰 역할을 다하고 있었던 것을 추정할 수 있다.

또 일본의 『논어』 목간의 특징은 「학이」편, 특히 그 시작 부분을 기록한
사례가 많다고 하는 점이다. 시작 부분을 기록하는 경향은 『논어』뿐 아니라
다른 전적을 기록한 목간도 마찬가지일 뿐만 아니라 습서목간 전체의 특질이
라고 말할 수 있다. 이러한 특징은 전적을 실용적으로 습득한다는 것보다도
오히려 전적의 시작 부분을 암송 또는 문자화할 수 있는 것에 큰 의미가
있을 것이다. 즉 『논어』는 문자문화를 습득하는 관리들에게 상징적인 의미
를 가지고 있는 텍스트였던 것이다. 이것은 7세기 단계의 일본 열도 사회의
문자문화의 특징과 밀접하게 관계가 있는 문제다.

7세기 지방사회에서 『논어』가 수용된 배경으로 율령국가의 성립에 의한

---

17 吉川眞司, 「律令体制の形成」, 歴史學硏究會・日本史硏究會 編, 『日本史講座1 東アジアにお
　　ける國家の形成』, 東京大學出版會, 2004.
18 德島縣 觀音寺 유적 출토 『논어』 목간의 연대가 7세기 3사분기(650~675)까지 거슬러 올라
　　갈 가능성이 지적되고 있다(德島縣埋藏文化財センター, 『觀音寺遺跡 I 』, 德島縣埋藏文化財
　　硏究會, 2002).

지배 논리의 전환이 있었다. 그러한 지배 논리의 전환이란 구체적으로는 국가가 유교적인 합리주의를 바탕으로 토지와 인민을 지배하는 것을 의미하고 있었다. 7세기 후반 이후에 중앙에서 지방에 파견된 구니노미코토모치에 의해 지방사회에 전해진 『논어』는 지배 논리를 전환해야만 했던 지방호족들에게도 적극적으로 수용되어졌다. 『논어』를 적극적으로 배우는 자세를 보여주는 것이 지방호족들이 율령국가의 지배 논리를 따르기 위해 불가결했기 때문이다.

表　日本における『論語』木簡出土一覧

	出土地	遺跡名	発掘次数	遺構番号	木簡番号	本文	篇・章	法量	参考文献
1	奈良県	飛鳥京	104			論論語		(40)×(4)×	明日香風17
2	奈良県	飛鳥池遺跡	84	SD01		亦楽乎	学而1	××	飛15
3	奈良県	飛鳥池遺跡	84	SK10		礼論語礼□礼		(92)×(18)×1	飛13
4	奈良県	飛鳥池遺跡	84	SD05		・(表面)観世音経巻 ・(裏面)子曰学□□是是 ・(左側面)支為□(照カ)支照而為	学而1	145×(21)×20	飛13木研21
5	奈良県	石神遺跡	122	SK4066		論語学			飛17
6	奈良県	石神遺跡	129	SD4090		・乎 有朋自遠方来 □ ・「大大大大□□□〔大カ〕」(左側面)	学而1	(259)×(11)×18	飛18
7	奈良県	藤原宮				糞土墻墻糞墻賊	公冶長10	188×22×4	藤原宮出土木簡概報
8	奈良県	藤原宮	24	SD170	662	・子曰学而不□ ・□水明□ □	為政15	(85)×(18)×2	藤2
9	奈良県	藤原京	115	SG501		而時習	学而1	××	飛16
10	奈良県	平城宮	22S	SD3236	2593	・□□□□□(秦忌寸諸人カ)大□(田カ) 「□論語」 ・□□　□□		(122)×(23)×4	平2
11	奈良県	平城宮	32	SA4120A	4688	・青青青秦秦秦謹譲申 ・謹論語諌許計課許讃譲讃		(235)×(29)×5	平4
12	奈良県	平城宮	133	SD1250		・論語序論□ ・論□		128×7×4	木研4
13	奈良県	平城京長屋王邸	193E	SD4750	1105	論語語□□		××	平城京木簡1
14	奈良県	平城京二条大路	200	SD5100		□□□□(謂論語カ)		××	城33
15	奈良県	平城京二条大路	204	SD5300		□□□□□(論語カ)		××	城30
16	奈良県	平城京	198	SD5300		□□五篇 □道皇五篤□ 道道皇五 □	堯日7		城30
17	奈良県	平城京	204	SD5300		・□□□□□□□ □□□□□□□□□又曰猶否大夫崔子世□有有有有有有 人道財財財長長長長長可可及不及 武掌 掌 帰 帰 帰不 掌帰道掌帰長路掌 掌 掌 帰 帰 帰 帰 所 □ 有道 ・帰 帰□ 事 事 大大大天天天大天天天天天天天天天有道掌事 飛 □□□□□ □者 有有 有	公冶長19他？	444×(28)×10	城29
18	奈良県	平城宮	198	SD5300		〔 〕何晏集解 子曰□		(203)×(15)×4	城29
19	奈良県	平城京	281	SD7090A		・曰上〔 〕 不□ □子曰学而時習之□ 我学 ・□□謙 子曰	学而1	(310)×42×4	城34木研20
20	奈良県	平城京	281	SD7091A		孔子謂季氏八□(佾カ)□ □□	八佾1	××	城34木研21
21	奈良県	東大寺	3			・○ 東大寺之寺僧志尺文寺得□(得カ) 尊 ・　作心信作心 第 為 □ 為是□是 論語序一「寺」□ 第 信心 哥第 為為為為為羽□		(266)×24×8	木研16
22	奈良県	阪原阪戸遺跡				□□夫子之求之与其諸異乎	学而10	(253)×21×7	木研16
23	兵庫県	袴狭遺跡	8	第五遺構	21	・「『子謂公冶長可妻』 ・「右為蠲符捜求□	公冶長1	(196)×26×4	木研22
24			9	SD303	22	・(表面略) ・　□□ □□ 論語序何晏集□〔解カ〕		(332)×(32)×5	木研22
25	兵庫県	芝遺跡				・亦乎 有朋自 ・子乎 有子	学而1～2	(100)×24×7	木研23
26	徳島県	観音寺遺跡			77	・「□((賓カ))□依□□((夷カ))乎□□((還カ))止□((耳カ))所中□□□」(表面) ・　□□□□乎」(裏面) ・「子曰 学而習時不孤□乎□自朋遠方来亦時楽乎人不知亦不慍」(左側面) ・　〕用作必□□□□□((兵カ))□人〔 〕□□□(右側面)	学而1	(653)×29×19	
27	滋賀県	勧学院遺跡				・　之子　左右 我 □□□ 論語□「論□論天」天　道　「天」 天 我我我我 □道天 ・(裏面略)		331×46×10	木研8
28	静岡県	城山遺跡			14	論□(語カ)		(22)×(10)×(0.5)	木研2
29	長野県	屋代遺跡群		SD7036	35	子曰学是不思	為政15	(202)×21×4	木研22
30				SD8040	45	・亦楽乎人不知而不□(慍カ) ・〔 〕	学而1	(196)×(10)×7	木研22

参考文献の「木研」は『木簡研究』、「城」は『平城宮発掘調査出土木簡概報』、「飛」は『飛鳥藤原宮発掘調査概報』、「平」は『平城宮木簡』、「藤」は『藤原宮木簡』

(稿本棨,「古代朝鮮における『論語』受容再論」,『韓國出土木簡の世界』, 雄山閣, 2007)

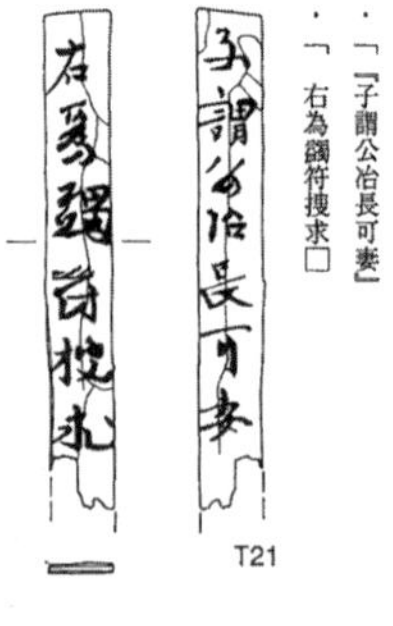

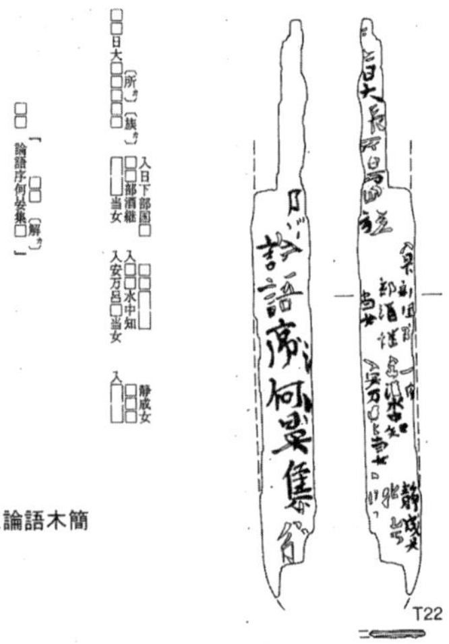

図1　兵庫県袴狭遺跡出土論語木簡

図3　兵庫県柴遺跡出土論語木簡

右列（表）：子曰学而時習之不亦　悦乎　有朋自　　方来不亦楽乎
左列（裏）：人不知而不慍不亦君　子乎　有子　　曰其爲人也孝悌

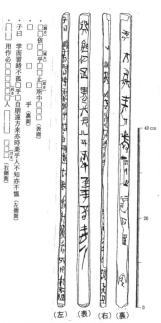

図2　徳島県観音寺遺跡出土論語木簡

（表面）
子曰
□□止所中
□依□□乎
（裏面）
学而習時不孤
乎
子曰
学而習時不孤
（左側面）
□朋遠方来亦時楽乎人不知亦不慍
用作必
□人
（右側面）

図4　『千字文』習書（正倉院宝物）

1　千字文の習書①　（楷書体、続修別集四八、正倉院宝物）

千字文
勅員外散騎侍郎周興嗣次韻
天地玄黄宇宙洪荒日月盈値辰宿列張
開三論等必可信

図5　奈良県薬師寺出土千字文木簡

출토 간백과
'자왈子曰' 문제의 재고찰

량타오(梁濤)*

최근 출토문헌에서 '자왈子曰'이 많이 나타나므로 학자들이 '자왈' 문제에 대하여 주목하게 되었다. 어떤 학자는 '『논어』류 문헌'이라는 관점을 제기하여 전래문헌과 출토문헌 중의 '자왈'은 모두 믿을 수 있기 때문에 공자 사상을 연구하는 자료로 쓸 수 있다고 보았다. 본고는 한대에 『논어』류 문헌이 존재했던 것으로 보고, 그 예로는 『한서漢書』「예문지藝文志」 제자략諸子略 기록 중의 『논어』류 문헌, 즉 『논어』『공자가어孔子家語』『공자삼조孔子三朝』『공자도인도법孔子徒人圖法』 등이 포함된다고 보지만 이것을 무제한적으로 확대해서는 안 된다고 생각한다. 또 본고는 「치의緇衣」「표기表記」「방기防記」를 예로 '자왈'의 사상 귀속을 고찰하여 그것이 간단한 실록도 아니고 근거 없이 편집된 것은 아니라고 생각한다. '자왈'은 한편으로 공자의 사상에 내적으로 존재하며 공자의 사상·관념·언론을 근거로 하고 다른 한편으로는 사회·역사 조건의 변화에 근거하여 일부 구체적인 문제에서 공자와 다르거나 심지

---

* 중국 인민대학 국학원 교수.

어 그와 반대되는 이해와 해석을 할 수 있다. 마지막으로 국내 학술계에서 벌어진 '석고釋古'와 '의고시대疑古時代를 벗어나자'라는 문제를 둘러싼 논의에 대해 간단히 논평하고 필자의 관점을 제기하겠다.

1. '『논어』류 문헌'에 관한 문제

20세기 초 '의고疑古' 사조가 흥기한 이래, 『논어』에 인용되어 있는 '자왈' '공자왈孔子曰'만 신뢰할 수 있을 뿐, 다른 고대 전적 속의 '자왈' '공자왈'은 모두 후대 사람들의 위탁이라고 생각되어 왔다. 이것은 오래도록 학술계를 지배하고 있는 하나의 선입관이 되었다. 이 선입관은 표면상 학술 연구에 필수적인 엄정성을 유지한다면서('의고'파의 말을 빌리면, "차라리 옛것을 의심하여 잃는 것이 있더라도 옛것을 믿어 잃는 것이 있어서는 안 된다"는 것이다.) 고대 전적 중에 나타나는 수많은 '자왈'을 전부 의심스런 것으로 여기고 중요하게 생각하지 않았다. 이 선입관은 고대의 유가 학자들이 '자왈'을 사용하여 서술할 때 아무 근거도 없이 마음대로 조작하여서 그 불합리한 곳을 쉽게 볼 수 있다고 인식하였다. 이런 상황하에서 선입관을 타파하고자 하는 학자들도 있었는데, 새로운 학설을 세워 선진 고적 속의 수많은 '자왈'에 대한 기존의 선입관을 뒤집고자 하였다. 예를 들면, 곽기郭沂는 최근 선진 양한 유가 전적 중 대다수의 '자왈'은 모두 믿을 만한 것이며 공자의 제자들이 공자의 언설을 기록한 것이라는 견해를 내놓았다. 그는 자신의 관점을 논증하기 위해 '『논어』류 문헌'이라는 개념을 제출하였다. 곽기는 현행본 『논어』가 공자의 '문인들이 함께 편집하여 논술한 것(門人相與輯而論纂)'이 아니라고 주장한다. 공자 사후에 유가학파들은 곧바로 나뉘어 당시에 이미 '유가는 8학파로 나뉘었으며(儒分爲八)' 나뉜 학파들은 서로 공격했는데, 어떻게 같은 장소에 모여서 '함께 편집하여 논술할' 수 있었겠는가? 따라서 현행본 『논어』는 다만 공자의 몇몇 제자들이 결집해 편찬한 것으로, 당시 존재하였던 공자 언행 중 극히 일부에 불과하다. 『논어』에 실린 것 외에도 이들 문인들은 공자의 언행을 기록하였는데, 그 성격이 『논어』와 같기 때문에 이것들을 『논어』류 문헌이라고 부를 수 있다고 하였다. 『논어』류 문헌의 내용에 대하여 곽기는 현행본과 백서본帛書本 『역전』 『효경』, 대소대大小戴 『예기』(「緇衣」 「表記」 「坊記」가 그 속에 포함된다), 상박초간上博楚簡, 정현죽간定縣竹簡, 『순자』 『공자가어』와 『공총자』 중 공자의 언행에 관련되는 내용은 모두 여기에 포함된다고 주장한다.[1]

곽기가 내세운 새로운 견해의 주관적인 의도에 대해서는 일단 논하지 않겠지만 그가 세운 입론의 근거에는 분명히 의문점이 존재한다. 우선 『논어』 텍스트의 성립이 문제가 된다. 곽기는 『논어』가 공자 문하의 몇몇 제자들의 손에서 나왔으며 집단 편찬이 아니라고 하였는데 이것은 사실과 부합되지 않는다. 『한서』 「예문지」에는 "논어는 공자가 제자나 당시 사람들에게 응답하고, 제자들이 서로 문답하며, 선생님에게서 직접 들은 이야기를 기록한 것이다. 당시 제자들이 각기 기록하고 있었는데 공자가 죽은 후 문인들이 함께 편집하여 논술하였기 때문에 이를 『논어』라고 하였다(論語者, 孔子應答弟子時人及弟子相與言而接聞於夫子之語也. 當時弟子各有所記. 夫子既卒, 門人相與輯而論篹, 故謂之論語)"라고 한다. 『논형』 「정설正說」에는 "『논어』는 제자들이 함께 공자의 언행을 기록한 것인데, 계칙戒飭하고 기록한 기간이 길기 때문에 수십, 수백 편이나 된다(夫論語者, 弟子共紀孔子之言行, 紡記之時甚多, 數十百篇)"고 하였다. 조기趙岐의 『맹자제사孟子題辭』에는 "70명의 제자들이 선생님의 말씀을 모아 『논어』를 편찬하였다(七十子之疇, 會集夫子所言, 以爲『論語』)"라고 한다.

이상의 기록으로 보면 『논어』 텍스트의 성립은 실제로는 복잡한 과정을

---

1 郭沂, 『郭店竹簡與先秦學術思想』, 上海敎育出版社, 2001, 354~361쪽.

거쳤는데, 처음에는 단지 공자의 언행에 대한 각 제자들의 추억·기록만이 있었을 뿐이었다. 예를 들면 자장子張이 실행을 질문하자 공자가 대답하였는데, "자장이 이것을 띠에 적었다(子張書諸紳, 『논어』「위령공衛靈公」)"는 것과 같은 기록이다. 이러한 추억·기록은 왕왕 여러 다른 제자로부터 나와 각각의 내용이 분산되어 개개인의 손에 있었다. 공자가 세상을 떠난 후 공자 문하의 제자들이 그 재료들을 폭넓게 정리, 기록하고 그 기초 위에서 '함께 편집하고 논술하여' 『논어』를 편찬하였다. 따라서 『논어』의 내용에 대해 말하자면 공자 제자들이 공동으로 기록·편찬한 결과물이며, 개인의 손으로 만들어졌다는 것은 있을 수 없다. 『논어』 중에는 공자와 제자의 문답이 자주 보이는데 그 제자 중 이름이 언급된 사람은 30명에 이른다. 이러한 내용은 이들 제자 혹은 그보다 아래 제자에 의해 이루어진 것이다. 제자들과 관련 있는 수많은 『논어』의 내용으로 보아도 『논어』는 명백하게 집단 편찬물이며, 만약 제자들의 폭넓은 참여가 없었다면 『논어』의 편찬은 어려웠을 것이다. 공자가 세상을 떠나자 유가 내부에 분화가 발생한 것은 주로 사상에 근거한 차이였지 파벌에서 비롯된 것은 아니었으며, 물과 불이 서로 용납하지 못하듯이 조화를 이룰 수 없었던 것도 아니었다. 『논어』에는 자유子游, 증자曾子·자장이 서로 공격하는 말이 자주 보이지만(「자장」편 참조), 이것은 결코 그들이 동문이 아니라는 의미는 아니다. 그렇기 때문에 스승님의 언행에 대하여 '함께 편집하여 논술하는 것'이 가능했다. 사실 공자 문하 후학들의 분화와 차이가 '함께 공자의 언행을 기록하는 것'이 긴박하고 필요하다고 여기게끔 변화시켰을 가능성도 있다.

공자의 사상은 본래 넓고 풍부하여 다양한 방면으로 발전할 가능성을 포함하고 있으며 '재능에 따라 가르침을 펼친다(因材施敎)'는 교수법을 취하였기 때문에 자연히 제자들의 인식에 차이가 생길 수밖에 없었다. 공자가 세상을 떠나자 이 같은 차이는 계속 심화되어 서로의 논쟁으로 전개되었다. "제자들은 따로 거주하게 된 이후에 각각 이견이 생겨나 성인의 말씀이 영원히 없어저 버릴까 걱정하였다(弟子恐離居已後, 各生異見, 而聖言永滅, 陸德明, 『經典釋文』「論語序」)." 그래서 '함께 편집하고 논술하는' 과정을 거친 것이다. 각 분파가 인정한 저작을 편찬하여 정리된 형식으로 공자의 기본사상을 확립하였다. 이와 같은 저작은 집단으로 편찬한 것이 분명하며, 특정한 제자 개인이 편찬했다는 것은 불가능하다. 『논어』의 편집은 공자 문하 제자들의 집단 발기 및 참여에 의한 것이었으며 이와 같은 광범위한 토대 때문에 『논어』는 권위적인 지위를 가질 수 있었고, 그 결과 유가 각 학파가 존숭하는 바가 되었다. 예를 들어 맹자와 순자는 나뉘어 유가 '8가' 중에 '맹씨지유孟氏之儒'와 '손씨지유孫氏之儒'에 속하지만, 그들 두 사람은 모두 『논어』의 지위를 인정하였다. 만약 『논어』가 집단 편찬이 아니라 개인의 작품이라고 한다면 어떻게 이처럼 보편적인 인정을 받을 수 있었겠는가? 바로 이 점에 근거하여 한대의 학자들은 '문인들이 함께 편집하여 논술한 것'이라고 하고, '제자들이 함께 공자의 언행을 기록한 것'이라고 하였으니 사실과 부합한다고 해야 할 것이다.

곽기는 『논어』류 문헌의 존재를 설명하기 위해 『논형』「정설」편의 "계칙戒飭하고 기록한 기간이 길기 때문에 수십 수백 편이나 된다"는 문장을 인용하였다. 그는 한대에 출현한 각종 『논어』는 20편 안팎에 불과하고 그것을 다 합쳐도 30편을 넘지 않기 때문에, 왕충이 언급하는 『논어』란 『논어』류 문헌을 전부 포함하는 것이며, 이른바 '수십 수백 편'은 몇몇 『논어』류 문헌의 총 편수를 가리키는 것이라고 한다. 사실은 왕충이 "계칙하고 기록한 기간이 길기 때문에 수십 수백 편이나 된다"라고 한 것은 『논어』를 편찬할 때 수집한 자료를 가리킨 것이지 『논어』 편찬 후의 편수를 가리킨 것은 아니다. 『논어』를 편찬할 때 수집한 자료가 매우 많았기 때문에 '수십 수백 편'이 있었고, 『논어』 편집 후에는 상대적으로 적어서 겨우 20편 안팎이었다. 이러한 현상은 『논어』 편집 시에 모든 '자왈'의 신빙성에 대해 이미 논의를 거쳤는데, 현행본 『논어』 20편은 그 가운데 공자 문하의 제자들에 의해 보편적으로 인정을 받은 부분에 불과하며, 따로 많은 수의 '자왈'이 있는 것은 『논어』 편집 시에 채용되지 못한 것이다. 채용되지 못한 이유는 내용이 중복되는 부분을 제외하면 공자의 사상을 제대로 반영하지 못하였기 때문이다.[2] 또 기록이 사실과 어긋나거나 심지어는 가탁한 정황까지도 존재하였기 때문일 것이다.

곽기는 현행본 『논어』가 단지 당시의 소수 제자에 의해 전해진 텍스트에 불과하므로 다른 텍스트가 존재한다고 한다. 그러나 만약 정말로 이와 같다면, 어째서 당시에 전해지던 3가지 텍스트(『古論』『魯論』『齊論』)가 현행본의 내용과 기본적으로 일치하며, 그가 말하는 다른 텍스트는 전혀 종적을 찾을 수 없는 것일까? 나는 이에 대하여 '전해 내려오지 못했다'는 말로 적당히 얼버무릴 수는 없다고 생각한다. 곽기는 "선진 양한의 책에는 공자의 언행이 많이 기재되어 있는데, 그중 일부만이 현행본 『논어』에 보인다. 절대다수를 차지하는 『논어』에 보이지 않는 것은 무엇 때문일까?"라고 문제제기를 한다. 나는 여기에는 두 가지 이유가 있다고 생각한다. 그 하나는 『논어』 편집 시에 받아들여지지 않은 부분이고, 또 하나는 나중에 나온 '자왈'로, 이것은 곽기가 주장하는 『논어』류 문헌이 아니다. 곽기는 공자 문하의 제자들이 일찍이 방대한 수량의 여러 종류의 전본 『논어』를 편찬하였기 때문에 현행본은 그 가운데 하나에 지나지 않고 이와 같은 현행본과 다른 판본들이 선진 양한의 전적 중 많은 '자왈'의 출처가 되었다고 추측한다. 그러나 실제로 공자 문하의 제자들은 공자의 언행을 기록하고 수집하였지만 『논어』 속에 편찬되어 들어간 부분이 있고, 그 밖에 여러 원인에 의해 채용되지 못한

---

2 필자는 일찍이 초기 유학은 육예의 학(초기 경학) 및 사회철학의 학(子學)을 포괄하며 『논어』는 주로 공자의 사회철학의 학의 내용을 기록하였고, 육예의 언론에 대해서는 주로 삼지 않았다고 제시한 바가 있다. 졸고, 「早期儒學的六藝之學與社會人生之學」, 『光明日報』 2004年 8月 5日을 참조.

내용도 많이 있다. 『논어』에는 『고론』 『노론』 『제론』 등의 여러 판본이 있지만, 그 내용은 기본적으로 같기 때문에 실제로는 한 가지 판본이며 약 20편으로 구성되어 있어 현행본의 전신이라 할 수 있다. 또한 공자 언행에 대한 기록도 어느 한 시기에 한정되지 않으며, 『논어』가 편집되어 완성된 후에도 끊임없이 '자왈'은 출현하였다. 예를 들면 「치의緇衣」 「표기表記」 「방기坊記」에 기록된 내용이다. 여기에서는 『논어』의 '자왈'은 찾아볼 수 없다. 비록 그 근거가 전혀 없다고 말할 수 없다 하더라도 『논어』의 내용과 서로 비교해 보면 적어도 서로 다른 점이 두 가지 존재한다. 첫째는 공자 문하의 제자 다수의 인가를 거치지 않았다는 점이고, 둘째는 공자 문하 후학 중에서 『논어』와 같은 권위와 지위를 갖춘 자가 없다는 점이다.

이상으로 곽기의 『논어』류 문헌에 관한 견해는 다소 문제가 있으므로,[3] 그가 선진 양한 고대 전적 중 다량의 '자왈'을 모두 공자의 언설로 논증하는 것은 받아들일 수 없다. 필자는 곽기가 기존 연구의 '자왈' 문제에 커다란 문제가 존재한다는 것에 대해서는 주목했지만 문제를 근본적으로 치료할 수 있는 영단 묘약을 찾아내지는 못했다고 생각한다. 그의 '『논어』류 문헌'이라는 견해는 사실을 명확하게 밝히는 데 아무 도움이 되지 못했을 뿐만 아니라 오히려 사상의 혼란을 야기했다. 따라서 고대 전적 중의 '자왈'을 어떻게 이해해야 하는가는 여전히 선진사상사 연구 중에서 시급하게 해결해야 하는 문제이다. 이 문제를 해결하기 위해서는 거시적 이론의 바탕이 물론 중요하겠지만, 구체적인 개별 사항에 대한 연구도 결코 소홀히 할 수 없다. 이하에서는 「치의」 「표기」 「방기」 3편 속의 '자왈'에 대한 분석을 통하여 공자와 자사 사상의 복잡한 관계를 고찰하고, 아울러 한 걸음 더 나아가서

---

3 필자는 일찍이 한대에는 확실히 『논어』류 문헌이 있었으며, 그것은 『한서』 「예문지」 제자략에 기록된 『논어』류 문헌이라고 주장하였다. 그 문헌에는 『논어』 『공자가어』 『孔子三朝』 『孔子徒人圖法』 및 각종의 『논어』를 해석한 『說』과 石渠에서 논한 『奏議』 등이다.

선진 전적 중의 '자왈' 및 초기 유학의 사상 발전, 표현 형식 등의 문제에 대하여 설명하고 검토하고자 한다.

2. 선진 문헌 속의 '자왈' 문제

최근 출토문헌 중의 '자왈' 문제는 줄곧 학계에서 논쟁의 초점이 되고 있는데, 마왕퇴 백서 『역전』 중의 '자왈', 상박초간 『공자시론』 중의 '자왈' 등이 그 예이다. 또한 선진 문헌 중의 '자왈' 문제도 포괄하지만 이러한 문제와 관계되는 것은 매우 광범위하여 본 논문에서 전부 해결할 수는 없다. 이하에서 「치의」, 「표기」, 「방기」를 중심으로 그 속의 '자왈' 문제를 깊이 있게 검토하고자 한다. 이 3편을 택한 이유는 첫째 「치의」는 곽점초간과 상박초간 양쪽에 모두 수록되어 있으므로, 전국시대의 작품이 확실한데다 또 당시 널리 유행되었음이 증명되었고, 동시에 남조南朝 시기 심약沈約의 "「중용」, 「표기」, 「방기」, 「치의」는 모두 『자사자子思子』로부터 취하였다(『隋書』 「音樂志」)"는 견해는 대다수 학자들로부터 인정받고 있어서 「치의」 등의 제편에는 문헌상의 문제가 전혀 없기 때문이다. 둘째로 위의 이유로부터 별도의 문제가 생기는데, 즉 「치의緇衣」 제 편의 '자왈'은 결국 누구의 언설인가, 누구의 사상을 반영하는가, 공자인가 아니면 자사 본인인가라는 것이다. 이에 대해서 학자들은 「치의」 제 편 속의 '자왈'은 자사를 일컫는다고 생각한다.[4] 그렇지만 이와 다른 의견의 학자들은 "「치의」 제 편의 '자왈'은 당연

---

4 胡玉縉은 "아마도 '子云'·'子曰'·'子言之'는 모두 자사의 말이다. 따라서 「방기」의 '3년 동안 아버지의 도를 바꿈이 없다'의 두 구절은 『논어』와 구별된다"고 하였다. 청대 학자 邵晉涵, 黃以周는 「치의」, 「표기」, 「방기」 3편 중의 '子言之'는 자사의 말이고, '子云'·'子曰' 은 공자의 말이라고 본다.

히 공자의 언행이지 자사 혹은 공손니자公孫尼子가 말한 것이 아니므로, 그것은 공자의 학문을 기록한 것이다"라고 강하게 주장한다.[5] 이처럼 「치의」제 편 속의 '자왈'에 대한 고찰은 「치의」「표기」「방기」 3편에 대한 인식과이해에만 영향을 미치는 것이 아니라 고대 유학의 사상전개, 학술전파 및전승형식 등과도 관련되는 중대한 이론의 문제이다.

1) '삼대三代'에 대한 평가에 대하여

「표기」는 친친親親과 존존尊尊의 상반상성相反相成이 우주만물 및 인간사회활동에서 체현될 뿐만 아니라 역사의 발전과 전개 속에도 존재한다고 여기고있다.

> 공자가 말하였다. "하夏나라 정치의 도는 명령을 존중하는 것에 있다. 귀신은공경하여 섬기지만 멀리하고, 사람은 가까이함으로써 충성되게 한다. 봉록을먼저 주고 위엄은 뒤에 드러낸다. 상을 먼저 주고 벌을 뒤에 한다. 이것은 친애를 중시하고 존경을 가볍게 여긴 것이다. 그 백성의 폐단은 둔하고 어리석으며,교만하고 천박하며 소박하고 문식文飾이 없다. 은殷나라 사람은 신을 존경하여백성을 모두 데리고 신을 섬겼다. 귀신을 먼저하고 예를 뒤에 하며 벌을 먼저하고 상을 뒤에 한다. 이것은 존경을 중시하고 친애를 가볍게 여긴 것이다. 그백성의 폐단은 방탕하고 안정되어 있지 못하며, 이기려 하고 부끄러움이 없다.주周나라 사람은 예를 높이고 남에게 베푸는 것을 숭상한다. 귀신은 공경하여섬기지만 멀리하고, 사람은 가까이함으로써 충성되게 한다. 그 상과 벌은 관직과 작위의 높고 낮음에 따라 다르다. 이것은 친애를 중시하고 존경을 가볍게

---

5 邢文, 「楚簡「緇衣」與先秦禮學－公子禮學的再考察」, 『紀念孔子誕辰2550周年國際學術討論會論文集』下冊, 國際文化出版公司, 2000, 1784쪽; 『郭店楚簡國際學術研討會論文集』, 湖北人民出版社, 2000, 160쪽.

여긴 것이다. 그 백성의 폐단은 이익을 좋아하고 간교하며 문식이 많고 부끄러움이 없으며 남을 해치고도 덮어두려 한다."

子曰, "夏道尊命, 事鬼敬神而遠之, 近人而忠焉. 先祿而後威, 先賞而後罰, 親而不尊. 其民之敝, 惷而愚, 喬而野, 朴而不文. 殷人尊神, 率民以事神, 先鬼而後禮, 先罰而後賞, 尊而不親. 其民之敝. 蕩而不靜, 勝而無恥. 周人尊禮尙施, 事鬼敬神而遠之, 近人而忠焉, 其賞罰用爵列, 親而不尊, 其民之敝, 利而巧, 文而不慚, 賊而蔽."

공자가 말하였다. "하나라 정치의 도는 아직 명령을 남발하지 않았고, 사람에게 완전할 것을 구하지 않았고, 백성들에게 크게 바라지 않았기 때문에 백성들이 그 윗사람에게 나아가 진애하게 되었다. 은나라 사람은 예를 남용하는 데에는 이르지 않았지만 백성에게 완전하게 갖추어질 것을 요구하였다. 주나라 사람은 백성에게 예나 규칙에 따를 것을 강요하고 신에 대한 제사를 남용하지 않았지만 상벌과 형벌의 규정을 몹시 따졌다."

子曰, "夏道未瀆辭, 不求備, 不大望於民, 民未厭其親. 殷人未瀆禮, 而求備於民. 周人强民, 未瀆神, 而賞爵刑罰窮矣."

공자가 말씀하였다. "우하虞夏의 도는 백성에게 원망이 적고 은주殷周의 도는 그 폐단을 이기지 못한다."

子曰, "虞夏之道, 寡怨於民. 殷周之道, 不勝其敝."

공자가 말씀하였다. "우하虞夏의 질박質朴과 은주의 문식文飾은 극단적이었다. 우하의 문식은 그 질박함을 이기지 못하고 은주의 질박은 그 문식을 이기지 못했다."

子曰, "虞夏之質, 殷周之文, 至矣. 虞夏之文, 不勝其質, 殷周之質, 不勝其文."

친친親親과 존존尊尊은 하夏·상商·주周 삼대三代의 정치문화 중 두 개의 기본 원칙으로 종족 조직의 조화와 안정을 이루기 위해 이 두 가지는 공동의 목표를 가지고 있었다. 『예기』 「대전大傳」에는 "인仁을 가지고 어버이를 따르더라도 세대를 거슬러 올라감에 따라 가벼워지는 것이고, 의를 가지고 어버이를 존중하지만, 세대를 내려옴에 따라 가벼워진다. 이 때문에 사람들의 자연스런 기분으로 가까운 관계의 사람과 더욱 친하고, 그렇기 때문에 조상을 존경하고, 조상을 존경하기 때문에 종손을 존경하고, 종손을 존경하기 때문에 종족을 잘 화합시키고, 종족을 잘 화합시키기 때문에 종묘가 존엄해지는 것이고, 종묘가 존엄해지기 때문에 사직이 중시되고, 사직이 중시되기 때문에 백성을 사랑하게 된다(自仁率親, 等而上之至于祖. 自義率祖, 順而下之至於禰. 是故人道親親也. 親親故尊祖, 尊祖故敬宗, 敬宗故收族, 收族故宗廟嚴, 宗廟嚴故重社稷, 重社稷故愛百姓)"라고 한다. 이처럼 친친과 존존은 본래 서로 보완하고 이루어 주는 것이지만 구체적인 진행 방향에는 양자에 구별이 있다. 친친은 자손의 세속세계에 치우쳐 있고 내재적인 혈연의 친한 감정에서 출발하여 부모를 거쳐 선조에까지 이르는 종족 조직의 정합과 조정을 실현시키는 것이다. 존존은 조상의 신령세계에 치우쳐서 조상신에 대한 숭배와 신앙을 통하여 조상에서 부모에까지 이르러 종족의 등급 질서를 유지한다. "만약 인에 치우친다면 부모는 무겁고 조상은 가벼우며, 만약 의에 치우친다면 조상은 무겁고 부모는 가볍다(若仁則父母重而祖輕, 若義則祖重而父母輕, 『禮記正義』)." 친친과 존존의 양대 원칙은 조상숭배의 종교 신앙 속에서 본래는 유기적으로 결합되어 있었고 두 사항이 한 몸을 이룬 것으로, 이것이 이른바 "위로 조상의 종묘를 잘 모시는 것은 존엄함을 존귀하게 여기는 것이다. 아래로 자손을 잘 다스리는 것은 가까운 사이를 친애하는 것이다(上治祖禰尊尊也, 下治子孫親親也, 『예기』「大傳」)"라는 것이다. 그러나 「표기」를 보면 하·상·주 삼대는 이 양대 원칙을 정치적 행위에 구체적으로 응용할 때에 모두 편차가 있어서, 진정한 친친과 존존의 통일을 이룰 방법이 없었다.

하나라는 비록 귀신을 공경하여 섬기고 조상숭배를 하였지만 중점을 둔 것은 자손의 세속세계였고, 친친이 존존보다 중시되었다. 이 같은 정치의 좋은 점은 '백성들의 원망이 적고', '백성들이 그 윗사람에게 나아가 친애하게 되어' 백성들의 결속을 강하게 할 수 있다는 것이다. 그 결점은 질박한 나머지 문식文飾이 부족하여 사회적 분별을 촉진시키거나 정치적 권위를 수

립할 수 없어, 문명의 진화 정도가 낮다는 것이다. 은나라 사람들은 하나라의 폐단을 잘 알고 있어서 그와 반대 방법을 취하여 백성을 모두 데리고 신을 섬겼고, 귀신을 먼저하고 예를 뒤로 하였다. 이것은 조상의 숭배를 중시한 것으로 친친보다 존존을 높인 것이다. 이 같은 정치는 비록 권위의식을 강화하여 계급관념을 촉진시킬 수 있지만 친절과 화목한 분위기를 해쳐서 백성들이 방탕하고 불안정해지며 형벌만을 면하고자 하여 도덕적인 수치심이 없게 된다. 주나라 사람들은 은나라의 폐단을 잘 알고 있어서 하대의 귀신을 공경하여 섬기되 경외하는 정치로 돌아갔다. 이것은 오로지 인도로써 가르침을 삼는 정치인데, 친친을 존존보다 높인 것이다. 다만 예를 높이고 남에게 베푸는 것을 숭상하여 문교와 예법의 건설에 힘을 쏟았기 때문에 하대에 너무 질박하여 문식이 부족하였던 것과는 다르다. 이 같은 정치는 그 상벌을 내릴 때 관직과 작위를 따라서 하여 형벌은 대부에게까지 올라가지 않고 예는 서인에게까지 내려가지 않게 하여 가까운 사람과 존귀한 사람이 특권을 향유하였다. 비록 조상숭배가 자손을 생각하는 친친의 뜻에 합치되었다고는 하지만, 백성들은 이익을 탐하고 간교함을 취하여 형벌을 두려워하지 않고, 문식은 지나쳐서 그릇되며 풍속은 각박해졌고 도덕은 속임수가 되었으니, 이처럼 생겨난 폐단이 매우 심각하였다.[6]

이상으로 알 수 있듯이 후대의 유가가 찬미한 삼대는 실제로는 이렇다 할 만한 이상사회는 아니었고, 기껏해야 '친애하였지만 존경하지는 않거나', '존경하지만 친애하지는 않는' 정도의 사회에 지나지 않았다. 이것은 '인에 도타운 사람은 의에 박하고', '의에 도타운 사람은 인에 박하다'는 것이다. 그렇다면 인의가 함께 행해지며 친친과 존존이 통일되어 있는 이상사회는 실현 불가능한 것인가? 그렇지는 않다. 우순 시대의 '대동' 세상이 그것이다.

---

6 余敦康, 「夏商周三代宗敎−中國哲學思想發生的源頭」, 『中國哲學』 第24輯, 遼寧敎育出版社, 2005.

공자가 말하였다. "후세에 비록 선정을 하는 자가 있더라도 우제虞帝(순)에는 미치지 못할 것이다. 우제가 천하에 임금 노릇을·함에 살아서는 공평무사하고, 죽어서는 그 아들을 이롭게 하지 않았다. 백성을 자식같이 여기기를 부모와 같이 절절한 사랑을 보였고, 충심과 이익에 대한 가르침이 있고, 친애하면서도 존경하고, 편안하고 공경하며, 위엄이 있으면서도 사랑하며, 부유하고도 예의 바르고, 은혜를 베풀어 재물을 잘 나눠 준다. 따라서 그를 섬기는 군자들은 인을 중시하고 의를 경외하며 허비하는 것을 부끄러워하고 재물을 가볍게 여긴다. 충심을 다하여 정령을 범하는 일이 없고, 의리가 있고 순종하며, 예의가 있고도 조용하며, 너그럽고도 분별력이 있다. 『상서』「보형甫刑」에 말하기를 '군주가 덕을 가지고 임하면 백성들은 덕의 위엄에 복종하고, 군주가 덕을 밝혀서 임하면 백성들은 그 밝음을 우러러본다'라고 하였다. 우제가 아니면 그 누가 이와 같이 할 수 있었겠는가?"

子言之曰, "後世雖有作者, 虞帝弗可及也已矣. 君天下, 生無私, 死不厚其子. 子民如父母, 有憯怛之愛, 有忠利之教, 親而尊, 安而敬, 威而愛, 富而有禮, 惠而能散. 其君子尊仁畏義, 恥費輕實, 忠而不犯, 義而順, 文而靜, 寬而有辨. 甫刑曰, '德威惟威, 德明惟明.' 非虞帝其孰能如此乎?"

우순과 하·상·주 삼대의 차이점 중 가장 큰 것은 후자는 천하를 개인의 집처럼 여겨 왕위를 자식에게 전해 주고 현자에게 전하지 않았다는 것이다. 그러므로 친친과 존존의 원칙을 응용할 때 언제나 편차가 발생하여 때로는 친애하지만 존경하지 않고, 때로는 존경하지만 친애하지 않게 되어 이상적인 경지에 도달할 수 없었다. 우제의 덕은 살아서는 천하를 사유물로 여기지 않고, 죽어서는 왕위를 아들에게 전하지 않고 현자에게 전했기 때문에 인의가 동시에 행해지면서 서로 보완작용을 하였고, 절절한 사랑이 있어 사회를 고도로 화합시켰으며, 충심과 이익에 대한 가르침이 있어서 사회가 안정적인 질서를 유지할 수 있게 하였고, 예가 있으면서도 번잡하지 않고, 서로 친애하면서도 함부로 하지 않아 친친과 존존의 원칙이 딱 알맞게 결합되어 한 쪽으로 치우치지 않았다. 이 때문에 후세에 감히 넘보지 못할 최고의 정치이상으로 여겨 "우제가 아니면 그 누가 이와 같이 할 수 있었겠는가?"라고 한 것이다.

이와 같이 인의가 함께 행해지고 친친과 존존이 조화를 이룬 통일된 이상사회는 결코 실현 불가능한 것이 아니다. 관건은 군주에게 달려 있는데, 군주가 선양을 행하여 대동세계를 이루는 조건을 충족시키면 권력을 모두 공유하기 때문에 왕위는 아들이 아닌 현자에게 이어져서 천하를 공공의 것으로 삼게 된다. 이것이 바로 추구해야 할 최고의 정치이상이다. 공자는 삼대의 사회를 논할 때 "은나라는 하나라의 예를 기초로 하였으니 그 줄이고 늘린 것을 알 수 있고, 주나라는 은나라의 예를 기초로 하였으니 그 줄이고 늘린 것을 알 수 있다. 혹시 주나라를 잇는 자가 있다면 그 백 대의 뒤라 하더라도 그 양상을 알 수 있을 것이다(殷因於夏禮, 所損益, 可知也, 周因於殷禮, 所損益, 可知也. 其或繼周者, 雖百世, 可知也, 『논어』「위정爲政」)"고 하였다. 그가 착안한 것은 예악으로 대표되는 사회질서와 문화정신이다. "혹시 주나라를 잇는 자가 있다면 그 백 대의 뒤라 하더라도 그 양상을 알 수 있을 것이다"라는 구절은 주나라의 예제는 실제로 이상적 정치질서를 대표하며, 백 세에 걸쳐 행해질 수 있는 영원불변의 가치를 지니고 있다는 것이다. 때문에 대다수 제자들의 눈에는 공자가 삼대 특히 주례를 최고 정치이상으로 여기는 것으로 보였다. 실제로 공자는 "찬란하구나, 주나라의 문채여! 나는 주나라를 따르겠노라"(「팔일八佾」)고 하였다. 공자에게 삼대의 위에 더 높은 정치형식을 세우는 것은 존재하지 않았다. 어떤 연구자는 공자의 마음속에서 삼대는 적어도 당우의 시대와 서로 대등한 지위를 갖추고 있었다고 한다. 따라서 삼대에 대한 「표기」의 이해는 공자의 그것과 서로 같지 않으며 오히려 곽점초간 『당우지도唐虞之道』와 『예기』「예운禮運」편의 관점에 가깝다. 그 이유는 다음과 같다. 전국시대 중기 초반에 사회에 선양을 찬미하는 사조가 등장하였다.[7] 「표기」와 『당우지도』 및 「예운」은 모두 이 같은 배경 아래에서 탄생한 것으로 당시 사람들의 당우 선양과 삼대 세습에 대한 새로운 인식과 이해 및 탁고개

제托古改制의 수요를 반영하고 있다.

　이상에서 서술한 바와 같이 「표기」의 삼대 사회에 대한 인식과 이해는 공자 사상과 현격한 차이가 있다. 이 같은 차이는 자사 사상이 한 걸음 발전한 것으로 이해할 수 있다. 비록 거기에는 여전히 '자왈' 형식이 출현하고 있지만 「표기」 속의 '자왈'과 『논어』의 '자왈'은 차이가 있다. 「표기」의 그 것은 공자의 언설에 대한 실록이 아니라 자사 개인의 사상을 포함하고 있고, 자사가 자신의 사상을 표현하는 특수형식임을 설명하고 있다. 이 같은 표현 형식은 한편으로는 공자의 사상 속에 포함된다. 그 까닭은 이런 형식은 공자의 사상·관념·언설을 근거로 하고 있으며, 심지어는 공자의 사상 논리에 따라서 더 발전한 내용을 만들어 낸 것이기 때문이다. 예를 들어 「표기」의 인과 의의 관계에 대한 논의는 공자의 인과 예의 관계에서 나왔다는 것이다. 또 다른 한 방면은 이 표현형식이 사회와 역사의 조건 변화에 근거할 수 있다는 것으로 구체적인 문제에서 공자와 다른, 심지어는 상반되는 이해와 해설을 하기도 한다. 예를 들어 「표기」가 주나라 사람들이 "이익을 좋아하고 간교하며 문식이 많고 부끄러움이 없으며 남을 해치고도 덮어 두려 한다"고 비판하고 있는 것은 공자가 "나는 주나라를 따르겠다"고 한 것과 다르다. 이처럼 「표기」 중 '자왈'의 속성과 성격은 비교적 복잡하며, 공자의 언설에 대한 기술 혹은 전래일 가능성도 있지만 자사의 창작일 가능성도 존재한다. 따라서 '자왈'을 이해할 때에도 일괄적으로 논해서는 안 되며 구체적인 분석을 행할 필요가 있다.

　예를 들어 「표기」에는 "공자가 말하였다. 인에는 3가지가 있는데, 인으로서의 기능은 같지만 행하는 동기는 서로 다르다. 인과 기능이 같다고 해서 동기도 인한지는 알 수 없다. 인과 이해利害를 달리하면서 행한다면 동기도

---

7 필자의 논문 「戰國時期的禪讓思潮與 "大同", "小康"說 - 兼論「禮運」的作者與年代」, 『中國思想史研究通信』第4輯, 2004 참조.

인하다는 것을 알 수 있다. 인자는 인을 편안하게 여기고 지자는 인을 이롭다고 여기며, 죄를 두려워하는 자는 억지로 인을 행한다(子曰, 仁有三, 與仁同功而異情. 與仁同功, 其仁未可知也. 與仁同過, 然後其仁可知也. 仁者, 安仁, 知者, 利仁, 畏罪者, 強仁.)"라고 하는데, '안인安仁' '이인利仁'의 설은 『논어』에 "공자가 말하였다. 인하지 못한 자는 오랫동안 역경을 견디지 못하며, 길게 즐거움을 누리지 못한다. 인자는 인을 편안하게 여기고, 지자는 인을 이롭게 여긴다(子曰, 不仁者不可以久處約, 不可以長處樂. 仁者安仁, 知者利仁.)"라고 하였다. 「표기」에는 "죄를 두려워하는 자는 억지로 인을 행한다"는 문장이 첨가되어 있다. 또한 「표기」에서 "공자가 말하였다. '마음속이 진실로 인에 편안한 사람은 천하에 한 사람밖에 없다.' 『대아』에 '덕의 가벼움이 터럭 같아도 백성들은 무겁다고 하여 행하는 사람이 적네. 그러나 우리 동료에 대해 생각해 보면 중산보仲山甫만은 인을 행할 수 있건만, 애석하게도 그를 돕는 이 없도다'라고 한다. 『소아』에 '높은 산은 사람들이 우러러보고, 덕행은 사람들이 이를 보고 배운다'고 한다. 공자가 말하였다. '시가 인을 좋아하는 것이 이와 같다. 도를 향해서 가다가 중도에서 힘이 다하면 그만둔다. 그 때문에 몸이 늙어가는 것도 잊고, 남아 있는 수명의 부족함도 깨닫지 못한다. 전력을 다하여 날마다 인에 힘쓰다가 쓰러져 죽은 뒤에야 그만두는 것이다.'(子曰, 中心安仁者天下一人而已矣, 大雅曰. 德輶如毛, 民鮮克擧之, 我儀圖之. 惟仲山甫擧之, 愛莫助之. 小雅曰, 高山仰止, 景行行止. 子曰, 詩之好仁如此. 鄕道而行, 中道而廢, 忘身之老也, 不知年數之不足也. 俛焉日有孶孶, 斃而后已.)"라고 하였다. 여기에서 "마음속이 진실로 인에 편안한 사람은 천하에 한 사람밖에 없다"의 한 사람은 공자 자신이다. "도를 향해서 가다가 중도에서 힘이 다하면 그만둔다"는 문장은 곧바로 『논어』에서 공자가 자신을 평가하는 장면을 떠오르게 한다. 즉 "섭공이 자로에게 공자의 인물됨을 물었는데, 자로가 대답하지 않았다. 공자가 자로에게 말하였다. '너는 어째서 그의 사람됨이 분발하면 먹는 것도 잊고, 깨달으면 즐거워 근심을 잊어 늙음이 장차 닥쳐오는 줄도 모른다고 하지 않았느냐?'(葉公問孔子於子路, 子路不對. 子曰, 女奚

不曰, 其爲人也, 發憤忘食, 樂以忘憂, 不知老之將至云爾, 「述而」)"는 문장이다.

『논어』의 문장은 제자들이 공자에게서 '직접 들었을' 가능성이 있고, 「표기」의 문장은 자사가 '타인에게서 들었을' 가능성이 있기 때문에 양자는 맥락이나 표현상에서 다른 곳이 있지만 어렴풋이 양자의 연관성도 찾아볼 수 있다. 또 「표기」에 "공자가 말하였다. '인이라는 물건은 무겁고, 이것을 지니고 걷는 길은 멀다. 이것을 들어올려 지닐 수 있는 사람은 적고, 인의 길을 걸어갈 수 있는 사람도 적다. 또 종류가 무수히 많은 것이 인이다. 때문에 인을 행하려고 노력한다는 것은 어려운 일이 아니겠는가?'(子曰, 仁之爲器重, 其爲道遠, 擧者莫能勝也, 行者莫能致也. 取數多者, 仁也. 夫勉於仁者, 不亦難乎?)"라고 한다. 이 문장의 '자왈'은 다음의 『논어』 문장을 상기시킨다. "증자가 말하였다. '선비는 도량이 넓고 뜻이 굳세지 않으면 안 된다. 책임이 무겁고 길이 멀기 때문이다. 군자는 인으로써 자신의 책임으로 삼으니 막중하지 않은가? 죽은 뒤에야 끝나는 것이니 멀지 않은가?'(曾子曰, 士不可以不弘毅, 任重而道遠. 仁以爲己任, 不亦重乎? 死而後已, 不亦遠乎?, 「泰伯」)" 이 문장을 『논어』에서는 '증자왈'로 쓰고 있고 '자왈'이 아니다. 자사는 증자 문하의 제자였으므로 증자와 교류가 매우 밀접하였고, 따라서 '증자왈'을 잘못하여 공자의 말로 정리하여 써넣은 것이다.

2) 예禮와 형벌의 사상

예는 공자 사상의 중요 개념이다. '극기복례克己復禮'는 공자가 '예악이 붕괴되는' 현실에 직면하여 제출한 슬로건이었고, 그는 예를 위하여 평생의 신념과 사명을 걸고 분투하였다. 공자는 예를 즐겨 언급한 것에 반해 형벌[刑]은 거의 말하지 않았다. 예의 정신은 공경과 양보이지만 형벌의 실질은 강제와 징벌이기 때문이다. 예와 형벌은 삼대로부터 내려온 사회적 실천이념

중에서 서로를 완전히 배척해 온 것은 아니지만 일정 정도는 모순을 지니고 대립하는 존재였다. 따라서 노나라 소공昭公 29년(기원전 513년) 겨울, 진晉나라 조앙趙鞅과 순인荀寅이 형벌을 새긴 정鼎을 주조하여 '범선자范宣子가 만든 형벌의 문서를 공포하였을 때' 공자가 이를 가지고 "진나라는 망할 것이다. 그 정도를 잃었다"고 비판하였다(『좌전』「소공 29년」).

> 공자가 말씀하였다. "군자의 도는 비유하자면 방벽[坊]인가? 백성들의 부족한 점을 막는 것이다. 크게 이것을 막아도 백성은 오히려 이것을 넘으려 한다. 그런 까닭에 군자는 예로써 덕을 막고 형벌로써 음란한 것을 막고 정령으로써 탐욕을 막는다."
> 子言之, "君子之道辟則坊與? 坊民之所不足者也. 大爲之坊, 民猶踰之, 故君子禮以坊德, 刑以坊淫, 命以坊欲."

"군자의 도는 비유하자면 방벽[坊]인가?"라는 것은 의심할 나위 없이 새로운 명제이다. 이른바 '방坊'이란 강의 범람을 막는 제방이다. 「방기」의 작자는 군자의 인의의 도에 관심을 기울이고 있을 뿐만 아니라, 동시에 "도를 잃으면 제멋대로 굴게 되고 사악하게 된다(失道則 放辟邪侈也, 鄭玄『注』)"는 것도 인식하고 있었다. 그래서 마치 강의 제방이 홍수의 우환을 막는 것처럼, 백성에 대해서도 방벽을 만들어 놓은 것이다. 그중 예는 백성들이 덕을 잃는 것을 막는 것이요, 형벌은 백성들의 음란하고 사악함을 막는 것이며, 정령은 백성들의 탐욕을 막는 것으로 이 세 가지는 서로 보완하여 이루어지는 것이며 하나라도 빠뜨려서는 안 된다. 예와 형벌의 관계에 대하여 공자는 다음과 같이 논술한다. "공자가 말하였다. '정령으로 인도하고 형벌로 통제한다면 백성들은 법망을 빠져나가면서도 부끄러움을 모를 것이지만, 덕으로 이끌고 예로써 통제한다면 수치심을 알게 되어 올바름에 이르게 될 것이다'(子曰, 道之以政, 齊之以刑, 民免而無恥, 道之以德, 齊之以禮, 有恥且格, 「爲政」)" 여기에서 예와 형벌의 관계는 대립적이며, 예와 형벌에 대한 공자의 태도에서도 가치의 상하관계가 존재함을 알 수 있다. 주의해야 할 것은 이 단락과 동일한 내용이 「치의」 중에 보이지만 그 내용에는 미묘한 변화가 발생하고 있다는 점이다.

> 공자가 말하였다. "대체로 백성을 덕으로 가르치고 예로 통제하면 백성들이 임금을 사모하는 마음을 가지게 된다. 정치로 가르치고 형벌로써 통제하면 백성이 도망할 마음을 갖는다. 그렇기 때문에 임금이 된 자가 백성을 자식과 같이 사랑하면 백성이 친해지고 믿음으로 관계를 맺으면 백성이 배반하지 않고 공손한 마음으로 임하면 백성이 순종하는 마음을 갖는다. 「보형甫刑」에 말하기를 '묘苗의 백성은 정령으로 백성을 다스리지 않고 형벌을 가지고 통제하였으며, 거기에 五虐의 형벌을 만들어서 법이라고 했다'고 했다. 그 때문에 백성들에게 악덕이 생겨서 마침내 그 代를 끊게 되었다."
>
> 子曰, "夫民教之以德, 齊之以禮, 則民有格心. 教之以政, 齊之以刑, 則民有遯心. 故君民者子以愛之則民親之. 信以結之則民不倍. 恭以涖之則民有孫心. 甫刑曰, "苗民匪用命, 制以刑, 惟作五虐之刑曰法." 是以民有惡德, 而遂絕其世也."

위 문장의 전반부에서 약간 증가된 내용 및 필사하는 과정에서 불가피하게 생기는 표현상의 변화를 제외하면 예와 형벌에 대한 시각은 공자와 기본적으로 일치한다. 그러나 이와는 달리 후반부의 내용은 「보형」을 인용하여 주장을 뒷받침한 후 "백성들의 악덕이 마침내 그 대를 끊게 되었다"는 내용을 추가하고 있다. 이것은 백성들에게 악덕이 있다면 형벌의 작용은 부정할 수 없다는 것이다. 앞에서 배척되던 형벌이 뒤에서는 새롭게 긍정되고 있다. 따라서 상기 인용문의 전반부는 자사가 공자의 말을 전해들은 대로 서술한 것이고, 후반부는 자사가 공자의 관점에 대하여 보완·발전시킨 것이다. 그래서 동일 단락의 앞뒤 문장의 주장이 편차가 생기고 심지어는 모순이 발생하기도 한다. 자사가 공자의 말을 보완·발전시킨 이유는 사회의 격렬한 변혁 때문으로, 이것이 자사로 하여금 예를 중시하고 형벌을 경시하는 할아버지의 이상은 이미 실현하기 어려워졌다고 인식하게 만들었다.

「방기」에는 다음과 같은 문장이 보인다. "대체로 예란 의심나는 것을 밝히고 은미隱微한 것을 분별해서 백성을 막는 것이다. 그렇기 때문에 귀천의 등급이 있고 의복의 분별이 있으며 조정에 지위가 있어야만 백성이 사양함이 있는 법이다(夫禮者, 所以章疑別微, 以爲民坊者也. 故貴賤有等, 衣服有別, 朝廷有位, 則民有所讓)", "대체로 예는 백성들의 음란한 것을 막고 백성들의 분별을 밝히고 백성으로 하여금 혐의가 없게 하여 이로써 백성들의 기강을 삼는 것이다(夫禮坊民所淫, 章民之別, 使民無嫌, 以爲民紀者也)." 그러나 백성의 탐욕과 음란은 마치 격렬히 물결치는 홍수와 같아서 "크게 방벽을 쌓아 올리더라도 백성들은 뛰어넘어 버리기(大爲之坊, 民猶踰之)" 때문에 예만으로는 계속하기 어려웠다. 그래서 「방기」에서는 한 사람이 부르면 세 사람이 따라 부르듯이 다음과 같은 언급을 반복하고 있다. "공자가 말하였다. '부모가 있으면 늙었다고 일컫지 말고 효도만 말하고 자애는 말하지 않는다. 규문閨門 안에서는 희롱하고 탄식하지 않는다, 군자가 이것을 가지고 백성을 막아도 백성들은 오히려 효도에는 박하고 자애에는 후하다'(子云, 父母在不稱老, 言孝不言慈, 閨門之內戱而不歎. 君子以此坊民, 民猶薄於孝而厚於慈)", "공자가 말하였다. '제사에 시동이 있다는 것과 종묘에 신주神主가 있는 것은 백성들에게 일이 있다는 것을 보이기 위함이다. 종묘를 수리하고 제사 일을 공손히 하는 것은 백성들에게 추효追孝하기를 가르치는 것이다. 이것으로 백성을 막아도 백성들은 오히려 그 부모를 잊는다'(子云, 祭祀之有尸也, 宗廟之有主也, 示民有事也. 修宗廟, 敬祀事, 敎民追孝也. 以此坊民, 民猶忘其親)", "공자가 말하였다. '임금은 동성同姓과 함께 같은 수레를 타지 않고 이성異姓과는 같은 수레는 타도 같은 옷은 입지 않는다. 백성들에게 혐의를 받지 않는 것을 보여 주는 것이다. 이것으로 백성을 막아도 백성들은 오히려 동성을 추대해서 그 임금을 죽이는 자가 있다'(子云, 君不與同姓同車, 與異姓同車不同服, 示民不嫌也. 以此坊民, 民猶得同姓以弑其君)", "공자가 말하였다. '국가를 제어하는 데는 천승千乘에 지나지 않고 도성은 백치百雉에 지나지 않으며 경대부의 부자됨은 백승百乘에 지나지 못하게 하였다'(子云, '制國不過千

乘, 都成不過百雉, 家富不過百乘. 以此坊民, 諸侯猶有畔者)."

　'以此坊民, 民猶' '諸侯猶'의 감탄은 예의 작용이 날이 갈수록 점점 쇠미해져 가는 것과 날이 갈수록 인심의 역량을 유지하지 못하게 되는 현실을 반영한 것이 아니겠는가? 바로 이 같은 배경 아래, 자사는 형벌이 예의 보완이 된다는 것을 제기하여 자신의 할아버지의 예와 형벌관에 대하여 보완과 수정을 가한 것이다. 따라서 「방기」의 예와 형벌 사상은 공자가 아니라 주로 자사의 사상에 속한다.

　앞에서 『논어』 「이인」에서는 "인자는 인을 편안하게 여기고 지자는 인을 이롭다고 여긴다"고 했지만 「표기」는 "죄를 두려워하는 자는 억지로 인을 행한다"는 내용을 추가하였음을 언급하였다. 이 같은 추가는 '무심하게 꽂은 버드나무 가지'가 아니기 때문에 의미가 있는 것이다. 이를 추가한 사람은 다름 아닌 공자의 적손인 자사이다. 공자는 "인을 하는 것은 자기 몸에 달려 있는 것이니 남에게 달려 있는 것이겠는가?(爲仁由己, 而由人乎哉?, 「顏淵」)"라고 하였다. 그러므로 인은 마음의 내부에서 발현되어 나오는 자각이지 외부에 존재하는 강박이 아니다. 따라서 죄를 두려워하여 억지로 인을 행한 것은 인으로 볼 수 없다. 자사는 형벌을 중시하였기 때문에 "군자는 도를 논하기를 자기 몸에서부터 하고 법을 제정하기를 백성을 위해서 하는 것이다(君子議道自己, 而置法以民, 「표기」)"라고 주장하였다. 그러므로 인의 문턱을 내려서 법률적인 구속도 인으로 귀속시켰다. "공자가 말하였다. '인에는 여러 가지가 있고 의에는 장단과 대소가 있다. 중심이 절절한 것은 사람을 사랑하는 어진 마음이요, 법을 따라서 힘써 행하는 것은 인을 취하는 자이다'(子言之, "仁有數, 義有長短小大. 中心憯怛, 愛人之仁也. 率法而强之, 資仁者也, 「표기」) 법률에 의해 억지로 실행하는 것도 인을 행한 것이 되었다. 그러므로 자사는 그의 할아버지의 인학·예학에 대하여 깊은 이해가 있었고 아울러 적극적으로 계승했지만 일반적인 의미에서의 실록은 아니었다. 사회와 정세의 변화에 근거하여 보완·개조·발전시켰는데 형식상으로는 '자왈'이라는 표현 방식을 채택하였다. 이 점을 분명하게 밝힌다면 아래 「방기」의 문장에서 왜 '자운子云'과 '『논어』왈'이 동시에 나타나는지 이해할 수 있을 것이다.

> 공자가 말씀하였다. 군자는 그 부모의 잘못을 책하지 않고 그 의리를 공경한다. 『논어』에 말하기를, 3년 동안 아버지의 도를 고치지 않아야만 효라 할 수 있다고 했다. 고종高宗의 기록에 고종이 3년 동안 아무 말도 하지 않다가 말하자 백성들이 기뻐했다고 했다
> 子云, 君子弛其親之過, 而敬其美. 『論語』曰, 三年無改於父之道, 可謂孝矣. 高宗云, 三年其惟不言, 言乃讙.

학자들은 이 단락의 문장 앞에 '자운'이 이미 있는데, 뒤에 '『논어』왈'이 있다는 사실을 근거로 「방기」 등에 보이는 '자운'은 공자의 말이 아니고 자사의 말이며,[8] 따라서 이것은 정확한 내용이 아니라고 추론하였다. 원나라 때의 진호陳澔는 석량왕씨石梁王氏의 설을 인용하여 "이미 '자운'이 있는데 다시 『논어』왈'을 인용하였기 때문에 응당 공자 자신의 말이 아니며, 따라서 후대 사람이 만들었음을 알 수 있다"고 하였다(『禮記集說』 권9). 청나라 때의 옹방강翁方綱은 "이 편은 예를 기록하는 사람이 공자의 말을 잡다하게 인용하였기 때문에 여러 경전이 함께 인용되어 있다"(『禮記附記』)고 하였다. 이 같은 견해는 약간의 일리는 있지만 결코 정확하지는 않다. 필자가 보기에 『논어』는 공자의 제자 및 그 재전 제자에 의해 편찬되었고, 자사 역시 그 편찬 작업에 참가하였을 가능성이 있다. 그러므로 그 내용에 대해 상당한 이해가 있었다. 그리고 「방기」 「치의」 등의 편도 자사 제자의 손에 의해 기록·정

---

8 청나라의 錢大昕은 "「방기」편에는 『춘추』를 인용한 것이 3례, 『논어』를 인용한 것이 1례이다. 『춘추』는 공자가 지은 것이라서 공자가 스스로 인용할 수 없다. 『논어』는 공자 사후에 여러 제자들이 기록한 것으로 공자가 볼 수 없었다. 그렇다면 편 속의 '子言之' '子曰'은 자사자의 말이지 중니의 말은 결코 아니다"라고 한다(『潛研堂文集』 권17, 「論子思子」).

리·편찬되었을 것이다.

자사의 제자들은 그들 스승의 말을 기록할 때 분명하게 불합리한 곳이 보여도 보지 않았다. 자사가 말한 '자왈'은 사상을 표현하는 특수한 형식에 지나지 않는다는 것을 설명한다. 반드시 근거가 있어야 한다거나 지나치게 구속될 필요는 없기 때문에 그 제자들조차도 그것에 대하여 깊이 파고들지 않았다. 당연하지만 이것은 자사가 마음대로 아무 근거도 없이 '자왈'을 인용했다는 것을 의미하지는 않는다. 「방기」 등의 내용을 볼 때 그 대다수가 『논어』 속에서 근거를 찾을 수 있거나 기본적으로 유사하다. 예를 들어 「방기」에서 "공자가 말씀하였다. '명령에 따라서 분한 마음을 갖지 않고 서서히 간해서 게으르지 않고 수고로워도 원망하지 않아야 효라고 할 것이다. 『시경』에 말하기를, 효자가 끊이지 않는다'(子云, 從命不忿, 微諫不倦, 勞而不怨, 可謂孝矣. 詩云, '孝子不匱')"라고 했으며, 『논어』 「이인」에서는 "공자가 말씀하였다. '부모를 섬기되 은미하게 간해야 하니 부모의 뜻이 내 말을 따르지 않음을 보고서도 더욱 공경하고 어기지 않으며 수고롭되 원망하지 않아야 한다'(子曰, 事父母幾諫, 見志不從, 又敬不違, 勞而不怨)"고 했는데, 이 양자의 관점은 기본적으로 일치한다. 또 「방기」에서는 "공자가 말씀하였다. '소인도 모두 능히 그 부모는 봉양한다. 군자가 공손하지 않다면 무엇을 가지고 분별하겠는가'(子云, 小人皆能養其親, 君子不敬何以辨?)"라고 했으며, 『논어』 「위정」에서는 "공자가 말씀하였다. '지금의 효라는 것은 물질적으로 잘 봉양한다고 이를 수 있다. 그러나 견마犬馬에게도 모두 길러 줌이 있으니 공경하지 않으면 무엇으로 구별하겠는가?'(子曰, 今之孝者, 是謂能養. 至於犬馬, 皆能有養, 不敬, 何以別乎?)"라고 하여 하나는 '견마'로 쓰고, 하나는 '소인小人'으로 쓰는데, 유가의 관점에서는 '견마'와 '소인'은 사실 그 차이가 크지 않다. 이와 유사한 예는 「방기」 「치의」 등의 편 속에 적지 않게 존재한다. 따라서 자사가 인용하고 있는 '자왈' 중 일부는 공자의 언설을 근거로 삼은 것으로 말과 글에는 근거가 있다. 위와 같은 것은 단어와 표현상에서 출현한 '변형'일 뿐으로 이 같은

'변형'은 정보가 전달되는 과정에서 흔히 볼 수 있는 현상이다.

3) 군신의 도

공자는 적극적으로 관직에 나갈 것을 주장하였지만 은거의 합리성을 부정하지는 않았다. 나아감과 물러남에 대하여 모두 긍정적인 태도를 취하였다. "공자가 말씀하였다. '독실하게 믿으면서도 학문을 좋아하며 죽음으로 지키면서도 효를 잘해야 한다. 위태로운 나라에는 들어가지 않고 어지러운 나라에는 살지 않으며 천하에 도가 있으면 나타나 벼슬하고 도가 없으면 숨어야 한다. 나라에 도가 있을 때에 가난하고 천한 것이 부끄러운 일이며 나라에 도가 없을 때에 부하고 귀한 것이 부끄러운 일이다'(子曰, 篤信好學, 守死善道. 危邦不入, 亂邦不居. 天下有道則見, 無道則隱. 邦有道, 貧且賤焉, 恥也, 邦無道, 富且貴焉, 恥也, 「태백」)" "공자께서 남용南容을 두고 평하시기를, 나라에 도가 있을 때에는 버려지지 않을 것이요, 나라에 도가 없을 때에는 형벌을 면할 것이다 하시고 형의 딸을 그에게 시집보내셨다(子謂南容, 邦有道, 不廢, 邦無道, 免於刑戮. 以其兄之子妻之, 「公冶長」)" "공자가 말씀하였다. 도가 행해지지 않으니 내 뗏목을 타고 바다로 항해하려 한다(子曰, 道不行, 乘桴浮于海, 「공야장」)." 임금을 섬기는 것에서도 공자는 "속이지 말고 얼굴을 대놓고 간쟁해야 한다(子曰, 勿欺也, 而犯之, 「憲問」)"라고 하면서도, "이른바 대신이란 도로써 군주를 섬기려다 불가능하면 그만두는 것이다(所謂大臣者, 以道事君, 不可則止, 「先進」)"라고 하였다. 군주의 비평에 대해서도 조건이 있었다. 그러나 이러한 정황은 「치의」편 등에서 새롭게 변한다.

공자가 말하였다. "신하가 임금을 섬길 때, 임금은 신하의 지위를 귀하게도 천하게도 할 수 있고, 부유하게도 가난하게도 만들 수 있으며, 살릴 수도 죽일 수도 있지만, 군신의 예를 어지럽히는 일은 허용해서는 안 된다."

子曰, 事君可貴可賤可富可貧可生可殺, 而不可使爲亂(「표기」).

공자가 말하였다. "신하가 임금을 섬길 때에는 군려軍旅에서는 어려운 것을 피하지 않고, 조정에서는 천한 것을 사양하지 않아야 한다. 그 지위에 처해서 그 일을 행하지 않으면 어지러운 것이다. 그러므로 임금이 신하를 부리는 데 뜻을 얻으면 삼가고 생각해서 이를 따르고 아니면 깊이 생각해서 이를 따르다가 일을 끝내고서 물러나는 것이 신하로서의 충후忠厚한 길이다. 『역경』에 말하기를 '왕후王侯를 섬기지 않고 그 일을 고상하게 한다'고 했다."

子曰, 事君軍旅不辟難, 朝廷不辭賤, 處其位而不履其事則亂也. 故君使其臣, 得志則愼慮而從之, 否則孰慮而從之, 終事而退, 臣之厚也. 易曰, 不事王侯, 高尙其事(「표기」).

공자가 말씀하였다. 오직 천자라야만 하늘에서 명을 받고 사士는 임금에게서 명을 받는다. 그러므로 임금의 명이 순順일 때에는 신하는 명에 순종하는 것이요, 임금의 명이 역逆일 때에는 신하는 명에 거스르는 것이다. 『시경』에 말하기를 "까치는 짖어 대고 메추리는 날치네. 쓸데없는 인간을 나는 군君이라 불러야 하나."라고 했다.

子曰, "唯天子受命于天, 士受命于君. 故君命順則臣有順命, 君命逆則臣有逆命. 詩曰, "鵲之姜姜, 鶉之賁賁, 人之無良, 我以爲君"(「표기」).

임금을 섬길 때 신하의 지위는 천하거나 가난하거나 죽임을 당할 수 있지만 '군신의 예를 어지럽히는 일은 허용해서는 안 된다.' '임금의 명이 사리를 거스를 때에는 신하도 그 명을 거스른다'는 것은 군주에 대한 비판이 조건이 있는 것에서 무조건적인 것으로 발전하였음을 의미한다. 비록 '일을 끝내고서 물러나는 것이 신하로서의 충후忠厚한 길'이라고 주장하지만, 이것은 공자의 "도가 행해지지 않는다면 뗏목을 타고 나갈 터이다(道不行, 乘桴浮于海)"와는 다른 것으로 '형육을 면하기(免于刑戮)' 위해서가 아니라 '왕후를 섬기지 않고 그 일을 고상하게 하기' 위해서인데, 이러한 주장은 인격의 존엄과 독립을 옹호하기 위한 것이었다. 자사의 "항상 그 군주의 악한 행위를 비판하는 사람을 충신이라고 말할 수 있다(恒稱其君之惡者, 可謂忠臣矣, 곽점초간『魯穆公問子思』)"는 주장과 결합한다는 것을 승인하지 않을 수 없다.

이상의 언설에서 말한 권權은 자사에 속하지 공자에 속하지 않으며, 자사의 사상은 공자의 군신 사상에 비해 보다 발전된 형태이다. 자사가 유가의 비판, 항의 정신을 보다 발전적으로 이끌어 나갈 수 있었던 이유는 명백하게 그가 처한 시대 및 사 계급의 지위 향상과 밀접한 관련이 있다. 자사 스스로가 여기에 대해 적절한 설명을 하는 예문이 있다. "증자가 자사에게 말하였다. '옛날 내가 선생님을 따라 제후들을 순방할 때 선생님께서는 신하의 예의를 잃은 적이 없는데도 성인의 도가 행해지지 않았다. 지금 내가 너를 보니 군주를 얕보는 오만한 마음이 가득하여 다른 사람을 받아들일 수 없구나.' 자사가 대답하였다. '세월은 가고 세상은 바뀌는데, 사람도 또한 그러합니다. 제 선조 때에는 주나라의 제도가 비록 훼손되었다고는 하지만 군신은 고정된 지위를 가지고 있었고, 상하는 서로의 자리를 지키고 있어서 마치 한 몸과 같았습니다. 그 도를 행하고자 하여도 예의를 가지고 그것을 구하지 않으면 받아들여지지 않았습니다. 지금은 천하의 제후들이 전쟁을 좋아하기 때문에 다투어 영웅들을 초대하여 자신의 보좌관으로 삼고 있습니다. 실력이 있는 선비는 활약하고, 실력이 없는 선비는 사라지는 때입니다. 이런 때를 맞이하여 스스로 높이지 않으면 남들이 나를 낮추어 볼 것입니다. 스스로 귀하게 여기지 않으면 남들이 나를 천하게 여길 것입니다. 순과 우는 선양에 의해 왕조를 바꿨고 탕왕과 무왕은 군대를 사용하였는데, 이것은 서로 어긋나는 것이 아니라 각각 처했던 시기가 달랐던 것입니다.'(曾子謂子思曰, 昔者吾從夫子巡守於諸侯, 夫子未嘗失人臣之禮, 而猶聖道不行. 今吾觀子有傲世主之心, 無乃不容乎. 子思曰, 時移世異, 人有宜也. 當吾先君, 周制雖毀, 君臣固位, 上下相持, 若一體然. 夫欲行其道, 不執禮以求之, 則不能入也. 今天下諸侯方欲力爭, 競招英雄以自輔翼, 此乃得士則昌, 失士則亡之秋也. 伋于此時不自高, 人將下吾. 不自貴, 人將賤吾. 舜禹揖讓, 湯武用師, 非故相詭, 乃各

時也.『孔叢子』「居衛」).”

　분명히 공자와 비교하여 자사에게 '군주를 얕보는 마음'이 있는 것은 틀림 없지만, 이는 자사가 말한 바와 같이 '세월은 가고 세상이 바뀌었으며 사람도 그러하기' 때문이다. 공자의 시대에는 주나라의 제도가 비록 훼손되었다고 는 하지만 군신은 고정된 지위를 가지고 있었고, 상하 계급은 엄격하게 지켜 져서 공자가 신하의 예의를 잃은 적이 없는데도 성인의 도가 행해지지 않았 다. 그러나 천하의 제후들이 전쟁을 좋아하기 때문에 다투어 영웅들을 초대 하여 자신의 보좌관으로 삼고 있는 시대를 살아가는 자사는 공자보다 여유가 있는 언설의 공간과 우월한 지위를 가지고 있었다. “옛적에 노무공魯繆公은 자사의 곁에 자기의 성의를 전달할 사람이 없으면 자사가 떠나가실까 염려하 여 자사를 편안히 하지 못하였다(昔者魯繆公無人乎子思之側, 則不能安子思,『맹자』 「공손추 하」).” 공자와 자사의 서로 다른 정신세계와 주장은 그들이 처한 시대 와 개인적 처지에 따라 해석되고 설명되어야 할 것이다.

　『논어』에서 공자는 “군주를 섬기되 그 일을 공경하고 그 밥은 뒤에 하여야 한다(事君, 敬其事而後其食,「위령공」)”, “군주를 섬기려면 그 몸을 다할 수 있어 야 한다(事君, 能致其身,「학이」)”라고 주장한다. 그런데 「표기」는 “공자가 말하 였다. '임금을 섬기는 데 먼저 그 말에 의해서 절하고 스스로 그 몸을 바치고 이로써 그 믿음을 이룬다. 그 때문에 임금이 그 신하를 책망할 때 신하는 그 말에 죽는 것이다. 까닭에 녹祿을 받는 것을 허무하게 하지 않고 그 죄 받는 것이 더욱 적게 되는 것이다'(子言之, 事君先資其言, 拜自獻其身, 以成其信. 是故君有責於其臣, 臣有死於其言. 故其愛祿不諼, 其受罪益寡)” “공자가 말씀하였다. 임 금을 섬기는 데 있어 큰 말을 들어주면 큰 이익됨을 바라고 작은 말을 들어주 면 작은 이익됨을 바란다. 때문에 군자는 작은 말을 가지고 큰 녹을 받지 않고 큰 말을 가지고 작은 녹을 받지 않는다. 『역경』에 말하기를 집에서 먹지 않아야 길하다고 했다(子曰, 事君大言入則望大利, 小言入則望小利. 故君子不以小 言受大祿, 不以大言受小祿. 易曰, 不家食吉)”고 한다. 하나는 '일[事]'을 중시하고,

하나는 '말[言]'을 중시한다. 이 차이도 또한 우연이 아니라 공자와 자사의 서로 다른 사상의 반영이다. 그 원인을 고찰해 보면 공자의 시대에는 '그 도를 행하고자 하여도 예의를 가지고 그것을 구하지 않으면 받아들여지지 않았기' 때문에 공자는 '일에 공경스러울 것' '신하의 직분을 채워 군주의 신임을 얻을 것'을 강조했다. "공자가 칠조개漆彫開에게 벼슬하기를 권하자, 칠조개가 대답하였다. '저는 벼슬하는 것에 대해 아직 자신할 수 없습니다.' 그러자 공자가 기뻐하였다(子使漆彫開仕. 對曰, 吾斯之未能信. 子說, 「공야장」)" 여기에서 '벼슬하는 것에 대해 아직 자신할 수 없다'는 것도 '일에 공경스러울 수 없다'는 것이다.

이상으로 공자는 '일에 공경스럽다'는 것을 관직에 나아갈 수 있는 조건으로 삼고 있었음을 알 수 있다. 자사의 정황은 이와 다르다. "무공繆公이 자사에 대해서 자주 문안하고 자주 삶은 고기를 주자 자사는 기뻐하지 아니하여 맨 마지막에는 사자에게 손을 내저어 대문의 밖으로 내보내시고 북면하여 머리를 조아려 재배하고 받지 않으시고 말하였다. 지금에야 군주께서 개와 말로 나를 기름을 알았습니다(繆公之於子思也, 亟問, 亟餽鼎肉. 子思不悅. 於卒也, 摽使者出諸大門之外, 北面稽首再拜而不受, 曰, 今而後知君之犬馬畜伋)." 군주의 좋은 대우를 누린 자사에 대해 설명하면서 중요한 것은 자신의 언설과 주장을 채용하여 '우선 그 말을 적은 전적으로 임금께 고하고' "임금이 내 말을 사용하고 있는지 알아본 다음에 관직에 나아간다(손희단孫希旦, 『예기집해』권51)." 자신이 획득한 봉록도 진헌한 언설과 주장으로 인한 결과인데, 만약 그렇지 않다면 마치 개와 말처럼 사람이 가축으로 길러지는 것과 같게 된다. 서로 다른 지위와 처지가 공자와 자사로 하여금 임금을 섬기는 태도에 미묘한 차이가 생기게 만들었다.

이상에서 서술한 것처럼 「표기」 등에 보이는 군신의 도는 공자의 언설이 아니라 자사의 사상이 포함되었을 가능성이 있는 것이다. 자사는 공자의 신도臣道 사상을 보다 발전시켰지만 여전히 '자왈' 형식을 사용하여 표현하였다. 다만 이것은 「표기」 등에 보이는 '자왈'이 전부 가탁이며 전혀 근거가 없다는 것을 의미하지는 않는다. 자사와 공자의 사상 속에는 여전히 '하나로 관통하는(一以貫之)' 모종의 연결고리가 존재한다. 그것이 바로 "군자가 벼슬하는 것은 그 의를 행하는 것이다(君子之仕也, 行其義也, 『논어』「微子」)"는 신념과 이상이다. 자사의 일생은 바로 이 신념과 이상을 실천하고 완성하는 데에 있었다. 자사는 시대와 사회의 변화에 따라서 그 내용에 조정과 변화를 가하였을 뿐이다. 그러므로 자사가 공자의 언론에 대하여 단순히 가탁, 위조했다는 것이 아니라 그 사상을 접수하고 계승했다는 것을 포함한다. 자사와 공자의 언설은 종종 일치하며, 이것 아니면 저것이라고 구분짓기는 어렵다. 필자가 강조하고 싶은 것은 다음과 같다. '자왈'은 자사가 만들어 낸 일종의 특수한 표현 형식이며, 비록 공자의 사상과 언설을 근거로 삼고 있기는 하지만 엄격한 의미에서의 '실록'은 아니다. 또한 자사 자신의 관점과 주장을 포함하고 있는데 이것은 공자 사상 속에서 주관적인 창작을 행하고 있는 것이다.

3. '석고釋古'와 '의고疑古시대에서 벗어나자'라는 문제

앞에서 말한 바와 같이 20세기 초에 일어난 의고 사조는 '자왈'에 대하여 일반적으로 회의적이게끔 하였다. 그렇다면 선진 양한 전적 중의 '자왈'을 새롭게 살펴보고 고찰한다는 것은 분명히 '의고에서 벗어나자'는 주장의 제출과 밀접한 관계가 있음은 의심할 수 없다. 다만 '의고에서 벗어나자'가 이미 현재 학술계 대다수 학자들의 공통된 인식일지라도, 어떻게 '의고에서 벗어날 것'인지, 혹은 '의고에서 벗어난' 후에 무엇을 버리고 무엇을 취할 것인지는 여전히 논쟁거리로 남는다.

1930년대 풍우란은 일찍이 다음과 같이 지적하였다. "현재 중국의 사학계는 3부류의 추세가 있다. 즉 신고信古 · 의고疑古 · 석고釋古이다. 석고학파는 신고학파가 고서를 전부 믿어 버리는 것과 같지 않으며, 또한 의고학파가 고대전설을 완전히 뒤집어 버리는 것과도 같지 않다. 역사의 옛 학설을 알고 있어야 하지만 전부 믿어서는 안 되는데, 어떤 사실이 나오게 된 것은 원인이 있기 때문에 일괄적으로 부정해서도 안 된다."[9] 풍우란은 석고를 사학 연구의 새로운 추세, 새로운 방향으로 보았고, 이 견해는 학계에 널리 받아들여졌다. 그러나 최근에는 '석고'의 견해에 대하여 의문을 품는 학자들이 있다. 예를 들면 요명춘은 다음과 같이 주장한다. "신고든 의고든 모두 중국 상고사를 기재한 고서에 대한 인식을 가리킨다. 이 같은 인식은 사실상 중국 상고사의 전통 사료로서의 고대 전적에 대한 신뢰성 인정 여부이다. 그리고 '석고'는 '신고'와 '의고'라는 '이 같은 두 가지 태도의 절충'으로 '역사의 옛 학설을 알고 있어야 하지만 전부 믿어서는 안 되는데, 어떤 사실이 나오게 된 것은 원인이 있기 때문에 일괄적으로 부정해서도 안 된다'고 여겨지지만, 구체적인 문제에서 확실하게 하자면 어디까지나 '믿거나' 아니면 '의심하거나'이며 반드시 어떤 견해를 취해야 한다. 따라서 '석고'는 '믿거나' 혹은 '의심하는' 것과 분리될 수 없으며 고서에 대하여 믿거나 의심함이 없다면 석고는 '해석'을 발휘할 길이 없다. '석고'와 '신고'·'의고'는 동일선상에 놓여 있는 같은 부류의 문제가 아니며, 서로 비교할 수 있는 성질을 갖추고 있지도 않다."[10]

곽기도 다음과 같이 주장한다. "석고라는 개념은 원래부터 문제가 있는데, 그것과 '신고'·'의고'와는 결코 같은 차원의 문제가 아니다. 이른바 '신고'와 '의고'는 모두 전통 고사학古史學의 신빙성에 대한 판단인데, '석고'라는

---

9 馮友蘭,「馮序」,『古史辨』第6冊, 開明書店, 1938. 9;「中國近年研究史學之新趨勢」, 世界日報 1935. 5. 14.
10 廖名春,「試論馮友蘭的「釋古」」,『原道』第6輯, 2000; 廖名春,『中國學術史新證』, 四川大學 出版社, 2005.

278   지하의 논어, 지상의 논어

말에서는 이와 같은 판단이라는 생각이 들지 않는다. 당연히 풍우란은 이 말에 대하여 정의하기를 '사료를 융합 관통시키는 것'이라고 한다. 나는 의문을 금할 수 없는데, 도대체 어떤 사료 연구가 '사료를 융합 관통시키는 것'이 아닐 수 있는가? 또 '신고'는 옛것을 '해석하는' 것이 아니고 '사료를 융합 관통시키는 것'이 아니라고 할 수 있겠는가? '의고'는 옛것을 '해석하는' 것이 아니고 '사료를 융합 관통시키는 것'이 아니라고 할 수 있겠는가?" 곽기의 견해에 의하면 정확한 표현은 '정고正古'여야 한다. 곽기는 다음과 같이 말한다. "이른바 '정고'란 바로 '수정修正' 전통고사학傳統古史學이다. '수정' 전통고사학은 어떤 방면에서는 전통적인 고사학을 기본적으로는 믿을 수 있으며 단지 수정하면 충분하다는 것을 의미한다. 또 다른 방면에서는 그것에는 결함이 있기 때문에 반드시 수정이 필요하다는 것을 의미한다. 여기에는 사실 전통적인 고사학의 신뢰성에 대한 판단이라는 의미가 포함되어 있다. 따라서 신고·의고와 함께 논할 수 있다.[11] 그렇다면 어떠한 태도로 '고대'를 취급하여야 '수정하고' '해석하며' '의심하는' 것이겠는가? 이것은 여전히 진지한 검토를 요하는 문제이다.

학자들이 지적하듯이, '의고' 혹은 '신고'의 '고'자는 애매한 과거를 가리키는 단어가 아니라 '고사古史'를 가리키며, 구체적으로 말하면 선진 역사를 가리킨다. 한 걸음 더 나아가 살펴보면 '고사'는 중층적인 함의를 포함하고 있다. 첫째로는 선진 시기의 역사과정 그 자체이고, 둘째로는 선진 역사를 기술하고 해석하는 고사학이다. 사실상 통상적으로 가리키는 '고'는 고사학을 가리킨다. 연대가 매우 오래되어서 문헌의 전래가 쉽지 않았다는 선진 역사의 특수성으로 인해 역사 지식의 두 가지 특징, 즉 유한성과 불확정성은 고사학 속의 표현에서도 눈에 띈다. 이른바 유한성은 역사상의 인물이나

---

11 郭沂, 「從'疑古'走向'正古'」, 光明日報, 2002. 7. 16. 全文은 『孔子研究』 2002年 第4期.

사건이 여러 가지 이유로 인해서 단지 한정적인 부분만이 기록되어 전해 내려왔다는 것이고, 이 때문에 우리의 역사 사실에 대한 이해는 전체를 파악하지 못하고 유한적이 된다. 이른바 불확정성이란 역사 지식에는 종종 기록자의 주관적인 이해나 가치판단이 들어간다는 것으로, 이 때문에 같은 인물·사건도 신분과 시대를 달리하는 기록자로 인해 왕왕 다른 현상과 면모를 보여 주게 된다. 따라서 역사 지식이 비록 시간·장소·인물·제도 등 객관적 요소를 갖추고 있다고 하더라도 개인들이 이러한 객관적 요소를 가지고 역사를 구성하고 인식할 때 때때로 주관적 형식을 띠게 된다. 그러므로 고사학에 대해 말하자면 간단하게 '신고'와 '의고'는 모두 취해서는 안 되고, 정확한 태도는 단지 '석고'뿐이다. 이른바 '석고'는 내가 보는 한, 먼저 고사학 그 자체가 옛 사람들이 역사를 해석하고 인식한 산물이며, 그것은 비록 시간·장소 등 '객관' 요소를 갖추고 있다 하더라도 명백하게 기록자의 주관적인 선택과 재단을 거쳤음을 말하는 것이다. 그 다음으로 그것은 오늘날의 우리에게 고사학에 대하여 간단하게 '의심하는' 혹은 '믿는' 태도를 취하지 말 것을 요구한다. 그리고 그 제공된 재료를 이용하여 고대 역사의 일반 발전을 해석, 이해, 설명할 것을 요구한다. 동시에 고대 역사에 대한 인식과 이해에서 고사학의 구체적 내용에 대한 분석과 비판을 진행하여 역사 고설이 '생겨난 원인'을 분명하게 밝혀서 '사료를 융합 관통시킨다.' 그러므로 '석고'는 구체적인 역사 과정에서 벗어나 추상적인 '사료 조사'로 진행할 것을 요구하지 않는다. 반대로 그것은 구체적 역사 과정과 그 역사 과정을 반영하는 고사학 사이에 유기적인 연계를 세울 것을 요구한다.

이학근이 '의고에서 벗어나자'고 주장하였을 때 유물사관이 들여온 주요 작용에 대하여 여러 차례의 논의가 있었다.[12] 그 원인을 고찰해 보면 후자는

---

12 李學勤, 「走出疑古時代」, 『中國文化』 第7輯, 1993. 이 논문은 또한 이학근의 저서 『走出疑古時代』(遼寧大學出版社, 1995)에 수록되어 있다. 「談 '新古, 疑古和釋古'」, 『原道』 第1輯,

민족인류학적 자료의 도움을 빌려서, 우리가 고대사회의 조직구조와 발전과정을 파악하는 것에 일정 정도 도움을 주었다. 이렇게 파악된 고대사회의 조직구조는, 예를 들어 부락연맹이 공동으로 추대한 군사 수장 등 요순 선양과 같은 고사학의 여러 기록들에 역사적 근거를 제공한다. 따라서 앞으로 문헌·고고·민족인류학의 재료는 서로 관통, 결합하여 고대 역사의 일반적 발전을 찾아나가게 될 것이다. 이것이 바로 '석고'의 진정한 내실이며, 사실상 '의고에서 벗어난' 후의 사학 연구 추세와 방향이다.

요명춘은 '석고'는 '믿거나' 혹은 '의심하는' 것과 분리될 수 없으며, 곽기는 '석고'라는 말이 고사학의 신뢰성에 대한 판단에 지나지 않는다고 보았다. 그렇지만 필자가 보기에 이 두 의견은 '석고'가 내포하고 의미하는 것을 진정으로 이해하고 있지 않다. 고사학이 다루는 범위는 이처럼 광대한데 어떻게 간단하게 믿을 수 있다거나 의심된다고 말해 버릴 수 있겠는가? 정확한 태도는 믿어야 하는 것은 믿고 의심해야 하는 것은 의심하며, 증거에 따라 믿고 증거에 따라 의심하는 것이다. 그러므로 '석고'의 고사학에 대한 태도는 '해석하는 것' — 그 구체적 내용에 대한 해석과 분석을 통하여 판단을 내리는 것 — 이어야 하며, 간단하게 믿어 버리거나 의심해 버리는 것이 아니다. 곽기는 '신고' '의고'를 모두 '석고'라고 여겨서 모두 '사료를 융합 관통시키는 것'으로 보았다. 필자가 보기에 '신고' '의고'의 '해석'은 단지 기술조작 수준으로, 그들의 고사학적 태도는 '믿음'과 '의심'을 분별하는 정도이다. '석고'의 '석'은 기술조작 수준에 머물지 않고 고사학적 인식과 태도까지 포함하고 있다. 그 인식과 태도란 고사학은 고대인이 역사를 기록·인식·이해한 산물이며, 그 속에는 객관적인 내용이 담겨 있다고 여기는 것이다.

1994. 이 논문은 또한 이학근의 저서 『古文獻總論』(上海遠東出版社, 1996)에 수록되어 있다. 주의해야 할 것은 요명춘·곽기 두 연구자가 모두 유물사관에 대하여 소홀히 다루고 있는데 그 원인은 그들이 모두 사학을 협의의 사학관으로 이해하고 있기 때문인 듯하다.

다만 기록자의 가치판단, 주관적 선택, 가탁, 부회, 심지어는 전래 오류까지 복잡하게 뒤섞여 있을 뿐이다.

더 중요한 것은 '석고'는 단지 역사 사료의 '해석'을 가리킬 뿐만 아니라 역사 활동과 과정에 대한 '해석'이기도 하다는 점이다. 이 두 가지 속에서 해석을 진행하면 '신고'와 '의고'의 영역을 초월한다. 요명춘과 곽기 두 학자는 모두 왕국유王國維의 '이중증거법二重證據法'을 매우 중시하여, '지하의 신재료'를 사용하여 '종이 위에 적힌 재료를 보완할' 것을 강조한다. 그렇지만 '이중증거법'은 예를 들어 고대 전적의 성립, 사건의 연대, 지점, 제도와 같은 객관성이 비교적 강한 내용에 대해서는 활용 가능하지만, 여기서 다루는 주관 형식적인 부분에 대해서는 유효하지 못하다. 곽점초간『치의』의 출토 후, 거기에 기록된 언설은 모두 '자왈'이었지 '자사왈'이 아니라는 것이 판명되었다. 그렇다고 설마 이 언설의 주인공이 공자이지 자사가 아님이 증명되었다고 할 수 있겠는가? 상박초간『용성씨容成氏』속에는 '(容成氏, … 尊) 盧氏, 赫胥氏, 喬詰氏, 倉詰氏, 軒轅氏, 神農氏, 樺丨氏, 壚趩氏'라는 제왕의 계보가 있다. 이 자료가 지하로부터 출토되었다고 해서 고대 제왕의 계보의 신빙성이 증명되었다고 말할 수 있는가? 만약 '고대를 증명'하고자 한다 해도 틀림없이 후대인들의 부회 증가한 내용이 담겨 있는 전국시대에 유행한 고사 계통을 증명할 수 있을 뿐이다. 이것이 바로 의고파 고힐강顧頡剛의 관점이다. '이중증거법'은 중요하지만 만능이 아니다. 따라서 정확한 방법론은 다만 '해석'하는 것이고, 해석과 분석을 통하여 고사학 속에 기재된 내용이 믿을 만한지 아닌지에 대해서 판단을 내릴 수 있다. 그리고 해석과 분석을 통해야만 이러한 기재의 원인과 굴절된 역사의 그림자를 설명할 수 있을 것이다.

곽기는 '정고正古'로 문제를 보았기 때문에 자연히 선진 양한 시기 전적 중 다수의 '자왈'은 기본적으로는 믿을만하며 공자의 언설이라고 결론을 내리게 되었다. 그러나 필자는 선진 양한 시기 전적 중 특히 공자 문하의 후학이 기록한 '자왈'은 비록 근거가 전무하여 설명할 수 없다 하더라도 주관적·객관적 원인에 의해 엄격한 의미에서의 '실록'은 아니라고 생각한다. 그 속에는 공자 사상에 대한 기록자의 해석과 이해가 포함되어 있으며, 기록자의 주관적 의도와 목적이 표출되어 있다. 그래서 동일 사항에 대해서도 시대를 달리하는 사람들이 인용한 '자왈' 중에는 종종 서로 다른 의견과 견해가 드러난다. 그 한 예로 요순 선양은 전국 초기에 공자 문하의 제자들이 편찬한 『논어』에는 "요임금이 말하였다. '아아! 너 순아, 하늘의 역수가 네 몸에 있으니 진실로 그 중을 잡아라. 사해가 곤궁하면 천록이 영원히 끊어질 것이다.' 순임금이 이 말로 우임금에게 훈계하였다(堯曰, 咨! 爾舜! 天之曆數在爾躬, 允執其中. 四海困窮, 天祿永終. 舜亦以命禹, 『논어』「堯曰」)"라는 객관적 서술과 "공자가 말씀하셨다. 위대하시다! 순임금과 우임금이 천하를 소유하시고도 그것을 관여치 않으셨으니!(子曰, 巍巍乎, 舜禹之有天下也而不與焉!, 『논어』「태백」)"라는 일반적 긍정이 있을 뿐이다. 전국 중기의 인물인 자사는 당시의 선양사조의 배경 아래에서 다음과 같이 서술한다. "공자가 말하였다. 후세에 비록 선정을 하는 자가 있더라도 우제(순)에는 미치지 못할 것이다. 우제가 천하에 임금 노릇을 함에 살아서는 공평무사하고, 죽어서는 그 아들을 이롭게 하지 않았다. 백성을 자식같이 여기기를 부모와 같이 절절한 사랑을 보였고 충심과 이익에 대한 가르침이 있다. … 우제가 아니면 그 누가 이와 같이 할 수 있었겠는가?(子言之曰, 後世雖有作者, 虞帝弗可及也已矣. 君天下, 生無私, 死不厚其子. 子民如父母, 有憯怛之愛, 有忠利之敎. … 非虞帝其孰能如此乎?)" '자왈'의 형식을 사용하여 선양을 실행한 우제 순임금에게 상당히 높은 평가를 하고 있다. 연나라 왕 쾌(噲)가 나라를 물려주려다 실패하여 선양 사조가 가라앉은 시기에 맹자는 '자왈'을 인용하여 또 다른 정황을 서술한다. "만장이 물었다. 사람들이 말하되 우왕에 이르러 덕이 쇠하여 현자에게 자리를 물려주지 않고 자식에게 물려주었다 하니 그런 일이 있습니까? 맹자께서 말씀하셨다. 아니다 그렇지 않다. 하늘이 현자에게 주게 하면 현자에게 주고 하늘이 자식에게 주게 하면 자식에게 주는 것이다. … 공자가 말씀하셨다. 당唐·우虞는 선위하였고, 하후夏后와 은殷·주周는 계승하였으니 그 의義가 똑같다(萬章問曰, "人有言, '至於禹 而德衰, 不傳於賢, 而傳於子.' 有諸?" 孟子曰, "否, 不然也, 天與賢, 則與賢, 天與子, 則與子. … 孔子曰, '唐虞禪, 夏后殷周繼, 其義一也.'" 이 같은 판단과 평가의 변화는 공자· 자사·맹자가 스스로가 처한 역사적 환경 속에서 그 답안을 찾았음을 보여 준다.

또 예를 들자면 간諫하는 태도이다. 『논어』「이인里仁」에는 "공자가 말씀하 셨다. 부모를 섬기되 은미隱微하게 간해야 하니, 부모의 뜻이 내 말을 따르지 않음을 보고서도 더욱 공경하고 어기지 않으며 수고롭되 원망하지 않아야 한다(子曰, 事父母幾諫, 見志不從, 又敬不違, 勞而不怨)"라고 하여 '공경하고 어기지 않는다'는 것이 강조되고 있다. 악정자춘樂正子春의 제자의 손에 의해 이루어 진 『효경』「간쟁장諫爭章」의 기재는 다음과 같다. "증자가 말하였다. … 아버 지에게 간하는 자식이 있으면 그 몸은 불의에 빠지지 않는다. 불의를 만난다 면 자식은 아버지에게 간하지 않으면 안 된다. … 그러므로 불의를 만나면 간해야 하니, 아버지의 명령에만 따르는 것이 어찌 효라고 할 수 있겠는가(曾 子曰, … 父有爭子則身不陷於不義. 故當不義則子不可以不爭於父. … 故當不義則爭之. 從父 之令, 又焉得爲孝乎?)"라고 하여 '간쟁'해야 함을 강조한다. 『순자』「자도子道」 에서는 '쟁爭'을 더욱 강조한다. "옛날에 만승의 천자 나라에 올바른 말로 다투는 신하 네 명만 있다면 다른 나라가 변경을 침략하지 못하고 천승 제후 의 나라에 올바른 말로 다투는 신하 세 명만 있다면 나라가 위태로워지지 않고 백승의 대부 집안에 올바른 말로 다투는 신하 두 명만 있다면 집안이 무너지지 않으며, 아버지에게 올바른 말로 다투는 자식이 있다면 무례한 행동을 하지 않게 되고 선비에게 올바른 말로 다투는 친구가 있다면 의롭지 않은 일은 하지 않게 된다고 하였다(孔子曰, … 昔萬乘之國有爭臣四人, 則封疆不削, 千乘之國有爭臣三人, 則社稷不危, 百乘之家有爭臣二人, 則宗廟不毁. 父有爭子, 不行無禮, 士 有爭友, 不爲不義)."

전국시대에 공자와 묵자의 학문에 대하여 "모두 요순을 이야기하지만 취하고 버리는 점은 다르다"고 한 것처럼, 공자의 사후에 공문 후학도 모두 '자왈'을 말했지만 주장하는 바는 서로 달랐다. 이처럼 '자왈'은 단순한 기록일 뿐만 아니라 창작이기도 하였다. '자왈'의 끊임없는 출현·형성도 유학사상의 연속과 발전이다. 그러므로 필자는 이른바 '점차적으로 조성된 고사관'이라는 사상사적 명제를 만들 수 있으리라고 기대한다. 즉 역사 사실의 회고·기록·인식과 서술은 종종 사람들의 관점과 입장의 차이에 따라 달라지며, 역사 사실의 '의의'와 '가치'는 점차 조성되는 것이다. 이것이 바로 공자와 묵자가 "모두 요순을 이야기하지만 취하고 버리는 점은 다르다"고 한 것 및 공자 문하의 후학이 모두 '자왈'을 말했지만 주장하는 바는 서로 다른 원인이다. 의고파는 이와 같은 기록과 서술의 차이로 인해 사실 자체의 '유무'를 의심했다(예를 들어 요순 선양은 존재하지 않았다고 한다). 이것은 '옛것을 의심하는' 면에만 치우치게 만든다고 할 수 있어서 최종적으로는 역사 허무주의로 빠지는 원인이 된다. '정고파正古派'는 최근 출토문헌에 근거하여 고사학의 내용에 대한 한정된 증명(주로 고적의 성립연대에 국한된다)을 하고 있는데, 여기에서 고사학이 기록한 내용이 '기본적으로 믿을 만하며' 선진 양한 전적 중 다수의 '자왈'은 공자의 언설이라고 추론하지만 의고의 경우와 마찬가지로 한 쪽으로 치우쳐 있다.

고본古本 『논어』에 관한 재인식

선청빈(單承彬)*

이른바 고본古本 『논어論語』라고 하는 것은 현재 보이는 『논어』 정본定本 이전의 판본을 가리킨다. 현재의 『논어』는 삼국 시기 하안의 『논어집해』, 그 이후에 보이는 황간의 『논어의소論語義疏』, 당唐 개성석경본開成石經本의 『논어』, 형병의 『논어주소』, 주희의 『사서집주』본에 기초하였다. 하안의 『논어집해』 이전에는 다음과 같은 『논어』 판본이 주목된다. (1) 한대 이전의 『논어』로서 그것은 최소한 두 개의 계통을 가지고 있는데 첫째, 진대秦代 박사들이 장악했던 『논어』와 둘째, 기타 6국에 분산되어 선진 문자로 기록된 『논어』의 필사본, (2) 금문으로 여겨지는 『노론魯論』(정주한묘定州漢墓 『논어』 죽간竹簡, 『장후론張侯論』, 희평석경熹平石經 『논어』를 포함)과 『제론齊論』, (3) 공벽孔壁에서 나온 고문 『논어』, (4) 정현鄭玄이 금문과 고문을 합해 만든 『논어』들이다. 역대 학자들은 이에 대해 고증하거나 추측하였으나 의견이 분분할 뿐 학설이 일치되지 않았다. 최근 10여 년 사이, 관련 출토문헌들이 발표됨에

---

* 중국 취푸(曲阜) 사범대학 문학원 교수.

따라『논어』고본 연구도 점차 학술계의 주관심사로 떠올랐다. 필자가 직접 살펴본 박사와 석사 학위 논문만도 수십 종에 달한다. 이 연구들이 이 영역의 많은 문제에 대한 인식을 분명하게 하였다는 점에서 매우 기쁜 일이다. 본서를 통해서 필자 본인의 생각을 발표하고자 하니 학계 동인同仁들의 질정을 바란다.

1. 한대漢代 이전의 『논어』

본래의 『논어』 외에는 한대 이전에 『논어』와 관련된 직접적인 자료가 매우 적어 초기 『논어』의 구체적인 정황을 고증하기가 대단히 어려웠다. 비록 『논어』의 편찬, 개정한 사람과 시기에 대해 학술계에서 아직 일치된 견해는 없으나 일부 내용은 확실하다. 예를 들면, 『논어』는 공자의 제자들에 의해 완성되었는데, 기타 선진 시기 전적과 마찬가지로 책으로 완성되기까지는 점차 풍부해지고 계속 보충되어 가는 과정을 겪었다. '논어'라는 서명書名은 이미 「방기坊記」에 보이는데, 「방기」의 주요 내용은 늦어도 기원전 4세기 말 이전에 만들어졌다. 뒤에 생겨난 금문 『논어』와 고문 『논어』의 차이로 추정하면, 한대 이전의 『논어』는 대체로 서로 다른 수많은 전래본이 존재하였으며, 그 편장篇章의 분량과 순서 및 문장까지 차이가 매우 컸는데 이것은 이 책이 상당히 오랜 기간 동안 여러 사람에게 필사되어 전해 내려왔기 때문이다. 마치 서한西漢 말년 유향劉向이 볼 수 있었던 민간에 전해진 『전국책戰國策』 『안자춘추晏子春秋』 등의 책들과 동일하였다.

진시황 34년(기원전 213년)의 분서령焚書令에서 알 수 있듯이, 진대秦代 『논어』의 전초본傳抄本은 대체로 두 계통으로 나눌 수 있다. 첫째, 각 나라의 민간에 전해져 '박사博士의 관직官職에 속하지 않는 것'으로, 불살라졌기 때문에 더 많은 판본이 세상에 전해지지 못하였다. 『공총자孔叢子』 「독치獨治」편에 이르기를 "진여陳餘가 자어子魚(공자의 후손 공부孔鮒의 자字)에게 말하기를 '진秦나라가 장차 선왕의 전적을 없애려 하니, 자네는 서적의 주인으로 위태롭지 않겠는가!'라고 하니, 자어가 말하기를 '생각하건대 두려워할 수 있으나 반드시 천하에서 책이 불살라짐을 구할 것이다. 책을 내지 않으면 재앙이 있을 것이니, 내 장차 먼저 감추어서 구해지기를 기다릴 것이요, 구해지면 근심이 없을 것이다(陳餘謂子魚曰 秦將滅先王之籍, 而子爲書籍之主, 其危矣! 子魚曰 顧有可懼者, 必或求天下之書焚之, 書不出則有禍, 吾將先藏之, 以待其求, 求至無患矣)"라고 하고, 『예禮』 『상서尙書』 『춘추春秋』 『논어』 『효경孝經』 등의 유가 전적을 공벽 안에 감추었다. 『공총자』의 진위眞僞에 대해서는 의심의 여지가 있으나 이러한 말은 사실일 것이다. 공부孔鮒가 보관한 『논어』는 곧이어 세상에 선보인 고문 『논어』이다.

둘째, 진秦이 천하를 통일한 후 국가 도서기관으로 들어온 전래본으로, 진대 박사들 수중에 들어가 다행히 분서焚書의 재앙을 면하였으나 그 뒤 여러 해에 걸친 전란 속에서 아마도 하나도 제대로 보존되지 못하였을 것이다. 『상서』가 바로 그 한 예이다. 복생伏生은 본래 진나라의 박사였고, 일찍이 공부孔鮒와 같은 방법으로 『상서』를 보존하여 전란을 피하고자 하였다. 그러나 전란이 평정된 후에 그가 보관한 100편의 『상서』는 겨우 1/4 정도만 보전되었으며 간편簡編이 어지럽게 흩어져 거의 읽을 수가 없었다. 따라서 세간에 전래된 『논어』는 학자들의 입과 귀로 전해지거나 머리로 기억한 것에 의지해야 했기 때문에 그 장절章節이 뒤집히고 문자가 어긋나 잘못됨이 두말 할 나위가 없었으니 이것이 이른바 『노론』 『제론』 및 전적 중에 언급한 『하간논어河間論語』(만약 진정으로 존재한다면) 등의 전래본 형성에 기초가 되었다.

2. 『제논어齊論語』

양梁 황간皇侃의 『논어의소論語義疏』 서序에는 유향의 『별록別錄』을 인용하여 "노나라 사람들이 배우는 것을 『노론』이라 하고, 제나라 사람들이 배우는 것을 『제론』이라 하며, 공벽孔壁에서 얻은 것을 『고론』이라 한다(魯人所學, 謂之魯論, 齊人所學謂之齊論, 孔壁所得, 謂之古論)"고 하였다. 또 말하기를 "이 책은 불태워져 한대에 이르러 공벽에서 얻은 것과 입으로 전해진 것 3본이 있으니, 첫째는 『고론古論』이요 둘째는 『제론齊論』이요 셋째는 『노론魯論』이라는 것이다(此書遭焚燼, 至漢時孔壁所得及口以傳授, 遂有三本, 一曰古論, 二曰齊論, 三曰魯論)"고 하였다. 이를 통해 3종 『논어』 전래본의 명명은 공벽孔壁 고문古文 『논어』가 세상에 알려진 이후의 일이 아님을 알 수 있다. 어떤 학자는 『제론』과 『노론』은 단지 공벽 고문 『논어』가 발견된 후 이를 근거로 초록하고 전수된 다른 판본일 뿐이니, 『고론』이 실제 『노론』과 『제론』의 저본이라고 주장하였지만 이러한 설명은 실제와 부합하지 않는다. 서한西漢 초기의 일부 주요 문헌 중에서 이미 『논어』의 문구를 많이 인용하고 있는데 그 일례로, 육가陸賈의 『신어新語』와 한영韓嬰의 『한시외전韓詩外傳』 및 동중서董仲舒의 『춘추번로春秋繁露』 등에는 『논어』를 여러 차례 인용하고 경우에 따라서는 수십 항목에 달하니, 『논어』는 당시 이미 널리 전파되었고 또한 지명도가 자못 높은 유가 경전이었음을 알 수 있다. 이외에 조기趙岐의 『맹자제사孟子題辭』에 "효문황제가 유학의 길을 넓히고자 『논어』 『효경孝經』 『맹자孟子』 『이아爾雅』에 모두 박사를 두었다(孝文皇帝欲廣遊學之路, 論語孝經孟子爾雅, 皆置博士)"고 하였으니, 조정에 이미 『논어』 박사를 설치하였고, 그곳에서 학습하는 사람들이 적지 않았을 것이다. 이는 모두 한漢 초에서 경제景帝 말년까지 『논어』의 전래에 공백이 없었음을 설명하는 것이다. 이 시기 『고론』은 아직 출현하지 않았으므로 세상에 전해진 『논어』는 금문인 예서로 쓰여진 판본일 것이다.

『제논어』와 관련된 자료는 극히 적지만 양梁 황간의 『논어의소』 서序에 이르기를 "『제론』의 제목은 『노론』과 대체로 다르지 않지만, 「문왕問王」과 「지도知道」 2편이 더 많아 도합 22편이며 편 내에 약간의 차이가 있다(齊論題目與魯論大體不殊, 而長有問王知道二篇, 合二十二篇, 篇內亦微有異)"고 하였다. 바로 서로 같은 20편 중에서 『제론』의 장章·구句 역시 『노론』에 비해 많다.[1] 『제론』과 『노론』의 연원관계는 비교적 가깝지만 『고논어古論語』는 크게 달라, 그 "편차는 「향당鄕黨」을 제2편으로 하고, 「옹야雍也」를 제3편으로 하여, 문장 안에 거꾸로 되고 섞인 것을 구체적으로 말할 수 없다(篇次以鄕黨爲第二篇, 雍也爲第三篇, 內倒錯不可具說)"고 하였으니, 분명하게 다른 하나의 계통에 속하는 전래본이다.

『제논어』의 서한 초기의 전래에 관해서는 문헌기록에 보이지 않는다. 『한서漢書』「예문지藝文志」에서 『제론』에 「설說」 29편이 있다고 하였으나, 누구로부터 전수되었는지는 알 수 없다. 『제론』이 '창읍昌邑의 중위中尉인 왕길王吉, 소부少府인 송기宋畸, 어사대부御史大夫인 공우貢禹, 상서령尙書令인 오록五鹿 충종充宗, 교동膠東 용생庸生' 등에 의해 전수되었는데, 모두 공벽의 『고문논어古文論語』가 발견된 이후에 활동하였다. 서한 초기 여러 전적에 『논어』를 인용한 정황에 대한 연구에서 우리는 수많은 흥미진진한 현상을 발견할 수 있다. 그 일례로, 육가의 『신어』는 유방劉邦의 건국 초년에 쓰여 유흠劉歆의 『칠략七略』에 2권이 저록되어 있는데,[2] 그중에 "유독 『시詩』『서書』만 일컬어진 것은 아니었다(不獨稱說詩書)." "또 『논어』와 『효경孝經』을 많이 인용하며(又多引論語孝經)" "한나라 때 유가학파는 참으로 논어보다 앞세우는 것이 없었다(漢世儒家者流, 固未能或之先也)"[3]라고 하였다.

---

1 何晏, 『論語集解』序, "齊論語二十二篇, 其二十篇中, 章句頗多於魯論." 皇侃疏: "其二十篇中, 雖與魯舊篇同, 而篇中細章文句亦多於魯論也."
2 唐 張守節의 『史記正義』 인용문에 보인다.
3 王謨의 『漢魏叢書識語』에 보인다.

『논어』와 관련된 십여 항목의 자료 중에서 특별히 하나가 사람들의 관심을 받고 있다. 『잠부론潛夫論』「신미愼微」편에서 인용한 "어찌할 수 없는 사는 나도 어찌할 수 없을 뿐이다(無如之何者, 吾末如之何也已矣)"는 전래본 「자한子罕」편의 "나도 어찌할 수 없을 뿐이다(吾末如之何也已矣)"와 「위령공衛靈公」편의 "어찌할까? 어찌할까? 하지 않는 자는 나도 어찌할 수 없을 뿐이다(不曰如之何如之何者, 吾末如之何也已矣)"라는 2장에서 나왔다. 정주한묘定州漢墓 『논어』죽간竹簡에서 이 2장은 "나도 어찌할 수 없다(吾末如之何矣)"와 "자子께서 말씀하시기를 '어찌할까? 어찌할까?' 하지 않는 자는 나도 아직 어찌할 수 없다(子ㅂ 不曰如之何如之何者, 吾末如之何也)"라고 하였다. 이것은 육가陸賈가 본 『논어』는 이미 간본簡本과 다르고 또한 전래본과도 다르며 어쩌면 다른 전래본 계통에 속했을 가능성을 설명한다. 동시에 육가의 시대에 『논어』는 수많은 판본이 뒤섞여 있었음을 보여 주는 것이다.

이외에 한 문제 시기 박사인 한영韓嬰의 수중에서 나온 『한시외전』에는 『논어』문구를 인용한 곳이 적지 않으며, 3곳은 분명 『논어』에서 나온 것이다. 그 권6 제16장에 "자子께서 말씀하시기를 '명命을 알지 못하면 군자가 될 수 없다'고 하니, 하늘이 낸 것은 모두 인仁·의義·예禮·지智가 선善을 따르는 마음이 있음을 말하였다. 하늘이 명하여 낸 까닭을 알지 못하면 인·의·예·지가 선을 따르는 마음을 알지 못한다. 인·의·예·지가 선을 따르는 마음이 없으면 '소인小人'이라 이른다. 그러므로 말하기를 '명命을 알지 못하면 군자가 될 수 없다'고 하는 것이다(子曰 不知命, 無以爲君子. 言天之所生 皆有仁義禮智順善之心, 不知天之所以命生, 則無仁義禮智順善之心; 無仁義禮智順善之心, 謂之小人, 故曰 不知命無以爲君子)"라고 하였다. 살펴보건대 『논어』「요왈堯曰」마지막 1장에 이르기를 "자子께서 말씀하시기를 '명命을 알지 못하면 군자가 될 수 없으며, 예禮를 알지 못하면 설 수 없으며, 말을 알지 못하면 사람을 알 수 없다'(子曰 不知命, 無以爲君子也. 不知禮, 無以立也. 不知言, 無以知人也)"라고 하였다. 육덕명陸德明의 『경전석문經典釋文』에 정현鄭玄을 인용하여 말하기를

"『노론』에는 이 장이 없으니 지금 『고론古論』을 따른다(魯論無此章, 今從古)"고 하였다. 정주 『논어』 죽간에는 이 장이 2줄의 작은 글씨로 윗장의 간말簡末에 연이어 있어서 정현의 견해임을 알 수 있다. 한영의 시대에 공벽 『논어』는 아직 발견되지 않았고, 전래된 『노론』에도 이 장이 없다면 '불지명무이위군 자不知命無以爲君子' 장章은 『제론』에서 나왔을 것이다. 뿐만 아니라 동중서董仲舒 의 『대책對策』과 『춘추번로春秋繁露』에도 "불지명무이위군자不知命無以爲君子" 장을 인용하였다. 청나라 사람 마국한馬國翰은 이를 근거로 이 조목을 『옥함산 방집일서玉函山房輯佚書』 중의 『제논어齊論語』에 수록하였으니, 보이지 않는 것 이 아니다. 이로 인해 대체로 『제논어』는 서한 초년에 어느 정도 넓게 전래되 고 있었다는 결론을 얻을 수 있다.

『제론』이 『노론』에 비해 「문왕問王」과 「지도知道」 2편이 더 많다는 것에 관해 학계에서는 비교적 많은 관심을 가져왔다. 조공무晁公武의 『군재독서지 郡齋讀書志』에서는 "「문왕」과 「지도」는 그 이름을 상세히 하면, 이는 내성內聖 의 도道와 외왕外王의 업業을 논한 것이지 반드시 부자夫子께서 최고의 뜻에 이르지 않은 것은 아니다(問王知道, 詳其名, 是必論內聖之道外王之業, 未必非夫子之最 致意者)"고 하였다. 살펴보건대 조공무의 이 말은 아마도 잘못되었다. 왜냐하 면 현재 보이는 『논어』 20편의 표제는 모두 각 편 첫장의 2~3자를 취하여 만들었으며 결코 한 편의 대의를 취하여 이름한 것은 없다. 따라서 『제론』의 「문왕」과 「지도」 2편의 이름도 마땅히 이와 같아야 하며 이른바 '내성內聖의 도道와 외왕外王의 업業'과는 무관하다. 진동陳東 교수는 최근 새로운 의견을 제기하였는데 "이른바 「문왕」이라는 것은 「문옥問玉」의 오자가 아니라 「문 정問正」의 오자이다. '자장문子張問'이 첫 구절인 '자장이 공자에게 물어 말하 기를 어떠하여야 정사에 종사할 수 있습니까?(子張問於孔子曰 何如, 斯可以從正 矣)'에서 왔다면 「문왕」편은 어쩌면 '자장문子張問' 장일 것이다. 이른바 「지 도」라는 것은 '자왈불지명子曰不知命' 장 중의 '지명知命' '지례知禮' '지언知言' '지인知人'을 포괄하는 것으로 혹자는 '지지도知之道'의 간략이라고 하였으니,

「지도知道」편은 어쩌면 '자왈불지명' 장일 것이다. 과연 이와 같다면 「문왕」
과 「지도」 2편은 곧 금본 「요왈堯曰」편 안에 있어야 한다"[4]고 하였다. 이것은
매우 새롭고 대담한 생각이다. 그러나 동한東漢 허신許愼의『설문해자說文解字』
에서『일논어逸論語』 2조항을 인용하였는데, 모두 '옥玉'과 관련되어 있으며
그 후 그의 서적에도 때로 출현하였다. 왕응린王應麟의『한서예문지고증漢書藝
文志考證』에서도 이를 근거로『제론』에 없어진 2편 중 그 하나는 「문옥問玉」이
지 「문왕問王」이 아닐 것이라고 하였다. 지금『가어家語』에도 「문옥」편이 있
으니 마땅히 이는『논어』의 편면에 의기하여 사용한 것이다. 따라서 「문왕」
을 「문옥」의 오기로 보는 것은 대체로 사실에 부합하는 것이다.

3. 『노논어魯論語』

『한서』「예문지」에『노논어』 20편이 저록되어 있으나 편차篇次가 모두
통일된 것은 아니다.[5] 현재『노논어』의 초기 전래본에는 서한『장후론張侯論』
과 동한東漢의 포함주본包咸注本, 주씨주본周氏注本, 희평석경본熹平石經本이 있었
음을 확실하게 알 수 있다. 하안의『논어집해』서序에 이르기를 "안창후 장우
본은『노론』을 받아들이고,『제』의 학설을 함께 논하여 좋은 것을 따랐으니,
『장후론張侯論』이라고 불렀다(安昌侯張禹本受魯論, 兼講齊說, 善者從之, 號曰 張侯論)"
고 하였다.『논어』를 연구하는 학계에는 이에 대해 두 가지 견해가 있다.
하나는 장우張禹가『노론』을 처음 배우고 또『제론』을 섞어 두 개 본『논어』
가운데 좋은 것을 택하고 모아서 달리 한 본의『논어』를 만드니, 이름하여
『장후론』이라 하였다는 것이다. 바꾸어 말하면『장후론』은 장우張禹가『논

---

4 陳東,「定州漢墓 竹簡'論語'에 관한 몇 가지 문제점」,『孔子研究』2003年 2期.
5 『漢書』「張禹傳」, "始, 魯扶卿及夏侯勝王陽蕭望之韋玄成皆說論語, 篇第或異."

『어』의 노로와 제齊 2종의 전래본을 종합하여 형성된 한 개의 새로운 판본이라는 의미이다. 다른 하나는 장우가 『제론』을 이용하여 『노론』의 원본을 교정하지 않았다고 보는 것이다. 이른바 '선자종지善者從之'는 결코 『노론』과 『제론』 2종의 전래본 내용을 겸하여 취한 것이 아니라 두 학파의 '좋은 학설[善說]'만을 겸하여 취한 것이다. 즉 두 학파가 『논어』에 대한 해설 중에서 비교적 좋은 하나를 취했으니, 『장후론』은 실제로 『노론』이라는 것이다. 우리는 아직 위에서 기술한 두 가지 견해의 옳고 그름을 판단할 수 없다. 그러나 청대淸代 학자들이 장우가 『제론』으로 『노론』을 고쳐 어지럽혔다고 의심하는 여러 장은 모두 정주간본 중에 보이며 간본簡本이 『장후론』보다 이른 것은 의심할 여지가 없는 사실이다. 장우의 사람됨은 논할 수 없지만 『논어』에서 그의 공헌은 없앨 수 없는 것이다. 장우는 대개 『노론』 여러 학파를 종합하여 각 편의 차례를 확정하였는데, 이것은 이후 정현・하안 등이 계승하고 고정하였다. 그는 『제론』에 많이 나오는 「문왕」과 「지도」 2편을 과감하게 삭제하였으니, 또한 지극히 식견이 있는 것이다. 공벽에서 나온 『고론』에는 이 2편이 없으니, 「문왕」과 「지도」는 마땅히 이후의 전래과정 중에 황당무계한 사람이 공자의 기타 언론을 집록하면서 만들어진 것이다. 그 내용이 심지어 『공자가어孔子家語』 중의 일부 내용과도 같으니 황당한 말이다. 장우는 『노론』에 없는 것을 과감하게 『논어』 중에서 삭제했으므로 『논어』 자료의 순수성을 보존하였다고 할 수 있다. 『장후론』은 『논어』가 책으로 완성된 후 나온 최초의 성공적인 수정본이라고 하여도 결코 지나치지 않을 것이다.

『장후론』이 나오고 천하에 성행하여 학자들이 전수받아 익히지 않는 이가 없게 되자, 동한東漢 초년에 포함包咸과 주씨周氏가 곧 장구章句에 의거하여 학관學官에 배치할 수 있었다. 그러나 현재 볼 수 있는 포주包注와 주주周注 자료로 『장후론』의 면목을 짐작하는 것은 결과가 낙관적이지 못하다. 그 원인은 포주와 주주본이 망실된 지 이미 오래되어 하안의 『논어집해』에 보존된 그 한두 개에 의존하기 때문이다. 그러나 하안의 『논어집해』도 완벽하지 않아 전래되는 과정에서 후인들이 의도적으로 고친 부분이 많이 있다. 그의 최초 소본疏本인 황간의 『논어의소』에 열거한 '주주周注'는 모두 돈황 주생렬周生烈의 이름 아래에 귀속시키니, 근본적으로 동한 주씨의 자취는 없다. 일본에 전해진 정평본正平本, 족리본足利本은 송대宋代 형병邢昺의 『논어주소』본본에 미치고 심지어 근세 서북에서 출토된 각 당대唐代 사본寫本 『집해』를 포함하는데 그중 포주와 주주는 서로 차이가 있고 전혀 통일되지 않았다. 설령 정현의 이른바 '『노魯』에는 아무개라고 읽고 아무개라고 쓰는데, 지금 『고古』를 따른다'라는 예도 왕왕 『노론』에 속하는 포주·주주와 맞지 않는다. 예를 들면 「술이述而」편에 "바로 제자들이 능히 배울 수 없는 것이다(正唯弟子不能學也)"라고 하였는데, 『석문釋文』에 이르기를 "『노』에는 정正을 성誠이라 읽으니, 지금 『고』를 따른다(魯讀正爲誠, 今從古)"라고 하였다. 그러나 정평본 『집해』에는 포주를 인용하여 "정正은 말하는 것과 같으니, 제자들도 오히려 능히 배울 수 없거늘 하물며 인성仁聖에 있어서랴(正如所言, 弟子猶不能學, 況仁聖乎!)"[6]라고 하였다. 「향당鄉黨」편에 "수레 안에서 돌아보지 않는다(車中不內顧)"고 하였는데, 『석문』에 이르기를 "『노』에는 '차중내고車中內顧'라고 읽으니, 지금 『고』를 따른다(魯讀車中內顧, 今從古)"라고 하였다. 『집해』에서는 포주를 인용하여 "수레 안에서 돌아보지 않는다는 것은 앞으로 봄이 형니衡枙를 지나지 않고 옆으로 봄이 의곡輢轂을 지나지 않는 것이다(車中不內顧者, 前視不過衡枙, 旁視不過輢轂也)"라고 하였다. 이 두 가지 예는 포주 『논어』의 경문은 『노론』에 속하지 않고 도리어 『고론』을 따랐음을 증명한다. 더욱 사람으로 하여금 어찌할 바를 모르게 하는 것은 포함과 주씨가 비록 『장후론』의 장구章句가 되나 그 경문은 놀랍게도 『장후론』과 일치하지 않으니, 이는 현존하는 희평석경熹平石經 『논어』 잔편에서 미루어 알 수 있을 것이다.

---

6 이 조목의 注文은 邢疏本 『集解』에서는 '馬曰'을 인용하였다고 되어 있다.

희평석경『논어』는 포包·주주본周注本보다 후에, 정현교주鄭玄校注『논어』보다는 앞에 판각되었지만 전쟁으로 인한 재화와 이전을 여러 번 겪어 당이전에 이미 붕괴되어 흩어져 없어졌다.『수지隋志』에 이르기를 "정관貞觀초년에 비서감秘書監 신하 위징魏徵이 처음으로 그것을 수집하였는데, 열에 하나도 보존되지 못하였으나 전승되는 탁본은 오히려 비부秘府에 있었다(貞觀初, 秘書監臣魏徵始收聚之, 十不存一, 其相承轉拓之本, 猶在秘府)"라고 하였다. 수隋와 당唐『지志』에 오히려 저록이 있다.[7] 뒤에 송宋 호원질胡元質의 모각본摹刻本 및 홍적洪適의 번각본翻刻本이 있었는데 모두 보존되지 못하였다. 오직 홍적洪適의『예석隷釋』과 황백사黃伯思의『동관여론東觀餘論』중에 잔존 1000여 자가 수록되어 있으니, 주로 전 4편(「學而」,「爲政」,「八佾」,「裏仁」)과 후 4편(「陽貨」,「微子」,「子張」,「堯曰」)에 집중되어 있다. 청대 전영錢泳, 옹방강翁方綱 등이 또 송척본宋拓本을 근거로 복각復刻하여 세상에 전했다. 그중「자한子罕」편의 '유미옥어사시有美玉於斯' 장章 끝에 '가제가지재포주賈諸賈之哉包周' 7자가 있는데, 이는 '가제가지재賈諸賈之哉' 한 절이 포본包本과 주본周本에 이문異文이 있음을 말한 것으로, 포·주주본은 석경石經이 사용한 저본의 교본校本임을 알려 준다.

그렇다면 희평석경『논어』의 저본은 어떤 판본인가? 왕국유王國維는 "(熹平)석경의 간행은 만세의 정본定本이 되니, 여러 학파의 것을 모두 간행할 수 없고 한 학파만을 의거할 수도 없다면 한 학파의 저본을 사용하여 이후 학관學官에 여러 학파의 차이점을 다시 진열하여 그곳을 굳게 한다. 그러나 한나라 학관이 세운 것은 모두 금문이고 고문은 없으니 석경은 다만 금문의 여러 경의 차이점을 나열하였을 뿐 금문과 고문의 차이점에는 미치지 못하였다"[8]고 하였다. 이로 인해 희평석경『논어』의 저본은 반드시 포·주 제가諸家

---

7 『隋書』「經籍志」에『一字石經論語』一卷(注에는 梁에 二卷이 있다고 하였다)이 著錄되어 있고, 兩『唐志』에 모두 蔡邕『今字石經論語』二卷이 著錄되어 있는데, 아마도『隋志』에 저록된 一卷本은 아니다.

이외에 또 다른 권위 있는 금문 전래본이 있어 당시에 이러한 판본은『장후론』에 속하지 않는 것이 아님을 알 수 있다. 포·주의 본으로『장후론』을 교정하여, 삼본경문三本經文에 반드시 차이가 있었음을 알려 준다. 전래본『논어』로 석경의 잔자殘字을 비교해 보면 많은 차이점이 있다. 일례로 석경 끝부분에 "대체로 20편 1571□자(凡二十篇萬五千七百一□字)"라고 했는데, 형소본邢疏本을 고찰해 보면 약 15910여 자이며,『노론』에 없는「요왈」편 마지막 장의 28자를 빼면 15880여 자가 되니 여전히 석경보다 170자가 많다. 대개 문장 사이에 나누고 합함이 다르고 문자의 많고 적음도 다르니 그 상세함을 상고할 수 없을 뿐이다.

1973년 정주한묘『논어』죽간이 출토되자 학계에 많은 의견이 있었다. 졸고「정주한묘죽간본·'논어'위'노론'고定州漢墓竹簡本'論語'爲'魯論'考」,[9]에서는 이 것이 서한西漢 선제宣帝 오봉五鳳 4년 이전의 중요한 필사본으로 이후 형성되어 커다란 영향을 준『장후론』과는 어느 정도 차이가 있는데 어쩌면 다른 스승의 전승에서 나오고 이본(혹은 그 저본)은 결실되어 다른 본에 근거해 필사한 흔적이 있다고 주장하였다. 이후 진동陳東은 간문簡文의 피휘避諱에 쓰인 글자의 통계와 대조를 통해『논어』죽간은 한 고조 유방劉邦 시기의 필사본이라고 하였다. 이에 대해 필자는 동의할 수 없다. 왜냐하면 이 잔간殘簡에 쓰여진 글자를 보면,[10] 서한 초기의 마왕퇴馬王堆 백서帛書와 다르고 또한 거연한간居延漢簡과도 같지 않다. 자체는 비교적 전형적인 한예漢隸에 속하고 자형字型은 깔끔하고 필획은 단정하니, 필사연대가 많이 올라갈 수 없음을 알려 준다. 또 한나라 사람들의 피휘는 후대 사람들이 상상하는 것처럼 그렇게 엄격하지 않았다. 송宋 홍적洪適의『예석隸釋』에서는 희평석경『논어』"방군邦君은 두

---

8 王國維,「魏石經考三」,『觀堂集林』卷二十, 中華書局, 1959, 962~964쪽.
9 『文史』2001年 第3輯(總第五十六輯)에 발표되었다.
10 『定州漢墓竹簡<論語>』(文物出版社, 1997)의 표지 앞뒷면에 보인다.

임금의 우호를 한다(邦君爲兩君之好)” 부분의 아래에 이르기를 “한나라 사람은 작문에 국國을 피휘하지 않으니, 근원을 두려워하여 뜻을 휘하고 임금에 순하여 보호함을 휘한다.『석경』에 모두 문장을 쓸 때 피휘하지 않았다.『번의비樊毅碑』의 ‘명수사방命守斯邦’,『유웅비劉熊碑』의 ‘래진아방來臻我邦’과 같은 유형은 일찍이 고제高帝를 휘하지 않은 것이다. 이는 ‘방군위량군지호邦君爲兩君之好’와 ‘하필거부모지방何必去父母之邦’은 모두 ‘방邦’으로 ‘국國’을 썼으니, 아마도 한유漢儒가 전한 것이 이와 같으며, 다만 이것을 피휘하지 않았다(漢人作文不避國諱, 威宗諱志, 順帝諱保, 石經皆臨文不易. 樊毅碑命守斯邦, 劉熊碑來臻我邦之類, 未嘗爲高帝諱也. 此邦君爲兩君之好與何必去父母之邦, 皆書邦作國, 疑漢儒所傳如此, 非獨遠避此諱也)”라고 하고 또『한시외전韓詩外傳』권5에 “세 싹이 뽕나무를 꿰뚫고 나와 함께 하나의 꽃을 피워 몇 수레에 가득하였다(有三苗貫桑而生, 同爲一秀, 大幾滿車)”고 하였다. 이 ‘만滿’ 자는 본래 ‘영盈’ 자로 되어 있는데, 혜제惠帝를 피휘하여 고친 것이다. 그러나『상서대전尙書大傳』과『설원說苑』「변물辨物」편에는 여전히 ‘영盈’으로 쓰고 있다. 또 권10에 “제齊 환공桓公이 흰 사슴을 쫓아 맥구麥丘에 이르러 나라 사람들을 보았다(齊桓公逐白鹿, 至麥丘, 見邦人)”고 하였으니, ‘방邦’ 자를 휘하지 않은 것이다. 동한 정현의『계자익은서戒子益恩書』에는 “남북으로 방랑하다 고향으로 되돌아온다(萍浮南北, 復歸邦鄕)”고 하였으니, 이 또한 피휘하지 않았다. 즉『논어』의 경우, ‘방邦’ 자는 한간본漢簡本에서 ‘국國’ 자로 많이 썼으나 제595간簡에 ‘부자득방가夫子得邦家’라 하여 여전히 ‘방邦’으로 쓰고 있다. 또『논어』「계씨季氏」에 ‘차재방역지중且在邦域之中’이라 하고,『한서』「왕망전」을 인용하여 ‘재봉역지중在封域之中’이라 썼다. 하안의『논어집해』에 공전을 인용하여 말하기를 “노나라가 7백 리를 봉해 받았으니, 전유顓臾가 그 지역 안에 있다(魯七百里之封, 顓臾在其域中)”라고 하여 피휘로 인해 ‘방邦’을 고쳐 ‘봉封’으로 하였다. 다만 청나라 사람 반유성潘維城의『논어고주집전論語古注集箋』에 말하기를 “어떤 이가 이르기를 한나라는 방邦을 휘하여 봉封으로 고쳤다고 하는데, 잘못된 것이다. … 아래 글의 ‘방내邦內’는 정본

鄭本에서는 '봉내封內'라고 썼으니, 이는 '방역邦域'도 마땅히 '봉역封域'이 됨을 증명하는 것이다(或謂漢諱邦, 改爲封, 非也. …下文邦內, 鄭本作封內, 明此邦域, 亦當爲封域也)"라고 하였다. 『석문』에 이르기를 "방은 혹 봉으로 쓴다(邦或作封)"고 하여 '방'을 '봉'으로 썼음을 보여 주는 것이니, 『논어』 전래본의 차이는 피휘와 무관하다. 『사기史記』는 고조高祖를 피휘하지 않았다. 그 일례로 「주본기周本紀」의 "방내전복邦內甸服, 방외후복邦外侯服", 「악서樂書」의 "왕차대방王此大邦, 극순극비克順克埤", 「율서律書」의 "졸백제후卒伯諸侯, 겸렬방토兼列邦土", 「사마양저열전司馬穰苴列傳」의 "금적국심침今敵國深侵, 방내소동邦內騷動", 「중니제자열전仲尼弟子列傳」의 "재방무원在邦無怨", "방손자자감邦巽字子歛", 「구책열전龜策列傳」의 "금과인지방今寡人之邦, 거제후지간居諸侯之間" 등의 여러 구가 모두 '방邦'자로 되어 있다. 따라서 피휘避諱가 간본簡本의 필사 시기를 확정하는 근거가 될 수는 없다고 할 수 있다.

우리는 또한 다음과 같은 관점을 견지한다. 진·한 교체기에 사회에 전래되던 수많은 『논어』의 판본은 중복되거나 차이가 있었으며 편장과 문자의 많고 적음이 한결같지 않아 전래되는 과정에서 상호간의 융합과 교정이 있었을 것이다. 정주定州 『논어』 죽간은 수많은 판본 중의 하나에 해당하니, 그것은 『고론』 혹은 『제론』으로 「요왈」편의 최후의 1장을 보충하였을 뿐만 아니라 어쩌면 기타 전래본으로 약간의 장(「양화陽貨」편)을 보완하고 수정하였을 것이다. 다만 정주 『논어』 죽간은 수많은 『노론』의 분명한 특징을 지니고 있어 『노론』의 전래본이라고 판단해도 대체로 틀리지 않을 것이다.

4. 『고논어古論語』

『고문논어古文論語』의 '고문'은 실제로 하나의 고정적인 개념이 아니다. 한 초에 보이는 제자諸子들의 경전은 동주東周의 유전遺典이 아닌 것이 없으니,

진에 의해 불살라지고 남은 것으로, 혹은 주서籒書로 혹은 고문으로 모두 한 이전의 문자임을 알 수 있다. 이 시기에 끊임없이 금문과 고문의 명칭이 있었다. 그러나 혜제惠帝는 협서율挾書律을 없애고 문제는 책을 올리는 길을 열어 경전서적이 점차 출현하기 시작하자 학자들이 주고받으면서 고문을 고쳐 당시 통행되던 예서로 쓰기도 했을 것이다. 하간헌왕河間獻王에 이르러 옛것을 좋아하고 실제를 구하여 구본舊本을 찾고, 또 공벽에서 고문이 대량으로 나왔는데 세간의 전래본과는 매우 달랐다. 당시 사람들은 이 두 가지를 구별하여 바야흐로 금문과 고문의 이름이 있게 되었다. 이 시기에 금문과 고문이라고 일컬어지는 것은 자형의 차이로 말한 것이다. 그런데 이렇게 자형으로 금문과 고문의 경전을 구별하는 것은 결코 오래가지 못하였다. 왜냐하면 고문경전이 세상에 선보인 후 얼마 지나지 않아 전사본傳寫本이 생겨났기 때문이다. 여러 사람에 의해 전해 베끼는 과정에서 통행되는 한예漢隸가 삽입되지 않는다는 것은 거의 불가능한 일로 고문과 금문의 구분은 점차 자형에서 경문의 내용으로 바뀌게 되었다. 따라서 엄격한 의미에서의 고문 『논어』는 한 방면으로는 고문자를 사용하여 쓴 판본(실제로 공벽孔壁에서 발견된 『논어』이다)을 가리키며, 다른 방면에서는 고문 『논어』를 학습·연구·해석하는 학술 유파를 가리킨다.

한 경제 시기에 공벽에서 발견된 『논어』는 공자의 8세손 공부가 진대의 분서령을 피해 감춘 것으로 진·한 사이의 여러 『논어』본 중의 하나이며 전래된 『노론』과 같은 계통은 아니지만 커다란 차이는 없다. 먼저, 편장篇章과 차례가 『노론』과 같지 않지만 『노론』 그 자체의 차례도 일치하지 않는다. 둘째, 『노론』에 비해 한 편이 더 나왔는데 이 편은 『노론』「요왈」편의 마지막 장으로 단지 『노론』에 없는 '부지명不知命' 장이 더 있을 뿐이다. 문자 방면에서 환담桓譚은 "『제』『노』문자와 다른 것이 640여 자가 된다(與齊魯文異六百四十餘字)"[11]고 하였으나 정확하게 고증하기는 어렵다. 마국한馬國翰의 『옥함산방집일서玉函山房輯佚書』 중에 집본 『고논어古論語』 6권이 있으나 문제점이 매우 많다. 현재 가장 믿을 만한 『고논어』 자료는 첫째는 허신의 『설문』 중에 인용된 『논어』이고, 둘째는 『석문』에 인용한 정현의 주문 중에서 "『노』는 아무개를 모某라고 읽으니, 지금 『고』를 따른다(魯讀某爲某, 今從古)"는 부류의 교어校語이다. 셋째는 곽충서郭忠恕의 『한간汗簡』에 수록된 『고논어』에서 나온 일부 내용이다. 넷째는 돈황敦煌 및 투루판吐魯番에서 출토된 당사唐寫 『논어』 정씨주鄭氏注 잔본殘本 중의 일부 자료이다. 그러나 이러한 자료를 사용할 때에는 반드시 매우 신중하여야 한다. 일부 자료는 늦게 형성되있을 뿐만 아니라 후대 사람들이 별본別本 『논어』에 의거해 의도적으로 고쳤을 가능성이 있기 때문이다.[12] 또한 『고논어』는 한대漢代에 이미 예정隷定되어 '고문'은 이미 문자학의 개념에서 학술 파별派別의 개념으로 바뀌었다. 따라서 단순히 자형을 근거로 그 학술의 귀속을 판단할 수 없다.

『고논어』를 전수한 사람으로는 공안국孔安國과 마융馬融이 자료에 보인다. 하안의 『논어집해』에 일부 상관자료가 수록되었고 후세 학자들이 이에 대해 의심하는 말이 많았다. 본 논문의 주제와 관계가 크지 않기 때문에 여기서는 논하지 않는다. 『수서隋書』 「경적지經籍志」에 "양나라에 『고문논어』 10권이 있고, 정현의 주는 없어졌다(梁有古文論語十卷, 鄭玄注, 亡)"고 기재되어 있는데, 자못 사람들을 의심하게 한다. 살펴보건대 하안의 『논어집해』 서敍에 이르기를 "한漢 말 대사농大司農 정현鄭玄이 『노론』의 편장을 취하고 『제론』과 『고론』을 헤아려 주를 만들었다(漢末大司農鄭玄就魯論篇章, 考之齊古, 以爲之注)"고 하였고, 황간의 소疏에 말하기를 "정강성鄭康成이 또 『노론』의 편장을 취하고 『제론』과 『고론』을 교정하여 바로잡고 『장후론』에 주를 달았다(鄭康成又就魯論篇

---

11 『經典釋文』 序錄의 인용문에 보인다.
12 특히 唐代 이후의 자료이다. 예를 들면 『汗簡』의 편집은 宋나라 때이니 책은 늦게 출현한 것에 속한다. 기록된 고문은 일부 잘못으로 잘못을 전한 것이 있음을 면할 수 없다. 『說文』에 수록된 籒文은 『汗簡』에 이르러 종종 古文이라고 하였다. 『漢書』 顔師古의 注 중에도 이와 유사한 착오가 있다.

章, 及考校齊古二論, 亦注於張論也"고 하였는데, 육덕명陸德明의 『경전석문經典釋文』 「논어음의論語音義·학이學而」에 이르기를 "정현이 주씨본을 교정하고 『제론』과 『고론』으로 모두 50사항을 교정하였다(鄭校周之本, 以齊古讀正凡五十事)"고 하였다. 그러므로 『수서』「경적지」 이하 후세의 연구자들은 모두 정현이 주를 단 『논어』는 『장후론』 혹은 주씨 『노론』을 저본을 삼았고 『고론』과 『제론』의 이문異文을 참고하였다고 생각하였다. 『경전석문』 서록序錄과 『수서』「경적지」, 및 등원좌세藤原佐世의 『일본국견재서목록日本國見在書目錄』에 모두 정현의 『논어주』 10권이 기록되어 있고, 두 『당지唐志』에 정현의 『논어석의論語釋義』 10권이 있으니 어쩌면 곧 이것이다. 『수지隋志』에 어찌하여 정주 『고문논어』라고 하였는가? 동일한 『논어』에 정현은 반복적으로 재삼 주해하는 것이 필요하겠는가? 후한 시기 전해진 『제논어』는 역사책에 기재되지 않았다. 서한 말년 『장후론』이 세상에 유행한 이후 곧 전해지지 않았을 것이다. 『노논어』와 『고논어』의 편장과 차례 외에는 문자와 장구의 차이는 크지 않다. 곧 환담桓譚이 말한 것과 같이 두 본은 수백 자의 다른 글자가 있으나 이러한 숫자는 만오천여 자의 『논어』 전체에 비하면 실제로 대수롭지 않다. 또한 정씨鄭氏의 주注는 기타 경전의 정황으로 보면 이미 금문에 주를 달고 또 고문에 주를 다는 예는 없다. 따라서 정현이 두 본에 대해 구별하여 주해하였다고 할 수 없다. 여러 목록에 기재된 『논어주』와 『고문논어주古文論語注』는 동일한 주본注本이다. 이른바 '『노론』의 편장篇章을 취했다(就魯論篇章)'는 것이요, '정현이 주씨본을 교정했다(鄭校周之本)'는 것이니, 실제로 정현은 희평석경 『논어』(곧 『장후론』)로 저본을 삼았고 주씨의 판본으로 교정하였다. '『제론』과 『고론』을 상고하였다(考之齊古)'는 것은 구체적인 내용으로 정현이 『제론』과 『고론』 2종의 판본을 참고한 것을 말한다. 『제론』은 동한 시기에 이미 실전했기 때문에 그 우수한 곳은 이미 장우張禹가 취하였고, 정현이 흡수한 것은 실제로 『고문논어』이다. 현존하는 30조항 정주의 "『노魯』 독모작모讀某作某, 금종今從 『고古』"로 미루어 판단하면 정본鄭本의 편장은 『노론』

을 따랐지만 구체적인 문자는 『고론』을 전체적으로 사용하였다. 이것이 분명한 것은 근세에 출토된 당대 초본 『논어』 정씨주에 서명한 '공씨본孔氏本, 정씨주鄭氏注'이니 어렵지 않게 이해할 수 있다. 이른바 '공씨孔氏'라는 것은 공자의 후예 공안국을 가리키고 이른바 '공씨본'이라는 것은 공안국이 정하고 석독한 공벽孔壁의 『고문논어』를 가리킨다.[13] 그렇다면 『고문논어』는 아직 없어지지 않고 실제로 정현鄭玄의 『논어주』 중에 보존되어 있는 것이다.

한편 삼국 시기 하안의 『논어집해』와 이상의 여러 판본은 또 무슨 관련이 있는가? 어떤 학자는 하안의 『논어집해』 저본은 『장후론』이라고 한다. 그러나 희평석경 『논어』의 잔자殘字와 정주간본으로 비교해 보면 문제점이 많기 때문에 필자는 아직 동의하기 어렵다. 또한 어떤 학자는 하안이 공안국·마융·포함·주씨·정현·왕숙王肅·진군陳群·주생렬周生烈 등의 『논어』에 관련 해석을 수집하여 주문注文으로써 경문을 통일하였고, 각 학자가 사용한 『논어』를 함께 취하였다고 하였다. 즉 하씨何氏의 『논어집해』는 실제로 『노론』과 『고론』 각 학파의 결합본이라는 것이다. 이것은 『논어』 전래본의 여러 문제에 관한 가장 좋은 방식의 해답이라고 말할 수 있다. 그러나 『논어집해』는 하안 등이 사적으로 기술한 것이 아니라 위왕魏王의 책명을 받들어 편찬된 관서官書이니 이것저것 주워모아 합병했다는 것은 설득력이 없다. 필자는 수년 동안 줄곧 하안의 『논어집해』에 사용된 저본은 마땅히 정현의 손을 거쳐 『노론』과 『고론』의 장점을 취한 『논어』 판본이라고 추측해 왔다. 그러나 현존 정주본鄭注本의 경문으로 『논어집해』와 비교하는 것은 이상적인 결과는 아니다. 육덕명陸德明의 『경전석문經典釋文』에서 알 수 있듯이 정주본은

---

13 살펴보건대 『史記』 「仲尼弟子列傳」의 "論言弟子籍, 出孔氏古文近是", 『史記』 「儒林列傳」의 "孔氏有古文尙書, 而安國以今文讀之, 因以起其家" 또 東漢 許愼의 『說文解字』 敍의 "書孔氏" 愼子沖의 『上說文解字』表의 "愼又學孝經孔氏古文說", 이 구절들에 나오는 '孔氏'는 모두 孔安國을 가리키고, '孔氏古文 『尙書』'와 '『孝經』孔氏古文'은 모두 孔壁에서 발견된 古文 『尙書』와 『孝經』을 가리킨다.

당 전기에 이미 이본異本이 존재하였다. 마찬가지로 현존하는 당초본唐抄本 『논어집해』 중에서 의외로 2개의 완전히 같은 판본을 찾지 못하고 있다. 정주본과 『집해』본의 경문은 비록 많은 차이가 있으나 여전히 문제를 설명할 방법이 없다. 이것으로 보아 정주본鄭注本의 『논어』와 『집해』본 『논어』의 깊은 관계를 확실히 밝혀내기 위해서는 아직도 많은 연구가 필요할 것으로 보인다.

:: 3 부

『논어』를 둘러싼
다양한 논의

과거 역사상을 연구하는 역사학을 포함한 고대 사회의 성격을 규명하는 경우, 흔히로 제작된 문헌이 아닌 그 이전 시기에 사용한 출토사료의 발견이란 문헌사료가 지닌 한계를 극복하고 새로운 역사상을 서술할 수 있는 계기를 제공한다. 특히 중국고대가 연구의 경우, 문헌사료의 한계는 더욱 분명하다. 춘추시대 연구의 주요 문헌자료인 춘추좌씨전春秋左氏傳은 노국魯國 중심의 역사서술의 한계를 벗어나기 못하였으며, 국어國語 역기, 전어國語의 분실이 다른 제후국에 비해 상대적으로 많을 뿐만 아니라 전체적인 서술도 춘추좌씨전春秋左氏傳과 중복되는 내용이 당당 부분 보이기 때문에 올바른 춘추시기의 사회상을 이해하기에는 다소 무리가 있다. 전국시대를 이해하기 위한 문헌자료 역기 마찬가지이다. 대표적인 역사서인 사기史記의 경우, 연대기代를 중심으로 할 기

 서내용은 당당한 혼란이 있으며, 서술 내용 역시 진晉 중심으로 구성되어 있어 지역적 편차가 심 함을 알 수 있다. 전국책戰國策 역기 국별國別로 편성되어 있지만, 서술 내용이 서 지방교가 지나 란 차이가 있는 부분도 있으며 기사의 역대 확정이 분분명하거나 가공의 역사 서라고게 더 비판을 받고 있다. 이처럼 문헌사료의 한계에 의한 고대사 연구는 한국이나 일본의 고대사학계도 비슷한 문제인 것이다. 출토 자료에 대한 정리와 석독은 이러한 역사 연구의 한계인 사료의 공백을 메우고 있을 뿐만 아니라 뒤섞여서 있는 사료를 정돈된 기료로서 재탄생시키고 있다. 바로 여기에서 역사연구—특히 고대사연구—에서의 출토사료 문헌을 냉움게 인식할 필요가 있다.

조선 논어학의
형성과 전개양상

이영호(李昤昊)*

1. 서론

조선시대 경학은 그 방대한 자료와 연구의 기간에 비해 연구의 범위는
넓지 않다.[1] 그 원인을 찾아보면, 첫째 경학연구자가 많지 않다는 점을 들
수 있는데, 본고의 주제인 조선의 논어학과 관련하여 5편 이상의 논문을
쓴 전문연구자는 4명 정도에 불과하다.[2] 다음으로 경학 연구자들의 연구
동향을 보면, 이황李滉과 정약용丁若鏞을 비롯한 특정한 소수의 경학자에 그
연구 역량이 집중된 것도 조선경학 연구의 범위의 제한을 가져왔다고 할
수 있다.

이런 상황에서 '조선 논어학의 형성과 그 전개양상'을 고찰한다는 것은

---

* 성균관대 동아시아학술원. 인문한국(HK)연구소 교수.
1 김경천, 「한국에 있어서 경학연구의 현황과 과제」,『중국학보』38, 1998; 최석기, 「한국경학
  연구의 회고와 전망」,『대동한문학』19, 대동한문학회, 2003 참조.
2 김언종, 김영호, 이영호, 전재동 등을 들 수 있다.

자칫 무모한 시도일 수 있다. 그러나 현재 시점에서 소략하나마 조선 논어학의 밑그림을 한번 그려 보는 것도 의미 있는 일이라고 생각한다. 현재까지의 연구성과를 정리하고 앞으로의 연구에 자양분을 심어 줄 통사적 연구가 필요한 시점이라는 생각이 들기 때문이다.

이에 본고에서는 조선의 논어학을 그 중요 경학 저술가들의 『논어』 주석을 중심으로 시대별로 배열하여 검토해 보고자 한다. 이러한 서술 방식은 지루한 나열에 그쳐 자칫 논의의 초점이 흐려질 수도 있기에 최대한 전후의 맥락을 파악하여 조선 논어학의 흐름을 유기적으로 서술해 보고자 한다. 그리고 조선의 논어학이 조선 중기에 발흥하였지만, 그 전사前史로서 삼국과 고려, 그리고 조선 전기까지의 『논어』 수용의 역사를 살펴보기로 하겠다. 이 시기에는 비록 주석학으로서의 논어학은 없었지만, 당시의 사회·문화·학술에 『논어』가 미친 영향이 매우 컸다.

2. 조선 논어학 전사前史

1) 삼국과 고려의 논어학

『논어』는 삼국시대三國時代에 유교의 동전東傳과 더불어 한국으로 전해진 것으로 추정된다. 그러나 『구당서舊唐書』 「동이열전東夷列傳」 '고구려高句麗' 조를 보면, 『논어』는 동전의 초기에 다른 경전에 비해 특별히 중시된 서적은 아니었다.[3] 삼국시대는 한대漢代 유교의 영향으로 오경五經 중심의 유학이 근

---

3 『舊唐書』 권199, 「東夷列傳」 上, 「列傳」 第149 上, 東夷, '高句麗'條. "俗愛書籍, 至於衡門廝
  養之家, 各於街衢造大屋, 謂之扃堂, 子弟未婚之前, 晝夜於此讀書習射. 其書有五經及史記,
  漢書, 范曄後漢書, 三國志, 孫盛晉春秋, 玉篇, 字統, 字林. 又有文選, 尤愛重之."

간을 이루었기 때문이다.[4]

그런데 백제의 경우, 두 나라에 비해 『논어』를 보다 더 중시하였다. 백제의 근초고왕近肖古王(?~375)은 일본에 왕인王仁을 보내어 유교를 전수하였는데, 이때 왕인은 천자문과 더불어 『논어』 10권을 가져갔다고 한다. 한국의 역사에 『논어』가 중요하게 등장하는 첫 장면이다. 이때 왕인이 가지고 간 『논어』는 지금은 실전失傳된 정현鄭玄 주석본註釋本 『논어』라는 연구가 있다.[5] 이 논문을 신뢰한다면, 삼국시대에 한국으로 전래된 『논어』는 경문經文뿐 아니라 주석본註釋本도 있었음을 추측해 볼 수 있다.

통일신라에 이르면 『논어』는 삼국시대에 비해 중요한 경전으로 인식된다. 통일신라의 제31대 왕 신문왕神文王(?~692)은 682년에 국립대학인 국학을 설치하였는데, 그 교과과정에서 『논어』와 『효경』을 필수과목으로 지정하였다.[6] 이는 일차적으로 『논어』와 『효경』을 중요시한 당唐의 교육제도 영향 때문이라 할 수 있다.[7] 그러나 『논어』를 중시하게 된 보다 직접적 원인은, 통일신라의 국가적 이념인 불교의 탈세속적 성향에 대한 보완의 차원으로 유교적 윤리가 요청된 데서 찾을 수 있을 것이다. 유교윤리의 근간인 효孝와 충忠의 이념은 『논어』에 풍부하게 내포되어 있기 때문이다.

한편 이 시기에는 『논어』를 중심으로 유교적 윤리를 습득하였기에, 문자 활동을 하는 대부분의 사람들은 『논어』를 학문과 실생활의 영역에서 자연스

---

4 삼국시대 유교의 이러한 특징에 대해서는, 김충열, 『高麗儒學史』, 고려대학교출판부, 1984 참조.

5 島田重禮, 「百濟所獻論語考」, 『論語書目』, 孔子祭典會, 大正二年四月.

6 『三國史記』38, 「志」. "國學, 屬禮部, 神文王二年置. … 敎授之法, 以周易, 尙書, 毛詩, 禮記, 春秋左氏傳, 文選, 分而爲之業. 博士若助敎一人, 或以禮記, 周易, 論語, 孝經. 或以春秋左氏傳, 毛詩, 論語, 孝經. 或以尙書, 論語, 孝經, 文選, 敎授之."

7 『唐六典』, "國子監 … 習孝經, 論語, 限一年業成, 尙書, 春秋, 穀梁, 公羊, 各一年半, 周易, 毛詩, 周禮, 儀禮, 各二年, 禮記, 左氏春秋, 各三年."(柳冶徵 編著, 『中國文化史』下, 東方出版中心, 1988. 445쪽에서 재인용.)

럽게 응용하곤 하였다. 그 예로 통일신라 최고의 지식인이었던 최치원崔致遠은 당대의 고승高僧인 진감국사眞鑑國師의 비명碑銘을 지으면서 『논어』의 구절을 적절하게 인용하였으며, 무인들도 전쟁터에서 결사의 의지를 다지면서 『논어』의 구절을 인용할 정도였다.[8] 『논어』에 대한 중요도가 이와 같았기에, 당시에 『논어』는 목간木簡으로 출간되어 전국에서 읽혀질 정도로 보급되기도 하였다.[9]

고려시대高麗時代에 들어와서도 『논어』는 여전히 중요한 경전으로 인식되었다. 통일신라시대와 동일하게 고려 전기에도 국립대학인 국자감에서 『논어』와 『효경』을 필수교과목으로 채택하였다.[10] 이러한 영향으로 조야朝野를 막론하고 당시 『논어』에 대한 학습과 이해의 정도는 매우 높은 수준이었다. 실례로 고려 전기의 저명한 정치가이자 지식인이었던 최승노崔承老(927~989)는, 「상시무소上時務疏」라는 장문의 상소문을 고려 성종成宗에게 올렸는데, 이 상소에서 최승노는 "非其鬼而祭之, 諂也."(「위정爲政」 24장), "君使臣以禮, 臣事君以忠."(「팔일八佾」 19장), "無爲而治者, 其舜也與! 夫何爲哉? 恭己正南面而已矣."(「위령공衛靈公」 4장) 등의 구절을 자유롭게 인용하고 있다.

이처럼 고려 전기의 지식인들은 『논어』를 익숙하게 읽어서 일상의 생활이나 저술 활동에 자유로이 인용할 정도로 『논어』에 대한 이해가 깊었다. 이러한 분위기 속에 『논어』 주석서가 저술되었으며 몇 종의 『논어』가 간행되기도 하였는데, 그 내용을 살펴보면 다음과 같다.

---

8 이러한 여러 정황들을 사료에서 수집하여 일목요연하게 정리해 놓은 서적으로, 林泰輔가 편찬한 『論語年譜』(國書刊行會, 昭和51年)가 좋은 참고가 된다.

9 현재 金海와 仁川에서 통일신라시대에 출간된 목간의 잔편을 확인할 수 있다. 이에 대한 자세한 연구로는, 橋本繁, 「金海出土『論語』木簡と新羅社會」(『朝鮮學報』 193, 2004)를 참조.

10 『高麗史』 卷74, 「志」 28, '選擧' 二. "凡經周易, 尙書, 周禮, 禮記, 毛詩, 春秋左氏傳, 公羊傳, 穀梁傳, 各爲一經, 孝經, 論語, 必令兼通. 諸學生課業, 孝經, 論語, 共限一年, 尙書, 公羊傳, 穀梁傳, 各限二年半, 周易, 毛詩, 周禮, 儀禮, 各二年, 禮記, 左傳, 各三年, 皆先讀孝經, 論語, 次讀諸經."

한국 최초의 『논어』 주석서를 저술한 이는 김인존金仁存(?~1127)이다. 그는 1105년경에 예종睿宗(1079~1122)에게 『논어』를 진강進講하면서 『논어신의論 語新義』를 저술하였다고 한다. 이 책은 한국 최초의 『논어』 주석서로 그 내용 이 매우 궁금하지만 아쉽게도 현재 전해지지 않고 있다.

한편 당시 고려에서 간행된 『논어』의 판본에 대한 정보가 청淸나라 학자 전증錢曾(1629~1701)에 의해 확인되고 있다. 전증이 쓴 『독서민구기讀書敏求記』 에 의하면, 필획이 기고奇古한 것이 육조六朝 또는 초당인初唐人들의 예서비판隸 書碑版과 흡사한 고려본高麗本 『논어집해論語集解』(하안何晏의 『논어』 주석본)가 있 었다고 한다.[11] 이 고려본 『논어집해』는 중국에서 통용되던 판본과는 달랐는 데, 그 글자체뿐 아니라 내용면에서도 중국의 통용본 『논어』의 미비점을 보충해 주는 매우 훌륭한 선본善本이었다고 한다.[12]

고려시대에는 송국宋國에 사신使臣으로 갔던 이들이 다량의 중국 서책을 반입하였다. 당시 고려는 세계 최초의 금속활자를 만들 정도로 인쇄술이 발달하였기에 이렇게 반입된 중국 서책 중 선본들을 많이 복각覆刻하였다. 이중에서 몇몇 종은 중국에서도 이미 일실逸失된 것이어서 후일 중국으로

---

11 錢曾의 생몰연대와 당시 조선 판본을 고려본이라 명명한 것을 고려한다면, 그가 언급한 고려본은 조선본이라 생각될 여지가 있다. 그러나 정황상 이것은 고려 판본이라고 여겨진 다. 설혹 이 책이 조선에서 발견 혹은 간행되었다 하더라도, 조선시대 주자학파의 『논어』 주석서에 대한 절대 다수의 인쇄 상황을 고려한다면, 이 책은 고려시대에 간행된 것이 조 선시대에 유전되었거나 재간행되었을 개연성이 더 크다고 할 수 있다. 기왕의 연구에 의하 면 조선시대에는 『논어집해』의 간행 사실이 없기 때문이다.

12 錢曾, 『讀書敏求記』卷一 經, 「何晏論語集解」, 民國25年, 商務印書館, "童年讀『史記』「孔子 世家」. 引子貢曰: '夫子之文章可得聞也, 夫子之言天道與性命, 弗可得聞也已.' 又讀『漢書』「 列傳」四十五卷贊: '引子貢云, 夫子之言性與天道, 不可得而聞已矣.' 竊疑古文論語與今本少 異. 然亦無從辨究也. 後得高麗鈔本何晏『論語集解』, 檢閱此句, 與漢書傳贊適合. 因思子貢當 日寅嗟歎于不可得聞中, 同顏子之如有所立卓爾. 故已矣傳言外微旨, 若脫此二字, 便作了語, 殊無低徊未忍已之情矣. 他如與朋友交, 言而不信乎等句, 俱應從高麗本爲是. 此書乃遼海道蕭 公諱應宮, 監軍朝鮮時所得. 甲午初夏, 予以重價購之于公之仍孫, 不啻獲一珍珠船也. 筆劃奇 古, 似六朝初唐人隸書碑版."

다시 역반입되기도 하였다.[13] 앞서 살펴본 고려본『논어집해』가 중국으로 다시 반입되어, 선본으로서 중국 통행본『논어』의 교감본으로 사용된 것이 그 한 예라고 할 수 있다.[14]

삼국시대에서 고려 전기에 이르기까지 한국의『논어』수용사를 보면, 때로『논어』의 주석본이 읽힌 흔적이 있기도 하지만 근본적으로 경문 중심이었다고 할 수 있다. 우리는 이 점을『논어』의 경문을 응용한 여러 종류의 문필활동과 일상사에서『논어』의 경문을 자연스럽게 되새기는 데서 알 수 있다. 그런데 이 같은 경문 중심의『논어』수용 국면은 주자학의 동전과 더불어『논어』주석서 중심의 수용으로 변화가 일어나게 된다.

송宋에서 원元으로의 왕조교체는 고려의 정치와 사회 그리고 학술에도 많은 영향을 미쳤다. 이중 학술사적 측면에서 보면 주자학의 전수를 들 수 있다. 고려는 원의 학술을 수용하면서 주로 정이程頤에서 주희朱熹로 이어지는 주자학을 받아들였다. 그런데 주자학의 수용과정에서 중요한 역할을 한 서적이 바로 주자가 저술한『사서집주四書集注』이다.『사서집주』는 이제현李齊賢(1287~1367)이 쓴『역옹패설櫟翁稗說』에 의하면, 적어도 13세기 초엽에는 고려에 들어온 것으로 추정된다.[15] 그리고『사서집주』는 권부權溥(1262~ 1346)에 의해 간행된 뒤 고려 조야의 지식인들에 의해 광범위하게 읽혀졌다.

---

13 宋과 高麗의 서적교류 상황에 대해서는, 陽渭生,「宋與高麗的典籍交流」,『浙江學刊』第4期, 2002 참조.

14 한편 고려본『맹자』등도 주자 같은 학자들에 의하여 중국 통행본『맹자』의 교감본으로 사용되기도 하였다.『孟子集注』「盡心」下 '仁也者人也' 장에서 주자는, "或曰外國本, 人也 之下, 有義也者宜也, 禮也者履也, 智也者知也, 信也者實也, 凡二十字. 今按如此, 則理極分明, 然未詳其是否也"라고 하였는데,『孟子集注大全』小註에서는 이 외국본을 高麗本이라 하였 다. 한편 元代의 주자학자였던 金履祥은『孟子集註考證』에서 이 구절에 "高麗, 箕子之國, 爲東夷文物之邦, 尙多有古書"라고 주석하였다.

15 李齊賢(1287~1367)은『櫟翁稗說』에서, "神孝寺 住持 正文은 나이 80세로『論語』『孟子』『詩經』『書經』을 잘 강론하였는데, 儒者인 安社俊에게 배웠다고 한다. (…) 그런데『論語』『孟子』『書經』의 해설은 모두 朱子의『四書集註』나 蔡沈의『書經集傳』과 합치되는 것이었다"라고 하였다.

특히 고려 후기 주자학을 이념으로 삼고자 한 일군의 학자들이 존숭했던 이색李穡(1328~1396)은 『논어집주』를 매우 중시하였다. 이색의 시문집인 『목은시고牧隱詩藁』에는 그가 우왕禑王 5년 5월부터 8월까지 4개월간 11번에 걸쳐 『논어』 「태백泰伯」편을 진강進講하는 장면이 나온다.[16] 이때 이색은 진강을 마치고 나서 그 소회를 한시로 읊었다. 이 한시의 내용을 보면 이색의 『논어』 이해가 주자의 『논어집주』에 근거하고 있음을 알 수 있다. 예컨대 『논어』 「태백」 4장[17]의 강의를 마치고 쓴 시詩에서, 이색은 "道體周流自露呈, 身心器數盡包幷. 辭嚴義正春秋法, 氣順顔和日月行. 致格齊平終有序, 操存省察要須精. 簞瓢陋巷生芳草, 一貫傳來聖道明"이라고 하였다. 『논어』 「태백」 4장의 주자 주석[18]과 이색의 시를 비교해 보면, 이색의 시에 나오는 '도체道體' '기수器數' '조존성찰操存省察' 등의 시어는 주자의 주석에서 차용한 것임을 알 수 있다.[19]

　앞서 살펴보았듯이 고려 전기까지 『논어』 수용의 양상은 『논어』의 원문을 익숙하게 인용하거나 일상에서 활용하는 정도에 그쳤지, 『논어』의 주석에 근거하여 『논어』를 해석하지는 않았다. 그런데 주자학을 받아들인 후 이색에 이르러 처음으로 주자의 『논어집주』에 근거하여 『논어』를 이해하고 풀이하였다. 이색 이후 이러한 학문적 태도는 여러 학자들 사이에서 유행하여 『논어집주』에 대한 이해가 점점 깊어져 갔다. 이에 따라 고려의 학자들은 『논어집주』(『사서집주』)를 해설해 놓은 호병문胡炳文의 『논어통論語通』(『四書通』)

---

16 『牧隱詩藁』卷之十六, "五月廿六日, 上在書筵, 臣穡進講君子篤於親, 則民興於仁, 故舊不遺, 則民不偸. 旣訖, 侍學內官高聲讀數遍. 於是親賜酒, 拜飮趨出, 還家困臥, 久而方起."

17 『논어』 「泰伯」 4장, "君子所貴乎道者三, 動容貌, 斯遠暴慢矣, 正顔色, 斯近信矣, 出辭氣, 斯遠鄙倍矣, 籩豆之事則有司存."

18 주자는 『論語集注』 「泰伯」 4장에 대하여, "言道雖無所不在, 然君子所重者, 在此三事而已. 是皆脩身之要, 爲政之本, 學者所當操存省察, 而不可有造次顚沛之違者也. 若夫籩豆之事, 器數之末, 道之全體固無不該. 然其分則有司之守, 而非君子之所重矣"라고 주를 달았다.

19 이색의 『논어』 해석과 주자의 『논어집주』의 상관성에 대한 상세한 고찰은, 도현철, 「李穡의 書筵講義」, 『歷史와 現實』 62, 2006 참조.

같은 경전주석서도 수입하여 공부하였다. 이러한 학자들 가운데 대표적 인물이 정몽주鄭夢周이다. 정몽주는 주자의 경설을 근간으로『논어』를 강론하는데 탁월하였다고 한다.[20]

한편 이색과 정몽주를 위시한 고려 후기 일군의 학자들은 이후 학문적 공동체를 형성하고 더 나아가 이를 바탕으로 단일한 정치세력을 형성하였는데, 오늘날 이들을 가리켜 '신흥사대부新興士大夫'라 한다. 이 신흥사대부들의『논어』해석은 종래 한국의『논어』수용의 양상을 획기적으로 바꾸었다는 점에서 그 경학사적 의의가 매우 크다. 이들 이전의『논어』수용 양상이 경문 중심이었다면, 이들 이후 우리나라『논어』수용의 역사는 주석서 — 주로 주자학파의『논어』주석서 — 중심으로 변모되었기 때문이다.

후일 조선왕조의 건국 여부를 놓고 신흥사대부는 찬성파와 반대파로 대립하였으나 양자 모두 주자학을 공통된 이념적 근거로 삼았다. 조선이 건국되자 건국의 주체였던 신흥사대부들은 주자학을 국시로 정하였다. 그리고 주자학의 집대성자인 주자의『논어집주』를 대대적으로 간행하고, 한글이 창제되자 이를 국어로 번역하는 작업[諺解]을 진행하게 된다.

2) 조선 전기『논어』간행과 언해諺解

고려 후기 인쇄술의 발달과 원으로부터의 주자학의 수입은 주자의『사서집주』를 간행케 한 중요 동인이었다. 조선이 건국되었을 때 조선 건국의 주체는 고려 후기에『사서집주』를 통해 주자학을 학습하고 이를 이념적 기

---

20 『高麗史』,「鄭夢周列傳」, "時經書至東方者, 唯朱子集註耳. 夢周講說發越超出人意, 聞者頗疑. 及得胡炳文四書通, 無不脗合. 諸儒尤加嘆服. 李穡亟稱之曰: '夢周論理横說竪說無非當理.' 推爲東方理學之祖."

반으로 삼은 '신흥사대부'였다.

고려 후기에 이미 『사서집주』를 간행한 경험이 있었던 이들은 조선시대에 들어와서 주자와 주자학파의 경전주석서를 대량으로 간행하였다. 그리고 이들에 의해 간행된 주자학파의 경전주석서들은 신속하고 광범위하게 조선 전역으로 퍼져 나갔다. 조선왕조에서는 국가적 이념을 주자학으로 확정하고, 과거시험에서 주자학파의 경전해석을 모범답안으로 삼았기 때문이다. 특히 『논어』는 주자학파의 논어설을 집성해 놓은 『논어집주대전論語集注大全』을 중심으로 간행이 빈번하게 이루어졌으며 다양한 판본이 유통되었다.

오늘날 남아 있는 『논어』의 판본은 금속활자본金屬活字本 11종, 목활자본木活字本 5종, 목판본木版本 34종 등 총 50종이며, 한성漢城뿐 아니라 지방 각지에서도 간행되었다. 그리고 간행된 『논어』의 종류는 『논어』 경문, 『논어집주』 『논어집주대전』 등으로 다양하였는데, 특히 영락대전본永樂大全本 『사서오경대전四書五經大全』에 들어 있는 『논어집주대전』이 가장 많이 간행되었다.[21]

명明 성조成祖 영락永樂 13년(1415)에 편찬된 『논어집주대전』(『오경사서대전五經四書大全』)은 송원대宋元代 주자학파朱子學派의 『논어집주』에 관한 해설을 모아 놓은 『논어』 주석서이다. 이 주석서는 간행된 지 4년이 지난 1419년(世宗元年)에 조선으로 수입되었다. 당시 명明의 성조는 조선에서 사신으로 온 태종太宗의 제일서자第一庶子 비裶에게 『오경사서대전』을 하사하면서 "그대의 아버지와 그대의 형이 모두 왕이고 그대는 걱정 없는 처지에 있으니 평소에 힘쓰는 바가 없어서는 아니 될 것이다. 학문을 하든가 활쏘기를 하든가 자중하고 근신하면서 글을 읽어야 될 것이다"고 당부하였다고 한다.[22] 『논어집주대전』

---

21 안현주, 「朝鮮時代에 刊行된 漢文本『論語』의 板本에 관한 研究」, 『서지학연구』 24집 참조
22 『世宗實錄』 元年 12月 7日 세 번째 기사, "敬寧君裶, 贊成鄭易, 刑曹參判洪汝方等回自北京.
　(…) 皇帝待裶甚厚, 命禮部照依世子覲朝見時例接待. 一日, 詔裶陞殿上, 帝降御座, 臨立裶所
　跪處, 一手脫帽, 一手摩髻曰: '汝父汝兄皆王, 汝居無憂之地, 平居不可無所用心 業學乎? 業射
　乎? 宜自敬慎讀書.' 特賜御製序新修性理大全, 四書五經大全及黃金一百兩, 白金五百兩, 色段

은 수입된 그 다음해인 1420년에 금속활자로 간행되었으며, 1429년에는 목판본으로 간행되었다. 1429년에 간행된 목판본『논어집주대전』은 10행行 22자본字本으로 모두 20권卷 7책冊이다.[23] 이후 이 책을 저본으로 하여 한성漢城의 성균관成均館, 함경도咸鏡道 감영監營, 경상도慶尚道 감영 등에서『논어집주대전』은 여러 차례 중간重刊되었다.『논어집주대전』의 간행은 주로 한성과 지방의 관아에서 간행한 관판본官版本이 주를 이루었지만, 전주全州에서는 사판본私版本『논어집주대전』이 간행되기도 하였다.

『논어』는 유교의 기본 경전이었기에 조선시대에 그 수요가 끊이질 않았으며, 특히 조선은 주자학을 국시로 삼는 나라였기에 주자학파의 논어설을 집성해 놓은『논어집주대전』에 대한 수요가 지속적으로 존재하였다. 때문에 조선왕조 전 시기에 걸쳐『논어집주대전』의 간행은 금속활자와 목판본의 형태로 중앙 관아와 지방 관아에서 계속되었으며, 심지어 일제 강점기인 20세기 초에도『논어집주대전』은 간행되곤 하였다.

유교가 한국에 전래된 이후 고려와 조선에서는 유교의 기본 경전인『논어』를 간행하여 학습의 교재로 삼았다. 특히 주자학파 논어설을 집성한『논어집주대전』은 거의 500년의 시간 동안 꾸준히 간행되고 읽혀졌다. 그리고『논어』의 간행·학습과 더불어『논어』를 국어로 읽고자 하는 노력이 일찍부터 있어왔다. 한문과 국어는 그 어순과 문법이 다르기에 이 같은 노력은 매우 긴 시간 동안 다양한 형태로 그 방법이 모색되었다. 특히 조선시대에 들어와 국어인 한글이 창제되고 나서 이러한 작업은 한층 활기를 띠게 되었다. 유교의 경전을 국어로 완역한 것을 일컬어 '언해'라고 하는데, 언해에 도달하기

羅彩絹各五十匹, 生絹五百匹, 馬十二匹, 羊五百頭以寵異之."
23 이 시기를 전후하여『五經四書大全』은 경상도·전라도·강원도 등 세 지방의 감영에서 모두 간행되었다.『周易』『書傳』『春秋』의 大全은 경상도 감영에서,『詩傳』『禮記』의 大全은 전라도 감영에서,『四書』의 大全은 강원도 감영에서 간행되었다.

이전 단계로서 구결口訣과 석의釋義가 있었다.[24] 구결·석의·언해는 모두 조선 논어학의 전사前史에 해당됨과 동시에 조선 논어학의 단초를 제공하였다. 왜냐하면 이것의 적합성 여부에 대한 검토가 조선 논어학의 출발점에 위치하면서 조선 후기에 이르기까지 문제시되었기 때문이다. 이에 구결과 석의 그리고 언해의 내용과 그 의미를 차례대로 살펴보기로 하겠다.

(1) 구결口訣

구결은 달리 토吐라고도 한다. 구결은 한문을 독해할 때 구두처에 한자의 음音과 훈訓을 이용하여 조사나 어미 등을 첨가한 것이다. 이 구결은 생소한 외국어인 한문을 한국식 한문으로 뿌리를 내리게 하는 데 있어 매우 중요한 매개 역할을 하였다. 국어가 창제되기 이전에 구결은 주로 한자의 필획을 이용하였으나, 국어가 창제된 이후에는 국어를 이용하여 구결을 달았다.

삼국시대에 구결이 만들어졌다는 주장이 있기도 하지만,[25] 『논어』의 구결은 조선시대 세종 때 왕명으로 처음 만들어지기 시작한 이래[26] 세조世祖 14년(1468)에 완성되었다. 이때 『논어』의 구결은 이석형李石亨(1415~1477)이 완성하였다. 동시에 다른 사서오경四書五經의 구결도 당대의 명유들에 의해 이 시점에 완성되었다.[27] 이후 조선 말기에 이르러서는 전우田愚(1841~1922)에 의

---

24 이충구, 『經書諺解研究』, 성균관대학교 박사논문, 1990.
25 『三國史記』 46, 「薛聰列傳」, "以方言, 讀九經."
26 徐居正, 『四佳文集』補遺一, 「崔文靖公碑銘」, "英陵命臣金汶, 金鉤及公等, 定小學, 四書, 五經口訣. 居正亦與其後."
27 崔恒, 『太虛亭文集』卷之二, 「經書小學口訣跋」, "恭惟我殿下萬機餘間, 暫定口訣, 四聖之旨, 炳如指掌. 又以小學尤切於學者入道之門, 亦自定訣, 詩則命河東君臣鄭麟趾, 書則蓬原君臣鄭昌孫, 禮則高靈君臣申叔舟, 論語則漢城府尹臣李石亨, 孟子則吏曹判書臣成任, 大學則中樞府同知事臣洪應, 中庸則刑曹判書臣姜希孟訣之. 旣訖, 又命中樞府知事臣丘從直, 同知事臣金禮

해『논어집주』의 구결이 완성되기도 하였다.

조선 전기에 구결이 만들어진 후 조선조 500년 간 경전을 공부하는 거의 모든 이들은 이 구결을 이용하였다. 그리고 현재에도 유교 경전을 전문적으로 공부하는 이들은 이 구결을 붙여서 학습하는 것이·대체적인 추세이니, 구결은 만들어진 그날부터 오늘날에 이르기까지 생명력을 지속하고 있다고 할 수 있다.

(2) 석의釋義

석의는 경전의 난해한 구절을 국어로 설명한 것이다. 언해가 경전의 전문全文을 국어로 번역하는 데 비해 석의는 난해한 일부 구절만을 국어로 설명한다. 언해가 완역完譯이라면 석의는 일종의 부분역部分譯으로 언해의 전단계라 할 수 있다.

『논어』에 관한 석의 중 가장 저명한 저술은 퇴계退溪 이황李滉의『논어석의』(『四書三經釋義』)이다. 퇴계는『논어석의』에서『논어』 경문의 본의를 정확하게 파악하려는 의도를 가지고『논어』의 난해한 경문에 대하여 일언일자一言一字를 정밀하게 고찰하였다. 이 고찰의 과정에서 퇴계는『논어』 경문에 관한 다양한 해석들을 국어로 소개하면서 가장 적절한 국어 번역을 모색하였다. 때문에『논어석의』에는 퇴계의『논어』에 대한 학문적 탐색의 흔적이 고스란히 스며들어 있다. 다양한 번역의 모색이라는 점에서 석의는, 하나의 경문에

蒙, 工曹參判臣鄭自英, 吏曹參議臣李永垠, 戶曹參議臣金壽寧, 前右承旨臣朴楗等, 論難校正. 每遇肯綮, 悉稟睿斷, 迺命典校署, 印而頒之. 唯易則正經之下, 幷附程朱之傳印之.”;『世祖實錄』12年 2月 辛巳日, “又召諸書口訣校正郎官, 講論. … 先是, 分命宰樞, 出四書, 五經, 及左傳口訣, 又使諸儒臣校正.”

하나의 국어 번역만이 존재하는 언해에 비해 그 학술적 가치가 오히려 높다고 할 수 있다.

(3) 언해諺解

언해는 유교 경전의 국어 완역을 의미한다. 『논어』 언해는 『논어』 경문 전체에 대한 국어 직역본直譯本으로서 한 구절의 경문에 오직 하나의 번역만이 존재한다.

『논어』를 언해하려는 시도는 세종 때부터 있었으며 세조 때에 『논어』의 구결이 완성된 뒤 언해의 기틀이 마련되었다. 이후 선조대宣祖代에 이르러 국가에서 『논어』의 언해에 대한 공식적인 논의가 있었다. 당시 국왕인 선조는 율곡栗谷 이이李珥에게 명하여 『논어』를 언해하게 하였다. 그러나 율곡이 미처 완성하지 못하고 1584년에 세상을 뜨자, 그해에 교정청校正廳을 설립하여 『논어』를 비롯한 경전을 언해하게 하였다. 이후 4년의 시간 동안 국가에서 집중적으로 학술적 역량을 투입하여 1588년에 『논어』를 비롯한 사서삼경의 언해를 완성하고, 1590년에 이를 간행하였다. 이를 교정청본校正廳本 『논어언해論語諺解』라고 한다. 교정청본 『논어언해』의 대본은 『논어집주대전』이었으며, 퇴계 이황의 『논어석의』의 번역이 많이 채택되었다.

한편 교정청본 『논어언해』 외에 율곡의 율곡본 『논어언해』가 있다. 율곡본 『논어언해』는 율곡 생전에 완성된 것으로 교정청본 『논어언해』보다 먼저 완성되었지만 간행은 1749년에 와서야 이루어졌다. 그러나 『논어언해』는 율곡본보다 교정청본이 많이 사용되었으며, 경향京鄕 각지에서도 주로 교정청본이 간행되었다. 이후 조선 말기까지 교정청본 『논어언해』는 『논어』의 표준 국어번역본으로 많은 학자들과 학생들의 『논어』 교과서 역할을 하였다.

이상에서 살펴보았다시피 한국으로 전래된 『논어』는 구결·석의의 단계를 거쳐 1588년에 국어 완역인 『논어』 언해가 이루어졌다. 『논어』 국역의 가장 이른 단계인 구결은 현재에 이르기까지 『논어』 공부법의 유용한 방법으로 이용되고 있다. 그리고 『논어석의』는 다양한 해석의 모색을 국어로 표현해 놓았다는 점에서 그 학술적 가치가 높으며, 『논어언해』는 『논어』의 표준 국어완역본으로 『논어』를 학습할 때 교과서 역할을 하였다는 점에서 그 의의를 찾을 수 있다.

3. 조선 논어학의 형성과 전개양상

삼국시대에 한문을 받아들인 이래 우리나라는 오랜 시간에 걸쳐 유교 경전을 학습하였다. 그 과정에서 학습의 편의를 위해 유교 경전을 간행하고 또한 이를 국어로 번역하는 작업을 꾸준히 진행하였다. 『논어』의 경우, 고려시대 후기부터 『논어집주』가 간행되기 시작하여 조선시대에 들어와서는 『논어집주대전』을 중심으로 『논어』 경문, 『논어집주』 등이 금속활자 또는 목판본으로 경향 각지에서 간행되었다. 그리고 『논어』를 국어로 이해하고자 하는 노력도 삼국시대부터 시작되어 구결·석의 등의 단계를 거쳐 조선 전기에 『논어』 국역의 완역본인 『논어언해』가 완성되었다. 그러나 이러한 작업은 『논어』의 경문經文 또는 주자와 주자학파의 『논어』 주석을 학습하려는 노력의 결과물이다. 이 과정에서 『논어석의』 같은 학술적 의의가 있는 책들이 발간되기도 하였지만, 이 밖에는 대체로 단순한 간행이나 또는 번역인 까닭에 그 학술적 의의가 미미하다고 할 수 있다.

한국 논어학사에서 학술적 의미가 있는 『논어』 주석서의 출현은 고려 후기 김인존金仁存의 『논어신의論語新義』에서 찾아야 할 것이다. 그러나 이 책은 현재 전해지지 않고 있으며, 이후 매우 오랜 기간 동안 한국에서는 『논어』에 관한 주석서가 저술되지 않았다. 조선 전기 퇴계의『논어석의』에 이르러서야 비로소『논어』주석에 관한 학술적 검토 내지 새로운 견해가 제시되었다.

　퇴계의『논어석의』를 기점으로 조선에서는『논어』에 관한 주석서가 대량으로 저술되었는데, 17세기에서 19세기 중엽까지 저술된『논어』주석서가 전체의 90%를 차지하고 있다. 이는 16세기 들어와서야 조선의 논어학이 개화하였으며, 17세기에서 19세기 중엽까지가 조선 논어학의 전성기였고, 19세기 후반부터는 퇴조기였음을 알려 주고 있다.[28] 현재 필자가 확인한 바에 의하면 조선시대에『논어』관련 저술을 남긴 학자는 100여 명을 상회하며, 그들이 남긴『논어』에 관한 경설은 130여 종에 가깝다. 그렇지만 이중에서 경학사상 의미가 있거나, 비교적 완정된 형태의『논어』주석서를 남긴 경학자들과 그들의 저술을 정선하여 시대별로 나열해 보면 다음과 같다.

　　① 16세기
　　이황李滉(1501~1570)『논어석의論語釋義』
　　이덕홍李德弘(1541~1596)『논어질의論語質疑』

　　② 17세기
　　김장생金長生(1548~1631)『논어변의論語辨疑』
　　권득기權得己(1570~1622)『논어참의論語僭疑』
　　조익趙翼(1579~1655)『논어천설論語淺說』
　　이유태李惟泰(1607~1684)『논어답문論語答問』
　　송시열宋時烈(1607~1689)『퇴계논어질의의의退溪論語質疑疑義』
　　　　　　　　　　　　　　　『논어혹문정의통고論語或問精義通攷』
　　박세당朴世堂(1629~1703)『논어사변록論語思辨錄』

---

28 이에 대한 자세한 분석은, 이영호,「『한국경학자료집성』의 자료적 특징과 그 보완 및 연구의 방향－『한국경학자료집성』소재『논어』주석을 중심으로」,『대동문화연구』49집, 성균관대학교 대동문화연구원, 2005 참조.

임영林泳(1649~1696) 『논어차록論語箚錄』

권상하權尙夏(1641~1721) 『논어집의論語輯疑』

김창협金昌協(1651~1708) 『농암잡지農巖雜識 - 내편內篇』(논어설論語說)

③ 18세기

정제두鄭齊斗(1649~1736) 『논어설論語說』

이만부李萬敷(1664~1732) 『논어강목論語講目』

어유봉魚有鳳(1672~1744) 『논어상설論語詳說』

최좌해崔左海(1738~1799) 『논어고금주소강의합찬論語古今注疏講義合纂』

유징원柳長源(1724~1796) 『논어찬주증보論語纂註增補』

유건휴柳健休(1768~1834) 『동유논어해집평東儒論語解集評』

이익李瀷(1681~1763) 『논어질서論語疾書』

위백규魏伯珪(1727~1798) 『논어차의論語箚義』

홍대용洪大容(1731~1783) 『논어문의論語問疑』

④ 19세기

정약용丁若鏞(1762~1836) 『론어고금주論語古今注』

심대윤沈大允(1806~1872) 『논어論語』

리진상李震相(1818~1886) 『논어차의論語箚義』

전우田愚(1841~1922) 『독논어讀論語』

박문호朴文鎬(1846~1918) 『논어집주상설論語集註詳說』

곽종석郭鍾錫(1846~1919) 『다전논어경의답문茶田論語經義答問』

이해익李海翼(1847~1925) 『경의류집經疑類輯 - 논어論語』

이상에서 나열한 조선 경학자들의 『논어』 주석서는 조선 논어학의 정수라 해도 과언이 아니다. 필자는 이중에서 더욱 획기적인 의미를 지닌 주석서를 선별하여 아래와 같이 그 내용을 분석하고 의미를 부여해 보고자 한다.

1) 16세기 - 이황李滉, 이덕홍李德弘

조선의 주자학은 퇴계 이황(1501~1570)에게서 발원했다고 해도 과언이 아니다. 퇴계는 이전부터 부분적으로 연구되어 온 주자학의 이론 탐색을 집대성하였으며, 이후 조선 주자학파의 정치하고도 광대한 이론논쟁의 정점에 서 있기 때문이다. 이런 점에서 보면 구한말의 유학자 회봉晦峯 하겸진河謙鎭(1879~1946)이 퇴계의 학문을 두고서 한국유학사의 대일통학안大一統學案이라고 평가한 것이 지나치다고 할 수 없다.[29] 그런데 퇴계의 이러한 위상은 조선유학사에서뿐 아니라 조선 논어학사(경학사)에서도 동일한 위상을 가진다고 할 수 있다. 현재 확인할 수 있는 최초의 『논어』 주석서를 남긴 이도 퇴계이며, 그 영향력의 측면에서 보아도 결코 소홀히 여길 수 없는 것이 그가 남긴 『논어석의論語釋義』이기 때문이다.

퇴계의 『논어석의』는 그가 남긴 『사서삼경석의』의 일부로서, 난해구에 대한 한글번역과 해석의 검토가 주된 내용을 이루고 있다. 먼저 이 책의 번역학적 측면을 살펴보자.

훈민정음이 창제된 후 일찍부터 조선 학자들에 의해 『논어』는 부분적으로 번역되었다. 이른 시기에 번역된 이러한 『논어』 번역서 중 현전하는 것은 없지만, 우리는 그 흔적을 퇴계의 『논어석의』에서 찾아볼 수 있다. 이는 퇴계 이전에 있었던 다양한 『논어』 번역의 흔적을 찾아볼 수 있게 한다는 점에서 이 책의 첫 번째로 꼽을 수 있는 가치라 할 수 있다.[30] 그런데 『논어석의』에 인용된 조선 학자들의 『논어』 번역을 살펴보면 동일한 경문에 대하여

---

29 河謙鎭, 『東儒學案』 上編三, 「陶山學案」, 中和堂影印本, 83쪽, "自有吾東儒學以來, 經術德行之備, 無如退陶. 自有吾東儒學以來, 授受淵源之盛, 無如退陶. … 乃吾東上下一千年儒學大一統之學案也."

30 洪啓禧, 『四書栗谷先生諺解』 「跋」, "經書之有諺解, 厥惟久矣, 而諸家互有同異. 至退溪李先生, 合成釋義而乃定."

다소 통일되지 않은 형태의 번역이 존재하고 있다. 퇴계는 선배들의 다양한 번역을 소개하면서 이를 수용하는 경우도 있지만 대체로 비판적으로 검토하고서 이러한 검토의 바탕 위에 자신의 견해를 분명하게 밝혀 놓았다.

한편 퇴계는 주자의 『논어집주』를 정밀하게 읽고서 이를 바탕으로 『논어』의 경문을 번역하기도 하였는데, 이 부분이 『논어석의』에서 가장 많이 보인다. 이는 곧 퇴계가 주자의 충실한 계승자임을 보여 주는 대목이라 할 것이다. 이처럼 퇴계의 『논어』 번역의 토대는 주자의 『논어집주』지만, 한편으로 퇴계는 경문 자체를 정밀하게 읽고 주자주에서 밝혀내지 못한 의미가 있다고 생각되면 그것을 찾아서 자신의 『논어』 번역에 채택하곤 하였다. 이는 기본적으로는 주자주를 번역의 기준으로 삼고 있지만 때로 독자적인 경문문리에 의거하여 『논어』를 번역하기도 했다는 의미이다. 때문에 퇴계는 『논어』를 번역하면서 자신의 문리에 따른 여러 방식의 번역이 발생할 경우 이를 모두 인정하였으며, '당운當云' '혹운或云' '공무방恐無妨' '제설역개무방諸說亦皆無妨' 등의 용어를 사용하면서 다양한 번역을 『논어석의』에서 폐기하지 않고 병존시켜 놓았다. 퇴계의 이러한 『논어』 번역 자세는 경에 대한 활간活看을 중시하는 태도로서, 그 기저에는 경문의 본지에 대한 탐구의식이 깔려 있다고 할 수 있다.

한편 퇴계의 『논어』 해석학은 그의 번역학과 연계되는 것으로서, 다음과 같은 세 가지 점을 특징으로 들 수 있다. 첫째, 퇴계 『논어』 해석학의 근간은 주자의 『논어집주』인데, 그 내용을 살펴보면 주자와 주자학파의 『논어』 해석—『논어집주대전』의 소주—에 대한 분석과 부연설명이 주를 이룬다. 둘째, 『논어』와 『논어집주』에 나오는 한자의 음과 훈에 대한 해설을 들 수 있는데, 이는 기본적으로 경전의 훈고에 대한 학문적 관심을 의미한다고 할 수 있다. 셋째, 자신의 경문문리에 의거하여 독자적으로 경문의 본지를 탐구하는 해석 자세로, 비록 많은 부분은 아니지만 퇴계 『논어』 해석학의 매우 중요한 일면이라 할 수 있다.[31]

이상에서 살펴본 퇴계의 논어학은 조선경학사의 장을 열었을 뿐 아니라 후대에 심대한 영향을 미쳤다는 점에서 그 의의는 아무리 강조해도 지나치지 않을 듯하다. 우선 퇴계의 『논어』 번역은 교정청본 『논어언해』에 대거 채입됨으로써[32] 이후 조선왕조뿐 아니라 오늘에 이르기까지 『논어』 번역의 표준으로 활용되었다. 또한 후술하겠지만 퇴계의 『논어』 해석학은 영남퇴계학파에 의해서 계승되었고, 그 『논어』 경문의 본지 추구는 우암을 위시한 우암학파로부터는 심각한 비판을 받았다. 그런데 이러한 비판을 통해 우암학파 논어학의 정체성의 일단이 마련되었으니, 이는 또 다른 측면에서 영향관계를 논할 수 있다고 보인다. 이렇게 본다면 퇴계의 논어학은 영남퇴계학파뿐 아니라 우암학파에도 영향을 미쳤다고 할 수 있다.

퇴계의 논어학은 주자학파의 논어학에 대한 심층적 이해와 독자적 설경說經이라는 양대 축으로 구성되어 있는데, 이중 전자를 계승한 대표적 인물이 바로 퇴계의 말년 애제자인 간재艮齋 이덕홍李德弘(1541~1596)이다. 유심춘柳尋春이 쓴 『간재집艮齋集』 발문에 의하면, 이덕홍은 어린 나이 때부터 퇴계 선생의 문하에서 학업을 전수받았는데 조석朝夕으로 책을 들고 가서 질의를 했다고 한다. 『논어질의論語質疑』는 바로 이 과정에서 나온 경학 저술로, 퇴계 선생에게 질의한 내용과 벗들 간에 강론한 내용으로 구성되어 있기 때문에 공문孔門의 『논어』에 비견되는 평가를 받기도 하였다.[33] 이 『논어질의』의 가장 큰

---

31 이에 대한 보다 더 자세한 예시와 분석은, 이영호, 「퇴계의 『논어』 번역학과 해석학」, 『한문학보』 18집, 2008 참조.

32 예를 한 가지만 들어보기로 하자. 『논어』 「선진」 25장(赤爾何如? 對曰: 非曰能之 …)의 경문에서 '非曰能之'의 번역을 살펴보면, 퇴계 이전에는 '잘하지 못합니다(能티몯호리다)'라고 하고서는 '曰'자를 번역하지 않았다. 그런데 퇴계는 이 번역에 반대하고서, '曰'자를 풀이해야만 원문의 의미에 더 적합하다고 하면서, '잘한다고 말하는 것이 아니라(能ᄒ노라니ᄅ 는디아니라)'라고 번역하였다(『論語釋義』, 「先進」 25장, "非曰能, 能티몯호리다, 曰字不釋也. 今按, 此說非也, 此正謙辭, 云非敢自謂能之也. 當云能ᄒ노라니ᄅ 는디아니라. 若不釋曰字, 則但自以不能, 而願學焉, 意便短"). 교정청본 『논어언해』에는 퇴계의 이 번역을 수용하여 '잘한다고 말하는 것이 아니라(能ᄒ노닐ᄋᆞᆫ줄이 아니라)'라고 번역하였다.

특징은 퇴계의 논어설에 대한 계승이라 할 수 있다.

특히 주목할 만한 점으로는 첫째, 『논어』 경문과 주자주의 한자(어)에 대한 훈주와 음주를 단 점을 들 수 있는데,[34] 이는 퇴계 논어학의 직접적 계승양상이라 할 수 있다. 다음으로 주자학의 이기심성론의 경학적 반영[35]과 주자언론言論의 동이同異에 대한 경학적 관심[36]을 중요 특징으로 들 수 있다. 이덕홍의 논어설이 퇴계 논어설의 연장선상에 있다는 것은 기본적으로 사설師說의 계승이라고 할 수 있는 것으로, 이는 조선주자학파 경설의 특징적 지점으로 자리하게 된다.[37] 또한 조선주자학의 중심과제인 이기심성론과 주자설의 이동異同에 대한 탐구를 『논어』 주석에서 반영한 것은 주자학적 의리의 경학적 투사로 이 또한 후일 조선주자학파의 논어학의 중심과제로 자리하게 된다.

이상으로 퇴계와 그의 제자인 이덕홍의 논어학을 살펴보았다. 퇴계에 의해 정립된 조선논어학의 첫모습은 주자와 주자학파의 논어학—『논어집주대전』—에 대한 정밀한 분석과 충실한 부연설명이 그 주조를 이루고 있다고 할 수 있다. 그리고 이것에 덧붙여 경문의 본지에 대한 탐색도 중요한 특징으로

---

33 柳尋春, 『艮齋集』續集, 「跋文」, "艮齋李先生, 自童卯時, 受業於退陶老先生至門. … 朝夕函丈, 持書質疑, 不得不措. … 孔門高弟, 蓋多魯人, 而魯論一書, 皆出於當時門人之所記. … 今觀於先生遺集 … 直與魯論同其功. … 至於質疑註解諸篇, 乃師友間講論就正之作, 而有疑必問, 有得必書, 精粗本末, 咸備而無遺."

34 훈주의 예→『論語質疑』「里仁」, "樂處, 樂, 卽逸樂之樂, 非眞樂也. 所理, 理, 謂治也. 斯不亡, 斯, 虛字, 非指心與理也."; 음주의 예→『論語質疑』「公冶長」, "縲絏. 縲音尼, 俗云縲, 非也. 反切雖曰力追. 然追字, 吾亦不曰累而曰尼. 縲與追二字, 俱見於支韻, 可知縲字尼音也. 若累云則固不在於支字無疑也. 此時俗音韻之不能分辨處也."

35 『論語質疑』「陽貨」, "性兼氣質. 性非有二, 只是不雜乎氣質而言, 則爲本然之性. 就氣質而言, 則爲氣質之性."

36 『論語質疑』「爲政」, "退而省. 延平先生說, 以退爲夫子退也. 朱子初從其說, 故小註朱說, 有與延平同者. 其後改之, 故曰非夫子退也."

37 이에 대한 보다 더 자세한 예시와 분석은, 이영호, 「퇴계 『논어』 해석의 경학적 특징과 그 계승양상」, 『퇴계학과 한국문화』 36집, 2005, 224~226쪽 참조

거론할 수 있다. 한편 퇴계의 제자인 이덕홍은 스승의 논어설을 충실하게 계승하였으며, 주자학파의 이기심성론으로 『논어』를 해설하려는 자세를 보여주었다. 이덕홍의 『논어』 해석에 있어서 이 같은 사설의 계승이나 『논어』를 해설하면서 주자학파의 이기심성론에 대하여 분석하는 경향도 조선 주자학파의 논어학사에서 전형적 형상의 창조라고 할 수 있다. 즉 16세기 조선의 논어학은 퇴계학파에 의해 조선 주자학파 논어학의 전형이 창출된 시기라고 할 수 있는데, 그 핵심은 주자학파의 논어학-『논어집주대전』-에 대한 심층적 이해와 정치한 분석(또는 비판), 그리고 주자의 이기심성론理氣心性論과 논어학의 접맥, 마지막으로 제자로서 선생의 경설을 수용하는 자세, 즉 사설의 계승이라고 지적할 수 있다. 이외에도 퇴계에 의한 독자적 경전 해석의 지향점이 보이는데, 이는 19세기에 와서 이진상李震相에 의해 그 맥이 이어진다.

2) 17세기 - 송시열宋時烈, 김창협金昌協, 박세당朴世堂

16세기 조선의 논어학을 주도한 이들이 퇴계학파였다면, 17세기 조선의 논어학은 우암尤庵 송시열(1607~1689)을 중심으로 하는 우암학파의 논어학이 그 자리를 대신하였다. 물론 송시열 이전에 김장생金長生(1548~1631)의 『논어변의論語辨疑』와 우암과 동시대의 인물인 이유태李惟泰(1607~1684)의 『논어답문論語答問』이 있다. 이중 김장생은 『논어집주대전』의 소주에 대한 변석과 스승인 율곡의 논어설을 자신의 해석에 적극 반영하는 자세를 견지하였으며, 이유태 또한 소주에 대한 비판적 안목을 가졌으며 『논어혹문』을 자신의 『논어』 해석에 반영하기도 하였다.[38] 이처럼 소주의 변석과 사설의 계승은 앞 시기 영남퇴계학파에서 보이는 그것과 별반 차이가 없다. 그런데 우암에 와서 율곡학파의 논어학은 일종의 전범을 마련한다. 그 전범은 퇴계의 논어학에 대한 강력한 비판과 주자의 논어학에 대한 절대적 존숭으로, 이는 주자의 『논어』 해석에서 벗어난(혹은 반하는) 해석에 대한 배척과 주자의 『논어』 해석에 대한 절대적 존숭의 방안으로서의 주자의 『논어』 주석서들에 대한 세심한 정리와 정밀한 독해를 의미한다. 이러한 전범은 우암의 학통을 이은 학자들에게 큰 영향을 미쳤기에, 조선 논어학사에서 퇴계에 비견할 만한 위치를 우암이 지녔다고 평가할 수 있다.

주자학이 조선에 전래된 이래 수많은 주자학도들이 있었지만 그 믿음과 실천의 측면에서 우암을 따라갈 이는 많지 않다. 우암은 유가의 도통에서 주자의 등장은 하늘이 점지해 준 축복이며, 주자에 의해 확립된 주자학의 내용은 세상의 모든 이치를 드러내어 주었고, 주자에 의해 풀이된 경전주석서는 그 내밀한 의미를 낱낱이 밝혀 주었다고 주장한다. 한마디로 말해서 유가의 전통, 유학의 이념, 경의經義의 천발闡發에 있어서 주자에 비견될 존재는 아무도 없다는 것이다. 주자에 대한 우암의 이러한 평가는 생각으로 그치지 않고 그의 일생을 통해 실천으로 연결되었다. 특히 주자학에 반하는 견해를 내었다고 생각되는 학자들에 대해서는 가차 없는 비판을 가하기도 하였다. 윤휴尹鑴의 경전 주석을 두고 사문난적으로 몰아가는 우암의 비판은 그의 이러한 의식을 대표하는 예라고 할 수 있다. 그런데 이렇게 두드러지는 예를 제외하고서도 우암은 주자학에서 벗어난 주장을 하거나 주자의 견해를 제대로 이해하지 못하였다고 생각되는 학자들의 주장에 대해서도 냉엄하게 비판을 하였다. 우암의 이러한 비판에는 선대의 명현이라 하더라도 예외는 아니었는데, 특히 퇴계의 논어설(경설)에 대한 우암의 비판은 그 대표적인 예라 할 것이다.[39]

---

38 전재동, 『17세기 율곡학파의 논어 주석 연구』, 경북대학교 박사학위논문, 2007 참조.
39 이에 대한 보다 더 자세한 예시와 분석은, 졸고, 「퇴계 경학과 경세학의 일면」, 『조선중기의 경학과 경세론』, 한림대학교 태동고전연구소 제7회 학술심포지움 발표문, 2008 참조

우암은 1677년에 『퇴계사서질의의의退溪四書質疑疑義』[40]라는 책을 저술한다. 우암의 『퇴계사서질의의의』는 『송자대전』 133권 「잡저」에 총 3권으로 수록되어 있는데, 『논어』 58조목, 『맹자』 7조목, 『대학』 5조목, 『중용』 4조목 등 총 74조목으로 이루어져 있다.[41] 우암은 젊은 시절부터 퇴계의 경설이 들어 있는 『퇴계발명退溪發明』 『퇴계질의退溪質疑』 등의 책을 보면서 퇴계의 경설에 의심을 가지고 있었다.[42] 그러다가 1670년부터 박세채朴世采와 서신을 교환하면서 이 문제를 집중 거론하는 과정에서 『퇴계사서질의의의』를 저술하였는데, 여기서 우암은 퇴계의 주자주에 대한 이해를 집중 비판하였다. 그러면 『퇴계사서질의의의』 중 가장 많은 분량을 차지하고 있는 『논어』의 몇 대목을 분석하는 것으로써 우암의 퇴계 논어설 비판의 요지를 살펴보기로 하겠다.

　　① 『退溪四書質疑疑義』 「학이」 제12장, "[朱注]蓋禮之爲體, 雖嚴, 而皆出於自然之理, 故其爲用, 必從容而不迫, 乃爲可貴."

　　　　퇴계 : "體는 '體用'의 體가 아니니, 곧 '形體'의 體이다."

　　　　우암 : "'禮之爲體'는 아래의 '其爲用'과 서로 대를 이루니, 그렇다면 여기서의 체는 '體用'의 體인 듯합니다."[43]

　　② 『退溪四書質疑疑義』 「학이」 제11장, "[朱注]游氏曰, 三年無改, 亦謂在所當改而可以未改者耳."

40　『退溪四書質疑疑義』의 주 내용은 퇴계의 고제 이덕홍이 지은 『사서질의』에 들어 있는 퇴계의 경설을 조목조목 비판한 것으로 이루어져 있다.

41　이에 대한 보다 더 자세한 분석은, 전재동의 「宋時烈과 朴世采의 退溪說 批判」(한국한문학회 주최, 2008년 춘계학술발표대회 논문집)을 참조.

42　『宋子大全』 卷一百三十一, 雜著, 「看書雜錄」, "自兒時見所謂退溪發明, 中年得見別件則改名退溪質疑, 頗有可疑. 曾以問於玄石, 則所見或有異同, … 故問於玄石, 三次往復, 最後以愚見爲得云矣."

43　『退溪四書質疑疑義』 「학이」 2장, "禮之爲體. <質疑>體非體用之體, 卽形體之體. <宋子>禮之爲體, 與下其爲用相對, 則恐是體用之體."

퇴계 : "改할 바에 在하되 可히 써 改하지 아니하여(고쳐야 할 점이 있으되 아직 고치지 아니하여) 세속의 '농으로 갈 수도 서로 갈 수도 있다'는 말의 뜻과 같다."

: "'在所當改'의 아래 '可以未改' 네 글자가 빠진 듯하니, 퇴계의 주에 '동으로 갈 수도 서로 갈 수도 있다'는 말을 보면 알 수 있습니다. 그러나 이 주석은 주자의 설과 다릅니다. 주자는 '이는 마땅히 고쳐야 할 일이지만 3년 동안은 마음에 차마 고치지 못하는 것일 뿐이다'고 하였 으니, 이 설명은 '동으로 갈 수도 서로 갈 수도 있다'는 것과는 본래 다릅니다. 의심하는 것이 지나친 것은 아닌지 잘 모르겠습니다."[44]

③ 『退溪四書質疑疑義』 「위정」 제16장, "[朱注]程子曰, 佛氏之言, 比之楊墨, 尤爲近理, 所以其害爲尤甚."

퇴계 : "불자佛者들의 학설은 현묘하고 허무하여 가장 이치에 가까운 듯하 기 때문에 거기에 빠지는 자가 항상 많다. 양주楊朱와 묵적墨翟의 설은 천근淺近하고 이치에 맞지 않기 때문에 그것에 미혹되는 사람이 항상 적다. 그러므로 불자들에게서 오는 해가 양주와 묵적에 비해 더욱 심하다 고 한 것이다. 정자가 말하기를, '저들과 우리가 구구절절 같고 사사건건 똑같은 것 같아도 사실은 같지 않다'라고 하였는데, 주자가 이 말을 인용 하면서 다음과 같이 말했다. '내가 일찍이 불자의 책을 보니 참으로 이 말씀과 같았다. 만일 전적으로 공부하고자 하면 반드시 그 한가운데 빠지 게 될 것이니, 비유하자면 깊은 연못이 저쪽에 있어 빠지면 반드시 죽게 되는 것과 같아서 피하지 않으면 안 된다.'"

우암 : "불자의 설이 현묘하고 허무하다는 것은 꼭 맞는 표현이 아닌 듯합니다. 대개 옛날에 불교를 말하는 자들은 자비나 윤회에 대해 말할 뿐이었는데, 달마達摩 이후로 성性과 심心에 대해 말하는 것이 유자儒者들 과 매우 비슷했기 때문에 더욱 이치에 가깝다고 한 것입니다. 만약 불교

---

44 『退溪四書質疑疑義』 「학이」 11장, "在所當改. 改홀바애在호되, 可히뻐곰改티아니ᄒ야, 猶 俗云可以東可以西之意. <宋子>在所當改下, 疑脫可以未改四字, 以註說可東可西觀之可見. 然此註與朱子說不同, 朱子曰, 謂此事當改, 但三年之間, 心有所未忍改耳. 疑與此說可以東可 以西者自別, 未知所疑不妄否."

가 현묘하다면 어찌 이치에 가까울 뿐이겠습니까. 무릇 이런 의심이 망령된 죄를 범하는 것이나 아닌지 매우 두렵습니다.[45]

　①과 ②의 인용문은 퇴계가 주자의 주석을 잘못 이해한 데 관한 우암의 비판이다. ①은 퇴계가 주자주의 문리를 잘못 파악하여 오독誤讀을 하였다는 것이다. 이 비판은 우암이 주자주를 세밀하게 읽고서 생겨난 자신만의 문리를 바탕으로 퇴계의 주자주 독법이 틀렸음을 지적한 것이다. 한편 ②에서 보듯이 우암의 퇴계 문리 비판의 또 다른 중요한 준거는 주자의 견해이다. 주자주를 읽을 때 주자의 또 다른 글에서 그 보충논리를 찾아 이해하고자 하는 우암의 이러한 태도는 퇴계의 주자주 오독에 대한 신빙성 있는 증거를 제시함으로써 퇴계의 경설이 주자주에 대한 불철저한 이해에서 비롯되었음을 지적하고 있는 것이다. 이는 결국 퇴계의 주자학에 대한 이해가 부족했음을 지적하는 것이며, 이러한 지적은 퇴계가 구축한 주자학적 체계－이기호발론理氣互發論－에 대한 비판의 단서로 작용했으리라는 것은 미루어 추측할 수 있다. 그런데 퇴계의 주자주 독법에 대한 우암의 비판 중에서 ②에 해당되는 부분이 가장 많다. 때문에 우암은 퇴계가 주자주의 문장을 잘못 읽었음을 빈번하게 비판하고, 더 나아가 주자주의 훈고적 측면도 퇴계가 잘못 알고 있는 부분이 많다고 비판하였다.[46] 우암의 비판대로라면 퇴계의 주자주 독법

---

45 『退溪四書質疑疑義』「위정」16장, "<退溪> 佛者之說, 玄虛而<最>似是[近理], 故溺者<常>多. 楊墨之說, 淺近而無理, 故惑者<常>少. 故曰<比之楊墨>其害尤甚. 程子曰, 彼與吾, 句句同, 事事同, 然而不同. 朱先生引此說曰, 吾嘗見佛者之書, 果若此. 如欲專治, 必陷於其中, 譬如深淵在彼, 溺則必死, 不可不避. … <宋子>佛者說玄虛, 恐不襯著. 蓋古之爲佛說者, 不過慈悲輪回而已, 及達摩以後則說性說心, 酷似儒者, 故云尤爲近理. 若是玄虛則豈近理也. 凡此所疑, 恐犯僭妄之罪, 皇悚皇悚."(『남계집』에도 이 구절이 인용되어 있는데, '多'와 '少' 앞에 '常'이 있고 '似是'가 '最近理'로 되어 있으며, '其害尤甚' 앞에 '比之楊墨'이 있다.)
46 『退溪四書質疑疑義』「술이」1장, "[朱注]然當是時, 作者略備, 夫子蓋集群聖之大成而折衷之. 折衷. <質疑>折半而取其中也. <宋子>朱子謂三摺而取其中也, 豈退溪偶未之見耶.

은 그 문장의 내용 파악에서뿐 아니라 훈고에서도 오류가 적지 않은 셈이다.

그런데 퇴계의 주자주에 대한 이러한 오독은 전적으로 주자의 글을 면밀하게 이해하지 못한 데서 비롯되었다는 것이 우암의 주장이다. 과연 퇴계의 경설을 주자주에 대한 오독으로만 치부할 수 있을까? 우암의 속내는 어쩌면 퇴계가 주자주의 범위를 벗어난 경설을 주장하는 데서 오는 불편함을 이렇게 오독誤讀으로 치부한 것은 아닌가 하는 생각도 든다.

③의 예문에서 우암의 이러한 불편함의 정체가 그 모습을 드러내는데, 바로 이단에 대한 유연한 사고를 지향하는 퇴계의 의식에 대한 못마땅함이다. 우암은 주자에 대한 강렬한 존숭이 있었기에 주자학에서 벗어난 사상체계에 대한 배척의 강도가 심하였다. 당시 우암에 의해 이루어진 사문난적 논쟁은 바로 그 대표적인 예다. 우암이 보기에 퇴계의 『논어』 해석은 주자의 해석에서 이탈하는 경향이 있었다. 이에 우암은 퇴계의 이러한 경전해석의 근저에 주자학과 다른 이단적 사상에 대하여 가치를 부여하는 의도가 있다고 의심한 것이다.

주자주에서 벗어난 내용에 대한 강력한 비판이 우암의 주자학 세우기의 양대 축 중 하나라면, 다른 하나는 주자학의 본질을 밝혀 그 우수성을 입증함으로써 주자학을 선양하는 것이다. 전자가 벽이단闢異端이라면 후자는 명정학明正學으로서, 이는 서인 노론 측이 중심이 된 조선주자학파의 중요 명제이다. 앞서 우리가 살펴본 우암의 퇴계설 비판은 바로 그의 주자학 세우기의 한 축인 벽이단적 정신의 발로라고 할 수 있다.

한편 우암의 명정학으로서의 다른 측면이 존재하니, 그것은 바로 주자학의 본의에 대한 정치한 탐색이다. 주자학의 본의를 탐색함에 있어서 우암이 택한 방식은 주자의 글에 대한 정밀한 독해로, 그 첫 번째는 주자의 문집에 대한 정밀한 독서이며, 두 번째는 주자의 논맹주석서論孟註釋書에 대한 세밀한 글읽기이다. 전자의 결과물이 바로 동아시아에서 유일한 주자문집사전인 『주자대전차의집보朱子大全箚義輯補』의 원형인 『주자대전차의』이며, 후자의 결과물이 『논맹혹문정의통고論孟或問精義通攷』이다.

『논어』 주석과 관련하여 주자가 남긴 서적 가운데 『논어집주』와 『논어혹문』은 조선 유학자들에게 일찍부터 읽혀졌지만, 적어도 1687년에 이르기까지 조선 유학자들은 『논어정의論語精義』를 보지 못하였던 듯하다. 『논어혹문』의 논평 대상이 되는 여러 학자의 학설은 『논어정의』에 수록되어 있다. 따라서 주자의 『논어』 주석학에 대하여 정확하게 읽어내기 위해서는 『논어정의』가 꼭 필요하였다. 이에 누구보다 간절히 『논어정의』를 찾았던 이가 바로 우암이었다. 약 40년의 바람 끝에 송시열이 『논어정의』를 손에 넣게 된 것은 세상을 떠나기 두 해 전인 1687년이었다. 연행사였던 이선李選이 북경에서 이 책을 구득한 덕분이었다.[47] 1689년 유배지에서 송시열은 『논어정의』에 수록된 여러 학자의 학설을 『논어혹문』의 해당 조목에다 옮기는 작업을 하여, 사사받기 두 달 전에 『논맹혹문정의통고論孟或問精義通攷』의 완성을 보았다. 그야말로 이 책은 우암 최후의 공력이 들어간 편집서로서, 주자 논어학의 본의를 파악하고자 한 그의 노력의 소산이었다.

이상에서 살펴본 것처럼 우암의 논어학은 그 자신이 일생 동안 견지한 주자학에 대한 신념의 투영이라 할 만하다. 퇴계 논어설에 대한 우암의 정치한 비판은 이후 우암학파에서 주자 논어설의 절대적 존숭과 사설 준수의 형태로 이어졌으며, 『논맹혹문정의통고』의 편찬은 이후 우암학파에서 주자 논어설의 본의를 파악하기 위한 노력으로 계승되었다. 그런데 후자의 측면에서 우암의 논어학을 충실하게 계승해 낸 학자가 있었으니, 바로 농암 김창협이다.

김창협(1651~1708)은 스승인 우암의 유지를 받들어 주자의 『논어』 주석서를 정밀하게 탐독함으로써 그 본의를 규명하려 하였다. 이에 그가 택한 주자

---

47 宋時烈, 『論孟或問精義通攷』 「序文」 참조.

(학파)의 『논어』 주석서는 『논어집주』 『논어정의』 『논어혹문』 『논어집주대전』이었다. 김창협은 이 4종의 주자학파의 주석서를 읽으면서 궁극적으로 주자의 『논어』 해석의 본의를 찾는 데 치력하였다. 그리고 그 결과를 『농암잡지農巖雜識 – 내편內篇』(論語說 부분)을 통해 남겨 놓았다.[48]

그런데 이 4종의 『논어』 주석서에서 견해가 다른 부분이 충돌할 경우, 김창협은 항상 그 준거를 『논어집주』에서 찾았다. 이는 주자 Ⅰ 논어학 중 그 핵심을 『논어집주』에 두는 자세로서, 특히 후대 주자학파의 논어설의 집성서인 『논어집주대전』의 소주를 읽을 때 이 점을 더욱 분명히 하였다. 김창협은 『논어집주대전』의 소주에 대하여 주자의 정설과 어긋나는 부분이 많다고 하면서 이 책을 통해 주자 논어설의 정수를 파악하기는 어렵다고 하였다.[49] 때문에 김창협은 비판적 관점에서 소주를 독해하였는데,[50] 그 양상이 설선薛瑄이나 고염무顧炎武가 대전본 소주를 비판한 것과 비슷하나 실제 비판의 수준을 따져 보면 그 완성도가 훨씬 높다고 할 수 있다.[51]

김창협의 이 같은 논어학의 본령은 주자 논어설의 본의를 명징하게 밝히는 것이다. 그 과정에서 『논어정의』와 『논어혹문』을 보충서로 삼았고 『논어집주대전』의 소주를 명석하게 비판하기도 하였는데, 본의 확립의 기준 서적은 항상 『논어집주』였다고 할 수 있다.

이상으로 17세기 우암학파 논어학의 특징을 우암과 그의 제자인 김창협의 논어설을 통해 살펴보았다. 그 결과 우리는 우암학파 논어학의 특징이 주자

---

48 이에 대한 자세한 분석은, 류준필·이영호, 「농암 김창협의 논어학과 그 경학사적 위상」, 『한문학보』 19집, 우리한문학회, 2008 참조.
49 『農巖雜識-內篇』, "四書小註所載諸說, 頗有與朱夫子定說相戾者. 雖其大旨不悖, 而語意有病, 曲折可疑者, 又不翅多焉. 蓋此書, 本出永樂諸儒臣, 承命編輯, 當時儒者於此學, 旣少實得. 又設局編書, 例易汗漫鹵莽, 故其間如節略大全語類及或問等說, 章句離絶, 亦多差錯, 所引先儒姓氏, 亦有誤者. 則其於精義微旨, 固不能致詳也."
50 그 자세한 정황에 대해서는 류준필·이영호의 앞의 논문 참조.
51 전재동, 앞의 논문, 147쪽 참조.

논어학의 절대적 지위를 확보하는 데 있음을 알 수 있었다. 그 방법으로 이들이 내세운 것은 주자의 논어학을 벗어난 논어설에 대한 배척과 주자 논어설의 본의를 명징하게 드러내는 것이었다. 전자는 우암이 퇴계의 논어설에 대한 비판을 통해 이룩하였으며, 후자는 『논어혹문정의통고』의 편찬을 통해서 수행하였다고 할 수 있다. 한편 김창협은 주자의 『논어』 관련 주석서인 『논어혹문』 『논어정의』 『논어집주』 『논어집주대전』을 상호 대교하면서 정독하는 가운데 주자 논어설의 본의를 확정하고자 하였다. 이 과정에서 김창협은 소주에 대하여 철저히 비판하고 『논어집주』를 기준으로 주자 논어설의 본의를 확정하고자 한 점을 특징으로 들 수 있다.

우암과 김창협의 이러한 논어학은 학문적 논의를 바탕으로 주자 논어학의 위상을 정립하고자 한 대표적 사례라 할 것이다. 그러나 이들이 이렇게 주자 논어학 일존주의一尊主義로 논어학을 정립하고자 한 데에는 주자학을 이념적 근간으로 삼아서 조선을 통치하고자 하는 서인 노론의 정치적 의도와 연관이 전혀 없다고도 할 수 없을 것이다.

이처럼 17세기는 우암학파에 의해 주자의 『논어』 주석의 권위가 확립된 시기였는데, 한편에서는 주자의 논어학에 대한 비판적 의식이 싹터 올랐다. 이러한 양상을 보여 준 대표적 경학자가 바로 박세당朴世堂이었다.

서계西溪 박세당(1629~1703)은 그의 나이 60세 되던 1688년에 『사변록思辨錄-논어』를 저술한다. 이 책은 조선 논어학사에서 특기할 만한 주석서이다. 왜냐하면 주자 논어학의 비판에 있어 역대 어느 『논어』 주석서보다 그 비판의 정도가 선명하고 강렬하기 때문이다. 이는 박세당이 주자의 논어설에 대하여 '의심된다' '미안하다' '너무 지나치다' '알 수 없는 바이다' '타당하지 못하다' '실수를 면치 못한 것이다' '탄식을 금치 못하겠다' 등의 비평어를 사용한 것에서 우선 쉽사리 확인된다.

한편 박세당은 경을 해석할 때는 반드시 성인의 말씀하신 본지를 찾고자 해야지, 자신의 표준을 세우고서 경의 의미를 그 표준의 가운데로 몰아넣는 것은 옳지 못한 태도라고 질타하였다.[52] 박세당의 이러한 주장은 크게 두 가지 점에서 주목할 만하다. 우선 박세당의 설경의 근간이 경문 중심임을 알 수 있다. 이는 조선 주자학파의 논어학의 근간이 주자의 주석인 것과 대비되는 중요한 특징이라 할 수 있다. 다음으로 박세당이 선배 경학자들의 경설에 대하여 자신의 견해를 중심에 두고 억지 해석을 한다고 비판한 점을 주목해야 할 것이다. 이는 곧 조선 주자학파 경학자들의 경설이 주자의 이기 심성론으로 채색된 것에 대한 비판인 것이다. 이에 박세당은 주석에 의거하지 않고 경문에 나아가 『논어』를 해석히고 있다. 『사변록-논어』에서 예를 살펴보기로 하자.

> ① 「爲政」 16장, 子曰: "攻乎異端, 斯害也已."
> 범씨范氏는 말하기를, '공攻은 오로지 다룬다는 뜻이니, '이단을 오로지 다루면 해로움이 심하다"고 하였는데, 주자의 주석에서도 이 말을 따랐다. 어떤 이는 말하기를, '공攻은 치는 것이요, 이르는 그치는 것이니, 이단을 치면 해로움을 그치게 할 수 있다는 것이다"라고 하였다. 두 해설이 같지 않으나 모두 천루淺陋한 병폐가 있다. 대개 이단을 다루면 해가 된다는 것과, 이단을 치면 해로움이 그친다는 것은 설명할 필요도 없이 어리석은 사람도 알 일인데, 성인이 어찌 이렇게 말을 했겠는가. 또 누가 이단인 줄을 알면서도 오로지 다룰 자가 있겠는가. 공자께서 일찍이 말씀하시기를, "사람으로서 어질지 못한 자를 너무 미워하면 난리가 일어난다"고 하였으니, 나의 생각으로도 아마 이 글의 뜻이 그 말과 같을 듯하다. 비록 이단이라 할지라도 이를 공격하는 것이 너무 지나치면 도리어 해가 되는 수도 있을 것이다.[53]

---

52 『思辨錄-論語』「학이」 5장, "然學者於聖人之言, 必先求所以言之旨, 虛心遜志, 以深體之 … 若先自立標準, 盡驅經義納於其中, 恐未可也."

53 『思辨錄-論語』「爲政」 16장, "范氏謂攻, 專治也, 專治異端, 爲害甚矣, 註從之, 或謂攻, 伐也, 已, 止也, 攻伐異端, 害可以止, 二說不同而皆病於淺陋, 夫治異端而爲害, 與伐異端而害止, 不待費說, 愚夫猶知, 聖人何爲於此, 且孰有知其爲異端而欲專治之者乎, 夫子嘗曰人而不仁, 疾之已甚, 亂也, 愚意恐此章之義, 亦如此, 雖異端而若攻擊之太過, 則或反爲害也."

② 「鄕黨」12장, 廐焚, 子退朝曰: "傷人乎不?" 問馬.

선유先儒들은 모두 사람이 다쳤을까 두려운 마음에 말에 대해 물을 겨를이 없었던 것이니, 이는 사람은 귀하고 짐승은 천하기 때문이라고들 말하였다. 그러나 혹 어떤 사람은, "사람이 다쳤는가? 다치지 않았는가?(傷人乎不)"라고 '不'자까지 구절을 띄는 것이 옳다고 하였으니, 대개 먼저 사람을 물은 뒤에 말을 물었다는 주석註釋이다. 지금 이치를 따져 본다면, 혹자或者의 말이 옳을 것이다. 마구간이 탔으면 말도 묻는 것이 인정人情상 당연한 이치요, 성인이 먼저 사람을 묻고 뒤에 말을 물었다고 하면, 사람이 상했을까 두려워한 뜻이 많은 것으로, 사람과 짐승의 귀하고 천한 것이 각각 이치에 마땅한 것임을 알 수 있다. 만일 말에 대해 묻지 아니했다면 자못 사람의 떳떳한 정도 아니며 사리에도 온전하지 못한 것이다. 말이 비록 천한 짐승이라 할지라도 군자는 진실로 해진 휘장이라도 주어 죽은 것을 덮어 주기를 잊어버리지 아니한다고 하였는데, 하물며 마구간이 탔는데도 말의 죽고 사는 것까지 묻지 않았다면 옳겠는가.[54]

먼저 ①의 "子曰: '攻乎異端, 斯害也已.'"(「위정爲政」16장)를 살펴보면, 종래 주자는 범씨의 견해를 받아들여 "이단을 전공하면 해로울 뿐이다"라고 해석하였다. 그런데 박세당은 주자의 이러한 해석에 대하여 이단을 전공하면 해로운 것은 설명할 필요도 없이 어리석은 사람도 아는 일인데 성인이 이런 것을 말했을 리는 없다고 하였다. 그리고 『논어』 「태백」10장의 "사람으로서 어질지 못한 자를 너무 미워하면 난리가 일어난다(子曰: 人而不仁, 疾之已甚, 亂也)"라는 경문을 근거로 삼아서, 이 경문은 "이단이라 할지라도 이를 공격하는 것이 너무 지나치면 도리어 해가 된다"라고 해석하였다. 이 경문에서

---

54 『思辨錄−論語』 「鄕黨」12장, "先儒皆以爲恐傷人之意多故未暇問馬, 是得貴人賤畜之理, 或人又謂傷人乎不, 當爲一句, 蓋先問人而後問馬也, 今以理求之, 恐或說爲得, 蓋廐焚而問馬, 人情之常而理亦當然, 聖人先問人而後問馬, 此可見恐傷人之意多而人畜貴賤各當其理矣, 若曰遂不問馬則殆非人之常情, 其於理亦未爲盡, 馬雖賤畜, 君子固不忘弊帷之施, 況於廐焚而不問其死生, 可乎."

주자는 '공攻'을 '전공하다'로 본 반면, 박세당은 '공攻'을 '공격하다'라고 파악한 것이다. 그리고 자신의 이러한 주장을 뒷받침하기 위해서 『논어』의 다른 구절을 증거로 삼기도 하였다.

다음으로 ②의 "廐焚, 子退朝日: '傷人乎不?' 問馬."(「향당鄕黨」 12장)에 대한 박세당의 해석을 살펴보자. 종래 주자는 이 경문을 "廐焚, 子退朝日: '傷人乎?' 不問馬"라고 끊어 읽었는데, 이렇게 구두를 하면 "마구간이 불탔거늘, 공자께서 조정에서 퇴근하셔서 '사람이 다쳤느냐?'라고 물으시고는, 말에 대해서는 묻지 않으셨다"라고 해석된다. 그런데 박세당은 이 경문을 "廐焚, 子退朝日: '傷人乎不?' 問馬"라고 끊어 읽었다. 이렇게 구두를 하여 읽으면, "마구간이 불탔거늘, 공자께서 조정에서 퇴근하셔서 '사람이 다쳤느냐? 다치지 않았느냐'라고 물으시고는 말에 대해서도 물으셨다"라고 해석된다. 그렇다면 박세당은 왜 주자와 다르게 위와 같이 해석하였는가? 박세당은 인간의 심리상 마구간이 불탔으면 사람의 안부를 문의하고 나서 말이 다쳤는지에 대한 여부를 묻는 것이 일반적이라는 것이다.

한편 이처럼 주자와 궤를 달리하는 박세당의 『논어』 해석은, 『논어』의 중요 개념인 '학學' '경敬' '사무사思無邪' '무위無爲' '충서忠恕' 등에 대한 파악에 있어서도 주자와 견해를 달리하게 만들었다. 이중 '학學'에 대한 박세당의 견해를 살펴보기로 하자.

> • 學의 개념—「學而」 1장
> 경문 : 子曰: "學而時習之, 不亦說乎!"
> 주자 : '학學'이란 본받는다는 뜻이다. 사람의 본성은 모두 선善하나 이것을 앎에는 먼저 하고 뒤에 함이 있으니, 뒤에 깨닫는 자는 반드시 선각자先覺者들이 하는 바를 본받아야 선善을 밝게 알아서 그 최초의 모습을 회복할 수 있는 것이다.[55]
>   : 사람이 스승에게서 글을 배워 질문하고 강구講究하여, 처신하는 것과 사물을 처리하는 방법을 알려고 하는 것을 '학學'이라 한다. … 배운다 함은

본받는 것이라고 해석할 수도 있으나, 단지 본받는다고만 말하면 스승에게서 전해 받고 강구講究하며 질문한다는 뜻이 온전히 드러나지 못한 점이 있다.[56]

『논어집주』「학이」1장의 주자주를 읽어보면, 주자에게 있어서 '학'이란 특정한 구체적 대상을 필요로 하는 것 같지는 않다. 지식과 지혜를 추구하는 행위뿐 아니라 '좌여시坐如尸, 입여제立如齊', 곧 앉고 서고 하는 일상적인 행위도 모두 학의 대상인 것이다. 그리고 '학'의 방법은 선각자가 하는 모든 것을 본받는 것이다. 그런데 주자의 이러한 학에 대한 개념은 학의 범주를 확장한 면이 없지 않지만, 그 확장으로 인해 구체성이 결여된 점도 있다. 즉 모든 것을 본받고 배운다는 것은 구체적으로 무엇을 배워야 할 것인가에 대한 방향성을 결여하게 만든다. 이에 박세당은 '학'을 주자식으로 설명하면 배움이란 단어에 분명하게 내재되어 있는 구체적 특징을 상실하게 된다고 보고서, 구체적이고 실천적인 개념으로 '학'을 재규정한다. 바로 스승에게서 글을 배워 질문하고 궁리하여 이를 삶에 적용시키는 것으로 말이다.

이상에서 살펴본 박세당의 『논어』해석은 조선논어학사에서 매우 독특한 지위를 지닌다. 우선 ①에서 보듯이 당대까지의 『논어』해석의 절대적 준거였던 주자의 『논어』해석에서 탈피하여, 다른 경문으로 해당 경문을 해석하고자 한 '이경증경以經證經'의 해석 방법을 보여 준다는 점에서 주목할 만하다. 또한 ②에서 보듯이 자신의 독자적인 경문 이해에 근거하여 어느 누구의 주석에도 의지하지 않고 『논어』를 해석해 내는 대목도 조선논어학사에서는 보기 드문 태도라고 할 수 있다.

그런데 그의 이러한 『논어』해석은 『논어』의 '학'의 개념을 재규정하는

---

55 『論語集注』「學而」1장의 朱子註, "學之爲言, 效也. 人性皆善, 而覺有先後, 後覺者必效先覺之所爲, 乃可以明善而復其初也."
56 『思辨錄－論語』「學而」1장, "人從師讀書質問講究, 求知行己處物之方, 是謂之學. … ○學雖可訓爲效, 但只言效則恐於傳受講質之義或有未備."

데서 보듯 주자학파 논어학의 중심주제인 추상적 이기심성론에서 탈피하여 구체적 실천을 강조하는 것이 그 기저를 이루고 있다. 당시 주자학의 절대적 존신의 풍조에 비추어 본다면, 박세당의 이러한『논어』해석 태도는 주자학자들에 의해 '사문난적'이라는 칭호를 받을 여지가 다분했다고 할 수 있다.

이상으로 우리는 17세기 조선 논어학의 중요 지점을 송시열·김창협·박세당의『논어』해석을 통하여 살펴보았다. 17세기는 조선 논어학사에서 서인 노론 계열 일군의 학자들에 의해 주자의『논어』주석의 권위가 확립되는 시기였다. 여기에는 16세기 퇴계의 논어학에 대한 비판이 한 축을 이루었고, 주자의『논어』주석서들에 대한 정리와 정치한 분석이 또 다른 한 축을 이루었다고 할 수 있다. 17세기 조선 논어학의 이 같은 주된 기류에 반해,『논어』경문의 독자적 해석을 추구하거나『논어』이해의 중심을 주자학의 형이상학적 맥락이 아닌 현실에서의 구체적 실천에서 찾고자 하는 해석의 경향도 발생하였다. 권득기權得己의『논어참의論語僭疑』나 조익趙翼의『논어천설論語淺說』이 그 단초를 열었다면, 박세당의『사변록－논어』는 이러한 경향을 대표하는『논어』주석서라고 할 수 있다. 조선의 논어학사를 시기적 구분이 아닌 학파적 구분으로 나누어서 파악한다면, 박세당의 이러한『논어』해석은 실학파 논어학의 가장 선명한 모습을 보여 주는 최초의 실례라고 할 수 있을 것이다. 그리고 또 하나 이 시기『논어』해석에서 특기할 만한 것은 퇴계학통에 속하는 경학자들의 완정된『논어』주석서가 거의 보이지 않는다는 점이다.

3) 18세기 － 류장원柳長源, 류건휴柳健休, 이익李瀷

17세기 조선의 논어학이 서인 노론인 우암학파에 의해 주도되면서 이에 대응할 만한 실학파 논어학의 단초가 마련되었다면, 18세기 조선의 논어학은 보다 더 풍부한 양상을 보여 주고 있다. 우선 조선양명학파 논어학의 출발점인 정제두鄭齊斗의『논어설論語說』이 등장하였으며, 17세기에는 보이지 않던 퇴계학파의 논어학이 류장원과 류건휴에 의해 재등장하였다. 그리고 어유봉과 최좌해에 의해 우암학통의 논어학이 계승되기도 하였다. 또한 이익에 의하여 조선실학파 논어학의 또 다른 전형이 제시되었으며, 위백규와 홍대용의 논어학도 주자학파의 논어학과는 다른 성향을 보여 주었다.

18세기 조선의 논어학사에서 획기적 의미를 지닌『논어』주석서를 들라면, 퇴계학맥에 속하는 류장원柳長源(1724~1796)의『논어찬주증보論語纂註增補』와 류건휴柳健休(1768~1834)의『동유논어해집평東儒論語解集評』, 그리고 실학파『논어』주석의 또 다른 전형을 창출했다고 평가받을 수 있는 이익李瀷(1681~1763)의『논어질서論語疾書』를 들 수 있겠다. 이에 그 내용을 차례대로 고찰하고 그 의미를 살펴보기로 하겠다.

퇴계의 수제자인 이덕홍 이후 영남의 퇴계학파에서는 거의 한 세기 동안 완정된 형태의『논어』주석서가 나오지 않았다. 그러다가 류장원과 류건휴에 이르러서 조선『논어』주석사에서 특기할 만한『논어』주석서인『논어찬주증보論語纂註增補』와『동유논어해집평東儒論語解集評』이 지어졌다.

동암東巖 류장원(1724~1796)은 대산大山 이상정李象靖(1711~1781)의 문인으로 이종수李宗洙·김종덕金宗德 등과 함께 '호문삼노湖門三老'로 불리었던 인물이다.[57]『사서찬주증보四書纂註增補』는 그가 57세 되던 1780년에 편집한 책으로,『논어찬주증보』는 이중의 하나이다. 류장원이 이 책의 범례에서, "정주程朱의 학설을 위주로 하여 정의·집략·대전·혹문·어류 등 오서五書에서 인용한 것을 정행으로 기록하고 나머지는 쌍주로 하였다"라고 하였듯이,『논어찬주증보』는 기본적으로 중국 주자학파의『논어』주석을『논어집주』를

---

57 이하『論語纂註增補』의 내용에 관한 서술은 주로 안병걸의 「동암 류장원의 경학사상」(『퇴계학』창간호, 안동대학교 퇴계학연구소, 1989)에서 참조하여 정리하였다.

중심으로 광범위하게 채록하여 놓은 책이다. 특히 쌍주로 처리해 놓은 부분은 원·명대 주자학파의『논어』주석이 다수를 차지하며, 조선 학자들의 견해도 소수 실려 있는데 퇴계의 논어설이 10조목으로 가장 많다. 한편『논어찬주증보』본문의 위에 첨주로 기록된 류장원의 안설按說은 45조목으로 그 내용은 주자의 학설을『논어집주』의 기사와 관련시켜 검토한 것이 대부분이며, 주로『논어집주』와 주자의 여타『논어』해석의 상이함을 지적하는 내용들로 채워져 있다. 그러나 류장원은 이 내용상의 모순만 지적했을 뿐이지 그중 어떤 것이 정론이라고 단안을 내리지는 않았다.

이에『논어찬주증보』의 기본적 성격을『논어집주』를 중심으로 한 중국주자학파 논어설의 집성이라 규정할 수 있을 것이다. 한편 이 책은 주자언론朱子言論의 동이同異에 관한 자료를 정리해 놓았는데, 이는 역시 주자 논어설의 본지에 대한 탐색의 일환이라 할 것이다. 이렇게 보면 류장원의『논어찬주증보』는 중국주자학파 논어설의 집성이라는 의의를 넘어서, 퇴계에서 비롯되어 이덕홍에게로 이어졌던 주자의『논어』주석학에 대한 정치한 탐구의 결실이라고 평가할 수 있을 것이다. 한편 류장원의 제자 중에 류건휴라는 걸출한 경학가가 나와서, 그의 스승과는 또 다른 방향에서 퇴계학파의『논어』주석사에 의미 있는 저술을 남겼다.

대야 류건휴(1768~1834)는 류장원에게서 사사하여 경학연구의 일가를 이룬 학자이다. 그가 지은『동유논어집해평』(『동유사서집해평東儒四書集解評』所收)은 16세기에서 19세기 초반까지 조선 학자들의 논어설만 집성해 놓은 책으로, 조선 논어학사 연구에 있어서 상당히 중요한『논어』주석서이다.『동유논어집해평』의 경학적 특징을 살펴보기 위하여,『동유논어집해평』에 인용된 인물과 인용 빈도를 학파에 따라 분류해 보면 다음과 같다.[58]

---

58 이에 대한 상세한 분석은, 이영호,「퇴계『논어』해석의 경학적 특징과 그 계승양상」, 228~229쪽 참조

퇴계학파 : 이상정李象靖(1711~1781) 61조목. 이황李滉(1501~1570) 25조목.
류장원柳長源(1724~1796) 14조목. 이재李栽(1657~1730) 10조목. 권병병權炳
(1723~1772) 9조목. 류범휴柳範休(1744~1823) 5조목. 배상설裵相說(1759
~1789) 4조목. 정경세鄭經世(1563~1633) 3조목. 김종덕金宗德(1724~1797)
3조목. 조목趙穆(1524~1606) 2조목. 김락행金樂行(1708~1766) 2조목. 이휘
일李徽逸(1619~1672) 2조목. 권구權榘(1672~1749) 1조목. 이현일李玄逸
(1627~1704) 1조목. 김성탁金聖鐸(1684~1747) 1조목.

율곡학파 : 박세채朴世采(1631~1695) 45조목. 김창협金昌協(1651~1708) 17
조목. 송시열宋時烈(1607~1689) 4조목. 이이李珥(1536~1584) 1조목. 김장생
金長生(1548~1631) 1조목.

미   상 : 조술도趙述道 1조목. 이기주李箕疇 1조목.

　위의 분류에 의거하면, 류건휴는 『동유논어집해평』에서 총 23인의 조선
학자들의 『논어』 주석서에서 215조목을 인용하고 있다. 그리고 그 인용 범
위는 퇴계학파와 율곡학파에 걸쳐 있다. 여기서 우리는 류건휴가 특정 학파
의 논어설만이 아닌, 16세기에서 19세기 전반까지의 조선 경학가들의 논어
설의 핵심을 수집하려고 노력했음을 알 수 있다. 그런 점에서 이 책은 조선
경학가들의 논어설의 보고라고 할 수 있다. 또한 『동유논어집해평』은 현재
는 볼 수 없는 조선 경학가들의 논어설도 수집해 놓았다는 점에서 그 자료적
가치가 적지 않다고 할 수 있다.

　그러나 그 인용 빈도에서 보듯이 『동유논어집해평』은 기본적으로 영남
퇴계학파 논어설의 집성이라 할 수 있다. 특히 그의 스승의 스승인 이상정李象
靖과 퇴계학파의 비조인 퇴계의 논어설을 집중적으로 채록해 놓았다는 데서
류장원 논어학의 중요한 특징이 사설師說의 준수임을 알 수 있다. 한편 이
책의 내용에는 조선 주자학의 중심과제인 이기심성론과 수양론에 관한 조선
학자들의 언설이 그 핵심에 자리하고 있다. 때문에 우리는 류장원 논어학의
또 다른 중요한 특징으로 주자학의 이기심성론과 논어학의 접맥 양상을 들
수 있다.

앞서 살펴보았듯이 16세기 퇴계와 이덕홍의 논어학의 기본적 지향은 주자학파의 논어학에 대한 정치한 분석, 주자의 이기심성론과 논어학의 접맥, 사설의 계승이었다. 그러므로 이상에서 정리한 18세기 경학자였던 류장원과 류건휴의 논어학은 기본적으로 퇴계학파 논어학의 계승이라 할 수 있다. 특히 류장원은 중국 주자학파의 논어설에 대한 정리를 통해서, 류건휴는 주자의 이기심성론과 논어학의 접맥 그리고 퇴계학파의 논어설을 중심으로 한 조선 주자학파의 논어설에 대한 정리를 통해서 퇴계학파의 논어학을 충실하게 계승했다고 할 수 있다.

이처럼 퇴계학파의 논어학은 18세기에 이르러 영남 퇴계학통에 속하는 류장원과 류건휴라는 걸출한 경학자들에 의해 계승이 되었다. 그러나 이들의 논어학에서 우리는 퇴계의 논어학이 지녔던 경문의 본지에 관한 독자적 해석의 추구를 찾아볼 수가 없다. 이 점은 아무래도 조선 실학파의 종장으로 평가받는 성호星湖 이익(1681~1763)에 의해 구현되었다고 할 수 있다.

이익은 『논어집주』를 중시하였지만 주자의 논어설에 얽매이지 않고 『논어』를 자득적으로 이해하여 그 본지를 파악하려고 하였다. 이른바 경문의 본지本旨 추구인 셈이다. 그런데 이러한 『논어』 경문의 본지를 추구함에 있어서 이익이 선택한 방법론은 또한 조선 실학파 경학의 중요한 지점을 확보하고 있다. 한 예를 살펴보기로 하자.

『논어』 「선진」 23장
경문 : 季子然問: "仲由冉求, 可謂大臣與?" 子曰: "吾以子爲異之問, 曾由與求之問. 所謂大臣者, 以道事君, 不可則止. 今由與求, 可謂具臣矣." 曰: "然則從之者與?" 子曰: "弑父與君, 亦不從也."
주자 : 이들 두 사람이 비록 대신大臣의 도道에는 부족하나 군신간君臣間의 의리義理는 익히 들었으니, 윗사람을 시해하고 역적질을 하는 큰 잘못은 반드시 따르지 않을 것이라고 말씀한 것이다. 이는 두 사람이 난리에 죽어도 빼앗을 수 없는 절개가 있음을 깊이 인정하시고, 또 계씨季氏의 신하 노릇

하지 않으려는 마음을 은근히 꺾으신 것이다.[59]

이익 : 『춘추좌씨전』 소공 5년조에 '중군을 폐지하였다. 이는 공실을 약화시키려는 것이다. 공실을 넷으로 나누어 그 중 둘을 계씨가 갖고 나머지는 두 사람(숙손씨와 맹손씨)이 하나씩 가졌다. 이 세 사람이 세금을 거둬들여 공실에 바쳤다'고 하였다. 부용국만은 공실의 소속이었는데, 계씨가 또 전유의 땅을 빼앗아 자기에게 보태려 하였으니 그의 참람·강탈, 윤리에 거역하는 죄가 이에 이르러 극에 달했다. 다만 임금을 죽이고 그 자리를 빼앗지 않았을 뿐이다. 두 사람(중유와 염구)은 계씨의 가신으로 이러한 일을 막지 못했을 뿐 아니라, 또 그를 위해 계획하고 모의했으니 그가 어떠한 사람이라는 것을 알 수 있다. 『춘추』는 명분에 따라 그 가담자를 먼저 다스리게 되어 있다. 그러므로 은공 4년에 위衛나라의 공손문중公孫文仲이 주동이 되어 정나라를 정벌하였으나, 제齊나라를 제일 첫머리에 썼으며, 애공哀公 3년에 석만고石蔓姑가 주동이 되어 척戚을 포위하였으나 또한 제나라를 첫머리에 기록하였던 것이다. 만약 왕의 법이 실시되어 계손씨가 임금을 무시한 죄로 죽임을 당하게 된다면 두 사람은 장차 무슨 말로 처형을 피할 수 있겠는가. 공자가 자연子然에게 대답한 말 가운데서도 그들을 증오하며 천박하게 여기는 뜻이 드러났으니 공자가 두 사람에 대해서도 끝내 침묵을 지키지는 않았을 것이요, 틀림없이 훈계하여 일렀을 터인데도 따르지 않은 것이다. 그들이 이렇게 따르지 않았으니 그 나머지 사람들은 거리낌 없이 함께 일하였을 것이다. 성인 문하의 높은 제자로서도 한 번 잘못된 길에 빠지면 그들의 출발이나 결과가 보잘 것이 없게 되어 버렸으니 두려워할 일이 아니겠는가.[60]

　계자연이 공자의 제자인 중유와 염구를 신하로 두고 부리면서 공자에게 두 사람의 신하됨에 대해 물었다. 이에 공자는 이 둘은 숫자만 채우는 신하[具臣]이기는 하지만 살부殺父와 살군殺君의 명령은 따르지 않을 것이라고 답한

---

59 『논어』「선진」 23장의 주자주, "言二子雖不足於大臣之道, 然君臣之義則聞之熟矣, 弑逆大故, 必不從之. 蓋深許二子以死難不可奪之節, 而又以陰折季氏不臣之心也."
60 『國譯 星湖疾書－論語』「先進」 23장.

대목이 『논어』 「선진」 23장에 나온다. 이 대화를 두고 주자는, 이는 두 사람이 난리에 죽어도 빼앗을 수 없는 절개가 있음을 공자께서 깊이 인정한 것이라고 주석을 달았다. 그런데 이 구절에 대한 이익의 해석은 주자와 다르다. 이익은 공자께서 이 두 사람을 증오하며 천박하게 여겼다고 생각하였다. 그 이유는 참람·강탈, 강상을 범하는 죄를 저지르는 계씨를 위해 일을 하고 도모해 주고 있기 때문이다. 그리고 만약 계씨가 처벌을 받게 된다면 이 두 사람은 처형을 피할 수 없을 것이라고도 하였다. 『춘추』의 법은 그 가담자를 먼저 징치懲治하는 것이 통례이기 때문이다. 이 경문에 대한 이익의 해석은 주자와 다른데, 그 다르게 해석하는 지점에서 이익은 『춘추좌씨전』을 중요 논거로 들고 있다. 이처럼 이익은 주자와 다른 해석을 할 때나 또는 『논어』 경문의 의미를 보다 더 구체적으로 드러낼 필요가 있다고 여겨질 때 거의 대부분 『춘추좌씨전』을 비롯한 오경五經의 기록에 의거하여 『논어』 경문의 본의와 그 이면적 정황을 세밀하게 추적해 나갔다.[61]

이익의 이 같은 설경 자세는 '이경증경', 더 구체적으로는 '이사증경以史證經'의 자세로 『논어』의 본지를 탐색해 나간 것으로, 이는 박세당의 독자적 해석의 추구와 더불어 조선 논어학사에서 특기할 만한 해석 태도라고 할 수 있다. 한편 이익의 『논어』 해석의 또 다른 특징으로 『논어』의 중요 개념에 대한 새로운 견해를 들 수 있다. 그는 '인仁' '리利' '사무사思無邪' '성인聖人' 등에 관해서 다소 새로운 견해를 내놓았다. 이중에서 인과 리에 대한 해석을 살펴보면, 인에 있어서의 현실적 사랑(감정)의 중시,[62] 공적인 이익 추구의

---

61 예를 들어 『國譯 星湖疾書－論語』 「학이」 13장을 보면, 『춘추좌씨전』 『공자가어』 『예기』 『의례』 등을 방증자료로 삼아 경문의 본의를 파악하려 하였다.

62 『國譯 星湖疾書－論語』, 「學而」 2장, "仁은 性이고, 性은 곧 理이다. 인이 발현된 것이 곧 사랑[愛]이니, 사랑은 곧 감정이다. 인이 있다는 것을 어떻게 아는가? 감정을 통해서 추측할 수 있다. … 그러나 인은 덕으로서 완전한 것이기 때문에 '마음의 덕[心之德]'이라고 한 것이다. 이것은 氣의 관점에서 말한 것이다. 기가 아니면 理가 붙을 곳이 없기 때문이다."

정당화[63] 등 종래 주자학파의 『논어』 해석의 내용이 주로 주자의 견해에 매몰되어 있음에 비해, 현실과 이윤을 중시하는 이른바 실학파의 사상적 특징을 경학에도 적용시키고 있다.

이상으로 우리는 18세기 조선의 논어학을 살펴보았다. 18세기에는 양명학파, 퇴계학파, 우암학파, 실학파 등 조선 논어학의 가장 다채로운 양상을 보여 준 시기라고 할 수 있다. 그러나 경학사적 관점에서 본다면 퇴계학파와 실학파의 종장인 이익의 논어학이 매우 의미 있다고 할 수 있다.[64] 퇴계학파의 논어학은 한 세기를 걸러 등장하여 그 일신된 면모를 보여 주었으며, 이익의 논어학은 실학파 논어학의 또 다른 전형을 드러내어 주었기 때문이다. 이 시기 퇴계학파 류장원의 논어학은 중국 주자학파의 논어학을 집성하고 이를 통해 주자 논어학의 본의를 찾고자 하였으며, 류건휴의 논어학은 퇴계학파의 논어설을 중심으로 조선 경학자들의 논어설을 집록하여 놓은 것으로 주자의 이기심성론과 논어학의 접맥 그리고 사설의 준수라는 측면을 통해서 퇴계학파의 논어학을 계승하였다고 할 수 있다. 한편 이익은 주로 역사서—『춘추좌씨전』—를 보조자료로 삼아 『논어』 경문의 본의를 탐색하거나 『논어』 경문의 의미를 천발하는 '이사증경以史證經'의 방식을 『논어』 해석에 도입하여 실학파 논어학의 또 다른 일면을 보여 주었다.

---

63 『國譯 星湖疾書—論語』, 「里仁」 12장, "利라는 것은 義의 소산이다. 천지간에 본시 이런 이치가 있게 마련이다. 이익이 있어 만일 네 것과 내 것이라는 구별이 없다면 어디서든지 나쁠 까닭이 없다. 성인은 천하를 한 집안으로 여겨서 본시 다같이 사랑하며 이익을 극대화하고자 하기 때문에 이익은 많을수록 좋으며 조금이라도 이익을 얻지 못할까 걱정하였다. … 이는 나의 이익만을 추구하는 것이요, 남의 이익을 위하는 것이 아니니 사적인 것이요 공적인 것이 아니다. 그러므로 이러한 이익은 추구해서는 안 된다. 그러나 내 한 몸 내 집안을 이롭게 하면서 천하에 미룬다고 해도 폐해가 없는 것이면 이는 공적인 이익이 된다. … 이것이 성인이 추구하는 이익이다."

64 이 시기 율곡학파의 논어학은 이전 시대의 문제의식을 넘어서지 못하고 주자학파의 논어학 관련자료를 재편집하는 정도에 그쳤다. 그러나 정치하게 고찰해 보면 다른 층위들이 보여지리라고 생각한다. 이에 대해서는 추후 보충하기로 하겠다.

4) 19세기 – 정약용丁若鏞, 이진상李震相, 박문호朴文鎬

19세기 조선의 논어학은 18세기 논어학의 양상을 계승하면서 조선 논어학의 대미가 어떠했는지를 보여 주고 있다. 이 시기에 이진상과 곽종석郭鍾錫은 퇴계학파 논어학의 독자적 위상을 보여 주었으며, 전우田愚·박문호·이해익李海翼은 우암학파 논어학의 계승적 면모를 잘 보여 주었다. 그리고 정약용과 심대윤沈大允은 조선 실학파 논어학의 전형을 보여 주었다. 여기에서는 퇴계학파의 이진상, 율곡학파의 박문호, 실학파의 정약용의 『논어』 해석 양상을 살펴봄으로써 19세기 조선 논어학의 특징을 고찰해 보고자 한다.

다산茶山 정약용(1762~1836)이 저술한 『논어고금주論語古今註』는 조선 실학파의 『논어』 주석의 일신된 면모를 보여줄 뿐 아니라 그 광대하고도 정치한 고증으로 인해 조선 논어학의 지평을 한 단계 제고시킨 『논어』 주석서이다. 일찍이 김영호 교수는 『논어고금주』에 등장하는 여러 항목들을 '타가의존해석법他家依存解釋法' '자가독창해석법自家獨創解釋法'로 나누어서 파악하고 다음과 같이 설명을 붙였다.[65]

    ① 타가의존해석법

    ① 인증引證 : 『논어』를 제외한 기타 경서와 주석註釋·사서史書·문집文集 등에서 근거를 찾아 『논어』 원문 해석의 증거로 삼는 경우.

    ② 고이考異 : 『논어』 원문의 이동異同에 대한 것으로, 논어의 여러 판본은 물론 석경과 다양한 주석까지 참조하여 『논어』의 원형을 복원하려는 경우.

    ③ 사실事實 : 『논어』 원문이 그 성격상 어떤 사실의 전후관계를 생략한 채 결과만 서술한 것이 많으므로 사건의 전말을 여러 서적에서 인용하여 증거로

---

65 김영호, 「정다산의 『논어』해석에 관한 연구」, 성균관대학교 동양철학과 박사논문, 1993, 43~44쪽 참조.

제시하는 법.

②　자가독창해석법

①　보왈補曰 : 단어·어구·내용에 대한 기존의 해석이 부족하거나 미진한 경우 보충해서 재해석한 경우.

②　박왈駁曰 : 기존 해석의 오류에 대하여 정면으로 반박하고 자신의 견해를 표출한 경우.

③　안按 : 기존의 경설에 대하여 단안斷案을 내리거나, 기존의 경설을 자신의 주장으로 유도하는 방법

④　질의質疑 : 어떤 중요한 개념이나 문제에 대하여 기존 해석의 오류를 지적하고 자신의 견해를 주장하는 방법.

위의 ① 타가의존해석법의 '인증引證'과 ② 자가독창해석법의 '질의質疑'는 정약용 논어학의 특징을 잘 드러내어 주는 부분이다. 먼저 '인증' 항목을 살펴보면, 정약용은 자기『논어』해석의 근거로 한·중·일의 경사자집經史子集 서적을 종횡으로 인용하고 있다. 실례로『논어고금주』「학이」편에서 인용한 서목을 분석해 보면, 약 30여 종의 서적을 인용하고 있는데,[66] 중국의 경우 한대에서 청대에 이르기까지 여러 학자들의 전적을 참고하였다. 또한 일본의 에도시대 사상가들의 경설과 조선의 당대 학자들의 경설도 광범위하게 채집하여 자기 논어설의 증거로 삼았다.[67] 정약용이 이렇게 광범위하게

---

66 인용서적을 예시하면 다음과 같다.『주역』『시경』『서경』『예기』『이아』『대대예기』『효경』『춘추좌씨전』『춘추공양전』『맹자』『설문해자』『논어집해』『논어집해의소』『논어정의』『상서정의』『경전석문』『논어집주』『四書勝言』『四書困勉錄』『論語古訓外傳』『사기』『한서』『후한서』『陳書』『순자』『신서』『관자』『여씨춘추』『공자가어』『困學紀聞』『주자어류』『徐氏筆精』.

67 일본 학자들의 설은 伊藤維禎 3회(반대3), 荻生雙松 50회(지지 6, 소개 8, 반대 36), 太宰純 148회(지지 23, 소개 75, 반대 50)로 인용하였으며, 조선 학자들의 설은 權哲身 2회, 李森煥 1회, 李秉休 2회, 丁若銓 1회, 李綱會 9회(제자임)로 인용하고 있다(김영호, 앞의 논문, 210~222쪽 참조).

여러 학자들의 경설을 인용하여 자기 경설의 참고자료로 삼았다는 것은, 그 형식적인 면에서 보지면 주자학을 비교적 덜 의식하는 지점에서 『논어고금주』를 저술하였음을 의미한다고 할 수 있다. 왜냐하면 기존의 『논어』 주석서들은 주자의 『논어』 주석에 찬동하든 비판하든 거의 대부분 주자 논어학의 자장에 머물면서 주자학파의 논어설을 분석의 대상으로 삼고 있기 때문이다.

한편 『논어고금주』의 내용적 특징을 잘 드러내어 주는 부분을 우리는 '질의質疑'에서 찾을 수 있다. '질의'는 어떤 중요한 개념이나 문제에 대하여 기존 해석의 오류를 지적하고 자신의 견해를 주장하는 방법으로, 정약용의 사상이 가장 선명하게 『논어』 주석서 내로 투영된 부분이기 때문이다. 실례로 '인仁'의 개념에 대한 정약용의 독창적 주장은 '질의'를 통해 구현되고 있는데, 이 점을 좀 더 살펴보기로 하자.

주지하다시피 주자는 『논어집주』에서 '인仁'에 대한 정의를 "애지리愛之理, 심지덕心之德"이라고 내렸다.[68] 즉 주자의 인은 사랑이나 마음과 같은 구체적 정감이 아니고 그것을 가능케 하는 원리 또는 천부적인 덕성이다. 그런데 정약용은 주자의 이 같은 정의에 대하여 견해를 달리한다. 정약용이 생각하는 인은 본심에 내재되어 있는 천부적이고 완전한 덕성이 아니다. 이것은 현실의 다양한 인간관계 속에서, 자식은 자식의 자리에서 부모는 부모의 위치에서 신하는 신하의 자리에서 임금은 임금의 위치에서 상대방에게 온 애정을 쏟으면서 자신의 역할을 다했을 때만이 성립되는 명칭이다.[69] 즉 인은 내재적 리가 아니라 일을 실천했을 때만이 성립 가능한 개념인 것이다.

---

68 『論語集注』「學而」 2장의 朱子註, "仁者, 愛之理, 心之德也."
69 『論語古今註』「顔淵」 1장, "[質疑]『集注』曰: '仁者,本心之全德.' 案, 仁者, 人也. 二人爲仁, 父子而盡其分則仁也. 君臣而盡其分則仁也. 夫婦而盡其分則仁也. 仁之名, 必生於二人之間. 近而五敎, 遠而至於天下萬姓, 凡人與人盡其分, 斯謂之仁. … 從來仁字, 宜從事爲上看(非在內之理)."

이처럼 인에서 천부론적 측면을 탈각시키고 실천론적 개념을 도입시킨 정약용의 '인仁' 해석은, 조선의 『논어』 주석사에서 실로 전무후무하다고 할 수 있다.

이상에서 살펴본 정약용의 논어학은 조선에서는 보기 드물게 주자학적 자장에서 자유롭다. 첫째는 그 형식적 측면에서 보면 주자학파의 『논어』 주석서들에 매몰되지 않았으며, 내용적 측면에서 보면 주자가 구축한 유학의 핵심적 이념 ─ 예컨대 '인仁' ─ 과 견해를 달리하였기 때문이다. 이는 조선 주자학파 논어학의 핵심내용이 주자학파의 『논어』 주석에 대한 정치한 분석과 그 이기심성론에 대한 탐구로 이루어져 있음을 상기해 본다면 상당한 변별적 요소라 하겠다. 그리고 정약용 논어학의 이러한 변별적 요소들은 그 자체로 조선 실학파 논어학의 한 지점을 선명하게 보여 준다고 할 수 있다.

19세기에 들어와 정약용의 논어학이 조선 논어학사에서 특기할 만한 봉우리를 이루었다면, 이 시기 퇴계학파의 거두였던 이진상은 또 다른 측면에서 조선 논어학사에서 주목을 요하는 학자이다.[70] 한주寒洲 이진상(1818~1886)은 영남 퇴계학파의 주류가 기거하고 있던 안동 지역에서 조금 떨어진 성주星州에 살면서 활동한 조선 후기의 저명한 주자학자로서, 그 혈통과 당파 그리고 사승 관계에 있어서는 영남 퇴계학파에 속한다고 할 수 있다.[71] '조선朝鮮 이학理學의 육대가六大家'의 한 사람으로 평가받기도 하는 이진상은 성리사상에서뿐 아니라 조선 『논어』 주석사에서도 매우 특기할 만한 주석서인 『논어차의論語劄義』를 44세에 저술하였다. 이진상은 자신의 서재를 '주자를 조술하

---

70 이하 이진상의 논어학에 대한 기술은 이영호, 「한주 경학의 특징과 그 경학사적 위상」, 『퇴계학과 한국문화』 38호, 경북대학교 퇴계연구소, 2006을 요약하였음.
71 조선 후기 영남퇴계학파의 정맥이라 할 수 있는 大山 李象靖(1711~1781)의 학통을 이은 학자는 定齋 柳致命(1777~1861)과 凝窩 李源祚(1792~1871)인데, 한주는 정재에게 가르침을 받았으며 응와는 그에게 숙부가 된다.

고[祖雲] 퇴계를 헌장한다[憲陶]'는 의미에서 '조운헌도祖雲憲陶'라고 지을 정도로 주자와 퇴계에 몰입한 독실한 주자학도이다. 때문에 『논어차의』에 보이는 『논어』 해석에는 주자의 『논어』 주석에 대한 퇴계학파의 정밀한 탐색의 흔적이 가득하다. 『논어차의』에는 주자의 주석을 세밀하게 풀이하는 곳이 있는가 하면,[72] 주자주를 원용하는 글쓰기의 흔적이 곳곳에 보인다.[73] 이렇게 본다면 이진상의 논어학은 조선주자학파의 논어학과 별반 차이가 없다. 그런데 좀 더 세밀하게 『논어차의』를 읽어 보면, 조선주자학파의 『논어』 독법과 차이가 나는 지점을 발견할 수 있다. 우선 이진상은 『논어집주대전』의 소주에 대해서 무관심하다. 그리고 주자주라 하더라도 절대시하지 않고 활간活看을 해야 한다고 주장한다.[74] 활간의 독법은 기존의 주석을 객관화시켜 볼 수 있는 관점을 제시할 수 있기에, 이진상은 비록 주자학의 범주 내에서이기는 하지만 주자주에 대한 비판적 관점을 제시하기도 하였다. 그리고 종내는 주자주와 소주라는 가교 없이 경문으로 직접 다가가서 자신이 견지하는 주리론적 이념으로 경문을 새롭게 이해하였다. "子貢曰, 夫子之文章, 可得而聞也, 夫子之言性與天道, 不可得而聞也."(『논어』, 「公冶長」 12장)라는 『논어』 경문에 대한 이진상의 해석을 주자학파의 해석과 비교적 관점에서 살펴보면서, 이 점을 고찰해 보기로 하자.

---

72 『論語箚義』 '爲人孝悌章註', "仁之訓曰, 愛之理, 心之德. 盖愛是已發之仁, 仁是未發之愛, 因用而見體, 故曰愛之理. 心是仁之全體, 仁是心之全德, 因理一而見分殊, 故曰心之德. 非以愛與心屬之氣, 而理與德屬之理也."

73 예컨대 『論語箚義』 '學而篇題'에서 "通指聖賢地分, 而言其進學之序, 則此爲入道之門, 譬如入室者之必由門也, 各指學者當務. 而言其修行之實, 則此爲積德之基, 譬如入屋者之先築基也. 以首章言則由說樂而至君子, 學習卽其門也"라고 하였는데, 여기에서 밑줄 그은 부분은 『論語集註』 「學而」 1장의 '篇題', "此爲書之首篇, 故所記, 多務本之意. 乃入道之門, 積德之基, 學者之先務也."와 『論語集註』 「學而」 1장의 주자주, "程子曰, 樂由說而後得, 非樂, 不足以語君子"에서 원용하여 재구성한 글이다.

74 『論語箚義』, '顔子好學章', "朱子言聖人無怒, 何待於不遷, 當活看. 聖人非無怒, 但不有其怒, 怒在物而不在己"

주자朱子 : 부자夫子의 문장은 날로 밖으로 드러나니 진실로 배우는 자들이
함께 들을 수 있었다. 그러나 성과 천도에 이르러서는 부자께서 드물게 말씀하
셨으니, 배우는 자들이 들을 수가 없었다. 이는 아마도 성인의 문하에서 엽등하
지 말 것을 가르친 것이다.[75]

　　眞德秀 : 본성과 천도는 심오하고도 정치하니, 갑작스레 배우는 자들에
게 말해 줄 수 없다.[76]

　　李震相 : 부자夫子의 문장은 진실로 모두가 본성과 천도의 발현이다. 평
소 말씀하신 효제충신孝悌忠信이 바로 그 강령이다.[77]

　허훈許薰 : 성과 천도는 은미하고 심오하여 갑자기 배우는 자들에게 말해 줄
것 같으면, 그 마음들이 현묘玄妙한 곳으로만 치닫고 도리어 엽등躐等하여 이익
되는 것이 없을 것이 염려가 된다. 그래서 부자께서 드물게 말씀하신 것이다.
… 참으로 효孝 · 제悌 · 충忠 · 신信 · 인仁 · 지智 · 경敬 · 서恕를 실천하고 익
혀야만 된다. … 만약 오로지 성과 천도만을 말하고 실천을 소홀히 한다면 허위
虛僞에 빠져드는 병폐가 생길 것이다.[78]

　　『논어』에 보면 자공이 공자의 문장文章은 들을 수 있었는데 공자가 성性과
천도天道 같은 형이상적 내용에 대하여 이야기하는 것은 잘 듣지를 못했다고
하였다. 이 말에 대하여 주자와 주자의 제자인 진덕수는 위에서 보듯이 이구
동성으로 성과 천도는 그 내용이 심오하고 정치하기 때문에 배우는 자들에게
쉽게 이야기할 수 없는 것이니, 만약 공자가 자주 언급했더라면 배우는 자들
은 이를 쉽게 여겨 엽등하거나 허위에 빠져들었을 것이라고 하였다. 결국

---

75 『논어집주』「公冶長」 12장의 주자주, "夫子之文章, 日見乎外, 固學者所共聞. 至於性與天道,
　則夫子罕言之, 而學者有不得聞者, 蓋聖門教不躐等."
76 『논어집주대전』「公冶長」 12장의 소주, "西山眞氏曰, … 若性與天道, 則淵奧精微, 未可遽與
　學者言."
77 『論語箚義』 '性與天道章', "夫子之文章, 固皆性道之發見, 其所雅言之孝悌忠信, 是其綱也."
78 許薰, 「李寒洲論語箚義辨」, 『舫山集』, "性道微奧, 若驟語學者, 則恐其馳心玄妙反躐等而無所
　益, 故夫子所以罕言也. … 苟於孝悌忠信仁智敬恕, 踐履而習服. … 若專言性道而忽於踐履, 則
　其爲病墮了虛僞."

주자(학파)의 해석에 의하면, 『논어』에 나오는 공자의 말씀은 현실적 실천윤리를 담보해 낸 문장이지 추상적 도리를 표현해 낸 언어가 아닌 것이다. 그러나 이진상은 주자학파의 이러한 주장에 대해 반대한다. 위의 인용문에서 보다시피 이진상은 『논어』의 경문은 거개가 형이상적인 성과 천도를 그 내용으로 삼고 있다고 주장한다. 한편 이진상의 사상에 대하여 비판적이었던 방산舫山 허훈許薰(1836~1907)이 『논어차의』를 읽고 지적했던 것처럼, 일견하기에 『논어』는 성과 천도에 관한 언설보다는 효孝·제悌·충忠·신信·인仁·지智·경敬·서恕와 같은 실천적 윤리강령으로 내용이 구성되어 있다. 때문에 이 같은 허훈의 비판은 『논어』를 일별한 이라면 대체로 수긍할 만하다. 이진상도 이 점을 의식한 듯 『논어』의 내용이 왜 형이상적인 성과 천도로 이루어져 있는지에 대하여 다양한 방법으로 이해시키고자 노력하였다. 우선 이진상은 공자는 왜 『논어』나 여타의 유교 경전에서 성과 천도를 직접적으로 언급하지 않았는가에 대하여 이렇게 설명한다. 공자 당시에는 공자의 성도性道에 맞설 만한 다른 학설이 존재하지 않았기 때문에 공자가 굳이 성도를 직접적으로 표현할 필요가 없었다. 만약에 공자 시대에 맹자孟子나 정주程朱의 시대처럼 성과 천도를 내포한 다른 사상들이 존재했다면 공자도 이를 실천적 윤리강령 속에 내재시킨 채로 표현하지 않고 아마도 직접적으로 성과 천도를 말했을 것이라고 하였다.[79]

이진상의 천도와 본성에 대한 이 같은 해석은 비록 주자의 경전해석의 범위를 벗어난 것은 아니지만 매우 중요한 차이점을 발견할 수 있다. 그것은 바로 이진상이 유가 경전의 핵심을 형이상적 성과 천도에 둠으로 인해, 유학(주자학)의 중요한 한 축인 일상의 실천윤리와 수양론 등을 소홀히 여겼다는

---

79 『論語箚義』 '後說', "夫子所言孝悌忠信仁知敬恕, 何莫非性道之昭著者乎? 特以當時之無異論, 而罕言其名義耳. 若使降而當乎思孟程朱之世, 則各性, 其性不得不明吾之所謂性, 各道, 其道不容不詳吾之所謂道."

점이다. 이를 달리 표현하면, 이진상의 경학은 주자학의 형이상적 요소인 본체론과 심성론을 극대화시킨 해석체계라고도 말할 수 있다. 그런데 리의 주제성과 본체성을 중시하는 이진상의 주리론적 이념을 이해한다면, 이진상이 공자의 말씀 전반을 성도性道의 표현으로 보고, 실제 경문해석에서 이를 적극 반영해 낸 것도 이해 못할 것은 아니라고 생각한다.

주자주와 소주라는 가교 없이 경문으로 직접 다가가서 자신이 견지한 주리론적 사유에 의거하여 『논어』를 해석하는 이진상의 설경 자세는 퇴계학파의 『논어』 주석 전통에서 매우 의미 있는 일이다. 앞서 살펴보았듯이 퇴계의 논어학은 주자학파 논어학에 대한 심층적 이해와 독자적 설경이라는 양대 축으로 구성되어 있었는데, 퇴계의 후학들은 전자만을 계승하고 후자는 계승하지 못했다. 오히려 퇴계 논어학의 후자적 요소는 근기퇴계학파라 불리는 실학파의 이익과 정약용에 의해 그 정신이 계승되었다고 볼 수 있다. 그런데 19세기 이진상에 이르러 퇴계 논어학의 독자적 설경의 정신이 계승되었다고 할 수 있다. 이런 점에서 보면 퇴계 논어학의 독자적인 설경 정신은 그 시작과 끝 지점에서 빛을 발하였다고 할 수 있는데, 바로 이진상의 논어학이 있음으로 해서 가능했던 것이다.

퇴계학파에서 이진상이 나와 퇴계 논어학의 끊어졌던 전통을 계승한 데 반해, 우암학파에서는 이 시기에 이만한 의미를 지닌 『논어』 주석서가 저술되지 않았다. 그렇지만 이 시기에 지어진 박문호의 『논어집주상설』은 눈여겨볼 만한다.

호산壺山 박문호(1846~1918)는 평생 관직에 나아가지 않고 학문 연구로 일생을 마쳤는데, 『사서집주상설四書集註詳說』 외에 수많은 경학 관련 저술을 남겼다. 『논어집주상설論語集註詳說』은 바로 이 『사서집주상설』의 일부로 그 체제를 살펴보면, 먼저 『논어』의 경문과 거기에 해당하는 주자의 『논어집주』를 제시하고 그 사이사이에 작은 글자로 자세한 설명을 가하는 방식을 취하였다. 설명은 먼저『논어집주대전』의 소주小註에서 필요한 것을 골라 주지주朱子註에 맞추어 끼워 넣고, 다음에 중국의 역대 주자학자부터 조선의 선현들에 이르기까지의 논어설 가운데 도움이 될 만한 해석을 취하였으며, 간간이 자신의 의견을 보충하는 식으로 되어 있다. 『논어집주상설』의 이러한 체제는 실상 『논어집주』의 사전적 구성으로서의 의미를 가진다고 할 수 있다. 실제로『논어집주상설』을 읽어 보면『논어』해석에서 새로운 의미의 발양은 드물고『논어집주』의 난해한 글자나 구절에 대한 의문을 간명하고도 명쾌하게 해결해 주는 방식으로 책이 구성되어 있기 때문이다. 그런데『논어집주상설』의 이 같은 특징은 우암학파에서 상당한 의미를 지닌다.

주지하다시피 우암이『주자대전차의』의 집필을 시작한 이래 이항로에 이르러『주자대전차의집보』라는 이름으로 완성되었는데, 이 책의 기본적 성격은 주자문집사전이라 할 수 있다. 한편 우암의 후학인 이의철李宜哲(1703~1778)은『주자어류고문해의朱子語類考文解義』를 저술하였는데, 이 책은 일종의 주자어류사전이다. 주자학의 세 축이 주자의 문집과 어류 그리고 경학이라고 할 때, 우암학파에 의해서 동아시아 최초로 주자의 문집과 어류의 사전이 만들어진 것이다. 그리고 박문호에 와서『사서집주상설』이 저술됨으로써 주자 경학에 관한 사전이 만들어졌다고 할 수 있다. 이로써 우암학파에 의해서 주자의 문집·어류·경학의 사전이 완성되었으니, 가히 주자의 학문에 대한 정리와 정치한 분석의 최고 형태라고 할 것이다. 오늘날에 이르기까지 주자학에 관한 사전으로 우암학파에 의해 이루어진 저술들이 유일하다는 사실은 그 가치를 더해 주고 있다.

한편『논어집주상설』에서는 적지만 김장생金長生·한원진韓元震·송시열宋時烈·김창협金昌協 등의 논어설을 소개하고 있는데, 특히 김창협의 논어설이 적은 가운데서도 인용 빈도가 높다. 이는『논어집주상설』이 기본적으로 조선 주자학파 경학의 중요 특징인 사설의 계승에 충실한 주석서라는 의미이다.

이상으로 우리는 19세기 조선 논어학의 특징적 국면을 정약용·이진상·박문호 등의 논어설을 통해 살펴보았다. 19세기 논어학은 실학파인 정약용에 의해 조선 논어학의 정점을 보여 주는『논어고금주』가 저술되었는데, 그 특징은 다양한 주석서들의 섭렵과 현실과 실천을 중시하는 논어학이라 할 수 있다. 그리고 이진상에 의하여 퇴계에게서 보이는 독자적 경문해석의 성향이 되살아났으며, 박문호에 의해서 우암학파의 주자 경학에 대한 사전적 정리가 완결되었다고 평가할 수 있다.

4. 마무리

삼국시대와 고려시대『논어』의 수용은 주로 경문 위주로 활발하였는데, 고려 후기에 이르러 주자의『논어집주』가 동전됨에 따라 비로소『논어』주석서로 그 관심이 옮겨갔다. 조선에 들어와서는 주자학파의『논어』주석서인『논어집주대전』이 경향 각지에서 간행되고, 또『논어』의 원문이 한글로 번역됨에 따라『논어』에 대한 학문적 연구의 토대가 마련되었다.

그러다가 16세기 조선의 대학자인 퇴계의『논어석의』에 이르러 조선의 논어학은 진정한 학문의 영역으로 들어서게 되었다. 이에 각 시기별로 조선 논어학의 전개양상을 살펴보면, 16세기는 퇴계와 이덕홍을 중심으로 하는 퇴계학파의 논어학이 성립된 시기이자 이들에 의해 조선 주자학파 논어학의 한 전형이 창출된 시기였다. 이 시기 조선의 논어학은 주자학파의 논어학에 대한 심층적 이해와 정치한 분석, 그리고 주자의 이기심성론의 경학적 투사, 사설의 준수 등을 핵심 내용으로 하고 있다.

17세기는 조선 논어학사에서 서인 노론 계열의 학자인 송시열·김창협에 의해 주자의『논어』주석의 권위가 확립되는 시기였다. 여기에는 16세기 퇴계의 논어학에 대한 비판이 한 축을 이루었고, 주자의『논어』주석서들에 대한 정리와 정치한 분석이 또 다른 한 축을 이루었다고 할 수 있다. 17세기 조선의 논어학의 이 같은 주된 기류에 반해, 『논어』 경문의 독자적 해석을 추구하거나 『논어』 이해의 중심을 주자학의 형이상학적 맥락이 아닌 현실에서의 구체적 실천에서 찾고자 하는 해석의 경향도 발생하였다. 박세당의 『사변록-논어』는 이러한 경향을 대표하는 『논어』 주석서라고 할 수 있다. 한편 이 시기에 퇴계학파의 논어학 저술이 보이지 않는 것도 한 특색으로 들 수 있다.

18세기에는 양명학파·퇴계학파·우암학파·실학파 등에서 『논어』 주석서를 발간함으로써 조선 논어학의 가장 다채로운 양상을 볼 수 있는 시기였다. 특히 퇴계학파의 논어학은 한 세기를 걸러 재등장하여 그 일신된 면모를 보여 주고 있으며, 이익의 논어학은 실학파 논어학의 또 다른 전형을 드러내어 주었다. 이 시기 퇴계학파 류장원의 논어학은 중국 주자학파의 논어학을 집성하고 이를 통해 주자 논어학의 본의를 찾고자 하였으며, 류건휴의 논어학은 퇴계학파의 논어설을 중심으로 조선 경학자들의 논어설을 집성한 것으로 주자의 이기심성론과 논어학의 접맥 그리고 사설의 준수라는 측면을 통해서 퇴계학파의 논어학을 계승하였다고 할 수 있다. 한편 이익은 역사서-『춘추좌씨전』-를 보조자료로 삼아 『논어』 경문의 본의를 탐색하거나 『논어』 경문의 의미를 천발하는 '이사증경'의 방식을 경전해석에 도입하여, 실학파 논어학의 또 다른 일면을 보여 주었다.

19세기 논어학은 실학파인 정약용에 의해 조선 논어학의 정점을 보여 주는 『논어고금주』가 저술되었는데, 그 특징은 다양한 주석서들의 섭렵과 현실과 실천을 지향하는 논어학이라 할 수 있다. 그리고 이진상에 의하여 퇴계에게서 보이는 독자적 경문해석의 성향이 되살아났으며, 박문호에 의해서 우암학파의 주자 경학에 대한 사전적 정리작업이 완결되었다.

이상에서 우리는 16세기에서 19세기에 이르는 조선의 논어학을 일별해 보았다. 각 시기마다 조선의 논어학은 독특한 특징이 있었다. 먼저 학파별로 분류해 보면 16세기는 퇴계학파가, 17세기는 우암학파의 논어학이 우세하였다. 그리고 18세기, 19세기에 들어와서는 조선의 유학사조인 주자학파·실학파·양명학파 등에서 모두 『논어』 주석서를 출간하였다.

한편 『논어』 주석서의 내용을 들여다보면 차별성과 동질성이 공존하고 있다. 먼저 그 차별성의 측면을 보면, 조선의 주자학파 중 퇴계학파의 논어학은 비교적 그 범주가 넓어서 주자의 논어학과 『논어』 경문 자체에 대한 탐색이 공존하는 반면, 우암학파는 주자의 논어학 일존으로 흐른 감이 있다. 그리고 실학파의 논어학을 보면, 박세당은 독자적 『논어』 해석을 추구하고, 이익은 역사서에 근거한 『논어』 경문의 본지를 탐색하였으며, 정약용은 다양한 주석의 섭렵 위에 실천적 지향을 『논어』 해석에 투영시켜 놓았다.

또한 조선의 논어학을 주자학파의 논어학과 실학파의 논어학으로 대별하여 살펴보면 다음과 같은 구분선이 생김을 알 수 있다. 조선 주자학파의 논어학은 이기심성론을 주제로 하는 철학적 해석학이라면, 조선 실학파의 논어학은 현실과 실천을 주제로 하는 정치학적 해석학이라 할 것이다. 그리고 전자가 대체로 주자의 경설에 대한 절대적 존숭尊崇을 그 특징으로 삼는다면, 후자는 주자의 경설에 대한 상대적 존숭의 자세를 가진다는 차이점이 있다. 마지막으로 조선의 주자학파는 『논어』를 해석하는 데 있어 사설을 존숭했다면, 조선의 실학파는 비교적 경문을 중심으로 『논어』를 해석하고자 하는 지향을 지녔다는 점을 지적할 수 있다.[80]

이 논문은 조선의 논어학이 충분히 연구되지 않는 시점에서 작성되었기에 미흡함이 많다. 특히 조선 양명학파의 논어학에 대한 고찰이 빠졌고, 각 시기별로 의미 있는 『논어』 주석서가 더 있는데도 고찰의 대상에 넣지 못한

---

80 이에 대한 자세한 분석은 이영호, 「『한국경학자료집성』의 자료적 특징과 그 보완 및 연구의 방향-『한국경학자료집성』 소재 『논어』 주석을 중심으로」, 『대동문화연구』 49집, 성균관대학교 대동문화연구원, 2005 참조.

것은 큰 아쉬움으로 남는다. 이에 관해서는 차후의 과제로 남겨 둔다.

정암正菴 이현익李顯益의 『논어』 해석 연구

자료 소개와 〈논어설論語說〉 분석을 중심으로

전재동(全在東)*

1. 서론

김장생金長生을 시작으로 송시열宋時烈·이유태李惟泰·권상하權尙夏·김창협金昌協 등 17세기 노론 계열의 학자들이 경학 연구에 가장 역점을 두었던 영역 중 하나가 사서대전四書大全(이하 대전본으로 약칭함) 소주小註 분석이다.[1] 주지하듯이 16세기에 들어와 언해諺解가 완성되고 대전본 소주가 정밀하게 검토된 이후 조선의 경학은 비약적 성장을 하였다. 대전본은 비록 소주에 오류가 많은 텍스트이지만 명에서 수입된 서적이기에 과거시험의 교재로 채택된 뒤 그 가치는 한층 높아졌으며, 이런 현상은 후기까지 그대로 유지되었다. 사실 지금까지 알려진 바로는 조선조 경학의 대본은 대전본 이외에 청대淸代 두정기杜定基(생몰년 미상)가 편찬한 『사서보주비지四書補註備旨』 정도이다.

---

* 경북대학교 영남문화연구원.

[1] 전재동, 「17세기 栗谷學派의 論語 註釋 연구」, 경북대학교 박사논문, 2008 참고.

하지만 이와 같은 정보는 500년 동안 경학의 대본이 한두 종에 불과하다는 한계를 지니고 있기에 사실 여부에 의심이 들 수밖에 없는데, 『주자사서이동조변朱子四書異同條辨』(이하 『이동조변』으로 약칭함)을 주목해야 하는 이유가 여기에 있다. 『이동조변』은 청淸 초初 학자 이패림李霈霖(생몰년 미상)의 저술이며, 『이동조변』이나 이패림의 인물정보 등에 대해선 거의 알려진 바가 없다. 심지어 1713년 연행燕行 때에 김창집金昌集은 이패림과 『이동조변』에 대해 알려고 노력했지만, 이패림이 도량都梁 출신이라는 것 외에는 별다른 소득이 없었음을 기술하고 있을 정도이다.[2] 그렇지만 『숙종실록』의 다음과 같은 기사에서 이 책의 유입 시기와 개략적인 내용 등을 유추할 수 있다.

> 신들이 『사서주자이동조변四書朱子同異條辨』이란 책을 얻어 보았는데, 곧 중국사람 이패림李沛霖이 저술한 것으로서 지금의 을유년 무렵(1705년)에 이루어진 것이었습니다. 예부상서禮部尙書 이진유李振裕란 사람이 쓴 서문에, '성천자聖天子께서 사문斯文을 숭상하고 계고稽告하되, 한결같이 자주자子朱子로 조종祖宗을 삼으며 해내海內의 선비들과 동일한 궤도軌道에 이르기를 아름답게 여긴다.'고 했습니다.[3]

인용문은 1709년에 해당하는 기록으로 이 글을 통해 두 가지 사실을 유추할 수 있다. 첫째, 『이동조변』이 18세기 초에 완성된 뒤 얼마 지나지 않아 곧바로 조선에 유입되었다는 것,[4] 둘째, 『이동조변』의 내용이 주자의 경서

---

2 金昌業, 『老稼齋燕行日記』 권9, 癸巳三月初四日辛巳 조, "問 『四書異同條辨』 所著人李沛霖, 是何處人, 現今生存否, 聞此人今已作故. 南人問曰: 這人或說是都梁人, 都梁係是何處地方. 答曰: 大梁."

3 『肅宗實錄』, 35년 己丑, 2월 16일 戊午條.

4 『異同條辨』은 『대학』과 『중용』이 각 3책, 『논어』 20책, 『맹자』 14책의 거질로 구성되어 있으며, 조선에서 간행한 기록은 없다. 중국에서 수입된 책이 현재 서울대학교 규장각 · 경북대 · 경상대 등에 낙질로 남아 있으며, 국립중앙도서관에 완질(청구기호 의산古 1237-18)이 있다. 본고에서도 국립중앙도서관본을 대본으로 하여 논의를 진행하기로 한다.

해석을 중심으로 진행되었음을 간접적으로 유추할 수 있다. 그러므로 이 책은 18세기에 새로 출현한 경서 주석서로, 이전의 대전본大全本과는 성격이 전혀 다른 텍스트라 할 수 있다.

조선의 경학가들 가운데 『이동조변』에 대한 분석 결과물을 처음으로 편찬한 이가 정암正菴 이현익李顯益(1678~1717)이다. 정암은 학계에 거의 소개되지 않은 인물로 권상하와 김창협의 문하에 출입한 것 정도만 알려져 있다.[5] 그는 <주역설周易說> <서전설書傳說> <시전설詩傳說> <예기설禮記說> <논어설論語說> <맹자설孟子說> <중용설中庸說> 등 여러 편의 경서 해석 자료를 남겼다. 그중 특히 <논어설> <맹자설> <중용설> 등은『이동조변』을 분석 대상으로 삼았으며, 사서四書 해석은 <논어설>로 대변된다고 할 수 있다. 그러므로 본고에서는 다음과 같은 순서로 논의를 진행하기로 한다. 첫째, 『이동조변』 구성 및 내용 등을 간략하게 짚어 보고, 정암의 경학 관련 자료를 소개 중심으로 검토해 보기로 한다. 둘째, <논어설>을 통해 정암의 논어 해석 방법과 경향, 특징, 학술사적 가치 등에 대해 조명해 보기로 한다. 이를 통해『이동조변』의 유입과 전개양상, 18세기 초 우암학맥의 논어 해석 계승양상과 경학적 특징 등을 고찰할 수 있을 것으로 여겨진다.

---

5 현전하는『正菴集』(한국고전번역원, 『한국문집총간 속집 9』)에는 李顯益의 행적을 살필 수 있는 行狀・墓道文・年譜 등이 수록되지 않아 인물정보를 파악하는 데 한계가 있다. 본고 에서는 李顯益에 대한 인물정보를 규장각 홈페이지의「정암집 해제」및『韓國經學家事典』 (최석기, 성균관대학교 대동문화연구원, 1998)을 참고하였다.

2. 정암正菴의 궁경관窮經觀과 〈논어설論語說〉의 편찬

1) 정암의 경학 관련 자료와 궁경관

2차 자료를 통해 정암의 인물정보를 살펴보면, 그의 자는 중겸仲謙, 호는 정암, 본관은 전주이다. 1708년(숙종 34) 생원시生員試에 합격하고, 1710년에 학행學行으로 참봉參奉이 되었으며 왕자사부王子師傅·진안현감鎭安縣監 등을 역임했다. 하지만 정암은 40세의 짧은 인생 동안 관직 생활보다는 학행으로 이름이 났다고 할 수 있겠는데, 문장보다는 경술에 더 명성이 있었다. 1758년 영조는 경연에서 『대학大學』을 강하면서, 동궁 시절 이현익에게 『대학』을 배우던 때를 회상하며 그의 자식에게 벼슬을 내려주길 명하기도 했다.[6] 이 같은 사소한 일화를 통해 정암의 경술이 이미 당대에 어느 정도 인정을 받았음을 알 수 있다.

김량행金亮行이 기록한 『정암집正菴集』 서序에 "농암農巖 선생께서 삼주三洲에서 강학하실 때 종유한 선비들이 매우 많았지만, 선생의 설을 독신篤信하여 표적標的으로 삼고 정사역천精思力踐하여 우뚝이 명가名家를 이룬 자는 정암이 최고였다"[7]고 한 언급이나, 서간문의 <상농암창협선생上農巖昌協先生> <상수암상하선생上遂菴尙夏先生>, 부록의 <관산문답管山問答> <변노서집辨魯西集> 등을 통해 정암은 송시열의 적전嫡傳인 권상하와 김창협의 문하에 모두 출입하였음을 알 수 있다. 또 호락논쟁湖洛論爭 등 사상적인 측면은 권상하의 입장을 지지하였으며, 경서 해석은 김창협의 영향을 많이 받았다고 할 수 있다.

---

6 『英祖實錄』, 45년 己丑, 11월16일 甲午條, "上與王世孫, 展拜於毓祥廟後, 詣彰義宮, 行奠酌禮于孝章廟·懿昭廟. 上御養性軒, 講『大學』經一章, 上曰: '予於十九歲, 於此軒受讀『大學』于師傅李顯益, 豈意五十九年後, 復蹈此軒, 講此書乎?' 命賜經筵官鹿皮, 史官弦弓."

7 金亮行, 『正菴集』 序, "竊惟農巖先生講學三洲, 一時從遊之士甚盛, 而至於篤信其說, 以爲標的, 精思力踐, 卓然名家, 則惟先生爲最."

이와 같은 사실을 바탕으로 『정암집』에 수록된 경학 관련 자료를 정리해 보면 다음과 같다.

연번	권수	분류	내용	비고
1	권2	上農巖先生問目	大學章句大全 傳文 및 小註 의문점 질정	
2	권2	上農巖先生別紙	大學章句大全 傳文 및 小註 의문점 질정	
3	권2	上農巖先生	未發說(未發과 已發의 상호 연관성 질정	
4	권2	答圃隱	大學章句大全 全文 및 小註 의문점 질정	
5	권3	上遂菴先生 11건	四書 小註 의문점 및 성리의 諸問題 질정	別紙 포함
6	권4	擬與朴尚甫 8건	情爲理, 四書 小註 등에 관한 토론	
7	권5	答魚舜瑞 8건	性理說 및 中庸 小註에 관한 토론	
8	권6	答李仁老 3건	性理說에 관한 諸問題 토론	
9	권8	雜著	周易說, 書傳說, 詩傳說 등	
10	권9	雜著	禮記說, 論語說上	
11	권10	雜著	論語說下	
12	권11	雜著	孟子說, 中庸說	
13	권12	雜著	論中庸辨說, 論大學辨說, 中說 5조	
14	권13	雜著	延平問答箚語, 勉齋集箚疑 등	

위의 표에서도 알 수 있듯이 현전하는 『정암집』 20권 가운데에는 경학에 관련된 자료가 상당수 남아 있음을 알 수 있다. 『정암집』은 1권만 시詩일 뿐 권2~권6 서간문에는 일상적인 안부나 독서의 감흥보다는 스승과 벗들에게 경전의 궁금한 대목을 질정하고 문답하는 내용들로 가득 차 있다. 또 『정암집』에는 다른 문집에 비해 잡저류雜著類가 11권에 달할 정도로 상대적으로 많은 비중을 차지하고 있다.

잡저류 가운데 권8의 <주역설> <서전설> <시전설>, 권9의 <예기설> <논어설 상>, 권10의 <논어설 하>, 권11의 <맹자설> <중용설>,

권12의 <논중용변설論中庸辨說> <논대학변설論大學辨說> <중설中說>은 주로 경의經義를 풀이하고 있는 글이다. 또 권13의 <인심도심사단칠정설변금숙함사칠설人心道心四端七情說辨金叔涵四七說> <사칠정론四七定論> <논퇴계선생사칠설論退溪先生四七說> <논율곡선생사칠설論栗谷先生四七說>, 권14의 <변초수재사칠설辨抄修齋四七說> <미발시형이하설未發是形而下說> <신학설神學說> <주정설主靜說> <자경설自警說>, 권15의 <태극도설제설차의太極圖說諸說箚疑> <황극경세서제설차의皇極經世書諸說箚疑> <연평문답차어延平問答箚語> <면재집차의勉齋集箚疑> <설문청독서록차의薛文淸讀書錄箚疑> <퇴계집기의退溪集記疑> <율곡집기의栗谷集記疑>, 권16의 <태극문답기의太極問答記疑> <서화담사설변조남명학기변徐花潭四說辨曺南冥學記辨> <남추강사단변南秋江四端辨> <창계집기의滄溪集記疑> <동유사우록기의東儒師友錄記疑>, 권17의 <양명집변陽明集辨> <학부통변변學蔀通辨辨>, 권18의 <곤지기변困知記辨>, 권19의 <잡지 상雜識上>, 권20의 <잡지 하雜識下> 등은 전전傳典과 성리·이기·호락시비湖洛是非에 관한 자신의 견해를 피력한 글이다.

이와 같은 잡저류 가운데 <연평문답차어> <면재집차의> <설문청독서록차의> 등을 통해 정암의 독서 대상은 청대 신서新書들까지 두루 포괄하고 있음을 알 수 있다. 게다가 스승인 권상하와 김창협은 물론 이황李滉·조식曺植을 거쳐 서경덕과 조광조趙光祖 등 조선 학자들의 저술까지 꿰뚫고 있었다. 이는 <논어설>을 통해서도 쉽게 확인할 수 있다.

> 이 장은 수많은 설이 있는데, 『집주集註』도 한 가지 설이다. '이단異端을 공척攻斥하면 해害가 된다'는 것도 한 가지 설이다. '이단異端을 공척攻斥하면 해害가 이른다'는 것도 한 가지 설이다. '이단은 단지 백공百工이나 중기衆技일 뿐'이라는 것도 한 가지 설이다. '이단을 공척하면 해가 된다'는 설은 이미 주자가 분변하였다. '이단을 공척하면 해가 이른다'는 설은 명明 태조와 근래 『사변록思辨錄』의 설에서 이와 같이 말하였다.[8]

인용한 대목은 「위정爲政」편 '공호이단攻乎異端' 장의 이단異端에 대해 풀이한 것이다. 정암은 이단의 개념을 규정하기 위해 『논어집주論語集註』(이하 『집주』로 약칭함)를 비롯하여 다섯 가지 유사하거나 상이한 해석을 모두 제시하였다. 심지어 송시열을 비롯한 우암학맥에서 상당히 비판적인 입장을 견지했던 박세당朴世堂의 『사변록思辨錄』까지 거론하였다. 이와 같은 글을 통해 정암이 <논어설>을 편찬하면서 다양한 서적을 참고했음은 물론, 학문적 호기심을 해결하기 위해선 당파나 학맥을 초월하여 포괄적으로 수용하려는 태도를 견지했음을 알 수 있다.

하지만 이와 같은 정암의 학문적 태도는 인용문에 오류가 많고 주자설과 부합하지 않은 대목이 많은 대전본에 이르러서는 상당한 불만을 가졌던 것으로 보인다. 그래서 사서대전의 범례凡例를 다음과 같이 개정하고자 했다.

> 일찍이 사서대전범례四書大全凡例를 개정改正하여 장구章句·집주集註 아래에 정의精義를 넣고, 정의 아래에 혹문或問을 넣고, 혹문 아래에 대전문답大全問答을 넣고, 문답 아래에 어류語類를 넣고, 어류 아래에 제유諸儒의 설을 넣고자 했다. 정의와 혹문은 전수全數를 넣고, 또 빠진 것은 보충한다. 대전문답에 이동異同이 있는 것은 그 초만初晩과 정정定·부정不定을 분변한다. 어류 또한 전수를 넣되 초절抄節과 분별分別을 생략하거나 더한다. 제유의 설은 남헌南軒과 면재勉齋를 으뜸으로 삼되 아래 『이동조변異同條辨』에 수록된 제유들로부터 도량설都梁說에 이르기까지 하나하나 이동조異同條 아래에 분속한다.[9]

---

8 李顯益, 『正菴集』 권9, 論語說上, "此章有數說, 『集註』是一說. '攻斥異端則爲害', 是一說. '攻斥異端則害止', 是一說. '異端只是百工衆技', 是一說. '攻斥異端則爲害'之說, 已爲朱子所辨. '攻斥異端則害止'之說, 明太祖及近來『思辨錄』說如此云." 이하 『正菴集』을 인용할 경우 『문집』으로 약칭한다.

9 『문집』 권19, 「雜識」, 漫錄, "嘗欲改正『四書大全』凡例, 『章句』·『集註』下入『精義』, 『精義』下入『或問』, 『或問』下入『大全』問答, 問答下入『語類』, 『語類』下入諸儒說. 而『精義』·『或問』則入全數, 且取闕漏者補之. 『大全』問答有異同者, 則分別其初晚定不定. 『語類』亦入全數, 而略加抄節分別. 諸儒說則以南軒·勉齋爲首. 下及『異同條辨』所載諸儒至都梁說, 一一分屬異同條辨."

인용문을 살펴보면, 정암은 장구·집주→ 정의 → 혹문→ 대전본 문답 → 주자어류→ 대전본 소주 제유설의 순으로 대전본의 편차를 개정하려고 했음을 알 수 있다. 개정의 방법으로 정의와 혹문은 그대로 다 수록하는 동시에 누락된 것을 찾아 보충하고자 했다. 이는『논어혹문論語或問』(이하『혹문』으로 약칭함)에는 있지만『논어정의論語精義』(이하『정의』로 약칭함)에 없는 경우가 여기에 속한다. 예를 들어 주씨周氏의 설은『혹문』에는 있지만『정의』에는 없다. 또 장횡거張橫渠의 설은『혹문』과『정의』에 같은 내용이 수록되지 않았다.『주자어류朱子語類』(이하『어류』로 약칭함)에서 초절과 분별을 생략하거나 더함은 중복된 구절은 과감히 줄이거나 빼고, 이동이 있는 곳은 선후를 분변한다는 의미이다. 마지막으로 소주는 장식張栻과 황간黃幹의 설을 제일 중요하게 여기고, 나머지 학자들과『이동조변』에 수록된 학자들 및 이패림의 설을 하나씩 이동조異同條 아래에 분속分屬하고자 했다. 상기 인용문은 정암의 학문 및 경학관을 짐작케 하는 주요한 대목으로 이를 몇 가지로 정리해 보면 다음과 같다.

첫째, 정암의 경학은 주자가 편찬한 1차 자료인 장구·집주·정의·혹문 등을 매우 존신하고 있음을 알 수 있다. 그래서 자신이 경서 주석서를 편찬한다면 주자의 1차 자료는 누락된 것까지 찾아 보충하고, 나머지 2차 자료들을 통해 주자설과 대조하겠다는 의지를 표명했던 것이다.

둘째, 대전본의 소주는 주자와 그 제자들의 문답은 존신할 수 있지만 다른 학자들의 설은 그렇지 못하다고 인식했다. 김창협은 대전본의 소주 주자설 가운데『어류』와『주자대전朱子大全』에서 온전한 검토를 거치지 않은 채 마구잡이로 인용한 오류가 있음을 지적한 바 있다.[10] 그렇지만 정암은『주자대

---

10 전재동,「農巖 金昌協의 論語 註釋 硏究-<農巖雜識> 所載 '論語說'의 分析을 中心으로」,『영남학』8, 경북대 영남문화연구원, 2005 및 류준필·이영호,「농암 김창협의 논어학과 그 경학사적 위상」,『한문학보』19집, 2008 참고.

전』및 대전본 소주에 수록된 주자와 제자들 간의 문답은『장구』·『집주』
와 비교하여 이동이 있는 것만 초만初晚 · 정부정定不定 등을 분변한다고 했다.
이는 문답을 주자의 수필手筆로 인정한 것이며,『어류』와는 별개로 인식했음
을 뜻한다. 실제로 대전본 소주의 주자설이나 문답은『어류』에서 인용하지
않은 경우가 상당수 있으므로 정암의 이와 같은 견해는 경서 주석서의 편찬
에 비교적 객관적 입장을 유지하고 있다고 할 수 있다.

또한 이 단락을 통해 정암은 주자의 경서 해석에 초년과 만년의 차이가
있으며, 만년의 설이 정론定論이라는 이른바 '만년정론설晚年定論說'을 수용하
고 있다고 볼 수 있다. 물론 여기서 말하는 '만년정론설'은 양명이 주장한
'주자만년정론설朱子晚年定論說'을 가리키는 것은 아니다. 조선 유학자들은『주
자대전』에 수록된 중화中和 신新 · 구론舊論을 일찍부터 수용하고 있었으며,
이를 통해 주자의 경서 해석 및 성리설은 초년과 만년의 차이가 있다고 보는
견해가 일반적이었다. 여기서 말하는 주자의 만년정론설 또한 이와 같은
일반론의 입장에 선 만년정론설을 뜻한다.[11]

셋째, 대전본 소주 제가들의 설 중에서 장식과 황간의 설을 으뜸으로 여기
는 자세에서 정암은 소주 전체를 완전히 무시하지 않는 태도를 견지하고
있음을 알 수 있다. 송시열은 퇴계가 경서를 잘못 이해한 원인이 소주에
수록된 요로饒魯의 설 때문이라 했고,[12] 김창협은 대전본 소주가 대단히 문제
가 많은 텍스트라고 혹평했다. 하지만 정암은 소주가 비록 문제가 많지만
장식과 황간 · 진순陳淳 같은 학자들의 설은 인정하려는 태도를 견지했다.
이는 아마도 장남헌張南軒과 황면재黃勉齋 등의 학자가 주자학을 온전하게 계

---

11 전재동,「朝鮮 儒學者들의 '朱子晚年定論說' 收容과 批判에 관한 研究」,『영남학』12, 경북
　대 영남문화연구원, 2007 참고.
12 전재동,「宋時烈과 朴世采의 退溪說 비판-退溪四書質疑疑義 <論語> 분석을 중심으로」,
　『한국한문학연구』42집, 한국한문학회, 2008 참고.

승하였으며 주자의 본지를 온전하게 이해한 인물이라 여겼기 때문일 것이다.

2) 〈논어설〉의 편찬

『정암집』에 수록된 여러 자료들 가운데 <논어설>은 정암의 나이 38세에 편찬된 것이다. <논어설> 서序에는 정암이 이 글을 편찬하게 된 동기와 내력이 수록되어 있는데, 전문을 밝혀 보면 다음과 같다.

> ① 나는 이패림李沛霖의 『이동조변』에 대해 『대학』과 『중용』은 모두 변설을 갖추었는데, 『대학』은 일찍이 농암 선생께 올린 한두 문목으로 이미 소주설의 득실을 상세히 논했고, 『중용』도 또한 일찍이 제유들의 설 중 소주에 실리지 않은 것을 대략 논하였다. 유독 『논어』는 일찍이 차록箚錄도 없었고 곧장 조변條辨만 가지고 보았기 때문에 소주설의 득실에 대해서는 열람하기 이전부터 선입견이 있었다. 그래서 조변條辨 가운데 이미 변파辨破한 것은 그대로 두었고, 변파에 실수가 있는 것은 염출해 대략 변파했다. ② 허재虛齋 이하의 설이 도량都梁과 더불어 합치되지 않은 것은 또한 도량설都梁說에서 잘못이라고 한 곳만 변파했다. 대개 변파하지 않은 것은 내 생각에 도량의 설이 옳다고 여겼기 때문이다. 하지만 도량의 설은 잘된 곳이 참으로 많지만 너무 섬밀纖密하고 번서繁絮한 듯했다. 또 잘된 곳도 대부분 문의文義 사이에 있어 의리의 원두와 깊은 관련이 있는 것들이 모두 명백투철明白透徹하지는 않았다. 허재虛齋와 만촌晩村의 여러 설도 또한 모두 이러한데, 대요를 대전본 소주 제설과 비교해 보면 그 평실간정平實簡正함이 크게 미치지 못하고 천착비무穿鑿紕繆함도 많았다. 이 때문에 유자의 학學은 수隋 이후로 중원中原 유학의 전함이 크게 볼 만한 것이 없고, 또 그저 한숨만 나올 뿐임을 알았다. ③ 비록 그렇지만 이 책을 어떻게 소홀히 버릴 수 있겠는가? 도량설은 취할 점이 매우 많을 뿐만 아니라 소주 이후 제유들의 설도 원元·명明 이후로 지금에 이르기까지 싣지 않은 것이 없어 편람박취遍覽博取하기에 매우 좋아 그 득실을 상확商確하여 나의 사색강마思索講磨의 바탕으로 삼고자 한다.[13]

인용문의 내용은 크게 세 단락으로 구분할 수 있기에 이해의 편의를 위해 ①~③으로 구분하였다. 도입부에 해당하는 ①에서 정암은 <논어설>이 이패림의 『이동조변』을 대본으로 하고 있다고 했다. 이패림은 인명사전이나 사고전서四庫全書 등에 수록되지 않아 자세한 행적을 알기는 어렵다. 그렇지만 현전하는 『이동조변』의 서문을 쓴 때가 강희康熙 임오년(1702)이므로 명 말에서 청 초에 활동한 학자로 추정해 볼 수 있다.

서문에서 이패림은 이 책의 편찬 동기를 다음과 같이 말했다. 주자의 사서 해석이 매우 정확하지만 『혹문』 『정의』 『집략』 『어류』 등으로 보완하지 않을 수 없으며, 후대로 내려올수록 주자의 견해와 합치되지 않은 이설들이 등장했다. 예를 들어 명明 영락永樂 연간에 간행된 대전본 소주가 그러하며, 이후 허재虛齋 채청蔡淸(1453~1508) 같은 학자들의 설은 잘못된 이설異說을 그대로 답습한 오류를 범하고 있다. 그러나 만촌晩村 여유량呂留良(1629~1683) 같은 학자는 전대의 오류를 수정하고자 노력한 이에 속하며, 자신도 만촌의 견해를 수용하여 명대 이후에 나온 여러 학자들의 설을 주자설과 비교하기 위해 이 책을 편찬했다고 주장했다.

또한 『이동조변』의 '범례'에 따르면, 이패림은 주자의 『혹문』과 『어류』가 선유先儒들의 설과 부합하지 않은 점이 있기 때문에 이를 변파하기 위해 이 책을 편찬했다고 했다. 그러면서 명 초 대전본이 나온 이후에 제기된 여러

---

13 『문집』 권9, 論語說上 序, "余於李氏沛霖『異同條辨』, 『大學』·『中庸』俱有所辨說, 而『大學』則曾有上農巖先生, 一再問目, 已詳論小註說得失. 『中庸』亦嘗槩論諸儒說, 不載於小註. 獨『論語』則曾無所箚錄, 而直將『條辨』看, 故小註說得失. 雖於未及閱之前, 有先見得者, 『條辨』中如已辨破則置之, 其所辨之失當者, 拈出略辨. 至於虛齋以下說與都梁不合者, 亦只辨都梁說之非處. 蓋其不辨者, 則自當以都梁爲是故也. 然都梁說, 其得處固多. 然大抵太織密繁絮, 且其得處多在文義間. 若義理源頭肯綮, 則未必皆明白透徹, 而虛齋·晩村諸說 亦皆如此. 大要較諸『大全』小註諸說, 則其平實簡正大不及, 且多穿鑿紕繆. 以此知儒者之學, 亦隨代以降, 而中原儒學之傳, 其無大段可觀者. 又可想見, 吁其可嘅也已! 雖然, 此書何可忽棄. 不但都梁說多可取, 小註以後諸儒說, 自元·明至今無不載, 正好遍覽博取, 商確其得失, 以資吾思索講磨也."

학자들의 설도 대전본 소주와 차이점을 분변하는 것이 주자의 본지를 파악하기 위해 편리하다는 생각을 가졌던 것 같다. 이로 보아 이패림은 주자가 편찬한『장구』와『집주』를 기준으로『혹문』과『어류』의 차이점을 분변하여 동이同異를 밝히며 후대 설의 시시비비를 따지고자 한 것이『이동조변』을 편찬의 두 번째 목적으로 여겨진다.

이 책에 인용된 주석가들은 대전본에 수록된 정현鄭玄 이후 108명 이외에도 채청蔡清을 비롯한 명 중기 이후의 학자 82명이 추가되어 총 190명의 설을 수록하고 있다. 수록 방법은 경서의 대문大文과『장구』와『집주』를 중심으로 그 아래에 작은 글씨로『혹문』및『어류』를 표기하고 부附 − 동同 − 이異를 순차적으로 표시한 다음, 마지막에 자신의 견해를 변辨으로 표기하였다. 이 책의 특장은 일차적으로『혹문』·『어류』및 부附 − 동同 − 이異 − 변辨의 형식으로 기술된 편차에 있다. 이패림은 대전본의 편찬인 경문 − 집주 − 소주의 순차를 고려하여 경문 − 집주를 대문으로 표기하고『집주』와『혹문』『어류』를 일차 비교 대상으로 삼았다. 그 아래에 대전본 소주를 동과 이로 표기하여 소주 제가들의 설을 일일이 분석하였으며, 마지막 단락 변에서는 소주의 내용을 물론 해당 주석가의 문집을 찾아 주자의 설과 부합되지 않은 까닭을 상세하게 분변하였다.

②는 도량 이패림의 해석에 대한 평가가 주를 이룬다. ②에서 정암은 도량의 해설이 비록 좋기는 하지만, 주자의 의리를 제대로 드러내지 못한 채 문의만 따지고 있음을 비판했다. 그래서 정암은 <논어설>을 통해 채청·여유량·이패림의 해석이 주자의 본지를 충실하게 이해하고 있는지의 여부를 집중 조명하였으며, 그 결과 이 세 사람의 설도 주자설과 부합하지 않은 대목이 많음을 지적했다.

③에서는 이패림의『이동조변』이 원·명 이후 청대 학자들의 설을 두루 수록하고 있기 때문에 비록 단점이 많은 주석서지만 두루 열람하기에 좋다는 점을 언급하고 있다. 이상의 논의를 바탕으로 <논어설>의 구성과 주요 내

용을 정리해 보면 다음과 같다.

편명	해석 장 수	해석 구절 수	주요 내용	비고
學而	7	7	其爲人也孝弟章, 巧言令色章 등	論語說上
爲政	14	22	爲政以德章, 吾十有五而志于學章 등	
八佾	7	9	三家者以雍徹章, 林放問禮之本章 등	
里仁	12	16	不仁者不可久處約章, 惟仁者能好人章 등	
公冶長	9	12	子謂公冶長章, 子使漆雕開仕章 등	
雍也	9	11	雍也可使南面章, 回也其心三月不違仁章 등	論語說下
述而	11	12	述而不作章, 默而識之章 등	
泰伯	8	10	泰伯其可謂至德章, 以能問於不能章 등	
子罕	3	3	子罕言利與命章, 子畏匡章 등	
鄕黨	2	4	孔子於鄕黨章, 君子不以紺緅飾章 등	
先進	4	4	回也非助我者章, 閔子侍側章 등	
顔淵	4	5	顔淵問仁章, 子張問崇德章 등	
子路	3	3	衛君侍子而爲政章, 樊遲問仁章 등	
憲問	5	5	克伐怨欲不行章, 子路問成人章 등	
衛靈公	4	5	子張問行章, 人能弘道章 등	
季氏	2	2	君子有三戒章, 齊景公有馬千駟章 등	
陽貨	6	6	子之武城章, 佛肹召章 등	
微子	1	1	微子去之章	
子張	7	14	見危致命章, 子夏之門人章 등	
堯曰	2	2	堯曰咨爾舜章, 不知命章 등	
계	120	153		

위의 표를 보면 정암의 <논어설>은 『이동조변』을 바탕으로 전체 120장章, 153편의 대목을 풀이하고 있음을 알 수 있다. 서문을 제외하면 <논어설>은 관련 자료가 부족하여 편찬 배경이나 내력 등을 상세히 밝히기는 어렵다.

게다가『집주』의 특정 구절을 제시하고『이동조변』의 내용을 소개한 뒤 이에 대한 시시비비를 분변하는 것이 주류를 이루는 점으로 미루어『이동조변』을 분변하는 것이 일차 과제라고 할 수 있다. 하지만『이동조변』은 대전본 소주와 주자설의 이동처를 분변하기 위해 편찬된 책이므로, <논어설> 또한 동일한 관점으로 조망할 수 있다. 따라서 <논어설>은 첫째, 주자설의 이동처를 분석하고, 둘째, 대전본 소주설 등 원대 이후 제유들의 설과 주자설의 부합 여부를 검토하는 것이 편찬의 주목적이라 할 수 있다.

따라서 <논어설>을 통해 정암은 주자설을 기준으로 타인의 설과 비교·검토를 주목적으로 하고 있다고 할 수 있다. 그러나 주자설 자체에 이동이 있으며, 타인의 설 가운데서도 수용할 만한 해석이 있으면 적극 수용하려는 의지를 표명했는데, 이와 같은 양상은 장을 바꾸어 보다 상세하게 검토해 보기로 한다.

3. <논어설>의 설경說經 양상과 특징

1) 선유先儒 제설諸說의 정밀한 분석

앞장에서 언급한 것처럼 <논어설>은『이동조변』과 마찬가지로『논어집주대전』의 소주와 주자설의 부합 여부, 주자설 자체의 이동 등을 분변하기 위해 편찬되었다. 사서대전 개정례改正例에서 본 것처럼 정암은 대전본 소주를『논어』해석서 가운데 가치를 제일 낮게 평가했다. 실제로 <논어설>에서도 대전본 소주에 수록된 요로饒魯·호병문胡炳文·진식陳植 등의 해설에 대해선 가차 없이 비판을 가하는 모습을 볼 수 있다. 여기서 비판을 가하는 기준은 주자설임은 재론을 필요치 않는다.

그러나 이 대목에서 몇 가지 의문이 든다. 첫째, 대전본 소주에 수록된 인물 가운데는 『집주』에 수록된 이들도 더러 있는데, 예를 들어 정자程子를 비롯하여 사량좌謝良佐 · 장식張栻 등 주자보다 약간 앞 시대이거나 동시대에 활동한 정주학파程朱學派가 여기에 해당한다. 대전본 편찬자들은 주자뿐 아니라 이들의 설도 간간이 소주에 수록해 놓았는데, 정암은 이를 어떤 관점에서 바라보고 있는지 궁금하지 않을 수 없다. 둘째, 대전본 소주의 설이라고 해서 무조건 비판하였는지, 아니면 일부의 설은 수긍하는 입장이었는지 등에 대해서도 검토할 필요가 있다. 셋째, 아울러 주자의 설이 간혹 『집주』『정의』『어류』 등 텍스트마다 다를 경우 이를 어떻게 처리하고 있는지에 대해서도 따져볼 필요가 있다.

첫 번째 의문은 정암의 『논어』 해석의 핵심이라 할 수 있으므로, 이에 대해선 장을 달리하여 상세하게 논하기로 하고, 우선 두세 번째 의문점에 대해 살펴보기로 한다.

> 『어류』에 이르기를 "부자夫子께서 물러나 안자顔子의 사사로움을 성찰省察하셨다"고 하였고, 또 "퇴退는 부자夫子의 퇴退가 아니라 안자顔子의 퇴退이다"라 하였는데, 이는 주자가 말한 퇴退 자와 같지 않다. 정자는 물러나 성찰함을 안자가 물러나 성찰한 것으로 여겼으며, 범씨范氏의 설도 또한 이와 같다. 이는 퇴성退省이라고 말한 두 글자가 주자의 뜻과 다르다. 남헌南軒은 "부자가 물러나서 그 사사로움을 살폈다"고 했으니, 이는 『어류』의 전설前說과 부합된다. 호씨胡氏는 "모시고 앉았다가 물러나기에 부자께서 그 연거燕居를 살폈다"고 했으니, 이는 『어류』의 후설後說과 부합된다. 제설의 한결같지 않음이 이와 같지만, 아마도 마땅히 『어류』의 후설로 정설을 삼아야 할 것이다.[14]

---

14 『문집』 권9, 論語說上, "『語類』曰: '夫子退而省察顔子之私.' 又曰: '退非夫子退, 乃顔子退.' 此則朱子言退字不同也. 程子以退省爲顔子之退省. 范氏說亦然. 此則言退省二字, 與朱子不同也. 南軒曰: '夫子退而省其私.' 此則與『語類』前說合也. 胡氏曰: '及侍坐而退, 夫子察其燕私.' 此則與『語類』後說合也. 諸說之不一如此, 然恐當以『語類』後說爲正也."

인용문은 「위정爲政」편 '오여회언종일장吾與回言終日章'에 대한 풀이이다. 이 구절의 풀이에서 고래로 논란이 된 점은 '퇴이성기사退而省其私'란 단락의 퇴退 자와 성省 자의 주체에 대해서이다. 『집주』에서 주자는 스승 이연평李延平의 설을 좇아 퇴退와 성省의 주체를 안회顏回로 해석하였다. 그러나 『어류』에는 『집주』에 수록되지 않은 주자의 전혀 다른 해석이 실려 있다. 즉 성省 자의 주체는 같지만 퇴退 자의 주체가 전설의 공자孔子였던 것이 후설에서 안회로 바뀐 것이다. 이 문제는 퇴계와 그의 제자 간재艮齋 이덕홍李德弘이 편찬한 『논어질의論語質疑』에도 수록되어 있다.[15] 정암이 『논어질의』를 검토했는지 는 알 수 없지만, 『이동조변』에도 수록되지 않은 퇴·성의 주체를 문제 삼았 다. 이는 대전본에서 주자설의 이동을 분변하기 위한 의도로 파악된다.

인용문에 등장하는 인물은 주자를 비롯하여 정자程子·범씨范氏·남헌南 軒·호씨胡氏 등 총 5인이다. 이 가운데 주자의 설은 『어류』에, 정자·범씨· 남헌·호씨 등의 설은 『혹문』에 보인다. 이해의 편의를 위해 각 텍스트의 인용 대목을 제시해 보기로 한다.

　　『朱子語類』: 退非夫子退 乃顏子退也 發啓發也 始也如愚人 似無所啓發 今省其 私 乃有啓發 與啓予之啓 不同
　　『論語或問』: (가) 程子於退省二字 意亦不同 前說以爲孔子省之 而後說以爲顏子 之自省 恐當以前說爲正 (나) 范氏專以顏子退與門人講論爲說 盖用古註 然亦狹矣 (다) 張敬夫曰 夫子之言 顏子皆能體之於日用之間 所以夫子退而省其私 而知其足以 發明斯道 乃其請事斯語之驗也 (라) 胡氏曰 顏子之質 隣於生知 故聞夫子之言 心通

---

15 李德弘, 『論語質疑』, 「爲政」篇, 退而省其私 條, "延平先生說, 以退爲夫子退也. 朱子初從其 說, 故小註朱說 有延平同者, 其後改之, 故曰: '非夫子退也; 乃顏子退也.' 以延平意讀之, 則 曰: '及其退省其私, 盖退指夫子, 其指顏子.' 以朱子意讀之, 則曰: '及退에 省其私.' 盖退與其 皆指顏子, 省指夫子. 但前說非, 後說是." 『論語質疑』에 대한 분석은 전재동, 「艮齋 李德弘의 <四書質疑> 硏究—異本 檢討와 <論語> 解釋을 중심으로」, 『退溪學論集』 창간호, 2007 참고.

默識 不復問辨 反如愚蒙之未達者 及侍坐而退 夫子察其燕私 則其視聽言動 皆能以
聖人所教 隨用發見 然後知向之所謂愚者 乃所謂上智也

윗글에서 정리한 것처럼, 정암은 이 단락의 문제로 여겼던 퇴退·성省 자의 주체를 분변하기 위해 『어류』 및 『혹문』의 제설을 정밀하게 비교하였다. 비교의 주안점은 첫째, 퇴 자와 성 자의 주체가 다르다는 점이다. 그래서 퇴·성의 주체가 모두 안자라고 본 정자와 범씨의 설은 주자와 다르다고 했던 것이다. 정암은 퇴 자의 주체는 안회이며, 성 자의 주체는 공자로 보는 설을 지지했던 것 같다. 그래서 호씨가 "스승을 모시고 앉으면서 물러나자 스승은 그의 일상생활을 살폈다(及侍坐而退夫子察其燕私)"라고 풀이한 것이 『어류』의 후설과 부합되며, 이 해설을 정론으로 삼아야 한다고 주장했던 것이다.

주제와 벗어나는 언급일 수도 있겠지만 정암의 위와 같은 주장은 간재의 해설과 맥락을 같이한다. 간재 역시 퇴계의 설을 계승하여 퇴 자의 주체는 안회, 성 자의 주체는 공자가 되어야 한다고 했다. 정암은 18세기 노론 계열의 학자들 중 비교적 퇴계의 학문을 인정하는 경향이었으며, 심지어 조광조나 서경덕보다 우위에 두고자 했다.[16] 하여튼 정암은 <논어설>을 통해 주자의 1차 저술을 비롯해 대전본 소주·『이동조변』은 물론 조선 여러 학자들의 설까지 정밀하게 비교·검토하는 양상을 볼 수 있다.

이처럼 인용문만을 통해 보자면 정암은 흡사 대전본 소주의 호병문 설을 지지하는 것처럼 보이기도 한다. 그러나 <논어설>의 전체적 흐름을 읽어가면, 정암은 대전본 소주에 철저히 비판적 입장을 견지하고 있음을 알 수 있다. 이는 대전본 소주에 수록된 해설이 주자의 본의와는 어긋나는 점이 많기 때문이다.[17] 또한 대전본 소주 가운데 간혹 긍정적으로 수용하려는 입

---

16 『문집』 권15, 「雜識」, 栗谷集記疑, "整菴·退溪·花潭, 若論人品氣質之高下, 則未知果如何. 而若言其學術之醇疵, 則退溪恐不在整菴之下, 花潭恐不得與退溪竝列."

장을 보이기도 하는데, 이는 소주의 해석이 주자의 본의와 부합할 때에 한정된다. 아울러 『이동조변』의 해설도 주자의 본지를 제대로 파악하지 못했을 경우에는 가차 없는 비판이 더해졌다.

> 허재虛齋는 '가지야可知也'를 단순히 '소손익所損益'만을 잇는 것으로 여겼고, 소도량小都梁은 '가지야可知也'를 '소인所因 소손익所損益'을 겸하여 잇는 것으로 여겼다. 두 설이 같지 않지만, 허재虛齋의 설이 나은 듯하다. 집주에서는 "이연지적已然之跡 금개가견今皆可見"이라고 했는데, 이는 또한 '소손익所損益'으로 말한 것이다. 개皆 자는 하夏·은殷·주周를 가리킨 것이지, 소인所因 소손익所損益을 가리킨 것은 아니다.[18]

인용문은 「위정」편 '자장문십세가지장子張問十世可知章'에 대한 정암의 풀이이다. 이 장의 풀이에서 정암은 채청과 이패림의 설을 비교하는 데 중점을 두었다. 『이동조변』에는 이 단락에 대한 채청의 설이 이異 항에, 이패림의 설이 변辨 항에 수록되어 있는데, 경문의 '가지야可知也'에 대한 대상이 상이하게 해석되어 있다.[19] 하지만 정암은 이 장 '가지야'의 대상은 '소손익所損益'일 뿐 '소인所因'과 '소손익' 두 가지가 될 수 없다고 단언했으며, 그 근거를 『집주』에서 찾았다.

하지만 위 인용문은 정암의 견해처럼 보자면 또 다른 의문을 유발한다. 이 대목의 『논어집주』에서 주자는 도입부 첫머리에 동한시대 마융馬融의 설

---

17 『문집』 권19, 「雜識」, 漫錄, "朱子以後諸儒, 孰不曰: '我得朱子之旨.' 而猶未免出入矛盾, 如小註諸儒說, 是也."
18 『문집』 권9, 論語說上, "虛齋以可知也爲單承所損益, 小都梁以可知也爲兼承所因所損益, 二說不同. 然虛齋說似長. 『集註』'已然之跡, 今皆可見.' 亦以所損益者言. 皆字, 是指夏·殷·周, 非指所因所損益也."
19 李霈霖, 「異同條辨」, 「論語」 권2 爲政, "異, 蔡虛齋曰: '可知也, 只帶所損益言, 殷繼夏而有天下者也, 其於三綱五常之大者, 則固因乎夏而不變(下略). 辨, 馬註所因所損益, 兩所字, 則指三綱五常, 文質三統(下略)."

을 소개한 뒤 자신의 견해를 피력했으며, 호병문의 해설로 마무리했다. 마융과 주자의 설을 자세히 살펴보면 짐짓 문맥의 정확한 의미를 찾기 어려울 수도 있고, 인용문처럼 '가지야'의 대상이 무엇인지 모호하기도 하다. 그렇다면 정암은 이와 같은 문제에 대해 어떻게 해결을 시도했을까? 이는 장을 달리 해 보다 상세하게 검토해 보기로 한다.

2) 『집주』를 기준으로 한 『혹문』과 『정의』의 은괄檃括

<논어설>에서 볼 수 있는 설경 방법은 이패림의 설과 주자의 해석을 비교하는 것이 핵심을 이룬다. 주지하듯이 주자의 『논어』 해설서는 『집주』 외에도 『혹문』 『정의』 등이 있으며, 『어류』는 『혹문』과 『정의』에서 드러내지 못했던 것이 수록되어 있다. 『집주』와 『혹문』은 주자의 나이 48세인 1178년에 편찬되었다. 이후 『집주』는 20여 년 동안 7차례에 걸친 개정을 통해 63세 되던 해에 비로소 세상에 내놓았지만, 『혹문』은 그렇지 못했다. 그래서 후일 『집주』는 주자 경학의 정수가 녹아 있으며, 주자 『논어』 해석을 집대성한 것으로 평가되었다.[20]

정암도 이와 같은 사실에 주목하여 『집주』-『혹문』 『어류』의 순으로 주자 해설의 가치 등위를 매겼다. 즉 주자의 『논어』 해석은 『집주』가 가장 믿을 만하며, 그 다음으로 『혹문』 『어류』의 해석이 믿을 만하다는 것이다. 이와 같은 정암의 경학관은 문집과 <논어설>의 곳곳에서 확인할 수 있다.

---

20 『集註』 및 『或問』의 成書 과정에 대해선 최근덕, 「우암의 경학사상 연구」, 『율곡사상연구』 제3집, 율곡학회, 1997 및 이영호, 「<論語集註>의 成書過程을 통해 본 朱子 經學의 특징」, 『한문학보』 제9집, 우리한문학회, 2003 참고.

『집주』와 『혹문』은 정유년에 완성되었는데, 『집주』는 이후 고친 부분이 많지만 『혹문』은 고치지 못했다. 이 때문에 이동異同이 있는 곳은 마땅히 『집주』를 따라야 한다.[21]

인용문을 통해 보면, 정암은 주자의 『집주』와 『혹문』이 같은 시기에 편찬되었으며 『집주』가 후대에 지속적으로 개정된 반면, 『혹문』은 그렇지 못한 정황을 정확하게 인식하고 있음을 알 수 있다. 그래서 끊임없이 개정된 『집주』가 『혹문』보다 훨씬 믿을 만하며, 같은 대목에 상이한 풀이가 있을 경우엔 『집주』의 풀이를 존중해야 한다고 주장했던 것이다. <논어설>에는 이와 같은 관점이 곳곳에서 드러남을 확인할 수 있는데, 다음의 예문도 마찬가지이다.

『집주』에서는 인서仁恕를 나누면서 단지 무물無物[22] 두 글자로 말했으니, 욕欲자 같은 것은 아울러 인仁으로 여길 수 있다. 그런데 유독 『어류』에서 "이 장은 바로 욕欲 자에 있다"고 했으니, 이는 아마도 정자의 '인仁에 이르지 않아도 욕欲 자를 둘 수 있다'는 말에 기인한 것이다. 그러나 정자의 이 말을 『혹문』에서 싣지 않았고, 『집주』의 설도 또한 이와 같으니 결코 주자 정론의 본지가 아닐 것이다. 도량都梁이 이 구절을 기록하지 않은 것은 흡사 이를 본 것 같지만, 그의 자설에서 "인仁이란 단지 불욕不欲을 요할 뿐이어서 자공의 무가無加에서 역욕亦欲 두 글자를 더 둔 것이다"고 했다. 이는 정자의 설을 차용한 『어류』의 뜻이라 옳지 않다.[23]

---

21 『문집』 권19 「雜識」, 漫錄, "『論語集註』・『或問』, 成於丁酉, 而 『集註』則後來多所更改, 『或問』則未及更改. 其有異同處, 當從 『集註』."
22 <論語說> 원문에는 無物로 기록되어 있지만 物은 勿의 誤記로 판단된다. 『論語集註大全』, 「公冶長」, "愚謂無者 自然而然 勿者 禁止之謂 此所以爲仁恕之別" 참고.
23 『문집』 권9, 論語說上, "『集註』則其分仁恕, 只以無物二字言, 若欲字則并以爲仁. 而獨 『語類』有此章正在欲字上云云者, 此則盖用程子 '未至於仁', 以其有欲字之語. 然程子此說, 『或問』不取. 『集註』之說又如此, 則決非朱子定論之旨. 都梁之不錄者, 似見于此, 而但其所自說曰: '仁者只要不欲, 子貢於無加上却下亦欲二字'云云. 是則用程子 『語類』之意也, 非是."

인용문은「공야장公冶長」의 '자공왈아불욕인지가저아子貢曰我不欲人之加諸我'
장에 대한 정암의 풀이이다. 이 단락의 경문은 자공이 인仁의 경지에 이르고
자 하는 언급이 있지만, 공자가 자공이 미칠 경지가 아님을 주지시킨 것이다.
주자는『집주』에서 자연이연自然而然에 해당하는 무無 자와 금지禁止를 뜻하
는 물勿 자로 구분하여 인仁과 서恕의 경지를 구분하였다. 그러나 정자・『어
류』・이패림은 정자의 주장대로 이 단락의 핵심어가 '욕欲' 자에 있다고 했
다. 또『어류』・이패림의 견해는 정자의 설에 근거하고 있음을 밝혔는데,
이는 모두『논어집주』의 의견과 부합하지 않는다는 것이다.

이처럼 정암은『논어』경문의 온전한 뜻을 이해하기 위해『집주』를 대단
히 신뢰하였다. 그렇다면『혹문』『정의』『어류』등 똑같이 주자의 의견이
반영된 해석서에 이동이 있을 경우에는 어떻게 처리하였는가? 정암이 <논
어설>을 편찬하면서 역점을 두었던 점은『집주』를 중심으로 제설을 은괄隱
栝하는 것이라 할 수 있다. 정암은 "정・주 이후의 설이 무척 많지만 후인들
이 힘써야 할 바는 단지 그 이동의 득실에 대해 명확하게 변핵辨覈하여 본지를
어둡게 하지 말아야 한다. 주석 아래에 또 주석을 더할 필요는 없다"[24]라고
하여 주자설의 이동처에 대해 철저한 변증을 주문하였다. 또 "『집주』에서
『정의』를 은괄한 곳을 보니 단지 주선생朱先生은 의리義理가 정밀할 뿐 아니라
문장도 오묘함을 볼 수 있었다"고 하여『집주』를 기준으로『정의』를 바로잡
은 것으로 파악했다. 이와 같은 언급은 <논어설>을 통해 그대로 구현되고
있다.

『집주』에서 인용한 윤씨尹氏의 설은『정의』중에는 없다.『정의』중에는
후씨侯氏의 설이 두 조목 있으며, 그 아래 조목이 흡사 윤씨의 설 같다. 이 설은

---

24 『문집』권19, 漫錄, "程・朱以後, 說話甚多, 後人所可爲者, 只當於其異同得失, 辨覈明白, 使
本旨無晦而已, 不必於註脚下, 又添註脚."

집주와 같지 않은데, 아마도 주자가 은괄했기 때문일 것이다. 『혹문』으로 징험해 보면, '약지이례約之以禮'를 윤씨의 설로 여겼으며, 이 설은 '약지이례約之以禮'라는 말이 있기 때문에 검약儉約의 약約으로 풀이한 것은 후씨의 설이고, 이 설에는 반드시 검약이 필요 없기에 서로 비슷하게 여긴 것이다. 이와 같은 풀이는 후씨의 설을 후씨의 설이 아니라 윤씨의 설로 의심했기 때문일 것인데, 대개 이른바 '비지위검약非止謂儉約'이란 '불필지검약不必只儉約'을 은괄檃括한 것이며, '범사약즉선실凡事約則鮮失'은 '범사개요약凡事皆要約'을 은괄한 것이다.[25]

인용문은 「이인里仁」편 '이약실지以約失之' 장에 대한 정암의 풀이이다. 정암은 이 구절의 풀이에서 다음과 같은 점을 문제 삼았다. 첫째, 『집주』에 수록된 "尹氏曰 凡事約則鮮失 非止謂儉約也"란 단락이 『정의』에는 수록되지 않은 점, 둘째, 『혹문』에 "范侯皆以爲儉約之約 恐聖人之意 或不止此"라 하여 후씨가 이 단락의 약約 자를 검약儉約으로 풀이한 것이 약간 이상하다는 견해를 보였는데, 이런 해설도 『집주』와는 다르다는 점을 지적했다.

정암은 『정의』와 『혹문』 등에 수록된 주자의 해설이 끊임없는 개정을 거치면서 결국 제일 나중에 완성된 『집주』와 다른 이유를 은괄로 보았다. 은괄이란 '도지개'를 말하는 것으로 문장이나 글 따위를 수정하는 것을 의미한다. 즉 정암이 보기엔 『혹문』과 『정의』의 최종 교정본이 바로 『집주』라는 것이다.

---

25 『문집』 권9, 論語說上, "『集註』所引尹氏說, 『精義』中無之. 『精義』中, 侯氏說有二條, 而下條似是尹氏. 此說其與『集註』不同, 似以朱子檃括故也. 以『或問』證之, 以約之以禮爲尹說, 而此說有約之以禮語, 以爲儉約之約爲侯說, 而此說則爲不必儉約, 與之相左. 此所以疑侯說之非侯說而爲尹說也. 盖所謂'非止謂儉約', 是檃括'不必只儉約'者; '凡事約則鮮失', 是檃括'凡事皆要約者'."

3) 사설師說의 계승과 주자설朱子說의 정립

17세기 기호학파의 경학은 우암尤庵 송시열宋時烈(1607∼1689)과 그의 문인들의 활동이 두드러졌다고 할 수 있다. 우암이 경학사에 남긴 업적은 이루다 헤아릴 수 없을 정도이기에 이를 『논어』에 한정하더라도 다음과 같은 몇 가지로 정리할 수 있다. 우암은 당대에 유행하던 대전본 소주에 오류가 많으며 특히 주자의 해석과 부합하지 않은 대목이 상당하다고 인식하였다. 우암은 이를 해결하기 위해 『정의』를 입수하여 『혹문』과 대조하였으며, 그 결과 『논어혹문정의통고論語或問精義通攷』를 편찬하였다. 또 주자의 『논어』 해석은 『주자대전』의 서간문書簡文에 그 정수가 담겨 있다고 여겨 주자서朱子書 연구에 침잠하기도 했다.[26]

우암의 이와 같은 노력은 그의 제자인 권상하와 김창협에게 그대로 전수되었는데, 특히 『논어』에 대해서는 농암 계열 학자들의 업적이 주목할 만하다. 농암은 『농암잡지農巖雜識』 <논어설論語說>을 통해 대전본에 수록된 소주가 편찬자들의 역량 부족, 본문의 임의적인 절략節略과 차오差誤, 인용의 불철저함 등으로 인해 오류가 매우 많다고 비판하였다.[27] 또 우암과 마찬가지로 주자서간문에 『논어』 해석의 요체가 담겨 있다고 여겨 『집주』와 『주자대전』을 정밀하게 비교하였다. 농암의 이 작업은 후일 제자 어유봉魚有鳳(1672∼1744)에 의해 『논어상설論語詳說』로 완성되었다.

정암의 <논어설>은 위에서 언급한 우암학파尤庵學脈 『논어』 해석의 연장선에 있다고 할 수 있으며, 특히 농암의 영향을 많이 받은 것으로 보인다.

---

26 전재동, 「宋時烈과 朴世采의 退溪說 비판－退溪四書質疑疑義 <論語> 분석을 중심으로」, 『한국한문학연구』 42집, 한국한문학회, 2008 참고.
27 전재동, 「農巖 金昌協의 論語 註釋 硏究－<農巖雜識> 所載 ‘論語說'의 分析을 中心으로」, 『영남학』 8, 경북대학교 영남문화연구원, 2005 참고.

정암은 서간문을 통해 『대학』과 『중용』의 소주를 변파하기 위해 많은 정열을 기울였음을 모두에서 살펴보았다. <논어설>의 본문에서도 정암은 농암의 『논어』 해석을 수용하는 경우가 더러 있는데, 예문을 통해 보다 구체적으로 확인해 보도록 한다.

> 상채上蔡의 설에 대해서 『혹문』에서 '애초에 이利 자의 뜻을 보지 못했다'고 한 것은 아마도 단지 소견이 있음을 이利로 여긴 듯해서 독실이 좋아해 반드시 얻고자 하는 뜻이 결여되어서고, 또 이인利仁이 비록 인仁과 더불어 하나가 될 수는 없지만 얻는 바가 없지는 않으니 단지 안인安仁과 비교하면 생숙生熟의 구분이 있을 뿐이기 때문이다. (상채가) '有所得則不可'라 한 것은 말이 매우 명쾌하다. 대개 이로써 아래의 이른바 '見道不惑則可'에는 미칠 수 있겠으나, '未免於利之' 운운한 것으로 보자면, 상채는 원래 이인利仁을 낮잡아 본 것 같다.[28]

인용문은 「이인里仁」편 '불인자불가구처약不仁者不可久處約' 장에 대한 풀이이다. 이 단락에서 정암이 말하고자 하는 내용의 핵심은 『집주』에 인용된 사량좌의 해설에 약간 문제가 있다는 점에 있다. 『집주』에서 주자는 다른 구절과는 달리 이 대목의 해설에서 사량좌의 설을 비교적 상세하게 수록해 놓았다. 그러나 정암이 보기엔 이 대목의 사량좌 해설은 안인安仁과 이인利仁의 의미를 정확하게 구분하지 못했다고 여겼다. 정암의 이 견해는 농암의 설에서 기인한다.

농암은 <논어설>에서 이 단락을 풀이하면서, 상채의 견해는 『집주』에서는 전량을 수록할 정도로 칭찬하면서도 『혹문』에서는 친절親切하지 못한 것

---

28 『문집』 권9, 論語說上, "上蔡說, 『或問』謂'初不見利字之意', 盖只以有所見爲利, 則欠却篤好必欲得之義, 且利仁. 雖不能與仁爲一, 不可爲無所得, 只是較諸安仁, 有生熟之分耳. 謂'有所得則不可', 亦語太快, 盖以此及下所謂'見道不惑則可', 然'未免於利之'云者看, 則上蔡元低看利仁了."

으로 평가하고 있다는 의심을 보였다.[29] 이는 똑같은 주자의 해석일지라도 텍스트에 따른 이동의 차이가 있음을 인식한 것인데, 농암은 그 원인에 대해선 깊이 천착하지 못한 것 같다. 하지만 정암은 스승의 견해를 참고하여 이 단락에 대한 주자의 견해가 다른 까닭이 상채가 처음부터 안인보다 이인의 경지를 낮잡아 본 데서 기인한다고 했다. 정암의 이와 같은 견해에 대한 시시비비는 쉽게 논할 바가 아니지만, 주자설의 이동처를 인식하는 데 머문 농암과는 달리 정암은 그 이동이 발생하게 된 내력까지 유추해 내려 했다는 데 의의가 있다고 할 것이다.

정암이 인용문에서 상채의 설을 언급한 까닭은 주자의 해설을 정립하기 위한 의도로 보인다. 정암은 이 단락의 적절한 해설은 『어류』에 있다고 여겼으며, 『어류』의 해설을 비판한 이패림의 설을 '망론妄論'이라는 말로 심하게 비판하였다.[30] 이와 같은 태도는 『집주』에서 비록 주자가 다른 이의 해석을 신뢰하였더라도, 정암은 주자의 해석을 우선시하려는 의지이다. 즉 주자의 설에 비록 이동과 정定·부정不定의 차이가 있지만 텍스트를 정밀하게 검토하고 문의文義를 적의適宜하게 고려하면 주자의 의도를 파악할 수 있다는 입장이다. 바로 이런 점이 정암의 경학이 우암학맥의 다른 학자들과 비교되는 점이라 할 수 있다.

기호학파에서 대전본 소주에 처음으로 관심을 둔 이는 율곡栗谷 이이李珥이다. 그는 선조宣祖의 명으로 대전본 소주를 산정刪定하고 그 결과를 『사서소주권평四書小註圈評』으로 완성하였으며, 율곡의 소주 산정 작업은 후일 김장생—

---

29 金昌協, 『農巖雜識』 권3, 「來篇 3」, 論語說, "不仁者不可以久處約章. 『或問』但若欲爲而爲之之類, 據程子本說, 上爲字, 恐當作有名, 又『或問』'謝氏之說則善矣, 然初不見利字之意, 而於所以安仁者, 亦未親切.' 今『集註』全取謝說, 而又嘗曰: '上蔡所見, 直是高諸解中, 未有及此者.' 此與『或問』所論不同."

30 『문집』 권9, 論語說上, "『語類』所謂: '未發時, 自着不得工夫, 未發自堯舜至塗人一也.' 此語十分精至, 特人自不能知耳. 而都梁直以此爲遺憾, 至曰: '篤信朱子, 而不能辨遺憾, 必有受弊處, 且反助異學之攻.' 可謂: '妄論也'."

송시열·이유태-권상하·김창협으로 계승되었다. 이들 가운데 이유태는 율곡의 『사서소주권평』을 정밀하게 분석하여 율곡이 권평을 낸 내력을 밝히고자 했다.[31] 또 권상하와 김창협은 소주의 해설이 무엇이 문제인지를 분변했고 주자설의 이동에 대해 천착했다. 한원진韓元震(1682~1751)의 『주자언론동이고朱子言論同異攷』는 이와 같은 배경 아래에서 편찬된 책이다.[32]

하지만 정암 이전의 우암학맥에서는 주자설에 이동처가 있다는 사실만 밝혔을 뿐 이에 대한 극복의 노력이 부족했다고 할 수 있다. 본문을 통해 살펴보았듯이 정암은 주자의 해설에 이동이 생기게 된 까닭을 『집주』『혹문』『정의』 등 편찬의 초만初晩에 따른 개정改正의 유무, 주자의 본지를 잘못 인식한 후대 학자들의 오류 때문이라 여겼다. 그래서 『집주』를 기준으로 주자의 정론定論이 무엇인지를 드러내고자 했는데, 이와 같은 자세는 18세기에 이르러 농암 계열의 학자들이 주자설을 보다 공고히 하는 양상을 보여 주는 것이라 하겠다.

경학사에서 주자설의 정립화定立化·공고화鞏固化 양상은 17세기 송시열을 필두로 한 기호학파에서 공통으로 나타나는 현상이라 할 수 있다. 그중에서 특히 송시열의 적통嫡統을 계승한 김창협은 "주자朱子 이후로 유현儒賢들이 많다. 그의 문인이나 후학들을 높이는 자들은 종종 주자와 비교하는데 이는 또한 모두 주자가 왜 주자가 되는지 그 까닭을 알지 못하기 때문이다. 내 스스로 후대의 제유들을 논해 보니 그들의 자품資品과 역량은 물론이거니와 학문과 공부도 주자의 1/3이나 1/4에 미칠 수 있는 사람을 보지 못했다. 아! 주자의 경지를 어떻게 쉽게 헤아리겠는가?"[33]라고 하여 주자의 학문을

---

31 전재동, 「17세기 율곡학파의 <大學> 해석 연구-大全本 小註 분석을 중심으로」, 『국학연구』 16집, 한국국학진흥원, 2010 참고.

32 『朱子言論同異攷』의 가치 및 학술사적 의의 등에 대해선 韓元震, 『朱子言論同異攷』(곽신환 역주), 소명출판, 2002 참고. 韓元震의 경서 해석에 대해선 최석기, 「南塘 韓元震의 大學 解釋에 나타난 특징」, 『한문학보』 14, 우리한문학회, 2006 참고.

극찬하였다.

하지만 정암의 주자 인식은 스승인 농암과는 약간 경계가 있다. 그는 "군 성群聖을 집대성한 이는 공자이며, 군유群儒를 집대성한 이는 주자이다. 그런데 후인들은 주자를 성인시聖人視하려는 경향이 있는데, 과연 그러한가?"[34]라고 하여 주자를 성인으로 보는 태도에 의문을 보였다. 이는 농암이 주자를 거의 성인의 경지로 인식한 것과는 상이한 태도이다. 바로 이런 점이 18세기 노론 계열의 학자들이 가진 주자 인식 태도와 정암의 차이점이라 할 수 있다.

4. 결론

본고는 이패림의 『이동조변-논어』를 분석 대상으로 삼은 정암 이현익의 <논어설>을 통해 그의 『논어』 해석 양상 및 특징 등을 분석하기 위해 시도되었다. 지금까지의 논의를 통해 밝혀진 사실을 정리해 보면 다음과 같다. 첫째, 정암은 대전본 소주설에 오류가 많다고 인식하였다. 대전본 소주에 대한 정암의 전반적인 입장은 비판적이었지만, 그중에서 남헌·면재 등 정통 주자학파들의 해석은 주자설을 잘 계승하였다고 일부 인정하는 태도를 보이기도 했다. 하지만 정암은 <논어설> <대학설> 등 사서 해석에서 대전본 소주를 『이동조변』을 통해 비판하는 동시에 주자의 정론을 탐구하기 위해 노력하였다.

---

33 金昌協, 『農巖集』, 「雜識」, 내편 1, "朱子以後, 儒賢多矣. 其門人後學尊之者, 往往比擬於朱子, 亦皆不知朱子之所以爲朱子故耳. 自余而論後來諸儒, 無論其資稟力量, 其問學工夫能及朱子三四分者, 亦未見其人. 嗚呼! 朱子豈易擬哉."

34 『문집』 권19, 漫錄, "先儒之贊朱子曰: '集群聖之大成者孔子; 集群儒之大成者朱子.' 此則有聖賢之別, 而黃勉齋祭文曰: '其知生知; 其行安行.' 王禕文成家廟記曰: '集聖賢之大成.' 此則直以朱子爲聖人也, 未知果如何."

둘째, 정암은 주자의 사서 해석이 『집주』(『장구』 포함) 『정의』 『혹문』 『어류』 등 주자가 직접 편찬한 1차 자료에 징수精髓가 남아 있다고 여겼다. 또 정암은 이 같은 1차 자료에도 주자설의 이동처가 있음을 인식하고, 이를 극복하기 위해 『집주』를 사서 해석의 기준으로 삼고자 했다. 정암의 견해에 따르면, 『정의』 『혹문』 등은 주자가 개정하지 않은 반면, 『집주』는 만년까지 끊임없는 개정을 거쳤기 때문에 『집주』가 사서 해석의 기준이 된다고 했다. 아울러 『어류』 『주자대전』 등은 『집주』에서 미처 밝히지 못한 의리義理를 담고 있으므로, 『집주』 등 1차 자료를 보완할 수 있는 성격을 지닌다고 여겼다.

셋째, 정암은 주자의 경서 해석을 매우 신뢰하고 존숭했다. 주자 이후의 학자들이 경서를 그릇되게 인식하는 까닭도 주자 이후의 번거로운 주석이 주자의 본지를 잃었기 때문이라 여겼다. 주자설의 이동처를 탐구하거나 정론을 확립하려는 노력도 모두 이와 같은 고민을 거친 결과이다. 그러나 정암은 스승인 농암·우암처럼 주자를 성인시하지는 않았으며 여러 사람의 학문을 포괄적으로 수용하려는 입장을 취했다.

정암 이후 18세기 경학은 주자설의 이동처를 분석하는 것이 마치 유행처럼 번져갔다. 다산은 당시의 학문 풍조를 "지금은 장구章句만을 해석하고 이동異同에 대한 연혁沿革만 고찰할 뿐 옳고 그름을 판별하고 정正과 부정不正을 구별하여 체행體行하는 방법을 찾으려 하지 않는다"[35]고 비판하였다. 다산의 이런 언급으로 보아 19세기까지 주자설이동朱子說異同의 분변은 경학의 주요 주제였음을 짐작할 수 있다.

또 이패림의 『이동조변』은 18세기 경학 연구의 주요한 대본 중의 하나로 자리잡았다. 성호星湖 이익李瀷(1681~1763)이 "이패림의 『이동조변』에 나타난

---

35 丁若鏞, 『茶山詩文集』 제11권, 「論」, 오학론 2, 참고.

사칠설四七說이 퇴계의 그것과 다르다고 해서 내가 열람해 보니 과연 적실的實한지는 알지 못했다"라고 한 언급[36]이나, 병와瓶窩 이형상李衡祥(1653~1733)이 『이동조변－대학』을 통해 청대 학자들의 경서 해석을 두루 검토한 점[37] 등으로 볼 때, 『이동조변』은 18세기 이후 조선 경학 연구를 위해서는 보다 세밀한 검토를 요한다고 하겠다.

17세기 후반에 이르러 율곡학파에서는 주자의 경서 해석뿐 아니라, 주자의 학문 전반을 재검토하는 작업이 진행되었는데, 이들이 가장 주목한 책은 『주자대전』이었다. 이후 19세기 말에 이르기까지 김창협의 『주자대전차의문목朱子大全箚疑問目』, 김매순金邁淳(1776~1840)의 『주자대전차의문목표보朱子大全箚疑問目標補』, 이항로李恒老(1792~1868)의 『주자대전차의집보朱子大全箚疑輯補』 등 『주자대전』 자체에 주석을 시도하려는 노력이 지속적으로 시도되었다.

하지만 본고는 정암의 경학을 <논어설>에 한정하여 고찰한 한계를 지니고 있다. 서론에서 언급한 것처럼 정암은 사서를 비롯하여 삼경・예설禮說・성리설性理說 등에 깊이 침잠했고 그 결과를 남겨 놓았다. 특히 <대학설> <중용설> 등은 스승 농암에게 문목問目으로 질정한 것이므로 정암 경학의 실체를 밝히는 데 귀중한 자료로 판단된다. 이에 대한 자세한 고찰은 후일을 기약하기로 한다.

* 이 글은 『국학연구』 18집(한국국학진흥원, 2011)에 수록된 글을 수정・보완한 것입니다.

---

36 李瀷, 『星湖先生全集』 卷之五十四, 「題跋」, 跋四書條辨, "向聞上國有李霈霖者出, 作『四書異同條辨』, 其論四七, 與退溪異. 後得是書考之, 殆未見的然矣."
37 李衡祥, 『瓶窩先生文集』 卷之六, 「書」, 答李仲舒, "迺今大梁學者李霈霖, 論著四書同異辨三十五卷, 其三冊則『大學』也. 蓋主章句而不以董文靖公槐 (下略)."

손철배(孫喆培)* · 이영호(李昤昊)**

1. 서론

유가의 대표적 경전의 하나인『논어』에는 수많은 주석서가 있는데, 시대
별·국가별로 당대 유가사상의 기반을 제공하는 주석서들이 존재한다. 중국
의 주자학, 양명학, 고증학, 한국의 실학, 일본의 고학의 대가들이 저술한
『논어』 주석서가 바로 그것이다.

그런데 그 시야를 동아시아에서 서구로 돌려볼 때 이와 유사할 정도로
중요한『논어』 주석서(번역서)가 있다. 바로 제임스 레게(James Legge, 1815
~1897)가 저술한 *CONFUCIAN ANALECTS*이다. 이 책에는 장편의 서문과
상세한 주석이 달려 있어서 이후 서구 세계가 동양문명과 중국 문화를 이해
하는 데 기초가 되었다. 특히 그의『논어』 번역은 기독교적 세계관으로 유교
의 사상을 이해한 것이어서 우리는 레게를 동서양의 다리를 놓은 위대한

---

* 연세대학교 국제학대학원 강사.
** 성균관대학교 동아시아학술원 인문한국(HK)연구소 교수.

번역자로 평가할 수 있을 것이다.[1]

그러나 레게의 논어학에 대한 연구는 충분하다고 할 수 없다. 특히 우리나라의 경우는 상당히 열악하다.[2] 필자는 레게의 *CONFUCIAN ANALECTS*를 번역하는 와중에 이러한 문제점을 느끼고서 이 책의 특징과 그 의미에 대하여 간단하게나마 고찰해 보기로 하였다. 서술의 차례는 먼저 레게의 중국고전 번역사업과 관련된 간략한 생애를 살펴보고서, 그의 중국고전 번역의 동기와 『논어』 텍스트 형성에 관한 견해를 고찰하기로 한다. 그리고 본론으로 들어가서 레게의 『논어』 번역의 특징과 그 위상을 점검해 보고 나서 결론을 맺기로 하겠다.[3]

2. 제임스 레게와 『논어』 번역

1) 레게의 중국 고전 번역사업

제임스 레게는 영국 스코틀랜드의 에버딘에서 태어나 킹스 칼리지(King's College), 하이버리 신학대학(Highbury Theological College)을 졸업하고, 런던 선교회(London Missionary Society)에 의해 1840년 말래카에 파견되어, 중국인 목회자를 길러 내기 위한 영화서원英華書院(Anglo-Chinese) 및 런던 선교회의 인쇄

---

1 이동철, 「서구의 『논어』수용과 번역」, 『중국어문논역총간』 제25집, 중국어문논역학회, 2009, 279~280쪽.
2 레게의 논어학에 대해서는 중국과 대만, 그리고 영미권에서 연구가 이루어진 바 있으며, 특히 최근에는 그의 평전이 출간되기도 하였다. 그러나 우리나라의 경우, 이동철 교수의 위의 글이 거의 유일하다고 할 수 있는데, 그나마 서구의 논어학을 다루면서 언급하고 있다.
3 서술의 내용 중 별도의 주석이 없는 것은 전적으로 *CONFUCIAN ANALECTS*의 서문에 근거하였음을 밝혀 둔다.

소를 담당함으로써 선교 인생을 시작하였다.

아편전쟁(1839~1842)으로 남경조약이 체결되자, 1843년 학교와 선교기지를 홍콩으로 옮기고 본격적으로 중국 고전 연구와 번역에 매진하였다. 그러한 그의 노력의 성과는 중국 고전 번역의 출판으로 나타났는데, 사서오경四書五經을 번역한 『중국 고전』(Chinese Classics) 시리즈가 1861년 『논어論語』 『대학大學』 『중용中庸』을 포함한 1권을 필두로 전 5권이 출판되었다. 레게는 1873년 영국으로 돌아가 1876년부터 옥스퍼드 대학의 최초 중국 어문학 교수가 되었고, 이후로도 막스 뮐러(Max Muller)가 편집한 『동방의 성서』(Sacred Books of East) 시리즈로 출판된 『효경孝經』 『역경易經』 『예기禮記』 『도덕경道德經』 『장자莊子』 등을 번역하였다.

2) 레게의 중국 고전 번역 동기

레게가 중국의 고전을 번역하게 된 동기는 우선 다분히 기독교 선교사업과 관련이 있다. 자신을 포함해서 중국에 진출하는 선교사들이 그들의 선교 대상이 되는 중국인들을 잘 이해하려면 중국인들의 사상과 제도 및 문화에 깊은 영향을 미치고 있는 중국의 고전 특히 유교 경전에 대한 이해가 필수적이라고 본 것이다. 그래서 레게는 런던 선교회의 간부들에게 중국 고전 번역 사업의 필요성을 설명하면서, 자신의 선교사업은 "중국 고전에 대한 철저한 이해 없이는 효율적으로 만족스럽게 실행될 수 없다"고 단언하였다.

실은 선교사업을 돕기 위한 목적으로 시행한 유교의 주요 경전에(『오경五經』보다 서양인이 접근하기 쉬운 『사서四書』) 대한 번역의 전통은 17세기 중엽 이후 예수회 선교사들에 의한 라틴어 번역으로부터 시작되었다. 그런데 이러한 번역들은 유교 경전에서 기독교 교리에 상응하는 내용을 찾으려 하거나, 기독교적인 해석을 일방적으로 부과하거나, 아니면 기독교의 입장에서 중국의 사고방식·의례·관습 등을 비판하고 있어서 매우 제한된 관점들, 즉 기독교적 또는 오리엔탈리즘적인 관점에서 유교 경전에 접근하고 있다.[4] 유럽에서 중국학(sinology)의 수준을 한 단계 높인 연구는 19세기 아벨 레뮈사(Abel-Remusat), 포티에르(Pauthier), 줄리앵(Julien)과 같은 프랑스 학사원(French Academy) 출신의 학자들에 의해 시도되었는데, 그들의 연구는 보다 광범위한 텍스트를 섭렵하고 언어학적·종교학적·철학적 관점 등 다양한 시각과(아직도 완전하지는 않았지만 중요한 변화라고 할 수 있는) 가치중립적이고 비교문화적인 관점을 도입하고 있다.[5]

레게를 포함한 초기 개신교 중국 선교사들도 예수회의 전통에 따라 선교 수행의 목적을 염두에 둔 사전, 어휘집, 요약 번역, 문화 안내 사전류를 열심히 생산하였는데, 그들은 거기서 한 걸음 더 나아가 위의 프랑스 학자들의 접근방식을 받아들여 보다 광범위한 텍스트와 다양한 맥락에서 유교의 경전을 이해하려 하였다. 이러한 초기 개신교 중국 선교사 겸 학자의 대표적 인물은 물론 레게인데, 『중국 고전』(Chinese Classics) 시리즈와 『동방의 성서』(Sacred Books of East) 시리즈에서 보듯이 섭렵한 텍스트가 방대하여 텍스트 간 교차연구가 가능하였고, 무엇보다도 이전의 번역들이 중국의 유구한 경전 주해 전통에 거의 접근하지 못했던 데에 반해, 레게는 중요한 주해서들을 십분 활용하였고 비판적 관점에서 자신의 견해를 밝히는 경지까지 나아간 점은 서양의 중국학 연구의 획기적 사건이라고 할 수 있다.[6] 일반적으로 레게의 번역을 '학구적(scholarly)'이라고 하는데, 바로 이 업적, 즉 방대한 텍스트 간의 교차연구와 경전 주해 전통에 대한 비판적 대응을 가리키는 것이다.

---

4 이동철, 앞의 논문, 268~273쪽.

5 Lauren F. Pfister, *Striving for 'The Whole Duty of Man': James Legge and the Scottish Protestant Encounter with China*, vol. II, Frankfrut: Peter Lang, 2004, 75쪽, 150~152쪽.

6 위의 책, 152~153쪽.

이상과 같이 레게의 중국 고전 번역에 영향을 미친 외적 동기인 예수회의 전통이나 프랑스 학사원의 비교문화론과 더불어, 레게 자신의 교육과 종교생활에서 우러난 내적 동기도 중요하다. 레게는 학창시절 라틴어 고전을 집중적으로 교육받은 거의 마지막 세대이다. 그러므로 그의 그리스·로마 고전과 성경에 대한 해박한 지식과 학구열은 중국 고전에 대한 관심과 연구에 쉽게 전이되었다고 볼 수 있다. 또한 레게는 인간은 누구나 신에 대한 의무(duty to God)를 자각할 수 있고, 그 의무를 완수하기 위한 도정道程에 중단이란 있을 수 없다는 종교적 신념을 가지고 있었다. 레게는 그러한 의무 중에는 중국 선교사로서 중국 문명 특히 공자에 대한 평가의 의무가 있다고 생각하였다. 그러므로 논란이 많은 레게의 공자에 대한 평가는 순수한 학문적 입장에서가 아니라 후술하는 바와 같이 기독교적 종교관과 윤리관에 의해 채색되어 있었다.[7]

3) 『논어』 텍스트 형성에 관한 레게의 견해

『논어』의 첫 편에 대한 주석을 시작하면서, 레게는 'The Title of the Work'라는 주제하에서 『논어』의 저자에 대해 전해 내려오는 설명(「논어주소해경서論語註疏解經序」)을 실었는데, 그것은 류흠劉歆의 『칠략七略』보다 앞선 것이라고 하였다. 그에 따르면 『논어』는 공자의 사후에 제자들이 모여 각자 보관하고 있던 담론과 대화들의 비망기를 간추려 편찬한 것이다.[8] 여러 제자

---

7 위의 책, 105·154·192·223·357쪽.

8 According to that, the Analects were compiled by the disciples of Confucius coming together after his death, and digesting the memorials of his discourses and conversations which they had severally preserved. 이하 『논어』 텍스트의 형성에 관한 레게의 설명은 *Chinese Classics* (CC) vol. I, 서설 (Prolegomena), 14~17쪽을 인용한 것임.

들이 그의 스승과 나누었던 대화들과 그의 인생에서의 행실과 사건에 대한 노트들을 기록에 올렸고 이러한 기록들이 현재 우리가 보고 있는 『논어』에 포함되었다고 믿을 수 있지만, 현재 형태의 『논어』가 형성된 것은 틀림없이 (제자들의 세대) 그 이후일 것이라고 하였다. 그러한 근거로 다음의 사실을 들고 있다.

첫째, 「태백泰伯」편 3장과 4장에 죽음을 앞둔 증삼曾參에 관한 이야기가 있는데, 그의 임종에 노나라의 대부大夫 맹경孟敬이 방문하였다는 이야기가 있다. 맹경은 중손첩仲孫捷의 사후 칭호(the posthumous title)인데, 노나라의 도공悼公이 죽었을 때,[9] 즉 공자 사후(B.C. 479) 약 50년 후인 B.C. 431에도 그가 살아 있었다는 기록이 있다고 하였다.

둘째, 「자장子張」편은 온통 제자들의 말로 채워져 있고 공자가 직접 등장하지도 않는다. 3장·12장·18장은 공자의 제자들이 자신들의 학파와 제자들을 거느리며 공자로부터 받은 가르침을 언급함으로써 그들 자신의 가르침을 지탱하는 방식에 익숙해진 시기까지 내려온다고 하였다.

셋째, 「선진先進」편 2장 3절은 분명히 『논어』 편찬자들에 의한 노트인데, 중요한 제자 10명을 열거하고 특징에 따라 그들을 분류하고 있다. 레게는 이 노트가 100살 가량 산 자하가 있기는 하지만 그 제자들 중 어느 한 사람이라도 살아 있을 때 쓰였다고 가정하기 어렵다고 하였다.

따라서 레게는 『논어』가 공자의 제자들에 의해서 편찬되었다는 설을 받아들일 수 없다고 한다. 그보다는 제자들의 제자들에 의한 편찬이라는 견해가 더 가능성이 있다고 주장한다. 「학이學而」편 2장 1절의 주해에서 유약有若과 증삼을 특별하게 쓴 것—즉 유자有子·증자曾子라고 호칭한 것—을 지적하였는데, 이로 인해 어떤 중국 학자들은 『논어』의 편찬이 그들을 따르던 사람들

---

9 『論語集注』「泰伯」 4장의 주희의 주석, "孟敬子, 魯大夫, 仲孫氏, 名捷."

에 의한 것이라고 하였다. 그러나 이러한 결론은 조사하면 틀린 것이라고 하였다. 한편 다른 학자들은 몇몇 부분들은 서로 다른 학파들에 의한 것이라고 하였다. 그래서 「공야장公冶長」편은 자공子貢의 제자들에게, 「선진先進」편은 민자건閔子騫의 제자들에게, 「헌문憲問」편은 원헌原憲에게 주어졌고, 「계씨季氏」편은 『제논齊論』으로부터 끼워 넣은(interpolated) 것이라고 했다. 그러나 레게는 이러한 주장을 받아들인다고 해도 이것들은 『논어』의 아주 일부분에 지나지 않고, 따라서 『논어』는 공자의 제자들의 제자들에 의해서 편찬되었다는 결론에 안주하는 편이 제일 낫다고 하였다. 그들은 그들의 스승들로부터 전수받은 공자에 대한 비망록이나 구두진술을 자유로이 활용하여 편찬하였던 것이다. 그러한 편찬 시기를 기원전 4세기 말 또는 5세기 초로 잡으면 크게 틀리지 않을 것이라고 하였다.

한편 『사서』에 대한 중요한 책인 『용촌어록榕村語錄』에 다음과 같은 구절이 있다. "『논어』는 나의 의견으로는 이 『어록』처럼 제자들에 의해서 기록되었다. 그것은 그렇게 기록되었다가, 후에 최고의 한 인물이 나타나 아름다운 글솜씨로 다듬었기에 지금 우리가 보는 것같이 단 한 자도 꼭 필요한 자리에 있지 않음이 없다." 레게는 이 주장에 대하여 다음과 같이 논평하였다. 첫 번째 진술은 『논어』의 재료와 관련해서 아주 일부분의 진실만을 담고 있을 뿐이며, 두 번째 진술도 받아들이기 어렵다. 만약 어떤 한 사람이 여러 사람들에 의해 제공된 자료들을 간추렸다면, 『논어』의 편제(arrangement)와 스타일은 지금과 매우 달랐을 것이다. 지금처럼 여러 편에서 약간 달리 때로는 그대로 반복되는 구절들은 없어야 할 것이다. 또한 「자한子罕」편·「향당鄕黨」편·「계씨季氏」편의 마지막 장들의 편린들에 대해서 이러한 가정은 믿을 수가 없다고 하였다. 결국 레게는 시종 명확한 계획이 있었던 것은 아니었다고 주장하고 있다. 비록 일정한 정도의 통일성이 몇몇 편들에서 다른 편들보다 ―대개 『논어』 20편 중 앞의 10편에서 그 다음의 편들보다― 더 나타나기는 하지만, 편과 편 간의 사상의 전개라든지 특정 주제에 대한 개진을 볼 수 없다고 하며, 그리고 공통 주제를 다루는 장들이 있는 편에서조차 그 장들은 어떤 계획이라기보다는 임의로 몰아져 있다고 주장하였다.

레게는 이 경전이 언제 처음으로 『논어』라고 불렸는지 모른다고 하였다. Section I에서 제시된 증거에 따르면, 한나라 학자들이 고전을 수집하고 있을 때 이 경전은 흩어진 조각들(broken tablets)이 아니라 우리가 현재 가지고 있는 것과 같이 완전하고 책(Books 또는 Sections)으로 정리되어 있는 형태를 갖추고 있었다고 보았다. 『논어』 고본古本이 공자가 살았던 집의 벽 속에서 발견되었다고 했는데, 넣어 둔 시점은 B.C. 211년보다 늦지 않았을 것이라고 하며, 이 시점은 레게가 편찬이 이루어졌다고 말한 시기 '기원전 4세기 말'에서 한 세기 반 정도 멀리 떨어진 것이라고 하였다. 이 사본은 상고의 고문자로 쓰여 있는데, 아마도 편찬자들의 자필일 것이라고 하였다.

3. 제임스 레게의 『논어』 번역의 특징

1) 기독교적인 관점에서 공자와 그의 도덕률을 평가함

레게가 공자에 대해 가장 비난하는 점은 공자가 상고시대부터 전통으로 내려오던 유일신을 향한 믿음과 귀신숭배에 대해 애매한 태도를 취했다는 점이다. 레게는 『시경詩經』과 『서경書經』에 나오는 '상제上帝'를 기독교의 하느님과 같은 'God'으로 번역하는데, 거기서 '제' 또는 '상제'는 '인격체로서 하늘과 땅에서 다스리며, 인간의 도덕적 심성의 창조자이고, 왕들의 통치와 제후들의 법령이 그로부터 나오는 모든 나라의 지배자이며, 선인善人을 보상하고 악인惡人을 벌주는 존재'[10]로 파악하고 있다. 즉 '상제'를 기독교의 'God'처럼 우주의 유일한 인격신으로서 '인간에게 도덕심을 부여하고, 세상의 정치를 주재하며, 인간의 행위를 심판하는 존재'로 파악하고 있는 것이다.

레게는 공자가 『논어』에서 인격신을 가리키는 표현을 한 번도 쓴 적이 없고, 대신에 '천天'(Heaven)을 쓴 여러 예들을 지적하고 있는데, 대표적으로 「팔일八佾」편 13장에서 조상신보다 부엌의 신을 숭배하는 편이 낫지 않겠느냐는 속담에 대해 그렇지 않다면서, "천에 죄를 범하는 자는 아무에게도 빌 수가 없다(獲罪於天無所禱也)"고 한 주장과, 「헌문憲問」편 37장에서 공자가 자신은 인간사에 내재한 지고한 원칙들(즉 천명天命)을 통달하므로 '천'이 그를 알아줄 것이라는 믿음을 피력한 일화를 들고 있다.[11] 여기서 레게는 공자가 그의 이전 성인들이 가지고 있었던 인격신의 개념을 버리고 하늘의 이치 또는 자연의 법칙을 구현하는 존재로서의 '천'의 개념을 도입함으로써 이후 중국인 대중들이 종교적인 심성을 발전시키는 것을 막았으며 식자층이 무신론에 빠지는 길을 열었다고 비난하였다.[12]

공자의 '천' 관념에 대한 레게의 인식에 대하여 다른 주장이 있기는 하지만,[13] 이러한 논의들을 분석해 보면 대체로 레게는 공자가 인격신을 부정하였다고 생각한 것이 확실하다. 이는 명말의 선교사 마테오 리치(1522~1610)

---

10 CC I 서설, 98쪽.

11 CC I 「憲問」篇 37장 2절 주석, 289쪽.

12 CC I 서설, 99쪽.

13 Eugene Chen Eoyang, *The Transparent Eye: Reflections on Translation, Chinese Literature, and Comparative Poetics*, Honolulu: University of Hawaii Press, 1993, 170~175쪽. "레게는 공자가 말한 天을 직역하여 'Heaven'이라고 했지만, 번역 문맥상 전능한 하느님(a omnipotent God), 하느님 아버지(God the Father), 또는 창조주(Creater)의 의미를 갖도록 번역하여 독자들을 오도하였다. 예컨대 앞의 '獲罪於天無所禱也'에서 原義는 빌 대상을 특정화하지 않았음에도 레게는 'He who offends against Heaven has none to whom he can play'라고 번역하여 마치 전능한 하느님 (a omnipotent God)의 존재가 자명한 것처럼 말하고 있다. 또 다른 예는 「陽貨」篇 19章에서 공자가 '天何言哉 四時行焉 百物生焉 天何言哉'라고 했을 때의 天의 의미는 창조주의 의미가 아니고 四時·百物과 같은 위상의 창조물 일반을 가리키는 것일 텐데, 레게는 'Does Heaven speak? The four seasons pursue their courses, and all things are continually being produced, but does Heaven say anything?'으로 번역하여 四時와 모든 창조물들을 전지한 창조주인 天 (Heaven)의 구현체로 묘사하였다. 요컨대 레게는 공자가 말한 天에 기독교적 유일 절대신의 개념을 부과하였다."

가 고대유교는 인격신을 긍정하였다는 주장과 상반된다는 점에서 흥미롭다.[14]

또한 레게는 인류의 공통 관심사인 귀신과 죽음(사후 세계)에 대한 설명을 회피하는 공자의 태도를 성인답지 못하다고 비난하며, 중국 고대에 역사적으로 분명히 실재하였던 귀신숭배, 특히 조상숭배, 그리고 영혼 불멸에 대한 믿음을 공자가 도덕적인 예禮의 형식으로 탈바꿈시킴으로써 후대 중국인들의 종교 경험을 억누르는 결과를 초래했는데, 그의 영향력이 막강하였던 만큼 더욱 그러하였다고 주장하였다.[15] 물론 레게는 공자가 귀신을 경외하였고 제사를 지낼 때는 조상신의 강림을 믿었다는 것도 알고 있었지만, 그가 보기에 '무종교적인'(unreligious) 공자를 이토록 맹비난하는 이유는 God에 대한 믿음을 통하여 주어지는 인간의 신에 대한 의무를 자각치 못한 인간들이 이룩한 제도와 문명은 비록 특정한 미덕을 가지고 있더라도 불완전할 수밖에 없다는 기독교 지상주의에 빠져 있었기 때문이라고 볼 수 있다.

이와 같은 레게의 기독교 교리의 우월성에 대한 인식은 그 도덕률에 대해서도 마찬가지이다. 「공야장」편 11장에 자공이 "남들이 나에게 하지 않기를 바라는 것을 저도 남에게 하기 않기를 바랍니다"라고 말하자, 공자가 "사師야! 너는 아직 그러한 경지에 도달하지 못하였다"[16]라고 말한 일화가 있다. 레게는 이 장章이 '다른 사람이 우리에게 하지 않기를 바라는 것을 우리도 다른 사람에게 하지 않기를 바라는 경지에 도달하는 어려움'을 말한 것이라며, 이러한 소극적인 도덕률에 비해 기독교 『복음서』의 황금률(the golden rule)인 "다른 사람이 너에게 하기를 바라는 바대로 다른 사람에게 하여라"[17]

---

14 송영배, 「『천주실의(天主實義)』의 내용과 그 의미」, 『철학사상』, 서울대학교 철학사상연구소, 1995, 210~220쪽.
15 CC I 서설, 101쪽.
16 CC I 「公冶長」篇 11章 본문, 117쪽.
17 「마태복음」 7장 12절, 「누가복음」 6장 31절, "Do to others as you would have them do to you."

가 더 높은 경지라고 한다.[18]

　레게가 공자의 도덕률이 기독교의 도덕률은 말할 것도 없고, 심지어는 노자의 도덕률보다 낮다고 평가한 또 다른 예로서 「헌문憲問」편 36장에서 혹자가 공자에게 가해를 은혜로 갚는 것이 어떠한가를 물었을 때, 공자가 그러면 은혜는 무엇으로 갚을 것이냐고 반문하면서, "가해는 정의로 갚고, 은혜는 은혜로 갚으라"고 한 대답을 들고 있다. 레게는 이 장을 번역할 때 '이덕보원以德報怨'은 사소한 가해의 경우에 해당하고, '이직보원以直報怨'은 군주나 부에 저지른 중대한 범죄에 해당한다는 『사서익주四書翼註』의 주석은 단지 소개만 하고, 가해와 은혜에 대한 갚음은 달라야 한다는 주희朱熹의 주석을 따르고 있다. 레게는 이러한 공자의 가해에 대한 보복의 도덕률을 기독교의 원수를 사랑하라는 도덕률보다 아주 낮은 것이고, 노자의 『도덕경道德經』에 나오는 '이덕보원'의 도덕률보다도 낮게 보았다.[19]

　레게는 「옹야雍也」편 28장의 '널리 사람들에게 혜택을 베풀고 모든 사람을 돕는 사람' '자신이 서기를 바라며 남이 서기를 구하고, 자신이 발전하기를 바라며 남이 발전하기를 구하는 사람'을 『논어』를 통틀어 가장 높은 경지의 덕을 말한 것이라고 하였다. 그리고 '자신에게 가까운 것으로부터 미루어 다른 사람을 살필 수 있음'을 기독교에서 가르치는 '황금률'에 근접한 것이라고 하였다.[20] 결국 여기서도 기독교의 '황금률'이 공자가 말하는 도덕률의 잣대로 기능하고 있는 것이다.

　레게는 공자가 자신과 자신의 가르침에 대해 매우 겸손한 평가를 하고 있었던 겸손하고 인간적인 성격의 인물이었다고 파악하였다. 그런데 그의 제자들 특히 자사·자공 그리고 맹자와 같은 후대의 학자들에 의해 과장,

---

18 CC I 「公冶長」篇 11章 주석, 117쪽.
19 CC I 「憲問」篇 36章 주석, 288쪽.
20 CC I 「雍也」篇 28章 본문 주석, 194쪽.

현양顯揚되어 신격화에까지 이른 것을 매우 부적절한 전통이라고 비난하고 있다. 그 증거로 레게는 주로 「술이述而」편에 보이는 공자의 자신에 대한 평가들을 인용하고 있다. 「술이」편에서 공자는 자신이 성인聖人이나 인자仁者의 반열에 들지 못하고, 다만 그렇게 되기를 부단히 노력하고 다른 사람에게도 가르칠 뿐이라든가, 문학에 있어서는 뒤지지 않지만 공언한 바를 실행하는 면에서는 군자에 미치지 못한다든가, 자신이 노심하는 바는 덕을 닦기 위한 수양, 배운 것에 대한 토론, 정의에 대한 실천, 잘못된 행동에 대한 교정이라든가, 자신은 지식을 가지고 태어난 사람이 아니라 옛것을 좋아하고 거기에서 지식을 열심히 찾는 사람이라는 말들을 하고 있다. 공자는 자신에 대한 이러한 평가를 집약하여 "전달자이지 창시자가 아니다"라고 말했다.[21]

한편 레게는 공자의 신의 소명(a divine mission)에 대한 신념을 보여 주는 일화를 소개하였다. 공자가 위衛나라를 떠나 진국陳國을 향해 가고 있을 때, 광匡 땅의 사람들이 공자를 그들의 적인 양호陽虎로 잘못 알고 공격하자 제자들이 두려워하였는데, 공자는 태연히 그가 신의 소명을 가졌음을 천명함으로써 그들을 진정시키려 하였다. "문왕이 돌아가신 후로 사문斯文(진리의 대의大義)이 여기 나에게 있지 않았던가?" "만일 하늘이 이 진리의 대의를 사라지게 내버려 두고자 했다면, 나중에 죽게 될 내가 이 대의와 이런 관계를 가질 수 없었을 것이다. 그러나 하늘이 이 진리의 대의가 사라지도록 내버려 두지 않는다면 광匡 사람들이 나에게 무엇을 할 수 있겠는가?"[22]라고 하였다. 여기서 레게는 '문文'을 '진리의 대의'(the cause of truth)라고 번역하였는데, 더 구체적으로 문물(lierature)·예악(ceremonies) 등 문화에 구현된 진리라고 설명하였다. 그리고 공자가 문화의 원칙에 내재한 진리(truth in its principles)인 도道 대신에 문文이라고 말한 것은 그의 겸손을 나타낸다고 보았다.[23] 그러나

---

21 CC I 서설, 94쪽.
22 CC I 「子罕」篇 5장 2~3절 본문.

레게는 공자가 하늘이 인간을 가르치라고 명한 성인들의 계보에 자신이 속한다고 하였고, 문왕 이후 600년 동안 자신 외에 다른 성인의 존재를 인정하지도 않았다고 하였다.[24] 그렇다 하더라도 공자는 여전히 성인들 중의 하나로 자신을 자리매김하였기에, 여기에서도 그의 겸손은 훼손되지 않은 것이라고 하였다.

그런데 공자의 제자들과 후대인들에 의한 그의 현양顯揚이 매우 높아 성인 중의 성인으로 추앙되었을 뿐만 아니라 급기야 『중용中庸』의 말미에서는 하늘과 같은 존재로 신격화가 이루어졌다고 하였다. 레게는 이를 두고 "인간을 지고의 권능을 가진 존재와 동일시하는 것은 신성모독이 아니면 무엇인가!"라고 맹비난하였다.[25] 레게가 중국의 공자숭배 전통을 이토록 심하게 매도한 이유는 기독교적 인간관에서 연유한다고 보여진다. 레게는 인간은 잘못을 저지르게 되어 있는 존재로서 신의 은총에 의해서만 구원을 받을 수 있는 피조물이라는 겸손한 자각을 요구하고 있기 때문이다.

2) 인용 주석서의 특징과 주희朱熹의 주석에 대한 비판적 수용

레게는 유교 경전을 번역할 때 수많은 주석서들을 인용하였다. 레게가 인용한 주석서들에 대한 고찰은 그의 『논어』 해석학의 경향을 살펴볼 수 있을 뿐 아니라 주희의 주석에 대한 그의 입장을 엿볼 수 있다는 점에서도 중요하다고 할 수 있다. 이에 레게가 『논어』의 번역과 관련하여 주목한 저작들만 발췌하여 그의 설명을 덧붙이면 다음과 같다.

---

23 CC I 「子罕」篇 5장 2절 주석.
24 CC I 「子罕」篇 5장 3절 주석.
25 Lauren F. Pfister, 앞의 책, 104~105쪽.

• 『십삼경주소十三經註疏』: 십삼경十三經에 대한 주석과 설명이다. 이 책은 유교 경전에 대한 고대의 지식을 집적한 대창고라고 평가할 수 있다. 『논어』 부분에서는 하안何晏 등에 의한 『논어집해論語集解』, 형병邢昺에 의한 『논어정의論語正義』가 포함되어 있다.

• 『사서제유집요四書諸儒輯要』: 『사서四書』에 대한 학자들의 가장 중요한 주석 모음집이다. 강희康熙 57년(1718) 이패림李沛霖에 의해 간행된 이 책은 『사서주자본의회참四書朱子本義匯參』만큼이나 두껍지만 다른 양식을 가지고 있다. 모든 장章의 서두에는 전체적 의미에 대한 논설과 절節들의 논리적 연결이 이어서 나온다. 그 다음에 본문과 주희朱熹의 표준적인 주해가 오고, 이어서 완전하고 대체로 명쾌한 의미 설명이 따른다. 그 다음에는 다양한 주석가들에 의해 인정된 주석들의 모음이 있고, 마지막으로 일반적인 해석과 다른 비판적 언급이나 기발한 견해가 주어지는데, 이는 독자들의 참고를 위함이다.

• 『사서익주논문四書翼註論文』: 『사서四書』에 대한 보주補註 및 논설로 건륭乾隆 초기 한림원翰林院 학사인 장견도張甄陶에 의해 간행되었다. 저자는 대개 주희朱熹의 견해를 지지하여 청 초기 학자들의 주희 비판에 대해 변호하고 있다. 그 자신의 견해는 주석이라기보다는 논설의 성격을 띠고 있는데, 이 책은 좀 더 진전된 학자들을 위한 것이다. 레게는 종종 흥미를 가지고 꼼꼼히 읽었는데, 상당한 득을 보았다고 한다.

• 『신증사서보주부고비지新增四書補註附考備旨』: 두정기杜定基에 의해 1779년 간행된 이 책은 『사서四書』의 모든 판본 중에서 초심자에게 가장 좋은 것이다.

• 『모서하선생전집毛西河先生全集』: 모기령毛奇齡의 문집 중 경집經集(경전에 관한 글 모음)은 236편(sections)이고, 문집文集(기타의 글 모음)은 257편이다. 모기령은 주희朱熹에 대한 대단한 반대자였는데, 만약에 그가 문공文公(prince of literature)인 주희와 같은 우아한 스타일(우아한 문장)로 썼더라면 그의 반론이 더욱 효과적이었을 것이다. 특히 『대학大學』과 『중용中庸』에 관한 그의 논문들은 레게에게 도움이 되었다고 한다.

• 『사서척여설四書拓餘說』: 『사서四書』에 대한 보론補論 모음집으로 저자는 조지승曹之升이다. 이 책에는 『사서』 각각에 대한 서설(prolegomena)이라고 할 수 있는 것이 있고, 이어서 가장 어렵고 논란이 많은 구절에 대한 보론(excursus)이 실려 있다. 전체적인 어감은 절제되어 있고, 광범위하고 착실한 학식을 보여 주고 있으며, 종종 주희朱熹의 견해가 모서하毛西河의 공격으로부터 잘 변호되고 있다. 레게는 이 책이 매우 유익하고 배울 것이 많다고 평가하였다.

• 『황청경해皇淸經解』: 이 책은 황실에 의해 간행되지 않고, 광동廣東·광서廣西 총독이었던 원원阮元과 그를 후원하는 관리들의 감독과 경비로 1829년 간행되었다. 중국의 고위관리들이 그와 같이 막대한 경비가 들어가는 책을 간행하였다는 사실은 그들의 공공의 정신과 문학에 대한 열정을 보여 주는 것인데, 이것을 보더라도 외국인들은 그들을 낮게 보아서는 안 될 것이라고 레게는 말한다.

• 『공자가어孔子家語』: 제목 그대로 해석하면 '공자 가문의 말'이다. 여기서 가문(Family)은 분파(Sect) 혹은 학파(School)의 뜻으로 이해해야 한다. 원작은 공자의 집 벽 속에서 발견된 보물들(경전들) 가운데에 있었고, 공안국孔安國에 의해 해독되고 편집되었다. 현재의 책은 위魏나라의 왕숙王肅에 의한 것인데, 주장하기는 더 오래된 본에 근거하고 있다고 하며, 발견될 당시까지의 수세기 동안 심하게 훼손되었다고 한다. 왕숙 이후에도 이 책은 어떤 경전보다도 심하게 수난을 당하였다. 그렇다고 해도 이 책은 고대의 매우 중요한 편린이며, 『논어』에 편입시키는 것은 의미가 있다. 레게가 참고한 사본은 이용李容이 편집한 1780년 간행본인데, 레게는 보통 이 책을 '공자학파의 언설'(Narratives of the School)이라고 부른다.

• 『문헌통고文獻通考』: 기록들과 학자들에 대한 일반 연구(General Examination of Records and Scholars)이다. 이 경이로운 작품은 저자 마단림馬端臨이 20년 간의 노력을 기울여 1321년에 최초로 간행되었다. 레뮈사(Remusat)는 이 책에 대하여 다음과 같이 말했다. "이 훌륭한 저작은 그 자체가 하나의 도서관이다. 그리고 중국 문학에 이것 외에 다른 작품이 없다고 할지라도 이 작품만을 읽기 위해서라도 중국어를 배울 가치가 있다." 이러한 평가에서 알 수 있듯이 이 책은 진실로 중국의 정치·역사·문학·종교 등과 관련된 모든 주제들에 대해

거의 믿기 어려운 연구의 성과를 보여 주고 있다.

> •『속문헌통고續文獻通考』: 254권으로 왕기王圻의 역작인데, 서문은 1586년 으로 되어 있다. 왕기는 자주 전편에서 다룬 주제들로 돌아가서 사안들을 보다 명백하게 정리하였다.

레게는『사서』를 번역할 때 주희가 편집하고 청의 간관諫官들이 승인한 텍스트를 저본으로 사용했지만, 주희의 텍스트 조작(textual mani pulation)과 그에 따른 해석에 대해 동의하지 않았고, 청대 학자 모기령毛奇齡과 나중번羅仲藩의 입장에 따라 우려와 비판을 제기하기도 하였다. 그러나 주희의 주석에 호의적인 측면이 더 많았다. 위에서 보았듯이 레게가 인용하고 있는『논어』 주석서의 상당수는 청대의 전적을 제외하고 거의 주희의 해석에 긍정적인 주석서들이기 때문이다. 한편 레게에 대한 두 권의 상세한 전기를 쓴 Lauren F. Pfister에 따르면, 레게의『논어』해석은 많은 점에서 주희의 설說을 채택 하였는데(13건),[26] 거부할 경우에도 독자의 판단에 맡기도록 주희의 설을 수 록하였다고 한다(7건).[27] 또한 주희의 해석에 유보적인 태도를 취하는 경우 다른 학자의 대안을 제시하였다고 하였다(8건).[28] 우리는 여기에서 주희의 주석에 대한 레게의 경도를 엿볼 수 있다.

한편 레게의 주석을 중국의 유교 경전 주석의 전통 속에 위치시켜 보면, 주희의 해석을 둘러싼 청대 학자들의 공방전에 참여하였다고 볼 수 있다.

---

26 『논어』에서 주희의 해석을 채택한 경우는「八佾」 5장,「公冶長」 25장,「述而」 2장,「泰伯」 1장 · 20장,「子罕」 3장,「顏淵」 5장 · 6장 · 14장,「憲問」 40장,「子張」 11장 · 22장,「堯曰」 1장.
27 『논어』에서 주희의 해석을 거부한 경우는「顏淵」 7장,「憲問」 2장,「衛靈公」 28장 · 38장, 「季氏」 1장,「陽貨」 7장 · 24장.
28 주희 해석에 대한 대안을 제시한 경우는「泰伯」 9장,「先進」 13장 · 18장 · 21장,「顏淵」 12 장,「憲問」 24장,「季氏」 3장,「陽貨」 6장.

레게가 주희의 해석을 따르면서도 좀 더 진전된 해석에 민감하게 반응한 한 예는, 「안연顔淵」편 1장에서 안연이 인에 대해 묻자 공자가 대답한 '극기 복례위인克己復禮爲仁'에 대한 해석이다. 이 구절을 번역할 때 레게는 주희를 따라 극克을 '극복하다', 기己를 '육신의 이기적인 욕망들'로 보아, "자신을 평정하여 예로 돌아가는 것이 완전한 덕(仁)이다"[29]라고 하였다. 그런데 극기 克己에 대한 또 다른 해석의 전통이 중국에는 존재하였다. 즉 하안(190~249)의 『논어집해』에 실린 공안국孔安國의 "복復은 돌아감을 의미한다. 만약 어떤 사람이 스스로 능히 예禮로 돌아갈 수 있다면 그것이 인仁이다"라는 해석처럼 자기수양을 의미하는 전통이다. 이처럼 '기己'를 수양의 주체로 보는 고대 해석의 전통은 주자학파에 의해 배척을 받다가 주희의 주관적 그리고 불교의 영향을 받은 해석을 지양하고 원래의 의미를 찾고자 하는 청대 고증학파에 의해 다시 부활하였다.[30]

레게는 이러한 한대漢代·청대淸代의 기己에 대한 해석은 무시하고, 『사서익주』와 같이 '기己'를 도심道心과 반대되는 인심人心으로 보아 주희를 지지하는 해석들을 채택하고 있으며, 한 걸음 더 나아가 이러한 주희류朱熹類의 해석들은 인간 본성의 비도덕적인 상태를 인정하는 것으로서 그것은 기독교의 원죄에 해당한다고 하였다. 그런데 레게는 '기己'의 이기적 욕망이 세 개의 층위─즉 기품氣稟, 이목구비지욕耳目口鼻之欲, 리아利我─로 구성되어 있다는 주석을 채택하여, 2절에서 예가 아니면 보지도 듣지도 말하지도 움직이지도 말라고 했을 때 공자는 이목구비의 욕망, 즉 감각의 욕망을 말한 것이라고 해석하였다. 이상에서 레게가 인용한 주석서의 면모와 몇몇 구체적 주석을 통해 보았듯이, 레게는 기본적으로는 주희의 해석─특히 기독교의 교리에

---

29 CC I 「顔淵」篇 1장 본문, 250쪽.

30 John Kieschnick, "Analect 12.1 and the Commentarial Tradition," *Journal of the American Oriental Society*, 112(4), 568쪽, 574~575쪽.

부합될 소지가 있는 해석- 을 신뢰하면서 이를 비판적으로 수용하는 가운데 좀 더 정교한 해석의 가능성을 추구하고 있었다.

4. 맺음말

레게가 유교 경전을 번역할 때 기독교적인 선입관과 선교사로서의 이해관계가 작용한 것은 분명하다. 아마도 레게의 번역에 대한 수긍이 가는 혹평은 유교 경전에 기독교적 세계관·윤리관을 부과하여 독자들로 하여금 유교적 인본주의보다는 기독교의 교리를 읽도록 오도하였다는 것일 것이다. 그리고 유교의 주요 개념에 대한 그의 번역은 대체로 추천할 만하지만,[31] 경문經文에 대한 번역은 역자의 해석이라든지 글솜씨 같은 것은 가능한 배제하고 문자 그대로에 치우쳐 딱딱하고 기계적이기까지 하다는 비판을 받고 있는 것도 사실이다.[32]

그렇다 해도 1861년 『논어』 『대학』 『중용』을 포함한 『중국 고전』 1권의 출판을 필두로 1895년 제5권이 완성된 이후로 거의 한 세기 동안 서양학계에서 유교 경전에 대한 표준적인 번역으로 인정되어 재출판의 수요가 끊이지 않았다는 사실은 레게의 번역이 기독교적 편견과 오리엔탈리즘적인 요소를 뛰어넘는 미덕들을 가지고 있음을 말해 준다. 레게 번역의 이러한 미덕에 관한 연구는 의외로 최근에 이루어졌다. 레게의 전기를 상세히 다룬 두 연구자 모두 레게의 선교생활과, 학자로서 중국 연구에 있어 비판적인 입장에서 독자적인 세계를 구축하려는 그의 지적 경향을 강조하고 있다.[33] 앞서 레게

---

31 Zhu Fang, "A Study on James Legge's English Translation of Lun Yu", *Canadian Social Science*, vol. 5 no. 6, 2009.
32 서지문, 「서양학자들이 본 공자와 『논어』」 『영어로 배우는 논어』(2), 창작시대, 2001, 306쪽.

가 중국의 주석 전통에 적극적·비판적으로 반응하였음을 지적하였듯이, 레게가 어떤 학문적 도그마나 권위에 매몰되어 있었다고 보아서는 안 된다. 거의 반세기에 걸친 중국 고전 연구 번역의 결과, 레게는 결국 중국 문명, 특히 공자에 대해 가졌던 초기의 폄하적인 평가를 많이 수정하여, 공자(중국인)의 종교적 감수성, 유교 도덕률의 효과성, 그리고 인본주의적인 유교 정부의 장점을 인정하게 되었다. 이 과정에서 경전해석의 정점이었던 주희의 주석을 비판적으로 수용한 것도 큰 특징이라 할 것이다. 그러면 우리는 레게의 이러한 『논어』 해석을 『논어』 주석사에서 어떻게 자리매김 할 것인가? 이에 대한 답은 경학사를 거칠게나마 조망하면서 모색해 보아야 할 것이다.

유가 경전의 주석사에서 특기할 만한 주석은 곧 당대 사상의 전형적 특징을 반영해 내곤 하였다. 주희는 원시유학의 실천윤리론에 천론天論과 심성론心性論을 중심으로 하는 본체론本體論을 결합하여 새로운 유학을 창출하였다. 이 새로운 유학인 성리학(도학·송학·주자학)을 창출하는 과정에서 주희는 『사서』의 새로운 주석을 통해 그 동력을 마련하였다. 때문에 『사서』에는 주희의 본체론에 관한 사상이 풍부하게 함유되어 있다. 특히 주희는 『논어』를 주석하면서 인仁에 관한 새로운 해석을 통해 자신의 사상을 적절하게 반영해 내고 있다.

주희 이후 동아시아에서 이러한 양상은 빈번하게 발생하였다. 양명학·고증학·실학 그리고 고학의 발생 양상을 보면, 각 학파의 비조들은 거의 예외 없이 경전 주석을 통해 자신들의 새로운 유학이념을 세상에 알리곤 하였다.

양명학의 비조인 왕양명은 새로운 『대학』 해석을 통해 심학적 이념을 정초하였고, 명말 양명학의 대표적 존재였던 이탁오는 『논어』 주석을 통해 그의 선불교적禪佛敎的 경향을 유학에 투영시켰다. 한편 청대 유학자인 대진戴

---

33 Norman J. Girardot, *The Victorian Translation of China: James Legge's Oriental Pilgrimage*, Berkeley: University of California Press, 2002 및 Lauren F. Pfister의 앞의 책.

震은『맹자』에 대한 주석을 통해 주자학적 유학 도식을 탈피하고자 하였으며, 유보남劉寶楠은 주희 이전의『논어』주석을 충실하게 정리하는 데서 고증학적 경전주석의 전형을 보여 주었다.

한편 조선의 실학적 경학의 비조라 할 수 있는 이익李瀷은 주자학을 충실히 계승하면서도『논어』에 주석을 달 때 역사적 사실(특히『춘추좌씨전』의 내용)에 근거하여 재해석하고자 노력하였다. 이는 일종의 '이사증경以史證經'의 주석 자세로서 실제에 근거하여 사물과 현상을 이해하고자 하는 실학파 인식론의 경학적 투영이라 할 수 있다. 실학파 경학의 집대성자로 평가받는 정약용丁若鏞의 경우, 한·중·일 삼국의『논어』주석을 광범위하게 인용함과 동시에 자신의 독자적 경설을 개진한『논어』주석서를 저술하였다. 특히 이 두 종의『논어』주석서―이익의『논어질서論語疾書』, 정약용의『논어고금주論語古今註』―는 종래 조선주자학파의『논어』해석이 심성론心性論에 경도되어 있는 데 비해 경세적經世的 성향을 함유하고 있다.

일본의 경우, 이토 진사이伊藤仁齋와 오규 소라이荻生徂徠의『논어』주석이 저명한데, 특히 오규 소라이의『논어징論語徵』은 외재적 예를 중시하는 그의 사상이 명료하게 반영되어 있는 주석서이다.

이처럼 동아시아의 수많은『논어』주석서 중 경학사에서 특기할 만한 주석서들은 대개 당대 사상의 특징을 전형적으로 반영해 내곤 하였다. 때문에 이러한『논어』주석서들은 그 영향력이 당대뿐 아니라 후대에도 상당하였다. 작게는 한 학파에서 중시되었을 뿐 아니라, 크게는 일국을 움직이는 사상의 교과서적 역할을 하기도 하였다. 사정이 이러하였기에 후대로 올수록 이러한『논어』주석서들에 대한 재해석이 성행하였는데, 경학사에서는 이를 '소疏'라고 한다. 물론 모든『논어』주석서들이 이러한 '소'가 있는 것은 아니다. 앞서 언급했듯이 당대 사상을 전형적으로 반영해 내었거나, 후대에 상당한 영향력을 미친 경우에만 이러한 '소'가 이루어졌던 것이다.

동아시아의 이러한『논어』주석서와 유사한 지점을 확보하고 있는 서구의 『논어』 주석서가 아마도 우리가 앞에서 논한 레게의 *CONFUCIAN ANALECTS*가 아닐까 한다. 서구의 『논어』(중국 고전) 번역사에서 선교사들의 시대가 끝나고 본격적으로 한학자의 시대가 시작되는 시점에서 나온 대표적 『논어』 번역서가 바로 레게의 *CONFUCIAN ANALECTS*이며,[34] 그 후대에 미친 영향 또한 작지 않기 때문이다.[35] 특히 앞서 우리가 살펴본 그의 『논어』 번역(주석)의 특징인 주자 해석의 존중, 공자에게서 성인의 지위를 박탈한 탈성화脫聖化, 기독교적 이념에 근거한 『논어』 해석 등은 『논어』 주석사에서 새로운 전형을 창조하였다고 평가할 수 있다. 서구의 『논어』 주석사에서 이 같은 『논어』 해석의 경향은 레게에 의해 본격적으로 시작되었거니와, 오늘날까지 동서양의 『논어』 연구자들이 참고할 정도로 후대에 미친 영향 또한 상당하기 때문이다.

한 가지 흥미로운 사실은 동아시아에도 그 본질은 다르지만 형식적 측면에서 레게와 상당히 유사한 패턴을 지닌 『논어』 주석서가 있다는 것이다. 바로 이탁오李卓吾 일파의 『논어』 주석서이다. 이탁오와 그의 영향하에 있었던 장대張岱와 지욱선사知旭禪師의 『논어』 주석에는 종래 성인으로서의 공자상에서 탈피한 인간 공자를 묘사하고 있으며, 불가(선종)의 논리로 『논어』를 해석하고 있다. 또한 공자의 최종적 정신경계인 '종심從心'을 불가佛家의 '십자재心自在'의 경지와 동일시하면서, 이는 부처가 도달한 '법자재法自在'의 경지에 미치지 못하는 것이라고 평가하였다.[36] 이는 불교냐 기독교냐의 차이는 있을지언정, 기독교의 도덕률이 유교의 도덕론에 비해 우월하다는 레게의

---

34 이동철, 앞의 논문, 278쪽.

35 서구의 유교 경전 번역서들 중 현재까지 가장 왕성하게 읽혀지면서, 서구에서 유교의 경전을 논할 때 그 논의의 근원에 위치한 最古의 책은 바로 레게의 유교 경전 번역서들이다. 이러한 정황에 대해서는 데이비드 S. 니비슨 저, 김민철 역, 『유학의 갈림길』, 철학과 현실사, 2006, 356~409쪽.

36 이에 대한 자세한 분석은, 이영호, 「이탁오의 논어학과 명말 새로운 경학의 등장」, 『정신문화연구』 31권 4호, 한국학중앙연구원, 2008 참조.

제임스 레게의 『논어』 번역의 특징과 위상   413

주장과 매우 흡사하다고 할 수 있다.

20세기 이래 중국 학자의 『논어』 연구에 대한 문헌 종술綜述

탕밍구이(唐明貴)*

『논어論語』는 국내외적으로 커다란 영향력을 지닌 오래된 전적典籍으로, '논어학論語學'은 『논어』를 전문적으로 연구하는 학문이다. 논어학을 통해 중국학술사·중국사상사·중국경학사經學史·중외中外문화교류사의 연구를 심화하고 폭을 넓혔을 뿐만 아니라 서로 다른 역사시기의 학술풍격과 취향을 이해할 수 있었고, 학술과 사회의 쌍방 상호관계를 통찰할 수 있었다. 20세기 이래 중국 학자들의 『논어』 연구는 양적으로나 질적으로 모두 상당한 성과를 거두었다.

* 중국 랴오청(聊城)대학 철학과 교수.

1. '논어論語'의 명칭에 대한 내력

1) 제자들이 표제를 하였다

주여동周予同는 "『논어』의 명칭은 『예기禮記』 「방기坊記」 및 『공자가어孔子家語』 「제자해弟子解」에 처음 보이는데, 『공자가어』는 왕숙王肅이 위조한 것으로 신빙성이 부족하고, 「방기」는 심약沈約이 『자사자子思子』에서 나왔다고 하니 사료적 가치가 있다고 할 수 있다. 『논어』가 '논어'라고 일컬어진 것은 제자들이 선별해 모을 때에 이미 시작되었다"[1]라고 하였다.

2) 논어 명칭은 공자의 문인門人들에 의해 만들어졌다

양백준楊伯峻의 『논어역주論語譯注』에서는 "『논어』는 증자曾子의 제자들에 의해 만들어졌다. '논어'라는 서명書名은 당시의 편찬자編纂者가 명명命名한 것으로, 어언語言의 논찬論纂이라는 의미이다"[2]라고 하였다.

3) 서명書名은 늦어도 진한秦漢 시기에 출현하였다

붕성朋星은 "서명은 후대 유가儒家에 의해 확정되었으며, 아무리 늦어도 진한 시기에는 이미 사용되고 있었다"[3]고 하였다.

4) 서명은 한대漢代에 확정되었다

한중민韓仲民은 "『논어』라는 서명은 한대에 이르러서야 존재하였다. 선진先秦시기 제자서諸子書에서 인용할 때는 '공자왈孔子曰'이라고만 일컫고 『논어』라는 명칭을 사용하지 않았다. 선진 시기 자서子書는 모두 사람으로 명명命名

---

1 周予同, 『周予同經學史論著選集』(增訂本), 上海人民出版社, 1996, 273쪽.
2 楊伯峻, 『論語譯注』序, 中華書局, 1980.
3 朋星, 「'論語'書名之謎」, 『孔子研究』 1989年 第1期.

하였고 뜻으로 명명한 것은 선례가 없다. 한대 사람들은 자하子夏·자공子貢·유약有若·증자曾子 등의 사람을 인용할 때도 '공자왈孔子曰'이라고 일컫고 있으니, 이곳에서 이르는 '공자'는 마땅히 서명으로 보아야 한다"[4]고 하였다.

5) 논어 명칭은 경제景帝 말년 혹은 무제武帝 초년에 정해졌다

조정신趙貞信은 동중서董仲舒의 대책對策과 『한시외전韓詩外傳』에서 '논어' 두 글자를 명백하게 사용하고 있는 것에 착안하여 이러한 의견을 제기하였다. 『한서漢書』 「동중서전董仲舒傳」 동중서의 대책 중에 "신이 들으니 논어에 말하기를, 처음이 있고 마침이 있는 자는 그 오직 성인일 것이다(臣聞論語曰 有始有卒者, 其惟聖人乎!)"라는 문구가 있는데, 명백하게 '논어' 두 글자를 거론하고 있다. 동중서의 생존연대는 빨라도 건원建元 원년(기원전 140년) 이전이 아니고 늦어도 원광元光 원년(기원전 134년)을 지나지 않는다. 이 시기 책문策文에서 '논어' 두 자를 사용하고 있으므로 '논어'라는 명칭의 성립은 마땅히 이 시기 혹은 조금 이른 시기가 됨은 의심의 여지가 없으니, 곧 경제 말년과 무제 초년(기원전 140 전후)이 된다. 이외에 『한시외전』에도 3곳에서 '논어'를 일컫고 있다. 『한시외전』을 지은 한영韓嬰은 효孝·문제文帝 시기에 이미 『시詩』의 박사博士가 되었고 경제 시기에는 일찍이 상산왕常山王의 태부太傅가 되었으며 무제 시기에도 존재하였다. 그의 『한시외전』이 비록 언제 편찬되었는지 알 수 없지만 서적의 편찬은 말년에 이루어졌고 『외전』은 『내전內傳』 뒤에 만들어졌을 것이다. 만일 상산왕의 태부 이후에 『한시외전』이 만들어졌다면 그 책에서 이미 '논어'가 보이니 '논어'라는 명칭은 경제 말년 혹은 무제 초년에 성립되었다는 또 하나의 증거가 될 수 있다.[5] 장대년張岱年이 편찬한 『공자대사전孔子大辭典』에도 "그 명칭은 대략 전국 말기에서 한 무제 시기에 출현하였

---

4 韓仲民, 『中國書籍編纂史稿』, 中國書籍出版社, 1988, 64쪽.
5 趙貞信, 「"論語"一名之來歷與其解釋」, 『國立北平研究院史學集刊』 第二期.

고, 그 명칭이 사용된 시기는 한 이후이다"[6]라고 하였다.

6) 한나라 공안국孔安國에 의해 정해졌다

김덕건金德建[7]과 곽기郭沂[8]는 모두 왕충의 『논형』 「정설正說」 편에 "처음 공자의 자손인 공안국孔安國이 노魯나라 사람 부경扶卿을 가르치려고 비로소 '논어'라고 하였다(初, 孔子孫孔安國以敎魯人扶卿, 始曰論語)"고 한 것을 근거로 하여 '논어' 명칭은 공안국에 의해 정해졌다는 가설을 도출해 냈다.

이상과 같은 여러 학설 중에서 3)·4)·5)·6)의 가설은 믿기 어렵다. 왜냐하면 근래에 출토된 곽점초간郭店楚簡 및 홍콩에서 사들인 상해박물관上海博物館 죽간竹簡이 증명하듯이 「치의緇衣」와 실전失傳된 『자사자』는 확실히 모종의 관계가 존재한다. 심약이 "「치의」와 「방기坊記」는 『자사자』에서 취하였다"고 한 것은 믿을 만하다. 「방기」 중에 이미 『논어』를 언급한 만큼 최소한 자사가 활동하던 시기에는 『논어』가 이미 책으로 만들어졌을 것이다. 따라서 '논어'라는 명칭이 진한 시기 혹은 한대에 정해졌다는 가설은 믿을 수 없지만 1)·2)의 가설 중 특히 2)의 가설은 비교적 믿을 만하다. 자세한 것은 본고의 '3. 『논어』 편찬자에 관하여'에서 인용한 왕철王鐵의 학설에서 살펴볼 수 있다.

---

6 張岱年, 『孔子大辭典』, 上海辭書出版社, 1993, 314쪽.
7 金德建, 「論語名稱起源於孔安國考」, 載 『古籍叢考』, 中華書局·上海書店, 1986.
8 郭沂, 「'論語'源流再考察」, 『孔子研究』 1990年 第4期.

2. '논어' 두 글자에 관한 함의

1) 선택되어 편찬된 공자의 말씀

유의흠劉義欽은 "'논論'은 진한 시기 '선택選擇'의 의미로 자주 사용되었다. 『설문통훈정성說文通訓定聲』「둔부屯部」에 논論은 륜掄으로 가차되었다고 하고, 『설문說文』에 '륜掄'을 해석하여 '택擇이다. 수手로 구성되었고 륜侖이 소리를 나타낸다'고 하였으니, 『논어』의 '논論'이 '륜掄'과 통하여 '선택'의 의미가 됨을 알 수 있다. 그러므로 『논어』라는 서명의 정확한 의미는 '선택되어 편찬된 공자의 말씀'이다"[9]라고 하였다.

2) 선택과 정리를 거친 대화록

이안李雁은 "'논論'자를 상고해 보면, '륜倫'과 통가通假되는 것 외에 '륜掄'과도 통하는데 이는 선택의 뜻이 있다. 『설문해자說文解字』「수부手部」에 '륜掄은 택擇이다'라고 하고 주준성朱駿聲의 『통훈정성通訓定聲』에 '논論은 륜掄으로 가차된다'고 하였으며, 『광아廣雅』「석고일釋詁一」에 '륜掄은 택擇이다'고 하고 왕념손王念孫의 소증疏證에 '륜掄 · 륜倫 · 논論은 서로 통한다'고 하였다. 따라서 『논어』의 명칭은 '선택과 정리를 거친 대화록'이라고 해석할 수 있다"[10]고 제기하였다.

3) 공자와 제자 혹은 다른 사람들 사이의 논란 기록

붕성朋星은 『모전毛傳』과 허신許慎의 『설문해자說文解字』에서 말한 "논란論難을 '어語'라고 한다(論難曰語)"라는 것에 근거해 "『논어』는 공자와 제자 혹은 다른 사람들 사이의 논란을 많이 기록하고 있기 때문에 진한 시기의 유가가

---

9 劉義欽, 「'論語'書名意義之我見」, 『信陽師院學報』 1995年 第3期.
10 李雁, 「'論語'書名釋義」, 『齊魯學刊』 1996年 第6期.

『논어』라고 명명하게 되었다"[11]고 하였다.

4) 편찬된 공자와 그 문인의 대화

오정敖晶은 '논' 자는 단옥재段玉裁가 "언言과 륜侖을 구성요소로 하고 륜侖은 소리를 나타낸다"고 해석한 것에 의거하여 '륜侖'은 스과 冊으로 구성되어 있으니, 곧 간책簡冊을 한데 모으는 것으로 지금의 이른바 편집編集·編輯한다는 뜻과 같다. '언言'과 그 뜻을 합하면 간책을 한데 모아 그 언론言論을 이룬다는 것으로, 종합하면 편찬編纂한다는 뜻이니 이것이 곧 '론論'의 본의이다. 고대 한어에서 '어語'는 다른 사람의 질문에 대답하거나 혹은 다른 사람과 한 가지 일에 대해 담론하는 것으로 서로 담화하는 뜻이 있다. 따라서 『논어』의 '어語'도 '대화對話'라는 뜻을 취하였다. 이상의 해석을 종합해 보면, '론'과 '어'의 함의는 두 가지가 서로 합해져 『논어』는 '편찬하게 된 공자와 그 문인의 대화'를 의미한다고 할 수 있다.[12]

위의 네 가지 가설 중 앞의 두 가지 가설은 창의적이고 근거가 있으나 『논어』 편장篇章의 배치로 보면, 『논어』는 비록 편폭篇幅이 많지 않으나 그 중에 완전 중복, 기본 중복, 한 개의 의미가 반복되어 설명하는 곳이 많기 때문에 책이 만들어진 시기에는 아직 '선택'을 더하지 않았다. 따라서 이러한 가설은 성립되지 않는다. 세 번째 가설은 『논어』의 내용과 부합하지 않으며, 『논어』에 기록된 공자와 제자 혹은 다른 사람의 내용도 많지 않다. 네 번째 가설은 기본적으로 반고班固가 쓴 『한서漢書』「예문지藝文志」의 가설을 따랐는데 비교적 믿을 만하다고 판단된다.

---

11 朋星, 「'論語'書名之謎」, 『孔子硏究』 1989年 第1期.
12 敖晶, 「'論語'釋名」, 『浙江大學學報』 2002年 第2期.

3. 『논어』 편찬자에 관하여

1) 문文·경제景帝 시기 박사 편집설

조정신趙貞信은 "『논어』의 편집은 빠르면 문제 이전이고 늦어도 무제 시기이니 대략 문·경제 시기이며, 편찬인은 당시 박사의 직책을 담당했던 제齊·노魯의 대사大師들이다. 그 이유는 당시 『제론齊論』과 『노론魯論』을 전수한 13명이 있는데, 『제론』을 전수한 사람 중에 왕경王卿만이 무제 시기의 사람이고 나머지 5명은 모두 선宣·원제元帝 이후의 사람들이다. 『노론』을 전수한 사람은 공분襲奮을 제외하고는 자세하지 않으나, 노부경魯扶卿 한 사람만 무제 시기의 사람이고 나머지 5명은 모두 소昭·선제宣帝 이후의 사람들이다. 만일 『제론』『노론』이 이미 이전에 있었다면 무엇 때문에 무제 시기에도 전수하는 사람이 있었겠는가? 이 『노론』과 『제론』은 문·경제 시기에 편찬되어 노부경과 낭야琅邪 왕경王卿이 가장 먼저 『논어』를 전수한 학자였음을 알 수 있다"[13]고 주장하였다.

2) 증자曾子 주도 『논어』 편찬설

가경초賈慶超는 "『논어』는 주로 증씨曾氏의 문하에서 나왔으니, 혹자는 증자 및 그 제자들이 『논어』를 편찬하고 전파한 핵심이라고 한다"고 주장하였다. 『논어』는 공자의 제자들이 서로 수집하고 논의하여 편찬한 것으로 특히 증자의 전수에 기초하였다. 공자의 죽음부터 증자의 죽음까지 반세기 넘는 기간 동안 전승한 것을 가다듬고 취사 선택하여 세련되게 만드는 과정을 거쳐 최종적으로 자사子思가 보완하여 책으로 만들었다. 『효경孝經』『대학大學』및 대大·소대小戴의 『예기禮記』중에 증자와 관련된 여러 편은 책을 만드는

---

13 趙貞信, 「'論語'究竟是誰編纂的」, 『北京師範大學學報』 1961年 第4期.

과정이 이와 유사하다. 통칭하여 증자의 주도하에 편찬되었다고 할 수 있으니 선진 시기 제자諸子의 저술 습관과도 부합된다.[14]

3) 증자曾子 문하門下 편찬설

왕철王鐵은 증자의 제자들이 『논어』를 만들었다고 주장하며 그 이유를 다음과 같이 들고 있다. 첫째, 『사기史記』「공자제자열전孔子弟子列傳」에 의하면, 증자는 공자의 제자 중 나이가 가장 어리고 수명이 비교적 길었던 사람으로 그의 사망 시기와 공자의 죽음과는 40~50년의 간격이 있다. 둘째, 『논어』에서 공자의 다른 제자들을 기록할 때는 모두 자字로 칭했지만 유독 증자를 기록할 때는 일률적으로 '증자'라고 하였다. 셋째, 「태백泰伯」의 2장에 증자가 죽기 전의 일을 기록하고 있다. 넷째, 『증자』와 『논어』의 관계가 상당히 밀접한데 그중의 수많은 문구가 『논어』에서 변화되어 왔으며 사상이 일치할 뿐만 아니라 적당한 단어를 골라 문장을 만든 것도 서로 같고 더욱이 상응하는 『논어』의 각 장은 전체의 13편 중에 분포되어 있다. 따라서 『논어』가 증자의 문하에서 나왔다는 것은 전적으로 근거가 있는 것으로 보인다.[15]

4) 추로鄒魯의 유생설

이러한 가설을 제기한 사람은 선승빈單承彬이다. 그는 "『논어원류고술論語源流考述』에서 기원전 428~372년 사이에 노나라의 도성인 취푸曲阜에서는 공자 및 그 제자의 후학으로 결성된 '추로鄒魯학술집단'이 활동하고 있었다. 그들은 주로 예악禮樂과 관련된 문화활동에 종사하였다. 금본今本 『의례儀禮』『예기禮記』『대대례기大戴禮記』 및 새로 출토된 곽점초간郭店楚簡을 보면, 『논어』와

---

14 賈慶超, 「曾子領纂'論語'說」, 『東嶽論叢』 2003年 第1期.
15 王鐵, 「試論'論語'的結集與版本變遷諸問題」, 『孔子研究』 1989年 第3期.

이들 문헌들은 자료적인 면에서 명백하게 일치한다"고 하여 『논어』가 '추로의 유생'에게서 나왔다고 주장했다.[16]

5) 공자의 삼전三傳 제자설

풍우란馮友蘭은 『논어』는 "대개 공자의 삼전三傳 제자 혹은 더욱 후대의 제자들이 그들의 선생이 기억하고 있던 공자의 언행을 회상해 기술한 책"이라고 주장하였다.[17] 전목錢穆은 "『논어』의 일부 기록은 공자의 제자에게서 나왔으며, 찬집纂輯과 증정增訂은 70제자의 문인에게서 나왔다"[18]고 하였다. 온유민溫裕民은 "크게 3단계로 나눌 수 있는데, 배태胚胎시기는 공자가 살아 있을 때로 각각의 기록이 있었다. 탄생시기는 공자가 죽은 뒤로 제자들이 서로 편집하였다. 완성시기는 70제자의 제자들이 거듭 보완하여 편집하였다"[19]고 하였다.

6) 여러 사람 출자설

채상사蔡尙思는 "『논어』는 여러 사람에게서 나온 것으로 한두 사람 혹은 한 문파와 소수의 사람에게서 나온 것이 아니다. 처음에는 단지 그 대략적인 것을 기록한 것으로 시작과 동시에 모두 완비된 것은 아니며 후대 사람들에 의해 수정 혹은 교정된 것으로 모두 원시자료라고 할 수 없다. 도대체 어떤 사람에게서 나왔는지 고증할 수 없다"[20]고 하였다.

이상에서 기술한 여러 학설 중에서 필자는 조정신趙貞信의 학설이 가장

---

16 單承彬, 『論語源流考述』, 吉林人民出版社, 2002, 49쪽.
17 蔡尙思, 『論語導讀』, 巴蜀書社, 1996, 8~9쪽.
18 위와 같음.
19 위와 같음.
20 위와 같음.

납득하기 어렵다고 생각된다. 그는 『제론』과 『노론』을 통해 논설을 전개하였을 뿐 『고론古論』을 언급하지 않았다. 만일 『제론』과 『노론』이 당시 박사의 직책을 맡았던 제齊와 노魯의 대사大師가 편찬하여 만들어진 것이라면 『고론』은 어떤 대사에 의해 편찬된 것인가? 『한지漢志』의 편찬체계에 의하면 오래된 것을 앞에 배열하니, 『고론』은 『제론』과 『노론』의 앞에 배열되어 그 저작연대는 『제론』과 『노론』보다 더 이르다. 따라서 조정신의 가설은 실제로 성립할 수 없다. 제2・3설은 비록 방법이 각각 다르나 기본적으로 『논어』가 증자의 문인에게서 나왔다는 것을 인정하고 있고 논증도 충분하기 때문에 일가의 학설을 이루었다고 할 수 있다. 제4)・5)・6)설은 총괄적으로 논하여 우열을 가릴 수 없기 때문에 공인되기 힘들 것 같다.

4. 『논어』에 대한 총론

이 방면의 전문저서와 논저는 대체로 다음과 같다.

온유민溫裕民, 『논어연구』(上海商務印書館, 1930年版)

왕붕개王鵬凱, 「역대논어저술종록歷代論語著述綜錄」(國立政治大學 中國文學硏究所 碩士論文, 1977年)

호지규胡志奎, 『논어변증論語辨證』(臺北 聯經出版公司, 1978年版)

임잉건林礽乾, 『논어도독論語導讀』(康橋出版事業公司, 1978年版)

허세영許世瑛, 『논어이십편구법연구論語二十篇句法研究』(臺灣 開明書店, 1994年 10月 第6版)

강간익江幹益, 「중국 역대 '논어학'의 해석형태 및 그 방법론」(『興大中文學報』, 1995年 第8期)

황창건黃彰健, 「논어를 이해하는 방법, 그리고 한漢・송宋학파의 논어 해석

에 관한 소론」(『周公孔子研究』, 南港 中央研究院 歷史語言研究所, 1997年版)

왕암교汪岩橋 · 주위朱偉, 「'논어' 본문에 대한 현대적 천술闡述」(『杭州師範學院學報』 1999年 第1期)

진사곤陳思坤, 「어경語境과 '논어'의 석의釋義」(『雲夢學刊』 2001年 第6期)

부무광傅武光, 『논어논저목록論語論著目錄』(臺北 洪葉文化, 2000年版),
  　　　　　『논어저술고論語著述考』(臺北 國立編譯館, 2003年版)

나기羅琦, 『'논어'이문연구異文研究』(復旦大學 漢語言文學專業 碩士論文, 2003年)

당뢰唐雷, 「'논어'헌의獻疑」(『浙江工商職業技術學院學報』 2004年 第1期)

주광경周光慶, 「해석의 각도로 본 '논어' 언어의 소환召喚특징」(『江漢大學學報』 2004年 第1期)

유창劉暢, 『'논어'주석기해연구注釋歧解研究』(北京師範大學 漢語言文學專業 博士論文, 2005年)

당명귀唐明貴, 「중국 학자들의 반세기 이래의 '논어' 연구」(『古籍整理研究學刊』 2005年 第2期)

정겸극程謙克, 「'논어'득명고得名考」(『山西大學學報』 2006年 第2期)

곽소홍郭素紅, 「20세기 중국 논어의 문헌학 연구의 회고와 전망」(『蘭州學刊』 2006年 第6期)

이 중에서 왕붕개王鵬凱의 석사논문은 두 부분으로 나눌 수 있다. 목록에서는 수서서명首敍書名, 권수卷數, 작자作者, 주명출처注明出處 및 존일存佚 정황 그리고 제기諸家 서목書目에 기록된 차이점을 모두 언급하여 여러 서목書目의 상략詳略과 득실得失을 정리하였고 그 오류를 정정하여 완전한 성격의 종합적인 저술목록을 작성하고 이를 바탕으로 역대『논어』에 대한 저술 정황을 정리하였다. 그중『경의고經義考』의 폭넓은 수집,『사고제요四庫提要』에 언급한 엄밀한 조사와 「예문총지藝文總志」의 정리에 대한 노력은 제기諸家 서목 중에서 가장 뛰어난 내용이 되었다. 역대 논어학의 개술槪述 부분에서는 역대 논어학의 원류源流와 변화과정을 서술하여 원류를 고찰하였다. 서론에서는『논어』의 명칭과 편찬자, 저작과정의 여러 문제를 언급하였다.

한나라가 흥기하니 제齊 · 고古 · 노魯 3론이 전문적으로 전수되었고 스승의 전승을 이어받아 감히 다르게 할 수 없었다. 정현에 이르러 금今 · 고문古文을 동시에 취하여 양한兩漢의 논어학을 집대성한 사람이 되었다. 그 뒤에 하안과 왕필 등이 정현을 따라 경문을 해석하여 정현의 학풍이 크게 소통되고 유행하여 남조에서 수당에 이르기까지 북방에서는 오히려 정학鄭學을 독실하게 지켰다. 낙학洛學과 민학閩學(程朱理學)이 계속 일어나고 도학道學이 크게 번창하여 한 · 당에서 이탈되어 이치만을 연구하였다. 정자程子와 주자가 사서를 추종하여 사서의 지위가 크게 상승되었고, 오경五經과 함께 일컬어 송 말에서 원을 지나 명 초에 이르기까지 정주의 학설은 최고의 권위가 되어 과거에서 인재를 등용할 때 한결같이 주자의 주를 표준으로 삼았다. 정덕正德 · 가정嘉靖 이후로 왕양명王陽明의 학풍이 성행하였는데, 오직 그 말류는 광선狂禪으로 경문을 해석하여 공담空談과 억단臆斷으로 그 폐단 또한 극에 달하였다. 청대에는 한학이 크게 성행하였으니 그 학풍은 실증을 추구하여 무고하지 아니하고, 성적은 우수하여 한 · 송과 함께 일컬을 만하였다. 주광경周光慶은 "민족문화 경전의 언어특징은 종종 해석하는 각도에 따라 더욱 깊은 관찰을 할 수 있다.『논어』의 사의결구詞義結構와 구법수사句法修辭는 소환召喚특징을 가지고 있어 창조성 해석의 언어 근거가 되고, 그것은 해석자를 불러일으키고 유도하여 창조성 보충과 상상성 연결을 진행하게 할 수 있다"고 하였다.

유창劉暢은 "『논어』주석 중 다양한 해석의 형성은 두 가지 요소의 영향을 받았다. 객관적으로 어구의 다른 이해와 언어환경의 결함은 모두 다른 해석을 야기할 수 있다. 그중 어구의 다른 이해는 사의詞義의 개괄성과 계통성, 사詞의 조합관계와 고한어古漢語가 한자를 운반체로 하는 것과 관계가 있다.

언어환경의 결함은 문헌을 해독할 때에 미시적인 언어영역(미관어경微觀語境)과 거시적 언어영역(굉관어경宏觀語境)의 부족 및 고전 문헌 판본의 차이를 포함한다. 주관적으로 주석자의 출발점과 지식 수양의 다름은 모두 다른 해석을 초래한다. 주석은 시대적 분위기 및 학술 유파와 개인의 정해진 자리에 영향을 받는다. 주석자의 지식수양은 또한 그가 문헌의 해독과 문헌의 전파라는 두 개의 큰 임무를 완성하는 능력을 결정할 수 있다"고 하였다. 일본인 등총린藤塚鄰의 책은 세 부분으로 구성되었다. 제1부분은 '총설總說'로『논어』의 원전연구에 치중하여『논어』의 저작, 유전 및 그 내용, 특징 등을 전체적으로 논술하였다. 제2부분은『논어』의 주석 연구로 그 내용은 정현鄭玄의『논어주論語注』, 하안何晏의『논어집해論語集解』, 황간皇侃의『논어의소論語義疏』, 형병邢昺의『논어정의論語正義』, 주희朱熹의『논어집주論語集注』등 주석본들의 저작연대와 유래 및 특집을 연구하였다. 제3부분은 물조래物徂徠의『논어정論語征』이 청조淸朝 경사經師에 끼친 영향을 주로 고증하였다.

5.『논어』의 원류源流문제 연구

이 방면의 주요 논저는 다음과 같다.

조정신趙貞信, 「'논어' 일명一名의 내력과 그 해석」(『史學月刊』 1936年 第2期)

주정헌朱廷獻, 「'논어'원류고源流考」(『孔孟月刊』 第12卷 4期, 1973年 12月)

도희성陶希聖, 「'논어'의 편성」(『食貨』 1975年 第5卷 8期)

장학파張學波, 「'논어'의 편찬 및 그 편장篇章 진위략고眞僞略考」(『孔孟月刊』
         1978年 第16卷 11期)

양백준楊伯峻, 「논어」(『文史知識』 1982年 第1期)

주유쟁朱維錚, 「'논어'결집좌설結集胜說」(『孔子研究』 1986年 第1期)

황입진黃立振, 「'논어' 원류 및 그 주석판본注釋版本 초탐初探」(『孔子研究』 1987年 第2期)

장백위張伯偉, 「금본今本 '논어'를 둘러싼 제반문제 — 아울러 주유쟁朱維錚 선생과 상권商權」(『孔子研究』 1987年 第3期)

붕성朋星, 「'논어' 서명의 미迷」(『孔子研究』 1989年 第1期)

왕철王鐵, 「'논어'의 결집結集과 판본 변천의 제반문제에 대한 시론」(『孔子研究』 1989年 第3期)

곽기郭沂, 「'논어' 원류의 재고찰」(『孔子研究』 1990年 第4期)

장위평張偉平, 「'논어'의 몇 가지 문제에 대한 논략論略」(『杭州師院學報』 1994年 第1期)

창피득昌彼得, 「논어 판본의 원류 고석考析」(『故宮學術季刊』 第12卷 第1期 1994年 9月)

유의흠劉義欽, 「'논어' 서명의 의의에 대한 나의 견해」(『信陽師範學院學報』 1995年 第3期)

이안李雁, 「'논어'의 서명에 대한 석의釋義」(『齊魯學刊』 1996年 第6期)

이만춘李萬春 · 왕약명王躍明, 「'논어'의 명명命名과 기타」(『孔學研究』 第二輯, 國際文化出版公司, 1995年版)

장대년張岱年 주편主編, 『공자대사전孔子大辭典』(上海辭書出版社, 1993年版)

채상사蔡尙思, 『'논어' 도독導讀』(巴蜀書社, 1996年版)

궁운유宮雲維, 「'논어'의 편찬 및 한대의 유전流傳」(『古典文獻與文化論叢』, 中華書局, 1997年版)

손흠선孫欽善, 「'논어'의 성서유전成書流傳과 정리」(『北京大學古文獻研究所集刊』 第1冊, 北京燕山出版社, 1999年版)

오정오晶, 「'논어' 석명釋名」(『浙江大學學報』 2002年第2期)

장붕려張鵬麗 · 진명부陳明富, 「'논어' 명명의 내역과 의의」(『集寧師專學報』 2002年 第3期)

선승빈單承彬, 『논어원류고술論語源流考述』(吉林人民出版社, 2002年版)

양조명楊朝明, 「새로 출토된 죽서竹書와 '논어'의 성서成書문제에 대한 재인
식」(『中國哲學史』 2003年 第3期)

전춘래田春來, 『한대 '논어'의 유전과 연변』(武漢大學 中國古典文獻學專業 碩士論
文, 2004年)

여군餘群, 「'논어' 서명 석의」(『寧波教育學院學報』 2006年 第2期)

이 중에서 장대년張岱年 주편主編의 『공자대사전』은 『논어』의 명의名義, 명
명命名, 편찬자編撰者, 주지主旨, 판본版本과 변천變遷 및 『논어』의 해외 전파에
대해 핵심적인 부분을 간명하게 논술하였다. 채상시蔡尙思의 『'논어' 도독導讀』
은 『논어』의 중요성과 복잡성 문제, 명명命名의 의의 문제, 기록자 문제, 성서
成書와 서명書名 출현의 시기 문제, 전본傳本의 고변考辨 문제, 자수와 대표작
문제에 대해 상세한 고술考述을 진행하였다. 선승빈單承彬의 『논어원류고술論語
源流考述』은 선진 양한 시기 『논어』에 대한 편집과 전래 상황, 그리고 『논어』
의 명의名義, 결집結集, 편정자編訂者와 양한 시기 『논어』 전본傳本, 연구자와
연구저작 등에 대해 체계적인 고찰을 하였는데 이 책은 앞선 성과를 받아들
이면서도 기존 학설에 국한되지 않았다. 고변考辨 중에 혹은 전인前人의 학설
을 교정하여 자신의 의견을 내었고, 장점을 취하고 새로운 논거를 보충하였
다. 논급한 문제에는 모두 서로 어느 정도 새로운 수확이 있었다. '논어학'
연구에서 비교적 체계적이고 전체적으로 총결산한 역작이라고 말할 수 있다.

전춘래田春來는 "『논어』는 한대에서 지위가 5경의 습독서習讀書보다 조금
낮았다. 한 초에는 구술로 전해지던 『논어』가 있었고 동시에 이러한 저록에
근거한 문서본이 있었으니, 곧 현재 고고학적으로 발견된 정주한묘죽간定州漢
墓竹簡이 그것이다. 한 경제 말년에 『고론』이 발견되고, 뒤이어 그에 대한
해석판본 2종(『제론』『노론』)이 출현하였다. 『노론』은 관학官學을 귀하게 여겨
문자상 『고론古論』과 약간의 차이가 있고 『제론』은 지금 이미 그 원래의
모습을 고증하기 어렵다. 서한 후기에 고문古文 경학經學의 흥기와 금문今文

경학經學의 쇠락에 따라 삼가三家의 『논어』가 점차 합해졌다. 『장후논어張侯論語』는 융화되는 단서를 치음 드러내었는데, 『노론』을 식접 계승하였고 『제론』을 참조하여 한때 명성을 날렸으니, 동한東漢 희평석경熹平石經이 곧 이를 근거로 만들어졌다. 융합의 상징으로 최종으로 형성된 것은 『정주논어鄭注論語』로 그 주석은 후세에 유행한 하안의 『논어집해』와 다른 특징이 많이 보여 비교적 진실하고 역사적이고 신격화하지 않은 공자의 형상을 재현하였다"고 하였다.

6. 역대 『논어』 주석본에 관한 연구

20세기 이래로 학계에서는 『논어』 주석본에 대한 연구를 중시하였다. 다음은 100여 년 동안 발표된 관련 논저에 대해 간단히 소개한다.

1) 한대 『논어』 주석본 연구

한대 『논어』 주석본에 관한 주요 연구논저로는 아래의 연구 성과를 제시할 수 있다.

이위웅李威熊, 「마융馬融의 '논어학'」(『孔孟學報』 第38期 1979年 9月)

정정악鄭靜若, 「양한 논어학과 논어 정씨주鄭氏注」(『中華文化復興月刊』 1981年
  第5期)
  『논어 정씨주鄭氏注 집술輯述』(臺北學海書局, 1981年版)

왕소王素, 『당사본唐寫本 논어 정씨주 및 그 연구』(文物出版社, 1991年版)

진금목陳金木, 『당사본唐寫本 논어 정씨주 연구 ─ 고거考據·복원·전석詮釋

을 중심으로 한 고찰』(臺北文津出版社 1996年版)

진불陳紱, 「'논어' 정주鄭注와 주주朱注의 비교연구」(『古漢語研究』1996年 第1
期)

당명귀, 「정현의 '논어주論語注' 탐미探微」(『中華文化論壇』 2005年 第2期)

「'논어침論語讖'의 내용 및 가치에 관한 시론」(『太原理工大學學報』
2005年 第2期)

「정현의 '논어주'에 관한 몇 가지 문제점」(『蘭州學刊』 2005年
第6期)

「'고론', '제론'과 '노론' 고술」(『陰山學刊』 2006年 第1期)

「독특한 특색을 포함한 '논어장구論語章句'」(『滄桑』 2006年 第4期)

이약휘李若暉, 「공벽고문孔壁古文 '논어' 탐론」(『紅河學院學報』 2006年 第3期)

전춘래田春來, 「정주와 한대 특별히 첨가된 '논어주'의 비교」(『古籍整理研究學
刊』 2007年 第1期)

위에서 소개한 진불陳紱의 논문은 주점注點의 선택, 주석의 각도에서 정주와
주주朱注의 차이점을 분석하였고, 또한 원전의 서로 다른 이해, 해석 목적,
생활배경에 대해 두 사람이 차이가 발생한 원인을 밝혔다.

당명귀의 「정현의 '논어주' 탐미」에서는 "정현은 경문經文에서 금今·고古
를 함께 취하여 『고론』으로 『노론』을 독정讀正하였을 뿐만 아니라, 주석의
방법에서도 '고학'을 주종으로 삼아 『논어』 자사字詞의 석의釋義와 주음注音을
중시함과 동시에 '금학今學'을 함께 취하여 그 뜻을 분명히 하였고, 경문의
작은 말과 큰 뜻을 명백하게 밝히는 데 중점을 두어 스스로 일가의 학설을
이루었다. 금今·고학古學을 회통會通하여 『논어』를 해석한 대표작으로 논어
학사論語學史에 중요한 지위를 차지하였다"고 하였다.

2) 위진남북조 시기『논어』주석본 연구

위진남북조 시기『논어』주석본의 연구는 주로 왕필王弼・하안・황간皇侃
세 사람에게 집중되어 있다. 그중에서 왕필의『논어』주석본에 관한 연구는
다음과 같다.

탕용동湯用彤, 「왕필의 '주역周易'과 '논어' 신의新義」(『圖書集刊』(北平)(新) 第4
　　　　卷 1, 2期 1943年 3, 6月)
임여진林麗眞, 『왕필』(臺北東大圖書, 1988年版)
왕효의王曉毅, 「왕필의 '논어석의論語釋疑' 연구」(『齊魯學刊』 1993年 第5期)
이란분李蘭芬, 「현원玄遠한 막막의 표락飄落 – 왕필 '논어석의論語釋疑'의 운명」
　　　　(『孔子硏究』 2004年 第3期)

이 가운데 왕효의王曉毅는 "왕필의『논어석의』가 세상에 알려지면서『논
어』의 연구가 현학玄學시대의 시작임을 선포하였다"고 하였다. 책 중에서
왕필은 예악禮樂과 정情, 성性에 대한 토론을 전개해 그의『노자주老子注』와
『주역주周易注』가 원저原著의 제한으로 인해 야기된 취약한 부분을 보충하여
철학을 막론하고 한 개의 원만한 정체整體를 형성하였다. 그는 자기의 본체
론적 철학을 윤리학 인성론 영역까지 확장하여 시대적 과제인 현학으로서
'명교와 자연'이라는 왕필식 표현에 화룡점정의 역할을 하였다.

손해파孫海波, 「'논어집해'가 공전孔傳을 인용하고 정충鄭沖에게 나온 것에
　　　　대한 고찰」(『國學月刊』(北平) 第1卷 5期, 1945年 5月)
전문성錢文星, 「논어 하안집해 연구」(國立臺灣師範大學 國硏所 碩士論文, 1974年)
이소호李紹戶, 「한위漢魏 논어학과 하안 등의 집해」(『建設』第23卷 1期, 1974年
　　　　6月)

왕혜민汪惠敏,「하안 '논어집해' 고변考辨」(『孔孟學報』 第35期, 1978年 4月)

오만거吳萬居,「하안 논어집해 중의 노장사상」(『孔孟月刊』 第23卷 第2期, 1984年 10月)

진금목陳金木,「하안 논어집해의 현리玄理의 주서注書를 이용한 문제에 대한 검토」(『孔孟月刊』 第23卷 第5期 1985年 1月)

웅공철熊公哲, ︱「하안 논어집해와 주자 논어집주의 이동異同 우거隅擧」(『中華學苑』 第36期, 1988年 4月)

왕해명王海明,「중국에 소장된 '논어집해', '논어의소論語義疏'와 일본판본日本版本에 대한 술요述要」(『古籍整理研究學刊』 1988年 第4期)

진전득陳全得,「논어집해와 논어석의論語釋疑의 비교연구」(『孔孟學報』 第62期, 1991年 9月)

김진우金鎭宇,「하안 및 그 저작사상 연구」(國立政治大學 中國文學研究所 碩士論文, 1996年)

채진풍蔡振豐,「하안 '논어집해'의 사상적 특색 및 그 정위定位」(『臺大中文學報』 第15期, 2001年 12月)

당명귀,「하안 '논어집해' 탐미」(『聊城大學學報』 2004年 第6期)

구배초邱培超,「하안이 '주역'과 '노자'를 인용하여 주해한 '논어'의 성찰省察 — 아울러 '논어집해'가 경학사에서 차지하는 지위를 논함」 (http://newwww.hfu.edu.tw/~bau ruei/5rso/conference/iging/y1/ig01 30.htm36K 2005-1-4)

황수黃帥,「하안 '논어집해' 훈고訓詁 연구」(南京師範大學 漢語言文學專業 碩士論文, 2005年)

송강宋鋼,「'논어집해'가 생겨난 원인과 배경」(『煙臺師範學院學報』 2005年 第4期)

왕역민王亦旻,「'논어집해' 연구」(北京師範大學 歷史文獻學方向 博士論文, 2006年)

장장승張長勝,「'논어집해' 연구」(曲阜師範大學 孔子研究所 碩士論文, 2006年)

채진풍은 "하안의 『집해集解』는 『노老』『장莊』 사상이 유입되지 않았고 비교적 『역전易傳』으로 『논어』를 해석한 것에 가깝다. 이러한 방법은 『논어』 중에서 음양오행관陰陽五行觀이 섞여 물듦을 제거할 수 있으나 어떻게 '하늘을 아는지[知天]'에 대해 새로운 설명을 제시하지 못하였다. 이로 인해 『집해』를 위진 현학玄學의 과도기적인 작품으로 볼 수 있을 것이라고 제기하였다.

황수黃帥는 하안의 『논어집해』는 스승의 법을 타파하고 묵수墨守를 반대하여 '집해集解' 주석의 계통을 창조하였다고 하였다. 즉 간략한 풍모로 번거로움을 소탕하고 음양오행의 학설을 벗어나 『역易』을 인용해 『논어』를 해석하였으며, 정확하고 적절하게 훈석訓釋하여 진의를 파악하였고, 다량의 서한西漢 시기 훈고訓詁자료를 보존하였다. 따라서 하안의 『논어집해』는 중국 최초의 '집해集解'체의 훈석 전문서라고 일컬을 수 있으며, 현존하는 가장 오래된 『논어』 훈석의 전문서적이 되었다고 하였다.

왕역민王亦旻은 "하안이 편찬한 『논어집해』는 『논어』에 대한 연구의 의의가 대단히 크고, 현존하는 가장 이르고 보존이 완전한 『논어』 주석 저작이며, 또한 처음으로 '집해'라는 형식으로 고대 경전을 해석한 것이다. 그 주석은 내용과 형식면에서 후대의 『논어』 연구에 모두 중요한 영향을 끼쳤다. '집해'라는 형식으로 주석한 경서는 경학이 한대의 사법師法과 가법家法의 속박에서 벗어났음을 상징하고 있으며, 경학의 주석 사상과 주석 방법의 한 차례의 중요한 비약이다. 하안의 『논어집해』는 이미 한유漢儒 주석의 우수한 점을 보존하여 현학玄學으로 경經을 해석한 현허玄虛의 폐단을 면하였고, 또 한대 옛 주석의 제한을 타파하여 중국 고대문헌 주석의 중요한 방법 가운데 하나가 되었다. 『논어집해』의 주석 내용은 후대 사람들의 연구와 『논어』를 해석하는 기초가 되고, 그 주석 형식은 문헌 주석의 이론을 진일보시켜 풍부하고 발전할 수 있게 하여 현재의 『논어』 정리와 문헌학 연구에 여전히 중요한 본보기로서 의의를 지닌다"고 하였다.

황간皇侃의 『논어』 주석본에 관한 연구는 아래의 연구 성과를 예시할 수 있다.

대군인戴君仁,「황간 '논어의소論語義疏'의 내함사상內涵思想」(『孔孟學報』 第21期
　　　　1971年 4月)

이소호李紹戶,「황간 논어집해의소論語集解義疏 평술評述」(『建設』 第23卷 3期
　　　　1974年 8月)

동계당董季棠,「'논어' 황본皇本 이문거요異文擧要」(『孔孟學報』 第23期 1972年 4
　　　　月)

　　　　「'논어' 황간의소의 득실을 평함」(上・下,『孔孟學報』 第28・29
　　　　期, 1974年 9月, 1975年 4月)

손술기孫述圻,「황간의 '논어의소'를 논함」(『南京大學學報』 1986年 第3期)

고이분高莉芬,「하안 논어집해 중의 현학사상玄學思想」(『孔孟月刊』 第25卷 2期,
　　　　1986年)

간숙혜簡淑慧,「논어집해로 본 하안의 현학사상」(『孔孟月刊』 第26卷 第9期
　　　　1988年 5月)

진금목陳金木,『황간의 경학』(國立編譯館印行, 1995年 8月 初版)

고적회高荻華,「황간 '논어집해의소' 연구」(國立中央大學 中國文學研究所 碩士論
　　　　文, 1999年)

서망가徐望駕,「황간 '논어집해의소' 판본연구 술략述略」(『古籍整理研究學刊』
　　　　2002年 第2期)

　　　　「언어로 본 황간 '논어의소'의 진실성」(『廣東商學院學報』 2003
　　　　年 第5期)

　　　　「황간 '논어의소'와 한어사漢語史」(『湛江師範學院學報』 2006年 第
　　　　2期)

장문수張文修,「황간 '논어의소'의 현학주지玄學主旨와 한학漢學 불학佛學 영
　　　　향」(『燕山大學學報』 2003年 第4期)

당명귀, 「황간 '논어의소' 탐미」(『齊魯學刊』 2004年 第3期)

진동陳東, 「황간 '논어의소'에 관한 정리와 연구」(黃懷信·李景明『中國儒家文獻』, 齊魯書社, 2004年版)

유영매劉詠梅, 「황간 '논어의소' 연구」(曲阜師範大學 孔子硏究所 碩士論文, 2006年)

　　장문수張文修는 황간의 『논어의소』는 경학사상사에 있어서 중요한 의의와 지위가 있다고 하였다. 첫째, 한대 경학의 명물名物제도에 대한 장구章句 훈고 및 한대 사상의 한 측면(예를 들면 강상綱常, 효도孝道, 술수術數 등)을 계승하였다. 둘째, 불학佛學으로 『논어』를 해석하였으니, 이는 경학사상사뿐 아니라 유·불 관계사에 모두 깊은 영향을 주었다. 셋째, 하주何注와 비교하면, 황간의 주소는 현학사상이 더욱 풍부하고 다수의 현학 명가名家의 해석을 담고 있다. 그러나 제기할 가치가 있는 것은 황간의 주소와 하주는 모두 일정 정도 경전의 해석에 대해 차이를 야기했으니, 이것은 현玄·불佛이 융화되는 사상적 조류가 결정한 것이다. 황간의 주소注疏 중에 유가의 인애사상에 대한 천명이 결핍되지 않았으나 현학의 '무無'로 경經을 해석할 때에는 필연적으로 성인이 고요하게 스스로 얻은 초연의 경지를 강조하였고, 세상을 다스리고 백성들을 구제하는 진지하고 뜨거운 심정을 소홀히 하였다고 할 수 있다. 손술기孫述圻는 황간의 『논어의소』는 유儒·현玄을 회통會通하고 유儒·불佛을 넘나들어 육조六朝 시대의 풍조를 대표하니 육조 시대 사조思潮의 축소판이라고 하였다.

　　고적화高荻華는 황간이 『논어』 중의 몇 가지 중요한(성性·명命·인仁·도道·덕德) 것에 대한 해석과 사고에 대해 귀납하고 분석함으로써 학자들이 황간의 『논어집해의소』 중에 현학적이고 불도佛道가 섞여 있으며 과장되고 허황된 부분의 비평과 질의를 분명하게 밝혔다. 그가 보기에 황간은 『논어집해의소』에서 상당히 독특한 기성氣性·인성관人性觀과 덕행 가치의 요구를 나타내었다. 이러한 종류의 기성·인성관과 덕행 가치의 요구는 그 기원을 탐구하면 조화로운 질서에 대한 추구 및 개체 생명의 안착에 관한 사고에서 온다. 개체 생명의 안착은 개체 자신의 이상 추구와 개체가 군체群體의 사이에 처한 상호관계로 나눌 수 있다. 이것은 황간이 시대문제에 드러난 사고와 반성에 당면한 것이다. 총체적으로 말하면 황간『논어집해의소』의 기본적인 사고점은 개체의 이상실현과 개체가 단체에서의 위치를 어떻게 세우는가를 염두에 두고 본 것으로 그 최후의 관건은 세계의 이성적 질서 실현에 있다. 이성적 질서의 세계는 성인의 태평성세뿐 아니라 동시에 개체마다 모두 자아를 실현할 수 있고 자기를 완성할 수 있는 이상세계이다. 우리는 황간의 '도'에 대한 해석 중에서 이러한 기대를 볼 수 있다. 이러한 종류의 기대는 위진남북조의 장기간에 걸친 정치분란 속에서 인간이 갖는 자아와 세계에 대한 기대와 사고를 드러낸다. 황간의 『논어집해의소』는 일개 경학가의 사상을 표현해 냈을 뿐만 아니라 동시에 시대에 대한 관심을 드러내었으니 귀중한 것이다.

이외에 이 시기 논어학의 단대사斷代史에 관한 연구논저는 아래와 같다.

가금목柯金木, 「위진논어학고술魏晉論語學考述」(國立政治大學 中國文學研究所 碩士論文, 1990)

복전진濮傳眞, 「남조南朝'논어학'의 공안성현론孔顏聖賢論」(『北市師院語文學刊』 1994年 第1期)

강숙군江淑君, 「위진 논어학의 현학화 연구」(國立臺灣師範大學 中國文學研究所 博士論文, 1998)

염춘신閻春新, 「위진 논어학 연구」(山東大學 歷史文化學院 博士論文, 2004)

송강宋剛, 「육조 논어학 연구」(南京師範大學 中國古代文學方向 博士論文, 2005)

당명귀, 「위진남북조시기 '논어학'의 발전 및 그 원인」(『齊魯學刊』 2006年 第5期)

왕남汪楠, 「위진 논어학 술론」(東北師範大學 古典文獻學 碩士論文, 2006年)

감상만甘祥滿, 「현학 배경하의 위진남북조 '논어학' 연구 — '논어집해'부터 '논어의소'까지」(『中國哲學史』 2007年 第1期)

염춘신閻春新은 한漢 말부터 진晉 초까지 특히 위 · 진 교체기는 한漢 · 당唐 논어학, 더 나아가서 전체 『논어』 주석사에서 매우 획기적인 의의가 있는 시기로 보았다. 첫째, 관방官方 학술 중에서 한대 경학이라고 할 수 있는 정현의 경학과 기본적으로 한대 경학 계통에 속하는 왕숙의 경학은 서로 적수가 되었다. 둘째, 『논어』 주석 방면에서 한 · 위 교체기에서 정시正始년간까지 조위曹魏의 대부분 시기는 양한 경학이 훈고訓詁에 편중된 전통적인 주석 방식이 여전히 학술적 의미를 가지고 있었지만, 뜻을 중시하는 해석의 위진의 새로운 학풍이 출현하였다. — 대략적으로 말하면, 왕필王弼의 『논어석의論語釋疑』가 표준적인 위진 현학의 『논어』인 것을 제외하면 조위曹魏 전체 시기의 『논어』 주석은 대부분 한주漢注 계통에 속하며 신학풍으로 향하는 과도적인 특징이 있다. 왕숙王肅의 『논어』 주와 하안의 『논어』 주는 모두 기본적으로 한주漢注 계통에 속하지만 둘 다 과도기적인 성격을 띠고 있다. — 양한의 구학舊學에서 위진의 신학新學(왕숙의 『논어』주는 양한兩漢 훈고訓詁 구학舊學이 위진魏晉 의리義理 신학新學으로 향하는 과도기이고, 하안의 『논어』주는 양한兩漢 경학經學의 『논어』가 위진魏晉 현학玄學의 『논어』로 향하는 과도기이다)으로 방향을 바꾸기 시작하였다. 가장 중요한 것은 이 둘의 일부 주문注文은 비록 모두 의리義理의 발휘를 중시하기 시작하였으나 사물 이름의 훈고訓詁에 편중한 한주漢注 외에 두 가지 각기 다른 주석 방법을 시작하였다. 전자는 한 · 위 교체기에 흥기한 명법名法의 다스림과 위 · 진의 예법사조를 『논어』 경문 중에 유입함으로써 왕숙의 『논어』주로 하여금 농후한 시대 정취와 강렬한 개인 품격을 충만하게 하였다. 후자는 도道를 유교에 끌어들여 한진漢晉 시기의 『논어』 주석을 경학 현학화玄學化의 신시대로 인도하였다. 이러한 점에서 말한다면 조위曹魏

시기는 정현의 『논어』주로 대표되는 한주漢注의 유행, 왕숙 『논어』주의 홍기, 하안 『논어』주와 왕필 현학 『논어』가 운명에 따라 생존하였다. 정시正始 시기에 이미 초보적으로 다원화된 주석의 조짐과 추세가 있어 동진 시기 『논어』 주석의 다원화 구조에 초석을 마련하였고, 정시 현학과 원강元康 현풍玄風이 연이어 발생함에 따라 위·진 교체기의 현학 『논어』를 홍기시켰다. 하안 『논어』주의 일부 주석은 현학화된 주석의 신동향을 출현시켰고, 왕필의 『논어석의論語釋疑』와 서진西晉 전·중기 곽상郭象의 『논어체략論語體略』은 위진 시기 현학 『논어』의 대표작이라고 할 수 있다.

셋째, 『논어』 편찬 중의 주해注解 방면에는 하안 등이 『논어집해』를 찬저撰著할 때에 '집해集解'라는 『논어』 주석注釋의 새로운 격식을 창건하여 한과 당 사이에 논어학사상 위아래를 연결시켜 주는 획기적인 의의가 있다. 동진東晉의 『논어』 주석은 이미 조위·서진 시기 현학화된 주석의 연장이면서 또한 이러한 주석에 대한 반작용이다. 동시에 정시 시기 주석의 다원화 추세하에 『논어』 주석에 불학화佛學化가 출현함으로써 더욱 다원화되었다. 동진 시기를 보면 비록 『논어』 주석의 현학화는 위진 현학사조가 논어학상에 반영된 것이므로 동진 시기에 점차 『논어』 주석의 주류가 되었다. 그러나 위로는 채모蔡謨·우희虞喜에서부터 아래로 범녕範寧·서막徐邈·왕탄지王坦之에 이르기까지 한漢 말 순박한 경서 해석의 풍격과 현풍玄風을 배격하는 주석이 끊임없이 이어져 심지어 이 시기에도 한대 경학의 훈고주석의 소박한 전통이 회복되었다. 다른 차원에서 말하면, 동진 『논어』주를 포함한 위진 경학의 발전 실마리는 곧 그 현학화된 주석의 주류이고 동시에 줄곧 한 말 전통을 고수한 상술한 유가들 사이에 충돌과 투쟁을 가져오며 상호 영향을 주었다. 응당 이 한두 개의 커다란 주석이 서로 충돌하는 가운데에 유儒·도道·불佛·현학玄學이 『논어』 주석 중에서 각각 유행을 다투었다. 혹은 계속해 도교를 유교에 끌어들여 현학화되고, 혹은 불교를 유교에 끌어들이며, 혹은 양한兩漢 전통을 고수하고 또 시대와 더불어 함께 나아가 이미 거듭 훈고하고 뜻으로 해석하는 것을 함께 고려하여 경전 해석이 소박하고 자질구레하거나 번잡하지 않아 동진東晉의 『논어』 주석이 더욱 다원화되었다고 하였다.

　송강宋剛은 지금까지 보존된, 혹은 완전하거나 혹은 일부 결손된 육조 시기 논어학의 대표 성과인 『논어집해』『논어석의論語釋疑』『논어체략論語體略』『논어의소』에 대해 일관된 방법으로 연구를 진행하여 그 연계와 변화의 궤적을 탐구하고, '논어학'이 첫 수확기 때 보인 중요한 특징과 중대한 성취를 정리하는 한편, 중국 고대 학술사 특히 '한학漢學'에서 '송학宋學'에 이르는 변천과정 중의 주요 작용을 귀납적으로 총정리하였다.

3) 당대唐代 『논어』의 주석본 연구

당대 『논어』 주석본 연구에 대한 대표적인 논문은 다음과 같다.

왕명손王明蓀, 「'논어필해論語筆解' 시탐試探」(『孔孟學報』 第52期, 1986年 9月)

사병구查屏球, 「한유 '논어필해' 진위고眞僞考」(『文獻』 1995年 第2期)

손창무孫昌武, 「'논어필해'에 관해서 — 한유연구 중 중시할 가치가 있는 하나의 자료」(『韓愈硏究』 第1輯, 中州古籍出版社, 1996年版)

담팽란譚澎蘭, 「'논어필해'로 본 한유의 중당中唐 경학에 대한 개전開展」(『筧橋學報』 1997年 第4期)

당명귀, 「육덕명陸德明의 '논어학'」(『山東科技大學學報』 2003年 第4期)

　　「한유·이고李翶의 '논어필해'를 논함」(『孔子研究』 2005年 第6期)

　　「돈황 및 투루판에서 출토된 당사본唐寫本 '논어주본論語注本' 연구 개술」(『古籍整理研究學刊』 2006年 第1期)

왕굉해王宏海·조청림曹清林, 「한유韓愈·이고李翶의 경학사상 투석透析」(『河

北師範大學學報』 2005年 第2期)

사금평査金萍, 「'논어필해論語筆解' 천담淺談」(『船山學刊』 2007年 第3期)

황교黃嬌, 「당대 '논어' 주석 논략論略」(『安徽文學』 2007年 第4期)

황애평黃愛平, 「'논어필해' 진위고보眞偽考補」(『遼東通識學報』 2007年 第1期)

당명귀는 『논어필해』는 위작이 아니며 한유와 이고에 의해 만들어져 일찍이 한유의 『논어주論語注』와 세상에 병행되었으며 뒤에 『논어주』가 점차 산실되고 『논어필해』만이 보존되었다고 하였다. 『논어필해』 중에서 한유와 이고는 "소疏는 주注를 깨뜨릴 수 없다"는 경전 해석의 계율을 타파하고 전대 유생들의 『논어』 글자 훈고와 문구 해독에서 잘못된 곳을 대담하게 지적하였다. 한유를 지나 공孔 · 맹孟을 직접 계승하여 한위漢魏의 구주舊注를 버리고 경문의 본뜻을 직접 연구하자고 주장하였다. 이를 위해 그들은 경문을 고치고 경문의 순서를 바꾸는 것을 감수하였다. 따라서 만일 원본에 충실한 관점에서 보면 『논어필해』는 자기의 의견만 옳다고 고집하고 새롭고 기발한 주장을 하는 것처럼 보인다. 그러나 만일 논어학사의 발전 관점에서 보면 『논어필해』는 한 학파의 학설이 되니, 논어학이 한학漢學 계통에서 새로운 송학宋學 계통으로 방향을 바꾸는 과정 중에 일어난 작용 역시 없앨 수는 없다. 황애평黃愛平은 『논어필해』는 한유와 이고가 지은 것으로 그들이 서로 경전의 뜻을 절차切磋하고 서로 분명하게 구별한 산물이라고 하였다. 우리는 『논어필해』 중에서 한유와 이고 두 사람의 주석에 대한 특징을 엿볼 수 있는데, 한유의 주석은 대개 일러 주는 식으로 비교적 추상적이다.

반면 이고는 전후 문맥 및 기타 경전 중에서 근거를 구해 상세한 해석을 하고 더욱 세밀하게 분석하였으니, 이는 다른 논술류 문장의 특징과 일치한다. 이러한 점은 『논어필해』가 실제로 한유와 이고의 작품임을 증명하는 것이다. 『논어필해』 중 관련 문자와 이고의 기타 문장의 관계, 『논어필해』에 체현된 사상 등으로 보면, 이 책은 대체로 『복성서復性書』의 앞에 지어졌으며 늦어도 정원貞元 18년(802) 이전으로, 정원貞元 15년에 이고가 남쪽을 유람하고 16년에 활주관찰판관滑州觀察判官을 맡아 18년까지 이어졌다. 따라서 『논어필해』는 어쩌면 한유를 안 지 얼마 안 되어 지었을 것이니, 정원貞元 13~14년에 한유를 따라 글을 배웠고 한유와 경전을 토론한 성과라고 하였다.

4) 송대宋代 『논어』의 주석본 연구

송대 『논어』 주석본의 연구논문은 주로 형병邢昺의 『논어소論語疏』, 주희朱熹의 『논어집주論語集注』, 소식蘇軾의 『논어설論語說』에 집중되어 있다.
형병의 소疏에 대한 연구논저의 주요 성과는 아래와 같다.

이소호李紹戶, 「당논어주본唐論語注本 및 형병소邢昺疏」(『建設』 第23卷 8期)
왕숙민王叔岷, 『논어주소論語注疏 및 보정補正』(臺北世界書局, 1963年版)
진대제陳大齊, 「논어주주 술의述疑」(『淺見集續集』에 수록, 臺北中華書局, 1973年版)
황보기黃寶琪, 『논어주소 의오변증疑誤辨證』(學海出版, 1979年)
요영정姚瀛艇, 「형병이 유가사상의 연변演變과정 중에서의 지위를 논함」(『河南師範大學學報』 1984年 第1期)
호건재胡健財, 「논어 형병정의邢昺正義 평술評述」(『孔孟月刊』 第27卷 第2期 1988年 10月)
채연영蔡娟穎, 「논어 형병소邢昺疏 연구」(『國立臺灣師範大學 國文研究所集刊』 第35號, 縱橫出版社, 1991年版)
가금목柯金木, 「형병 '논어정의' 논략」(『中華學苑』 第50期 1997年 7月)

채연영은 형병이 명을 받들어 『논어』의 구소舊疏를 개정하였으니 중국문화의 학통을 이은 것으로 홀로 모든 경經을 지켰다고 하였다. 그러므로 양진兩

晉 육조六朝에 대해 의義를 말하면 마치 칼날을 담금질하여 사마귀를 절단하고 버려 방치하는 것과 같다. 무릇 명물名物의 전제典制와 장구章句의 경의經義는 상세하며, 고적을 널리 헤아리고 여러 경문을 널리 인용하여 충실하게 쌓여서 뛰어난 부분이 밖으로 드러나지 않아도 그 기초가 단단하다. 설령 아직 정미하지 못한 부분이 있다면 진실로 후학자들을 기다린다. 북송北宋 초기 『논어』주석본은 『형소』를 위주로 하고 한학漢學을 주종으로 하였다. 거의 정호程顥 · 정이程頤의 학풍이 나오자 『논어』를 공부하는 사람들은 장구章句와 자의字義의 고훈考訓으로부터 성인과 성덕의 교의敎義를 전해 취하였다. 훈고와 석의를 공부하는 방법이 변화되어 생활 일용의 도를 추구하게 되었다. 구하여 일용생활의 도로 삼았다. 닦아서 내성內聖 외왕外王의 공으로 삼겠는가? 『사고전서총목四庫全書總目』에 그것은 "한학漢學과 송학宋學은 전환하여 관통한다(漢學宋學, 玆其轉關)"라고 이른 것에 마땅하다고 하였다.

가금목柯金木은 이 책은 공영달孔穎達 『오경정의五經正義』의 정신을 따르고 하안의 『논어집해』를 저본으로 삼았으며 황간皇侃의 『논어의소論語義疏』를 참조하고 형씨邢氏의 설명을 더해 쓰여진 것이라고 하였다. 그 주역서의 체계라고 말할 수 있는 것은 아래와 같이 여러 방면이 있다. 각 장의 대지大旨를 통술通述하고 구소舊疏를 증감하며 명물名物의 훈고訓詁를 상세히 하고 역사로 경문을 증명한다. 더욱 구체적으로 말하면, 황소皇疏는 장지章旨의 해설에 대해 우연히 한번 해보는 것에 지나지 않으니, 『정의正義』는 곧 매 장의 머리에 장章의 뜻을 서술해 학자의 연구에 편리하고 요점을 간명하게 제시해 주는 이로움이 있다. 그 다음, 『정의』는 황소皇疏 중의 현학적인 말은 많이 삭제하며 논점이 자못 평정하므로 취할 만하다. 명물훈고名物訓詁의 해석을 할 때 대부분 경전을 널리 인용하고 말하는 데 근거가 있으므로 한학漢學의 실제를 추구하는 정신을 지녔다. 특히 역사로 경문을 증명하는 방식은 첫째는 『논어』 중의 인물에 대해 실제에 있기를 힘써 추구하고, 둘째는 역사적 사실을 많이 인용하고 경문의 뜻을 상세히 밝혀내어 거의 당나라 사람의 역사적 본보기가 되는 의식과 정신을 재현하였다고 볼 수 있다. 『사고제요四庫提要』에 이 책을 평해 "한漢과 송宋은 전환하여 관통한다(漢宋轉關)"고 하였으니, 이 책은 명물名物의 훈고訓詁 방면에 한학漢學의 박실치학樸實治學하는 정신을 독실히 지키고 의리가 발휘되면 현학적인 말을 제거하여 경문의 뜻을 상세히 밝혀내니 경문의 의미에 확실히 부합된다. 또한 이치 해설 상에서 주자 주석의 기초가 되니 후학들이 진일보할 만한 연구 가치가 있다.

주희의 주注에 대해 연구한 논저는 그 수를 헤아리기가 쉽지 않으나 다음의 성과들을 꼽아 본다.

황창건黃彰健, 「사서장구집주정본四書章句集注定本을 논함」(『中央研究院 歷史語言研究所集刊』 第28本 上, 1956年 12月)

진철범陳鐵凡, 「사서장구집주 고원考源(上)」(『孔孟學報』 第4期 1962年)

　　　　　「사서장구집주 고원(下)」(『孔孟學報』 第5期 1963年)

전목錢穆, 「주자 논어주로 정주공맹사상程朱孔孟思想의 기이岐異를 논함」(『淸華學報』 新4卷2期, 1964年 2月)

전목錢穆 강술講述・정원민程元敏 필기筆記, 「주자의 논어집주 담談」(『孔孟月刊』 第6卷 第5期, 1968年 1月)

유선재劉善哉, 「논어주주論語朱注 평의評議」(『學原雜志』 第5卷 第6期 1970年 2月)

위자운魏子雲, 「논주주論朱注 논어 '헌문치憲問恥'」(『中華文化復興月刊』 第5卷 1期 1972年 1月)

진대제陳大齊, 「논어주주 술의述疑」(收入 『淺見集續集』 臺北中華書局 1973年版)

이박당李樸堂, 「'논어집주'의 편실偏失」(『華僑日報』 1973年 12月 10日)

진여훈陳如勳, 「'논어' 주희집주와 하안집해 의의고변疑義考辨」(『明志工專學報』 第6, 7期, 1974年 11月, 1975年 6月)

이학근李學勤, 「주희 사서집주의 반동사상체계 비판」(『文物』 1974年 第4期)

이소호李紹戶, 「북송北宋 논어주본論語注本과 주자집주朱子集注(上・下)」(『建設』

第23卷 第9・10期, 1975年 2・3月)

구한생邱漢生, 『사서집주 간론簡論』(中國社會科學出版社, 1980年版)

모자수毛子水, 「논어주주論語朱注 보정補正」(『輔仁學志(文學院之部)』 第14期, 1985
年 6月)

부패영傅佩榮, 「주주논어朱注論語의 상권商榷」(『哲學與文化』 第28卷 7期, 1990年
7月)

동금유董金裕, 「주희와 사서집주」(『政大學報(人文學科類)』 第70期, 1995年)

유지강劉志剛, 「'사서장구집주'로 본 주희의 훈고학과 의리학義理學(上)」(『廣
東教育學院學報』 1996年 第1期)

진불陳紱, 「'논어' 정주鄭注와 주주朱注의 비교 연구」(『古漢語研究』 1996年 第1
期)

배전영裴傳永, 「주희의 '논어집주' 변오辨誤」(『文獻』 1999年 第3期)

요휘姚徽, 「주희 '논어집주'의 특징 및 공헌을 논함」(『安徽教育學院學報』 1999
年 第4期)

구광수邱光修, 「주자 '논어집주' 초탐初探」(http://www.hfu.edu.tw)

광붕비匡鵬飛, 「'논어' 정현과 주희 해석의 비교」(『孔子研究』 2001年 第4期)

등수매鄧秀梅, 「주자가 논어에 대한 전석詮釋」(中國文化大學 中國文學研究所 碩士
論文, 1995年)

왕공산王公山, 「주희 '사서장구집주' 천석방법闡釋方法 연구」(山東大學 中國古典
文獻學方向 碩士論文, 2003年)

초영명肖永明, 「주희 '사서학'의 치학治學 특징」(『湖南大學學報』 2004年 第1期)

나소여羅小如, 「주희 '논어집주'의 훈고가치를 논함」(www.cnki.net)

　　　　　「주희 '논어집주'와 하안 '논어집해'의 비교」(『龍岩師專學報』
2004年 第5期)

고비顧飛, 「주자 '논어집주' 주음석의고注音釋義考」(河南師範大學 歷史文獻學方向
碩士論文, 2004年)

장기張琪, 「경전과 해석 - 해석학 시야視野하의 '논어집주'」(福建師範大學 碩士
　　　學位論文, 2005年)
진준량陳俊良, 「주희 논어집주의 사상사 분석」(中國文化大學 史學研究所 博士論
　　　文, 2005年)
당명귀, 「주희 '논어집주' 연탐研探」(『中華文化論壇』 2006年 第3期)
육민진陸敏珍·하준何俊, 「주희 경전전석經典詮釋의 이념·표준標准과 방법-
　　　'논어의 학이學而' 사종전석四種詮釋을 예로 들다」(『哲學研究』
　　　2006年 第7期)

　　진불紋陳紋은 주점注點의 선택과 주석의 관점에서 정주鄭注와 주주朱注의 차이
를 분석하고 아울러 원전의 다른 이해와 다른 해석의 목적 그리고 다른 생활
배경이 만들어 낸 차이의 원인을 밝혔다. 요휘姚徽는 주희의 『논어집주』에
다음과 같은 특징이 있다고 하였다. 첫째, 항상 『논어』에 새로운 의미를
부여하는데 특히 일부 이념의 해석에서 나타난다. 둘째, 자구를 고치고 다듬
는 것에 역점을 두어 문자의 심층적 함의를 발굴하였다. 셋째, 정리를 잘하고
맥락을 도출하여 체계적인 귀납을 하였다. 구광수는 주자의 『논어집주』는
고주古注를 저본으로 삼고 『석문釋文』을 의지하고 『집해』 및 『형소』를 계승
하고 전개한 것을 3개의 방면으로 논증하였다. 즉 『주주朱注』는 한 권의 선대
를 잇고 후대를 이어주고 후학을 개도한 경전의 역작이며 『논어집주』는 한
유漢儒 이래 양송兩宋에 이르기까지 『논어』의 연구성과를 총결산하여 집대성
한 불후의 명작이라고 하였다.
　　나소여羅小如의 논문은 『논어집주』의 훈고 내용과 방식 및 훈고 술어 3방면
에서 주주의 훈고 가치를 논술하였다. 첫째, 『논어집주』의 훈고 내용은 말의
의미를 해석하고 문의를 개괄하며, 문장의 뜻을 명백하게 논술하고 어법을
강술하며, 발음을 표시하고 일을 서술하여 역사를 상고하며, 전장典章제도를
설명하고 교감하는 것을 포괄한다. 둘째, 『논어집주』의 훈고 방법은 성훈법聲

訓法, '대문對文은 구별함', 문헌을 인용하는 법, 반면논증법反面論證法, 유비법類比法, 예증법例證法을 포괄한다. 셋째, 『논어집주』의 훈고 술어는 정의를 규정하는 데 사용되는 술어, 특별히 어떤 사물을 지칭하여 설명하는 데 사용되는 술어, 구의句意 혹은 문의文意를 개괄하는 데 사용되는 술어, '의미가 막혀 그것을 통하게 함'을 표시하는 데 사용되는 술어, 형용사를 해석하는 데 사용되는 술어, 성훈聲訓을 설명하는 데 사용되는 술어, 발음을 표시하는 데 사용되는 술어, 통가자通假字를 설명하는 술어, 허사虛詞를 해석하는 데 사용되는 술어, 문자의 차이를 교감하는 술어를 포괄한다고 하였다.

고비顧飛는 『주주』의 『논어』 주음注音과 관련이 있는 것은 대부분 육덕명陸德明의 『논어음의論語音義』에 바탕을 둔 것으로 『석문釋文』의 주음注音에 대해 『집주』는 비판적으로 계승하였다고 하였다. 『석문』과 비교하면, 8가지 다른 점이 있다. 『집주』는 『석문』이 주음注音한 것을 완전히 채용하고, 둘의 주음이 비록 서로 같으나 표현 형식이 다르며, 『석문』이 비록 주음이 있으나 『집주』는 버려 사용하지 않고, 『석문』이 발음하지 않았는데 『집주』는 새로 주음을 늘렸으며, 『석문』은 2개 혹은 2개 이상의 주음이 있으나 『집주』는 다만 그 한 발음만을 선택했고, 『집주』의 주음은 『석문』과 달리 조절하여 실제로 『석문』의 잘못된 주음을 개정하였으며, 둘이 각기 두 음이 있으면 한 음은 완전히 서로 같고 다른 한 음은 같지 않으며, 『집주』는 다른 학파가 주음한 것을 채용하였다고 하였다.

장기張琪는 원전으로의 회귀는 주희의 가장 근본적인 해석사상이니, 곧 경전의 본의로 돌아가 작가의 원래 의미를 구해야 한다고 하였다. 주자는 주석 중에서 선유先儒의 구설을 초월하였다고 할 수 있으니, 일체 경문의 본뜻을 위주로 하고 선유의 경서에 대한 해설을 표준으로 하지 않았다. 이 기초 위에 주자는 의리義理로 표준을 삼아 원전에 철저히 회귀하는 원칙을 제기하였다. 이에 따라 성현의 본래의 뜻을 탐구할 수 있었다. 동시에 주자는 독자의 주관과 능동성을 강조하였으니 곧 독자가 터득해야 할 뜻이라고 하였다.

장기는 『논어집주』의 해석 방법을 구체적으로 직천의리법直闡義理法 · 주평합일법注評合一法 · 정명법正名法 · 어경석의법語境釋義法 · 심리해석법心理解釋法 · 우교어석법寓敎於釋法 등 6종으로 귀결하였다. 이러한 방법은 이미 독자가 열독하는 가운데 글자와 문장의 훈고 등의 문제를 해결할 수 있고 또 독자를 주자의 작은 말과 큰 뜻을 깊이 이해할 수 있게 인도하여 사회에 이를 사용하게 한다.

소식의 『논어설』에 대한 연구는 주로 이 책의 집일輯佚에 집중되어 있으며, 다음의 연구 성과들을 꼽을 수 있다.

경삼상卿三祥, 「소식 '논어설' 구침鉤沉」(『孔子硏究』 1992年 第2期)

마덕부馬德富, 「소식 '논어설' 구침」(『四川大學學報』 1992年 第4期)

서대강舒大剛, 「소식 '논어설' 집보輯補」(『四川大學學報』 2001年 第3期)

「소식 '논어설' 유전존일고流傳存佚考」(『西南民族學院學報』 2001 年 第6期)

서대강舒大剛의 「소식 '논어설' 유전존일고流傳存佚考」는 소식 『논어설』의 성서成書 · 유전流傳 · 집일 과정에 대해 상세하게 고술考述하여 소식이 좌천되어 황주黃州로 갔을 때에 이미 『논어설』 5권을 지었는데, 그중 십분의 이삼은 소철蘇轍의 『논어략해論語略解』에서 도움을 받은 것이라고 하였다. 황주黃州에서 소식이 이미 문언박文彦博에게 『논어설』 사본을 보내 세상에 처음으로 공표하였다. 남송南宋 초기에 소박邵博은 소식蘇軾 『논어설論語說』의 일부 내용을 『소씨문견후록邵氏聞見後錄』에 베껴 넣어 이 책의 관점 전파와 자료보존에 일정한 작용을 하였다. 양시楊時 · 이동李侗 · 호관胡寬 등은 소식의 『논어설』도 관심을 가져 주었다. 남송南宋 중기에 이르러 주희가 그의 『논어집주』 『논어혹문論語或問』 중에도 『논어설』의 관점을 많은 부분 인용하였고, 여윤문余允文은 전문서적을 저술하여 소식의 믿기 힘든 언론에 대해 논박하였다.

금金·원元 교체기의 저명한 학자 왕약허王若虛는『논어변혹論語辨惑』중에서 소식의『논어설』에 대해 약간의 다른 주장이 있었지만 총체적인 태도는 찬양과 긍정을 나타내었다. 명대明代 전기에 공사公私의 도서목록에 모두『논어설』의 저록이 있었으나, 만력萬曆 연간에 초씨焦氏 등이『양소경해兩蘇經解』를 모아 새길 때 이미『논어설』의 자취가 사라져 후대의 학자들이『논어설』의 진면목을 보고자 하여도 이미 그럴 수 없게 되었다. 칭淸 말에 이르러서야 학자들이『논어설』의 집일輯佚 문제에 관심을 가지게 되었고, 근대의 경삼상卿三祥·마덕부馬德富 등이『논어설』의 산일된 자료를 집록하여『논어설』의 면목을 조금이라도 찾을 수 있게 되었다. 이로써 소식『논어설』의 찬저撰著와 유전이 확연하게 드러났다.

5) 원대元代『논어』주석본 연구

원대 '논어학' 연구를 진행하고 탁월한 성과를 낸 사람으로는 대만 학자 요운선廖雲仙을 들 수 있는데 주요 연구 성과는 대략 다음과 같다.

「주자 '사서집주'가 원대에 성행한 원인 시석試析」(『勤益學報』1987年 11月)

「유인劉因 '논어집의정요論語集義精要' 독후讀後」(『勤益學報』 1988年 11月)

「허겸許謙 '독논어총설讀論語叢說' 서설序說」(楊晉龍『元代國際經學研究會論文集』臺灣中央研究院 中國文史哲研究所籌備處印 1989年 10月)

「원대 논어학연구」(東海大學 中國文學研究所 博士論文 2002年)

「금원金元시기 양본兩本 주자의 '논어집주'를 비판한 저작을 논함－'논어변혹論語辨惑'에서 '논어변의論語辨疑'까지」(『東海中文學報』 1991年 7月)

이 가운데 그의 박사논문인「원대 논어학연구」는 현재 필자가 본 중국

학자의 이 시기 '논어학' 연구의 유일한 저작이다. 이 논문은 서론, 상편 총론, 하편 분론分論, 결론 등 4부분으로 나뉜다. 서론에는『논어』의 유전과 사정寫定 상황, 원 이전 제가의 주소注疏, 각 경학사의 평가와 판단 및 선현의 연구 성과 등을 개략적으로 서술하였다. 상편 총론은 모두 2장으로 제1장 주자의『사서집주』가 원대에 흥성한 원인을, 주자『집주集注』의 근엄하고 간명함, 송원 시기 여러 유생의 일맥상통한 전수관계, 원나라 유생이『사서四書』를 존봉하여 몸을 세우고 학문을 하는 기틀로 삼은 것, 제왕의 장려와 제창 등 4개 방향으로 논증하였다. 제2장은 원대『논어』류 저술에 대한 간략한 고찰로, 제가들이 각기 기록한 것을 근거로 원대『논어』류의 저술을 크게 다음의 6가지로 분류하였다. 첫째, 주자로 주자를 훈고한 것 둘째, 주자『집주』의 의리義理를 상세히 밝혀낸 것 셋째, 주자『집주』의 훈고와 고증을 보충한 것 넷째, 학문으로의 발전, 다섯째, 주자『집주』와 다른 의견을 가진 것 여섯째, 종파를 알 수 없는 것 등이다. 원대 학자의『논어』류 저술 및 그 존실 상황을 고증하고 서적에 있는 총서와 문집에 주를 달아 밝힌 것을 제외하고 또 서발序跋 및 상관된 평론을 골라 수록하고 분석하였으며, 작가의 생애를 앞에 부가하였다. 이를 바탕으로 원대『논어』류 저작의 전말과 특색, 그 학자의 출처 동향을 이해하면 문장의 출처는 곧 원대 '논어학'의 규모가 대략적으로 갖추어졌다고 할 수 있다. 하편 분론은 모두 6장으로 진천상陳天祥의『논어변의論語辨疑』, 유인劉因의『논어집의정요論語集義精要』, 호병문胡炳文의『논어통論語通』, 허겸許謙의『독논어총설讀論語叢說』, 사백선史伯璿의『논어관규論語管窺』, 예사의倪士毅의『논어집석論語輯釋』으로 나누어, 무릇 6명의 학자를 그 연대의 선후에 따라 비교적 깊이 탐구하였다. 작가의 생애를 먼저 기술하고 그 다음 책의 체제, 저작 특집, 연원 영향 등에 대해 모두 실례로 증명하고 해설하여 각 장의 끝에 결론을 더하여 전체를 총결하였다. 이들 6명의 학자를 선택하여 연구의 범주를 삼은 까닭은 이들 6명의 생애는 원대를 개괄할 수 있어 시대적인 포괄성이 있기 때문이다. 진천상陳天祥과 유인劉因은 북방

학자이고 나머지 4명은 남방 학자이므로 지역적인 대표성도 있다. 또한 이들의 저작은 어떤 것은 주자로 주자를 훈고하고 어떤 것은 주자『집주』의 이치를 상세히 밝혀냈으며, 어떤 것은 주자『집주』와 의견을 달리하여 이 시기 '논어학'의 다양성을 밝힐 수 있다. 마지막 결론은 원대 '논어학'의 성과를 총결하였다. 원대 제유諸儒들은 주주朱注를 경經을 보듯이 주자의 책을 존중하여 읽었으니 이에『논어집주』가 빛날 수 있었고 원대 주자학도 이로 인해 확립될 수 있었다. 원대의 유생들은 묵묵히 주학朱學을 지켰을 뿐만 아니라 상세히 밝혀 심화하고 그 미비된 것을 보충한 공로가 있다. 학술적으로는 모든 원대 유생들은 대부분 경학에 힘써 뜻을 독실히 하고 학문에 성실하였다. 성품적으로는 그들은 항상 바위에 둥지하고 골짜기에서 물을 긷듯이 세상을 피해 은거하면서 전수하였으며 그 언행은 후대 사람들의 삼가 본보기가 되었다. 이 연구를 통해서 성현의 훌륭한 모범을 엿볼 수 있고 원대 '논어학'에 적절한 평가를 부여하기를 희망한다.

이외에 황효광黃孝光의 「원대의 사서학四書學」(臺灣『木鐸』1978年 第7期), 양창楊昶의 「원대 사서류전적四書類典籍 술략述略」(『文獻』1996年 第1期), 임경창林慶彰의 「원유元儒 진천상陳天祥의 사서집주에 대한 비평」(楊晉龍主編『元代經學國際討論會論文集』臺灣中央研究院中國文史哲研究所籌備處印 1989年 10月), 홍쟁洪峥의『원대의 사서 연구』(復旦大學 中國古代史方向 碩士論文 2004年), 주춘건周春健의『원대 사서학 연구』(華中師範大學 歷史文獻學方向 博士論文 2007年)와 「원대 신안학파新安學派의 사서학」(『中國哲學史』2007年 第2期) 등이 있다.

6) 명대明代『논어』 주석본 연구

명대 '논어학' 연구는 비교적 빈약하여 발표된 논문 수량도 많지 않다. 주요 논문은 아래와 같다.

나영길羅永吉, 「사서우익해연구四書藕益解研究」(國立成功大學 中國文學研究所 碩士
論文, 1995)

간서전簡瑞銓, 「사서우익해연구四書藕益解研究」(私立東吳大學 中國文學研究所 碩士
論文, 1996)

나영길羅永吉, 「'논어점정論語點睛' 연구」(『中華佛學研究』 1997年 第1期)

장추화蔣秋華, 「'논어학안論語學案' 연탐研探」(鍾彩鈞 主編, 『劉蕺山學術思想論集』,
中央研究院 中國文哲研究所籌備處發行, 1998년 5月)

오백요吳伯曜, 「임조은林兆恩 '사서정의四書正義' 연구」(國立彰化師範大學 國文教
育研究所 碩士論文, 2001)

장효생張曉生, 「학경郝敬 및 그 '사서학' 연구」(私立東吳大學 中國文學研究所 博士
論文, 2002年)

진승휘陳升輝, 「만명晩明 '논어학'의 유불회통사상儒佛會通思想 연구」(臺灣淡江
大學 中國文學系 碩士學位論文, 2002)

당명귀・최세화崔世華, 「유종주劉宗周 '논어학안論語學案' 탐미探微」(『聊城大學
學報』 2006年 第5期)

나영길의 논문은 인물을 비평하고 일에 사리를 논하여 한 편의 『논어점정
論語點睛』을 얻었으니, 당시 논평하는 학풍이 넘쳐흘렀다고 지적하였다. 정면
에서 일일이 상세하게 경문의 장구를 주해하는 이러한 전종방식을 완전히
따르지 않고, 동시에 한두 개 코멘트를 써서 독자로 하여금 스스로 깨닫게
하는 곳도 많다.

진승휘陳升輝의 논문은 먼저 명대의 정치・교육・학술과 '논어학' 사이의
상호작용을 주로 연구하였고, 명대의 학교・과거・서원 등의 사회 환경,
이학理學・경학經學・불학佛學 등의 학술 발전과 명대 '논어학' 발전 간의 상
호관계를 설명하였다. 아울러 명대 후기의 학술 환경에 대해 당시 유儒・불佛
학설이 서로 영향을 주는 정황을 토론하였다. 그 다음 내사행來斯行과 지욱智旭

두 사람을 연구 대상으로 삼아 '유儒・불佛이 회통會通'되는 『논어』 주소注疏
의 정황을 설명하였다.

7) 청대淸代 『논어』 주석본 연구

청대의 『논어』 연구는 비교적 복잡하여 다음과 같이 나누어 기술한다.
청대 '논어학'에 대한 총체적인 연구는 아래의 연구를 참고하면 좋다.

왕붕개王鵬凱, 「청대 논어저술 개술槪述」(『國立編譯館館刊』 第20卷 第2期, 1991年
    12月)
장청천張淸泉, 「청대 논어학」(臺北逢甲大學 中國文學研究所 碩士論文, 1992年)
주화충朱華忠, 「청대 '논어' 간론簡論」(華中師範大學 歷史文化學院 博士論文, 2002
    年)
유굉柳宏, 「청대 '논어' 전석사론詮釋史論」(揚州大學 文學院 博士論文, 2004年)

장청천의 논문은 청대 『논어』 저작에 대한 논증을 바탕으로 한학파漢學
派・송학파宋學派・한송겸채파漢宋兼采派의 '논어학' 특징과 공헌에 대해 상세
하게 논술하였다. 주화충의 논문은 현재 대륙학계의 청대淸代 '논어학' 연구
에 대해 비교적 전면적으로 다루고 있는 논문이다. 먼저 그는 시대와 학술
발전의 특징에 의거하여 청대 '논어학' 연구를 6종의 유형으로 나누었다.
첫째, 청초淸初 학문은 '세상을 다스리는 데에 실질적인 이익을 주어야 한다
(經世致用)'라는 '논어학' 연구이다. 대표적인 인물은 안원顏元・왕부지王夫之・
손기봉孫奇逢 등이 있다. 둘째, 청淸 초 정통 이학가理學家의 연구로서 대표적인
인물은 여유량呂留良・육농기陸隴其 등이 있다. 셋째, 한학가漢學家의 『논어』
연구로 대표적인 인물은 염약거閻若璩・풍등부馮登府・적호翟灝・최술崔述 등

이 있다. 넷째, 의리義理의 겸용을 고증한『논어』연구로 대표적인 인물은 척학표戚學標·초순焦循·유보남劉寶楠 등이 있다. 다섯째, 싱주학파常州學派의 『논어』연구로 대표적인 인물은 장존여莊存與·송상풍宋翔風·강유위康有爲 등이 있다. 여섯째, 경전을 강의하는 사람의『논어』연구이다. 그 다음으로는 위에 기술한 앞의 5종 연구 유형 중에서 안원顔元·왕부지王夫之·육농기陸隴 其·적호翟灝·유보남劉寶楠·강유위康有爲 등 6인을 선택하여『논어』의 개별 안건으로 분석하여 그들의 학술 공헌 및 연구 유형의 특징을 탐구하였다.

유굉柳宏의 논문은『논어』해석의 계보에서 연구 범위를 1640~1911년 청대 사회 270여 년으로 한정하여 청유淸儒가『논어』혹은『논어』편명으로 명명한『논어』해석 저서들을 집중적으로 연구하였다. 주로『논어』의 경전 해석의 해독을 통해 청대 사회정치와 문화배경을 결합하고 시공관계에서 지역상 종횡으로 비교하여 학술을 분변하고 원류를 고증하며, 서로 참조하고 비교해 헤아리며, 깊이 분석하고 토론함으로써 청대『논어』연구의 역사 진전을 묘사하고 청대『논어』연구의 특징을 보여 주었다. 청대 초기 하늘이 무너지고 땅이 갈라지는 대변동 속에서 정주이학程朱理學의 봉건등급 관념과 윤리도덕 사상은 바로 청 초 통치자의 수요에 부합하였다. 그러므로 정주이 학은 관방官方의 정통 지위를 획득하여 송학宋學은 여전히 당대唐代보다 높은 지위를 차지하였다. 청 초 저명한 신하이자 대유학자인 이광지李光地는 "정주 程朱를 높이 받듦은 필연적인 선택이다"라고 하였다. 다만 일부 유식한 선비 들은 송宋·명明의 이학理學에 대한 전면적인 청산을 시작하였다. 고염무顧炎 武·왕부지王夫之·모기령毛奇齡 등과 같은 저명한 경학가는 한편으론 송유宋儒 에 대해 단호하게 힐문과 성토를 하면서 다른 한편으론 자기의 해석을 통해 문자의 훈고와 명물名物의 고증은 물론 전장제도典章制度로부터 경의經義를 상 세히 해석하여 고거학考據學의 신학풍을 열었다. 건륭·가경 시기에 박학樸學 (고증학)은 해가 중천에 있는 것같이 전성기를 이루었으며 박학가樸學家의『논 어』연구가 가장 활발하였다.

강영江永은 여러 주소注疏를 기초로 하여 정밀하게 대조하였으며, 혜동惠棟은 옛것을 높여 한漢을 숭상하고 옛것을 좋아하여 광범위하게 즐겼고, 강성江聲은 글자를 알아 뜻을 분별하였으며, 서양원徐養原은 상고해 바로잡고 노둔老鈍하게 읽었으니 이러한 박학가樸學家의 『논어』경해는 가장 질박한 학문적 특징을 갖추고 있음을 의심할 여지가 없다. 양계초梁啓超는 혜동惠棟에 대해 한학에 정통하다고 평하였다. 정정조程廷祚는 경의經義를 해석할 때에 문호의 의견을 타파하고 오직 실사구시에 입각해 진리를 탐구할 뿐이었다.

조양유趙良猷도 여러 주를 참조하여 한漢·송宋을 비교할 수 있었다. 완원阮元과 초순焦循은 주제 연구와 범주 연구의 풍습을 열어 여전히 훈고로 뜻을 밝히는 것을 강조하였다. 이러한 구조는 응당 박학樸學의 작용과 영향을 무시할 수 없게 하였다. 당연히 이 시기 이학理學의 영향력이 비록 크게 감소하였으나 그 학술적 명맥은 의연히 길게 이어져 끊이지 않아 송학파宋學派 역시도 적막한 적이 없었다. 다만 박학樸學과 송학宋學의 주와 부의 지위는 마침 청조清朝 전기 서로 대응되는 전환에서 발생하였다. 한학漢學과 송학宋學 양파의 장기간의 공존, 상호 투쟁, 상호 융합으로 말미암아 이 단계의 '논어학'은 한·송 사이의 학파 영역이 청대 전기와 같이 그렇게 격렬하고 분명하지는 못하였으며 일부 성과는 이미 한·송을 겸용하는 색채를 지녔다. 후기에 이르러 『논어』연구를 집대성한 저작이 나오는데 바로 유보남의 『논어정의』이다. 만청晚清 시기 유봉록劉逢祿·송상봉宋翔鳳 등의 상주 금문학파의 『논어』 연구는 점차 두드러진 위치를 얻게 되어 매번 『논어』를 춘추공양春秋公羊의 '은미한 말 속에 큰 뜻이 내포되어 있다(微言大義)'는 것과 견강부회하였다. 대망戴望은 그 유속을 이어 넓혔고 강유위康有爲에 이르러 집대성되었다. 강유위의 『논어주』는 서방의 진화론적인 사상이 있으나 경문을 이해함이 치밀하지 못하고 항상 중간에 자신의 의견을 넣어 깊이 천착하지 못하게 되니 경문의 뜻에 부합하지 않는 부분이 많다. 이 시기에는 약간의 전주傳注와 집일輯佚의 저작이 출현하여 『논어』 고거학考據學이 점차 쇠락하게 되었다.

상주常州학파는 청대 금문경今文經 학파로서 주로 공양公羊의 정의로『논어』를 해석하였으니, 이들 학파의『논어』주석에 대한 주요 연구 성과는 아래와 같다.

진정화陳靜華, 「청대 상주학파 논어학 연구 — 유봉록 · 송상봉 · 대망을 예로 들다」(國立成功大學 中國文學硏究所 碩士論文, 1993)

유금원劉錦源, 「청대 상주학파의 논어학」(國立政治大學 中國文學硏究所 碩士論文, 1994)

뇌온여賴溫如, 「청대 논어술하학고論語述何學考」(國立中興大學 中國文學系 碩士論文, 1995)

공상화孔祥驊, 「대망의 '논어학' 약론」(『管子學刊』, 1999年 第4期)

「송상봉宋翔鳳의 '논어학'을 논함」(『歷史敎學問題』 1999年 第6期)

「강유위의 '논어학'을 논함」(『上海交通大學學報』 1999年 第4期)

「'논어', '공양' 상통설相通說 — 청대 유봉록의 '논어학' 약론」

(『華東師範大學學報』 1999年 第5期)

당명귀, 「강유위의 '논어학' 약론」(『山東社會科學』 2002年 第6期)

황개국黃開國, 『송상봉 '논어학'의 특징』(『哲學硏究』 2007年 第1期)

이 가운데 진정화陳靜華의 논문은 청대 유봉록의『논어술하論語述何』, 송상봉의『논어설의論語說義』, 대망의『논어주』를 예로 들어 상주 금문학자가 공양의 이치로『논어』를 해석하는 합리성 및 그 경학사적인 위치에 대해 토론하였다. 유봉록은 금문경학의 기초를 완성하여 하휴何休『해고解詁』의 이치로『논어』를 자세히 설명하였고, 하휴何休가 주석한『논어』의 면모를 복원하려고 시도하였다. 송상봉은 일관된 것에 힘을 다하였으니, 더욱『논어』를 춘추와 같이 성인의 미언대의微言大義가 존재하는 것으로 보았다. 청 후기의 대망에 이르러 유봉록과 송상봉의 '논어학'을 총괄하고, 각 편을 따라 주를 다는 공양화公羊化된『논어』형식이 완성되었다고 하였다. 공상화孔祥驊의 「'논어'와 '공양公羊'의 상통설相通說 − 청대 유봉록의 '논어학' 약론」에서는 유씨는 공양학을『논어』와 서로 통한다고 여기며『논어』란 책은 곳곳에『춘추』의 미언대의微言大義를 포함시키고 있고 그 경전에 대한 해석은 견강부회하고 사이비라고 생각한다. 그리고 이러한 풍조가 시작되자 송상봉, 대망이 잇따라 공양을『논어』에 부회시키고 양자를 합류하게 하였다. 대체로 이러한 학파는 공자로 명을 받은 소왕素王으로 삼아 대부분 미언대의 하였으나 실제로 모두 지리支離하고 부회함을 면하지 못하였다고 하였다. 당명귀는 강유위가 동서 문화가 요동치는 시기에 고금에 통달하고 중국과 외국 것을 함께 취하여 연마하고 배양함으로써 서양 학문을 빌려『논어』에 대한 창조적인 해석을 진행했다고 말한다. 그리하여 서방의 '자유自由'와 '평등平等'의 이념, 의원議院과 양당윤류집정제兩黨輪流執政制를『논어』경문에 대한 해석 중에 집어넣어『논어』와 현실사회를 연결시킴으로써『논어』를 입헌군주제의 합법성을 조성하는 근거로 삼았다. 강유위의 이러한 행위는 유가의 '외왕학外王學'을 개척하였을 뿐만 아니라 유학의 근대 전형을 촉진시켰다고 하였다.

유보남의『논어정의』는 청대 '논어학'을 집대성한 작품이라고 할 수 있으며 논어학사에서도 상당히 중요한 위치를 차지하기 때문에『논어정의』에 대한 연구도 비교적 많다. 중요한 성과는 다음과 같다.

이소호李紹戶, 「유보남 '논어정의' 평술」(『建設』第24卷 第5期, 1975年 10月)
봉항封恒, 「유보남 '논어정의'의 특성」(『藝術學報』第40期, 1986年 10月)
양향규楊向奎, 「유보남 '논어정의'를 읽다」(『孔子誕辰2540周年紀念과 學術討論會論文集』, 上海三聯書店, 1992年版)
양청楊菁, 「유보남 '논어정의' 연구」(臺灣東吳大學 碩士論文, 1993年)
　　「유보남 '논어정의'의 주소注疏방법 및 그 특징」(蔣秋華, 『乾嘉學者的治經方法』(下冊), 臺北中央研究院 中國文哲研究所, 2000年版)

진홍삼陳鴻森, 「유씨劉氏 '논어정의' 성서고成書考」(臺北中央研究院 歷史語言研究所, 1994年)

육효화陸曉華, 「유보남 '논어정의'의 훈고방법 및 특징을 논함」(『安徽教育學院學報』 2001年 第2期)

　　　　　　「'논어정의'의 '모여모동某與某同'」(『安慶師範學院學報』 2001年 第2期)

반길경班吉慶, 「유보남 '논어정의'의 '설문해자說文解字' 정인征引에 대한 약론略論」(『揚州大學學報』 2001年 第6期)

구배초邱培超, 「유보남 '논어정의' 연구」(國立中央大學 中國文學研究所 碩士論文, 2001)

진장서陳長書, 「유보남 '논어정의' 비유인지比喩認知 연구」(『寧夏大學學報』 2004年 第2期)

공제봉龔霽苁, 「'논어정의'의 학술성취」(『宜春學院學報』 2005年 第3期)

장소뢰莊小蕾, 「유보남 '논어정의' 연구」(復旦大學 漢語言文字方向 碩士論文, 2006)

　　육효화는 논문에서 유보남의 『논어정의』는 과학적인 귀납방법으로 실증을 중시하고 억측을 배제하여 전 시기의 연구 성과를 충분하게 흡수하였으며 특히 그 청인清人의 주해고증에 대해 한층 더 여러 사람의 장점을 널리 받아들이고 상세히 채록을 더하여 전 시기의 성과를 뛰어넘었다고 하였다. 반길경班吉慶은 청대 훈고학파는 『설문해자』를 매우 중시하고 이를 널리 운용하여 선진문헌을 주석하고 정리하였다. 유보남·유공면劉恭冕 부자가 평생의 정력을 다하여 성취한 『논어정의』는 『설문해자』를 인용한 곳이 많게는 1천 조목에 달한다. 혹은 근원을 추구하여 형체를 제한하지 않고, 혹은 널리 헤아려 비록秘錄을 겸해서 취하고 기록하며, 혹은 다방면으로 참조하여 단점을 버리고 장점을 따르며, 모두 엄근함을 가지고 사실에 입각하여 진리를 구한다. 『설문』 전래본 중에서 일부 이문異文이나 탈문脫文 및 기타 의심나는 곳에 대해 『논어정의』에도 교정과 설명을 하였다. '성경을 연구하고자 하면 먼저 소학에 능통해야 한다(欲治聖經, 先通小學)'라는 것은 『논어정의』의 작가가 포함된 청대 양주학파揚州學派가 우리에게 남겨 준 가장 보배로운 경험이라고 하였다. 공제봉龔霽芃은 『논어정의』의 학술 성과를 4개 부분에서 제기하였다. 여러 사람의 장점을 널리 받아들여 판단에 정통하다. 둘째, 의리를 고증하여 둘로 하여 한 쪽도 소홀하지 아니한다. 셋째, 문호를 나누지 않아 사실에 근거하여 진리를 탐구한다. 넷째, 해석방법은 융통성 있고 다양하다.

대만 학자가 연구한 유보남의 『논어정의』에 대한 몇 편의 학술 성과에서 주요한 내용은 아래와 같다.

먼저, 유보남의 학술적인 축적, 저술 배경, 각 경經을 나누어 주소注疏하기로 약속한 인원, 유공면劉恭冕의 속찬續撰 및 『논어정의』의 출판연대에 대해 연구를 하였다. 첫째, 유보남의 학술 축적은 주로 가학家學의 침윤浸潤, 숙부 유대공劉臺拱의 훈도와 친구간의 상호 격려 등의 3가지 방면에 기초한다. 둘째, 저작 생성 원인은 역대 주석가가 아직 선성先聖의 도를 상세히 밝혀내지 못하고, 하안의 『집해』가 위공僞孔과 왕숙王肅의 학설에 많이 치우쳐 정주鄭注를 산실하였으며, 병횡病皇의 『소疏』는 청허하고 현묘함을 많이 섭렵하였고, 형병邢昺의 『소疏』는 비루하여 볼 것이 없으며, 친구들이 서로 약속한 데에 기인한다. 셋째, 각 경經을 나누어 주소注疏하기로 약속한 인원은 여섯 사람이 아니라 유보남·유문기劉文淇·매식지梅植之·진립陳立 등의 네 사람으로 포신언包愼言과 유흥은柳興恩은 없었다. 넷째, 유공면劉恭勉의 계속하여 완성한 17권의 뒤 여러 편 외에 전 17권 각 편도 또한 보충하여 꾸민 것이 있다. 다섯째, 『논어정의』는 광서 초년에 정식으로 간행되었고, 전통학자들이 말하는 동치 5년에 간행된 것이 아니다.

다음으로, 유보남 『논어정의』의 주소注疏 체제를 귀납하여 그 주소 방법은 주로 널리 채집하고 전부 받아들여 함께 보존하며, 고증을 중시하고 뜻을 보충하여, 역사를 존중하고 현실을 주시하였다고 하였다.[21]

기타 학자의 '논어학' 성과에 대한 연구는 주로 안원顔元·이공李塨·왕부지王夫之·초순焦循·유월兪樾과 관련되었다.

안원顔元과 이공李塨의 『논어』 경전 해석사상 연구에 대한 대표적인 논문은 이지평李智平의 「안원顔元·이공李塨 논어해경사상論語解經思想 연구」(東海大學 中國文學系 碩士論文, 2003)가 있다. 이 논문은 안원과 이공은 청淸 초 중요한 사상가 겸 경전 해석가로, 그들은 정정程·주朱·육陸·왕王 등의 사유를 반대하는 입장에서 이학理學이 내성內聖의 심성心性을 지나치게 중시하는 것에 대해 현실적인 검토를 전개하였다. '습행習行', 즉 몸소 실천하는 것을 중시하는 학문적 태도 아래『논어』의 가치에 대해 몸소 이해하는 것은 위진의 '도교를 끌어 유교에 들어감(援道入儒)'이라든가 송대 심성心性의 가치를 중시하여 상세히 논술하는 것, 심지어는 그 후 건륭乾·가경嘉慶 시기 고증학의 흥기 이후의 해석과도 모두 같지 않다. 그러므로 안원과 이공의『논어』 저술과 관련된 상관된 내용을 통하여 이미 종적으로는 명말·청초 성리학의 반동적 사유하에서 '논어학사論語學史'가 경서를 해석하는 시대적 의의를 연구할 수 있고, 경전 해석의 시대적 의의를 연구할 수 있고, 횡적으로는『논어』의 주석 중에 안원과 이공의 학술적 지위와 가치를 드러낼 수 있다.

왕부지王夫之의『논어』주에 대해 토론한 논문은 주로 아래의 몇 편으로 정리된다.

> 진래陳來, 「왕선산王船山 '논어' 주석중注釋中의 기질氣質 인성론人性論」(『中國哲學史』 2003年 第3期)
> 「왕선산王船山 '논어' 주석중의 이기관理氣觀」(『文史哲』 2003年 第4期)

---

21 柳宏, 「臺灣學者硏究劉寶楠"論語正義"成果述評」, 『揚州大學學報』 2002年 第6期.

주병주周兵, 「천인지제天人之際의 이학 신전석新詮釋 — 왕부지 '독사서대전설讀四書大全說' 사상연구」(北京師範大學 中國哲學方向 博士論文, 2005年)

장계휘章啓輝, 「왕부지의 '사서四書' 연구 및 그 초기 계몽사상啓蒙思想」(中國社會科學院 硏究生院 中國古代史方向 博士論文, 2002)

진래의 앞의 논문은 선산船山이 이기체제를 언어 환경을 논술하는 것에서 착수하여 그『논어』해석의 구체적인 맥락 중에서 송宋·명明 도학道學이 중시하는 기질의 본성 문제에 깊이 들어가 선산이 그『논어』비독批讀 중에 표현한 철학사상의 특징을 깊이 이해하였다. 논문에서 선산은 '본성이 기질 중에 있다性在氣質中'라는 표현 방식을 반대로 사용하여 '기질 중의 본성氣質中之性'이라는 논법을 줄곧 주장하였다. '성재기질중性在氣質中'과 '기질중지성氣質中之性'의 구별은 특정한 의미상에서 '철학이 중국에 있다哲學在中國'와 '중국의 철학中國的哲學'이라는 구별과 같다. 이러한 점은 선산과 주자의 이기 관념상의 가장 기본적인 구별을 가장 분명하게 체현하였다. 이것은 또한 명대 중·후기 사상의 공통된 인식으로 명 중기 이래 '이理'의 이해 방면에서 실체화를 버리는 방향으로 전환한 이후에 철학가들은 이런 기질의 본성으로 향하는 인성 일원론一元論의 필연적인 추세를 체현하였다고 하였다. 뒤의 논문은 선산이 이기를 구조로 삼아 언어 환경을 논술하는 것에서 착수하여 그『논어』해석의 구체적인 맥락 중에서 이기 등과 관련된 송·명 도학이 중시하는 기질의 본성 문제에 깊이 들어가 선산이 그『논어』비독 중에 표현한 철학사상을 분석하였다. 선산의 이기에 대한 견해는 주자와 같은 점이 적지 않다. 그러나 선산은 주자와 같이 그렇게 종종 실체화된 이해나 견해를 사용하여 리와 관련된 문제를 처리하지 않았다. 이러한 점에서 선산은 원·명 시기 이학이 '리'에 관한 이해를 '실체화를 버림'으로 발전한 것과 일치한다. 선산의 이기관理氣觀과 주자학의 다른 곳은 선산이 그 이기가 분리될 수 없다는 관점을 더 많이 운용하여 수많은 구체적인 문제에 대해 토론한 것이니, 이러한 토론 중에서 분명하게 볼 수 있다. 무릇 주자학이 리를 중시하고 기를 경시한 것을 표현한 곳에 선산은 반드시 기를 강조하였다. 무릇 주자학이 기를 말하고 리가 없는 곳에 선산은 리를 중시하였다. 무릇 주자학의 견해 중에 쉽게 이기를 각자 독립된 두 개의 사물로 변화시킨 곳에 선산은 기필코 '이기합일理氣合一'을 강조하였다. 그러므로 선산 이기관理氣觀의 요점은 마땅히 '이기호체理氣互體'와 '이기합일理氣合一'로 귀결된다고 하였다.

초순焦循의 『논어』 주석에 관한 주요 연구는 아래와 같다.

> 석앵앵石櫻櫻, 「'집량용중執兩用中'의 서도恕道 - 초순焦循 '논어論語' 의리사상
> 의 천발闡發」(逢甲大學 中國文學硏究所 碩士論文, 1997)
> 요천혜廖千慧, 「초순 논어학 연구」(國立中正大學 中國文學硏究所 碩士論文, 1994)
> 진거연陳居淵, 「초순의 '논어학' 연구」(『雲南大學學報』 2007年 第1期)

석앵앵의 논문은 초순이 『논어』를 상대로 주석하여 기탁하는 것은 하나는 '일관된 도[一貫之道]'를 명백하게 밝히는 것에 있고, 다른 하나는 '이단의 고집스러움[異端執一]'을 힘써 배제하는 것에 있다. 이러한 전제조건을 따르기 때문에 '양끝을 잡고 중용을 쓰는 서도恕道' 및 '상법常法을 위반하여 권도를 행하는 변통變通'의 양대 인생과제를 제기하였다.

요천혜의 논문은 초순의 일관된 '충서설忠恕說'을 '통정설通情說'이라고 할 수 있다고 하였다. 그는 천하에 정을 통할 수 있으면 이단이 생존하지 못한다고 여겼다. 초순은 여기에서 일조의 덕을 이루는 공부를 제기하여 이러한 수양공부를 빌려 자기를 수양하여 일관된 충서에 도달하고 이단을 모면하기를 희망하였다고 하였다.

유월兪樾의 '논어학'에 대한 대표적인 논문은 나벽병羅碧屛의 「유월 논어학의 연구」(國立高雄師範大學 國文學系 碩士論文, 1996)가 있다. 이 논문은 주로 유월의 『논어평의論語平議』『논어소언論語小言』『논어정의論語鄭義』『속논어병지續論

語駢枝』와『논어고주택종論語古注擇從』등 '논어학' 저작을 연구 토론하였다.『논어평의』는 유월의 첫 번째 논어학論語學 저작으로 한학가漢學家의 평온하고 올바른 고증 풍격을 충분하게 표현하였다.『논어소언』은 한 편의 의리성義理性『논어』작품으로, 유월은 이 저작 중에서『논어』의 장구를 근거로 하여 인생철학을 토로하였다.『논어정의』는 한 권의 집일 성격의 작품으로, 유월은 삼례주三禮注 및 시전詩箋 중에서『논어』를 거론한 것을 살펴『정현논어주鄭玄論語注』의 옛 모습을 복원하고자 하였다.『속논어병지』와『논어고주택종』은 모두 훈계 성격의 '논어학' 저작에 속하는 것으로, 각 학파의 주소注疏를 열거하여 잘못이 있는 곳을 논하니, 유월은 모두 일일이 고증하여 잘못된 것을 보충하였다. 각 학파의 주注에 대한 취사선택의 상황에서 한漢·송宋을 동시에 취하는 학문 특색을 충분하게 나타내었다.

7.『논어』와 관련된 출토문헌에 대한 연구

『논어』의 출토문헌 연구는 주로 돈황 및 투루판 지역에서 출토된 당사본唐寫本『논어정씨주論語鄭氏注』『논어집해』『논어의소論語義疏』『논어음의論語音義』등의『논어』주석본과 정주한묘『논어』죽간에 집중되어 있다.

청 말 이래로 돈황 및 투루판 지역에서 출토된 당사본『논어정씨주』『논어집해』『논어의소』『논어음의』등의『논어』주석본에서 이 방면의 연구논문은 대체로 다음과 같다.

왕국유王國維, 「'논어정씨주論語鄭氏注' 잔권殘卷의 뒤에 쓰다」(『觀堂集林』第一冊, 中華書局, 1959年版)

진철범陳鐵凡, 「돈황 '논어' 정주삼본鄭注三本 소증疏證」(『大陸雜志』1960年 20卷 10期)

「돈황본 '논어' 이문휘고異文彙考」(『孔孟學報』 1961年 第1期)

문물출판사文物出版社, 「당사본 '논어정씨주' 설명說明」(『文物』 1972年 第2期)

중국과학원고고연구소 자료실, 「당 경룡사년景龍四年 사본 '논어정씨주' 교
감기校勘記」(『考古』 1972年 第2期)

왕소王素, 「돈황문서 중의 제사건第四件 '논어정씨주'」(『文物』 1984年 第9期)

『당사본 '논어정씨주' 및 그 연구 서문』(文物出版社, 1991年版)

『당사본 '논어정씨주' 교독차기校讀箚記』(文物出版社, 1991年版)

이방李方, 「당사본 '논어황소論語皇疏'의 성질 및 그 상관문제」(『文物』 1988年
第2期)

「백희화伯希和3271호 사본 '논어집해'의 성격 및 의의」(『敦煌
研究』 1995年 第4期)

『돈황 '논어집해' 교증校證 서문』(江蘇古籍出版社, 1998年版)

김곡치金穀治, 「정현과 '논어'」(王素 『唐寫本 論語鄭氏注及其研究』, 文物出版社,
1991年版)

허건평許建平, 「북도장은北圖藏殷42 '논어음의論語音義' 잔권발殘卷跋」(『敦煌吐魯
番研究』 1997年 第2卷)

나진옥羅振玉, 「'논어' 정주 '술이述而'에서 '향당鄕黨'까지 잔권발殘卷跋」(鄭學
檬・鄭炳林編 『中國敦煌學百年文庫・文獻卷』 第二冊 甘肅文化出版社
1999年 影印版)

주문周文, 「돈황사본 S.6121 '논어정주' 집고輯考」(『咸寧學院學報』 2006年 第2
期)

한봉韓鋒, 「기건幾件 돈황사본 '논어' 백문잔권白文殘卷 철합연구綴合研究」(『敦
煌學輯刊』 2006年 第1期)

유효하劉曉霞, 「당사본唐寫本 '논어정씨주論語鄭氏注' 상관문제 탐석探析」(曲阜師
範大學 孔子研究所 碩士論文, 2006)

허건평은 출토된 사본『논어음의』와 13경주소본經注疏本의 하안『논어집해』를 서로 대조하여 잔존하는 42조 음의音義 중에서 23조는『논어집해』「공야장公冶長」 정문正文의 음의音義가 되고 다른 19조는 주문注文의 음의가 됨을 발견하였다. 그러나 이 19조 주문의 음의 중에서 12조는『논어집해』에는 없는 것이다. 이로 인해 그는 이 사본 음의의 저본은 반드시 하안의『논어집해』가 아니라고 보았다. 그는 그것과 투루판 아스타나阿斯塔那 363호 무덤에서 출토된『당경룡사년복천수초공씨본唐景龍四年卜天壽抄孔氏本 정씨논어주』와 19호 무덤의『당사본정씨논어주唐寫本鄭氏論語注』「공야장」과 관련된 장절章節을 대조하여 둘의 정正·주문注文은 완전히 부합됨을 발견하였다. 따라서 그는 사본 음의가 근거한 저본은 정현의『논어주』이고 동시에 그것이『논어정주음의論語鄭注音義』라고 명명됨을 확인하였다. 이러한 기초 위에 허건평은『수서隋書』「경적지經籍志」에 있는 "『논어음』 2권은 서막徐邈 등이 찬撰하였다(論語音二卷, 徐邈等撰)"라는 기록과 결부시키고 더 나아가 '역사상『논어』를 위해 음音을 지은 것은 서막 한 사람만이 아니라 두 사람이다'라는 결론을 얻어내었다. 육덕명陸德明의『경전석문經典釋文』「논어음의論語音義」 중에 출현하는 내력을 주를 달아 밝히지 않은 수백 조와 서막徐邈 음계音系에 부합하지 않는 반절의 정황을 비교적 원만하게 해석하였다.

이방李方은 "백伯3271호 사본寫本은 결코 순수한『논어집해』가 아니라 실제로『논어집해』의 기초 위에 황소皇疏에 근거하여 다른 사람의 주注를 보충해 넣은 혼합된 성격의『논어』 집주集注 사본寫本이다. 이것의 발견은 '논어학' 발전사상에서 경학 발전사상에 이르기까지 모두 중요한 가치와 의의가 있다고 하였다. 백伯3271호 사본은 먼저 하안의『집해』 중에 황소皇疏와 다른 주를 합병하여 합병된 주소注疏의 서곡을 열었으니, 학계에서 보편적으로 남송南宋 초년에 지은 '경주정의합각經注正義合刻'이 처음이라는 잘못된 관점을 교정하였다. 이방은 또한『논어의소』 사본에 관심을 기울였다. 그녀는 무내의웅武內義雄 각본刻本(무씨武氏 각본과 지부족재번각본知不足齋翻刻本의 내용은 대체로 일치하지만 체재 방식에 차이가 있다)과 사본의 체재·경문·주문·소문과 대조를 하여 두 본이 크게 차이가 있음을 발견하였다. 사본은 다량의 경·주·소를 생략하였을 뿐만 아니라 분장分章과 합장合章도 비교적 마음대로 하였기 때문에 각 사본은 황간『논어의소』의 원래 모습일 수가 없다. 그녀는 이 사본은 어쩌면 황간『논어의소』의 강경講經 요강일 것이라고 보았다. 그 이유는 다음과 같다. 첫째, 사본 매 장章 경주의 뒤에 모두 한 단락의 총괄문이 있다. 총괄문은 '차명此明' 2자로 시작하여 전장全章 경주의 대의를 총괄하였다. 이것은 각본에는 없는 것이다. 사본을 지은 사람은 스스로 총괄문을 지어 요강으로 경문의 대의를 이끌어 천명하였으니, 강경 요강의 요구에 부합된다. 둘째, 사본은 또한 일부 각본에 없는 제두어提頭語가 있으니, 이러한 것은 또한 경서를 강의한다는 성격과 부합된다. 대표적인 예로, '배우고 때로 익히면(學而時習之)' 장의 '친구를 삼가 해석한 것이다(仰解朋友者)', '천승의 나라를 다스리되(導千乘之國)' 장의 '쓰기를 절제하고 사람을 사랑하는 것을 삼가 해석한 것이다(仰解節用愛人者)', '증자왈신종추원曾子曰愼終追遠' 장의 '마침을 삼가고 먼 이를 추모함을 삼가 해석한 것이다(仰解愼終追遠二事者)' 등인데, '仰解 … 者'로 개괄한 제두어提頭語가 매우 분명하니 모두 강의하는 말이다. 셋째, 사본寫本 소문疏文 중에 일부는 분명히 황간 본인의 것이 아니라 경문을 강독하는 스승의 것으로 보이는 문장이 있다. 그 예로 '계손씨가 태산에 여제사를 지냈다(季氏旅於泰山)'장에 경經과 주注가 모두 태산泰山과 노나라의 관계를 언급하지 않았다. 오직 각본刻本의 소疏에 이르기를 "태산은 노나라의 태산이다(泰山, 魯之泰山也)"라고 하였다. 사본寫本에는 이러한 소疏는 없고, "어떻게 태산이 노나라에 있음을 알겠는가? 태산이란『시경』에 이르기를 '태산이 높고 높으니 노나라가 우러러보는 바이다'(何知泰山在魯家? 泰山者, 詩云 泰山巖巖, 魯邦所瞻)"라는 단락이 있다. 이 단락은 분명히 경문을 강독하는 스승이『황소皇疏』를 해석한 문장이다. 또 '체제사에 이미 강신제를 지내고부터(禘自旣灌)' 장에 사본寫本은 "선유들의 강신제 지내는 법을 말함이 다르니 소에 의거하면 분명하다(先儒說灌法不同, 依疏明顯者)"라는 문장이 있으니, 작가가 『황소』 원형의 저작이 절대로 아니고, 소疏 이외에 독립된 경문을 강독하는 스승임을 명확하게 표명하였다.

전문서적으로는 왕소王素의 『당사본 논어정씨주 및 그 연구』(文物出版社, 1991)를 들 수 있다. 이 책은 중국 학자가 당사본 『논어정씨주』를 연구한 가장 대표적인 성과이다. 이 책은 본문을 상·하 두 권으로 나누었는데, 상권에는 전체적으로 당사본 『정주』를 교록校錄하였고 하권은 초기의 연구와 최근 중국 내외 당사본 『정주』에 대한 연구논문들로서 본문에서 왕소는 '공씨본孔氏本'의 원류를 탐구하였다. 그는 당사본 정현 『논어주』의 편제篇題 분석을 통해 당대 서북 변방 지역에는 두 종류의 정현 『논어주』가 유행하였다는 결론을 얻어내었다. '공씨본'이라고 표지한 사본과 표지하지 않은 사본이 내용면에서는 완전히 같지만 사본의 원류로 보면 큰 차이가 있다. '공씨본'이라 표지하지 않은 사본은 원래 북조北朝에서 유행했던 판본이고 '공씨본'이라 표지한 사본寫本은 남조南朝에서 유행한 판본으로, 전자는 곧 『수지隋志』에 저록된 '『논어』 10권 정현주'이고 후자는 『수지』에서 공표한 '양梁에 『고문논어』 10권 정현주가 있다'는 내용에 해당하는 것이다. 그렇게 보는 이유는 첫째, 고창국高昌國은 일찍이 양梁과 교류하여 양梁으로부터 『논어』 등의 유가 경전을 들여왔다는 점 둘째, '공씨본孔氏本'은 북조 및 수당 시기 중원 지역에서는 유행하지 않았고 당대 서북 변방 지역에서 비교적 장기간 동안 유행하였다는 점을 들고 있다. 본문 이외에 이미 발견된 당사본 『정주』 잔권殘卷의 전체적인 도판이 있다. 왕소의 책은 당사본 정현 『논어주』 잔권 연구를 집대성한 작품이라고 할 수 있다.

1973년 고고발굴대는 하북성 정주 팔각랑촌八角廊村 40호 한묘에서 다량의 죽간을 발견하였는데 그중에는 수많은 『논어』 잔간이 포함되어 있었다. 이것이 우리가 현재 볼 수 있는 가장 이른 『논어』 경문 판본이고 또한 유일한 『논어』의 서한 필사본 진본으로 『논어』 출토문헌의 대표작이라고 할 수 있다. 1997년 하북성 문물연구소 정주한묘 죽간 정리조는 인쇄본『정주한묘 죽간논어定州漢墓竹簡論語』를 정리 출판하였다. 이 책에는 모두 죽간 620여 매가 보존되었으나 훼손이 심각하였다. 책 전체에는 대략 7576자가 남아 있으니, 전세본의 절반에도 못 미치며 원래 서제書題와 편제篇題도 없었다. 그중 글자 수가 가장 많이 남아 있는 것은「위령공衛靈公」편으로 694자가 보존되어 있어 전세본의 77%에 달하고, 가장 적은 것은「학이學而」편으로 겨우 20자가 보존되어 있다. 간본簡本『논어』를 보면, 그 편장篇章의 구분과 문구 등은 전세본과 모두 같지 않다. 이 책이 세상에 알려짐에 따라『정주한묘죽간'논어'』에 관한 연구도 점차 전개되었다. 이 방면의 성과는 다음과 같다.

선승빈單承彬,「정주 한묘죽간본 '논어'의 성질 고변考辨」(『孔子研究』2002年 第2期)

진동陳東,「정주 한묘죽간 '논어'에 관한 몇 가지 문제점」(『孔子研究』2003年 第2期)

왕소王素,「하북정주에서 출토된 서한간본西漢簡本 '논어'의 성질 신탐新探」(『簡帛研究』 第3輯, 廣西教育出版社, 1998年版)

양도梁濤,「정현죽간定縣竹簡 '논어'와 '논어'의 성서成書 문제」(『管子學刊』2005年 第1期)

조정趙晶,「정주한간본 '논어'의 문헌가치 천석淺析」(『浙江社會科學』2005年 第3期)

이약휘李若暉,「정주 '논어' 분장고分章考」(『齊魯學刊』 2006年 第2期)

정춘신鄭春汛,「'정현죽간논어定縣竹簡論語'의 성질로 본 한초 '논어'의 면모」(『重慶社會科學』 2007年 第5期)

이 가운데 조정의 논문은 간본『논어』의 출토는 오랫동안 금본『논어』의 글자와 문의文意를 이해하는 데 존재하는 일부 차이점을 정리해 명확하게 하는 데 도움이 되어 매우 중요한 문헌적 가치를 지니고 있다고 하였다. 그는 간본 『논어』와 통행본(양백준楊伯峻 역주의 『논어論語』, 中華書局版)을 대조하여 오랫동안 금본 『논어』의 글자와 문의에 대한 이해 방면에 존재하는 일부 차이점 8곳을 정리해 명확하게 할 수 있다고 밝혔다. 그 예로 통행본 『논어』「팔일八佾」편에 "애공이 재아에게 사를 물으니, 재아가 대답하기를 '하후씨는 소나무로 하고, 은나라 사람은 잣나무로 하고 주나라 사람은 밤나무로 하였으니 백성들로 하여금 두려워하게 하는 것입니다'(哀公問社於宰我, 宰我對曰 夏后氏以松, 殷人以柏, 周人以栗. 曰 使民戰栗)라고 하였다. 공자께서 이를 들으시고 말씀하시기를 '이미 이루어진 일이라 말하지 않으며 끝난 일이라 간하지 않으며 이미 지나간 일이라 허물하지 않는다'(子聞之曰 成事不說, 遂事不諫, 旣往不咎)고 하셨다"고 기재되어 있다. 이 글귀 중에서 애공이 물은 것과 재아의 대답에 관해서는 예로부터 의견이 분분하였다. 유보남의 『논어정의』 권3에서는 삼국 시기 하안의 『논어집해』 주를 인용하여 "무릇 나라를 세우고 사를 세움은 각기 그 땅에 심는 나무로 한다(凡建邦立社, 各以其土所植之木)"라고 하였는데, "양대梁代 황간은 더 나아가 애공이 사직에 심는 나무가 다름을 보았기 때문에 재아에게 물었다(哀公見社稷種樹之不同, 故問宰我也)"고 해석하였다. 그들은 모두 '사社'를 '신사神社'와 '사직社稷'이라고 하였으니, 나라를 세우고 사를 세우는 것으로 해석하여 '노 애공이 물은 것은 사직 옆에 무슨 나무를 심어야 되는가?' 하는 것이라고 생각하였다. 그러나 역대 일부 학자들은 이러한 학설에 동의하지 않았다. 양백준楊伯峻은 재아의 대답으로 보면 애공이 물은 사는 신사 자체를 가리키는 것이 아니라 신사 중에 공양된 패위牌位를 가리키는 것으로 곧 '사주社主'이다. 노魯 애공은 신사 곁에 어떤 나무를 심는가를 물은 것이 아니라 재아에게 사주社主의 패위牌位을 만드는 데 어떤 나무를 써야 되느냐고 물은 것이다. 선배 학자들 중에 이 학설을 주장하는 사람도 자못 많았다. 동시에 황간의 『논어집해의소論語集解義疏』 권2는 구절 아래에 또 한 구절의 이문異文을 인용하여 "『정론鄭論』에는 본래 '문주問主'라고 되어 있다(鄭論本作間主也)"고 하였다. 동한 정현주본『논어』는 오래전에 이미 실전되었는데, 다행히 돈황문서 및 투루판 아스타나묘에서 당사본의『논어정씨주』의 잔본이 출토되어 투루판 아스타나 363호묘 8과 1호 당사본『논어』정현주본을 조사해 보면 이 절이 존재한다. 이 절은 바로 '문주間主'로 되어 있는데, 간본도 또한 "애공이 재아에게 사주를 물었다(哀公間主於宰我)"라고 하였으니, '사주社主'라는 학설이 정확함을 알 수 있다. 노魯 애공이 물은 것과 재아가 대답한 것은 바로 사주社主의 패위牌位를 만드는 데 사용하는 나무 종류에 관한 것이지 신사神社 곁에 어떤 나무를 심느냐가 아니다. 통행본『논어』「술이」편에 "공자께서 말씀하시기를 '전술하기만 하고 창작하지 않으며 옛것을 믿고서 좋아함을 적이 우리 노팽에 견준다'라고 하셨다(子曰 述而不作, 信而好古, 竊比於我老彭)"라고 하였다. 이 글귀 중 노팽老彭에 대해서는 지금까지 당시의 사람 혹은 옛날 사람이라는 2가지 학설이 있다. 옛날 사람이라는 학설을 지지하는 사람들은『대대례기大戴禮記』에 "노팽은 상商나라 때의 크게 어진 사람이다(老彭爲商時賢大夫)"는 문구를 인용하여 노자와 팽조彭祖 두 사람이라고 하였다. 그러나 그러나 양백준楊伯峻은 노팽이 공자와 동시대 사람이고 또한 매우 밀접한 관계에 있었기 때문에 공자가 '우리 노팽(我老彭)'이라고 할 수 있었다고 하였다. 또 '아나로팽我那老彭'은 사람들이 '아가노리我家老李' '아나노형我那老兄'이라고 운운하는 것과 같다고 하였다. 하지만 지금 간본의 가장 뒷절에 '절비아어노팽竊比我於老彭'이라고 썼으니 양백준의 학설이 성립되기 어렵다.

양도는 정주『논어』죽간에 근거하여 최술 등이『논어』중의 문체와 호칭을 바탕으로 한 연대 설정의 판단에 대해 검토를 하였고, 공자 이후 공자의 후학들이 분화된 정황에 근거하여『논어』가 책으로 만들어진 것에 대해 분석과 토론을 하였다. 그는 금본『논어』에 호칭과 용어의 차이가 존재하는 것으로 보아『논어』의 편찬은 일정 과정을 지난 것이지 단기간에 완성된 것은 아니라고 하였다. 편찬자도 한두 사람이 아니라 수많은 제자들이 참여

하였다고 여겼다. 새로 출토된 자료로 보면,『논어』중에 공자 호칭 차이의 일부는 어쩌면 옮겨 적는 가운데 형성된 것으로『논어』가 책으로 만들어진 것이 비교적 늦다는 증거가 될 수 없다. 간본『논어』와 금본을 비교하면, 공자의 호칭에 종종 서로 차이가 있음을 발견할 수 있다. 금본『논어』후반부 10편 중에 '공자'라고 칭한 부분을 죽간본에서는 '자子'라고 칭하기도 하였다.「양화陽貨」편에 "자장이 공자에게 인을 물으니, 공자께서 말씀하시기를 '천하에 다섯 가지를 행할 수 있으면 인이 될 것이다'(子張問仁於孔子, 孔子曰 能行五者於天下, 爲仁矣)"고 하고,「요왈堯曰」편에 "자장이 공자에게 물어 말하기를 '어떻게 하여야 정사에 종사할 수 있겠습니까?'라고 하니, 자께서 말씀하시기를 '다섯 가지 아름다움을 높이고, 네 가지 악함을 물리치면 이에 정사에 종사할 수 있을 것이다(子張問於孔子曰 何如斯可以從政矣? 子曰 尊五美, 屛四惡, 斯可以從政矣)"라고 하였다. 금본『논어』에서는 문인들이 공자에게 물을 때는 일반적으로 '자'라고 칭하고 '공자'라 칭하지 않기 때문이다. 최술은 위 두 장은 어쩌면 후대 사람들이 첨가하였을 것이라고 의심하였다. 그러나 간본에서 이들 모두 '자'라고 칭해 "자장이 자께 인을 물으니 자께서 말씀하시기를, 천하에 다섯 가지를 견디면 인이 되는 것이다(子張問仁於子, 子曰 耐五者於天下, 爲仁者)"라고 하고, "자장이 자께 물어 말하기를 '어떻게 하여야 이에 정사에 종사할 수 있겠습니까?'라고 하니 자께서 말씀하시기를, '다섯 가지 아름다움을 높이고 네 가지 악함을 물리치면 정사에 종사할 수 있을 것이다'(子張問於子曰 何如斯可以從正矣? 子曰 尊五美, 屛四惡, 可以從正矣)"고 하였다. 위 두 장이 금본에서 특별하게 보이는 까닭은 필사 때문이지 시대의 빠르고 늦은 것과는 직접적인 관계가 없다고 하였다. 또한「자로子路」편에 "정공이 묻기를 '한마디 말로 나라를 흥하게 할 수 있다고 하니, 그러한 것이 있습니까?'라고 하니 공자께서 대답해 말씀하시기를, '말은 이와 같이 효과를 기약할 수 없다'(定公問 一言而可以興邦, 有諸? 孔子對曰 言不可以若是其幾也)"라고 하여, 금본『논어』에서는 공자가 임금의 물음에 대답한 것을 기록할 때는 일반적으로 '공자'라

칭하고, '자'라 칭하지 않았다. 그러나 간본의 이 장에는 '자'라고 칭했는데 "정공이 묻기를 '한마디 말로써 나라를 흥기한다고 하니, 그러한 것이 있습니까?'라고 하니, 자께서 말씀하시기를 '말은 … 할 수 없다'(公問 一言而興國 有諸? 子曰 言不可以…)"라고 하여, 공자의 호칭을 말할 때 그렇게 절대적인 것이 아니며 필사할 때 종종 변화가 발생하였다. 이외에 금본『논어』에 '자'라고 칭한 것을 죽간에서 '공자'라고 칭하기도 하였다. 예를 들면 「선진」편에 "안연이 죽자 안로가 공자의 수레를 청하여 외곽을 만들려고 하니 자께서 말씀하시기를, '재주가 있거나 재주가 없거나 각각 그 자식이라고 말한다'(顔淵死, 顔路請子之車以爲之槨. 子曰 才不才, 亦各言其子也)"고 하고, 「선진」편에 "자께서 말씀하시기를 '회는 도에 가까웠고 자주 끼니를 굶었다'(子曰 回也其庶乎, 屢空. 賜不受命, 而貨殖焉, 億則屢中)"고 하였는데, 간본에는 모두 '공자왈'이라고 했다. 또한 「미자微子」편에 "부자께서 무심코 계시다가 말씀하시기를 '짐승과 더불어 무리지어 살 수 없으니, 내가 이 사람의 무리와 함께하지 않고 누구와 함께하겠는가? 천하에 도가 있으면 내가 바꾸려고 하지 않을 것이다'(夫子憮然曰 鳥獸不可與同群, 吾非斯人之徒與而誰與? 天下有道, 丘不與易也)"라고 하였는데 간본에는 '자무연왈子憮然曰'이라고 하였다. 이러한 것은 모두『논어』중에 호칭과 관련된 규정이 그렇게 엄격하지 않아서이고, 설령 일정한 규정이 있었다고 하더라도 필사 과정에서 종종 변화가 생겼기 때문이므로 이것으로『논어』의 성서成書를 판단하는 것은 근거가 충분하지 못하다. 따라서 현재 있는 자료를 근거로『논어』의 편정編定은 비교적 이르며, 공자가 세상을 떠난 후 100여 년 내에 기본적으로 책이 완성되었고, 편찬자는 주로 그 제자와 재차 전수받은 제자들이었다.

진동은 정주한묘『논어』죽간의 편장篇章 구조에 대한 연구를 통해『논어』의 편장 구조는 한 초에 이미 기본적으로 고정되었다는 결론을 얻었다. 그는 정주한묘『논어』죽간이 비록 편제篇題가 없어 편수篇數가 자세하지 않으나 보존된 11매의 '장수간章數簡'으로부터 그 기록된 장수章數와 자수字數에 근거하면 대체로 금본의 어떤 편에 해당되는지 판단할 수 있다고 하였다. 612간簡에 "凡二章[凡三百卅二字]"라고 기록되어 있는데, 정리자는 이것을 「요왈堯曰」편 뒤에 배열하였다. 장수가 서로 가깝고 자수도 금본 「요왈」편 전후 2장의 글자 수(341자)와 서로 가깝다. 613간에 "凡卅七章…"이라고 기록되어 있는데, 전세본 중에는 다만 「술이」편 37장이 있다는 기록이 있으니 마땅히 「술이편」이 된다. 614간에 "… [章] … 五百七十五字"라고 기록되어 있는데, 금본 「위정爲政」편(581자)의 자수가 가장 가깝다. 615간에 "凡[卅六]章凡九百九十字"라고 기록되어 있는데, 전세본 각 편을 찾아보면 36장이라고 한 것이 없고 자수는 「양화陽貨」편(1020자)의 자수와 가장 가깝다. '卅삼'자는 마땅히 '卅일'자의 오기로 정리자가 잘못 기록하였을 것이다. 616간에 "凡卅章凡七百九十字"라고 기록되어 있는데, 장수는 금본 「자한子罕」편과 부합되고 자수(812자)도 서로 가깝다. 617간에 "凡[四十]四章…"라고 기록되어 있는데, 금본 「헌문憲問」편과 장수가 부합한다. 618간에 "[凡四十七章][□□百八十一字]"라고 기록되어 있어 장수가 가장 많은데, 금본 「위령공衛靈公」편에 49장이 있다는 기록이 있고 자수(900자)도 서로 가깝다. 619간에 "凡十三章…"이라고 기록되어 있는데 금본 「계씨季氏」편의 장수(14장)와 가장 가깝다. 620간에 "[凡十]三章…"이라 기록되어 있는데, 아마도 정리자의 잘못이 있는 듯하니, '卅三'장의 오기로 금본 「선진」편의 장수와 부합된다. 621간에 "凡卅八章[凡八百五十一字]"라고 기록되어 있는데, 금본 「공야장」편의 장수와 서로 같고 자수(871자)도 서로 가깝다. 잔존된 편내篇內의 분장分章을 거듭 살펴보면, 죽간 『논어』 「공야장」편의 '재여주침宰予晝寢' 장과 '자왈시오어인야子曰始吾於人也' 구의 아래에 달리 나누어 1장이 더 있으니, 하안 『집해』의 분장과 서로 같다. 대개 공자가 다른 시기에 발언한 것으로 여겨진다. 「선진」편의 '시야우柴也愚' 장과 '공자왈회야기서호孔子曰回也其庶乎' 장을 합하여 하나로 하고, '자장문선인지도子張問善人之道' 장과 '자왈론독시여子曰論篤是與' 장을 합하여 하나로 하였으니, 류보남의 『논어정의』와 장을 나눈 것이 서로 같다. 죽간

『논어』「위령공」편의 제1·2장을 연이어 함께 놓았으니, 주희의 『집주』본과 서로 같다. 현존 잔간殘簡과 전세본의 장을 나눈 것이 분명하게 다른 곳은 2곳에 지나지 않는다. 첫째, 「자로」편의 '자로문왈군자상용호子路問曰君子尚勇乎' 장과 '자공왈군자역유악호子貢曰君子亦有惡乎' 장을 합하여 하나로 하였는데, 전세본에는 이렇게 나눈 것을 발견할 수 없다. 둘째, 「자한子罕」편의 '자재천상왈서자여차부子在川上曰逝者如此夫' 장과 '자왈오미견호덕여호색자출子曰吾未見好德如好色者出' 장을 연이어 함께 놓았는데, 두 장의 의의가 전혀 연관된 것이 없으니, 혹자는 필사자가 잘못 기록한 것이라고 하였다. 이상과 같은 비교를 통해 보면, 비록 정주한묘 『논어』 죽간의 정확한 편수를 추정할 수 없지만 기록되어 있는 이 11편으로 보아 금본과 기본적으로 서로 같다고 말할 수 있다. 각 편 중에서 장을 나누는 이견도 크지 않아 장수는 전세본의 분장分章 변동의 범위를 벗어나지 않는다. 정리자가 20편에 의거하여 순서를 배열한 것은 정확하다고 할 수 있다. 이로 말미암아 『논어』의 편장 구조는 한 초에 이미 기본적으로 정해졌고 이후 2000년이 지나도록 커다란 변화는 없었다.

과거 100여 년 동안 중국 학계의 『논어』 관련 연구가 장족의 발전을 했지만 일부 객관적인 조건의 제약으로 이 영역의 연구에 여전히 상대적으로 취약하거나 심지어는 공백이 존재한다고 할 수 있다. 20세기 이래 학자들의 연구 영역은 주로 편찬자, 명명 정황, 편찬 연대, 판본 변천 등에 제한되었고 몇 가지 판본의 중요한 주석본을 연구하는 데 집중되어 있어서 연구 방면이 협소하고 중복 연구가 많으며 많은 문제에서 아직 일치된 의견을 얻지 못하였다. 또한 『논어』가 사회에서 가지는 위치와 작용에 대한 연구가 매우 빈약하였다. 『논어』는 공자의 언행을 담은 중요한 기록물이므로 공자의 지위가 끊임없이 승격됨에 따라 정치·교육·법률 등의 영역에 있어서 그것의 작용이 날로 부각되었다.

황제의 조서와 신하의 주의奏議에 여러 차례 『논어』를 인용하였으니, 그 체현해 낸 일부 유가사상은 정치와 법률의 기본 원칙이 되었다. 이것은 사회의 여러 방면에 영향을 주지 않을 수 없었고, 이러한 영향은 또다시 『논어』 연구의 발전을 촉진시키기도 했다. 따라서 『논어』와 사회적 상호작용을 연구할 필요가 있다. 학계에서는 이 영역에 대한 연구가 매우 빈약하다.

개념어 · 인명 색인